Wolfgang Brandt
Zeitstruktur und Tempusgebrauch in Fußballreportagen des Hörfunks

MARBURGER STUDIEN ZUR GERMANISTIK

Herausgegeben von

Wolfgang Brandt und Rudolf Freudenberg

Band 4

N. G. ELWERT VERLAG MARBURG
1983

Wolfgang Brandt

Zeitstruktur und Tempusgebrauch in Fußballreportagen des Hörfunks

Mit einem Beitrag von
Regina Quentin

Im Text 33 Skizzen und 102 Tabellen

N. G. ELWERT VERLAG MARBURG
1983

Eine Veröffentlichung in Verbindung mit dem
Institut für Germanistische Sprachwissenschaft
der Philipps-Universität Marburg/Lahn

Herstellung der Druckvorlage: Ursula Winkel
Skizzen: Helga Krumpholz

CIP-Kurztitelaufnahme der Deutschen Bibliothek

Brandt, Wolfgang:
Zeitstruktur und Tempusgebrauch in Fußballreportagen d. Hörfunks / Wolfgang Brandt.
Mit e. Beitr. von Regina Quentin. [Eine Veröff. in Verbindung mit d. Inst. für Germanist. Sprachwiss. d. Philipps-Univ. Marburg/Lahn]. —
Marburg: Elwert, 1983.
(Marburger Studien zur Germanistik; Bd. 4)
ISBN 3-7708-0770-7
NE: GT

Printed in Germany
Druck: Buch- und Offsetdruckerei H. Kombächer, Marburg

I N H A L T S V E R Z E I C H N I S

1. EINLEITUNG

Am 2. Juli 1921 konnten die Besitzer von Rundfunkgeräten in den USA eine technische und journalistische Pioniertat bewundern: Der Boxkampf Jack Dempsey gegen Georges Carpentier wurde "live" im Rundfunk übertragen. Mit dieser Übertragung erlebten die Hörer die Geburtsstunde einer neuen Textgattung mit. Seit diesem Tage hat die Direktreportage, eine der originärsten Hervorbringungen des neuen Massenmediums, ihren Siegeszug angetreten und der Sportberichterstattung eine neue Dimension erschlossen.

In Deutschland, wo sich gerade der Rundfunk zu etablieren begann und man Anfang der zwanziger Jahre die Hörer mit Sportmeldungen aus aller Welt informierte, durch Vorträge über Sport aufklärte und mit Frühgymnastik aus dem Bett lockte[1], erkannten die Funkjournalisten ebenfalls bald, daß ihr Medium die Quadratur des Kreises ermöglichte, indem man Abwesende zu Anwesenden machte. Bereits am 13. Juli 1924, knapp ein Jahr nach der offiziellen Einrichtung des deutschen Rundfunks, startete der "Nordische Rundfunk" den Versuch, eine Hamburger Ruderregatta direkt zu übertragen. Am 18. Juni 1925 glückte das Unternehmen dem "Südwestdeutschen Rundfunkdienst" mit seinem Reporter PAUL LAVEN in Frankfurt, und drei Tage später sprach BERNHARD ERNST, neben PAUL LAVEN und ALFRED BRAUN einer der großen Funkpioniere der "ersten Stunde", in der "Westdeutschen Funkstunde" seine legendäre Direktreportage von der Ruderregatta auf dem Dortmund-Ems-Kanal.[2] BERNHARD ERNST war es auch, der im selben Jahr, am 1. November 1925, als erster deutscher Radioreporter live über ein Fußballspiel (Preußen Münster gegen Arminia Bielefeld) berichtete.[3]

In den folgenden Jahren ging es Schlag auf Schlag: 1926 schilderten ERNST und LAVEN das erste vom Rundfunk übertragene Fußball-Länderspiel (Deutschland gegen Niederlande) aus Düsseldorf, 1927 kam es zur ersten Transatlantik-Übertragung (Boxkampf Tunney gegen Dempsey), 1929 gelang die erste Direktreportage eines Länderspiels aus dem Ausland (Italien gegen Deutschland in Turin; Reporter PAUL LAVEN), 1930 "erlebte ein Millionenpublikum an den Lautsprechern die Übertragung des Boxkampfes zwischen Jack Sharkey und Max Schmeling. Die Sportreportage im Hörfunk hatte sich damit endgültig einen festen Platz im Programm gesichert."[4]

Die Verbesserung der technischen Möglichkeiten ließ Anfang der dreißiger Jahre eine neue Sendeform entstehen, die Ring- bzw. Konferenzsendung: Nacheinander berichten Reporter live von verschiedenen Standorten über ein Sportereignis oder im Wechsel von verschiedenen Schauplätzen über mehrere, zur selben Zeit ablaufende Sportereignisse. Erstmals bei einem Autorennen auf dem Nürburgring erprobt, erlebte diese Sendeform, die zugleich einen neuen Reportagetyp bedingt, 1936 bei den Olympischen Spielen in Garmisch-Partenkirchen und Berlin und 1938 beim Deutschen Turn- und Sportfest in Breslau ihre ersten Höhepunkte.[5]

Selbst die offizielle Einführung des Fernsehens, 1952 in der Bundesrepublik Deutschland und 1955 in der DDR, hat nur teilweise der Beliebtheit der Sportsendungen im Hörfunk Abbruch getan, da die Hörfunk-Sportredaktionen vor allem beim Fußball, der in Deutschland bei aktiven und passiven Sportfreunden beliebtesten Sportart, geschickt ihren Aktualitätsvorsprung vor den anderen beiden Massenmedien nutzen.[6] Selbst bei den - relativ seltenen - Direktübertragungen im Fernsehen scheint es nicht wenige Fußballinteressierte zu geben, die zum Fernsehbild die Hörfunkreportage anstellen. Offenbar wird die Hörfunkreportage als spannender, mitreißender und lebendiger empfunden als der Bild-Kommentar des Fernsehreporters.[7] Nach wie vor gehören die Sportsendungen zu den Wortbeiträgen im Hörfunk, die nach den Nachrichten die höchsten Einschaltquoten haben.[8]

In der vorliegenden Untersuchung soll der Frage nachgegangen werden, ob und - wenn ja - mit welchen sprachlichen Mitteln es dem Reporter von Fußballreportagen gelingt, die Zeitorientierung seiner Hörer zweifelsfrei zu gewährleisten. Das heißt im Mittelpunkt steht einerseits die Frage nach der Zeitstruktur der Reportagen, nach dem Wechselspiel zwischen simultaner Geschehenswiedergabe und "Rück-" und "Vorgriff"[9], dem Zusammenhang zwischen pragmatisch bedingten Zwängen bzw. Normen und individueller Variationsfreiheit; auf der anderen Seite die Frage nach den sprachlichen Mitteln, durch die die intendierte Zeitstruktur mitteilbar wird, dem Ineinandergreifen von Tempusmarkierung und Zeitangaben, vor allem nach dem funktionalen Einsatz des Tempussystems und der einzelnen Tempora, nach den textsortenspezifischen Gebrauchsnormen und ihren Abweichungsmöglichkeiten. Verbunden mit der Ausgangsfrage soll die weitergehende Frage nach grundlegenden Gemeinsamkeiten bzw. Unterschieden des Tempusgebrauchs beim unvorbereiteten, spontanen mündlichen Erzählen und beim vorbereiteten schriftlichen bzw. mündlichen Erzählen gestreift werden.

Das Untersuchungsziel ist p r a g m a t i s c h, da es nach der Zeitorientierung des Hörers durch den Reporter fragt,
es ist n a r r a t i v, da es einen Teilaspekt des Erzählens umfaßt,
es ist l i n g u i s t i s c h, da es die Frage nach den sprachlichen Mitteln, vor allem der Verwendungsweise der Tempora, zu beantworten sucht.

Aus Raumgründen ist es leider nicht möglich, die transkribierten Sprechtexte in einem Anhang beizufügen. Um für den Leser diesen Nachteil ein klein wenig auszugleichen und um zugleich Befunde und Interpretationen zu veranschaulichen - ein konkretes Beispiel sagt ja oft mehr über einen Sachverhalt aus als die schönste metasprachliche Formulierung - sind über 750 Belege zitiert worden. Der pragmatische und narrative Ansatz der vorliegenden Untersuchung erfordert die Analyse einzelner Reportagen, da die der Hörer-Orientierung dienenden Zeitbestimmungen und damit die zeitinhaltliche Gesamtstruktur erst im Rahmen des Reportagetextes für den Leser einsichtig interpretiert werden können. Auf der anderen Seite verbietet der Umfang des Korpus mit fast 50 Reportagen die detaillierte Einzelanalyse und erzwingt ein Untersuchungs- und Darstellungsverfahren, das sich auf numerische, vom konkreten Text gelöste Erhebungen stützt. Das eine zu machen und das andere zu lassen, wie es häufig in empirischen sprachwissenschaftlichen Arbeiten geschieht, verbietet sich vom postulierten Untersuchungsziel und -anspruch her. Statt "entweder - oder" muß es folglich "sowohl - als auch" heißen. Die Darstellung bemüht sich daher, beiden Erfordernissen gerecht zu werden: zunächst ein einführender Teil, der die materiellen, theoretischen und methodischen Voraussetzungen der Untersuchung darzulegen versucht, dann deren konkrete Anwendung auf vier Reportagen, schließlich die Vorstellung und Interpretation der Daten, welche die Analyse des Gesamtkorpus bzw. der Teilkorpora ergeben hat. Hierbei kommt die Einzelanalyse der exemplarisch behandelten Reportagen nicht ohne "Statistik" aus, wie umgekehrt die Korpusanalyse nicht darauf verzichten kann, auf Besonderheiten einzelner Reportagen und Reporter einzugehen. Letztlich muß der kritische Leser entscheiden, ob die gewählte Darstellungsform den Ansprüchen des Untersuchungsziels gerecht wird.

Die vorliegende Arbeit ist die erste größere Veröffentlichung von Ergebnissen eines Forschungsprojektes zur Fußballsprache in den Funkmedien. Dieses Projekt steht in enger Verbindung mit der von RUDOLF FREUDENBERG und mir geleiteten Arbeitsgruppe "Narrativik" des Marburger Instituts für Germanistische Sprachwissenschaft.

Die wissenschaftliche Behandlung von 14 Stunden Text ist nur dadurch möglich geworden, daß mir wissenschaftliche Mitarbeiter, Hilfskräfte, Studenten und Sekretärinnen bei den zeitaufwendigen Vorarbeiten - von Tonbandmitschnitten über die Transkription bis zum Auszählen der Wörter - geholfen haben. Mein besonderer Dank gilt hierbei HANS-JÜRGEN JENKEL, der nicht nur die Hauptlast dieser Vorarbeiten getragen, sondern auch sämtliche Transkriptionen überprüft und korrigiert hat.

Zu danken habe ich auch den Hörfunk-Sportabteilungen des Bayerischen, des Hessischen, des Norddeutschen und des Westdeutschen Rundfunks, die mich teils mit der Bereitstellung von Tonbandaufnahmen, teils mit Auskünften unterstützt haben.

Zwei eventuell vorhandenen Vorurteilen gilt es gleich am Anfang vorzubeugen:

1. Diese Arbeit ist kein Lehrbuch für Sportreporter. Sie erteilt keine Ratschläge, gibt den einzelnen Reportern keine Noten, will sich positiver und negativer Einzelwertungen möglichst enthalten, will vor allem nicht mit dem erhobenen Zeigefinger des Schreibtisch-Theoretikers den Praktikern Vorschriften machen. Sie ist nicht präskriptiv, sondern deskriptiv. Gleichwohl kann ich mir vorstellen, daß sie auch der Reporter nicht ohne Gewinn liest; denn das eigene wöchentliche Sprachhandeln am Mikrophon einmal aus der Distanz zu betrachten, dürfte gewiß kein Nachteil sein.
2. Diese Arbeit ist "sine ira et studio" geschrieben worden. Sie will also weder eine Anklageschrift noch eine Apologie eines Berufsstandes sein, deren Gestaltungsmaterial die Sprache ist. Wenn das Gesamtergebnis nicht negativ, sondern positiv für die Sportreporter ausfällt, so hat dies zwei Gründe. Der eine ist die wissenschaftliche Selbstverständlichkeit, Texte bzw. einzelne sprachliche Phänomene unter Berücksichtigung ihres pragmatischen Rahmens bzw. ihrer textsortenspezifischen Funktionen zu analysieren und zu interpretieren (was leider in so manchem Beitrag über die Sprache in den Massenmedien und besonders die der Sportberichterstattung keineswegs "selbstverständlich" ist). Der andere Grund ist der untersuchte Reportage-Bereich "Zeitorientierung" selbst. Bei aller gebotenen Vorsicht wage ich die Behauptung, daß die Reporter in anderen Bereichen (z.B. Ausnutzung des vorhandenen Aktions-Wortschatzes) durchaus gewisse sprachliche Defizite haben, Defizite, die ich bei der Gestaltung der zeitinhaltlichen Reportagestruktur und dem funktionalen Gebrauch der Tempora nicht feststellen konnte.

2. VORAUSSETZUNGEN

2.1. DAS KORPUS

Das Korpus, das dieser Untersuchung zugrunde liegt und dem auch die Reportagen der Einzelanalysen und alle Reportage-Belege entnommen sind, umfaßt 47 Reportagen unterschiedlicher Länge mit einer Gesamtsprechzeit von 14h 03' 21" und einer Gesamtwortzahl von 135.272 Wörtern.

Alle Reportagen sind im Marburger Institut für Germanistische Sprachwissenschaft sowohl in Form von Tonbandaufzeichnungen als auch in Form von Verschriftlichungen archiviert.

Bei den Verschriftlichungen handelt es sich um literarische Transkriptionen. Auf eine syntaktische Interpretation durch Satzzeichen wurde bei der Verschriftlichung bewußt verzichtet. Sprechpausen sind in dreifacher Abstufung markiert, Textlücken und sprachliche Überlagerungen besonders gekennzeichnet. Wichtige Besonderheiten der akustischen Aufnahme wie auffällige Suprasegmentalien des Reportertextes, gleichzeitig hörbare Hintergrundsgeräusche, aber auch aufnahmetechnische Fakten und gravierende sachliche Fehler des Reporters, sind in Form von Kurzhinweisen dem Reportagetext hinzugefügt. Im einzelnen gelten dabei folgende Markierungen:

/	kurze Sprechpause, bis ca. 1 sec
//	mittellange Sprechpause, ca. 1 bis 10 sec
///	lange Sprechpause, über 10 sec
.....	Textlücken bedingt durch Unverständlichkeit oder Cassettenwechsel
+ +	sprachliche Überlagerungen der Reportage, z.B. Sprechchöre der Zuschauer, Ansagen des Stadionsprechers, Überblendungen bei Konferenzreportagen
( )	Kurzhinweise auf - Sprechintensität und Sprechtempo - Hintergrundsgeräusche, z.B. Beifall- und Mißfallensäußerungen des Publikums, Schiedsrichterpfiff, nicht verständliche Durchsagen des Stadionsprechers - Empfangsstörungen - offensichtliche sachliche Fehler des Reporters.

Hierfür ein paar Transkriptionsbeispiele:

(1) für mich war es abseits die abgabe / die Cruyff eben losließ zu dem bereits nach vorn gegangenen völlig freilaufenden Rep / aber der schuß / wäre er ins tor gegangen hätte / gegolten // noch die Holländer / immer noch im deutschen strafraum /

(2) und der torschütze Antonio Castro von ..... / die nummer 14 /

(3) zu spielen noch sieben minuten / Dias ..... (Cassettenwechsel) ..... das spiel wird langsamer /

(4) das kann / Hansi Müller / doch wesentlich besser der Stuttgarter / (Lautsprecherdurchsage) +dringender ruf für herrn .....+ Argentinien / hat abgeschlagen /

(5) unhaltbar in den dreiangel / schoß der torschützenkönig / der deutschen bundesliga / des vergangenen jahres / +zugabe, zugabe+ der ja bisher auch in seinem verein / in dieser saison / noch keineswegs große leistungen erzielen konnte /

(6) Overaths maßvorlage geht auf die linke seite zum Frankfurter Hölzenbein / der strebt auf den strafraum zu (schreiend) ist schon drin / jetzt muß er die nerven behalten elfmeter / elfmeter für Deutschland / (jubel)

(7) dabei / äh Carlos Lopez aus Buenos Aires und äh / auch Antonio Castro (falscher Vorname!)

(8) wieder läuft der ball über Hernandez / jetzt der auffälligste spieler / im deutschen team (falsch!)

Beim Zitieren der fortlaufend durchnumerierten Belege werden im folgenden drei weitere Schreibkonventionen verwandt:

[....]	vom Verfasser vorgenommene Auslassungen
[ ]	Interpretations-Einschub des Verfassers, z.B. [Perf]
———	Unterstreichung zur Hervorhebung des Faktums, für das der Beleg steht.

Bei der Transkription sind die Texte selbstverständlich syntaktisch nicht "geglättet", "Versprecher" weder weggelassen noch verbessert worden. Besonders auffällige phonetische Abweichungen von der standardsprachlichen Norm wurden graphematisch verdeutlicht. Auch hierfür einige Beispiele:

(9) was für ein / dramatisches finale / der zweite strafstoß und jetzt läuft Breitner an / täuscht / schießt / tooor /// (jubel)

(10) naja das ist ja manchmal so daß man sagen muß das is ein fallkünstler / aber / äh mit Tahamata passiert heute abend schon so einiges muß ich sagn / er wird von seinem gegenspieler / Zimmermann / sehr sehr hart genommen / aber / schiedsrichter Carpenter / erkennt dieses foul nich an / der 1.FC Köln (Zuschauer lauter, B[reuckmann] laut und schnell) ist im strafraum / und jetzt // (pfiff) hättes ja vielleicht auch mal ein elfmeter geben können /

(11) er konnte kaum auffallen heute ist ja auch den defensiver / mittelfeldmann und hatte viel zu tun

(12) oder gibt es sogar / einen freistoff / nein einwurf für die Deutschen

Die 47 Reportagen sind von 24 Reportern aus neun R u n d f u n k a n s t a l t e n gesprochen und von deutschsprachigen Sendern der Bundesrepublik Deutschland und Westberlins ausgestrahlt worden.

TABELLE 1: Rundfunkanstalten und Reporter

Sender und Reporter	Anzahl der Reportagen	Sprechzeit	Wortzahl
Bayerischer Rundfunk (BR)			
Oskar Klose	1	51'18"	7.933
Günther Koch	2	19'51"	3.454
Gerd Rubenbauer	5	17'33"	3.086
Eberhard Stanjek	1	2'23"	438
Hessischer Rundfunk (HR)			
Joachim Böttcher	3	1h20'52"	13.932
Jürgen-Dieter Rehahn	3	18'48"	3.266
Norddeutscher Rundfunk (NDR)			
Kurt Emmerich	3	1h33'09"	15.814
Armin Hauffe	3	59'38"	10.095
Günter Maletzko	1	4'33"	775
Herbert Zimmermann	1	1h41'52"	15.504
Radio Bremen (RB)			
Helmuth Poppen	1	3'46"	749
Rundfunk im amerikanischen Sektor von Berlin (RIAS)			
Hanns Ostermann	1	1'30"	280
Saarländischer Rundfunk (SR)			
Hans Berwanger	1	4'43"	753
Sender Freies Berlin (SFB)			
Wolfgang Mönch	3	29'23"	4.655
Jochen Sprentzel	1	54'01"	7.960
Südwestfunk (SWF)			
Volker Kottkamp	1	27'30"	3.984
Westdeutscher Rundfunk (WDR)			
Manfred Breuckmann	5	1h31'21"	13.676
Heribert Faßbender	4	1h47'54"	15.648
Jochen Hageleit	2	19'09"	2.929
Werner Hansch	2	11'03"	1.974
Heinz Jungmann	2	13'21"	2.520
Erhard Körper	1	55"	148
Rolf Seiwert	2	6'51"	1.230
Oliver Thoma	2	21'57"	4.469

Das Korpus ist aus sachlichen Gründen in vier Teilkorpora eingeteilt. Bei der Aufgliederung ist zunächst zwischen Direktreportagen und Nachberichten (NB) unterschieden worden, d.h. also zwischen Reportagen, die während der Spielzeit, und Reportagen, die nach der Spielzeit gesprochen wurden. Im Gegensatz zu D. ROSENBAUM, der bei den Direktreportagen lediglich zwischen "Langreportagen" ("mindestens 45, oft aber 90 Minuten") und "Kurzreportagen" ("kürzerer Spielausschnitt", wobei "durch Koppelung" die "Konferenzreportage" entsteht)10, unterscheidet, habe ich die Direktreportagen dreigeteilt. Denn hierbei ergibt sich zunächst die generelle Auffächerung in Ganzreportagen (GR), d.h. Reportagen, die ein- oder ausschließlich der Halbzeitpause über das ganze Spiel berichten, und in Ausschnittreportagen, die nur über eine oder mehrere Spielpassagen direkt berichten. Legt man das Kriterium der Ausschnittslänge und -distribution an, ergeben sich zwei Typen von Ausschnittreportagen: zum einen die Teilreportage (TR), d.h. eine Reportage, die während der Halbzeitpause, am Anfang der zweiten Halbzeit oder in der zweiten Halbzeit beginnt und dann kontinuierlich bis zum Spielende reicht, und zum anderen die Konferenzreportage (KR), die im Rahmen einer Konferenzschaltung im Regelfall aus mehreren kürzeren, über das Spiel verstreuten Einblendungen besteht. Den Teilkorpora liegt also folgende Auffächerung zugrunde:

SKIZZE 1: Pragmatische Einteilung der Reportagen

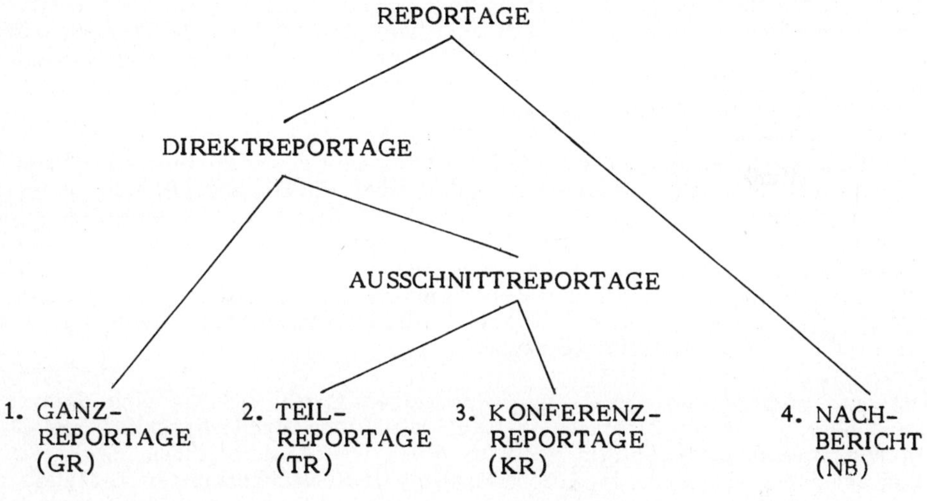

Bei den Ausschnittreportagen gibt es eine Mischform, die sowohl Kriterien der Teil- wie der Konferenzreportage erfüllt. Hier habe ich mich für folgendes Zuordnungsverfahren entschieden: Ist die Einblendung des Spielschlusses länger als 15 Minuten und sind die vorausgegangenen Einblendungen mindestens um ein Drittel kürzer als die Schlußsequenz, werden diese Ausschnittreportagen den Teilreportagen zugeordnet. Dies ist bei zwei Reportagen der Fall.

Die 47 Reportagen verteilen sich folgendermaßen auf die vier Teilkorpora:

TABELLE 2: Teilkorpora

	Anzahl der Reportagen	Anzahl der Sprecher	Länge der Reportagen nach Sprechzeit	Länge der Reportagen nach Wortzahl
Ganzreportagen (GR)	4	6	4h49'01"	44.234
Teilreportagen (TR)	7	6	4h35'13"	43.217
Konferenzreportagen (KR)	24	21	4h12'28"	43.278
Direktreportagen (GR, TR, KR)	35	23	13h36'42"	130.729
Nachberichte (NB)	12	9	26'39"	4.543

Bei den Ganzreportagen sind zwei vollständig, zwei im Ausschnitt, nämlich eine halbstündige Spielverlängerung und eine erste Halbzeit, in das Teilkorpus aufgenommen worden. Alle anderen Reportagen sind ungekürzt, d.h. in der Länge, wie sie von dem betreffenden Sender ausgestrahlt wurden, in das Korpus eingegangen. Bei wenigen Reportagen gibt es kurze Lücken, die durch notwendigen Cassettenwechsel bei der Tonbandaufnahme bedingt sind.

In den 47 Reportagen wird über 38 F u ß b a l l s p i e l e berichtet, an denen jeweils mindestens eine dem Deutschen Fußballbund (DFB) angehörende Mannschaft beteiligt war. Im einzelnen verteilen sich die Spiele und Reportagen auf die in Tabelle 3 aufgeführten Wettbewerbe. Bei den Spielen der DFB-Auswahl handelt es sich durchweg um Spiele der sogenannten "Nationalmannschaft" gegen andere "Nationalmannschaften". Die Rubrik "Länderspiel" beinhaltet ein "Freundschaftsspiel", d.h. also ein Spiel zweier Nationalmannschaften außerhalb von Meisterschafts- und Turnierwettbewerben.

Die Diskrepanz zwischen der Spiel- und Reportagen-Anzahl erklärt sich daraus, daß erstens über ein Weltmeisterschafts-Spiel und sieben Bundesligaspiele sowohl in Form von Direktreportagen als auch in Form von Nachberichten informiert wurde und daß zweitens über ein Europapokalspiel ein Nachbericht in der Halbzeitpause, ein anderer nach Spielschluß gesendet wurde.

Über die H e r k u n f t s j a h r e der Spiele und Reportagen gibt Tabelle 4 Auskunft.

TABELLE 3: Wettbewerbform der Fußballspiele

	Anzahl der Spiele	Anzahl der Reportagen					Länge der Reportagen nach Sprechzeit	Länge der Reportagen nach Wortzahl
		GR	TR	KR	NB	ges.		
Weltmeisterschaft	4	2	2		1	5	5h22'12"	50.578
Europameisterschaft	1	1				1	50'35"	8.159
Länderspiel	1		1			1	54'01"	7.960
DFB-Auswahl gesamt	6	3	3		1	7	7h06'48"	66.697
Europapokal	7		4		4	8	1h59'08"	18.131
DFB-Vereinspokal	5	1		4		5	1h58'03"	19.185
Bundesliga	18			18	7	25	2h33'49"	26.771
2.Liga	2			2		2	25'33"	4.488
Vereinsmannschaften gesamt	32	1	4	24	11	40	6h56'33"	68.575
Internationale Spiele	13	3	7		5	15	9h05'56"	84.828
Nationale Spiele	25	1		24	7	32	4h57'25"	50.444

TABELLE 4: Herkunftsjahre

	Anzahl der Spiele	der Reportagen GR	TR	KR	NB	ges.	Länge der Reportagen nach Sprechzeit	nach Wortzahl
1954	1	1				1	1h41'52"	15.504
1974	1	1				1	1h40'45"	15.088
1977	11			11		11	1h29'20"	14.740
1979	6	1	4		1	6	2h44'47"	24.760
1980	1	1				1	50'35"	8.159
1981	18		3	13	11	27	5h36'02"	57.021

Geordnet nach den vier Teilkorpora und dort in zeitlicher Abfolge beinhaltet das Korpus folgende Reportagen:[11]

TABELLE 5: Kurzcharakteristik der Reportagen

GANZREPORTAGEN

1. Bundesrepublik Deutschland - Ungarn 3:2
   Endspiel der 5. Weltmeisterschaft 1954 in Bern
   Reporter: HERBERT ZIMMERMANN (NDR)
   ARD, 4.7.1954
   Sprechzeit: 1h 41' 52"
   Wortzahl: 15.504

2. Bundesrepublik Deutschland - Niederlande 2:1
   Endspiel der 10. Weltmeisterschaft 1974 in München
   Reporter: HERIBERT FASSBENDER (WDR) und OSKAR KLOSE (BR)
   ARD, 7.7.1974
   Sprechzeit: 1h 40' 45"
   Wortzahl: 15.088

3. Hertha BSC Berlin - Fortuna Düsseldorf 0:1 n.V.
Endspiel des DFB-Vereinpokals 1979 in Hannover
Reporter: WOLFGANG MÖNCH (SFB) und MANFRED BREUCKMANN (WDR)
ARD, 23.6.1979
Sprechzeit: 35' 49" (Spielverlängerung)
Wortzahl: 5.483

4. Bundesrepublik Deutschland - Belgien 2:1
Endspiel der 6.Europameisterschaft 1980 in Rom
Reporter: ARMIN HAUFFE (NDR) und HERIBERT FASSBENDER (WDR)
ARD, 22.6.1980
Sprechzeit: 50' 35" (1.Halbzeit)
Wortzahl: 8.159

TEILREPORTAGEN

1. Borussia Mönchengladbach - Manchester City 3:1
Viertelfinalrückspiel im UEFA-Cup 1978/79 in Mönchengladbach
Reporter: ARMIN HAUFFE (NDR)
WDR II, 20.3.1979
Sprechzeit: 26' 45" (die letzten 25 Spielminuten)
Wortzahl: 4.407

2. MSV Duisburg - Honved Budapest 1:2
Viertelfinalrückspiel im UEFA-Cup 1978/79 in Duisburg
Reporter: HERIBERT FASSBENDER (WDR)
WDR II, 21.3.1979
Sprechzeit: 15' 13" (die letzten 14 Spielminuten)
Wortzahl: 2.047

3. Servette Genf - Fortuna Düsseldorf 1:1
Viertelfinalrückspiel im Europapokal der Pokalsieger 1978/79 in Düsseldorf
Reporter: MANFRED BREUCKMANN (WDR)
WDR II, 21.3.1979
Sprechzeit: 28' 16" (2 Einblendungen und die letzten 20 Spielminuten)
Wortzahl: 4.137

4. Bundesrepublik Deutschland - Argentinien 2:1
Länderspiel in Berlin
Reporter: JOCHEN SPRENTZEL (SFB)
ARD, 12.9.1979
Sprechzeit 54' 01" (2.Halbzeit)
Wortzahl: 7.960

5. 1. FC Köln - Standard Lüttich 3:2
Viertelfinalrückspiel im UEFA-Cup 1980/81 in Köln
Reporter: MANFRED BREUCKMANN (WDR)
RIAS, 18.3.1981
Sprechzeit: 34' 33" (3 Einblendungen und die letzten 15 Spielminuten)
Wortzahl: 5.227

6. Albanien - Bundesrepublik Deutschland 0:2
Qualifikationsspiel zur Weltmeisterschaft 1982 in Tirana
Reporter: JOACHIM BÖTTCHER (HR)
ARD, 1.4.1981
Sprechzeit: 57' 45" (2. Halbzeit)
Wortzahl: 9.644

7. Finnland - Bundesrepublik Deutschland 0:4
Qualifikationsspiel zur Weltmeisterschaft 1982 in Helsinki
Reporter: KURT EMMERICH (NDR)
ARD, 24.5.1981
Sprechzeit: 58' 40" (2. Halbzeit)
Wortzahl: 9.795

KONFERENZREPORTAGEN

I. "Sport am Samstag" HR I, 29.10.1977
Moderator: JOACHIM BÖTTCHER (HR)
11 Reportagen
Gesamtsprechzeit: 1h29'20"
Gesamtwortzahl: 14.740

1. Bayern Hof - KSV Baunatal 1:2
Spiel der 2. Liga Süd 1977/78 in Hof
Reporter: GÜNTHER KOCH (BR)
Sprechzeit: 12'42" (4 Einblendungen)
Wortzahl: 2.260

2. FSV Frankfurt - VfR Bürstadt 3:3
Spiel der 2. Liga Süd 1977/78 in Frankfurt
Reporter: JÜRGEN-DIETER REHAHN (HR)
Sprechzeit: 12'51" (5 Einblendungen)
Wortzahl: 2.228

3. Eintracht Braunschweig - Borussia Mönchengladbach 0:6
Bundesligaspiel 1977/78 in Braunschweig
Reporter: KURT EMMERICH (NDR)
Sprechzeit: 8'17" (3 Einblendungen)
Wortzahl: 1.397

4. FC Schalke 04 - Hamburger SV 2:2
Bundesligaspiel 1977/78 in Gelsenkirchen
Reporter: JOCHEN HAGELEIT (WDR)
Sprechzeit: 13'38" (7 Einblendungen)
Wortzahl: 2.017

5. Fortuna Düsseldorf - Eintracht Frankfurt 2:1
Bundesligaspiel 1977/78 in Düsseldorf
Reporter: HERIBERT FASSBENDER (WDR)
Sprechzeit: 18'36" (8 Einblendungen)
Wortzahl: 2.647

6. F C St. P a u l i - 1. F C K a i s e r s l a u t e r n 0:3

Bundesligaspiel 1977/78 in Hamburg
Reporter: GÜNTHER MALETZKO (NDR)
Sprechzeit: 4' 33" (2 Einblendungen)
Wortzahl: 775

7. 1. F C K ö l n - T S V M ü n c h e n 1 8 6 0 6:2

Bundesligaspiel 1977/78 in Köln
Reporter: ERHARD KÖRPER (WDR)
Sprechzeit: 55" (1 Einblendung)
Wortzahl: 148

8. F C B a y e r n M ü n c h e n - H e r t h a B S C B e r l i n 0:2

Bundesligaspiel 1977/78 in München
Reporter: EBERHARD STANJEK (BR)
Sprechzeit: 2' 23" (1 Einblendung)
Wortzahl: 438

9. V f L B o c h u m - V f B S t u t t g a r t 1:0

Bundesligaspiel 1977/78 in Bochum
Reporter: ARMIN HAUFFE (NDR)
Sprechzeit: 6' 56" (7 Einblendungen)
Wortzahl: 1.328

10. W e r d e r B r e m e n - M S V D u i s b u r g 4:2

Bundesligaspiel 1977/78 in Bremen
Reporter: HELMUT POPPEN (RB)
Sprechzeit: 3' 46" (1 Einblendung)
Wortzahl: 749

11. 1. F C S a a r b r ü c k e n - B o r u s s i a D o r t m u n d 2:2

Bundesligaspiel 1977/78 in Saarbrücken
Reporter: HANS BERWANGER (SR)
Sprechzeit: 4' 43" (1 Einblendung)
Wortzahl: 753

II. " S p o r t r e p o r t " SWF III, 28.2.1981

Moderator: RUDI MICHEL (SWF)
5 Reportagen
Gesamtsprechzeit: 1h 29' 23"
Gesamtwortzahl: 14.896

1. H e r t h a B S C B e r l i n - F o r t u n a D ü s s e l d o r f 2:1

Viertelfinalspiel um den DFB-Vereinspokal 1981 in Berlin
Reporter: WOLFGANG MÖNCH (SFB) und HANNS OSTERMANN (RIAS)
Sprechzeit: 8' 35" (4 Einblendungen)
Wortzahl: 1.355

2. 1. F C Nürnberg - TSV München 1860 1:2
Bundesligaspiel 1980/81 in Nürnberg
Reporter: GÜNTHER KOCH (BR)
Sprechzeit: 7' 09" (4 Einblendungen)
Wortzahl: 1.194

3. Eintracht Braunschweig - Hamburger SV 4:3 n.V.
Viertelfinalspiel um den DFB-Vereinspokal 1981 in Braunschweig
Reporter: KURT EMMERICH (NDR)
Sprechzeit: 26' 12" (5 Einblendungen)
Wortzahl: 4.622

4. 1. F C Kaiserslautern - Borussia Mönchengladbach 3:1
Viertelfinalspiel um den DFB-Vereinspokal 1981 in Kaiserslautern
Reporter: VOLKER KOTTKAMP (SWF)
Sprechzeit: 27' 30" (9 Einblendungen)
Wortzahl: 3.984

5. Eintracht Frankfurt - VfB Stuttgart 2:1
Viertelfinalspiel um den DFB-Vereinspokal 1981 in Frankfurt
Reporter: JOACHIM BÖTTCHER (HR)
Sprechzeit: 19' 57" (7 Einblendungen)
Wortzahl: 3.741

III. "Sport und Musik" WDR I, 11.4.1981
Moderator: DIETMAR SCHOTT (WDR)
8 Reportagen
Gesamtsprechzeit: 1h 13' 45"
Gesamtwortzahl: 13.642

1. F C Schalke 04 - Hamburger SV 2:1
Bundesligaspiel 1980/81 in Gelsenkirchen
Reporter: OLIVER THOMA (WDR)
Sprechzeit: 20' 28" (9 Einblendungen)
Wortzahl: 4.156

2. F C Bayern München - MSV Duisburg 5:1
Bundesligaspiel 1980/81 in München
Reporter: GERD RUBENBAUER (BR)
Sprechzeit: 6' 28" (3 Einblendungen)
Wortzahl: 1.230

3. Arminia Bielefeld - VfB Stuttgart 1:0
Bundesligaspiel 1980/81 in Bielefeld
Reporter: WERNER HANSCH (WDR)
Sprechzeit: 10' 09" (7 Einblendungen)
Wortzahl: 1.822

4. B a y e r U e r d i n g e n - 1. F C N ü r n b e r g 3:2

Bundesligaspiel 1980/81 in Krefeld
Reporter: HEINZ JUNGMANN (WDR)
Sprechzeit: 12' 04" (6 Einblendungen)
Wortzahl: 2.264

5. F o r t u n a D ü s s e l d o r f - T S V M ü n c h e n 1 8 6 0 2:1

Bundesligaspiel 1980/81 in Düsseldorf
Reporter: MANFRED BREUCKMANN (WDR)
Sprechzeit: 9' 16" (7 Einblendungen)
Wortzahl: 1.509

6. B a y e r 0 4 L e v e r k u s e n - K a r l s r u h e r S C 3:0

Bundesligaspiel 1980/81 in Leverkusen
Reporter: JOCHEN HAGELEIT (WDR)
Sprechzeit: 5' 31" (5 Einblendungen)
Wortzahl: 912

7. E i n t r a c h t F r a n k f u r t - 1. F C K ö l n 4:0

Bundesligaspiel 1980/81 in Frankfurt
Reporter: JÜRGEN-DIETER REHAHN (HR)
Sprechzeit: 4' 12" (2 Einblendungen)
Wortzahl: 721

8. B o r u s s i a M ö n c h e n g l a d b a c h - 1. F C K a i s e r s - l a u t e r n 1:0

Bundesligaspiel 1980/81 in Mönchengladbach
Reporter: ROLF SEIWERT (WDR)
Sprechzeit: 5' 37" (4 Einblendungen)
Wortzahl: 1.028

NACHBERICHTE

1. D u k l a P r a g - H e r t h a B S C B e r l i n 1:2

Viertelfinalrückspiel im UEFA-Cup 1978/79 in Prag
Reporter: WOLFGANG MÖNCH (SFB)
WDR II, 21.3.1979
Sprechzeit: 4' 43"
Wortzahl: 726

2. B a n i k O s t r a u - F C B a y e r n M ü n c h e n 2:4

Viertelfinalrückspiel im Europapokal der Landesmeister in Ostrau
Reporter: GERD RUBENBAUER (BR)
SDR III, 18.3.1981
Sprechzeit: 5' 20"
Wortzahl: 884

3. A l b a n i e n - B u n d e s r e p u b l i k D e u t s c h l a n d 0:2

Qualifikationsspiel zur Weltmeisterschaft 1982 in Tirana
Reporter: JOACHIM BÖTTCHER (HR)
WDR II, 1.4.1981

Sprechzeit: 3' 10"
Wortzahl: 547

4. F C L i v e r p o o l - F C B a y e r n M ü n c h e n (1. Halbzeit) 0:0
Halbfinalhinspiel im Europapokal der Landesmeister in Liverpool
Reporter: GERD RUBENBAUER (BR)
WDR II, 8.4.1981
Sprechzeit: 2' 08"
Wortzahl: 363

5. F C L i v e r p o o l - F C B a y e r n M ü n c h e n (2. Halbzeit) 0:0
Halbfinalhinspiel im Europapokal der Landesmeister in Liverpool
Reporter: GERD RUBENBAUER (BR)
WDR II, 8.4.1981
Sprechzeit: 2' 10"
Wortzahl: 340

6. F C B a y e r n M ü n c h e n - M S V D u i s b u r g 5:1
Bundesligaspiel 1980/81 in München
Reporter: GERD RUBENBAUER (BR)
WDR I, 11.4.1981
Sprechzeit: 1' 27"
Wortzahl: 269

7. E i n t r a c h t F r a n k f u r t - 1. F C K ö l n 4:0
Bundesligaspiel 1980/81 in Frankfurt
Reporter: JÜRGEN-DIETER REHAHN (HR)
WDR I, 11.4.1981
Sprechzeit: 1' 45"
Wortzahl: 317

8. F C S c h a l k e 0 4 - H a m b u r g e r S V 2:1
Bundesligaspiel 1980/81 in Gelsenkirchen
Reporter: OLIVER THOMA (WDR)
WDR I, 11.4.1981
Sprechzeit: 1' 29"
Wortzahl: 313

9. B a y e r 0 4 U e r d i n g e n - 1. F C N ü r n b e r g 3:2
Bundesligaspiel 1980/81 in Krefeld
Reporter: HEINZ JUNGMANN (WDR)
WDR I, 11.4.1981
Sprechzeit: 1' 17"
Wortzahl: 256

10. A r m i n i a B i e l e l f e l d - V f B S t u t t g a r t 1:0
Bundesligaspiel 1980/81 in Bielefeld
Reporter: WERNER HANSCH (WDR)
WDR I, 11.4.1981
Sprechzeit: 54"
Wortzahl: 152

11. Fortuna Düsseldorf - TSV München 1860 2:1
    Bundesligaspiel 1980/81 in Düsseldorf
    Reporter: MANFRED BREUCKMANN (WDR)
    WDR I, 11.4.1981
    Sprechzeit: 1' 02"
    Wortzahl: 174

12. Borussia Mönchengladbach - 1.FC Kaiserslautern 1:0
    Bundesligaspiel 1980/81 in Mönchengladbach
    Reporter: ROLF SEIWERT (WDR)
    WDR I, 11.4.1981
    Sprechzeit: 1' 14"
    Wortzahl: 202

Die Jahres-Übersicht (siehe Tabelle 4) spiegelt die Entstehung des Korpus wider, die mehr zufällig als geplant erfolgte. Die Reportagen der Weltmeisterschaftsendspiele 1954 und 1974 stellte mir - dankenswerterweise zu einem erschwinglichen Preis - der NDR für eine Seminar-Arbeitsgruppe zur Verfügung. Die elf Reportagen von 1977 und vier aus dem Jahre 1979 wurden ebenfalls für Lehrveranstaltungen über Sportsprache und Hörfunkreportagen von Mitarbeitern des Marburger Instituts für Germanistische Sprachwissenschaft mitgeschnitten und z.T. von ihnen, z.T. von Seminarteilnehmern transkribiert. Die Reportage der Pokalendspiel-Verlängerung aus dem Jahre 1979 und die 1. Halbzeit vom Europameisterschaftsendspiel 1980 wurden von REGINA QUENTIN bzw. WALDEMAR KISS für ihre Staatsexamensarbeiten verschriftlicht.

Die restlichen Reportagen, vor allem die aus 1981, sind Mitschnitte, um die Teilkorpora der Direktreportagen von der Sprechzeit- und Materialquantität her einander anzugleichen. Dabei wurde absichtlich bei den Konferenzreportagen der bereits vorhandenen "Sport am Samstag"-Sendung des HR eine "Sportreport"-Sendung des SWF und eine "Sport und Musik"-Sendung des WDR zur Seite gestellt. Die Auffüllung der Teilreportagen durch drei Reportagen des Jahres 1981 erfolgte aus Zeitgründen allein vom Sendeangebot und den einwandfreien Empfangsmöglichkeiten her. Alle diese Reportagen wurden im Institut für Germanistische Sprachwissenschaft transkribiert.

Die Nachberichte sind ausnahmslos zufällige Beigaben beim Mitschnitt von Sportsendungen mit Direktreportagen. Eine Angleichung an die Materialmenge der anderen Teilkorpora ist daher von vornherein nie angestrebt worden. Hierzu hätte man statt zwölf Nachberichten etwa die zehnfache Zahl haben müssen.

Bei einem derartig zufällig entstandenen Korpus stellt sich natürlich die Frage nach der Repräsentativität. Soweit es sich um die angemessene Berücksichtigung von Rundfunkanstalten und ihren unterschiedlichen Sportsendungen, von Sendezeiten und Hörerzahlen, von Reportern und Vereinen, Fußballwettbewerben und Herkunftsjahren handelt, kann das Korpus schlechterdings keinen Anspruch auf Repräsentativität erheben.

Dennoch lassen sich einige Korpus-Fakten anführen, die auch unter sport- und mediensoziologischem Aspekt die mangelnde Repräsentativität mildern:

1. Im Korpus sind die wichtigsten Wettbewerbsformen vertreten: nämlich sowohl

Länderspiele auf Freundschaftsbasis und im Rahmen der Welt- und Europameisterschaft als auch Spiele von Vereinsmannschaften in der nationalen Meisterschaftsrunde, im DFB-Pokal und in den drei bedeutendsten internationalen Cup-Wettbewerben (vgl. Tabelle 3).

2. Die Verteilung dieser einzelnen Wettbewerbsformen auf die drei Direktreportage-Typen ist nicht zufällig. Über wichtige internationale Spiele deutscher Auswahl- und Vereinsmannschaften wird in Ganz- bzw. Teilreportagen berichtet, über Bundesliga-, Zweitliga- und nationale Pokalspiele in Konferenzreportagen im Rahmen der Samstag- und Sonntagsendungen, die Sportreportagen, Interviews und Information mit Unterhaltungsmusik mischen. Die Faustregel der Sportredaktionen lautet: je bedeutender das Spiel, desto ausführlicher die Reportage. Die Aufschlüsselung in Tabelle 4 in "Internationale" und "Nationale" Spiele bestätigt diese Regel auch für das Korpus. Die Ausnahme macht das Endspiel um den DFB-Vereinspokal. Dieses Spiel rechnet zu den "bedeutenden" Spielen: daher auch hier eine Ganzreportage.[12]

3. Daß Reportagen von Bundesligaspielen im Korpus relativ am häufigsten vertreten sind, rechtfertigt sich von der Spiel- und Sendequantität her. Konferenzreportagen von Bundesligaspielen sind sozusagen das tägliche Brot der Fußballreporter, Ganz- und Teilreportagen von internationalen Spielen die Rosinen. Hinzu kommt: Bundesligareportagen haben weit höhere Einschaltquoten als z.B. Reportagen von Länderspielen, die meistens auch im Fernsehen direkt gesendet werden. Der Hörfunk kann folglich bei Bundesligaspielen seinen erheblichen Aktualitätsvorsprung ausnutzen.

4. Die Bevorzugung des WDR und seiner Reporter ist weder gewollt noch zufällig. Der WDR ist nicht nur der ARD-Sender mit dem größten Hörer-Einzugsgebiet[13], sondern auch mit den meisten Bundesliga-Mannschaften in seinem Sendebereich. In der Saison 1980/81 waren es z.B. zehn von insgesamt 18 Mannschaften. Da im Regelfalle immer die Reporter der Rundfunkanstalt eingesetzt werden, in deren Sendegebiet das Bundesligaspiel stattfindet, ergibt sich automatisch ein Übergewicht der WDR-Reporter. Der WDR dürfte deswegen die Rundfunkanstalt mit den meisten Sportreportern sein.[14]

Wichtiger als diese pragmatischen, den Fußballsport und die Rundfunkanstalten betreffenden Verhältnisse ist die Frage, ob das Korpus bzw. die Teilkorpora unter dem Aspekt der *linguistischen* Fragestellung als einigermaßen *repräsentativ* gelten können. Hier sind besonders drei Kriterien zu beachten: die Quantität des Materials, die Anzahl der Sprecher und die zeitliche Herkunft der Reportagen.

Die *Quantität* des Untersuchungsmaterials scheint ausreichend zu sein, um relativ gesicherte Aussagen über die Textsorte und über die einzelnen Reportagetypen machen zu können. Bisher zumindest fußen linguistische Untersuchungen über Fußballdirektreportagen im Hörfunk auf wesentlich geringerer Materialbasis: Sieht man von Arbeiten ab, die an kurzen Textausschnitten ihre Aussagen exemplifizieren[15] bzw. an einer kleineren Textmenge statistisch belegen[16], läßt sich das vorliegende Korpus an den Korpora von D. ROSENBAUM und P. SCHNEIDER messen.

ROSENBAUMs verstreuten Angaben ist zu entnehmen, daß er offenbar eine in der Halbzeitpause beginnende Länderspielreportage (ca. 55 Minuten) und fünf Konferenzreportagen von durchschnittlich etwa neun Minuten Länge untersucht hat. Sein Reportagekorpus umfaßt 1.990 Sätze mit 12.985 Wörtern, die Sprechzeit beträgt "ca. 100 Minuten", die der beiden Teilkorpora demnach weniger als eine Stunde.[17] Vergleichbar mit dieser Textmenge ist der Fußballreportagen-Anteil im Freiburger Korpus gesprochener Texte des Deutschen. Er umfaßt fünf kürzere Reportagen zwischen drei und zehn Minuten und eine längere, von zwei Reportern gesprochene Reportage mit 55 Minuten Sprechzeit: insgesamt 1h 22' Sprechdauer, 14.125 Wörter.[18]

SCHNEIDERs umfangreiches Massenmediumkorpus enthält acht Stunden Hörfunksport der Berliner Sender RIAS und SFB. Davon entfallen auf die Fußballberichterstattung knapp drei Stunden. Geht man davon aus, daß der Direktreportagen-Anteil im Fußball wesentlich höher als im Sport-Durchschnitt ist (ein Drittel), kommt man auf etwa eineinhalb bis zwei Stunden Fußballreportagen.[19]

Beweiskräftiger als derartige externe Gegenüberstellungen sind aber interne Vergleiche. Während der Untersuchung hat sich gezeigt, daß sich die eruierten 18 Basiswerte der Tempusanalyse durch Auffüllung der Teilkorpora nur minimal verändert haben. Bei den Ganzreportagen weicht der Durchschnitt aller vier Reportagen von dem für die ersten drei ermittelten bei keinem einzigen Wert um mehr als 0,9 Prozentpunkte ab. Bei den Teilreportagen führte die Hinzunahme der letzten, knapp einstündigen Reportage zu einer Veränderung der Basiswerte um maximal 1,4 Punkte, wobei bei 16 Werten die Differenz weniger als 1 Punkt ausmachte. Selbst bei dem heterogensten Teilkorpus der Direktreportagen, den Konferenzreportagen, brachte die Aufstockung des Materials um ein Drittel (durch Hinzufügung einer dritten Sportsendung mit acht Reportagen) nur in einem von 18 Fällen eine Abweichung, die über 1 Prozentpunkt liegt. Man kann also davon ausgehen, daß die Aufnahme weiterer Reportagen in die einzelnen Teilkorpora der Direktreportagen zu keiner signifikanten Veränderung der Untersuchungsergebnisse führt, daß dementsprechend die Teilkorpora eine ausreichende Materialmenge beinhalten.

Wesentlich gewichtiger, als z.B. Rundfunkanstalten, Reporter, Wettbewerbe usw. repräsentativ zu berücksichtigen, war daher für das angestrebte Untersuchungsziel, quantitativ gleiche Materialmengen zu haben. Gemessen an der Wortzahl, die hier ein zuverlässigeres Maß als die Sprechzeit bietet, ist dies gelungen: Die drei Teilkorpora der Direktreportagen weichen quantitativ noch nicht einmal um 0,8 Prozentpunkte voneinander ab.[20]

Die Z a h l der beteiligten R e p o r t e r ist insofern von Wichtigkeit, damit nicht eventuelle individualstilistische Sprechercharakteristika als Textsortenwerte ausgegeben werden. Diese Gefahr besteht zweifellos potentiell, wenn man wie ROSENBAUM für einen Reportagetyp nur einen Text eines Sprechers nimmt.

Bei 21 Reportern scheint für das Teilkorpus der Konferenzreportagen trotz sehr großer Sprechzeit-Unterschiede diese Gefahr von vornherein nicht zu bestehen. Der Anteil des Reporters mit der längsten Sprechzeit macht lediglich 12,5 % des Materials aus. Neun Sprecher bei den Nachberichten und jeweils sechs Sprecher bei den Ganz- und Teilreportagen geben aber auch die Gewähr, daß denkbare individuelle Sprechereigentümlichkeiten das Textsortenergebnis nicht signifikant verfälschen. Bei den Ganzreportagen hat keiner der sechs Reporter einen Anteil, der über einem Drittel liegt, bei den Teilreportagen erreicht kein Reporter ein Viertel. Auch bei den Nachberichten ist die Dominanz eines Reporters mit vier Reportagen und einem Materialanteil von 41 % gerade noch vertretbar.

Auf das Gesamtkorpus bezogen hat KURT EMMERICH, der Reporter mit der höchsten Wortzahl, lediglich einen Anteil von 11,7%. Es folgen HERIBERT FASSBENDER (11,6%), HERBERT ZIMMERMANN (11,5%), JOACHIM BÖTTCHER (10,3%) und MANFRED BREUCKMANN (10,1%). Die anderen 19 Reporter haben Anteile zwischen 7,5% und 0,1%.

Von der Regel, die Reportagen ungekürzt in das Korpus aufzunehmen, ist zweimal abgewichen worden. Hauptgrund hierfür war, bei den Ganzreportagen wenigstens vier Spiele und damit auch zwei weitere Sprecher zu haben. Da sich bei der Auswertung der zwei vollständigen Ganzreportagen Unterschiede zwischen den beiden Halbzeiten gezeigt hatten, wurde dem Spielschluß-Ausschnitt der dritten Reportage (halbstündige Spielverlängerung) bewußt die erste und nicht die zweite Halbzeit der vierten Reportage gegenübergestellt.[21] Generell gilt - und das schließt diese Ausnahme einer absichtlich vorgenommenen Auswahl ein: In keinem Fall ist irgendeine Reportage in das Korpus aufgenommen oder gar ausgetauscht worden, weil ihre Basisdaten eine sich abzeichnende Hypothese oder Interpretation bestätigten bzw. ihr zuwiderliefen. Immer erfolgte die Aufnahme in das Korpus vor der Analyse. Insofern stellt das Korpus im positiven Sinne eine Zufallsauswahl aus der Fülle der Woche für Woche gesendeten Reportagen dar.

Die z e i t l i c h e H e r k u n f t der Reportagen kann mit einer Ausnahme als "Gegenwart" im engeren Sinne bezeichnet werden: Denn 46 Reportagen stammen aus den Jahren 1974 bis 1981, 34 davon aus den Jahren 1979 bis 1981. Mit einem Sprechzeit- und Wortzahlanteil von ca. 40% am Gesamtkorpus dominiert hierbei die unmittelbare Gegenwart, das Jahr 1981 (siehe Tabelle 4). Die Ausnahme ist die Endspielreportage der Weltmeisterschaft 1954. Der Vergleich zwischen dieser Reportage und denen aus der jüngsten Zeit erlaubt einige vorsichtige Aussagen über Konstanten und Entwicklungstendenzen der Textsorte. Für einen historischen Vergleich dagegen ist das Korpus nicht angelegt und daher ungeeignet.

Was die g e o g r a p h i s c h e H e r k u n f t des Materials betrifft, habe ich mich auf die Bundesrepublik Deutschland und Westberlin, also auf den Sendebereich der ARD und den Organisationsbereich des DFB, beschränkt. Der wünschenswerte Vergleich zwischen der Sportberichterstattung in den deutschsprachigen Ländern bleibt also ein Desiderat. Die Beschränkung erscheint mir allerdings notwendig, da einerseits die Untersuchung vergleichbarer Korpora aus der DDR, Österreich und der deutschsprachigen Schweiz aus zeitökonomischen Gründen nicht zu leisten war, andererseits eine Aufnahme von Reportagen aus allen vier Ländern in das Korpus bei gleichzeitiger Beibehaltung des Gesamtumfangs m.E. zu geringe Vergleichsmengen ergeben hätte.

2.2. DIE SPORTREPORTAGE ALS NARRATIVE TEXTSORTE

Aufgabe eines Sportreporters im Hörfunk ist es, sportinteressierten Hörern ein sportliches Geschehen, z.B. ein Fußballspiel, sprachlich so zu übermitteln, daß sich der Hörer eine möglichst genaue, der Realität entsprechende Vorstellung von dem sportlichen Ereignis machen kann. Die Reportage ist folglich für den Hörer, der ja nicht am Ort des Geschehens als Zuschauer dabei ist, ein Ersatz für das Spiel selbst. Sportereignis und Reportage haben für den Sportfan dieselbe Funktion: Sie dienen vor allem der Unterhaltung.[22]

"Hörfunkreportage" bedeutet unter informationstechnischem Aspekt in vereinfachender Pauschalierung: Ein optisch wahrnehmbares Geschehen wird vom Reporter in sprachliche Zeichen transkodiert, mit Hilfe des technischen Mediums Hörfunk (Umsetzung akustischer Signale in elektromagnetische Wellen und Rückumwandlung in akustische Signale durch Sende- bzw. Empfangseinrichtungen) übermittelt und vom Hörer als primär visuell vorgestelltes Geschehen rekonstruiert.

"Hörfunkreportage" bedeutet unter narrativem Aspekt[23]: Der Reporter als Augenzeuge des sportlichen Geschehens fungiert als Vermittler, als Erzähler. Denn wie der Narrator eines Romans oder einer Novelle entscheidet auch er in gewissen Grenzen allein darüber, welche Auswahl er aus dem Gesamtgeschehen trifft, welchen "ideologischen Standpunkt"[24] er einnimmt, ob und wann er perspektivisch erzählt, welche sprachlichen Mittel er einsetzt usw. Nicht zuletzt ist es dabei die Aufgabe des Reporter-Erzählers, in seiner Reportage die zeitliche Einordnung des wiedergegebenen Geschehens zu gewährleisten.

Diese Andeutungen mögen hier genügen, um einsichtig zu machen, daß man die Sportreportage als "Resultante" der beiden "Vektoren" Sportereignis und Reporter abbilden kann. Das Basismodell jeglichen Erzählens gilt folglich auch für die Textsorte Sportreportage.

SKIZZE 2: Basismodell des Erzählens

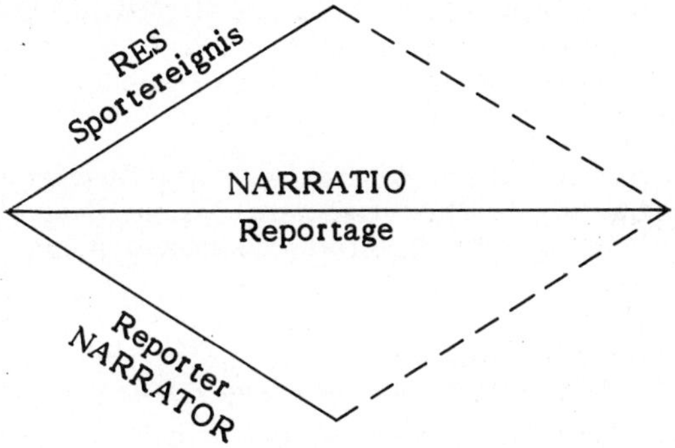

Die Hörfunkreportage stellt als Erzähltyp eine spezielle Mischform dar. Sie entspricht einerseits dem reinen Typ des unmittelbaren Erzählens, da sie

1. mündlich realisiert wird (z.B. im Gegensatz zu der schriftlichen Realisation eines Romans oder Unfallprotokolls);
2. nichtfiktionale "Vektoren" hat; denn der Narrator ist eine real existierende Person, und die Res ist ein reales Geschehen (z.B. im Gegensatz zu dem fingierten Erzähler Dr. Serenus Zeitblom und dem von ihm erzählten fiktionalen "Leben des deutschen Tonsetzers Adrian Leverkühn" im 'Doktor Faustus').

Sie entspricht andererseits dem Typ des mittelbaren Erzählens, da sie

3. eindimensional ist, d.h. es handelt sich bei ihr wie bei einem Roman um "Einweg-Kommunikation" mit festgelegter Rollenverteilung zwischen Kommunikator und Rezipienten (z.B. im Gegensatz zu einer alltäglichen Erzählsituation,

wo die Zuhörer Fragen stellen und Bemerkungen machen können). Dies beinhaltet zugleich, daß der Hörer keinen Einfluß auf die Rezeptionsgeschwindigkeit hat, geschweige denn die Möglichkeit der Rezeptionswiederholung besitzt.

Die Eindimensionalität des Kommunikationsvorgangs hat ihren Grund in der technischen Konstruktion und der Funktionsbestimmung des Hörfunks als Massenmedium (im Gegensatz etwa zum Telefon und Polizeifunk). Zugleich beeinflußt das Medium aber auch das erste Charakteristikum "mündlich". Das mündliche Erzählen ist nämlich mit den nonverbalen Zeichensystemen Mimik und Gestik gekoppelt. Da aber der Hörfunk nur über den akustischen Kanal verfügt, entfallen von vornherein diese zusätzlichen visuellen Kommunikationsmöglichkeiten eines face-to-face-Erzählers, selbstverständlich auch die visuelle Abbildung der Res durch statische (z.B. Presse) oder dynamische Bilder (z.B. Fernsehen). Der Hörer ist also - abgesehen von akustischen Zusatzinformationen aus dem Stadion wie z.B. Lautsprecherdurchsagen, Schiedsrichterpfiffe, Sprechchöre, Beifalls- und Mißfallenskundgebungen - allein auf die mündliche Erzählung des Reporters angewiesen (z.B. im Gegensatz zum Zuhörer am Stammtisch, vergleichbar dem Zuhörer am Telefon).

Bei der Direktreportage haben wir es darüber hinaus mit einem Sonderfall des Erzählens zu tun, den es zuvor nur in Ausnahmefällen gab (z.B. Teichoskopie; Blinder als Zuhörer), der erst durch das Hörfunk-Medium eine selbständige Textsorte wurde: dem Sonderfall einer simultanen Narratio, d.h. Geschehen und Geschehenswiedergabe erfolgen gleichzeitig. Das bedeutet für den Reporter:

1. Er kennt ebensowenig wie seine Zuhörer das Ergebnis der Gesamthandlung bzw. das der Teilhandlungen (z.B. in einer Fußballreportage das Endergebnis oder den Abschluß einer Angriffsaktion). Dies engt den erzählstrategischen Spielraum des Reporters wesentlich ein (z.B. im Gegensatz zu dem Reporter eines Nachberichts).

2. Er muß die Res, also vor allem das beobachtete Geschehen auf dem Spielfeld, unmittelbar, simultan in Sprache umsetzen, d.h. er muß spontan sprechen. Dies engt seinen sprechstrategischen Spielraum wesentlich ein.

Die Direktreportage, der Normaltyp der aktuellen ausführlichen Sportberichterstattung im Hörfunk, stellt also nicht nur an den Hörer, sondern vor allem an den Reporter hohe kommunikative und d.h. hier zugleich narrative Anforderungen.

2.3. EIN PRAGMATISCHES ZEITMODELL

Die beiden Komponenten des narrativen Basismodells Res und Narratio, hier also das Fußballspiel und die Reportage, sind in ihrer zeitlichen Erstreckung terminiert, lassen sich und ihr zeitliches Verhältnis zueinander folglich auf der Zeitachse abbilden. Bei einer derartigen Projektion ergeben sich zwei Grundmöglichkeiten[25]:

a) synchron

SKIZZE 3: Zeitlicher Zusammenfall von Res und Narratio

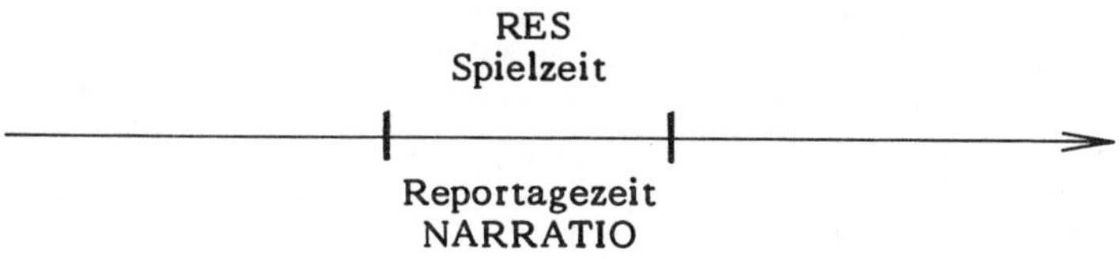

Spielzeit und Reportagezeit sind identisch, finden also g l e i c h z e i t i g statt.

b) zeitversetzt

SKIZZE 4: Zeitliche Trennung von Res und Narratio

Die Spielzeit liegt vor der Reportagezeit, ist also v o r z e i t i g .

Fixpunkt der Charakterisierungen "gleichzeitig" und "vorzeitig" ist die Narratio, hier die Zeit der Reportage, und das ist die Gegenwart des Reporters.

Unter zeitlichem Aspekt genügt für die beiden idealtypischen Fälle des Erzählens und damit auch der Fußballreportage die Unterscheidung der Gleich- und Vorzeitigkeit (Gegenwartstempus vs. Vergangenheitstempus), wodurch die zwei Reportagegattungen "Direktreportage" und "Nachbericht" eindeutig differenziert wären. Während beim Nachbericht zumindest implizit zwei Zeitebenen vorhanden sind - Vergangenheit setzt immer den Bezugspunkt Gegenwart voraus -, entfällt bei der Direktreportage zunächst jede Problematik zeitlicher Einordnung, fallen doch Spielgeschehen und seine Wiedergabe, Reporter- und Hörergegenwart zusammen.[26]

Doch diese Folgerung gilt lediglich für den Idealtyp einer rein synchronen Reportage, in der der Reporter - vergleichbar einem Simultandolmetscher - nichts anderes tut, als das wahrgenommene Geschehen unmittelbar sprachlich wiederzugeben. D.h. der Reporter verzichtet

1. auf jegliche Abweichung in seiner Narratio von der Sukzession des Geschehens und

2. auf jegliche Information, die nichts mit dem Geschehen, das sich gerade im Redemoment ereignet, zu tun hat.

Diesen Typ einer rein protokollhaften, simultan mit dem Geschehen ablaufenden Direktreportage gibt es offensichtlich nur theoretisch. Denn die Realität der Hörfunkgattung Direktreportage weicht in vier relevanten Punkten von einem derartigen Idealtyp ab:

1. Der Reporter ist wie jeder Sprecher frei, die Sukzession von zwei aufeinander folgenden Aktionen "a dann b" sprachlich als "b zuvor a" auszudrücken. Wählt er diese Möglichkeit, muß er "b" als gleichzeitig, "a" als vorzeitig markieren.
2. Wenn das aktuelle Spielgeschehen dem sprachlichen Umsetzungsprozeß bei relevanten Spielaktionen "davonläuft", ist der Reporter gezwungen "nachzukommentieren". Dieser unmittelbare Nachkommentar erfüllt häufig die Funktion einer Zeitlupenwiederholung im Fernsehen: Er ist a) eine Wiederholung und arbeitet b) mit dem Mittel der Zeitstreckung, d.h. der Zeitraum des Erzählens ist länger als der des Geschehens[27].
3. Da es sich bei den meisten Reportagen um Kurz- oder Teilausschnitte handelt, besteht für den Reporter die Notwendigkeit, über vergangenes, vor seiner Reportagezeit stattgefundenes Spielgeschehen zu berichten. Auch bei dem relativ seltenen Fall einer 90minütigen "Ganzübertragung" läßt sich kein Reporter Rückgriffe auf relevante Spielszenen der bereits abgelaufenen Spielzeit entgehen. Vergleichbares gilt in gewissem Maße auch für Vorgriffe auf die noch ausstehende Spielzeit.
4. Die Sportberichterstattung generell ist eine Mischung der drei Informationstypen Faktenvermittlung, Wertung und historische Einordnung des Geschehens.[28] Die Direktreportage im Hörfunk macht dabei keine Ausnahme. Historische Einordnung bedeutet aber zeitliche Rück- und Vorausgriffe auf Geschehen außerhalb des Sportereignisses, über das gerade berichtet wird.

Bezieht man diese Reportagefakten auf die Zeitachse, so ergeben sich folgende relevanten, zeitlich definierten Geschehensabschnitte, auf die der Reporter von seinem jeweiligen gegenwärtigen Standpunkt aus referieren kann:

1. auf Geschehen vor dem Spiel, z.B. ein Fußballspiel, das 14 Tage oder zehn Jahre zurückliegt;
2. auf vergangenes Geschehen des Spiels, über das er gerade berichtet, z.B. ein Tor, das vor einer halben Stunde gefallen ist;
3. auf ein unmittelbar vor dem Redemoment abgelaufenes Geschehen, z.B. die einem Tor vorausgegangene Spielszene;
4. auf im Redemoment sich ereignendes Geschehen, z.B. den gerade stattfindenden Abschlag des Torwarts;
5. auf ein unmittelbar nach dem Redemoment mögliches oder als gewiß vorausgesetztes Geschehen, z.B. die unmittelbar bevorstehende Ausführung eines Strafstoßes;
6. auf ein zukünftiges Geschehen des Spiels, z.B. die zu erwartende Schlußoffensive einer im Rückstand befindlichen Mannschaft;
7. auf ein zukünftiges, außerhalb des Spiels liegendes Geschehen, z.B. ein in 14 Tagen stattfindendes Rückspiel.

SKIZZE 5: Pragmatische Zeitstufen der Direktreportage

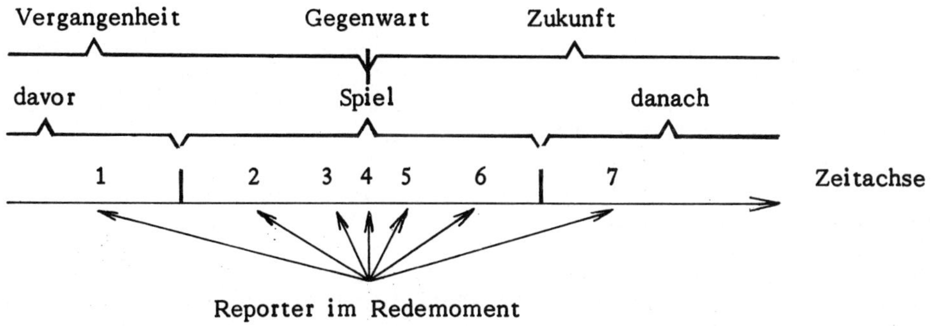

Wie die angeführten Beispiele zeigen, kann es sich bei den Reporter-Referenzen um Zeitpunkte und Zeitabschnitte handeln. In der überwiegenden Mehrzahl der Fälle lassen sich die Aussagen des Reporters ohne Schwierigkeiten in dieses Modell einordnen:

(13) Cullmann / und Rummenigge waren ja angeschlagen und eigentlich bis zum heutigen vormittag / war ihr mitwirken / in dieser begegnung ungewiß
[= Zeitstufe 1]

(14) soviel beifall hat es vorhin / in der ersten halbzeit des fußball-länderspiels / selten / gegeben
[= Zeitstufe 2]

(15) Bericha erhält / viel viel beifall / für diese tat
[= Zeitstufe 4]
daß er Rummenigge der in aussichtsreicher position / an der strafraumgrenze den ball erhielt / vom ball trennte und somit / vielleicht das zweite tor / verhindert hat
[= Zeitstufe 3]

(16) dort steht die mauer / des FC Schalke 04 / acht spieler stehn dort drin / in ihr Kevin Keegan /
[= Zeistufe 4]
der sicherlich gleich zur seite springen wird / wenn Nogly schießt
[= Zeitstufe 5]

(17) und der 1.FC Kaiserslautern wird einen hochverdienten sieg / an diesem nachmittag / hier im Hamburger Volksparkstadion vor etwa 10 bis 12.000 zuschauern erreichen
[= Zeitstufe 6]

(18) in vier wochen wird dieser rasen sicherlich auch grün sein
[= Zeitstufe 7]

Zuordnungsprobleme ergeben sich dagegen in folgenden Beispielen:

(19) über langeweile / haben wir uns eigentlich im Frankfurter Waldstadion / bei den bisher gespielten 87 minuten nicht zu beklagen gehabt

(20) man muß im übrigen sagen daß Hertha BSC jetzt stärker geworden ist / daß die mannschaft das spiel durchaus ausgeglichen gestaltet auch wenn jetzt Fortuna Düsseldorf den ball / in den eigenen reihen hat zunächst mit libero

Zewe

(21) aber die Finnen machen das am strafraum meistens sehr eng / ziehen sich zurück mit ihrer kompletten mannschaft nur ein zwei spitzen lauern dann vorn

(22) die temperaturen liegen hoch heute nachmittag in Lahti etwa 26 grad im schatten / es ist sonnig nur leicht bewölkt und die sonne brennt heiß hier oben im norden

(23) vielleicht mit ausnahme eines mannes der in Uerdingen sein brot verdient 25 jahre alt ist und sein 26stes länderspiel bestreitet / nämlich Pyykkö

(24) es ist übrigens das 460ste länderspiel / in der geschichte des deutschen fußballbundes

(25) was man erst einmal hat / das hat man

Alle Aussagen sind nicht in eine einzige Zeitstufe, sondern in mindestens zwei einzuordnen. In Beleg 19 handelt es sich um den Zeitabschnitt vom Spielbeginn bis unmittelbar vor den Redemoment, also die Zeitstufen 2 und 3, in Beleg 20 um eine Spielphase vor dem Redemoment, die ein Teilstück von 2 und die Zeitstufe 3 umfaßt. Man kann sich sogar darüber streiten, ob beide Aussagen nicht auch den Redemoment, die Zeitstufe 4, miteinschließen. Da aber der Reporter ebenso gut "über langeweile brauchen wir uns bei den bisher gespielten 87 minuten nicht zu beklagen" bzw. "Hertha BSC ist jetzt stärker" hätte sagen können, wenn er den Redemoment einbeziehen wollte (so direkt anschließend: "daß die mannschaft das spiel durchaus ausgeglichen gestaltet")[29], werte ich diese Fälle nicht als "Überlappung" der Gegenwart. Um das pragmatische Zeitmodell durch derartige zusätzliche Differenzierungen nicht zu komplizieren und damit dem Leser nicht zusätzliche Verständnisschwierigkeiten zu bereiten, habe ich derartige Aussagen der Zeitstufe zugeordnet, der sie schwerpunktmäßig angehören. In Beleg 19 ist klar, daß eindeutig die Zeitstufe 2 überwiegt. In Beleg 20 dürfte sich das "Stärker-Werden" der Berliner nicht erst unmittelbar vor dem Redemoment, sondern bereits mindestens einige Minuten zuvor ereignet haben.

Bei den Belegen 21 bis 25 ist ebenso wie im zweiten Objektsatz des Beleges 20 zweifelsfrei, daß sich die Aussagen auf Zeitabschnitte beziehen, die den Redemoment, also unsere Zeitstufe 4, einschließen. Oder anders ausgedrückt: die Aussagen haben nicht nur Gültigkeit im Redemoment, sondern auch in bestimmten Zeitabschnitten davor und/oder danach. Diese Zeitabschnitte können unterschiedlich lang sein: Beleg 21: die Spieldauer; Beleg 22: mehrere Stunden (Nachmittag); Beleg 23: mindestens ein Jahr (Vertragsdauer), ein Jahr (Alter), die Spieldauer; Beleg 24: solange es den DFB und Interessierte an seiner Statistik gibt; Beleg 25: solange diese Behauptung gilt, also wohl solange es Menschen gibt. Wir haben es folglich mit einem Kontinuum von Zeitabschnitten zu tun, dessen Reichweite von der unmittelbaren Vergangenheit und Zukunft des Redemoments bis hin zur gesamten Zeitachse gehen kann. Bei allen Vorschlägen, dieses Kontinuum zu gliedern, müssen zwangsläufig willkürliche Grenzziehungen vorgenommen werden, die obendrein äußerst unscharf sind.[30] Für unser Untersuchungsziel scheint es ausreichend zu sein, mit einer Dreiteilung der Redemomentgültigkeit zu arbeiten:

- mit "4a" bezeichnen wir die punktuelle Gültigkeit im Redemoment,
- mit "4b" die partiell Vergangenheit und/oder Zukunft inkludierende Redemoment-Gültigkeit
- mit "0" die generelle Gültigkeit, also die sogenannten "panchronischen" oder gar "zeitlosen" Aussagen.

SKIZZE 6: Erstreckungsmöglichkeiten der Zeitstufe 0

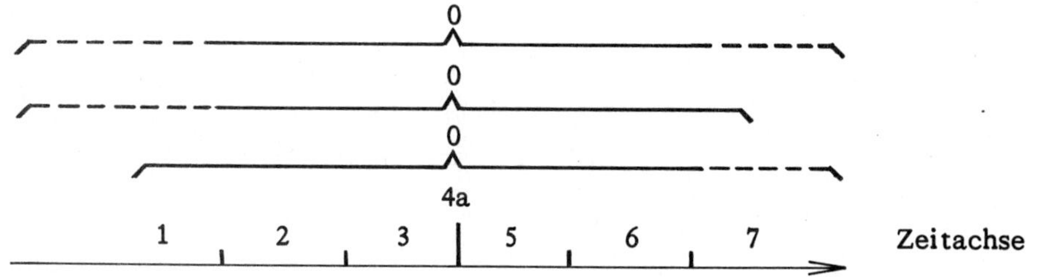

Der Sonderfall der übergreifenden "Zeitstufe" 4b, die - wie auch die Beispiele zeigen - in der überwiegenden Mehrzahl der Fälle zur Charakterisierung des Spiels, der Spieler und der Spielumstände benutzt wird, umfaßt eine Reihe von Zeitabschnittsverbindungen, die an einer Auswahl in Skizze 7 veranschaulicht sind.

SKIZZE 7: Erstreckungsmöglichkeiten der Zeitstufe 4b

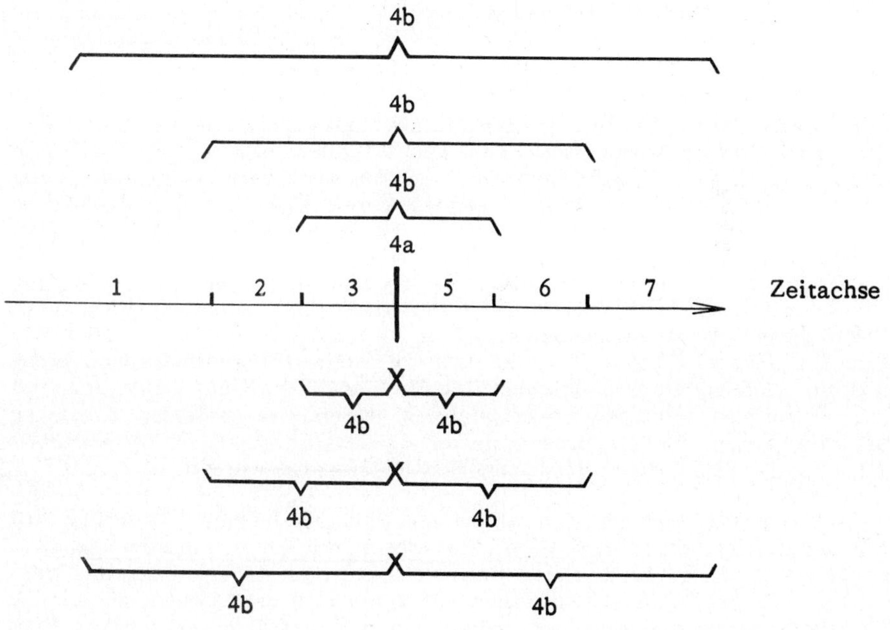

Auf der Basis unseres sieben Zeitabschnitte umfassenden pragmatischen Modells ergeben sich theoretisch 15 übergreifende Kombinationen:

1	2	3	4a			
1	2	3	4a	5		
1	2	3	4a	5	6	
1	2	3	4a	5	6	7
	2	3	4a			
	2	3	4a	5		
	2	3	4a	5	6	
	2	3	4a	5	6	7
		3	4a			
		3	4a	5		
		3	4a	5	6	
			4a	5	6	7
			4a	5		
			4a	5	6	
			4a	5	6	7

Die Auflistung verdeutlicht, warum es sinnvoll ist, diese Zeitstufenkombinationen zu einer Kategorie zusammenzufassen. Zum einen haben alle unterschiedlichen Kombinationen eine Konstante, die Zeitstufe 4a, die punktuelle Gegenwart. Von dieser, steht sie allein, sind sie aber eindeutig durch ihren Kombinationsstatus unterschieden, was zugleich die Aufteilung von 4 in 4a und 4b rechtfertigt. Zum andern würde die Aufnahme dieser 15 übergreifenden, stark differenzierten Zeitabschnitts-Kategorien in unsere ursprüngliche Siebenerskala eine Auffächerung zumindest der pauschalen Zeitstufen 1 und 7 (vor bzw. nach dem Spiel) geradezu erfordern. Auf diesem Wege fortzufahren, würde zu einem Zeitstufen- und Zeitstufenkombinationsmodell führen, das ohne entscheidenden Erkenntnisgewinn nicht nur unpraktisch, sondern auch unübersichtlich und unanschaulich würde, so daß nachträgliche Zusammenfassungen unausweichlich wären. Wir belassen es daher bei unserem praktikablen Modell, dessen sieben aufeinanderfolgenden Zeitabschnitten zwei "übersegmentale" Abschnittskategorien hinzugefügt werden.

Es soll nicht bestritten werden, daß besonders diese pauschalen, letztlich für Zweifelsfälle nicht ausreichend definierten Kategorien subjektive Zuordnungen erforderlich machen. Doch deren Zahl ist nicht so hoch, daß sie in relevanter Weise das vorgelegte Zahlenmaterial und dessen Interpretation verfälschen, zumal das gesamte Korpus - mit Ausnahme einer halbstündigen Reportage - von einer Person analysiert wurde. Relativ konstant bleibende Subjektivismen beeinträchtigen aber vor allem nicht den Vergleich zwischen den Teilkorpora bzw. zwischen einzelnen Reportagen.

Auf einen Sonderfall, der in den Reportagen sehr selten vorkommt und deswegen nicht als eigene Kategorie berücksichtigt wurde, muß noch hingewiesen werden.

Es gibt präsentische Aussagen, die Vergangenheit und Zukunft umfassen, aber keine Gültigkeit im Redemoment (bzw. in einem kürzeren Zeitabschnitt mit dem Redemoment als Mittelpunkt) haben.

(26) Magath [...] gibt auf Bertl / Bertl aber der einzige fremdkörper in der HSV-mannschaft / nun er gehört normalerweise nicht zum aufgebot

Die Aussage, Bertl gehört nicht zum Aufgebot, sitzt also noch nicht einmal als Ersatzspieler auf der Auswechselbank, diese Aussage gilt für die Zeit vor und nach dem Spiel, aber nicht für das Spiel selbst. Sein Mitwirken in diesem Spiel ist also die Ausnahme. Graphisch läßt sich dieser Sonderfall, der im konkreten Beispiel die Zeitstufen 2 bis 6 exkludiert, folgendermaßen visualisieren:

SKIZZE 8: Exkludierung der Spielzeit

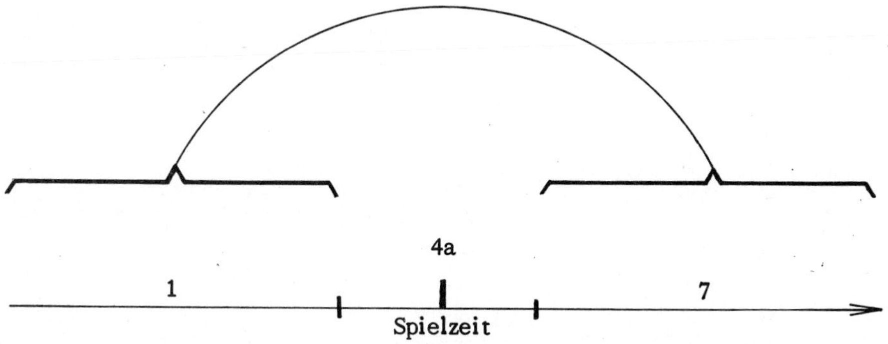

Das pragmatische Zeitmodell der Direktreportage läßt sich mit folgenden Veränderungen auf den Nachbericht übertragen:

1. Entsprechend dem zeitlichen Grundmodell "b) zeitversetzt" rückt das Spiel in die Vergangenheit (= Zeitabschnitt A). Das bedeutet zugleich, daß die vom Redemoment her bestimmten Zeitpunkte 2 bis 6 nun potentiell von der Gegenwart des vergangenen Spielgeschehens her interpretierbar sind. Der Reporter kann sich und damit auch den Hörer gedanklich zurückversetzen zu einem Punkt A 4a, von dem aus er Rückgriffe (A 2, A 3) oder Vorgriffe (A 5, A 6) vornimmt.

2. Zwischen Spiel und Reportage entsteht ein zeitlicher Zwischenraum (= Zeitabschnitt B). Beispiel: eine Pressekonferenz der Trainer unmittelbar nach dem Spiel.

3. Die Reportagezeit deckt sich nun mit einem kurzen Geschehensabschnitt (= Zeitabschnitt C). Beispiel: der Reporter berichtet, daß die Gastmannschaft während seiner Reportage die Heimfahrt antritt. Referenzen auf B und den aktionalen Anteil von C, soweit er nicht Vergangenheit und Zukunft inkludiert, sind äußerst selten.

4. Aus der Zeit "nach dem Spiel" (7) wird die Zeit "nach der Reportage".

SKIZZE 9: Pragmatische Zeitstufen des Nachberichts

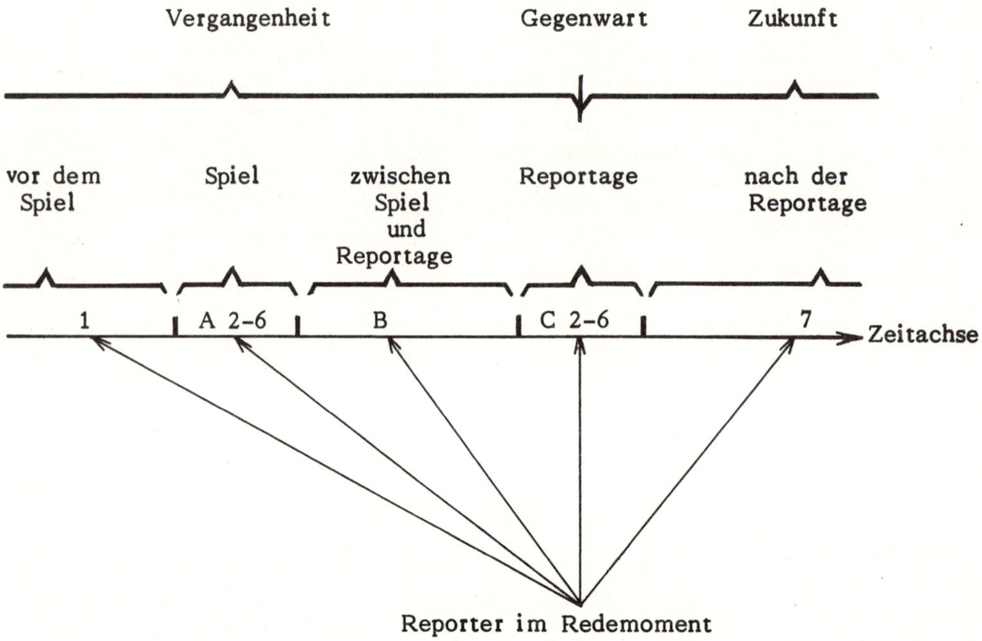

Für die Hauptgruppen ein paar Beispiele:

(27) man hatte ja ein bißchen bedenken seit ende januar / gegen Dortmund saß er auf der bank erst gegen Bochum nach der verletzung von Manni Müller wieder eingesetzt
[Zeitstufe 1 "vor dem Spiel"]

(28) in der ersten halbzeit spielte er eine ausgezeichnete partie weitgehend gegen Kenny Douglish / ließ den torschützenkönig der letzten saison nicht zum zuge kommen hier und in der zweiten hälfte / als Bob Paisley alles auf eine karte setzte und in Steve Heighway für mittelfeldspieler Terry Mc Dermott / noch einen zusätzlichen angriffsspieler ins spiel brachte / schaltete er auch diesen Heighway ganz hervorragend aus
[Zeitstufe A "Spiel"]

(29) da sagte zum beispiel trainer Karl-Heinz Rühl von München nach dem spiel
[Zeitstufe B "zwischen Spiel und Reportage]

(30) was ich am anfang erwähnt habe
[Zeitstufe C "Reportage Vergangenheit"]

(31) und hier draußen kommen grad die Hamburger spieler zum teil raus und die Schalker fans sind auch hier versammelt
[Zeitstufe C "Reportage Gegenwart"]

(32) bei uns steht / äh trainer Horst Franz nicht wahr mit dem wir sicherlich gleich anschließend noch ein paar worte wechseln können
[Zeitstufe C "Reportage Gegenwart" und "Reportage Zukunft"]

(33) und vielleicht wird es dann demnächst besser wenn Dieter Müller oder Didier Six der Franzose / für die Stuttgarter stürmen
[Zeitstufe 7 "nach der Reportage"]

(34) die übliche sturmmisere die man schon seit langem nun kritisiert und auch äh bemängelt
[Zeitstufe C "Gegenwart, partiell Vergangenheit inkludierend"]

2.4. TEMPUSSYSTEM UND BEZUGSPUNKTSETZUNG

Um dem Rezipienten die Zeitorientierung zu ermöglichen, stehen jedem Erzähler, also auch dem Reporter, die Zeitpunkte und Zeitverhältnisse ausdrückenden sprachlichen Möglichkeiten zur Verfügung, vor allem das Tempussystem und die Zeitangaben.

Innerhalb des deutschen Tempussystems gibt es zwei Grundmöglichkeiten:

SKIZZE 10: Die Teilsysteme des deutschen Tempussystems

I. Das "präsentische" Teilsystem

Zukunft (nach dem Redemoment)	FUTUR I
Gegenwart (im Redemoment)	PRÄSENS
Vergangenheit (vor dem Redemoment)	PERFEKT

II. Das "präteritale" Teilsystem

Zukunft eines vergangenen Geschehens[31]	
Gegenwart eines vergangenen Geschehens	PRÄTERITUM
Vergangenheit eines vergangenen Geschehens	PLUSQUAMPERFEKT

Das Teilsystem I hat als zeitlichen Bezugspunkt explizit die Redemoment-Gegenwart des Narrators. Das Teilsystem II enthält die Gegenwart des Narrators nur implizit. Der Bezugspunkt ist hier die Gegenwart des vergangenen Geschehens, in die der Erzähler sich und den Rezipienten gedanklich versetzt.[32]

Unschwer läßt sich die Verwendung dieser beiden Teilsysteme in der genannten Funktion bei schriftlichen Erzähltexten nachweisen. Da im Normalfall ein vergangenes Geschehen erzählt wird, kommt bei expliziter Anwesenheit der Erzähler-Origo[33] die Kombination beider Teilsysteme vor, je nachdem ob der Narrator seine eigene Gegenwart als Bezugspunkt wählt oder einen Zeitpunkt der Vergangenheit "vergegenwärtigt".

(35) Zwei Familien, Nachbarn, gab [Prät] es in Bollerup, die hatten seit zweihundert Jahren kein Wort miteinander gewechselt [Plqu] - obwohl ihre Kinder in der gleichen Schule erzogen, ihre Toten auf dem gleichen Friedhof begraben wurden [Prät]. [.....
.....]
Bis hierher setzt [Präs] das keinen in Erstaunen, etwas Ähnliches hat jeder wohl schon mal gehört [Perf]. Doch Erstaunen mag [Präs] vielleicht die Ankündigung hervorrufen, daß das feindselige Schweigen an einem Gewitterabend gebrochen werden wird [Fut I] - aber ich will [Präs] nacheinander erzählen.[34]

In der ersten Passage wird mit Präteritum- und Plusquamperfekt-Formen das zweite Teilsystem benutzt, d.h. der Erzähler sieht völlig davon ab, seine Gegenwart ins Spiel zu bringen. In der zweiten Passage ist das "Jetzt" des Narrators, ausgedrückt durch die Präsensformen, der Bezugspunkt, auf den sowohl die Kommunikationsebene Erzähler - Leser als auch ein Detail der erzählten Res bezogen werden und zwar rückgreifend mit einer Perfekt-, vorausgreifend mit einer Futur I-Form.

Ist die Erzähler-Origo durchgehend nur implizit vorhanden, kommt nur das zweite Teilsystem in Frage:

(36) Als Gregor Samsa eines Morgens aus unruhigen Träumen erwachte [Prät], fand [Prät] er sich in seinem Bett zu einem ungeheuren Ungeziefer verwandelt. Er lag [Prät] auf seinem panzerartig harten Rücken und sah [Prät], wenn er den Kopf ein wenig hob [Prät], seinen gewölbten, braunen, von bogenförmigen Versteifungen geteilten Bauch, [.....
.....] Während sie sich so unterhielten [Prät], fiel [Prät] es Herrn und Frau Samsa im Anblick ihrer immer lebhafter werdenden Tochter fast gleichzeitig ein, wie sie in der letzten Zeit trotz aller Plage, die ihre Wangen bleich gemacht hatte [Plqu], zu einem schönen und üppigen Mädchen aufgeblüht war [Plqu]. Stiller werdend und fast unbewußt durch Blicke sich verständigend, dachten [Prät] sie daran, daß es nun Zeit sein werde [Konj], auch einen braven Mann für sie zu suchen. Und es war [Prät] ihnen wie eine Bestätigung ihrer neuen Träume und guten Absichten, als am Ziele ihrer Fahrt die Tochter als erste sich erhob [Prät] und ihren jungen Körper dehnte [Prät].[35]

Überdeutlich wird an dieser Eingangs- und Schlußpassage der KAFKA-Erzählung die dominierende Rolle des epischen Präteritum, das den zeitlichen Bezugspunkt markiert, von dem aus plusquamperfektische Rückgriffe erfolgen.

Seltener ist der Fall gleichzeitigen Erzählens, d.h. des zeitlichen Zusammenfalls von Erzähler- und Geschehensgegenwart. JOE GORES läßt z.B. am Ende seiner Kriminalerzählung "Wenn ich dann noch lebe" die vergangene Geschehensgegenwart in die Erzählergegenwart einmünden:

(37) Niemand schien /Prät/ mich zu beachten. Ich ging /Prät/ die Treppe hinauf in den zweiten Stock zu seinem Zimmer. Das war /Prät/ vor einer Stunde. Vielleicht hat die Polizei Emmy schon gefunden und ins Leichenschauhaus gebracht /Perf/. Oder vielleicht hat Earl ihn vorher gefunden /Perf/, ist einfach in den Lincoln gestiegen und weggefahren /Perf/. Aber das glaube /Präs/ ich nicht. Ich glaube /Präs/, Earl wird herkommen /Fut I/. Wenn er Emmy entdeckt hat /Perf/, dann ist /Präs/ er jetzt auf der Hut, blickt /Präs/ immer mal über die Schulter zurück in den Nebel /.....
...../
Ein Schlüssel wird ins Schloß gesteckt /Präs/! Es ist /Präs/ Earl! In ein paar Sekunden werde ich wissen /Fut I/, ob er Emmy gefunden hat /Perf/ und mit mir rechnet /Präs/. In ein paar Sekunden! Wenn ich dann noch lebe /Präs, futurell/.[36]

Die Bezugspunktverlagerung vollzieht sich in dem Satz "Das war vor einer Stunde". Wie in den vorangegangenen Sätzen, auf deren Inhalt er sich ja bezieht, wird noch im epischen Präteritum erzählt, als Bezugspunkt folglich das vergangene Geschehen gewählt. Die Zeitangabe "vor einer Stunde" ist aber nur von der Erzählgegenwart her verständlich. Dieser neue Bezugspunkt wird im folgenden durch die Verwendung des ersten Teilsystems auch temporal realisiert: Perfektformen kennzeichnen nun das vorzeitige, Futur I-Formen das nachzeitige Geschehen, das Präsens dient zur Markierung der sich im Redemoment ereignenden oder vorgestellten Handlungen.

Unschwer lassen sich in den Reportagen zahlreiche Beispiele finden, die die Hypothese verifizieren, daß sowohl die Sprecher der Nachberichte als auch die spontan sprechenden Reporter der Direktreportagen

1. beide Teilsysteme verwenden und
2. sich bei den Zeitverhältnissen "nachzeitig", "gleichzeitig" und "vorzeitig" nach demselben temporalen Grundraster richten, das für schriftliche Erzähltexte gilt und exemplifiziert wurde.[37]

Hierfür ein paar Beispiele:

Teilsystem I: Futur I, Präsens, Perfekt

(38) und da gibt /Präs/ es einen freistoß / aus dem strafraum / des VfB Stuttgart heraus / weil schiedsrichter Hennig aus Duisburg ein foulspiel gesehen hat /Perf/

(39) torhüter Greiner hat kurz gespielt /Perf/ an die strafraumkante / zu Szatmari / und der / paßt /Präs/ ihm den ball / noch einmal zurück

(40) ich kann /Präs/ im augenblick nicht erkennen wer für ihn vom platz gegangen ist /Perf/ ich werde ihnen den namen nachliefern /Fut I/

(41) 'nd da wird's wohl in der schlußphase / noch einmal eine gelbe karte geben /Fut I/ nein / schiedsrichter Smith tut /Präs/ es doch nicht

Teilsystem II: Präteritum, Plusquamperfekt

(42) Lugio Bizzini war /Prät/ es / der verteidiger er war mit nach vorne gegangen /Plqu/ / erwischte /Prät/ den ball volley in der luft und setzte /Prät/

ihn aber dann neben den kasten

(43) die Duisburger hatten /Prät/ mehrere gute möglichkeiten beim kopfball von Worm beispielsweise / der / knapp übers tor ging /Prät/ außerdem aber / hatte der schiedsrichter / der Rumäne Nicolae Rainea vorher / abgepfiffen /Plqu/

(44) aber wenig später wars /Prät/ dann soweit für Milewski der eingewechselt / worden war /Plqu/ er bekam /Prät/ die rote karte nach einem ganz bösen foul

2.5. KOTEXTUELLE ZEITANGABEN UND IHRE BEZUGSSYSTEME

Wenn man sich die Textpassagen, an denen wir die Einordnung in das pragmatische Zeitmodell exemplifiziert haben (siehe Beleg 13-33), näher anschaut, wird man schnell feststellen, daß die Einordnung nicht allein von den Tempusformen her zu leisten ist, sondern daß der Kotext, und d.h. im Regelfall: die in ihm enthaltenen Zeitangaben mit herangezogen werden müssen.

Machen wir ein kleines Experiment. Der Satz

(45) beide erhielten genau wie Erich Beer / und Bernd Gersdorff der am montag in die U.S.A. abwandert / eine gelbe karte

stellt uns vor keine Zuordnungsprobleme, wenn man weiß, daß es sich um einen mittwochs gesprochenen Nachbericht handelt: Der Hauptsatz bezieht sich auf das Spiel (Zeitstufe A), der Relativsatz auf die Zeit nach der Reportage (Zeitstufe 7). Die nachzeitige Funktion der Präsensform "abwandert" erkennen wir aber nur durch die Zeitangabe "am montag" (= 'am kommenden Montag'). Diese Interpretation der Zeitangabe ist aber umgekehrt abhängig von der Präsensform. Ersetzen wir nämlich im ersten Falle "am montag" durch "heute" und im zweiten Falle "abwandert" durch die Präteritumform "abwanderte" -

(45a) der heute in die U.S.A. abwandert

(45b) der am montag in die U.S.A. abwanderte -,

so entstehen ganz andere Bedingungen zeitlicher Zuordnung der jeweils formal unverändert gelassenen anderen Zeitbestimmung: "abwandert" muß nun in 45a als inkludierende Redemoment-Gegenwart, "am montag" in 45b als 'am vergangenen Montag' interpretiert werden. Die Zeitorientierung erweist sich also primär als ein sich gegenseitig bedingendes Wechselspiel von Zeitangaben und Tempusformen.

Für die Zeitorientierung des Hörers mit Hilfe von Zeitangaben stehen dem Reporter mehrere Bezugssysteme zur Verfügung.

1. Das Kalendersystem:

Hierbei handelt es sich um ein "öffentliches", "extensionales", "abstraktes"[38] System, das ausgehend von einem arbiträren Nullpunkt die Zeitachse in Jahre, Monate, Tage, Stunden, Minuten und Sekunden exakt meßbar einteilt.

(46) seit 50 jahren gibt es einen weltfußballverband / seit 1930 weltmeisterschaften

(47) wir haben ihn /Helmut Schön/ während seiner karriere von 1965 bis 1974 / zuweilen kritisiert und kritisieren müssen

(48) die übernächste generation / jenes / legendären / Magyaren-teams der 50er jahre

(49) nur zwei aus der weltmeisterschaft des vergangenen jahres der / großartigen mannschaft die / in Buenos Aires in den tagen des juni / 1978 so stark gefeiert wurden

Bezüge auf dieses System sind in Hörfunkreportagen ein Ausnahmefall. Der Hauptgrund liegt zweifellos im pragmatischen Kontext der Direktreportage, der durch die Simultaneität von Spiel und Spielbericht konstituiert ist. Der Hörer weiß ja, auf welchem Kalenderpunkt er sich selbst und damit auch Reporter und Spielgeschehen befinden. Auch beim Nachbericht besteht keine Notwendigkeit, den Kalender zur Orientierung heranzuziehen: Spiel und Nachbericht finden normalerweise am selben Tage statt, können aus Aktualitätsgründen höchstens um einen Tag auseinanderliegen. Die Kalenderangaben beziehen sich - wie auch die Belege beweisen - fast ausschließlich auf Informationen, die nicht das aktuelle Spielgeschehen betreffen, auch nicht seine nähere zeitliche Umgebung.

2. Das zeitdeiktische System:

Hierbei handelt es sich um ein "intensionales", ein "personales", "konkretes"[39] Bezugssystem, dessen jeweiliger Nullpunkt entweder die auf der Zeitachse sich bewegende Gegenwart des Sprechers, also seine zeitliche Origo, oder ein anderer, vom Sprecher zuvor fixierter Zeitpunkt ist. Von diesem Punkt aus kann auf jeden beliebigen anderen Zeitpunkt bzw. -abschnitt deiktisch referiert werden, sei er gleich-, vor- oder nachzeitig.

Beispiele für den Bezugspunkt Sprecher-Gegenwart:

(50) torhüter Preud'homme / im kasten von Standard Lüttich / kann sich jetzt das leder zum abstoß zurechtlegen

(51) und während die Albaner [...] sich den ball zum abschlag zurechtlegen [...] kann ich ihnen noch sagen

(52) dann geht es weiter / auf der linken seite / mit Rainer Bonhof der heute die aufgabe hat Sirgurvinsson / zu bewachen

(53) Standard Lüttich führt seit 60 sekunden

(54) er hat ja / noch am sonntag abend für seinen verein den FC Valencia / ein spiel / in Madrid bestritten

(55) es nützt im nächsten jahr [...] etwas

Beispiele für eine vorausgegangene Bezugspunkt-Verlagerung:

(56) die auswechslung der Argentinier / wurde schnell vollzogen / als der ball im aus war

(57) in der 65sten minute schließlich durch Thomas / Allofs / nach einem gewaltakt im strafraum als er auch noch / außenverteidiger Schreml / aussteigen ließ (sprechchöre) das 2:1

(58) aber in der 13ten minute die kalte dusche das 0:1 ein herrliches tor von Bernhard Dietz nach doppelpaß / mit Mirnegg

(59) nach der pause / zweimal Hölzenbein und zwar verwandelte er in der 65sten / den strafstoß zum 4:0 vorher / fünf minuten vorher / markierte er tor numero drei

(60) bester angreifer eigentlich / noch Norbert Eilenfeld solange ihn Hattenberger bewachte hinterher hatte er es / mit Hadewicz sehr sehr schwer

Das zeitdeiktische System ist mit etwa 75 % aller Zeitangaben sowohl in den Direktreportagen als auch in den Nachberichten das absolut vorherrschende System.

Zu diesen beiden allgemein gebräuchlichen Bezugssystemen, dem Kalender- und dem Zeitdeixis-System, treten zwei weitere, sport- bzw. sportartspezifische Systeme, die demzufolge konventionell, extensional, abstrakt sind.

3. Das Wettbewerbsystem:

Hierbei handelt es sich um eine Form der historischen Einordnung des aktuellen Spiels in einen Wettbewerb oder einen Turnus, z.B. Weltmeisterschafts- oder Europa-Pokal-Turniere, nationale Meisterschafts- oder Pokalrunden usw.

(61) das endspiel der zehnten fußballweltmeisterschaft

(62) vom ersten spieltag des weltmeisterturniers

(63) Ramon Diaz / der bei der junioren-weltmeisterschaft / für Argentinien / acht tore erzielte

(64) das wäre einer der höhepunkte / in der vereinsgeschichte / der / ruhmreichen Fortuna wenn sie es in diesem jahre schaffen könnte / ins halbfinale / des Europa-pokals der pokalsieger einzudringen.

(65) die erste halbzeit des UEFA-pokal-rückspiels zwischen dem 1.FC Köln / und Standard Lüttich

(66) Piet Hamberg / der Holländer / der immerhin schon zehn tore / für seine mannschaft in der laufenden meisterschaft gemacht hat

Dieses Bezugssystem spielt in den Reportagen verständlicherweise eine untergeordnete Rolle, da es lediglich zur Einordnung des aktuellen Spiels in den Wettbewerb dient oder in Form von Zusatzinformationen (siehe Beleg 63 und 66) andere Wettbewerbe anspricht. Von Ausnahmen (z.B. Beleg 61) abgesehen, sind die Zeitangaben dieses Systems mit dem deiktischen Redemomentsystem verknüpft. Denn Zusätze wie "in diesem jahre" (Beleg 64) oder "laufend" (Beleg 66) haben die Sprecher/Hörer-Gegenwart als Bezugspunkt. Wo derartige Deiktika ausgespart sind, wie z.B. in den Belegen 62, 63 und 65, ist gleichwohl der Redemoment, wenn auch implizit, die Bezugsbasis. Mit "des weltmeisterturniers" (Beleg 62) ist natürlich das Turnier gemeint, das zum Zeitpunkt der Reportage gerade stattfindet; bei der "junioren-weltmeisterschaft" (Beleg 63) handelt es sich um die letzte und nicht die vorletzte Junioren-Weltmeisterschaft, gerechnet vom Redemoment her.

4. Das Spielzeitsystem:

Dieses System setzt die in den Fußballregeln festgelegte Spieldauer, die "neunzig Minuten", absolut, löst sie so aus jeder Bindung an ein anderes System.[40] Es leistet bei Direktreportagen in vorzüglicher Weise die exakte zeitliche Fixierung des Spielgeschehens in, vor und nach dem Redemoment in Relation zur Gesamtspielzeit. Es ist unverzichtbar am Anfang von Ausschnittreportagen, wird häufig gegen Spielende aus Spannungsgründen eingesetzt, ist die zeitliche Grundkomponente bei Kurzfassungen, Rekapitulationen und statistischer Aufbereitung des Spielgeschehens, ermöglicht die Vergleichbarkeit örtlich und zeitlich auseinanderliegender Spiele hinsichtlich ihrer aktionalen Struktur.

Das Spielzeitsystem wird in zwei Varianten realisiert:

a) die Gesamtspieldauer

b) die Aufteilung in zwei Halbzeiten.

Nachspielzeit, Halbzeitpause (ca. 15 Minuten) und gegebenenfalls Verlängerung (2 x 15 Minuten) werden in diese beiden Möglichkeiten integriert bzw. an sie angeschlossen.[41]

Bezugspunkte des Spielzeitsystems sind entweder der Anfang oder das Ende des festliegenden Zeitabschnitts, also bei der Variante a die 1. oder die 90.Minute des Spiels, bei der Variante b die 1. oder die 45.Minute einer Halbzeit. Beim Bezugspunkt "Anfang" fallen für die ersten 45 Minuten, beim Bezugspunkt "Ende" für die zweiten 45 Minuten in der Mehrzahl der Fälle beide Varianten zusammen.

Bezugspunkt Anfang (a + b):

(67) 1:0 in der 17ten minute durch Schmitz

(68) als dann das 1:0 durch Pezzey / in der 42sten und durch Nachtweih / in der 45sten das 2:0 fiel

Bezugspunkt Ende (a + b):

(69) noch 22 minuten muß also die deutsche mannschaft diese 2:1-führung halten

(70) 14 minuten noch zu spielen / im Münchner Olympia-stadion

Bezugspunkt Anfang (a):

(71) Köhnen wurde eingewechselt in der 68sten minute für Thomas Allofs

(72) jetzt sind wir wirklich schon / in der 90sten minute

Bezugspunkt Anfang (b):

(73) gespielt sind 21 minuten in der zweiten hälfte

(74) acht minuten ist die zweite halbzeit alt

Bezugspunkt Ende (a):

(75) 13 minuten vor spielende

(76) zehn minuten vor dem schlußpfiff

Bezugspunkt Ende (b):

(77) das war fast vor dem halbzeitpfiff ungefähr / zehn sekunden eigentlich regulär noch zu spielen

(78) und noch einmal ein eckstoß für Standard Lüttich in der / letzten minute der ersten halbzeit

Während punktuelles Geschehen fast ausschließlich mit Minuten- und bisweilen Sekunden-Angaben eingeordnet wird (vgl. z.B. die Belege 67, 68, 71, 77, 78), werden Spielabschnitte sowohl durch Stunden-, Minuten- und Sekunden-Angaben (vgl. die Belege 69 und 70) als auch durch andere Zeitabschnitt-Angaben auf das Spielzeitsystem bezogen:

(70) in der ersten viertelstunde der zweiten hälfte

(80) und so / hat er in den zweiten 20 minuten oder in den letzten 20 minuten der ersten halbzeit gute chancen gehabt

(81) noch haben wir die zweiten 45 minuten [...] vor uns

(82) die letzten 60 sekunden

(83) in der ersten phase dieser begegnung

(84) zu beginn der zweiten halbzeit

Daß die Zeitdauer-Angaben, die nicht auf der Minuten-Messung beruhen, nur sprachliche Varianten sind und daher jederzeit exakt oder doch zumindest relativ genau in Minuten umgerechnet werden können, zeigt sich nicht nur bei zeitlicher Identität, z.B.

(85) in den ersten 45 minuten

(86) in der ersten halbzeit,

sondern auch in folgendem "Umrechnungsbeleg":

(87) in der schlußphase / in den letzten zehn minuten dieses spiels

Eine klare Grenze zwischen Zeitpunkt- und Zeitabschnitt-Angaben ist nicht immer zu ziehen. Eine Aussage wie

(88) sechs minuten sind gespielt in der ersten halbzeit

referiert zwar auf die vor dem Redemoment liegende Spielzeit, die Information zielt aber primär auf die Spielzeit-Bestimmung des Redemoments, es sei denn, der unmittelbar nachfolgende Text beinhaltet Vorkommnisse dieses Zeitabschnitts. Meistens handelt es sich aber um eine sprachliche Variante zu Formulierungen wie

(89) wir sind in der 68sten minute dieses spiels

(90) die 89ste minute läuft

Die häufig gegen Spielende anzutreffenden Zeitangaben vom Typ "x minuten sind noch zu spielen" (siehe Beleg 69 und 70), erlauben zwar ebenfalls die Redemomentbestimmung nach dem Spielzeitsystem (Redemoment = 90-x), legen aber doch den Schwerpunkt auf den Schlußabschnitt des Spiels, also auf die Zeit, die beiden Mannschaften bleibt, ein günstiges Ergebnis zu halten oder gar auszubauen bzw. ein ungünstiges Ergebnis noch zum Positiven zu wenden.

In die Spielzeit von 90 Minuten eingefügt ist der selbständige Zeitabschnitt der "Halbzeitpause" (ca. 15 Minuten). Eine Zeitpunktbestimmung durch Minutenzählung findet hierbei nicht statt. Denn erstens "pausiert" ja die sportliche Res, es ist folglich uninteressant, in der wievielten Pausenminute sich irgendetwas im Stadion ereignet, und zweitens ist die Pause in der Praxis unterschiedlich lang. Wenn die Reporter auf diesen Zeitabschnitt referieren, tun sie dies im Regelfalle mit Zeitangaben, die die Pause in ihrer Gesamtheit umfassen, verzichten also auf zeitliche Differenzierung:

(91) bei halbzeit [d. i. während der Pause] sah es so aus als solle / unschöne stimmung ins stadion kommen

(92) das sind sicherlich jetzt die nerven / die ihm / in der halbzeitpause durchgingen

Bezüge auf die Zeit vor und nach der Pause sind dagegen lediglich Ausdrucksvarianten des Halbzeitsystems, genauer gesagt der Bezugspunkte "Ende 1. Halbzeit" (= vor der Pause) bzw. "Anfang 2. Halbzeit" (= nach der Pause):

(93) noch dreieinhalb minuten bis zur pause

(94) und haben sogar nach der pause / einen verhältnismäßig starken fußball gespielt

Bei bestimmten Wettbewerben, die nach dem k.o.-System ausgetragen werden, sehen die Regeln bei einem unentschiedenen Spielstand nach Ablauf der 90 Minuten eine Verlängerung von 30 Minuten vor. Die Verlängerung ist ebenfalls in zwei Halbzeiten geteilt. Für diese zusätzliche Spielzeit gibt es zwei Zählmöglichkeiten:

1. Die Verlängerungszeit mit ihren beiden Hälften wird als selbständige Zeiteinheit betrachtet. Der Reporter kann folglich dieselben Bezugspunkte für seine Zeitreferenzen wählen, die für die Normalspielzeit benutzt werden:

(95) in der achten minute dieser ersten verlängerung /= ersten Halbzeit der Verlängerung/

(96) und gespielt sind sechs minuten und dreißig sekunden in dieser ersten verlängerungshälfte

(97) noch vier minuten der ersten hälfte / der verlängerung

(98) gespielt sind jetzt etwa fünf minuten in der zweiten verlängerung / wir haben noch zehn minuten / zu spielen

(99) in der ersten phase der verlängerung dieser ersten halbzeit /korrekt: der ersten Halbzeit der Verlängerung/

In Abgrenzung zur "Verlängerung", die ja einen Ausnahmefall darstellt, wird die Spielzeit von 90 Minuten als "normale", "reguläre" Zeit bezeichnet:

(100) nachdem es 2:2 zur regulären zeit stand

(101) in der schlußminute der regulären spielzeit

(102) sie konnten / zum 3:2 in der normalen spielzeit kommen

2. Die Verlängerungszeit wird der "normalen Spielzeit" hinzugerechnet, die 90 Minuten werden also auf 120 Minuten Gesamtspielzeit ausgedehnt:

(103) die beiden mannschaften wechseln / kurz die spielhälften und dann gehts weiter von der 105ten bis zur 120sten minute

(104) zunächst einmal 108e minute

(105) 1:0 für Fortuna Düsseldorf / in der 117ten minute

Zur Verdeutlichung können auch beide Zählmöglichkeiten kombiniert werden:

(106) in der 104ten minuten / minute / das ist also die 14te der verlängerung

Das Problem der "Nachspielzeit" - d.h. der Schiedsrichter läßt wegen vorausgegangener, etwas längerer Spielunterbrechungen die nichtgespielte Zeit nachholen, also länger als 15, 45 bzw. 90 Minuten spielen, lösen die Reporter auf dieselbe Weise wie das der Verlängerung, nämlich durch Sonderzählung oder durch Weiterzählen:

(107) die 45ste minute ist vollendet / es kann nur noch ein nachspielen von einer minute sein

(108) Taylor schaut auf die uhr / er wird wahrscheinlich ein paar sekunden weiterlaufen lassen (pfiffe) / weil Rijsbergen eben / verletzt am boden behandelt wurde

(109) es war die 92ste spielminute

(110) jetzt geht es in die 94ste minute hinein

Die Normalspielzeit wird in diesem Falle als "offizielle" oder wie bei der Verlängerungs-Abgrenzung als "reguläre" Spielzeit bezeichnet:

(111) die offizielle zeit / wird gleich abgelaufen sein nur noch wenige sekunden

(112) in der letzten minute der offiziellen spielzeit

(113) wir sind 20 sekunden schon über die reguläre spielzeit

(114) und jetzt sind gleich die 15 minuten der regulären spielzeit der verlängerung zu ende

Die Nachspielzeit einer ersten Halbzeit oder - im Falle von Verlängerungen - der Normalspielzeit hat keinen Einfluß auf die nachfolgende Zählweise. Im Falle von Beleg 107 dauerte die erste Halbzeit 46 Minuten. Dennoch wird die zweite Halbzeit jetzt nicht von der 47. bis zur 91. Minute durchgezählt, sondern setzt systemkonform mit der 46. ein.

Vom Anfang und Ende des Spiels aus kann der Reporter auch deiktisch in die Zeit vor und nach dem Spiel verweisen, d.h. das Spiel als Ganzes ist hierbei der Nullpunkt der Zeitachse:

(115) ja es hat ausgerechnet eine stunde vor spielbeginn / hier wie aus kübeln / zu regnen begonnen

(116) interimstrainer Michel sagte mir vor anpfiff

(117) tausend briefe und telegramme sind es gewesen / nach dem sieg gegen Österreich

Lassen wir die Nachspielzeit und die Halbzeitpause unberücksichtigt, stellen sich die zeitlichen Bezugsmöglichkeiten des Spielzeitsystems graphisch so dar, wie in Skizze 11 veranschaulicht.

SKIZZE 11: Das Spielzeitsystem

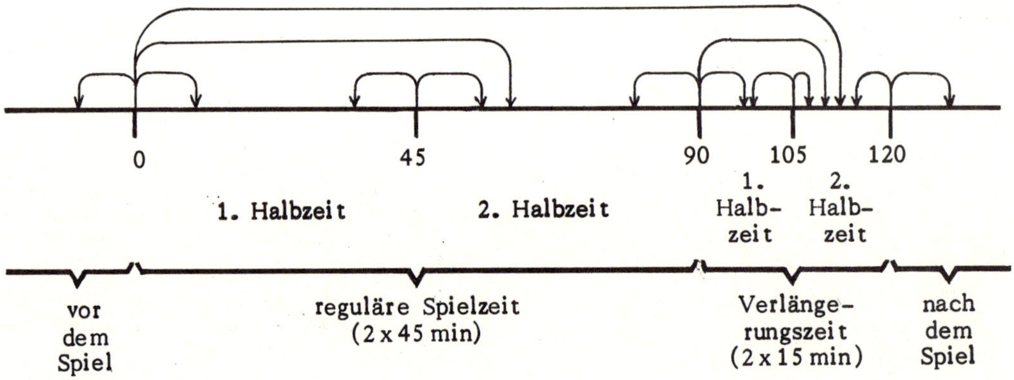

5. Das Narratiosystem:

Wie das Spiel kann auch die Reportage als Bezug gewählt werden:

(118) ich sagte es ihnen schon / in unserer zweiten einblendung

(119) und alles andere haben sie am anfang mitbekommen

Wie diese Beispiele stehen alle derartigen Reportagereferenzen innerhalb der explizit gemachten Kommunikation Reporter - Hörer. Im Gegensatz aber zu vergleichbaren Verweisen in den Text wie z.B.

(120) dann sind die alten faktoren die ich bereits nannte auch hier noch wirksam

(121) trübes wetter ich sagte ihnen das schon vorhin,

die ihren Bezugspunkt in der Sprecher-Gegenwart haben, wird in den Belegen 106 und 107 vom Redemoment abgesehen und die Narratio zeitlich verselbständigt. Zeitreferenzen, die auf diesem System basieren und uns aus verschiedenen Textsorten geläufig sind - z.B. aus Gesetzestexten, wissenschaftlichen Abhandlungen, aber auch fiktionalen Erzählungen -, kommen allerdings in den Hörfunkreportagen selten vor. Die Rolle, die bei gegliederten schriftlichen Texten Teile, Kapitel, Abschnitte und Paragraphen spielen, erfüllt sowohl in den Direktreportagen wie auch vor allem in den Nachberichten das informationsreichere Spielzeitsystem angemessener und besser, da es das System der Res, der Spielhandlung selbst ist.

3. EINZELANALYSEN

Bei den vier Reportagen, die analysiert werden, handelt es sich um zwei Direktreportagen und zwei Nachberichte. Die erste der beiden Direktreportagen repräsentiert den Reportagetyp "Ausschnittreportage", konkret den der "Teilreportage" und wird von einem Reporter gesprochen, die zweite repräsentiert den Typ der "Ganzreportage" mit zwei Reportern als Sprechern. Der hierbei für die Untersuchung gewählte Ausschnitt ist relativ geschlossen, da die Verlängerung des Spiels herausgegriffen wurde. Das dieser Verlängerung gewidmete Unterkapitel 3.2. ist ein Beitrag von REGINA QUENTIN und stellt in geraffter Form Ergebnisse ihrer Staatsexamensarbeit dar. Den Direktreportagen an die Seite gestellt werden zwei Nachberichte. Da die Nachbericht-Reporter wesentlich größere narrative Freiheiten genießen als ihre Direktreportage-Kollegen, schien es sinnvoll, zwei Nachberichte vergleichend zu analysieren.

3.1. TEILREPORTAGE: BORUSSIA MÖNCHENGLADBACH - MANCHESTER CITY

3.1.1. Spiel und Reportage

Das Spiel Borussia Mönchengladbach gegen Manchester City fand am 20.3.1979 im Stadion am Bökelberg in Mönchengladbach statt. Es war das Rückspiel beider Mannschaften im Viertelfinale des UEFA-Cup-Wettbewerbs 1978/79. Im Hinspiel an der Main Road in Manchester hatten sich beide Mannschaften 1:1 unentschieden getrennt.

Die internationale Bedeutung des Spiels, der Vergleich zwischen deutscher Bundesliga und 1. englischer Division, die Attraktivität beider Mannschaften, die Tatsache, daß nach dem Hinspielergebnis die Entscheidung über Weiterkommen und Ausscheiden in diesem Spiel fallen muß, und die Zugehörigkeit Mönchengladbachs zum Sendebereich des Westdeutschen Rundfunks haben der Sportredaktion des WDR gewiß den Entschluß leicht gemacht, im Rahmen einer Sportsendung des 2. Programms von dieser Begegnung eine Direktreportage zu senden. Für die knapp halbstündige Reportage wählte man die letzten 25 Spielminuten, also etwa das Schlußdrittel des Spiels.

Der Reporter, ARMIN HAUFFE, setzt mit seiner Reportage in der 65. Spielminute beim Spielstand von 2:0 für Borussia Mönchengladbach ein. In der 72. Minute erhöht Mönchengladbach auf 3:0, in der 79. Minute verkürzt Manchester City auf 3:1. Dieses Ergebnis ist zugleich der Endstand, so daß keine Verlängerung nötig ist. Borussia Mönchengladbach hat sich mit diesem Erfolg für das Halbfinale qualifiziert.
Bei der von WDR II ausgestrahlten Reportage handelt es sich offenbar um die Originalreportage dieses Spiels, d.h. die Reportage ist von vornherein in voller Länge vom Sender eingeplant, der Reporter weiß, daß er - einmal vom Sender gerufen - bis zum Spielende berichten kann und nicht wegen anderer Reportagen oder musikalischer Einlagen seine Reportage unterbrechen und stückeln muß. In der Tat wird die Reportage zu keiner Zeit, und sei es auch nur kurzfristig, unterbrochen.

Daß sich in diesem Falle der WDR nicht in eine bereits laufende Reportage ein- und ausblendet, ist in gewisser Weise bereits der Einführung des Studiosprechers zu entnehmen:

(122) doch nun schalten wir direkt zum Bökelberg nach Mönchengladbach und der begegnung / des rückspiels im / viertelfinale um den UEFA-pokal zwischen Borussia Mönchengladbach und Manchester City hinspiel 1:1 / und ich rufe Armin Hauffe

Ganz deutlich wird dieses Faktum aber für den Rezipienten durch die Einleitungs- und Schlußsequenz der Reportage:

(123) 65 minuten sind vor 35.000 zuschauern am Mönchengladbacher Bökelberg gespielt und ich darf sie meine sehr verehrten damn und herrn daheim an den lautsprechern / sehr herzlich begrüßen / es sieht gut aus für Borussia / das sei schnell gesagt / denn die elf (zuschauer lauter) von Udo Lattek / führt mit 2:0

(124) glückwunsch an Borussia Mönchengladbach / das halbfinale ist erreicht / ich darf mich aus dem stadion am Bökelberg verabschieden / ich sage gute nacht und gebe zurück in die angeschlossenen funkhäuser

HAUFFE informiert nicht nur zu Beginn seiner Reportage die Hörer über Spielzeit, Zuschauerzahl, Ort des Geschehens, Spielstand und Trainernamen der Heimmannschaft und verbindet am Schluß seinen Glückwunsch an die siegreiche Mannschaft mit dem Ausblick auf die nächste Wettbewerbsrunde - alles dies bereits typische Merkmale einer "vollständigen" Reportage -, sondern als "höflicher" Reporter nimmt er sofort den Kontakt mit seinen Hörern auf bzw. beendet ihn, indem er den Reportagetopos der Begrüßung und Verabschiedung benutzt. Hinzu kommt als untrügliches Signal für eine selbstverantwortete Beendigung der Reportage die "Rückgabe ins Funkhaus".

Daß der Reporter nicht an die Überleitung des Moderators direkt anknüpft, wie es bei Konferenzreportagen häufig der Fall ist, z.B.

(125) [Dietmar Schott:] und wir gehn gleich mal zum schlager in den Ruhrpott zu / äh FC Schalke 04 gegen den Hamburger SV vorberichtet haben wir genug Oliver Thoma jetzt spricht der sport
[Oliver Thoma:] tja jetzt gehts zum spiel und die ersten drei minuten sind vorbei wie sies eben schon gesagt haben Dietmar Schott / nur getan hat sich noch nicht allzuviel,

ist ein gewisser Hinweis darauf, daß die Reportage nicht nur für eine Rundfunkanstalt gesprochen, sondern zugleich von anderen übernommen wird. Die Bestätigung bringt der Schlußsatz: "und gebe zurück in die angeschlossenen funkhäuser". Es handelt sich folglich nicht um eine "regionale", sondern eine "nationale" Reportage.

3.1.2. Temporale Zeitbestimmungen

Unsere allgemeine Behauptung, in den Direktreportagen werde nicht nur das präsentische Teilsystem, sondern auch das präteritale benutzt, erhält seine Stütze durch die quantitative Distribution der Tempusformen:

TABELLE 6: Distribution der Tempora (Indikative)

	Futur I	Präsens	Perfekt	Präteritum	Plusquam-perfekt	gesamt
absolut	7	304	50	56	9	426
%	1,64	71,36	11,74	13,15	2,11	100

15 % Präteritum- und Plusquamperfekt-Fälle legen die Vermutung nahe, daß es sich hierbei eher um eine Bezugspunktverlagerung als um vereinzelte Ersatzformen des Perfekts oder gar fehlerhaften Tempusgebrauch handelt. Ohne Frage dominiert aber das Redemomentsystem mit 85 % eindeutig. Bereits die Aufschlüsselung der Tempusformen mit ihrem hohen Präsens-Anteil von über 70 % erweist diesen Reportagetext als Direktreportage.

Unschwer läßt sich an Einzelbeispielen belegen, daß der spontan sprechende Reporter dieser Reportage die Zeitverhältnisse "nachzeitig", "gleichzeitig" und "vorzeitig" nach demselben temporalen Grundraster ausdrückt, den wir in den Belegen 35 bis 44 exemplifiziert haben.

Teilsystem I: Futur I, Präsens, Perfekt

(126) Channon wird aber zurückgepfiffen /Präs/ er hat sich im zweikampf unfair eingesetzt /Perf/

(127) Manchester City's abwehr hat aufgepaßt /Perf/ führt /Präs/ den ball in die gegnerische hälfte hinein

(128) der läßt /Präs/ sich jetzt zeit / und wird erst einmal aus dem strafraum herausschieben /Fut I/ um den ball / dann zurückzubekommen aber nun entschließt /Präs/ er sich doch / abzuwerfen

Teilsystem II: Präteritum, Plusquamperfekt

(129) das war /Prät/ zu engmaschig Ewald Lienen hatte sich angeboten /Plqu/

(130) ja das war /Prät/ eine gute chance vier Mönchengladbacher hatten sich in der mitte nach vorne / orientiert /Plqu/ aber dann fehlte /Prät/ die übersicht im abschluß

(131) er wollte /Prät/ wohl Simonsen bedienen der an den elfmeterpunkt gestartet war /Plqu/

Wir können also für die vorliegende Reportage folgende Behauptungen aufstellen:

1. Die Reportage unterliegt denselben temporalen Grundregeln, die für vorbereitete schriftliche Erzähltexte gelten.
2. Der Reporter wechselt zwischen beiden temporalen Teilsystemen.
3. Die eindeutige Bevorzugung des Präsens und damit verbunden des präsentischen Teilsystems spiegelt das simultane Verhältnis von Spielzeit und Reportagezeit, ein untrügliches Zeichen für die Direktreportage.

Ob im Falle

(187) das spiel ist unterbrochen weil [.......] Bruns am boden kauert er war wohl im zweikampf hart getroffen worden

der Reporter nachträglich das Zustandspassiv "ist unterbrochen" als punktuellen Vorgang (Schiedsrichterpfiff) interpretiert oder ob es sich bei der Prädikatsklammer um eine Präteritum-Perfekt-Kontamination handelt oder ob eine unbeabsichtigte Regelabweichung vorliegt, läßt sich nicht beantworten.

(188) Amrath hat übernommen [Perf] / will [Präs] an den 16-meterraum weiterleiten / wo Bruns durchgestartet war [Plqu]

Hier kann man von der Narratio her, ohne die Res selbst zu kennen, nicht entscheiden, ob es sich um einen Performanzfehler oder um eine brillante temporale Kennzeichnung folgender, durchaus denkbarer Geschehensabfolge handelt:
a) Bruns startet, b) Amrath erhält den Ball, c) Amrath will ihn zu Bruns weiterleiten.

Ein Performanzfehler scheint in folgendem Beleg vorzuliegen, in dem die Vorvergangenheit nicht durch das Plusquamperfekt, sondern durch das Perfekt ausgedrückt wird:[56]

(189) aber das spiel selbst hat doch nicht gehalten was sich manch einer davon versprochen hat

ROSENBAUM behauptet, daß in allen 20 Fällen seines Korpus "der Gebrauch des Plusquamperfekts fehlerhaft" sei, und interpretiert dies als "Versagen der Sprecher".[57] Der überwiegend korrekte Gebrauch dieses Tempus in diesem und in den anderen Texten unseres Korpus läßt Zweifel an ROSENBAUMs genereller Aussage aufkommen.

Futur II und Imperativ

Futur-II-Formen, gleich ob in vor- oder nachzeitiger Funktion, kommen in HAUFFEs Reportage nicht vor. Das gleiche gilt für Imperative. In beiden Fällen verhält sich HAUFFE gleichsam "textsortenentsprechend", da die Verwendung des Futur II und des Imperativ in Fußballreportagen die absolute Ausnahme darstellt. Unter den knapp 14.000 finiten Formen unseres Korpus kommt das Futur II nur dreimal, der Imperativ lediglich dreizehnmal vor.[58]

Konjunktiv

Die 28 Konjunktivformen der Reportage teilen sich in 7 Konjunktiv-I- und 21 Konjunktiv-II-Fälle auf. Von den Konjunktiv-I-Formen entfallen zwei auf das Modalverb "sollen" (+ Infinitiv), zwei sind mit einem Partizip Perfekt verbunden. Von den 21 Konjunktiv-II-Formen gehören drei der "würde + Infinitiv"-Umschreibung an, fünf sind mit dem Partizip Perfekt verbunden, neun entfallen auf die Modalverben "können" (7), und "müssen" (2) und zwei auf "dürfen" (in Modalverb-Funktion), jeweils mit einem Infinitiv verbunden. Ohne Frage verbietet sich eine Zuordnung der beiden Konjunktive nach ihrer Bildungsweise zu den Tempora Präsens und Präteritum. Denn nicht die temporale, sondern die modale Funktion dominiert bei den Konjunktiven. Dennoch ist es durchaus möglich, die konjunktivischen Aussagen zeitlich einzuordnen, also auch auf unsere pragmatische Zeitachsen-Einteilung zu beziehen, zumal bestimmte funktionale Verwendungsweisen auf ein vergangenes, gegenwärtiges oder zukünftiges Geschehen referieren.

Unterscheiden wir von der Bildungsweise bzw. der syntaktischen Konstruktion her beim Konjunktiv I zwischen dem "präsentischen" und dem "perfektischen" (sei/habe + Partizip Perfekt), beim Konjunktiv II zwischen dem "präteritalen" und dem "plusquamperfektischen" (wäre/hätte + Partizip Perfekt) Typ, so verteilen sich die Formen dieser grammatischen Konjunktivtypen bei der Direktreportage folgendermaßen auf die pragmatischen Zeitabschnitte (die Rubriken 0, 4b und 5 sind durch keinen Beleg vertreten).

TABELLE 8: Distribution der konjunktivischen Formen nach Bildungsweise und Zeitstufen

		Konjunktiv I			Konjunktiv II			gesamt	
		präsentisch	perfektisch	gesamt	präterital	plusquamperfektisch	gesamt	absolut	%
Ver-	1				1	1	2	2	7,14
gangen-	2	1		1		2	2	3	10,71
heit	3	1	2	3		2	2	5	17,86
Gegenwart	4a	3		3	8		8	11	39,29
Zu-	6				3		3	3	10,71
kunft	7				4		4	4	14,29
gesamt	absolut	5	2	7	16	5	21	28	
	%	17,86	7,14	25	57,14	17,86	75		100

Entsprechend der schriftsprachlichen Norm stehen die perfektischen und plusquamperfektischen Konjunktivformen für die Vergangenheit (Zeitstufen 1 bis 3), die präsentischen und präteritalen Konjunktive für die Gegenwart und Zukunft (Zeitstufen 4,6,7).[60] Die drei scheinbaren Abweichungen lassen sich ebenfalls normgerecht erklären. Die präteritale Konjunktivform, die auf die Zeit vor dem Spiel bezogen ist, setzt sich aus der Verbindung "dürfte" + Infinitiv Perfekt zusammen:

(190) dem sicherlich auch / das 2:0 auf der Bielefelder Alm vom letzten samstag / gehörigen / moralischen auftrieb gegeben haben dürfte

Die beiden auf die mittelbare bzw. unmittelbare Spielvergangenheit bezogenen präsentischen Konjunktivformen stehen jeweils in Komparativsätzen:[61]

(191) ja das sah so aus als solle er gefoult werden

(192) bei halbzeit sah es so aus als solle / unschöne stimmung ins stadion kommen

Am häufigsten, nämlich mit einem Viertel aller konjunktivischen Formen, begegnet der präteritale Typ in seinem Bezug auf die Redemoment-Gegenwart. Hierbei handelt es sich ausschließlich um Formen der Modalverben "können" und "müssen" in Verbindung mit dem Infinitiv:

(193) in den rückraum könnte er passen

(194) er müßte flanken

Jedesmal geht es hierbei um das Aufzeigen einer aktionalen Möglichkeit, die vom Reporter als zuschauendem Experten erkannt bzw. vom Reporter als Sympathisanten der deutschen Mannschaft gewünscht oder befürchtet wird, im Redemoment aber (noch) nicht realisiert ist, oft auch nach dem Redemoment nicht realisiert wird.

Zwei der drei Gegenwartsfälle des präsentischen Typs sind Reporter-Bemerkungen zu seinem Text:

(195) das sei schnell gesagt

(196) eines sei festgestellt

In beiden Fällen fungiert der Konjunktiv I als "Heischezeichen".[62]

Der Zukunftsbezug der präteritalen Konjunktivformen ergibt sich primär vom Kotext her. Es werden Möglichkeiten aufgezeigt, die unter bestimmten Umständen durchaus eintreten können:

(197) und siebter eckball / für Manchester City ist die folge / jetzt dürfte kein anschlußtor fallen denn gäbe es hier ein unentschieden / alles was nun kommt bei einer punkteteilung würde bedeuten / Manchester City kommt nach der auswärtstorregelung der UEFA weiter / der eckball wird ausgeführt

3.1.3. Kotextuelle Zeitbestimmungen

Bei der Tempusanalyse, vor allem bei der Einordnung der Tempusformen in das pragmatische Zeitmodell, waren wir immer wieder auf den sprachlichen Kotext und mitunter auf den pragmatischen Kontext angewiesen. Die wichtigste Rolle spielten dabei die Zeitangaben.

Rechnet man bei unserer Teilreportage die temporale Nebensätze einleitenden Konjunktionen "als" (7x), "bevor" (4x), "da" (2x) und "nachdem" (2x) zu den Zeitangaben, so entfallen auf die 447 Sätze dieses Textes 253 Zeitangaben unterschiedlicher Art. Auch wenn man berücksichtigt, daß in 15 Fällen zwei Zeitangaben zur zeitlichen Fixierung des betreffenden Geschehens verwendet werden, z.B.

(198) der nähert sich jetzt nun dem strafraum

(199) in der nunmehr 83. minute,

enthält im Durchschnitt etwa jeder zweite Satz eine Zeitangabe.

Auf das Kalender- und das Narratiosystem bezieht sich HAUFFE nie. Absolut dominierend sind die Bezüge auf das deiktische System. 79 % aller Zeitangaben gehören diesem System an. Die Redemoment-Gegenwart ist dabei in 86,5 % aller deiktischen Fälle der Bezugspunkt.

Beispiele für den Bezugspunkt Sprecher-Gegenwart:

(200) jetzt kommt über den rechten flügel / Manchester City nach vorne / zuletzt am ball gewesen bevor er über die torauslinie hinwegrollt ist Ewald Lienen

(201) die grundlage / für ein (zuschauer lauter) weiterkommen / ist vor 14 tagen (pfiffe) geschaffen worden

Beispiele für eine vorausgegangene Bezugspunkt-Verlagerung:

(202) 3:0 für Borussia Mönchengladbach / dann der anschlußtreffer

(203) dem sicherlich auch / das 2:0 auf der Bielefelder Alm vom letzten samstag / gehörigen moralischen auftrieb gegeben haben dürfte / nachdem es ja / die woche zuvor (zuschauer jubeln) gegen Frankfurt ein 1:3 gab

Das letzte Beispiel zeigt besonders deutlich die Verlagerung des Bezugspunktes. Vom Redemoment aus wird auf einen vergangenen Zeitpunkt, den "letzten samstag" referiert. Dieser fungiert nun für den anschließenden Temporalsatz als neuer Bezugspunkt, von dem aus weiter zurückgegriffen wird auf "die woche zuvor", d.h. auf den vorausgegangenen Samstag.

SKIZZE 12: Beispiel einer Bezugspunktverlagerung

Redemoment = 1. Bezugspunkt

↓

"letzter samstag" = 2. Bezugspunkt

↓

"woche zuvor"

An diesem Beispiel wird zugleich sichtbar, was die Dominanz des deiktischen Bezugsystems bedeutet: Der Reportagetext ist ein Augenblicktext, ein momentaner Gebrauchstext, ist der Sprecher-Hörer-Gegenwart so sehr verhaftet, daß eine Einordnung nach dem Kalendersystem unnötig erscheint und deswegen eine Ausnahme bleibt. Weder die in Beleg 203 angesprochenen drei Wochen noch alle anderen Zeitpunkte und -abschnitte dieser Reportage können nachträglich vom Reportagetext her zeitlich exakt fixiert werden. Denn der Text enthält keinerlei Angaben, die eine Projektion auf die absolute Zeitachse ermöglichen. Erst eine außertextliche Rekonstruktion vermag im nachhinein die deiktischen Angaben auf das Kalendersystem umzurechnen: Redemoment = 20.3.1979; "letzter samstag" = 17.3.1979 (Bundesligaspiel gegen Bielefeld); "woche zuvor" = 10.3.1979 (Bundesligaspiel gegen Frankfurt).

Für den Hörer der Fußballreportage ergeben sich aber derartige zeitliche Bestimmungsprobleme überhaupt nicht. Er weiß ja, auf welchem Kalenderpunkt er sich beim Hören der Reportage befindet, er weiß ja, daß es sich um eine Direktreportage handelt, das Spiel folglich im Augenblick des Hörens stattfindet. Deiktische Referenzen, die er ja aus allen Alltagssituationen gewöhnt ist, und seine Fußballkompetenz machen es ihm leicht, die zeitlichen Aussagen des Reporters richtig zu interpretieren.

Sprachlich realisiert wird die Zeitdeixis vor allem durch Adverbien bzw. ihre adjektivischen Äquivalente (z.B. "erneut freistoß" - "erneuter freistoß"). Ihr Anteil beträgt in der vorliegenden Reportage 82% der Zeitdeiktika, das sind 64,5% aller Zeitangaben. Vorherrschend sind Adverbien mit zeitpunktueller Funktion wie "jetzt", "nun", "sofort", "da" (34,5% der deiktischen, 27% aller Zeitangaben), gefolgt von Adverbien wie "dann", "bereits", "erst einmal", "schließlich", "zuerst", "zuletzt", die zwar auch punktuell referieren, aber darüber hinaus vor allem die Sukzession der Handlung unterstreichen (24% der deiktischen, 19% aller Zeitangaben), und Adverbien bzw. Adjektiven wie "erneut", "häufig", "noch einmal", "immer noch", die auf die Wiederholung oder die zeitliche Dauer des Geschehens abheben (15% bzw. 12%). Am häufigsten verwendet HAUFFE das punktuelle "jetzt" (34x) und das die Handlungsabfolge betonende "dann" (27x).[63]

Die restlichen ca. 18% der zeitdeiktischen Angaben erfolgen in Form von Adverbialen, seien sie durch Kalenderangaben[64] ausgedrückt, z.B. "am heutigen tage", "vom letzten samstag", "vor 14 tagen", "in diesem jahr", seien sie auf Spielaktionen bezogen, z.B. "nach einem pfostenschuß", "kurz vor dem eigenen führungstor", "nach einer flanke", "nach dem abschlag", oder erfolgen in Form von Temporalsätzen (siehe Beleg 200 und 203).

Da es sich bei diesem Spiel um eine internationale Begegnung im Rahmen des UEFA-Pokal-Wettbewerbs handelt, bezieht sich der Reporter wiederholt auf das W e t t b e w e r b s y s t e m.

(204) dann ist die partie Borussia Mönchengladbach gegen Manchester City / <u>das rückspiel im viertelfinale um den UEFA-pokal</u> / beendet

(205) Borussia Mönchengladbach / führt mit 3:0 / und ist auf dem wege <u>ins</u> / <u>halbfinale</u>

(206) aber am ende zählt / daß die Borussia / die nächste <u>runde</u> / erreicht hat

(207) freistoß für / den <u>tabellenneunten der fußballbundesliga</u>

Knapp 6,5% aller Zeitangaben entfallen auf dieses System, fast drei Viertel referieren dabei auf den laufenden UEFA-Cup-Wettbewerb, ein gutes Viertel auf andere Wettbewerbe, wie z.B. die bundesrepublikanische und die englische Meisterschaftsrunde.

Das Wettbewerbsystem ist in dieser Reportage ausschließlich an das deiktische System angeschlossen. Offenkundig ist dieses Faktum in Beleg 206 ("<u>nächste</u> runde"). Aber auch in allen anderen Fällen wird vom Redemoment ausgegangen. Kenntlich braucht nur gemacht zu werden, ob es sich um einen - von der Sprecher-Gegenwart aus gesehen - vergangenen ("in der letzten saison") oder zukünftigen Wettbewerb ("in der nächsten saison") handelt. Ist der augenblicklich laufende Wettbewerb angesprochen, wird im Regelfalle das Deiktikon ausgespart. In den Belegen 204 und 205 ist der UEFA-Pokal gemeint, der gerade ausgetragen wird, also der Wettbewerb 1978/1979. In Beleg 207 bedeutet der "tabellenneunte der fußballbundesliga": die Mannschaft von Borussia Mönchengladbach steht seit dem vergangenen Samstag auf dem neunten Platz der Tabelle der laufenden Bundesligarunde, d.h. auf das Kalendersystem bezogen: neunter Platz vom 17. bis 24.3.1979 (nächster Bundesliga-Spieltag).

Was sich hier im Abstand von einigen Jahren ziemlich kompliziert anhört, ist es natürlich für den Rezipienten des Spiel- und Reportage-Tages 20.3.1979 nicht. Außer der gemeinsamen Gegenwart von Fußballgeschehen, Sprecher und Hörer, also einem gemeinsamen zeitlichen Bezugspunkt, verfügen die "sehr verehrten damn und herrn daheim an den lautsprechern" zum einen über ein fundiertes Wettbewerbs-Wissen, zum andern über eine ausgeprägte passive Reportage-Kompetenz. Für den fußballinteressierten, reportageerfahrenen Hörer sind die impliziten deiktischen Zeitangaben für seine Zeitorientierung voll ausreichend. Im Falle der Wettbewerb-Referenzen bringen sie kaum neue Informationen, sondern die wiederholte Erwähnung von "viertel-" bzw. "halbfinale" von "hin-" und "rückspiel" bestätigt letztlich nur den Wissensstand des "kompetenten" Hörers. Man muß sich hierbei - aber auch bei anderen Sachverhalten der Reportagesprache - immer vor Augen halten, daß derartige Reportagen nicht an BAUSINGERs "bekannten Sprachwissenschaftler" gerichtet sind, der sich über das angeblich schiefe sprachliche Bild vom "Zappeln" des Balles im Netz aufregte, weil er der irrigen Meinung war, es gäbe nach wie vor noch die Drahtverspannung hinter Torpfosten und -balken, der also die Entwicklung vom "Klingeln" zum "Zappeln" schlichtweg verschlafen hat.[65]

Das eigentliche zeitliche Gerippe des Spielgeschehens bildet auch in dieser Reportage das sportartspezifische S p i e l z e i t s y s t e m. Auf dieses System entfallen 14,5% aller Zeitangaben, d.h. jede siebte Zeitangabe ordnet ein bestimmtes Geschehen oder einer Geschehensfolge exakt in die Spielzeit ein. Im Durchschnitt erhält demnach der Hörer alle 47 Sekunden eine derartige Information. Von den 35 Zeitangaben referieren 34 auf das Spiel in Mönchengladbach, eine Angabe auf das Hinspiel in Manchester.

20 Angaben dienen zur Einordnung von Rückgriffen in das Spiel. 15 von ihnen bestimmen punktuell die Spielminute von Höhepunkten: zwölf die erzielten Tore, zwei ein Abseitstor, eine eine Torchance. Ihre Distribution scheint typisch für Teilreportagen zu sein. Sechs stehen im ersten Reportageachtel in Rückgriffen auf wichtiges Geschehen, das sich in der Spielzeit vor Beginn der Reportage ereignete:

(208) <u>in der ersten minute</u> also bereits das abseitstor

(209) <u>dann 52ste minute</u> / erneut eine chance für Manchester City

Jeweils vier sind gegen Ende des dritten Reportageviertels und am Reportageschluß plaziert. In beiden Fällen handelt es sich um Kurzfassungen der Torfolge, also um die Quintessenz des Spiels in statistischer Form:

(210) schnell noch (einzelne zuschauerrufe) einmal die torfolge <u>45ste minute</u> 1:0 Kulik (schnell) <u>52ste</u> 2:0 Bruns / <u>72ste</u> 3:0 Del'Haye / <u>und 79ste</u> / 3:1 Deyna

Die restlichen fünf Angaben bezeichnen Spielabschnitte. Sie stehen im Zusammenhang mit Aussagen, die einzelne Spieler, die Mannschaften und Teile des Publikums charakterisieren:

(211) Joe Corrigan in einigen feinen paraden <u>in der ersten halbzeit</u> zu sehen / dirigiert seine abwehr

Von derselben Art ist die Spielzeitangabe, die innerhalb einer Hinspiel-Erwähnung vorkommt:

(212) als man so großartig in der zweiten halbzeit sich steigerte / und das 1:1 erzielte

Von den 14 Spielzeitangaben, die auf das simultan zum Redemoment ablaufende Geschehen bzw. die noch ausstehende Spielzeit abheben, enthalten neun exakte Minuten-, zwei genaue Sekunden-Angaben:

(213) ja noch zu spielen / noch genau 22 minuten

(214) 79ste minute / also / nur noch 3:1 für / Borussia Mönchengladbach

(215) die letzten 50 sekunden laufen

Aufschlußreich ist auch hier die Distribution. Sieht man einmal von der jeweiligen sprachlichen Realisierung ab, werden folgende Spielminuten herausgehoben:

SKIZZE 13: Aktuelle Spielzeitangaben

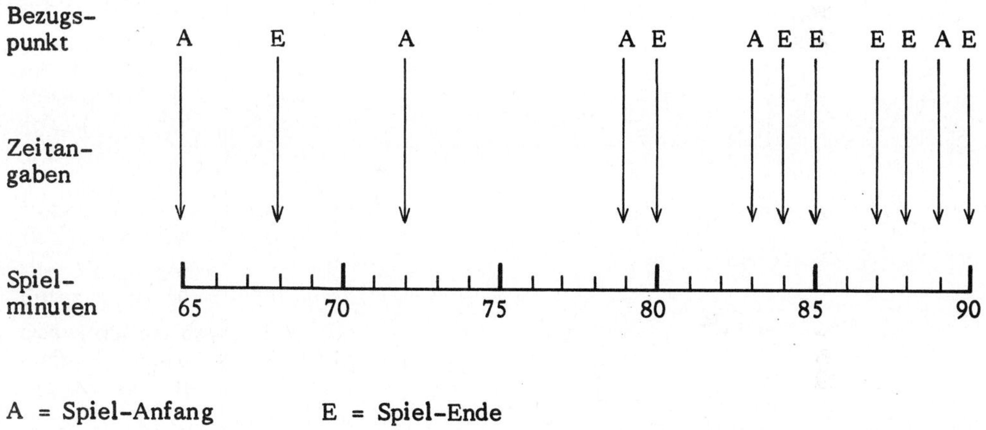

Während also auf die ersten 15 Minuten der Reportage lediglich vier aktuelle Spielzeitangaben entfallen, sind es in den elf Schlußminuten acht Angaben. Nicht zu übersehen ist auch der funktionale Unterschied. Die erste Angabe ist für eine Ausschnittreportage gleichsam obligatorisch: Sie steht in der Eingangssequenz (siehe Beleg 123), bringt die wichtige Information über den gegenwärtigen Spielzeitpunkt, leistet also die Koordination des Redemoment- mit dem Spielzeitsystem. Die zweite Angabe wiederholt drei Minuten später diese Koordination. Sie ist im doppelten Sinne hörerfreundlich: Diejenigen, die anfangs nicht recht aufgepaßt oder mittlerweile die erste Zeitangabe vergessen haben, erhalten nochmals diese wichtige Orientierung. Zum andern liegen zwischen der ersten und zweiten aktuellen Spielzeitangabe sieben Angaben, die auf die Spielzeit vor Reportagebeginn referieren. Die beiden folgenden Angaben haben primär statistische Funktion: Sie fixieren die Zeitpunkte von Torerfolgen, hier das 3:0 und 3:1. Derartige Angaben sind für den Reporter ein absolutes Muß.

Ganz anders die Funktion der Spielzeitangaben der letzten elf Minuten. Sieht man von der unbedingt notwendigen Information des Spielendes ab (siehe Beleg 204), erscheint die beinahe lückenlose Minutenabfolge für die Zeitorientierung des Hörers überflüssig. Dies umso mehr, da die Zeitangaben auch keine "statistische" Funktion haben. Alle stehen im direkten oder indirekten Zusammenhang mit normalen, keineswegs torchancenreichen Spielszenen: dreimal sind es Freistöße aus der eigenen Spielhälfte bzw. dem Mittelfeld, zweimal Aktionen des Spielaufbaus, je einmal ein Eckball und ein Einwurf; alles also Situationen, die üblicherweise - so auch in der ersten Reportage-Viertelstunde - nicht einer exakten Spielzeitangabe gewürdigt werden. Lediglich die fünfte Angabe kann man hier ausnehmen. Sie steht im Zusammenhang mit einer Auswechslung:

(216) zu spielen noch zehneinhalb minuten / auswechslung bei Borussia Mönchengladbach

Allerdings darf hierbei nicht übersehen werden, daß knapp eine Minute zuvor die zeitliche Einordnung eines Tores erfolgt ist.

Die rasche Aufeinanderfolge von Spielminuten-Bestimmungen hat also wenig mit der Zeitorientierung des Hörers und schon gar nichts mit spielentscheidenden Aktionen zu tun, sondern dient fast ausschließlich als narrativer Spannungseffekt. Trotz des Anschlußtreffers zum 3:1 elf Minuten vor Spielschluß ist die Partie im Grunde für Mönchengladbach entschieden. Das weiß auch HAUFFE. Er macht also künstlich seine Reportage spannend, indem er wiederholt auf die denkbare Möglichkeit verweist, daß Manchester City doch noch zum Ausgleich kommen könnte (vgl. Beleg 157). In diesem Zusammenhang erfolgt auch die einzige nicht exakte Spielzeitangabe:

(217) also noch einmal / frisches blut in den / letzten / vielleicht noch einmal / schweren / minuten (sprechchöre) da Manchester City nun alles / auf eine karte setzen wird

Die in kurzen Abständen erfolgenden, in den Spielbericht eingestreuten Minuten-Angaben sind - vergleichbar den wiederholten Einblendungen eines vorrückenden Zeitzünder-Uhrzeigers in Kriminalfilmen - also ein erzählstrategisches Mittel der Spannungssteigerung. Der Reporter knüpft dabei an das Identifikations-Bedürfnis des Hörers mit "seiner" Mannschaft an und zielt bewußt auf die Wünsche und Ängste des Hörers, "seine" Mannschaft möge in der letzten Spielphase den Sieg nicht noch verlieren bzw. die drohende Niederlage doch noch abwenden.

Was die sprachliche Realisierung der insgesamt 27 Spielminuten-Angaben betrifft - gleich ob sie Zeitpunkte oder -abschnitte bestimmen -, nutzt HAUFFE die beiden grundlegenden Möglichkeiten des Spielzeitsystems. Den Bezugspunkt "Spielanfang" wählt er in 19 Fällen, den Bezugspunkt "Spielende" in sieben Fällen. Sieht man von generellen Halbzeit-Referenzen ("in der ersten halbzeit") ab, verwendet er die Halbzeit nur einmal als Bezugspunkt und zwar zur näheren Bestimmung einer vorangegangenen "Spielanfang"-Angabe:

(218) das 1:0 / in der 45sten (zuschauer lauter) minute / sekunden vor dem pausenpfiff

Mit Ausnahme dieses eingrenzenden Zusatzes haben alle in Rückgriffen stehenden Minuten-Angaben den Spielbeginn als Bezugspunkt. Bei den Zeitbestimmungen des aktuellen Spielgeschehens gehören dagegen nur fünf Angaben diesem Typ an, von denen allein drei in den ersten 15 Reportageminuten vorkommen. Diesen fünf Spielanfang-Bezügen stehen sieben Minuten-Angaben gegenüber, die vom Spielende her berechnet sind. Die Distribution beider Zeitangabe-Typen verweist demnach eindeutig auf ihren unterschiedlich funktionalen Gebrauch: Das Durchzählen von der ersten bis zur 90. Minute betrachtet HAUFFE offensichtlich als die "offizielle" Spielzeitbestimmung. Daher setzt er sie vorzugsweise zur zeitlichen Fixierung von Höhepunkten des Geschehens und zu spielstatistischen Zwecken ein. Ihre Hauptfunktion ist informativ. Die vom Spielschluß aus vorgenommenen zeitlichen Einordnungen, die rein quantitativ - wie Skizze 13 zeigt - gehäuft gegen Spielende auftreten, werden dagegen primär aus Spannungsgründen eingesetzt.

Die Ausnahmen von dieser Gebrauchsnorm verweisen aber auf eine zusätzliche Funktion, die Ausdrucksvariation. Neben der rein sprachlichen Variation der kotextuellen Einbettung, z.B. "sind gespielt", "noch zu spielen", "ist alt", "läuft" (vgl. die Belege 67-90), vermeidet der Reporter durch den Wechsel der Spielzeit-Bezugspunkte die Monotonie gleichförmiger Wiederholungen.

Ein weiteres Variationsmittel ist die Ersetzung von Minuten-Angaben durch entsprechende Stunden- oder Sekunden-Angaben (siehe z.B. die Belege 70 und 82). HAUFFE verwendet nur die Sekunden-Variation. Im Falle von Beleg 218 handelt es sich um keine Umrechnung, da ja die Spielminute hier nicht punktuell, sondern als Zeitabschnitt gesehen wird. Der Reporter will ja durch den Sekunden-Zusatz den Torschuß zeitlich noch genauer fixieren, um das Glück der Borussen bzw. das Pech der Manchester-Spieler seinen Hörern eindringlich klar zu machen. Bei den anderen beiden Sekunden-Angaben hätte es aber die Spielminute ebenso gut getan: Statt

(219) in den nunmehr / letzten / 180 sekunden

hätte es natürlich auch

(219a) in den letzten drei minuten

heißen können. Und "die letzten 50 sekunden" (Beleg 215) ist eine gewagte Zeit-Aussage des Reporters. Denn wer weiß schon auf die Sekunde genau, wann der Schiedsrichter abpfeifen wird.

Die Hauptfunktion der Sekunden-Angaben ist freilich ebenfalls hörerbezogen: sie sollen die Spannung zusätzlich steigern. Nicht umsonst tauchen sie erst kurz vor dem Spiel- bzw. Halbzeitende auf. Die kleinere Zeiteinheit suggeriert eine kürzere, schneller ablaufende Zeit.[66]

Die Zeitangaben der Reportage oder genauer gesagt: das Geschehen, das durch sie zeitlich fixiert wird, läßt sich in die Zeitstufen des pragmatischen Zeitmodells folgendermaßen einordnen.

TABELLE 9: Distribution der Zeitangaben nach Zeitstufen

	allg.	Vergangenheit			Gegenwart		Zukunft			
	0	1	2	3	4a	4b	5	6	7	gesamt
absolut	2	15	35	24	128	15	4	4	8	235
%	0,85	6,39	14,89	10,22	54,47	6,38	1,7	1,7	3,4	100

Vergleicht man die Verteilung der Zeitangaben mit der der Tempusformen (Tabelle 7), so zeigt sich, daß trotz einer Differenz von jeweils 4 Punkten bei punktueller (4a) und inkludierender (4b) Gegenwart die Bezüge auf die Redemoment-Gültigkeit sowohl bei den Tempusformen als auch bei den Zeitangaben rund 61% ausmachen - eine Übereinstimmung, die einmal mehr die Dominanz dieser Zeitstufe in der Direktreportage unterstreicht. Während bei den Zeitstufen 3 und 5 (unmittelbar vor bzw. nach dem Redemoment) die temporalen Prozentanteile höher liegen, ist dies bei den anderen Vergangenheits- und Zukunftsstufen genau umgekehrt. Dies dürfte kein Zufall sein. Denn die große inhaltliche Nähe des unmittelbaren Nach- bzw. Vorkommentars zu dem jeweils direkt geschilderten Gegenwartsgeschehen bedarf häufig keiner besonderen Zeitmarkierung über das Tempus hinaus, ja selbst bei Verwendung des historischen Präsens gibt es keine Orientierungsschwierigkeiten. Rück- und Vorgriffe in das Spiel oder die Zeit vor und nach dem Spiel erfordern dagegen geradezu eine Zeitangabe, um das vom Redemoment abgesetzte Geschehen zeitlich genauer fixieren zu können, zumal ja die temporalen Vergangenheits- und Zukunftsformen lediglich das "Vorher" bzw. "Nachher", nicht aber das "Wieviel vor- und nachher" ausdrücken können.

3.1.4. Die zeitliche Einordnung tempusloser Ellipsen

Tempus- und Zeitangaben interpretieren sich nicht nur häufig gegenseitig, sie spielen auch die führende kotextuelle Rolle, wenn es um die zeitliche Einordnung des Geschehens geht, das in tempuslosen Sätzen, den "Setzungen" mit Prädikats- bzw. Personalform-Omission, ausgedrückt wird. Mit einem Anteil von knapp einem Viertel aller Sätze (109 von 447) sind Setzungen ein Charakteristikum nicht nur unserer, sondern aller spontan gesprochenen Direktreportagen.[67] Rechnet man die 21 elliptischen Hauptsätze von Satzgefügen und die 12 Nebensätze bzw. Appositionen mit Personalform-Ellipse hinzu, so stehen 454 finiten Verbformen 142 Personalform- bzw. Prädikats-Ellipsen gegenüber. D.h. bei knapp einem Viertel (23,83%) aller Fälle muß die zeitliche Orientierung ohne die direkte Hilfe der Tempora geleistet werden.

Die wichtigste Rolle fällt hierbei den Zeitangaben zu. 42% der tempuslosen Fälle werden in der vorliegenden Direktreportage durch sie zeitlich definiert, jeder vierte dabei durch relative, jeder siebte durch exakte Zeitangaben, jeder zwanzigste durch einen Temporalsatz:

(220) aus dem hintergrund könnte / aus 30 metern geschossen werden / <u>dann</u> Wohlers

(221) <u>45ste minute</u> 1:0 Kulik

(222) riesenmöglichkeit <u>als Simonsen und Amrath sich anbieten</u>

Eine besondere Funktion erfüllt in einer Reihe von Fällen "jetzt". Nach Rückgriffen oder nicht auf das Spielgeschehen bezogenen Passagen signalisiert "jetzt" die Rückkehr zur Redemomentgegenwart. Der Wechsel wird häufig durch Mittel sprecherischer Gestaltung unterstützt, sei es durch eine Sprechpause, sei es bei Übergängen ohne Pause durch Intensitäts- und Temposteigerung:

(223) das ganze in den nunmehr / letzten / 180 sekunden / beim (zuschauer singen) stande von / 3:1 / für Borussia Mönchengladbach / gegen Manchester City (zuschauer lauter) ich glaube da kann wirklich nicht mehr viel schiefgehen / <u>jetzt</u> der abstoß von Kneib nach vorne gegangen in die gegnerische hälfte dort aber abgefangen

(224) [......] und hat den ball über die linie drücken können (schneller) und <u>jetzt</u> Manchester City im strafraum der Mönchengladbacher

Während die relativen Zeitangaben auf den voraus- oder nachfolgenden Kotext verweisen, ist der jeweilige Kotext, der die restlichen tempuslosen Aussagen umgibt, allein für die zeitliche Einordnung verantwortlich. In 35 % aller Fälle übernimmt die Geschehenssukzession die Einordnungsfunktion, d.h. die in Form einer Setzung ausgedrückte Spielaktion wird durch die sie umgebenden zeiteindeutigen Sätze zeitlich definiert, da die Satzabfolge der Sukzession des Geschehens offenbar kongruent verläuft:

(225) der ball wird kurz gespielt / hereingehoben / kopfballmöglichkeit (hebt die stimme) aber Kneib ist aus dem tor

Die tempus- und zeitangabenlose Zwischenposition kann dabei auch von mehreren Setzungen eingenommen werden:

(226) das ganze / läuft nun weiter für Mönchengladbach über Wohlers / Wohlers nach linksaußen / zu Bruns Bruns mit (schneller) feinem heber auf Kulik Kulik im strafraum / was macht er

Beide Belege zeigen in Reinform die wichtigsten Kohärenztypen, die dem Hörer dazu verhelfen, die aneinandergereihten Einzelaussagen als zeitlich aufeinanderfolgendes Geschehen zu interpretieren: In Beleg 225 ist es die Kausalität einer sich oft wiederholenden Situation (ein hoch in den Strafraum hereingegebener Ball wird im Regelfalle von einem Feldspieler mit dem Kopf gespielt oder vom Tormann abgefangen bzw. weggefaustet), in Beleg 226 die Wiederaufnahme des Akteurnamens (nicht selten auch durch eine Proform).

Die zeitliche Einordnung durch Handlungssukzession ist nicht auf das Geschehen im Redemoment beschränkt. Auch bei Rückgriffen sind Setzungen in die Wiedergabe des vergangenen Geschehens eingefügt, so z.B. bei der im historischen Präsens stehenden "Zeitlupe" des zweiten Tores:

(227) und dann / läuft der weiträumige konter in den strafraum hinein / flanke / kopfballverlängerung von Simonsen / und Hans Günther Bruns rückt aus dem hintergrund nach

Bei 14 % der tempuslosen Fälle handelt es sich um einen sachlichen oder wertenden Gleichzeitigkeits-Nachtrag:

(228) und wir erleben in der nunmehr 83sten minute / freistoß / freistoß / für Manchester City das ganze gefährlich auf höhe des strafraums am rechten flügel

(229) es hat in der abwehr manchen fehlpaß gegeben auch von libero Schäfer (zuschauer) +hau ruck+ / glück / daß da nicht mehr angebrannt ist.

Die restlichen 9 % sind vom pragmatischen Kontext, oder genauer gesagt: von der Fußball- und Reportage-Kompetenz des Hörers her in ihrer zeitlichen Zuordnung bestimmbar:

(230) das ganze geht weiter / mit einem abstoß vom tor / von Wolfgang Kneib / 2:0 der spielstand

Von seiner narrativen Kompetenz her weiß der Kenner von Direktreportagen, daß sich Spielstand-Einschübe ohne Zeitbestimmungen immer auf den Spielstand im Redemoment beziehen.

(231) 1:1 an der Main-Road

Hier hat der Fußballinteressierte von seinem UEFA-Cup-Wissen her ebenfalls keine Schwierigkeiten, diese Aussage auf das Hinspiel zu beziehen, zumal zuvor die Gladbacher Leistungsbilanz und danach der aktuelle Spielstand genannt werden.

Die tempuslosen Sätze vom Ko-/Kontext her zeitlich einzuordnen, wirft also ebensowenig Probleme auf wie die zeitfunktionale Bestimmung einer Präsensform. Lediglich eine Schwierigkeit ergibt sich bei den Setzungen mit Personalform-Omission, vor allem dann, wenn auch noch das Subjekt und eventuell das Objekt fehlen:

(232) da ist die möglichkeit / aber abgewehrt

(233) er zögert / dann hineingegeben in den strafraum

(234) jetzt der eckball kurz abgespielt auf Wohlers

Das letzte Beispiel läßt sich trotz des Zeitadverbs vervollständigen zu

a) jetzt wird (ist) der eckball abgespielt

b) jetzt wurde der eckball abgespielt

c) jetzt ist der eckball abgespielt worden.

In den anderen beiden Belegen (232 und 233) kommen nicht nur bei der Subjekt-Einsetzung "Ball" die eben genannten Möglichkeiten in Frage, sondern bei der Subjekt-Einsetzung "Spieler X" die Ergänzungsmöglichkeit

d) X hat abgewehrt, X hat hineingegeben.

Vom Kotext her ist klar, daß es sich bei allen drei Belegen um Aktionen des aktuellen Spielgeschehens handelt, die Teil einer sukzessiv ablaufenden Spielszene sind. Doch das hyperkorrekte Nachtragsperfekt (vgl. Beleg 160 und 161) warnt davor, diese Partizipien ohne weiteres als präsentisches, im Redemoment gültiges Vorgangs- oder Zustandspassiv zu interpretieren. Für den Hörer dürfte dieses Problem allerdings rein akademisch sein. Innerhalb des Umsetzungsprozesses der Sprachzeichen in die entsprechende visuelle Vorstellung dürfte die Geschehensabfolge das entscheidende Moment sein, nicht die Frage, ob die Res auch wirklich simultan dem Redemoment verläuft oder sich bei einem Glied der Aktionskette unmittelbar zuvor ereignet hat. Mit großer Wahrscheinlichkeit läßt sich daher auch vermuten, daß die Teile einer Geschehensabfolge beinhaltenden Setzungen vom Typ "Wohlers zu Bruns/Bruns auf Kulik" und vom Typ "flanke/kopfballverlängerung" vom Hörer als punktuelle Redemomentgegenwart interpretiert werden. In diesem Sinne sind sowohl die prädikats- als auch die personalformlosen Sätze der soeben diskutierten Fallgruppen in das nachfolgende zeitpragmatische Modell eingeordnet worden.

TABELLE 10: Distribution der Setzungen nach Zeitstufen

		Vergangenheit			Gegenwart		gesamt	
		1	2	3	4a	4b	absolut	%
Ellipsen		1	21	3	85	19	129	90,85
Appositionen		3	1	3	2	4	13	9,15
gesamt	absolut	4	22	6	87	23	142	
	%	2,82	15,49	4,22	61,27	16,20		100

Wie die Tabelle ausweist, bezieht sich der in tempuslosen Ellipsen und Appositionen ausgedrückte Sachverhalt nur auf die Vergangenheits- und Gegenwartsstufen. Der hohe Anteil der Redemomentgültigkeit, der mit über Dreiviertel aller Fälle den entsprechenden der finiten Verbformen deutlich übertrifft, zeigt, daß tempuslose Aussagen vor allem auf das aktuelle Spielgeschen, in geringerem Umfang (15,5 %) auch auf das vergangene Spielgeschehen angewandt werden. Beim simultanen Erzählen sind sie bei Spannungshöhepunkten ein unverzichtbares sprachliches Mittel, um einer schnellen Aktionsfolge wenigstens halbwegs sprachlich gerecht zu werden.[68]

3.1.5. Die Zeitstruktur der Reportage

Bisher haben wir die sprachlichen Mittel, mit denen der Reporter die Zeitorientierung seiner Hörer steuert, einzeln behandelt und nur wenn unabdingbar die anderen Möglichkeiten zur Interpretation herangezogen. Das Zusammenspiel von Tempora und kotextuellen Zeitbestimmungen, die Synthese unserer vorausgegangenen Einzelanalysen, kann am besten an einer konkreten Textpassage veranschaulicht werden.

	Text	Zeitorientierung	Zeitstufe
(235)	das spiel begann mit einem paukenschlag	Präteritum, Rückgriff auf den Spielbeginn	2
	tor von Simonsen in der ersten minute /	Setzung mit exakter Spielzeitangabe	2
	aber (schneller) abseits/	Setzung, inhaltlich und damit auch zeitlich bezogen auf die vorangegangene Aussage	2
	jetzt aufgepaßt	Setzung, Partizip in Imperativ-Funktion verbunden mit dem Gegenwartssignal "jetzt" = intensiver Neubezug auf den Redemoment	4a
	Borussia Mönchengladbach greift an	punktuelles Präsens, Begründung für den Befehl	4a
	aus dem hintergrund könnte / aus 30 metern geschossen werden	Konjunktiv II, aus der Sprecherperspektive gewünschte Aktionsmöglichkeit im Redemoment	4a
	dann Wohlers (zuschauer laut)	Setzung, die Aktionsfolge betonendes "dann"	4a
	kurzpaßspiel auf Simonsen	Setzung, punktueller Gegenwartsbezug durch Einbettung in eine Geschehensfolge	4a
	Simonsen verliert den ball	punktuelles Präsens	4a

Text	Zeitorientierung	Zeitstufe
die Engländer gehen dazwischen /	punktuelles Präsens	4a
in der ersten minute also bereits das abseitstor /	Setzung, exakte Spielzeitangabe, erneuter Rückgriff auf den Spielbeginn	2
große freude / und reklamationen /	Setzung, inhaltlicher und damit zeitlicher Bezug zur vorausgehenden Setzung (Spielerreaktion)	2
man wollte es nicht wahrhaben	Präteritum	2
aber / die entscheidung des schiedsrichters ist in ordnung	partiell Vergangenheit (von der 1.Minute bis zum Redemoment) und Zukunft inkludierendes Präsens	4b
jetzt kommt Manchester City in den strafraum von Gladbach hinein	punktuelles Präsens, "jetzt" als "Rückkehr"-Signal zum Geschehen im Redemoment	4a
eine möglichkeit durch Mick Channon /	Setzung, Redemomentbezug durch Geschehenssukzession	4a
Channon wird aber zurückgepfiffen	punktuelles Präsens	4a
er hat sich im zweikampf unfair (beifall) eingesetzt /	Perfekt, unmittelbarer Nachtrag	3
schiedsrichter Cesar da Luis Dias Correira aus Portugal /		
im großen und ganzen ein sachlicher und sicherer leiter dieser partie	Apposition, Wertung der sich bis zum Redemoment erstreckenden Schiedsrichterleistung	4b
hat sofort / entschieden	Perfekt, unmittelbarer Nachtrag	3
es geht weiter mit freistoß für Mönchengladbach	punktuelles Präsens	4a
das den ball aber schon wieder verloren hat	Perfekt, unmittelbarer Nachtrag als Bestandteil der Geschehenssukzession	3
über linksaußen kommen jetzt die Engländer mit Paul Power	punktuelles Präsens, Gegenwartssignal "jetzt"	4a

Fassen wir die Ergebnisse unserer Einzeluntersuchungen zusammen, so ergibt sich für die indikativischen, konjunktivischen und tempuslosen Aussagen der Direktreportage folgende auf das pragmatische Zeitstufenmodell bezogene quantitative Distribution:

TABELLE 11: Distribution der finiten Verben und der Ellipsen/Appositionen nach Zeitstufen

		Indikative	Konjunktive	Ellipsen/ Appositionen	gesamt absolut	gesamt %
allgemein	0	2			2	0,33
Ver-	1	17	2	4	23	3,86
gangen-	2	49	3	22	74	12,42
heit	3	74	5	6	85	14,26
Gegen-	4a	214	11	87	312	52,35
wart	4b	45		23	68	11,41
	5	15			15	2,52
Zukunft	6	6	3		9	1,51
	7	4	4		8	1,34
gesamt	absolut	426	28	142	596	
	%	71,48	4,7o	23,82		100

Mit kleineren Modifikationen bestätigen sich die zuvor, vor allem bei der Betrachtung der Indikative getroffenen Feststellungen:

1. Mit 52,5% dominiert das punktuelle Redemoment-Geschehen.
2. Bezieht man die unmittelbaren Rück- und Vorgriffe mit ein, erhöhen sich die auf das aktuelle Geschehen bezogenen Referenzen auf knapp 70%.

3. Demgegenüber stehen 14% Rück- und Vorgriffe in die bereits abgelaufene bzw. noch ausstehende Spielzeit.
4. Die überwiegende Mehrzahl der partiell Vergangenheit und/oder Zukunft inkludierenden Redemoment-Bezüge (11,5%) stehen ebenfalls in engem Zusammenhang mit dem Spiel.
5. Spielbezogen sind demnach fast 95% aller Aussagen. Dabei stehen sich die dem aktuellen Spielgeschehen gewidmeten Aussagen und die auf das nicht aktuelle bzw. allgemeine Spielgeschehen bezogenen Aussagen etwa im Verhältnis 3:1 gegenüber.
6. Aussagen, die sich auf Geschehen und Sachverhalte vor und nach dem Spiel beziehen, machen nur etwas über 5% aus.
7. Generell gilt in dieser Reportage: je weiter die Referenzen zeitlich vom Redemoment entfernt sind, desto niedriger ihre Quantität.
8. Ebenfalls gilt: die Vergangenheitsstufen sind alle wesentlich häufiger vertreten als die ihnen entsprechenden Zukunftsstufen. Insgesamt stehen 30,5% Rückgriffen nur 5,5% Vorgriffe gegenüber.

Wie unsere die einzelnen Zeitorientierungs-Mittel berücksichtigende Analyse einer Textpassage (Beleg 235) gezeigt hat, sind die Referenzen, die einer Zeitstufe angehören, ja keineswegs an einer bestimmten Reportagestelle konzentriert, sondern wir haben es offensichtlich mit einem ständigen Zeitstufenwechsel zu tun. Nimmt man die beiden Gültigkeitsbereiche der Gegenwart (Zeitstufen 4a und 4b) zusammen, gliedern sich die insgesamt 596 den Zeitstufen zugeordneten Einzelinformationen des Textes in 218 Zeitstufenblöcke. D.h. im Durchschnitt findet alle 7,36 Sekunden ein Zeitstufenwechsel statt. Verglichen mit der sehr schnell revidierten Ausgangsüberlegung, eine Direktreportage sei durchgehend auf den Redemoment bezogen, ja im völligen Gegensatz zu ihr erweist sich die Fußball-Direktreportage als eine Textsorte, die nicht nur durch einen Wechsel der beiden Tempusteilsysteme, sondern vor allem durch einen häufigen Wechsel der Zeitbezüge charakterisiert ist. Der Hörer hat sich also ständig auf eine neue Zeitstufe einzustellen, zumal die durchschnittliche Länge eines Komplexes nur 2,73 Referenzen auf die betreffende Zeitstufe umfaßt. Die Extremwerte reichen dabei von 1 bis 14 Referenzen. Wie Tabelle 12 zeigt, liegt nur die Zeitstufe 4 (Gegenwart) über dem Durchschnittswert.
Faßt man die Angaben der Tabelle 12, wie in Tabelle 13 geschehen, nach ihrem Umfang in drei Gruppen zusammen, so zeigt sich einerseits, daß fast zwei Drittel aller Komplexe dem "kurzen" Typ (1-2 Referenzen) und nur 11,5% dem "langen" Typ (6 und mehr Referenzen) angehören, der Hörer also nur relativ selten etwas längere Zeit bei einer Zeitstufe verharren kann. Andererseits zeigt sich, daß auch unter diesem Aspekt die Zeitstufe der Redemomentgegenwart ihre herausragende Sonderstellung dokumentiert: Auf sie entfällt knapp die Hälfte aller Komplexe; sie hat mit 3,8 den mit Abstand höchsten Durchschnittswert, die größte Variationsbreite, bei weitem die meisten langen Komplexe. Sie ist also gleichsam die durchgehende Konstante, die zeitliche Basis der Reportage, von der aus im Regelfall kurze (= 96 mal), im Ausnahmefall mittellange bzw. umfangreichere (= 16 mal) zeitliche Rück- und Vorgriffe erfolgen.

TABELLE 12: Anzahl und Länge der Zeitstufenkomplexe

		Anzahl der Komplexe									
		allg.	Vergangenheit			Gegen- wart	Zukunft			gesamt	
		0	1	2	3	4	5	6	7	abs.	%
	1	2	12	15	36	23	9	3	1	101	46,33
Anzahl	2		4	4	6	21	3	1		39	17,89
	3		1	3	3	13			2	22	10,09
der	4			3	1	12				16	7,34
	5			2	1	11		1		15	6,88
Refe-	6				2	5				7	3,21
	7			1	1	5				7	3,21
renzen	8					1				1	0,46
	9					1				1	0,46
pro	10					4				4	1,83
	11					1				1	0,46
Kom-	12					1				1	0,46
	13			1						1	0,46
plex	14					2				2	0,92
Komplexe	absol.	2	17	29	50	100	12	5	3	218	
	%	0,92	7,8	13,3	22,94	45,87	5,5	2,29	1,38		100
durchschnittl. Umfang der Komplexe		1	1,35	2,55	1,7	3,8	1,25	2	2,33	2,73	

TABELLE 13: Anzahl der Zeitstufenkomplexe nach Umfangs-Gruppen

kurze Komplexe (1-2 Referenzen)	2	16	19	42	44	12	4	1	140	64,22
mittlere Komplexe (3-5 Referenzen)		1	8	5	36		1	2	53	24,31
lange Komplexe (6-14 Referenzen)			2	3	20				25	11,47

Inhaltlich handelt es sich bei den 20 "langen" Komplexen der Gegenwartsstufe vor allem um Angriff- und Abwehraktionen im Strafraum bzw. in Strafraumnähe unter Einbeziehung von Eck- und Freistößen. Mittelfeldspiel, Torabstoß und anschließender Spielaufbau, Auswechslung eines Spielers und Foulspiel kommen nur in fünf langen Komplexen vor, in zweien werden einzelne Spieler bzw. die beiden Mannschaften charakterisiert.

Bei den beiden langen Komplexen der zweiten Zeitstufe handelt es sich um einen 13 Einzelaussagen umfassenden Rückgriff, der die zwei Gladbacher Tore der ersten Halbzeit und eine Torchance von Manchester City schildert, und um eine wertende Zusammenfassung des bisherigen, vor dem Reportagebeginn liegenden Spielverlaufs. Die drei umfangreichen Komplexe der dritten Zeitstufe beinhalten unmittelbare "Zeitlupenwiederholungen" der Tore zum 3:0 und 3:1 und einer Tormöglichkeit.

Die langen Komplexe verteilen sich auf die einzelnen Reportageviertel folgendermaßen:

TABELLE 14: Distribution der langen Zeitstufenkomplexe

	Spielvergangenheit 2	unmittelbare Vergangenheit 3	Gegenwart 4	gesamt
1. Viertel	2	1	3	6
2. Viertel		1	4	5
3. Viertel		1	9	10
4. Viertel			4	4
gesamt	2	3	20	25

Die Distribution der umfangreicheren Komplexe zeigt, daß diese nur im dritten Reportageviertel eine dominierende Rolle spielen. Während die der dritten Zeitstufe (unmittelbare Vergangenheit) primär abhängig vom Spielgeschehen sind, zumindest die beiden Tor-Nachkommentare, dürfte es kein Zufall sein, daß die beiden langen Komplexe der zweiten Zeitstufe (Spielvergangenheit) im ersten Viertel, und hier wiederum in dessen erster Hälfte liegen: Denn es gehört offensichtlich - wie auch andere Reportagen zeigen - zur inhaltlichen Struktur dieses Reportagetyps, daß im Anfangsteil ausführlicher über die relevanten Ereignisse der vorausliegenden Spielzeit informiert und dem Hörer eine Zusammenfassung gegeben wird. Hinzu kommt hierbei, daß die drei langen Komplexe der Gegenwartsstufe, die im zweiten und dritten Reportage-Achtel stehen, aktuelles Geschehen mit Spieler- und Mannschaftscharakterisierungen koppeln und so mit Hilfe der Vergangenheit inkludierenden Gegenwart (Zeitstufe 4b) Spielvergangenheit mit der Redemomentgültigkeit verbinden.

Die Distribution der umfangreicheren Komplexe läßt im Grunde nur augenfällig werden, was generell für die Verteilung der Zeitstufen-Referenzen auf die einzelnen Reportageviertel gilt. Hierzu vergleichen wir die Prozentanteile, die die wichtigsten Zeitstufen bzw. Zeitstufengruppen in den einzelnen Reportagevierteln einnehmen:

TABELLE 15: Distribution der Zeitstufen-Referenzen in den Reportage-Vierteln

	Vergangenheit 1+2	unmittelbare Vergangenheit 3	Gegenwart 4	Zukunft 5-7
1. Viertel	29,1	11,3	52,3	6,6
2. Viertel	7,8	17,5	67,3	6,5
3. Viertel	12,3	16,9	66,1	4,7
4. Viertel	16,5	9,9	70,3	3,3
Durchschnitt	16,4	13,9	64	5,3

Während die Referenzen auf die Gegenwart von gut 50% (1. Viertel) über einen Zweidrittelanteil (2. und 3. Viertel) auf 70% (Schlußviertel) steigen, fällt der Anteil der Zukunftsbezüge von 6,5% (1. Hälfte) über knapp 5% (3. Viertel) auf 3,3% (4. Viertel) ab. Im Gegensatz zu den Gegenwartsreferenzen ist der Anteil der Vergangenheitsbezüge mit gut 40% im Anfangsviertel am höchsten, in den anderen drei Vierteln macht er jeweils etwas mehr als 25% aus. Für alle Reportageviertel gilt dabei: je zahlreicher die Referenzen auf die weiter zurückreichende Vergangenheit (Zeitstufen 1 und 2), desto niedriger die Anzahl der Referenzen auf das Geschehen unmittelbar vor dem Redemoment und umgekehrt. Der fast 30% ausmachende Anteil der ersten und zweiten Zeitstufe im ersten Viertel erklärt sich von der Reporterpflicht her, den Hörer zu Reportagebeginn über den bisherigen Spielverlauf zu informieren. Im Anfangsviertel befinden sich nicht nur die bereits erwähnten "langen" Rückgriffe in die erste Halbzeit, sondern auch zwei mittellange, die über ein Abseitstor berichten (siehe Beleg 235), und ein weiterer, der auf das Hinspiel eingeht. Während im zweiten Viertel nur ein mittellanger Rückgriff vorkommt – in ihm informiert der Reporter über Vorkommnisse während der Halbzeitpause (siehe Beleg 171) –, steigt die Anzahl der "mittleren" Rückgriffe in den letzten beiden Vierteln auf zwei bzw. drei. Hierbei handelt es sich ausnahmslos um Resümees wertender (Spielcharakteristik) oder statistischer Art (Torfolge und -schützen).

3.1.6. Strukturregeln und Gebrauchsnormen

Die Distribution der Zeitbezüge spiegelt die inhaltliche Struktur der vorliegenden Reportage, die in ihren Grundzügen typisch für die Teilreportage sein dürfte. Aus unseren Ergebnissen lassen sich daher folgende Strukturregeln ableiten:

1. Da der Reporter seine Erzählstrategie nicht von seinem Wissen über das Ergebnis einer bereits abgeschlossenen Res her festlegen kann, wählt er zwangsläufig die sich im Redemoment ereignende Spielaktion zur Basis seiner Reportage. Die simultan mit der Narratio ablaufende Res ist daher für den Reporter Ausgangs- und Rückkehrpunkt für zeitlich zurückliegende oder vorauseilende Exkurse. Durch ihre quantitativ absolut dominierende Rolle ist die Gegenwartsebene in allen Bereichen, also auch im zeitlichen für den Hörer die Orientierungskonstante.

2. Daß es sich hierbei nicht nur um eine quantitative, sondern auch um eine qualitative Dominanz des Augenblickgeschehens handelt, wird in den Fällen deutlich, in denen ein Rückgriff aus Aktualitätsgründen schnell beendet (vgl. Beleg 224) oder sogar unterbrochen wird (vgl. Beleg 235). Dieser Vorrang des aktuellen Geschehens ist für den Reporter immer dann obligatorisch, wenn sich auf dem Spielfeld eine Aktion ereignet oder anbahnt, die für den Ausgang des Spiels (mit)entscheidend werden könnte, also vor allem dann, wenn sich das Geschehen in Strafraum- oder sogar Tornähe verlagert. Der Hörer würde es seinem mit Rundfunkgebühren bezahlten Stellvertreter im Stadion nie verzeihen, wenn der Reporter ihn um den Nervenkitzel und das simultane Miterleben eines geschossenen oder beinahe erzielten Tores bringen würde. Man kann diese Obligatorik im Anschluß an PETER HANDKE mit der "Angst des Reporters vor dem verpaßten Tor" begründen.

3. Frei steht dem Reporter dagegen, ob und wann er bei weniger spannenden Spielszenen (z.B. langsamer Spielaufbau in der eigenen Hälfte, Mittelfeldspiel oder gar Spielunterbrechungen) beim Spielfeldgeschehen verharrt oder diese spannungsarme bzw. spannungslose Zeit mit Exkursen ausfüllt und so überbrückt. Obligatorisch ist dabei nur, daß er von Zeit zu Zeit derartige Exkurse, seien es Geschehensrückgriffe, Wertungen, historische Einordnungen oder Informationen über die Akteure, einstreut, um die Reportage nicht monoton werden zu lassen. Man kann hier von der "Angst des Reporters vor der Langeweile des Spiels" oder von der "Angst des Reporters vor seinem eigenen Schweigen" sprechen.

4. Obligatorisch sind Rückgriffe in folgenden Fällen:
   a) Zu Reportagebeginn, also im ersten Viertel, ja Achtel, muß der Reporter jede Möglichkeit, die das aktuelle Spielgeschehen gestattet, nutzen, um über die bereits erfolgten Spielhöhepunkte zu informieren bzw. um einen Überblick über das bisher abgelaufene Spielgeschehen zu geben, d.h. der Nachteil der Teilreportage muß kompensiert, der Hörer hinsichtlich der relevanten Ereignisse auf den Wissensstand des Reporters gebracht werden.
   b) Gegen Ende der Reportage, also im letzten Viertel, wird das abgelaufene Geschehen wertend und/oder statistisch resümiert.
   c) Umfangreichere unmittelbare Rückgriffe ("Zeitlupenwiederholungen") haben bei Toren zu erfolgen. Bei welchen anderen Ereignishöhepunkten (ungenutzte Torchance, Verletzung eines Spielers usw.) nachkommentiert wird, ist dagegen dem Reporter freigestellt.

Die unter a und b genannten Rückgriffe liegen distributionell relativ fest, die unter c fallenden sind abhängig vom Spielverlauf.

5. Fakultativ und damit auch distributionell frei sind die Vorgriffe. Spekulationen auf das noch ausstehende Spielgeschehen, vor allem die in Frageform gekleideten unmittelbaren Vorgriffe haben offenbar die Funktion, Spannung zu vermitteln und die Reportage selbst lebendiger zu machen.

Um diese zeitliche und zugleich inhaltliche Struktur sprachlich zu realisieren und damit überhaupt erst dem Hörer die Zeitorientierung zu ermöglichen, stehen dem Reporter die aufgezeigten Mittel temporaler und kotextueller Zeitbestimmungen zur Verfügung. Hierbei lassen sich in HAUFFEs Teilreportage folgende G e b r a u c h s r e g e l n feststellen, zunächst für die Verwendung der T e m p o r a :

1. HAUFFE benutzt beide temporalen Teilsysteme, d.h. er arbeitet häufig mit Bezugspunkt-Wechseln.

2. Da inhaltlich das Gegenwartsgeschehen dominiert, ist der Redemoment der quantitativ bevorzugte Bezugspunkt. Das temporale Mittel für die Gültigkeit im Redemoment ist das Präsens. Es ist das vorherrschende Erzähltempus der Reportage.

3. Das präsentische Teilsystem wird bisweilen um eine zweite Vergangenheitsstufe erweitert. Zu ihrer Kennzeichnung dient das Tempus der Vorzeitigkeit innerhalb des präteritalen Teilsystems, das Plusquamperfekt.

4. Die Zukunft wird überwiegend durch das Präsens ausgedrückt, allerdings nur in den Fällen, in denen der Kotext die Nachzeitigkeit garantiert. Andernfalls steht das Futur I.

5. Bei vorzeitigem Geschehen den Bezugspunkt zu verlagern und damit in das präteritale Teilsystem zu wechseln, ist dem Reporter weitgehend freigestellt. Temporal zeigt sich dieser Wechsel durch den Gebrauch des Präteritum anstatt des Perfekt.

6. HAUFFE folgt dabei offenbar bestimmten Verwendungsweisen:
   a) Bei größerer zeitlicher Nähe zum Redemoment bevorzugt er das Perfekt, bei größerer Distanz das Präteritum.
   b) Bei Geschehens-Details bevorzugt er das Präteritum, bei Geschehens-Resultaten das Perfekt.
   c) Folgen mehrere rückgreifende Informationen aufeinander, wechselt er ins präteritale Teilsystem, wodurch zugleich die Monotonie der wiederholten Perfektpersonalform und der Perfektklammer vermieden wird. Die Rückkehr zum Bezugspunkt "Redemoment" leistet dabei häufig das Perfekt als "Scharnier".
   d) Präteritale "Erleichterungsformen" werden dort benutzt, wo sie auch in der schriftlichen Standardsprache üblich sind, so bei "haben", "sein", "scheinen" und den Modalverben.

7. Perfekt und Präteritum können bei inhaltlich wichtigen Rückgriffen durch das "szenische" Präsens ersetzt werden. Dasselbe gilt für "konstatierende", "registrierende" Rückgriffe. Der Ko- bzw. Kontext muß hierbei die Vorzeitigkeit

garantieren. Im Gegensatz zum futurellen Präsens, das eine usuelle Gebrauchsvariante ist, kann das historische Präsens als fakultative Stilvariante bezeichnet werden.

8. Insgesamt gilt für den multitemporalen Gebrauch der Tempora: Ohne zusätzliche ko-/kontextuelle Zeitbestimmungen fungieren sie in der Weise, in der sie eingangs den Zeitstufen beider temporalen Teilsysteme zugewiesen worden sind. Auf ko-/kontextuelle Zeitbestimmungen sind die Tempora dagegen angewiesen, wenn sie zusätzliche Zeitverhältnisse ausdrücken und wenn sie als usuelle oder fakultative Varianten zu den Systemtempora auftreten.

9. Die Verwendung der Tempora innerhalb der beiden temporalen Teilsysteme kann für den untersuchten Text folgende Zusammenfassung veranschaulichen. Dabei bedeutet:

- Kotext:	eine ko-/kontextuelle Zeitbestimmung ist nicht erforderlich,
+ Kotext:	eine ko-/kontextuelle Zeitbestimmung ist obligatorisch,
Unterstreichung:	quantitativ vorherrschend bzw. allein vorkommend.

SKIZZE 14: Tempussystem und Tempusgebrauch

I. Das "präsentische" Teilsystem

Zeitachse	- Kotext	+ Kotext
Zukunft (nach dem Redemoment)	FUTUR I	PRÄSENS
Gegenwart (im Redemoment)	PRÄSENS	
Vergangenheit (vor dem Redemoment)	PERFEKT	PRÄSENS
Vorvergangenheit (vor der Vergangenheit)		PLUSQUAMPERFEKT

II. Das "präteritale" Teilsystem

Zeitachse	- Kotext	+ Kotext
Zukunft eines vergangenen Geschehens		
Gegenwart eines vergangenen Geschehens	PRÄTERITUM	PRÄSENS
Vergangenheit eines vergangenen Geschehens	PLUSQUAMPERFEKT	

10. Der Konjunktiv-Gebrauch ist normgerecht. Den quantitativ vorherrschenden Konjunktiv II setzt HAUFFE vorzugsweise ein, um einen augenblicklichen Potentialis, nämlich eine vom Reporter gewünschte bzw. befürchtete Spielaktionsmöglichkeit im Redemoment, und um den nachzeitigen Eventualis auszudrücken.

Bei den Z e i t a n g a b e n verwendet HAUFFE die drei für die Fußballreportage wichtigsten zeitlichen Bezugssysteme:

1. das deiktische System sowohl mit seinem Bezugspunkt "Redemoment", der absolut dominiert, als auch mit einem rückverlagerten Bezugspunkt;
2. das eng mit dem deiktischen Redemomentsystem verknüpfte Wettbewerbsystem, das vor allem der historischen Einordnung des aktuellen Fußballspiels dient;
3. das sportartspezifische Spielzeitsystem, bei dem sich folgende Verwendungsregularitäten ergeben:
   a) Obligatorisch sind
      - die zeitliche Koordination von Redemoment und Spielzeit am Anfang der Reportage,
      - die Angabe des Spielschlusses,
      - die Spielzeitfixierung von herausragenden Höhepunkten des Spiels in und vor dem Redemoment, vor allem der erzielten Tore,
      - die Wiederholung der Tor-Zeitpunkte in Form statistischer Aufbereitung gegen Spiel- und Reportageende,
      - die quantitative Steigerung von Spielzeitbestimmungen in den letzten zehn Spielminuten.
   b) Fakultativ sind
      - die spielzeitliche Fixierung von Spielaktionen, die nicht zu den herausragenden Höhepunkten gehören,
      - die Wiederholung der Zeitmarkierung bei Rückgriffen auf einzelne Höhepunkte,
      - genauere Spielzeitangaben, die Ereignisse früherer Spiele bestimmen,
      - die sprachliche Variation von Spielzeitangaben und verbunden damit die Umrechnung von Spielzeitminuten in Stunden- bzw. Sekunden-Äquivalente und in andere Zeitabschnitt-Angaben.
   c) Bevorzugt werden
      - die "offizielle" Spielminuten-Zählung mit ihrem Bezugspunkt "Spielanfang" bei Rückgriffen, statistischen Kurzfassungen und aktuellen Torerfolgen,
      - die spannungssteigernde rückläufige Zählung vom Bezugspunkt "Spielende" aus in der Schlußphase des Spiels,
      - das Einstreuen der Sekunden-Variante in den letzten Minuten vor Halbzeit- bzw. Spielende.

Z u s a m m e n f a s s e n d läßt sich feststellen: Die Reportage ist von einem dichten Netz unterschiedlicher, aber eng verknüpfter Zeitbestimmungen überzogen. Dabei verwendet HAUFFE in souveräner Weise die Möglichkeiten der für die Direktreportage relevanten Zeitangaben-Systeme und die Möglichkeiten des deutschen Tempussystems einschließlich einer Reihe von usuellen und stilistischen Varianten. Die bei den Zeitbestimmungen festgestellten Gebrauchsnormen - soweit sie nicht von der Sportart abhängige Charakteristika der Textsorte sind - entsprechen denen, die auch in anderen Erzähltexten, wie z.B. in der "hohen" Literatur, Gültigkeit haben. Ein relevanter Unterschied im Tempusgebrauch zwischen dieser weitgehend unvorbereitet gesprochenen, nicht-fiktionalen Teilreportage und geschriebenen, fiktionalen Erzähltexten besteht offenbar nicht.[69] Durch das Zusammenspiel von Tempora und Zeitangaben findet eine optimale Zeitorientierung des Hörers statt.

3.2. GANZREPORTAGE: VERLÄNGERUNG HERTHA BSC BERLIN - FORTUNA DÜSSELDORF (von REGINA QUENTIN)

3.2.1. Spiel und Reportage

Bei der vorliegenden Spielreportage handelt es sich um die Verlängerung des DFB-Pokalfinalspieles 1979. In diesem, vom Deutschen Fußball-Bund veranstalteten Pokalwettbewerb für bundesdeutsche Vereinsmannschaften standen sich 1979 die Fußballmannschaften Hertha BSC Berlin und Fortuna Düsseldorf im Finale gegenüber. Die Begegnung fand am 23.6.79 im Niedersachsenstadion von Hannover statt. Nachdem die reguläre Spielzeit torlos geendet und damit keine Entscheidung gebracht hatte, wurde eine Verlängerung von zwei mal 15 Minuten angesetzt.

Dieses Spiel wurde live als Direktreportage im Hörfunk der ARD übertragen, Reporter waren MANFRED BREUCKMANN (WDR) und WOLFGANG MÖNCH (SFB). Sie gaben die beiden Spielhälften der Verlängerung in folgendem Wechsel wieder: die ersten 7-8 Minuten der beiden Spiel-/Reportagehälften W. MÖNCH, die letzten 7-8 Minuten M. BREUCKMANN, so daß insgesamt jeder Sprecher ca. 15 Minuten am Mikrofon war. Die eigentliche Spielreportage ist durch Vor- und Nachkommentar begrenzt sowie durch Pausenkommentar beider Sprecher unterbrochen.

Folgende Skizze zeigt den Zeitverlauf des Spiels bzw. der Reportage:

<u>SKIZZE 15:</u> Sprechdauer der Reporter

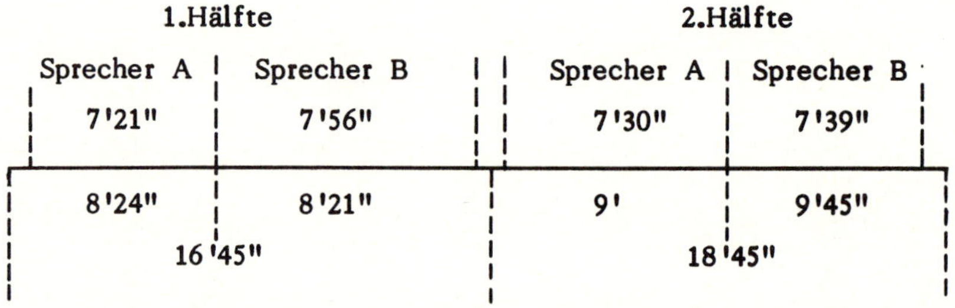

Diese Zeitangaben beruhen auf Sprechermitteilungen, die vor allem Anfangs- und Endpunkte nicht präzise genug wiedergeben, so daß beide Spiel-/Reportagehälften etwas länger als 15 Minuten dauern.

3.2.2. Temporale Zeitbestimmungen

Zunächst möchte ich nochmals näher auf den Tempusbegriff eingehen. Auszugehen ist dabei grundsätzlich von einem Verständnis des Tempus als Zeitverhältnis, nicht als Zeit.

Drei Zeitebenen sind zu unterscheiden:[70]

a) die Sprechzeitebene, d.h. die Zeit, in der der Sprecher real spricht und selbst als handelndes Subjekt zu bezeichnen ist,

b) die Aktzeitebene, d.h. die Zeiteinheit, in der das Geschehen, der Sachverhalt sich ereignet,

c) die Betrachtzeit, auch Wahrnehmungszeit genannt[71], somit die Zeit, in der der Sprecher die wiederzugebende Aktion 'betrachtet', d.h. direkt oder indirekt wahrnimmt.

Alle drei Zeitebenen lassen sich als Zeitlinien darstellen, wobei die einzelnen Ebenen auch zusammenfallen können. Auf der Zeitlinie des Sprechers meint die Gegenwart den Punkt, an dem sich der Sprecher momentan aufhält, den Gegenwartspunkt. "Auf ihm befindet sich nun dauernd das Ich, das sich also mit ihm auf der Zeitlinie in einer fortwährenden gleichmäßigen Bewegung befindet, denn das Ich-bewußtsein lebt ja in einer fortwährenden Gegenwart. Es gliedert die Zeit in Zukunft und Vergangenheit, indem es von seinem jedesmaligen Standpunkt auf der Zeitlinie aus alle links von sich gelegenen Zeitstellenwerte als in der Vergangenheit liegend und alle rechts von sich gelegenen als in der Zukunft liegend bezeichnet."[72] Diese Zeitstellenwerte sind nicht starr festgelegt, sondern sie müssen immer in Relation zur Gegenwart des Ich gesehen werden - ein Zeitstellenwert, der in der Zukunft des Ich liegt, rückt, nachdem er durchschritten wurde, in die Vergangenheit. Von seiner Zeitlinie, dem jeweiligen Gegenwartspunkt, stellt der Sprecher einen sprachlichen Bezug zur Aktzeit- oder Geschehensebene her.

Diesem Zeitbezug entspricht folgendes Grundmodell:

<u>SKIZZE 16:</u> Zeitbezug zwischen Sprecher- und Geschehensebene

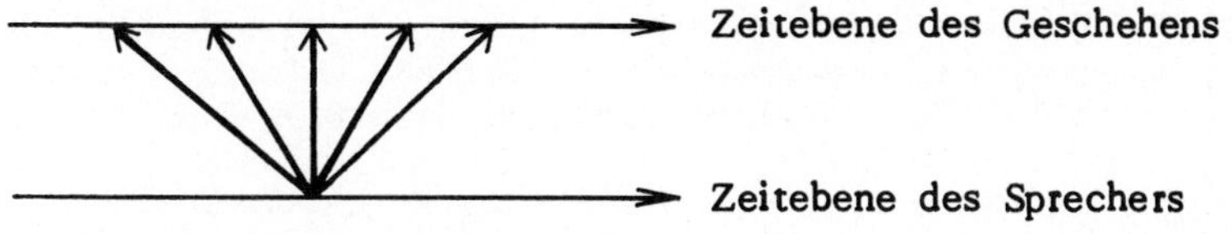

⟶ bezeichnet den möglichen Zeitbezug, wobei der mittlere Pfeil die Gleichzeitigkeit beider Ebenen markiert, die beiden rechten Pfeile zukünftiges, die beiden linken Pfeile vergangenes Geschehen in Relation zum Sprechzeitpunkt aufzeigen.

Weitere Ausführungen zum Problem der Zeitreferenz, vor allem in bezug auf die Textsorte 'Fußballreportage', sind in dem pragmatischen Zeitmodell von WOLFGANG BRANDT enthalten (siehe 2.3.).

Neben dem Zeitbezug ist zu beachten, daß sich der Sprecher auch innerhalb der Geschehensebene 'verhält', d.h. er referiert nicht nur auf einen Punkt, ein punktuelles Geschehen, sondern auch auf dessen Ausdehnung (Dauer), womit das Merkmal der Zeiterstreckung eines Geschehens angesprochen ist. Entscheidend für die Rekonstruktion der Leistungen der Tempora ist die Unterscheidung zwischen Sprech-, Betracht- und Aktzeitpunkt. Gemäß der These vom Einsatz der Tempora zur Wiedergabe temporaler Verhältnisse verwirklichen sie im einzelnen folgende Verhältnisse:[73]

SKIZZE 17: Tempora im Verhältnis zu Sprech-, Betracht- und Akt-Zeitpunkt

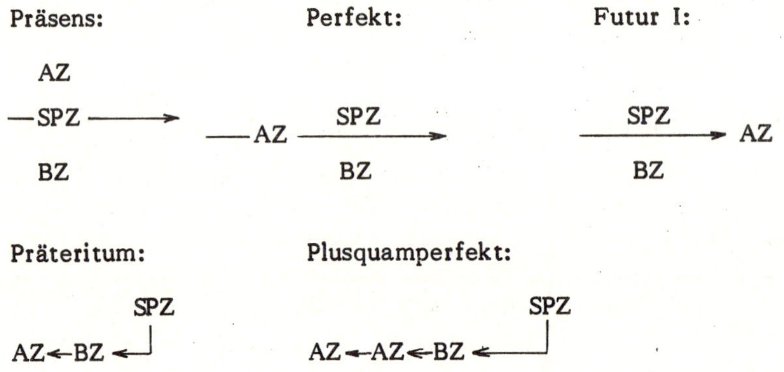

SPZ = Sprechzeitpunkt BZ = Betrachtzeitpunkt AZ = Aktzeitpunkt

Damit sind die einzelnen Tempora vorläufig und hypothetisch für die folgende Untersuchung charakterisiert:

Präsens: Durch den Zusammenfall aller drei Zeitebenen ist das Präsens grundsätzlich zur Wiedergabe eines sich gleichzeitig ereignenden Geschehens geeignet. Die einzelnen Handlungen werden simultan betrachtet und sprachlich realisiert. Von daher ist besonders der Zusammenfall von Sprech- und Betrachtzeitpunkt von Bedeutung, das Verhältnis zum Aktzeitpunkt ist noch zu spezifizieren.

Perfekt: Hier sind Sprech- und Betrachtzeitpunkt gleichzeitig, das Geschehen jedoch ist vorzeitig zu diesem Moment. Da es auf der gleichen Ebene liegt, ist es ebenfalls am simultan ablaufenden Geschehen orientiert, holt Informationen nach und kann von daher als 'Zeitlupentempus' bezeichnet werden.

Futur I: Das Geschehen liegt hierbei vom Gegenwartspunkt des Sprechers aus gesehen in der Zukunft, ist aber ebenfalls auf momentan ablaufende Handlungen bezogen.

Präsens, Perfekt und Futur I ist demnach gemein, daß Sprech- und Betrachtzeitpunkt generell gleichzeitig sind - der Aktzeitpunkt auf der gleichen Ebene liegt.

Präteritum: Hier zeigt sich, daß Sprech- und Betrachtzeitpunkt auf zwei verschiedenen Ebenen liegen, das Geschehen vom Sprechzeitpunkt abgehoben betrachtet wird und vorzeitig zu diesem ist. Die Handlungen werden nicht geschehensorientiert wiedergegeben, sondern aus einer Distanz 'nacherzählt'.

Plusquamperfekt: Es gelten die gleichen Zeitebenenverhältnisse wie beim Präteritum, allerdings mit dem Unterschied, daß hier das Geschehen vorzeitig zu dem im Präteritum wiedergegebenen Akt ist. Bei beiden Tempora wird das Geschehen vom Sprechzeitpunkt distanziert betrachtet.

Damit ergeben sich zwei Gruppen der Tempora, die sich durch die Lage und das Verhältnis von Sprech-, Betracht- und Aktzeitpunkt unterscheiden. Während im ersten Fall Sprechzeit und Betrachtzeit zusammenfallen, liegen sie im zweiten Fall auf zwei voneinander abgehobenen Ebenen, betrachten die Handlung aus einer gewissen Distanz. Tempora der Gruppe I (Präsens, Perfekt, Futur I) geben das Geschehen unmittelbar und handlungsnah wieder, während die der Gruppe II (Präteritum, Plusquamperfekt) als Tempora zu bezeichnen sind, die die Handlungen aus einer abgehobenen zeitlichen Perspektive heraus betrachten.

Von der Hypothese ausgehend, daß die Tempora zeitliche Verhältnisse wiedergeben und im Vollzug von Sprechakten mit verschiedenen kommunikativen Funktionen verwendet werden, sind im folgenden die Tempora hinsichtlich ihrer kommunikativen Leistungen in einem spezifischen Kommunikationsprozeß zu untersuchen.

Der Text enthält insgesamt 592 Tempusformen; davon entfallen auf die erste Spiel-/Reportagehälfte, Sprecher A (W. MÖNCH) 140, Sprecher B (M. BREUCKMANN) 149 Tempusformen, auf die zweite Hälfte, Sprecher A 158 und Sprecher B 149 Tempusformen. Die Tatsache, daß der Sprecher im Sprechprozeß immer selektiv vorgeht, d.h. in Abhängigkeit von Inhalt und Redekonstellation sprachliche Ausdrucksmittel wählt, rechtfertigt die Annahme, daß bereits an Hand der quantitativ erfaßten, nach Tempus, Genus, Person, Modus und Aktionsart aufgeschlüsselten finiten Verben Verweise auf den vorliegenden Kommunikationsprozeß und die Verwendungsweise der Tempora unter Vorbehalt gegeben sind.
Folgende Tabelle zeigt rein quantitativ die verschiedenen in der Reportage vorkommenden Tempusformen. Konjunktiv I und II sind ebenfalls als Tempora erfaßt, da sie gleichermaßen eine temporale Aussage beinhalten.

TABELLE 16: Distribution der finiten Verben

	Fut.I	Präs.	Perf.	Prät.	Plusq.	Konj.I	Konj.II	gesamt
absolut	6	422	79	51	2	3	29	592
%	1,01	71,28	13,34	8,61	0,34	0,51	4,9	100

Diese Zahlen zeigen eine eindeutige Dominanz des Präsens, in großem zahlenmäßigen Abstand folgt das Perfekt, ferner Präteritum, Konjunktiv II, Futur I, Konjunktiv I und schließlich, als am wenigsten vorkommendes Tempus, das Plusquamperfekt. Futur II tritt gar nicht auf. Alle Formen sind grammatisch richtig gebildet und gebraucht. Eine Futurform ist unvollständig, wegen ihrer eindeutigen Bestimmbarkeit aber trotzdem in die Untersuchung einbezogen. Gemäß der Differenzierung der Tempora in zwei Gruppen sind im vorliegenden Text 85,63 % der Tempora Gruppe I (Präsens, Perfekt, Futur I) und 8,95 % der Gruppe II (Präteritum, Plusquamperfekt) zuzuordnen. Bei der zahlenmäßigen Gegenüberstellung ist darüber hinaus zu bedenken, daß in manchen Fällen Präteritum allein auf Grund der einfacheren grammatischen Konstruktion den umständlicheren Perfektformen vorgezogen wird und nicht wegen dessen kommunikativer Funktion. Dieses Zahlenverhältnis kennzeichnet den Text bereits als am Geschehen orientiert, in enger Spielverknüpfung und direkt kommentierend. Die Tempuswahl und -distribution wird damit dem vorliegenden Inhalt und der Redekonstellation gerecht, ist somit ein erster, vorläufiger Beleg für die Entsprechung inner- und außersprachlicher Merkmale in einer spezifischen Textsorte.

In folgender Tabelle sind die Tempora nach Sprechern und Spiel-/Reportagehälften differenziert:

TABELLE 17: Distribution der Tempora nach Sprechern und Spiel-/Reportagehälften

			Fut.I	Präs.	Perf.	Prät.	Plusq.	Konj.I	Konj.II	gesamt
1.	A	abs.	3	106	19	6			6	140
		%	2,14	75,71	13,57	4,29			4,29	100
Hälfte	B	abs.		101	19	16			9	145
		%		69,65	13,10	11,03			6,21	100
2.	A	abs.		119	23	9	1		6	158
		%		75,32	14,56	5,7	0,63		3,8	100
Hälfte	B	abs.	3	96	18	20	1	3	8	149
		%	2,01	64,42	12,08	13,42	0,67	2,01	5,37	100
gesamt		abs.	6	422	79	51	2	3	29	592
		%	1,01	71,28	13,34	8,61	0,34	0,51	4,9	100

Für die beiden Spiel-/Reportagehälften ergibt sich hieraus nach Addition folgendes Verhältnis (siehe Tabelle 18 auf der nächsten Seite):

TABELLE 18: Distribution der Tempora nach Spiel-/Reportagehälften

		Fut.I	Präs.	Perf.	Prät.	Plusq.	Konj.I	Konj.II	gesamt
1.	abs.	3	207	38	22			15	285
Hälfte	%	1,05	72,63	13,33	7,72			5,26	100
2.	abs.	3	215	41	29	2	3	14	307
Hälfte	%	0,98	70,03	13,35	9,45	0,65	0,98	4,56	100

Diese Zahlen sind als relativ ausgeglichen zu bezeichnen. In der ersten Hälfte ist im Verhältnis der Präsensgebrauch etwas stärker, in der zweiten der Präteritumgebrauch. Der Perfektgebrauch ist prozentual fast genau gleich. Eine Betrachtung unter Berücksichtigung der Tempusgruppen I und II ergibt eine deutliche Bevorzugung der Tempusgruppe I in beiden Spiel-/Reportagehälften, wobei deren Anteil in der ersten Hälfte noch etwas stärker ist. Die Vermutung liegt nahe, daß in der zweiten Hälfte öfters auf vergangenes Spielgeschehen in Form von Resümees Bezug genommen wird, während die erste Hälfte im Vergleich mehr am direkten Spiel selbst orientiert ist. Diese Annahme muß jedoch noch überprüft und vor allem an Hand von Kotext und Situation zu belegen versucht werden.

Betrachtet man den Tempusgebrauch der beiden Sprecher, so ergeben sich deutlichere Unterschiede:

TABELLE 19: Distribution der Tempora nach Sprechern

		Fut.I	Präs.	Perf.	Prät.	Plusq.	Konj.I	Konj.II	gesamt
Sprecher A	abs.	3	225	42	15	1		12	298
(MÖNCH)	%	1,0	75,51	14,09	5,03	0,34		4,03	100
Sprecher B	abs.	3	197	37	36	1	3	17	294
(BREUCKMANN)	%	1,02	67,0	12,58	12,24	0,34	1,02	5,78	100

Diese Gegenüberstellung verdeutlicht den weitaus stärkeren Präsensgebrauch von Sprecher A, auch Perfekt ist hier mehr vertreten, während Sprecher B das Präteritum weitaus häufiger als A benutzt. Hinsichtlich dieser großen Differenzen sind die übrigen Tempora in einem doch sehr ausgeglichenen Verhältnis gebraucht.

Beim Vergleich der Temporaverwendung der beiden Sprecher zeigt die Betrachtung der beiden Temporagruppen deutliche Differenzen: MÖNCH benutzt Tempora der Gruppe I zu 90,64%, BREUCKMANN nur zu 80,6%; dagegen verwendet er Tempora der Gruppe II zu 12,58%, MÖNCH nur zu 5,37%. Die Reportage von MÖNCH ist damit als aktionsorientierter zu bezeichnen, während BREUCKMANN das Spielgeschehen öfter resümierend wiedergibt als sein Reporterkollege. Auch hier sind auf Grund des pragmatischen Rahmens definitivere Aussagen zu treffen.

Die Tempusbetrachtung auf Grund der grammatischen Form hat gezeigt, daß die Tempora, eingesetzt zum Vollzug der Sprechhandlung 'Wiedergeben eines Fußballspiels', durch ihre Verwendungsweise die Distanz des Sprechers zum Spielgeschehen zeigen. Die hohe Frequenz der Tempora, bei denen Betracht- und Sprechzeitpunkt zusammenfallen und auf einer Ebene mit dem Aktzeitpunkt liegen, verweist auf Sprechhandlungen, die das Geschehen simultan, nicht nacherzählend wiedergeben.

Betrachtet man das G e n u s v e r b i - Genus bedeutet die "Verhaltensrichtung des Verbs"[74] und meint die Darstellung eines Geschehens oder einer Handlung im Verhältnis zum Subjekt - ergibt sich folgendes: Der überwiegende Teil der hier untersuchten Tempusformen sind Aktiva, nur 21, das entspricht 3,5% aller Tempusformen, sind Passivkonstruktionen. Diese 21 Passiva verteilen sich folgendermaßen auf die einzelnen Tempora: Präsens 17 (81%), Futur I, Perfekt, Präteritum, Konjunktiv I je 1 (je 4,8%) Passiva. Der deutlich überwiegende Anteil der Aktiva ist ein Beleg für die eindeutige Orientierung der Sprecher an den vom Subjekt ausgehenden Handlungen. Das entspricht dem wiederzugebenden Inhalt (Spielgeschehen): die Akteure (sprachliche Subjekte) vollziehen Handlungen mit einem Ball (sprachliches Objekt) an einem Spieler (sprachliches Objekt) oder allgemein im Spiel. Nur wenn der Gegenstand der Handlung selbst betont werden soll, tritt die Passiv-Umkehrung ein; Beispiele: Der Ball wird eingeworfen, es wird angegriffen, das Spiel wird verlängert. Zu bedenken ist außerdem, daß Passiva umständlicher zu konstruieren sind als Aktivformen. Eine weitere Betrachtung der Genera verbi erscheint mir innerhalb dieser Untersuchung hinsichtlich deren geringer Anzahl und der vorliegenden Fragestellung als unnötig.

Die Tempusformen sind immer subjektbezogen, d.h. grammatisch auf ein bestimmtes Subjekt festgelegt. Für diese Untersuchung ist nur die Unterscheidung zwischen einerseits der Sprecher/Hörer-Ebene, andererseits den Elementen des Spielgeschehens, in erster Linie den Akteuren, dem Ball, den Schieds- und Linienrichtern und auch den Zuschauern als Subjekt von Bedeutung (siehe Tabelle 20 auf der folgenden Seite). Wie nicht anders zu erwarten war, bestätigen diese Zahlen die Wichtigkeit des Inhalts, d.h. des Spielgeschehens für die Reportage. Allein das Spiel und seine bestimmenden Faktoren sind entscheidend, die Sprecher als Übermittler bleiben im Hintergrund.

In der ersten Hälfte sind die Sprecher bei 7,02% der Tempusformen Subjekt, in der zweiten Hälfte bei 12,7%. Unter Vorbehalt könnte man daraus schließen, daß in der zweiten Hälfte das Spielgeschehen nicht so aktionsgeladen ist, so daß dem Sprecher die Möglichkeit bleibt bzw. es nötig wird, seine eigene Meinung als Sprecher zu äußern. Sprecher A (MÖNCH) erwähnt sich selbst bei 7,72% der Tempusformen als Subjekt, Sprecher B (BREUCKMANN) bei 11,24%, besonders häufig in der 2. Hälfte lt. Tabelle. Lediglich der letzte Teil der zweiten Hälfte (Sprecher B) hebt sich zahlenmäßig ab: Hier ist das Ergebnis 81,21% Spielebene im Vergleich zu 18,79% Reportageebene. Dies ist dadurch zu erklären, daß inhaltlich in diesem Abschnitt zwar das einzige und damit entscheidende Tor fällt, sonst aber keine aktionsgeladenen Szenen vorkommen. Nach dem Tor ist das Spiel praktisch gelaufen, die Reportage löst sich vom Geschehen auf dem Spielfeld, der Sprecher bringt seine eigene Person in Form von Spielwertungen und -prognosen ein, wendet sich an die Hörer durch Anreden, schließlich Verabschiedungen.

TABELLE 20: Distribution der finiten Verben nach Subjektbezug, Sprechern und Spiel-Reportagehälften

			Spielelemente als Subjekt	Sprecher als Subjekt	gesamt
1.	A	abs.	128	12	140
		%	91,43	8,57	100
Hälfte	B	abs.	137	8	145
		%	94,48	5,52	100
2.	A	abs.	147	11	158
		%	93,04	6,96	100
Hälfte	B	abs.	121	28	149
		%	81,21	18,79	100
gesamt		abs.	533	59	592
		%	90,03	9,97	100

Eine weitere Unterscheidung liegt im Bereich der Modalität der Tempusformen. Modus meint die "Aussageweise des Verbs"[75], wichtigstes Unterscheidungsmerkmal ist hierbei die reale Gültigkeit des wiederzugebenden Inhalts. Für diese Untersuchung ist von daher die Differenzierung der Tempusformen nach den Merkmalen real, potential und irreal von Bedeutung. Im Gegensatz zum Indikativ stellt der Konjunktiv "das Geschehen als bloß vorgestellt dar und ermöglicht es dem Sprecher, sein subjektives Urteil in der Abstufung nach Möglichkeit (Potentialität) und Nichtwirklichkeit (Irrealität) zu bestätigen; daneben hat der Konjunktiv eine starke voluntative (= willensmäßige) Komponente, er kann demnach einen Wunsch oder einen Befehl ausdrücken."[76] Wie bereits gesagt, sind die Konjunktivformen dieses Textes auf Grund ihrer temporalen Leistungen in Tabelle 16 einbezogen. Konjunktiv I ist demnach bei 0,51 %, Konjunktiv II bei 4,9 % aller Verben zu finden. Damit läßt sich hier bereits die Behauptung aufstellen, daß nur wenige Tempusformen den zu übermittelnden Inhalt als eindeutig irreal darstellen. Das entspricht dem Charakter der Reportage, das Geschehen in erster Linie spielgetreu (= realitätsgetreu) wiederzugeben. Zum Modalsystem gehören gleichermaßen die Modalverben. Sie bezeichnen das Verhältnis des sprachlichen Subjekts zu dem im Infinitiv stehenden Geschehen. Vorab möchte ich die einzelnen Modalverben kurz charakterisieren, wobei besonders deren Realitätsgrad von Bedeutung ist:

"können" meint die Möglichkeit, etwas zu tun, eine Handlung auszuführen (potential), "müssen" beinhaltet einen Zwang für den Handelnden, ist meist real,

"sollen" entspringt einem Befehl, einem Zwang oder einer Aufforderung zum Vollzug einer Tätigkeit, "sollen" kann real, irreal als auch potential gebraucht sein,

"wollen" drückt einen Wunsch des Subjekts aus, kann ebenfalls real, irreal oder potential eingesetzt werden,

"dürfen" meint die Genehmigung oder Erlaubnis zu einem Handlungsvollzug, ist damit real, potential oder irreal,

"mögen" ist als schwächere Aussageform von "wollen" zu bezeichnen.

Im vorliegenden Text sind 14,36 % aller Verben Modalverbkonstruktionen. Eine sehr wichtige Rolle spielen die Modalverben bei den Konjunktiven. 20 der insgesamt 32 Konjunktive (62,5 %) sind mit einem Modalverb gebildet. Diese radikale Vereinfachung des Modusgebrauchs beklagt u.a. W. FLÄMIG: "Die Konjunktivformen der Hilfs- und Modalverben überwiegen selbst bei Autoren wie Thomas Mann, die der Hauptverben treten zurück."[77]

Folgende Tabelle zeigt nun den Gebrauch der jeweiligen Modalverben nach Spiel-/ Reportagehälften und Sprechern:

TABELLE 21: Distribution der Modalverben nach Sprechern und Spiel-/Reportagehälften

			müssen	können	sollen	wollen	dürfen	mögen	gesamt
1.	A	abs.	2	6	1	1			10
		%	20	60	10	10			100
Hälfte	B	abs.	5	17	4		1		27
		%	18,52	62,96	14,81		3,7		100
2.	A	abs.	7	7	1	4			19
		%	36,84	36,84	5,26	21,05			100
Hälfte	B	abs.	5	11	5	4	2	2	29
		%	17,24	37,93	17,24	13,79	6,9	6,9	100
gesamt		abs.	19	41	11	9	3	2	85
		%	22,35	48,24	12,94	10,59	3,52	2,35	100

Damit steht "können" eindeutig an der Spitze der gebrauchten Modalverben, gefolgt vom "müssen", "sollen", "wollen", "dürfen" und schließlich "mögen". Hinsichtlich der Modifizierung des durch das Verb ausgedrückten Geschehens in bezug zum Subjekt, sind eindeutig die Modalverben am häufigsten gebraucht, die reale oder zumindest potentiale Inhalte wiedergeben:

(236) Seel kann da noch einmal zurückpassen

(237) Hertha BSC kann angreifen

(238) sie müssen ein bißchen mehr kämpfen

Diese Tatsache ist wiederum ein Beweis für die von den Sprechern zu leistende Spielwiedergabe. Die Modusbetrachtung zeigt, daß die Sprecher sich am konkreten, von ihnen beobachteten Spielgeschehen orientieren; was nicht ersichtlich ist, beispielsweise Wünsche oder Vorhaben der Spieler, wird äußerst selten angesprochen. Dies sind meist lediglich Vermutungen, zu denen höchstens in aktionslosen Szenen Zeit bleibt. Sprachlicher Kotext und außersprachliche Situation konkretisieren die Tempusformen, wobei "real" konkrete Spiel- und Sprechhandlungen meint, deren Verwirklichung definitiv feststeht, "potential" mögliche Spielakte, Absichten der Spieler oder Vorstellungen der Sprecher bezeichnet. "Irreal" beschreibt hingegen nicht zu verwirklichende Handlungen. Insgesamt geben 530 Tempusformen (89,53 %) den Inhalt real wieder, 51 (8,61 %) stellen ihn als potential und elf (1,86 %) als irreal dar.

Vergleicht man die Modalität der Tempusformen in den beiden Spiel-/Reportagehälften bzw. bei den beiden Sprechern, ergeben sich folgende Verhältnisse:

TABELLE 22: Distribution der Tempusformen nach Modalität, Sprechern und Spiel-/Reportagehälften

			real	potential	irreal	gesamt
1.	A	abs.	129	5	6	140
		%	92,14	3,57	4,28	100
Hälfte	B	abs.	128	15	2	145
		%	88,28	10,34	1,37	100
2.	A	abs.	145	13		158
		%	91,77	8,23		100
Hälfte	B	abs.	128	18	3	149
		%	85,91	12,08	2,01	100

Diese Gegenüberstellung zeigt ein relativ ausgeglichenes Verhältnis für die beiden Spiel-/Reportagehälften:

1.Hälfte: 90,18 % real, 7,02 % potential, 2,8 % irreal

2.Hälfte: 88,93 % real, 10,1 % potential, 0,98 % irreal

Der Sprechervergleich ergibt folgendes:

Sprecher A (MÖNCH): 91,94 % real, 6,05 % potential, 2,02 % irreal

Sprecher B (BREUCKMANN): 87,07 % real, 11,22 % potential, 1,70 % irreal

Damit ist die Reportage von Sprecher B etwas weniger am realen Geschehen orientiert als die von Sprecher A, was sich auch hier vor allem im zweiten Teil der letzten Spielhälfte niederschlägt. Wie bereits erwähnt, fällt in diesem Zeitbereich das entscheidende Tor; der Sprecher nimmt die Möglichkeit wahr, Prognosen hinsichtlich des Spielausgangs aufzustellen, Spielergedanken zu vermuten, die Konsequenzen dieses Tors aufzuzeigen usw. Insgesamt zeigt sich jedoch eine ganz klare Orientierung der Sprecher am realen Geschehensablauf.

Eine Betrachtung der A k t i o n s a r t der Verbformen hat deren lexikalisch-semantische Bedeutung zu berücksichtigen. Wegen der Schwierigkeit, die aktionale Ausrichtung der finiten Verben objektiv und genau differenzieren zu können und der Irrelevanz einer Unterscheidung der einzelnen Zeitprozesse nach Anfang, Ende, Wiederholung, Verlauf und Intensität für die vorliegende Fragestellung soll im folgenden nur zwischen Zustands-, Tätigkeits und Vorgangsverben unterschieden werden:

TABELLE 23: Distribution der finiten Verben nach Aktionsart, Sprechern und Spiel-/Reportagehälften

			Zustands-verben	Tätigkeits-verben	Vorgangs-verben	gesamt
1. Hälfte	A	abs.	40	60	40	140
		%	28,57	42,86	28,57	100
	B	abs.	32	63	50	145
		%	22,07	43,45	34,48	100
2. Hälfte	A	abs.	42	79	37	158
		%	26,58	50,0	23,42	100
	B	abs.	39	61	49	149
		%	26,17	40,94	32,89	100
gesamt		abs.	153	263	176	592
		%	25,84	44,43	29,73	100

Danach ist eindeutig die Verwendung von Tätigkeitsverben am häufigsten. Das bestätigt von vornherein die Tatsache, daß es bei der Wiedergabe des Spielgeschehens darum geht, die Aktionen und Spielhandlungen zu nennen, da sie den Spielverlauf bestimmen. Im Gegensatz zu den Vorgangsverben, die auch eine Veränderung des Geschehens vermitteln, implizieren die Tätigkeitsverben einen aktiven Eingriff des handelnden Subjekts. Die Verwendung der einzelnen Aktionsarten ist in Hinsicht auf die beiden Spiel-/Reportagehälften bzw. die beiden Sprecher relativ ausgeglichen.

Die quantitative Auflistung der finiten Verben und isolierte Betrachtung nach den grammatischen Merkmalen Tempus, Genus, Person, Modus und Aktionsart hat die Grundannahme bestätigt, daß diese sprachlichen Ausdrucksmittel dem vorher definierten Kommunikationsakt entsprechend verwendet werden. Hier noch einmal die wichtigsten vorläufigen Ergebnisse:

- Es überwiegen bei weitem die Tempusformen, die das direkt ablaufende Geschehen spontan und simultan wiedergeben gegenüber denen, die die Spielhandlungen von der Geschehensebene abgehoben und von daher distanziert übermitteln. Die Reportage von Sprecher A ist dabei auf Grund des Tempusgebrauchs als aktionsorientierter zu bezeichnen.
- Die aktivische Handlungswiedergabe wird eindeutig bevorzugt und damit der Akteur im Gegensatz zum Handlungsobjekt betont.
- Die Unterscheidung der Personalform der Tempusformen ergibt eine deutliche Hintergrundfunktion der Sprecher.
- Die Wiedergabe konkreten Geschehens überwiegt, nur ca. 5 % der finiten Verben geben Stellungnahmen und Spieleinschätzungen der Sprecher in Form von Konjunktivkonstruktionen wieder; bei den Modalverben herrschen die vor, die das Geschehen als real einstufen.
- An Hand der Aktionsart der Verbformen ist zu ersehen, daß die Handlungswiedergabe gegenüber Vorgangs- und Zustandsbeschreibungen vorherrscht.

Die folgende Untersuchung hat die Einordnung der Tempusformen in das pragmatische Zeitstufenmodell zum Gegenstand. Tabelle 24 (siehe folgende Seite) zeigt den Zeitstufenbezug der einzelnen Tempusformen. Hierbei sind 3 Präsensformen nicht berücksichtigt, die keiner dieser Zeitstufen zuzuordnen sind; sie haben nahezu generalisierenden Charakter, exkludieren aber den Redemoment:

(239) Baltes / das ist der mann / der normalerweise wenn er aus dreißig metern schießt / die flutlichtmasten / ausschießen kann / *[...]* dieses mal ist es ihm jedenfalls nicht gelungen

Nach dieser Tabelle ist die zeitliche Referenz am stärksten auf das Geschehen gerichtet, das direkt im Redemoment abläuft (insgesamt 64%); 69,76% davon sind punktuell, 30,24% inkludieren den Redemoment. Grammatisch werden diese Zeitbezüge in erster Linie von den Präsensformen geleistet, der Bereich der punktuellen Gegenwart wird zu 98,1%, die inkludierende Redemomentsstufe zu 87,72% durch Präsensformen wiedergegeben. Auf die unmittelbare Vergangenheit beziehen sich 15,79% aller Tempusformen: Perfekt 63,44%, Präteritum 22,58%, Präsens 9,68% und Konjunktiv II 4,3%. 8,49% aller finiten Formen verweisen auf die Vergangenheit im Spiel, davon 40% Präteritum, 30% Perfekt, 18% Präsens, 8% Konjunktiv II und 4% Plusquamperfekt. Die unmittelbare Zukunft geben 3,4% der Tempusformen wieder, in erster Linie Präsens (75,0%), ferner Futur I (20,0%) und Konjunktiv II (5,0%). Die Vergangenheit vor dem Spiel (2,55%) wird durch Präteritum (66,67%), Perfekt (20%) und Präsens (13,33%) realisiert. Auf die Zu-

TABELLE 24: Distribution der Tempora nach Zeitstufenbezug

		Fut.I	Präs.	Perf.	Prät.	Plusq.	Konj. I	Konj. II	gesamt abs.	gesamt %
Vergangenheit	0 allgemein		13						13	2,21
	1 vor dem Spiel		2	3	1o				15	2,55
	2 im Spiel		9	15	20	2		4	50	8,49
	3 unmittelbar		9	59	21			4	93	15,79
Gegenwart	4a punktuell		258				1	4	263	44,65
	4b inkludierend		100	1			2	11	114	19,35
Zukunft	5 unmittelbar	4	15					1	20	3,4
	6 im Spiel	1	8					4	13	2,21
	7 nach dem Spiel	1	5	1				1	8	1,36
gesamt	absolut	6	419	79	51	2	3	29	589	
	%	1,01	71,28	13,34	8,61	0,34	0,51	4,9		100

kunft im Spiel beziehen sich 2,21 % der Tempusformen: 61,54 % Präsens, 30,77 % Konjunktiv II und 7,69 % Futur I, auf die Zukunft nach dem Spiel schließlich 1,36 % aller Tempusformen, davon 62,5 % Präsens, je 12,5 % Futur I, Konjunktiv I und Perfekt. 2,21 % aller Tempusformen sind allgemeingültig, sprachlich ausschließlich durch Präsens realisiert.

Als am direkt ablaufenden Spielgeschehen orientiert und dies spontan wiedergebend sind sowohl die im Redemoment gültigen als auch die auf die unmittelbare Zukunft bzw. Vergangenheit bezogenen Tempusformen zu bezeichnen. Nach Addition stellen diese Zeitstufen 83,19 % der gesamten Tempusbezüge dar. Ein Blick auf die Tabelle zeigt, daß hierzu Präsens-, Perfekt- und Futur-I-Formen verwandt werden, zu einem geringen Prozentsatz auch Präteritumformen. Damit ist die anfangs erarbeitete hypothetische Bestimmung der Tempora auf Grund des Verhältnisses von Sprech-, Betracht- und Aktzeitpunkt definitiv bestätigt. Insgesamt zeigt diese Differenzierung der konkreten Zeitbezüge der Tempusformen eine deutliche Orientierung der Sprecher am aktuellen, im Redemoment ablaufenden Geschehen. Diese, meist spannungsgeladene, direkte Spielwiedergabe wird durch den Redemoment inkludierende und auf die unmittelbare Vergangenheit bezogene Informationen vervollständigt.

Die bisherige Untersuchung hatte für die Tempusverwendung ein recht ähnliches Verhältnis hinsichtlich der Spiel-/Reportagehälften ergeben. Auf Grund der anderen Merkmale und der Präsensspezifizierung war die erste Hälfte im Verhältnis zur zweiten als am simultan ablaufenden Geschehen stärker ausgerichtet und damit als aktionsorientierter charakterisiert worden. Hier ergibt sich nun folgendes prozentuales Verhältnis (siehe Tabelle 25 auf der folgenden Seite).

In Relation zur Gesamtzahl der Tempusformen sind die einzelnen Zeitstufen in folgendem prozentualen Verhältnis vertreten:

TABELLE 26: Distribution der Tempusformen nach Zeitstufenbezug und Spiel-/Reportagehälften

	1. Hälfte	2. Hälfte
allgemeingültig	1,75%	2,63%
Verg. vor dem Spiel	1,40%	3,62%
Verg. im Spiel	6,67%	10,19%
unmittelbare Verg.	16,49%	15,13%
Redemoment (punktuell)	49,82%	39,80%
Redemoment (inkludierend)	18,60%	20,07%
unmittelbare Zukunft	4,21%	2,64%
Zukunft im Spiel	0,35%	3,95%
Zukunft nach dem Spiel	0,70%	1,97%
gesamt	100%	100%

Diese Zahlen zeigen, daß die erste Hälfte stärker an dem in der Sprechgegenwart ablaufenden Geschehen orientiert ist; faßt man die redemoment- und die unmittelbar vergangenheits- bzw. zukunftsbezogenen Zeitstufen zusammen, so ergeben sich 89,12 % für die erste und 77,63 % für die zweite Spiel-/Reportagehälfte. Darüberhinaus weist die erste Reportagehälfte 10 % mehr Bezüge auf die punktuelle Redemomentgegenwart und damit das aktuelle Spielgeschehen auf als die zweite. Damit ist die bisherige Bestimmung der Spiel-/Reportagehälften auf Grund der finiten Formen weitgehend bestätigt; die quantitativen Ergebnisse hinsichtlich des Tempus müssen nach Berücksichtigung dessen kommunikativer Verwendungsweise modifiziert werden. In erster Linie ist das durch die differenzierte Verwendungsweise des Präsens verursacht, das in der zweiten Hälfte auf verschiedene Zeitstufen verweist, vor allem häufig auf vergangene Momente gerichtet ist, in der ersten Hälfte hingegen auf das Geschehen im Redemoment und in der unmittelbaren Zukunft konzentriert ist, wobei die Vergangenheitsbezüge mehr durch Perfekt und Präteritum realisiert werden.

Der Sprechervergleich ergibt folgendes prozentuales Verhältnis (siehe Tabelle 27 und die folgende Zusammenfassung in Tabelle 28):

TABELLE 25: Distribution der Tempora nach Zeitstufenbezug und Spiel-/Reportagehälften

				Fut.I	Präs.	Perf.	Prät.	Plusq.	Konj.I	Konj.II	gesamt
	0	allgemein-	1.H.		100						100
		gültig	2.H.		100						100
Ver-	1	vor dem	1.H.		50		50				100
		Spiel	2.H.			27,27	72,73				100
gangen-	2	im	1.H.		5,26	42,11	42,11			10,53	100
		Spiel	2.H.		25,81	22,58	38,71	6,45		6,45	100
heit	3	unmittel-	1.H.		6,38	63,83	25,53			4,26	100
		bar	2.H.		13,04	63,43	19,57			4,35	100
Gegen-	4a	punktuell	1.H.		97,89					2,11	100
			2.H.		98,34				0,83	0,83	100
wart	4b	inklu-	1.H.		88,68					11,32	100
		dierend	2.H.		86,89	1,64			3,28	8,2	100
Zu-	5	unmittel-	1.H.	16,67	83,33						100
		bar	2.H.	22,22	66,67					11,11	100
	6	im	1.H.							100	100
		Spiel	2.H.	8,33	66,67					25	100
kunft	7	nach	1.H.	50						50	100
		dem Spiel	2.H.		83,33	16,67					100

Alle Angaben in %

TABELLE 27: Distribution der Tempora nach Zeitstufenbezug und Sprechern

				Fut. I	Präs.	Perf.	Prät.	Plusq.	Konj. I	Konj. II	gesamt
	0	allgemein-	A		100						100
		gültig	B		100						100
Ver-	1	vor dem	A			16,67	83,33				100
		Spiel	B		22,22	22,22	55,56				100
gangen-	2	im	A		28	32	20	4		16	100
		Spiel	B		8	28	60	4			100
heit	3	unmittel-	A		13,64	72,73	11,36			2,27	100
		bar	B		6,12	55,10	32,65			6,12	100
Gegen-	4a	punk-	A		100						100
		tuell	B		95,97				0,81	3,23	100
wart	4b	inkludie-	A		94,34	1,89				3,77	100
		rend	B		81,97				3,28	14,75	100
	5	unmittel-	A	20	70					10	100
Zu-		bar	B	18,18	81,82						100
	6	im	A		62,5					37,5	100
kunft		Spiel	B	20	60					20	100
	7	nach dem	A	20	60					20	100
		Spiel	B		66,67	33,33					100

Alle Angaben in %

TABELLE 28: Distribution der Tempusformen nach Zeitstufenbezug und Sprechern

	Sprecher A	Sprecher B
allgemeingültig	2,69%	1,71%
Verg. vor dem Spiel	2,02%	3,08%
Verg. im Spiel	8,42%	8,56%
unmittelbare Verg.	14,81%	16,78%
Redemoment (punktuell)	46,80%	42,47%
Redemoment (inkludierend)	17,85%	20,89%
unmittelbare Zukunft	3,03%	3,77%
Zukunft im Spiel	2,69%	1,71%
Zukunft nach dem Spiel	1,68%	1,03%
gesamt	100%	100%

Diese Gegenüberstellung zeigt relativ gleiche Zeitstufenbezüge der beiden Sprecher. Im Redemoment und der unmittelbaren Zukunft und Vergangenheit stattfindende Spielereignisse werden von A zu 82,49 %, von B zu 83,91 % wiedergegeben. Damit ist endgültig der anfangs festgestellte unterschiedliche Tempusgebrauch der beiden Sprecher nach Betrachtung der tatsächlichen Verwendung im Sprachprozeß zugunsten eines ähnlichen Einsatzes sprachlicher Mittel bei der gleichen zu leistenden Sprechhandlung abzuändern. Die Sprecher benutzen zwar quantitativ unterschiedliche Tempusformen, verwenden sie im Kommunikationsprozeß aber mit gleichen Funktionen. MÖNCH nimmt beispielsweise auf die unmittelbare Vergangenheit mit Hilfe der Tempora Präsens und Perfekt Bezug, während BREUCKMANN in diesem Bereich stark Präteritum einsetzt. Auch die Vergangenheit im Spiel gibt MÖNCH durch Präsens und Perfekt wieder, BREUCKMANN hingegen zu 60 % durch Präteritum.

Damit ist belegt, daß die Sprechhandlung 'Wiedergeben eines Fußballspiels' inhaltlich sehr stark determiniert ist, die Tempora dementsprechend von den Sprechern verwendet werden. Die Betrachtung des Teilaktes 'Tempusreferenz' hat gezeigt, daß die gleichen Tempora verschiedene Zeitbezüge herstellen können, auf der anderen Seite aber ein Zeitbezug auch durch verschiedene Tempora geleistet werden kann. Mit den Termini 'Leistungspotential' oder 'Funktionspotential'[78] eines Tempus ist dieser Umstand besonders treffend gekennzeichnet.

Die anschließende Tabelle 29 differenziert die Tempusformen auf Grund ihrer Personalform nach dem jeweiligen kommunikativen Bezug auf

a) die Spielebene,
b) die Reportage

und zeigt das prozentuale Verhältnis der Zeitbezüge innerhalb des jeweiligen Tempus. Eine abschließende Betrachtung der vorliegenden Sprechhandlungen ist auf dieser Grundlage möglich, vor allem aber die Bestimmung der kommunikativen Funktionen der einzelnen Tempora.
Aufgeführt sind nur die im Text vorkommenden Tempusformen; so weist beispielsweise die Reportageebene lediglich Präsens-, Perfekt- und Konjunktivformen auf.

Diese Zahlen bestätigen die für diesen Text ermittelte Verwendungsweise der Tempusformen, gleichzeitig charakterisieren sie den vorliegenden Kommunikationsprozeß. Wie bereits festgestellt, liegen 90,03 % aller finiten Formen auf der Spielgeschehensebene, 9,97 % auf der Reportageebene. Vergleicht man das Verhältnis der Zeitbezüge der beiden Kommunikationsebenen, so fällt auf, daß die Repor-

TABELLE 29: Distribution der Tempora nach Zeitstufenbezug und Spiel-/Reportageebenen

		SPIELEBENE							REPORTAGEEBENE				
		Fut.I	Präs.	Perf.	Prät.	Plusq.	Konj.II	gesamt	Präs.	Perf.	Konj.I	Konj.II	gesamt
0	abs.		13					13					
	%		3,49					2,45					
1	abs.		2	3	10			15					
	%		0,54	4,0	19,61			2,83					
2	abs.		9	13	20	2	3	47		2		1	3
	%		2,42	17,33	39,21	100	12,5	8,87		50		20	5,08
3	abs.		9	57	21		4	91		2			2
	%		2,42	76,0	41,18		16,67	17,17		50			3,40
4a	abs.		252				4	256	6		1		7
	%		67,74				16,67	48,31	12,77		33,33		11,86
4b	abs.		64	1			7	72	36		2	4	42
	%		17,20	1,33			29,17	13,58	76,59		66,67	80	71,19
5	abs.	4	12				1	17	3				3
	%	66,67	3,23				4,17	3,21	6,38				5,08
6	abs.	1	7				4	12	1				1
	%	16,67	1,88				16,67	2,26	2,13				1,69
7	abs.	1	4	1			1	7	1				1
	%	16,67	1,08	1,33			4,17	1,32	2,13				1,69
ge-	abs.	6	372	75	51	2	24	530	47	4	3	5	59
samt	%	100	100	100	100	100	100	100	100	100	100	100	100

tageebene mehr Redemomentsbezüge (insgesamt 83,05 %) aufweist als die Spielebene (insgesamt 61,89 %), wobei die redemomentsbezogenen Tempusformen der Spielebene in erster Linie punktuellen Charakter haben und damit das aktuelle Geschehen betonen, während die Reportageebene, bezogen auf die Gesamtzahl, allein 71,19 % inkludierende Redemomentsbezüge zeigt. Die Sprecher umschreiben hier ihre eigenen Handlungen, die sie momentan vollziehen, die aber einen gewissen Zeitraum einnehmen:

(240) ich habe wirklich / den eindruck als sollte Fortuna Düsseldorf die mannschaft mit den größeren kraftreserven sein

Die Spielgeschehenswiedergabe beinhaltet verhältnismäßig häufige Vergangenheitsbezüge (insgesamt 28,87 %), wobei die meisten auf die unmittelbare Vergangenheit gerichtet sind (17,17 %); auf die Zukunft sind hingegen insgesamt nur 6,79 % der Tempusformen bezogen.

Damit kann festgestellt werden, daß die konkrete Spielwiedergabe neben den simultan ablaufenden Spielaktionen hauptsächlich Informationen nachholt, die, meist aus Zeitmangel, nicht sofort gegeben werden konnten, ferner Rückgriffe, Resümees oder Nachkommentare zum vergangenen Geschehen gibt und diese damit wertet und historisch einordnet. Vorgriffe auf kommende Spielhandlungen sind selten, da sie nur sehr vage sein können und sich von daher relativ oft im potentialen Bereich bewegen.
Die Reportageebene weist neben den häufigen Redemomentsbezügen insgesamt 8,48 % auf die Vergangenheit gerichtete Tempusformen auf sowie insgesamt 8,46 % Zukunftsbezüge, wovon allein 5,08 % auf die unmittelbare Zukunft verweisen. Die Sprecher nehmen seltener auf vergangene Sprechhandlungen Bezug, vielmehr vollziehen sie im Redemoment oder der unmittelbaren Zukunft gültige illokutive Akte:

(241) ich beneide sie nicht

(242) lassen sie uns einen augenblick warten / dann kann ich ihnen bestätigen

Damit sind der vorliegende Kommunikationsprozeß und die Sprechhandlungen an Hand der Verwendungsweise der Tempusformen abschließend charakterisiert, und die kommunikativen Leistungen der einzelnen Tempora können auf Grund dessen bestimmt werden. Tabelle 29 gibt detailliert an, welche Tempora mit welcher Funktion, d.h.

a) auf welcher Kommunikationsebene,
b) mit welchem Zeitbezug

in dieser Fußballdirektreportage vorkommen.

Präsens

Im Vergleich zu den anderen Tempora ist das Präsens im vorliegenden Text am häufigsten, darüber hinaus mit der größten Funktionsbreite gebraucht. Die Präsensformen können alle Zeitbezüge auf jeder Kommunikationsebene wiedergeben, sind auch modal nicht eingegrenzt. 88,78 % der Präsensformen geben das Spielgeschehen wieder. 3,49 % davon haben allgemeingültigen Charakter; eine Funktion, die ausschließlich von Präsensformen geleistet wird:

(243) das bedeutet

(244) eine kerze / so sagen die fußballer

(245) zum fußball da gehören eben zwei mannschaften

Die Allgemeingültigkeit beruht bei 8 Formen auf einer allgemeingültigen Redewendung (Floskel), bei 5 Formen auf einem konkreten Erfahrungsmoment. Die Bedeutungsspezifizierung ist von daher semantisch bedingt.

Die Präsensreferenz auf das im Redemoment ablaufende Spielgeschehen ist natürlich am größten (insgesamt 84,94 %): 67,74 % sind punktuell gebraucht, 17,20 % inkludieren den Redemoment. Die hauptsächliche Funktion der Präsensformen liegt damit in der Vermittlung des direkt im Redemoment ablaufenden, aktuellen Spielgeschehens:

(246) Remark [...] spurtet jetzt die linie herunter

(247) Zewe / schießt / aus der sogenannten zweiten linie

Reale Spielhandlungen in der unmittelbaren Zukunft (3,23 %):

(248) es geht jetzt ganz schnell denn eine pause ist nicht vorgesehen

und der unmittelbaren Vergangenheit (2,42 %):

(249) schiedsrichter Linn geht auch nicht auf die wütenden proteste aus der Fortuna-kurve ein / als nämlich Klaus Allofs zu fall kommt

vermitteln ebenso das direkt ablaufende Spielgeschehen. Zusammen mit den auf den Redemoment gerichteten Präsensformen ist das Präsens damit zu insgesamt 90,59 % auf das momentane Spielgeschehen konzentriert.

Eine Distanz zum gleichzeitig ablaufenden Spielgeschehen schaffen die anderen Zeitbezüge: 2,42 % der Präsensformen sind auf die Vergangenheit im Spiel bezogen und geben als Rückgriffe vergangene Spielhandlungen an:

(250) hat bisher auch Agerbeck [...] völlig unter kontrolle

1,88 % beziehen sich auf die Zukunft im Spiel:

(251) warten / bis der unparteiische das leder freigibt.

Sehr gering ist schließlich die Präsensreferenz auf das Geschehen vor dem Spiel (0,54 %):

(252) Fortuna Düsseldorf hat es in letzter zeit mit den verlängerungen

sowie auf die Zeit nach dem Spiel (1,08 %):

(253) muß am montagabend die gleiche strecke / [...] noch mal absolviert werden.

Insgesamt sind diese letztgenannten Zeitbezüge hinsichtlich der Präsensleistungen recht bedeutungslos, sie werden in der vorliegenden Reportage vorwiegend von anderen Tempora wahrgenommen.

Hinsichtlich der Modalität der Präsensformen ist anzumerken, daß 18 der spielbezogenen Formen (4,84 %), vor allem in den Bereichen Redemoment und unmittelbare Zukunft, potentiale Inhalte wiedergeben:

(254) das kann natürlich folgen haben

Auf die Reportageebene verweisen 11,22 % der Präsensformen; davon geben allein 76,19 % den Redemoment inkludierend wieder, 12,77 % punktuell. Hinsichtlich der Handlungen und des Verhaltens der Sprecher ist daher eine gewisse Dauer charakteristisch:

(255) ich weiß nicht

(256) ich beneide sie nicht

Die übrigen reportagebezogenen Präsensformen liegen im Zukunftsbereich, wobei die meisten auf die unmittelbare Zukunft weisen (6,38 %):

(257) lassen sie uns einen augenblick warten / dann kann ich ihnen bestätigen / wer dieses / 1:0 [...] erzielt hat

Die Sprecher nehmen also mit Hilfe der Präsensformen nicht auf vergangene Sprechhandlungen Bezug, sondern beschreiben momentane oder noch zu leistende Handlungen, meist Sprechakte.
Insgesamt sind die Präsensformen, die zur Wiedergabe dieses Fußballspiels verwendet werden, durch eine große Funktionsbreite gekennzeichnet. Sie geben nicht nur reale und potentiale Handlungen sowohl auf der Spielebene als auch auf der Reportageebene wieder, sie stufen die Handlungen von der Vergangenheit vor dem Spiel bis zur Zukunft nach dem Spiel zeitlich differenziert ein, vermitteln darüber hinaus allgemeingültige Inhalte. Innerhalb der Sprechhandlung 'Wiedergeben eines Fußballspiels' ist das Präsens durch die vorwiegende Vermittlung punktueller, zum Sprechzeitpunkt stattfindender Handlungen besonders dazu geeignet, die Hörer das Fußballgeschehen unmittelbar und damit spannungsgeladen miterleben zu lassen.

Futur I

Die kommunikativen Funktionen von Futur I sind im vorliegenden Kommunikationsprozeß sehr gering. Insgesamt kommen nur 1,01 % Futurformen vor, die hauptsächlich das Spielgeschehen in der unmittelbaren Zukunft (66,67 %) wiedergeben, wobei diese Tempusreferenz oft von den Futurformen selbst, d.h. ohne Kotextangaben, geleistet wird:

(258) diesen eckball eh wird / mit dem linken fuß / wer hereinziehen / Klaus Allofs

(259) jetzt wirds noch einmal ein trommelfeuer geben

Je eine Futur I-Form (16,67 %) vermittelt die Zukunft im Spiel sowie nach dem Spiel ablaufendes Geschehen.

Präsens - Futur I

Die isolierte Untersuchung der Zeitreferenz der Tempora (Tabelle 24) hat gezeigt, daß die Zukunftsbezüge in erster Linie von den Präsensformen geleistet werden. Die unmittelbare Zukunft wird zu 75 % von Präsensformen, hingegen nur zu 20 % von Futur I-Formen wiedergegeben, im Bereich Zukunft im Spiel ist das Verhältnis Präsens : Futur I 61,54 % : 7,69 % und im Bereich Zukunft nach dem Spiel 62,5 % : 12,5 %. Damit ist das Präsens als Futur-I-Ersatz anzusehen.

Eine Betrachtung der Modalität der Präsens- und Futurformen ergibt, daß lediglich die Präsensformen im Zukunftsbereich potentiale Spielhandlungen wiedergeben, während die Futur-I-Formen ausschließlich konkretes Geschehen beschreiben. Dieses Ergebnis steht im Widerspruch zu H.KROEGERs These 34:

> "Präsens und Futur I werden verwendet, um zukünftige bzw. gegenwärtig noch nicht abgeschlossene Sachverhalte zu bezeichnen; der Unterschied in der Gebrauchsweise der beiden Tempusformen erklärt sich aus der zeitlich-modalen Spezifik des Futur I, durch die der Sprecher im Kontrast zur normalen Gegenwärtigkeit und zur abstrakten Zukunftsrelation - dargestellt durch das Präsens - sein besonderes, modal differenziertes Verhältnis zum besprochenen Gegenstand bekunden will."[79]

Festzuhalten ist, daß die Futur-I-Formen, ähnlich wie die Präsensformen, in erster Linie auf das unmittelbar stattfindende Spielgeschehen gerichtet sind. Im Vergleich zu den Präsensformen werden sie meist in solchen Fällen verwendet, in denen der Zukunftsbezug nicht eindeutig durch Präsensformen und den entsprechenden Kotext geleistet werden kann, sondern eine für die Zukunft explizite Zeitform gewählt werden muß.

P e r f e k t

Insgesamt 13,34 % aller in diesem Text vorkommenden finiten Verben sind Perfektformen. Sie vermitteln zu 94,94 % das Spielgeschehen, 5,06 % liegen auf der Reportageebene. Alle Formen geben reale Handlungen, also keine modifizierten Inhalte wieder, wobei jedoch anzumerken ist, daß modale Perfektformen sehr umständlich zu konstruieren sind und gerade bei einem spontan gesprochenen Text nicht zu erwarten sind. Die Perfektformen werden in erster Linie zur Wiedergabe des unmittelbar vergangenen Spielgeschehens eingesetzt, hinsichtlich der Gesamtzahl der spielbezogenen Perfektformen sind 76 % auf diese Zeitstufe bezogen. Damit holen sie Informationen und Fakten zum unmittelbaren Spielverlauf nach, die, meist aus Zeitmangel, nicht simultan gegeben werden konnten. Das Perfekt gibt damit neben den Präsensformen das aktuelle Geschehen wieder, ist stark gegenwartsbezogen und betont dabei oft die resultative Abgeschlossenheit der Spielhandlungen:

(260) der hat jetzt auch den ball bekommen

(261) Klaus Allofs [...] hat den ball ins aus gestoßen

Oft leiten die Perfektformen zu dem im Redemoment stattfindenden Geschehen über:

(262) hat den ball auch aus der gefahrenzone heraustorpediert / und spielt ihn auf den linken flügel zu Remark

Eine Distanz zum momentanen Spiel schaffen insgesamt 21,33 % der Perfektformen: 17,33 % sind auf die Vergangenheit im Spiel gerichtet:

(263) in diesem spiel / das [...] spielerisch nie auf einem hohen niveau gestanden hat

4 % beziehen sich auf die Vergangenheit vor dem Spiel:

(264) da allerdings hat man wesentlich besser gegen die Kölner ausgesehen als heute.

In diesen Bereichen werden Perfektformen verwendet, um das vergangene Geschehen zusammenzufassen, zu werten und Resultate aufzuzeigen. Besonders auffällig ist eine Perfektform, die einen zeitlichen Bezug zur Zukunft nach dem Spiel herstellt:

(265) Fortuna muß noch ein bißchen zittern / bis / das kunststück / was ja schon so häufig in der geschichte von Fortuna Düsseldorf / unmöglich erschien / dann doch wirklichkeit geworden ist / nämlich / der pokalgewinn

Diese Konstruktion kommt dadurch zustande, daß der Betrachtzeitpunkt des Sprechers in die Zukunft verlagert worden ist. Diese Perfektform ist hier als Ersatz für Futur II anzusehen, das, wie gesagt, in diesem Text gar nicht vorkommt.

Auf der Reportageebene liegen lediglich vier Perfektformen, die zu je 50 % auf die unmittelbare Vergangenheit und die Vergangenheit im Spiel bzw. der Reportage verweisen:

(266) ich habe ein wenig gezögert / denn da kam / ein schuß

(267) Manfred Breuckmann hat es vorhin schon einmal gesagt

Insgesamt sind die Perfektformen dadurch gekennzeichnet, daß sie in erster Linie das reale Spielgeschehen vermitteln, das unmittelbar zuvor stattgefunden hat und punktuellen Charakter hat. Neben Aussagen über vergangene Spielhandlungen ist damit die wichtigste Funktion des Perfekt in dieser Fußballreportage, nämlich den Hörern das Spiel aktuell und geschehensnah zu vermitteln, genannt, was aber nicht an die exakt redemomentsbezogenen Leistungen des Präsens in dieser Hinsicht herankommen kann.

Präteritum

Die insgesamt 8,16 % Präteritumformen dieser Fußballreportage vermitteln ausschließlich Geschehen auf der Spielebene. Verglichen mit den anderen Tempora liegen die Leistungen der Präteritumformen hauptsächlich in der Wiedergabe des Geschehens im und vor dem Spiel.

Betrachtet man die Zeitbezüge der Präteritumformen im einzelnen, so ist festzustellen, daß 41,18 % auf die unmittelbare Vergangenheit verweisen und damit Spielhandlungen geschehensnah nachholen:

(268) dann kommt der ball zurück auf torhüter Nigbur / Weikl lag einen augenblick noch am boden aber er hat sich anscheinend nicht verletzt / spielt weiter

Das im Präteritum wiedergegebene Geschehen im Spiel (39,21 %) sowie vor dem Spiel (19,61 %) ist inhaltlich als vom Redemoment losgelöst zu bezeichnen. Der Betrachtzeitpunkt ist hier vorzeitig zum Sprechzeitpunkt:

(269) Fortuna Düsseldorf / hatte über weite strecken / in diesem spiel mehr / von der begegnung

(270) nachdem es im vergangenen jahr / gegen den 1.FC Köln nicht klappte

Insgesamt läßt sich das Präteritum nicht auf die Wiedergabe einer Zeitstufe festlegen, sondern differenziert zeitlich zwischen verschiedenen Stufen des vor dem Redemoment stattgefundenen Spielgeschehens. Eine wichtige Funktion der Präteritumformen liegt von daher im Nacherzählen des vergangenen Spielgeschehens, das nicht auf der unmittelbaren Erlebnisebene der Hörer liegt, sondern eine Distanz zum aktuellen Spiel schafft.

Perfekt - Präteritum

Um die kommunikativen Leistungen der beiden Tempora, die in erster Linie vergangenheitsbezogene Inhalte wiedergeben, Perfekt und Präteritum, näher bestimmen und gegeneinander abwägen zu können, möchte ich diese im folgenden gegenüberstellen. Beide Tempora geben fast ausschließlich reale Spielhandlungen wieder, zeigen aber deutliche Unterschiede hinsichtlich der Zeitreferenz. Das Perfekt wird eindeutig für die Vermittlung des unmittelbar vergangenen Geschehens bevorzugt, 63,44 % aller Zeitbezüge in diesem Bereich werden durch Perfekt geleistet gegenüber 22,58 % durch Präteritum. Die Vergangenheit vor dem Spiel hingegen ist dem Präteritum vorbehalten (66,67 %), wird nur zu 20 % durch Perfektformen wiedergegeben. Dem entspricht die Auffassung S. LATZELs, der die Opposition dieser beiden Tempora folgendermaßen sieht:

Vergangenes

im Modus der direkten Wahrnehmung gegeben (Perfekt)	nicht im Modus der direkten Wahrnehmung gegeben (Präteritum)[80]

Die Perfektformen geben oft punktuelle Spielhandlungen wieder, die zum Sprechzeitpunkt abgeschlossen sind und damit resultativen Charakter haben:

(271) jetzt steht er auch schon wieder in der gegenerischen hälfte / hat abgespielt / auf Seel

(272) und Seel [...] hat diesen freistoß nicht korrekt ausgeführt

Die Präteritumformen vermitteln hingegen oft eine gewisse zeitliche Erstreckung des wiedergegebenen Geschehens:

(273) drei verteidiger von Hertha BSC waren in seiner nähe

Im Bereich Vergangenheit im Spiel läßt sich nur eine geringe Vorrangstellung der Präteritumformen feststellen (40 % : 30 %). Eine eindeutige Unterscheidung in diesem Bereich ist schwierig. Inhaltlich geben die Perfektformen hier meist Zusammenfassungen, vor allem Resultate und auch Wertungen wieder:

(274) die mannschaft die kräftemäßig nachgelassen hat

(275) sie haben es auf jeden fall / im verlaufe der letzten zwanzig fünfundzwanzig minuten / deutlicher / und häufiger versucht als die Hertha / aber sie haben damit genauso wenig glück gehabt

Die Perfektformen werden hier auch zur Wiedergabe durativer Handlungen eingesetzt, wobei sie diese aber häufig als Resultate darstellen und damit deren Folgen für das im Redemoment ablaufende Geschehen aufzeigen.

Im Gegensatz zum Perfekt betonen die Präteritumformen nicht das Ergebnis einer Handlung, sondern den Prozeß eines Geschehens. Die zeitlichen Rückgriffe zeigen Details auf und erläutern damit, wie es zu gewissen Ergebnissen oder Entscheidungen kam:

(276) Daniel / führte aus / aber / ein spieler von Hertha BSC / ging dazwischen / hatte wohl zuletzt den fuß am ball / und so / kann Fortuna Düsseldorf / einwerfen

Oft werden auch nur einzelne Präteritumformen gebraucht, so daß diese Funktion hier nicht zum Tragen kommt.

Insgesamt betrachtet, besteht der Unterschied zwischen Perfekt und Präteritum hauptsächlich darin, daß die Perfektformen größtenteils am aktuellen Spielgeschehen orientiert sind, dies nahezu unmittelbar wiedergeben und dessen Auswirkungen auf das simultan ablaufende Spiel aufzeigen. Die Präteritumformen geben die Spielhandlungen meist vom Redemoment distanziert wieder, wobei sie diese, oft in Details, nacherzählen und deren Prozeßcharakter betonen. Damit besteht zwischen beiden Tempora ein kommunikativer Unterschied, der die Perspektive des Sprechers zum wiederzugebenden Geschehen zeigt.

Plusquamperfekt

Als drittes vergangenheitsbezogenes Tempus ist das Plusquamperfekt zu betrachten. Hier ist die Zeitreferenz der beiden in diesem Text vorkommenden Formen auf die Vergangenheit im Spiel gerichtet. Der Sprecher gibt damit abschließende Informationen zum vergangenen Spielverlauf, die keinen Bezug zum direkt ablaufenden Spielgeschehen haben:

(277) *[...]* kann heute das unmögliche wahr gemacht werden / in einem spiel / das zwar nie hochklassiges format erreicht hatte / das aber doch teilweise / dramatische passagen aufwies

Dieser extreme, grammatisch nicht ganz unbedenkliche Zeitensprung zeigt den eventuell bewußten Einsatz des Plusquamperfekts als Distanzmarkierung; mit Gewißheit kann hier allerdings ein Performanzfehler des Sprechers (Plusquamperfekt statt Perfekt) nicht ausgeschlossen werden.

K o n j u n k t i v

Wie bereits angemerkt, betrachte ich die Konjunktive I und II wegen ihrer temporalen Funktion auch als Tempora, wobei allerdings nicht übersehen werden darf, daß ihre modale Bedeutung weitaus entscheidender ist.
Konjunktiv-I-Formen kommen insgesamt nur dreimal in dieser Reportage vor; sie haben realen Charakter und sind im Redemoment gültig:

(278) das sei zu meiner entschuldigung angefügt

Insgesamt ist die kommunikative Bedeutung der Konjunktiv-I-Formen äußerst gering.

Die Konjunktiv-II-Formen geben grundsätzlich nicht real stattfindende Handlungen wieder; 82,76 % liegen auf der Spiel-, 17,24 % auf der Reportageebene. Im Vergleich zu den anderen Tempora ist der Zeitbezug auf die Zukunft im Spiel von Bedeutung, der zu 30,77 % von Konjunktiv-II-Formen, meist in Verknüpfung mit Modalverben, geleistet wird. Eine isolierte Betrachtung der Konjunktiv-II-Formen auf der Spielebene ergibt, daß insgesamt 45,84 % auf den Redemoment bezogen sind (16,67 % punktuell, 29,17 % inkludierend). Diese Konjunktivformen haben zu 90,91 % potentiellen Charakter:

(279) Schmitz könnte jetzt steil auf Allofs geben

Die übrigen Zeitbezüge der Konjunktiv-II-Formen liegen zu je 16,67 % in der unmittelbaren Vergangenheit und der Zukunft im Spiel, zu 12,5 % im Bereich der Vergangenheit im Spiel, schließlich zu je 4,17 % in der unmittelbaren Zukunft sowie der Zukunft nach dem Spiel.

Diese Zahlenverhältnisse, vor allem die relativ schwache Redemomentsgültigkeit und die Betonung der inkludierenden Spielhandlungen in diesem Bereich, nicht zuletzt die fehlende Realitätsbezogenheit kennzeichnen die Konjunktiv-II-Formen als distanzschaffend zum direkt ablaufenden, aktuellen Spielgeschehen. Die kommunikativen Leistungen des Konjunktiv II liegen im Bereich der Spieleinschätzung und -wertung in Form von Wünschen, Aufforderungen oder Spielmöglichkeiten.

Die auf die Reportageebene bezogenen Konjunktiv-II-Formen haben nur geringe Bedeutung, sie gelten zu 80 % (4 Formen) in der inkludierenden Gegenwart:

(280) sollte man fairerweise und objektiverweise dazufügen

und zu 20 % in der Vergangenheit im Spiel.

Abschließend sei nochmals auf die häufigen Modalverbkonstruktionen der Konjunktive (62,5 %) hingewiesen.

Tabelle 29 und die danach geleistete Bestimmung der Tempora hat gezeigt, wie verschiedenartig und vielschichtig deren Verwendungsweise und kommunikative Funktion sein können, zu welcher Bedeutungsnuancierung die Tempora fähig sind und zu welchen Sprechhandlungen im Rahmen der insgesamt zu leistenden Spielwiedergabe sie bevorzugt werden. Neben den temporalen Zeitbestimmungen enthält der Text der Direktreportage weitere auf die Zeitverhältnisse bezogene Informationen.

3.2.3. Kotextuelle Zeitbestimmungen

Die im Kotext befindlichen sprachlichen Ausdrucksmittel mit ebenfalls zeitlicher Aussage, die Zeitangaben, spezifizieren die Zeitbestimmung der Tempusformen und dienen der zeitlichen Orientierung der Hörer. Hauptsächlich Adverbien, Temporaladverbiale, Konjunktionen und Präpositionen haben zeitliche Funktion; sie sind im folgenden nach verschiedenen Gesichtspunkten aufzuschlüsseln und zu differenzieren.

Die Zeitangaben sind immer auf ein bestimmtes zeitliches Bezugssystem gerichtet und nur im Hinblick auf dieses zu verstehen. Im Fall der Fußballreportagen sind folgende Bezugssysteme zu unterscheiden (siehe dazu 2.5.):

1. Grundsätzlich existiert das 'öffentliche' Zeitsystem, d.h. das herrschende Kalendersystem mit seinen absoluten Zeitsetzungen in Form von Daten usw.
2. Davon abgehoben ist die Redemomentsebene. Alle auf sie bezogenen Zeitangaben sind sprechzeitrelativ und nur als solche zeitlich einzuordnen (zeitdeiktisches System).
3. Ein drittes Bezugsfeld stellt das Spiel selbst dar, d.h. im Normalfall die 90 Minuten Spielzeit, hier die zwei mal 15 Minuten der Verlängerung. Bezugspunkte sind durch Anfang und Ende des Spielgeschehens gegeben (Spielzeitsystem).
4. Darüberhinaus ist zu bedenken, daß das Spiel an sich in einer zeitlichen Umgebung stattfindet, die z.B. durch die laufende Spielsaison oder den bestehenden Wettbewerb gekennzeichnet ist (Wettbewerbssystem).
5. Schließlich ist auch die Reportage als mögliches Bezugssystem zu sehen; sie verläuft zeitgleich zum Spiel, umfaßt darüberhinaus Vor-, Pausen- und Nachkommentar.

Innerhalb dieser Bezugssysteme sind die Zeitangaben nach folgenden Kriterien zu differenzieren:

a) Zeitgröße: Hiermit ist allein die Größe einer Zeitangabe gemeint, ohne deren Position auf der jeweiligen Zeitlinie zu berücksichtigen. Ich unterscheide zwischen bestimmten und unbestimmten Zeitgrößen; bestimmte Zeitgrößen sind Daten, Wochentage, Tageszeiten, Minutenangaben, bestimmte Anzahlen usw., unbestimmte Größen sind im Gegensatz dazu Worte wie dann, nachher, bisher.

b) Verlauf: Zu differenzieren ist ebenfalls nach der Verlaufsart der Zeitangaben. Diese kann
   - punktuell (Bsp.: jetzt, im Moment)
   - durativ (Bsp.: in diesem Spiel, heute)
   - sukzessiv (Bsp.: dann, anschließend)
   - iterativ (Bsp.: wieder, zum dritten Mal)

   sein.

c) Richtung: Darüberhinaus sind die Zeitangaben dadurch gekennzeichnet, daß sie eine Richtung vom Redemoment aus beschreiben.

——→ bedeutet demnach die Richtung in die Zukunft, z.B. nächste Woche, nachher, morgen.

←—— hingegen weist in die Vergangenheit, beispielsweise: gestern, bisher, vorher.

Schließlich gibt es 'richtungslose' Zeitangaben, im folgenden mit '0' gekennzeichnet.
Zur Verdeutlichung dieser differenzierenden Betrachtungsweise der Zeitangaben im sprachlichen Kotext möchte ich einige Beispiele anführen, die jedoch nur die im Text vorkommenden Konstellationen berücksichtigen:

Bezug: Zeitdeiktisches System

a) Alle als Beispiel gewählten Zeitangaben sind an sich unbestimmte Größen.

b)	+ punktuell:	jetzt
	+ durativ:	heute
	+ sukzessiv:	dann
	+ iterativ:	wieder
c)	+ ——→ :	bald
	+ ←—— :	bisher
	+ 0 :	jetzt

Eine 'bestimmte', 'durative', in die Vergangenheit weisende Zeitangabe ist z.B.:
(281) in der letzten viertelstunde

Bezug: Spielzeitsystem

a) Hierbei handelt es sich um bestimmte Zeitgrößen.

b)	+ punktuell:	(282) in der 87.minute
	+ durativ:	(283) 120 minuten pokalfinale
	+ sukzessiv:	(284) 100 sekunden noch
c)	+ ——→ :	(285) von der 105. bis zur 120.minute

Bezug: Wettbewerbssystem

a) Auch diese Zeitgrößen sind als 'bestimmt' zu bezeichnen.

b)	+ durativ:	(286) das 36.pokalfinale
	+ iterativ:	(287) zum dritten mal in dieser saison
c)	+ ←—— :	(288) am ende einer langen und harten saison

Diese weitgehende Differenzierung ermöglicht die Betrachtung der vielschichtigen Funktionen der Zeitangaben, die letztendlich die Leistungen der Tempusformen mitbestimmen.
Die folgende Tabelle 30 zeigt die im vorliegenden Text vorkommenden Zeitangaben, den einzelnen Bezugssystemen zugeordnet und innerhalb dieser nach Größe, Verlauf und Richtung differenziert. Von vornherein ist festzustellen, daß das 'öffentliche' Zeitsystem und die Reportage als Bezugssystem hier nicht vorkommen. Die Tabelle ist nicht nach Spiel-/Reportagehälften und Sprechern unterteilt, da dies den Anspruch, hier die Kotextleistungen aufzuzeigen, überschreiten würde und zu unübersichtlich wäre.

Übersicht über die vorkommenden Zeitangaben:

TABELLE 30: Distribution der Zeitangaben nach Größe, Richtung, Verlauf und zeitlichem Bezugssystem

		Größe		Richtung			Verlauf			
		best.	unbest.	←	0	→	punkt.	dur.	sukz.	iter.
I	abs. %	15 6,67	210 93,33	28 12,44	139 61,78	58 25,78	91 40,44	39 17,33	47 20,89	48 21,33
ge- samt	abs. %	225 100			225 100			225 100		
II	abs. %	51 100		9 17,65	32 62,74	10 19,61	10 19,61	36 70,59	4 7,84	1 1,96
ge- samt	abs. %	51 100			51 100			51 100		
III	abs. %	6 100		2 33,33	4 66,67			5 83,33		1 16,67
ge- samt	abs. %	6 100			6 100			6 100		
ins-	abs. %	72 25,53	210 74,47	39 13,83	175 62,06	68 24,11	101 35,81	80 28,37	51 18,09	50 17,73
ge- samt	abs. %	282 100			282 100			282 100		

'I' = Bezug: Zeitdeiktisches System
'II' = Bezug: Spielzeitsystem
'III' = Bezug: Wettbewerbssystem

Damit weist dieser Text 282 Zeitangaben auf, von denen 225 (79,79 %) auf den Redemoment bezogen sind, 51 (18,08 %) auf das Spiel an sich und 6 (2,13 %) auf dessen umgebenden Rahmen.
Betrachtet man den Charakter der Zeitgrößen, so fallen deutliche Unterschiede auf: Während die sprechzeitrelativen Zeitgrößen fast ausschließlich unbestimmt sind, benutzen die Sprecher bei der Bezugnahme auf Spielzeit und Wettbewerb zu 100 % definitive Zeitangaben. Dies liegt im Charakter der Direktreportage begründet: Alle auf den Redemoment bezogenen Zeitangaben versteht der Hörer sofort, weil er die Reportage und damit das Spielgeschehen simultan verfolgt, praktisch auf einer dritten zeitgleich verlaufenden Ebene. Verweist der Sprecher hingegen konkret auf die insgesamt 30 Minuten der Verlängerung oder auf deren Beziehung zu umgebenden Ereignissen, muß er definitive Zeitgrößen angeben, um den Hörer von seiner 'Erlebnisebene' auf andere Zeitmomente hinzuweisen.
Über die Hälfte der Angaben weist keine Richtung auf; dieses Verhältnis ist bei allen drei Bezugsebenen ungefähr gleich. Die Gewichtung der richtungsweisenden Angaben hingegen ist unterschiedlich: Auf den Redemoment bezogene Zeitangaben weisen mehr auf das zukünftige Geschehen, beim Spielzeitbezug ist das Verhältnis nahezu ausgeglichen und im Wettbewerbssystem sind ein Drittel der Zeitangaben auf die Vergangenheit gerichtet, zukunftsbezogene Momente sind hier gar nicht vorhanden, was sich vor allem dadurch erklärt, daß es sich hier - im Gegensatz zu HAUFFEs Direktreportage - um das Endspiel des Wettbewerbs handelt. Während die sprechzeitrelativen Zeitangaben oft die Zukunftsperspektive betonen, wird das Spiel an sich und dessen Einordnung mehr historisch gewertet und festgehalten.
Auch bei den Verlaufsarten zeigen sich klare Unterschiede: Die sprechzeitrelativen Zeitangaben sind zum größten Teil punktuell (ca. 40 %), 17,33 % verweisen auf eine gewisse Dauer des im Redemoment stattfindenden Geschehens, die Sukzession und das Wiederholungsmoment werden hier gleich stark betont. Auf das Gesamtspiel bezogene Zeitangaben sind überwiegend durativ (ca. 70 %), geben also Zeitstrecken an, womit meist Zusammenfassungen und Resümees verbunden sind. Noch krasser ist das Verhältnis im Wettbewerbsbezugssystem, wo überwiegend auf dauerhaften Ablauf referiert wird (83,33 %).

Insgesamt gesehen haben wir es bei dem vorliegenden Text mit Zeitangaben zu tun, die in deutlicher Abhängigkeit von den jeweiligen Bezugssystemen spezifische Zeitwerte und -verhältnisse vermitteln. Die Gewichtung der einzelnen Bezugssysteme und das Verhältnis der einzelnen Differenzierungsmerkmale verweisen eindeutig auf den vorliegenden Redekonstellationstyp. Während die zeitdeiktischen Angaben das Geschehen simultan, meist punktuell, größtenteils ohne Richtungsbezug und durch unbestimmte Zeitgrößen wiedergeben, sind die auf das Spiel als Einheit und dessen Wettbewerbssystem gerichteten Zeitangaben konkrete Zeitgrößen, die eine gewisse Dauer im Verlauf des Geschehens aufzeigen und dieses historisch einordnen. Besonders charakteristisch und von daher nochmals zu betonen, ist der hohe Anteil der auf den Redemoment gerichteten Zeitangaben (knapp 80 %). Dieser Betrachtung der Zeitangaben des Kotextes als zeitliche Spezifizierungs- und Orientierungshilfe ist noch hinzuzufügen, daß diese Funktion auch durch die Semantik eines übergeordneten Verbs oder syntaktische Verknüpfungen wahrgenommen werden kann.

Von besonderer Bedeutung für die zeitliche Orientierung sind die Zeitangaben für die Setzungen, auch Ellipsen oder Kurzsätze genannt. Sie wurden bisher nicht berücksichtigt, da sie syntaktisch unvollständig und nur semantisch zu ermitteln sind. "Eine sinnvolle sprachliche Äußerung, die nicht alle Haupt-Satzglieder und notwendigen Ergänzungen enthält, sondern nur diejenigen, auf die es in der gegebenen Redesituation ankommt, ist ein Kurzsatz."[81] Der Grund für solche sprachlichen Reduzierungen auf das Nötigste ist im vorliegenden Kommunikationsprozeß Zeitmangel. Besonders in aktionsreichen Szenen, wo der Sprecher viele Handlungen wiedergeben muß, ist er gezwungen, sich auf das Wesentliche zu konzentrieren. Von daher verzichten die Sprecher meist auf das Prädikat, seltener auf die Nennung des handelnden Subjekts. Der jeweils ausführende Akteur wird genannt, ferner stichwortartig die Handlung selbst, wobei diese aber nicht unbedingt mit einer Tempusform umschrieben sein muß.

(289) die / Fortunen im ballbesitz am rechten flügel / am rechten flügel mit ihrem linksaußen mit Wolfgang Seel

Nur die wichtigsten Informationen werden gegeben: wer, wo, mit welcher Funktion.

a) die am direkten Spielgeschehen beteiligten Spieler werden genannt:

(290) Thomas Remark / also am linken flügel

oder mit Betonung der Sukzession:

(291) Fanz zu Allofs

b) das Verb wird substantiviert und ohne Hilfsverb gebraucht, erhält dadurch den einprägsamen Charakter eines Schlagwortes:

(292) gegenzug / der Düsseldorfer

(293) Weikl im dreieckspiel / mit Schmitz

c) mit Hilfe von Partizipien wird die Abgeschlossenheit der Handlung mitgeteilt:

(294) dreieinhalb minuten gespielt

(295) weitergeleitet auf Sidka

(296) und Bommer mit / ins spiel einbezogen / querpaß dann

Der vorliegende Text weist insgesamt 76 Setzungen auf.
Auf Grund des umgebenden Kotextes und der jeweiligen Situation ist ihre Zeitreferenz zu ersehen: 3 Setzungen (3,95 %) sind vorzeitig zum Redemoment; eine bezieht sich auf die Zeit vor dem Spiel, die anderen beiden auf die unmittelbare Vergangenheit. Alle anderen Setzungen sind im Redemoment gültig (96,05 %), was bei den Partizipien allerdings nicht immer eindeutig als direkte Redemomentsgegenwart, wohl aber als Orientierung an dieser zu verstehen ist, da ihre Abgeschlossenheit auf jenen bezogen ist. Die Bestimmung der in den Setzungen enthaltenen zeitlichen Angaben ist bei 31,51 % durch konkrete Zeitangaben genau möglich, die übrigen sind auf Grund der zeitlichen Einstufung der umgebenden Aktionen und der Textkohärenz einzuordnen. Eine Unterscheidung der Setzungen nach der jeweiligen Aktionsart ist insofern schwierig, als oft die darüber aussagenden Satzteile fehlen. Auf Grund entsprechender Zeitangaben sind jedoch 17 aller Setzungen (23,29 %) im Redemoment als eindeutig sukzessiv anzusehen. Grundsätzlich ist zu den Setzungen zu sagen, daß sie zeitlich immer genau zu bestimmen sind.

3.2.4. Die Zeitstruktur der Reportage

Die Leistungen der Zeitbestimmungen müssen sich letztendlich in der zeitlichen Gesamtstruktur eines Kommunikationsaktes erweisen. Als wichtigstes Kriterium ist hierbei die laufende zeitliche Orientierung der Hörer anzusehen, d.h. die Wiedergabe der zeitlichen Verhältnisse in der Weise, daß sich die Hörer in jedem Moment der Reportage im Spielgeschehen zurechtfinden und jede neue Information zeitlich einordnen können.

In erster Linie wird das durch die Tempusformen geleistet; ihre Abfolge bewirkt die zeitliche Sukzession des Textes. Beachtlich ist dabei vor allem der Wechsel zwischen den beiden Tempussystemen I und II, beachtlich insofern, als es sich hier um einen spontan gesprochenen, inhaltlich sehr stark determinierten Text handelt, die Sprecher aber trotzdem richtiggehend Tempusübergänge konstruieren. Selten wird zwischen extremen Tempora der beiden Gruppen gesprungen, sondern durch andere Tempora übergeleitet: Der Wechsel zwischen Präteritum- und Präsenformen erfolgt meist über Perfektformen, womit der Übergang von nacherzählender Berichterstattung zur Wiedergabe des konkret ablaufenden, simultanen Spielgeschehens geschaffen wird.

(297) denn drei verteidiger von Hertha BSC waren in seiner nähe / Erich Beer torgefährliche situationen gab / es sehr wenig von ihm heute zu sehen / und jetzt hat er sich den ball auch von Schmitz abkämpfen lassen / Zewe / ihn hält es nicht mehr

(298) der eine pause eingelegt hatte / nachdem er speziell in der ersten halbzeit hier der held des spieles war / und er hat noch einmal auf Baltes gespielt / Baltes dann mit einem langen paß / in richtung auf den Berliner strafraum / und da kommt [...]

(299) wie Kliemann / in richtung mittellinie geht / die aktionen / sind etwas langsam geworden / kein wunder / bei diesen äußeren bedingungen / und am ende einer langen und harten saison die auch europapokalbelastungen für die spieler / mit sich brachte / Thomas Remark / hat sich erneut / an einem gegenspieler festgelaufen und gibt [...]

Diese Beispiele zeigen folgende Übergänge:

(297): Präteritum - Präteritum - Perfekt - Präsens

(298): Plusquamperfekt - Präteritum - Perfekt - Präsens

(299): Präsens - Perfekt - Präteritum - Perfekt - Präsens

Sie sind ein deutlicher Beweis dafür, daß die Sprecher zwischen nacherzählenden Sprechhandlungen und der Wiedergabe des aktuellen Geschehens mit Hilfe der Tempora überleiten.

Als wichtigste Funktion der Tempora ist nach der bisherigen Untersuchung deren Zeitreferenz anzusehen. Sie ist im folgenden hinsichtlich der zeitlichen Gesamtstruktur dieser Fußballreportage zu betrachten, wobei sie zur besseren Veranschaulichung auf die Textkohärenz projiziert, grafisch dargestellt werden soll: Als Basis dient dabei die Redemomentachse, zu der die einzelnen Zeitstufenbezüge in Beziehung gesetzt werden und in der Reihenfolge ihres textuellen Vorkommens eingetragen werden. Das Ergebnis ist eine Kurve, die den zeitlichen Verlauf und die temporale Gesamtstruktur dieser Reportage aufzeigt. Die geleistete Orientierungsfunktion der Tempusformen ist daraus abzulesen (siehe S. 110f.).
Die allgemeingültigen Tempusformen müssen, ebenso wie die drei festgestellten 'zeitstufenlosen', ausgespart bleiben, da sie keinen konkreten Zeitstufenbezug aufweisen. Inhaltliche Merkmale wie Anfang und Ende der beiden Spielhälften, Sprecherwechsel, Einleitung, Spielpause und Nachkommentar sind gekennzeichnet.

Der Verlauf dieser Kurve zeigt, daß mit Abstand die meisten Zeitbezüge auf der Redemomentebene liegen (377 = 64,0%); eine Tatsache, die bereits die Tabelle zur Zeitreferenz gezeigt hat, ebenso wie die Anzahl der Tempusbezüge auf die unmittelbare Vergangenheit (93 = 15,79%), die Vergangenheit im Spiel bzw. in der Reportage (50 = 8,49%), die Vergangenheit vor dem Spiel/der Reportage (15 = 2,55%), die unmittelbare Zukunft (20 = 3,4%), die Zukunft im Spiel/in der Reportage (13 = 2,21%) und die Zukunft nach dem Spiel/der Reportage (8 = 1,36%).

Aus dieser Kurve ist ferner die erstaunliche Vielzahl der Zeitstufenwechsel zu ersehen: Insgesamt sind es 246 Wechsel; bezogen auf die gesamtgenommene Reportagezeit von 35'30" Minuten entspricht das einem Wechsel ca. alle 8,5 Sekunden. Mehrere gleiche Zeitbezüge hintereinander, damit eine längere Strecke auf einer Zeitebene, sind sehr häufig auf der Redemomentachse zu finden. Die anderen Zeitstufen weisen solche 'Passagen' nur im ersten Teil der zweiten Hälfte auf, und zwar nur in den Bereichen unmittelbare Vergangenheit, Vergangenheit im und vor dem Spiel und Zukunft im Spiel. Inhaltlich werden hier längere Rück- bzw. Vorblicke gegeben, in denen einzelne Details genannt werden. Das eigentliche Spielgeschehen ist in diesen Momenten verhältnismäßig aktionsarm, so daß der Sprecher die Gelegenheit zu ausführlicherem Berichten nutzt. Ansonsten sind die zahlreichen Abweichungen von der Redemomentsebene punktueller Art, deutlich an den vielen einzelnen Spitzen der Kurve zu erkennen. Dabei ist zu sehen, daß diese Spitzen fast immer auf die Redemomentsachse zurückkehren, bevor sie in eine andere Zeitstufe wieder 'ausschlagen', worin sich die ständige Orientierung am Redemoment zeigt. Werden zeitlich von der Redemomentsebene entferntere Zeitstufen angesprochen, so wird sprachlich oft über die dazwischenliegenden Ebenen übergeleitet.
Auffällige Zeitstufensprünge sind im letzten Drittel der zweiten Spiel-/Reportagehälfte zu vermerken: Die Kurve wechselt hier zwischen allen, auch extremen Zeitstufen hin und her. Dies ist folgendermaßen zu erklären: Kurz vor diesem starken Kurvenausschlag liegt das für dieses Spiel entscheidende, völlig überraschende Tor. Gerade vorher hatte der Sprecher betont, daß hier wohl keine Entscheidung mehr zu erwarten sei, die Kurve zeigt zwei Bezüge auf die Zukunft nach dem Spiel, gibt auch einen kurzen resümierenden Rückblick auf die Spielvergangenheit, als plötzlich das Tor zum 1:0 fällt. Direkte Erklärungen, nachholende Informationen zu diesem Tor, Wertungen, Meinungen, Rückblicke auf das gesamte Spielgeschehen, Hinweise auf die Lage vor dem Spiel, sowie Prognosen bezüglich des Spielendes und des vermutlichen Endergebnisses wechseln sprunghaft. Hier hat das Spielgeschehen den Sprecher nahezu überfordert, er ist augenscheinlich aus seinem Reportagerhythmus geraten und versucht, in der ihm verbleibenden Zeit dieses Tor zu erklären und in das Gesamtspiel einzuordnen, gleichzeitig das damit wahrscheinlich entschiedene Spiel zu werten und historisch einzuordnen. Diese Passage zeigt deutlich, wie der Sprecher darum bemüht ist, seiner Aufgabe, das Spielgeschehen informativ wiederzugeben, zu werten und historisch einzuordnen, gerecht zu werden. Ansonsten zeigt die Kurve keine extremen Merkmale; ihr Verlauf ist grundsätzlich als inhaltlich bedingt zu bezeichnen. Besonders typisch ist z.B. der 'Nachspann', der neben Bezügen auf den Redemoment ausschließlich auf die Vergangenheitsstufen gerichtet ist, damit Rückblicke und Wertungen des vergangenen Spiels wiedergibt. Der 'Vorspann' ist gekennzeichnet durch Vorausschau auf die sogleich beginnende Spiel-Verlängerung sowie Angaben zum beendeten regulären Spielgeschehen.

Neben dem zeitlichen Verlauf und der damit gegebenen zeitlichen Orientierung der Hörer zeigt diese Kurve auch die zeitliche Perspektive des Sprechers zum Spiel: Der Bereich von der unmittelbaren Vergangenheit über den Redemoment bis hin zur unmittelbaren Zukunft gibt das direkt ablaufende Spielgeschehen wieder, wozu auch gerade vollzogene sowie sogleich eintretende Handlungen gehören.

SKIZZE 18: Zeitstruktur der Reportage

(1. Spiel-/Reportagehälfte)

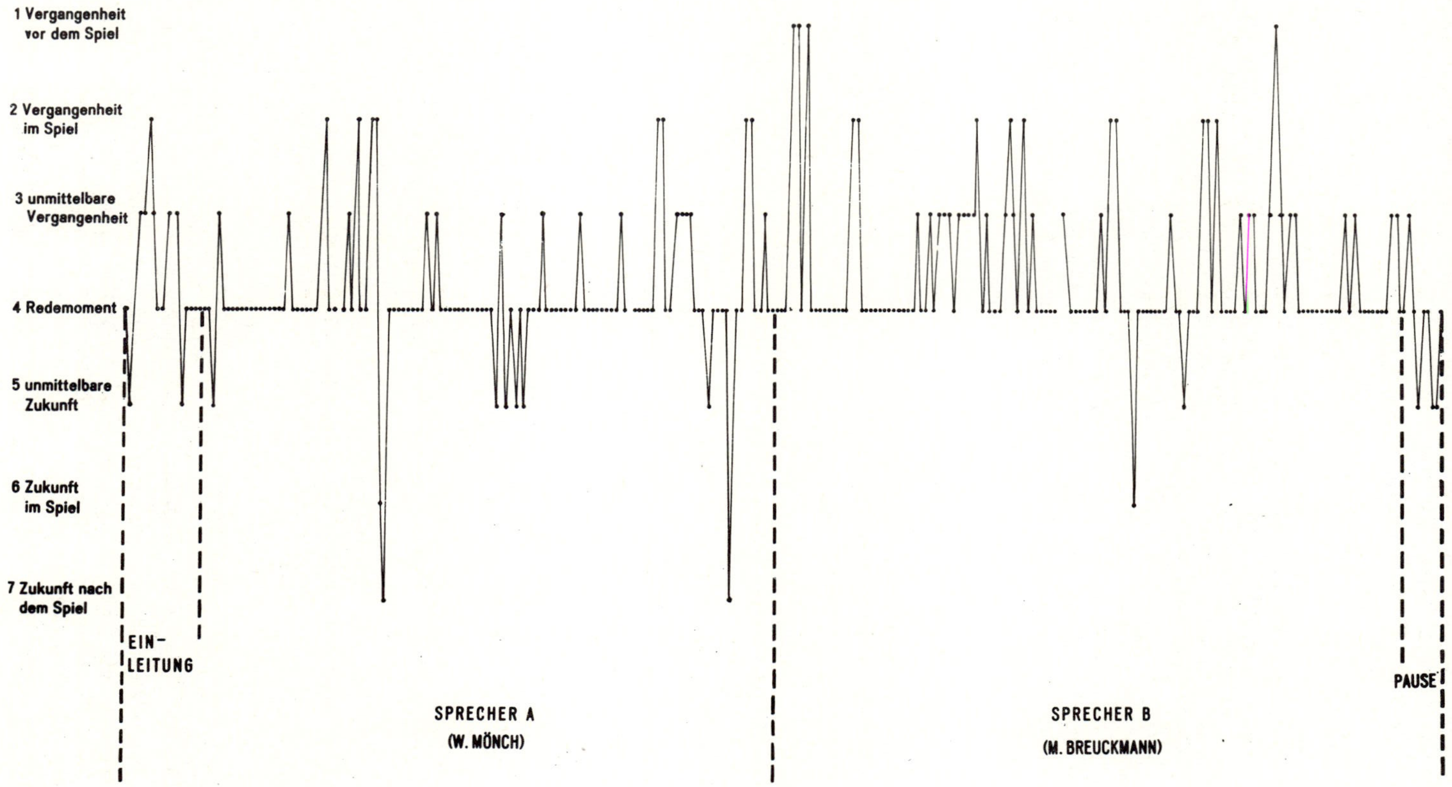

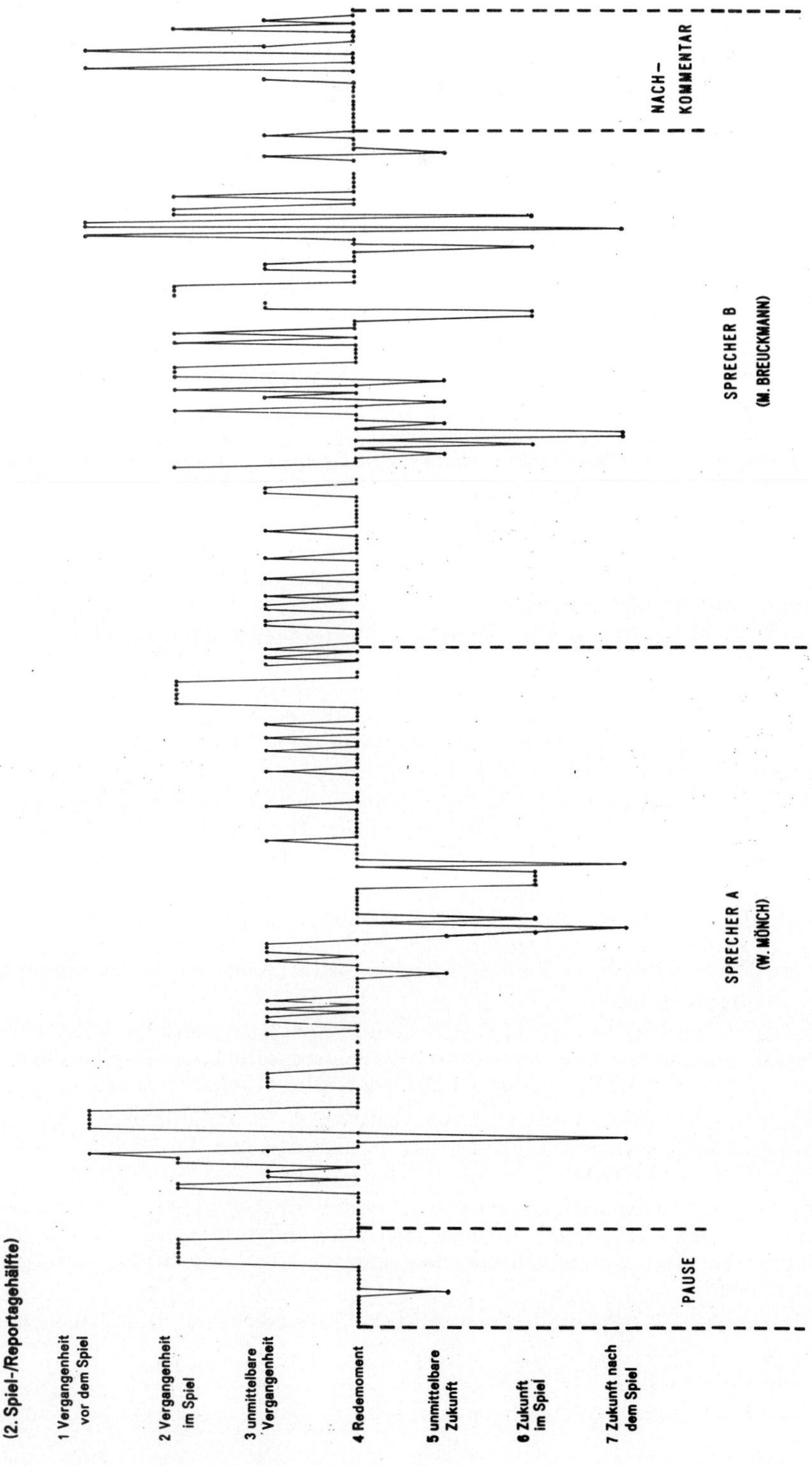
(2. Spiel-/Reportagehälfte)
1 Vergangenheit vor dem Spiel
2 Vergangenheit im Spiel
3 unmittelbare Vergangenheit
4 Redemoment
5 unmittelbare Zukunft
6 Zukunft im Spiel
7 Zukunft nach dem Spiel
PAUSE
SPRECHER A (W. MÖNCH)
SPRECHER B (M. BREUCKMANN)
NACH-KOMMENTAR

Das ist die Perspektive, die J. REHBEIN z.B. als "eng dran"[82] bezeichnet. Die anderen Zeitbezüge vermitteln eine Distanz zum Geschehen, in Form von längeren Rückblicken einerseits und Prognosen und Spielvorausschau andererseits, gleichzeitig die historische Einordnung des gesamten Spiels. REHBEIN nennt diese Perspektive "weit weg"[83]. Diese Kurve bestätigt eindeutig die bisherigen Ergebnisse, daß nämlich die Sprecher das Spielgeschehen vorwiegend aktionsnah, ohne Distanz wiedergeben.

3.2.5. Strukturregeln und Gebrauchsnormen

1. Die vorliegende Untersuchung einer Ganzreportage bestätigt die zeitliche Orientierung der Sprecher an dem im Redemoment ablaufenden Geschehen.
2. Die direkte Berichterstattung des aktuellen Spiels wird durch auf die unmittelbare Vergangenheit und Zukunft bezogene Informationen ergänzt.
3. Größere Abweichungen von der Redemomentsebene sind nur in spannungs- und aktionslosen Szenen möglich; sie sind vor allem zu Beginn als Hinweis auf die Verlängerungsspielzeit sowie am Ende als Rückgriffe auf das reguläre Spiel bzw. die Verlängerung festzustellen.
4. Die erste Reportagehälfte betont das redemomentsbezogene aktuelle Geschehen etwas stärker als die zweite Hälfte, die, vor allem im letzten Teil, das Spiel nicht ganz so stark aktionsorientiert wiedergibt, sondern öfter die Spielhandlungen wertet und einordnet.
5. Trotz des quantitativ unterschiedlichen Tempusgebrauchs leisten die beiden Sprecher W. MÖNCH und M. BREUCKMANN relativ gleiche Zeitbezüge in dieser Reportage, womit der Beweis erbracht ist, daß die Sprecher unterschiedliche Tempora mit gleichen kommunikativen Leistungen einsetzen, letztendlich die gleiche Perspektive zum Spielgeschehen haben, dies aber in unterschiedlicher Weise sprachlich realisieren.

Die sprachliche Umsetzung der Zeitverhältnisse leisten - wie aufgezeigt - die temporalen und kotextuellen Zeitbestimmungen. Hinsichtlich der Tempora sind folgende Gebrauchsnormen im Sinne von Funktionspotentialen festzuhalten:

1. Die weitaus größte kommunikative Bedeutung in dieser Reportage liegt beim Präsens; alle Zeitstufen und Kommunikationsebenen, z.T. modifiziert, wiedergebend, liegt sein Schwerpunkt bei der Übermittlung des simultan ablaufenden, punktuellen Geschehens, womit das direkte Miterleben des Spielgeschehens für die Hörer erreicht wird.
2. Das durch Perfektformen vermittelte Geschehen ist ebenfalls größtenteils an der Redemomentsgegenwart orientiert, wobei vor allem unmittelbar vergangene Spielhandlungen resultativ und geschehensnah wiedergegeben werden.
3. Präteritumformen werden meist dazu verwendet, zurückliegendes Spielgeschehen nacherzählend und resümierend, oft in Details und in Distanz zum simultanen Spiel zu vermitteln.
4. Die kommunikative Bedeutung von Futur I und Plusquamperfekt ist äußerst gering in dieser Reportage; sie werden nur mit expliziten zeitlichen Funktionen eingesetzt, die in dieser Weise von den anderen Tempora nicht wahrgenommen werden können.
5. Die Leistung der Konjunktivformen besteht hauptsächlich darin, das unmittelbare Spielgeschehen im Sinne von möglichen Spielaktionen oder Aufforderungen einzuschätzen und zu kommentieren.

Hinsichtlich der kotextuellen Zeitangaben sind folgende Regularitäten festzustellen:

1. Es überwiegen bei weitem die zeitdeiktischen, auf den Redemoment bezogenen Zeitangaben. Sie sind größtenteils punktuell und betonen das simultane Geschehen.
2. Zeitliche Bezüge auf die Spielzeit und das Wettbewerbssystem werden durch definitive Zeitangaben geleistet. Sie geben meist die zeitliche Erstreckung, die Dauer des Geschehens wieder und werden hauptsächlich zur Einordnung und historischen Wertung des momentanen Spiels eingesetzt.

Insgesamt ist es doch erstaunlich, zu welch differenzierten kommunikativ-funktionalen Leistungen die Tempora auf Grund der jeweiligen Ausrichtung ihrer Zeitreferenz fähig sind und wie mit Hilfe der kotextuellen Informationen die Zeitorientierung vervollständigt wird, vor allem aber, wie die Sprecher diese sprachlichen Mittel in der Direktreportage spontan und funktionsadäquat, also ohne bewußten Denkprozeß, einsetzen. Der Hörer weiß in jedem Moment der Reportage, auf welcher Zeitstufe das wiedergegebene Geschehen abläuft, ob dies wirklich passiert, nur möglich erscheint oder nie eintreten wird, ob es auf die Spiel- oder die Reportageebene bezogen gilt, ob es sich um unumstößliche Fakten oder um Einschätzungen und Meinungen der Sprecher handelt. Die mögliche Annahme, man habe es bei einer Fußballdirektreportage mit einem auf einer Zeitstufe ablaufenden Geschehen zu tun, wird durch die Verlaufskurve eindeutig widerlegt.

3.3. NACHBERICHTE: DUKLA PRAG - HERTHA BSC BERLIN UND BANIK OSTRAU - FC BAYERN MÜNCHEN

3.3.1. Spiel und Reportage

Bei beiden Spielen handelt es sich um Rückspiele in Europapokal-Wettbewerben. Die Begegnung Dukla Prag gegen Hertha BSC Berlin fand am 21.3.1979 im Julíska-Stadion in Prag statt. Die Berliner Mannschaft hatte im Hinspiel dieser Viertelfinalpaarung des UEFA-Cup-Wettbewerbs auf eigenem Platz nur ein 1:1 erzielt, so daß die Dukla-Spieler die weitaus bessere Ausgangsposition innehatten und daher klar favorisiert waren. Der 2:1-Erfolg der Berliner Hertha war folglich eine Überraschung, dies umso mehr, da Dukla Prag mit 1:0 in Führung gegangen war. In der 33. Minute gelang aber den Herthanern der Ausgleich, in der 58. Minute der Siegtreffer. Bayern München dagegen hatte sein Heimspiel mit 2:0 gewonnen, trat also am 18.3.1981 zu seinem 100. Europapokalspiel in Ostrau als Favorit für das Erreichen des Halbfinales im Wettbewerb der Landesmeister an. Dennoch entsprach der klare 4:2-Erfolg - bereits zur Pause führten die Münchener mit 4:1, d.h. Banik Ostrau hätte noch sechs Tore schießen müssen, um im Wettbewerb zu bleiben - nicht den Prognosen, zumal der deutsche Meister in den vorausgegangenen Bundesliga-Spielen und im Hinspiel nicht überzeugen konnte.

Beide Nachberichte sind in Sportsendungen des WDR enthalten, zu deren Sendegebiet die beteiligten deutschen Mannschaften aus Berlin und München nicht gehören. Im Mittelpunkt der Sendungen am 21.3.1979 und 18.3.1981 standen dementsprechend Übertragungen von Europapokal-Spielen, an denen westdeutsche Mannschaften teilnahmen, nämlich MSV Duisburg und Fortuna Düsseldorf bzw. 1. FC Köln. Die Nachberichte haben also die Funktion, ein regionales Publikum über den Verlauf einer internationalen Begegnung ohne Beteiligung einer der Region angehörenden deutschen Mannschaft in Kurzform zu informieren, dienen also der Abrundung der Berichterstattung über einen Europapokal-Spieltag. Nimmt man die Übermittlung von Spielresultaten rein ausländischer Begegnungen hinzu, ergibt sich eine Abstufung nach dem Interesse, der "Betroffenheit" der Hörer und der jeweiligen Sportredaktion:

Direktreportage: Mannschaften des Sendegebiets,
Nachbericht: DFB-Mannschaften außerhalb des Sendegebiets,
Spielresultate: ausländische Mannschaften.

Hinzu kommt in beiden konkreten Fällen, daß die Spiele nicht während der abendlichen Sendezeit, sondern bereits am Nachmittag stattfanden. Nachmittägliche Sportsondersendungen werden aber im Regelfalle nur von den Rundfunkanstalten in das normale Programmschema eingeschoben, zu deren Einzugsgebiet die betreffende Mannschaft gehört. Dies war z.B. beim Spiel Banik Ostrau gegen Bayern München der Fall: der Bayerische Rundfunk hat über diese Begegnung in einer Direktreportage berichtet. Im übrigen enthalten beide Nachberichte keinen einzigen Hinweis, zu welchen Uhrzeiten die Spiele stattfanden.

Den Regularitäten der "nicht betroffenen" Rundfunkanstalten entspricht auch, daß sie zu den Spielen keinen Reporter ihrer Sportredaktion entsenden, sondern sich der "Zulieferung" des jeweiligen "Heimatsenders" bedienen. So war in Prag der SFB durch seinen Reporter WOLFGANG MÖNCH, der BR in Ostrau durch GERD RUBENBAUER vertreten. Beide Sendeanstalten dürften den anderen ARD-Anstalten die Direktreportage und den Nachbericht als Zulieferung angeboten haben. Aus den zuvor genannten Gründen hat sich der WDR, aber im Falle des Ostrauer Spiels z.B. auch der SDR und RIAS Berlin, für den Nachbericht entschieden. Dieser hat zugleich den Vorteil, daß er aufgezeichnet und ohne bewußte Zeitmanipulation[84] zeitversetzt dann gesendet werden kann, wenn es in den Ablauf der Sportsendung paßt. So ist z.B. der Nachbericht RUBENBAUERs zu unterschiedlichen Zeiten von WDR II, SDR III und RIAS Mittelwelle ausgestrahlt worden. Aus diesen pragmatischen Gründen erklärt sich auch, daß es keinerlei direkte Anknüpfung an die Überleitung des Studio-Moderators gibt (im Gegensatz zu der Teilreportage sind ja die Nachberichte früher als die Überleitungen gesprochen worden) und daß die Reporter es vermeiden, ihren Redemoment über das "heute" hinaus zeitlich näher zu präzisieren. Für den Hörer erwecken folglich die Nachberichte den Eindruck, als würden sie im Hörmoment gesprochen. Unter narrativem Gesichtspunkt ist - wie bereits angedeutet - die Distanz zwischen Sprechen und Senden/Hören unproblematisch, da ja zweifelsfrei ist, daß das Spielgeschehen der Vergangenheit angehört, der Redemoment des Reporters aber letztlich uninteressant ist.

Die beiden Nachberichte haben eine Länge von 4'43" (726 Wörter) bzw. 5'20" (884 Wörter).

3.3.2. Temporale Zeitbestimmungen

Daß es sich bei den beiden Nachberichten um einen grundlegend anderen Reportagetyp als den der Direktreportage handelt, läßt sich bereits an der quantitativen Distribution der Tempora ablesen. Schließen wir die anderen finiten Formen, hier Konjunktiv I und II, mit ein, ergibt sich folgende Verteilung (siehe Tabelle 31 auf der folgenden Seite):

TABELLE 31: Temporale Distribution der finiten Verben

		Futur I	Präsens	Perfekt	Präteritum	Plusquamperfekt	Konjunktiv I	Konjunktiv II	gesamt
Nachbericht 1	abs.	3	14	9	38	1	-	4	69
MÖNCH	%	4,35	20,29	13,04	55,07	1,45	-	5,80	100
Nachbericht 2	abs.	-	6	1	50	12	2	1	72
RUBENBAUER	%	-	8,33	1,39	69,44	16,67	2,78	1,39	100

1. Der Hauptunterschied zu den Direktreportagen (vgl. Tabelle 6 und 17) besteht darin, daß die Vergangenheitstempora mit einem Anteil von 70 % in NB 1 und sogar 87,5 % in NB 2 klar dominieren. Im Mittelpunkt muß folglich vorzeitiges Geschehen stehen.

2. Beherrschendes Tempus mit 55 % bzw. 70 % aller finiten Formen ist in beiden Nachberichten das Präteritum und damit das präteritale Teilsystem.

3. Gleichwohl verweisen die Präsens- und Perfekt-Anteile darauf, daß offensichtlich auch in den Nachberichten zwischen zwei zeitlichen Bezugspunkten gewechselt wird, daß außer der Zeit des Spielgeschehens auch der Redemoment "Betrachtzeit" ist.

4. Verglichen mit den Abweichungen beim Tempus-Gebrauch der beiden Ganzreportagen-Reporter (vgl. Tabelle 19) - dort gibt es nur in einem Fall einen Unterschied von über 10 Prozentpunkten - existiert hier gleich bei vier Tempora eine derartig große Diskrepanz. Die Vermutung liegt nahe, daß der Grund hierfür nicht allein im Individualstil der Sprecher, sondern eher in der unterschiedlichen Struktur beider Nachberichte gesucht werden muß. Im Gegensatz zu den Direktreportage-Typen eröffnet der Nachbericht den Reportern offenbar eine größere erzählstrategische Freiheit.

5. Aus dem Fehlen von Konjunktiv-I-Formen im ersten und Futur-I-Formen im zweiten Nachbericht lassen sich wegen der relativ geringen Textmenge zunächst keine Folgerungen ziehen.

Schauen wir uns die Zeitstufen-Referenzen der finiten Formen an, so zeigt sich, daß es in beiden Reportagen keine Bezüge auf die Zeit zwischen Spiel und Reportage (Zeitstufe B) und auf die Vergangenheit und Zukunft innerhalb der Reportage (C 2 und 3 bzw. 5 und 6) gibt. Daher sind diese Zeitstufen in den Tabellen 32 und 33 weggelassen worden. Zunächst die Aufschlüsselung der finiten Verbformen in MÖNCHs Nachbericht vom Spiel Dukla Prag gegen Hertha BSC Berlin (siehe Tabelle 32).

TABELLE 32: Distribution der finiten Verben nach Tempora und Zeitstufen in NB 1

NB 1	Dukla Prag - Hertha BSC Berlin Reporter: W.MÖNCH		Futur I	Präsens	Perfekt	Präteritum	Plusquamperfekt	Konjunktiv I	Konjunktiv II	gesamt abs.	gesamt %
	0 allgemein			1						1	1,45
Vergangenheit	1 vor dem Spiel				1	3	1			5	7,24
	A Spiel				8	35			4	47	68,12
Gegenwart	C Reportage	4a im Redemoment		3						3	4,35
		4b inkludierend		4						4	5,80
Zukunft	7 nach der Reportage		3	6						9	13,04
gesamt	abs.		3	14	9	38	1	-	4	69	
	%		4,35	20,29	13,04	55,07	1,45	-	5,80		100

Einige aus der Tempus-Distribution abgeleitete Vermutungen lassen sich bereits bestätigen bzw. präzisieren:

1. Im Mittelpunkt steht mit knapp 70 % aller Referenzen die Zeit des Spiels, und das bedeutet ja: das Spielgeschehen selbst. Zu Recht kann man also von einer Spielreportage sprechen.

2. Das Spielgeschehen wird von zwei Bezugspunkten aus betrachtet, wobei der rückverlagerte Bezugspunkt mit 35 Präteritum-Formen deutlich den Redemoment-Bezug mit acht Perfekt-Formen übertrifft.

3. War in den Direktreportagen das Präsens das vorherrschende Erzähltempus, so ist es hier das Präteritum.

4. Während die Reporter-Gegenwart eine untergeordnete Rolle spielt (10 %), sind die Anteile, die sich mit der historischen Einordnung des Spiels bzw. seiner Akteure befassen (Zeitstufe 1 und 7) mit 20 % wesentlich höher als in den beiden behandelten Direktreportagen.

Wie sieht es mit den Verwendungsweisen der Tempora im einzelnen aus? Das P r ä s e n s steht einmal[85] in allgemeiner Funktion:

(300) so heißt ein schönes deutsches lied

Drei der sieben Reportagezeit-Referenzen sind punktuell auf den Redemoment bezogen und explizieren den Reporter in seiner Eigenschaft als Narrator:

(301) wenn ich es einmal so nennen soll

(302) auf jeden fall / darf man eines feststellen

Die anderen vier Fälle inkludieren partiell auch Vergangenheit und Zukunft, z.B.

(303) nun / die Hertha ist im halbfinale des UEFA-cups

Auch in diesem Nachbericht wird die Nachzeitigkeit wesentlich häufiger, nämlich genau doppelt so oft, durch das f u t u r e l l e P r ä s e n s als durch das F u t u r I ausgedrückt. Wie in den Direktreportagen garantiert in diesen Fällen der Kotext unmißverständlich die Nachzeitigkeit der Präsensformen, sei es durch Zeitangaben (vgl. Beleg 45), durch die syntaktische Verknüpfung mit einem Futur-Satz oder durch die Semantik eines übergeordneten Verbs:

(304) daß sie nun mit zwei gelben karten / das nächste mal werden zuschauen müssen dafür aber / ist Weiner dabei

(305) man muß abwarten / was die Hertha für einen nächsten gegner zieht

Alle drei in der Reportage vorkommenden Futurformen könnten auch im futurellen Präsens stehen, da bereits der Kotext - wie in Beleg 304 - eindeutig in die Zukunft verweist.

Die funktionale Distribution der Vergangenheitstempora ist äußerst konsequent durchgeführt. Die P e r f e k t a fassen bis auf eine Ausnahme das Resultat des Geschehens zusammen:

(306) sie hat die gunst der stunde genutzt / und sie hat das unmögliche wahr gemacht / und hat das halbfinale / im UEFA-cup / erreicht

Die epischen P r ä t e r i t a dagegen "erzählen" das Geschehen:

(307) dieses 1:1 machte den Herthanern mut sie überstanden / den rest der ersten halbzeit / und waren dann / im verlaufe / des zweiten abschnitts frech und frecher / und eine solche frechheit wenn ich es einmal so nennen soll / führte dann in der 58sten minute / zu einem bilderbuchangriff der schließlich / über Beer zu Milewski lief / und der kleine / Neuberliner / aus Hannover faßte sich / ein herz und schoß aus etwa / 16 17 metern entfernung / schräg / ins kurze eck

Wie der Textausschnitt zeigt, spielt es keine Rolle, ob der Reporter das Geschehen stark rafft oder - wie im Falle der Torszene - punktuell wiedergibt. Dabei verbleibt der Reporter im epischen Präteritum, das er weder hier noch sonst durch die szenische Variante des Präsens historicum ablöst.

Die Vorzeitigkeit vergangenen Geschehens wird nur ein einziges Mal durch das Plusquamperfekt ausgedrückt:

(308) trainer Kuno Klötzers neues abwehrkonzept / hielt / was er sich davon versprochen hatte

In allen anderen Fällen der Vorvergangenheit greift der Reporter zum Präteritum und kennzeichnet den zeitlichen Rückgriff kotextuell. Zwischen den fünf Perfekta des Einleitungsteils, die sich alle auf das Resultat des Spielgeschehens beziehen (siehe dazu Beleg 306), steht ein Rückgriff auf die Zeit vor dem Spiel:

(309) denn ein 2:1-sieg [......] wurde vor diesem spiel sicherlich [......] als utopie bezeichnet

Ebenso verfährt MÖNCH bei Rückgriffen innerhalb seines Spielberichts:

(310) aber diesen treffer / erzielte die / Hertha / und zwar in der 33sten minute / bei einem gezielten konterangriff wie es mehrere schon in der ersten halbzeit gab

(311) nach einer flanke von Wisek / erzielte ihn [den Führungstreffer] schließlich Nehoda / der gefährliche mittelstürmer / als Ole Rasmussen sein unmittelbarer bewacher [......] als er einmal um eine fußspitze / zu spät kam

Die Verwendung des Präteritum als Vorvergangenheit ist weder eine Eigenart der Textsorte Hörfunkreportage noch ein Performanzfehler des Reporters. Denn auch in schriftlichen Texten "kann auf der präteritalen Ebene auf eine Zeitstufendifferenzierung zwischen 'einfacher Vergangenheit' und 'Vorvergangenheit' verzichtet werden". Das Plusquamperfekt ist "austauschbar mit Präteritum, falls die Kennzeichnung dieses Abstands durch die Konsituation oder den syntaktischen Kontext (einleitendes Plusquamperfekt in der Rückblick-Passage, Temporalangaben) gesichert ist".[86]

Im präterital gehaltenen Spielbericht - und darin dokumentiert sich besonders augenfällig seine Ablösung von der Redemomentgegenwart - erfolgen Vorgriffe auf das Spielgeschehen und auf die Zeit nach dem Spiel vom jeweiligen Zeitpunkt des Spielgeschehens her. D.h. der Reporter als Erzähler versetzt sich und sein Publikum noch einmal zeitlich und vom Wissensstand her in die Vergangenheit zurück. Die Zukunft, von der so eingenommenen zeitpunktuellen Spielgegenwart aus betrachtet, kann deswegen nur spekulativ sein und wird demzufolge hier durch den Konjunktiv ausgedrückt:

(312) und das brachte nicht nur die Hertha / mit 2:1 in führung / brachte sie / auf den besseren stand / im falle eines unentschiedens denn das mehr geschossene auswärtstor / würde ja nun eventuell entscheiden müssen

Vom Redemoment her erweist sich diese Zukunfts-Spekulation sogar als irreal, da Reporter und auch Hörer ja wissen, daß dieser während des Spiels durchaus mögliche Eventualfall eines 2:2-Unentschiedens nicht eingetreten, sondern das Spiel 2:1 für Hertha BSC Berlin ausgegangen ist.[87] Ein vergleichbarer Fall liegt in folgendem Beleg vor:

(313) 1:0 und man glaubte / nicht nur in den reihen der Berliner sondern vor allen dingen in den reihen der Dukla-mannschaft (schneller) / nun würde alles planmäßig verlaufen

Hier wird die Perspektive der Spieler zum Zeitpunkt der Prager 1:0-Führung eingenommen und von hieraus in die Spiel-Zukunft geblickt. Vom Redemoment her handelt es sich ebenfalls um eine nicht eingetretene Möglichkeit. Anders im Falle von

(314) man hatte in der folgezeit eigentlich nie das gefühl / daß hier noch etwas ernsthaftes passieren könnte

Die vom Bezugspunkt der Vergangenheit aus formulierte Erwartung an das noch ausstehende Spielgeschehen hat sich - rückblickend vom Redemoment her - bewahrheitet.
Das Gegenstück zu diesen drei präteritalen Konjunktiven liefert die vierte Konjunktivform des Nachberichts:

(315) ein weiterer treffer / hätte wahrscheinlich schon alles klar gemacht

Diese Reporter-Bewertung, die sich unmittelbar an die Bemerkung aus der Spielerperspektive anschließt (Beleg 313), verweist zwar ebenfalls in die Zukunft des Spiels, ist aber durch die plusquamperfektische Konjunktivform als irreal ausgewiesen. Der Reporter gibt hier also sein Wissen über den wahren Ausgang des Spiels preis, d.h. er hat den Bezugspunkt Redemoment gewählt.

Wie die erläuterten Belege zeigen, ist mit der zeitlichen Bezugspunktsetzung der dem jeweiligen Zeitpunkt entsprechende Wissensstand verknüpft. Je nach seiner Intention, ob er nämlich sein damaliges Zuschauer- oder sein gegenwärtiges Reporter-Wissen mitteilen will, wählt der Reporter einen zurückliegenden oder seinen gegenwärtigen Zeitpunkt. Für ein zwischen diesen beiden Bezugspunkten liegendes Geschehen, sei es real oder nur spekulativ, kann sich der Reporter entweder für den Realis/Irrealis oder den Eventualis entscheiden.

SKIZZE 19: Vorzeitiger Realis und Irrealis

(V = Bezugspunkt in der Vergangenheit; G = Bezugspunkt Gegenwart; R = Referenzzeit; + = die Res findet statt; - = die Res findet nicht statt)

R e a l i s = Perfekt

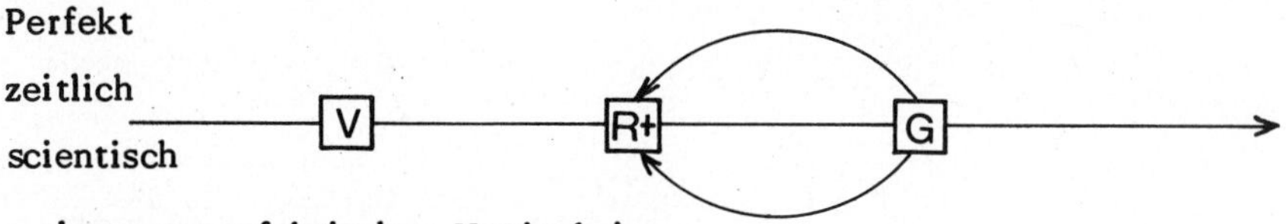

I r r e a l i s = plusquamperfektischer Konjunktiv

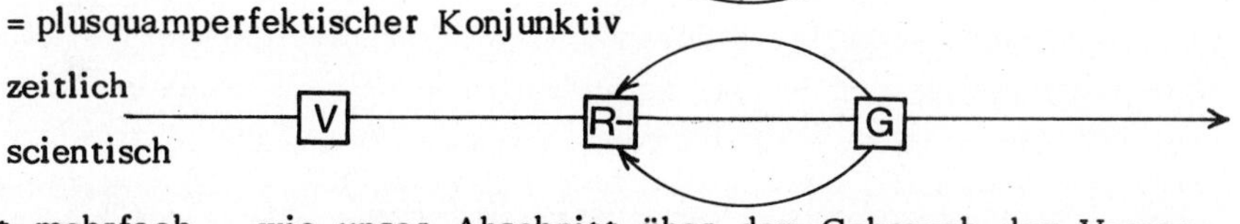

MÖNCH wählt mehrfach - wie unser Abschnitt über den Gebrauch der Vergangenheitstempora zeigt - den Realis, dagegen nur einmal (Beleg 315) den Irrealis.

Eine Eventualis-Aussage über vergangenes Geschehen ist sowohl vom Bezugspunkt der Vergangenheit als auch von dem der Gegenwart aus möglich.

SKIZZE 20: Vorzeitiger Eventualis

E v e n t u a l i s (Bezugspunkt Vergangenheit) = würde + Infinitiv[88]

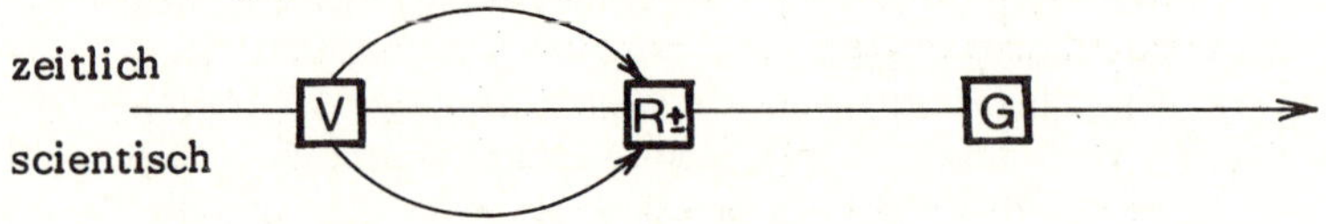

E v e n t u a l i s (Bezugspunkt Gegenwart) = Futur II

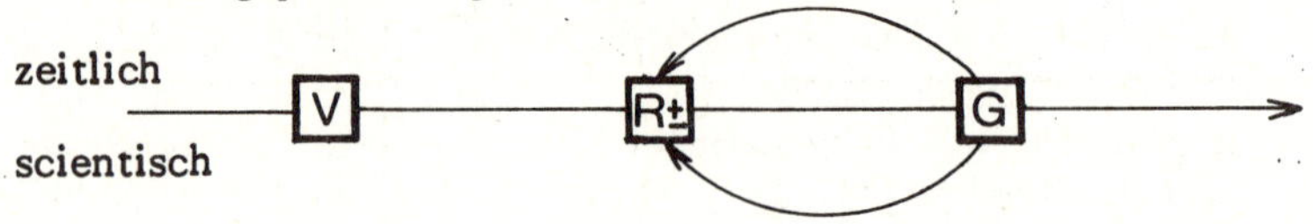

Da in allen drei Fällen (Beleg 312 bis 314) der Reporter im Redemoment über die Realität bzw. Irrealität des Sachverhalts seiner Aussage Bescheid weiß, entfällt von vornherein die Möglichkeit, das "hypothetische" Futur II, das eine auf die Vergangenheit bezogene "Vermutung" ausdrückt[89], zu verwenden.

Ziehen wir zum Vergleich RUBENBAUERs Nachbericht vom Spiel Banik Ostrau gegen Bayern München heran (siehe Tabelle 33). Auch hier steht das Spiel mit 62,5 % der temporalen Referenzen eindeutig im Reportage-Mittelpunkt. Die historische Einbindung des Spiels übertrifft mit knapp 30 % sogar noch die des ersten Nachberichts um fast ein Drittel. Der Redemoment als Bezugspunkt ist zwar mit etwas über 8 % ebenfalls vorhanden, jedoch bei nur sechs Präsensformen und einer Perfektform dominiert das präteritale Teilsystem mit 50 Präteritum- und zwölf Plusquamperfektformen in hervorstechender Weise. Die erzählstrategische Freiheit des Nachbericht-Reporters zeigt sich vor allem beim Vergleich der Zeitstufen 1 und 7: Bei MÖNCH machen die Referenzen auf die Zeit nach der Reportage fast doppelt soviel aus wie die Referenzen auf die Zeit vor dem Spiel. Bei RUBENBAUER dagegen findet die historische Einordnung fast ausschließlich durch Rückgriffe in die Vergangenheit vor dem Spiel statt, so daß die "spiel"-vorzeitigen Referenzen ein 20:1-Übergewicht gegenüber den "reportage"-nachzeitigen haben.

Betrachtet man unter dem Aspekt der Zeitstufen-Distribution die Verwendungsweise der Tempora, so verwundert nicht, daß RUBENBAUER in dieser Reportage weder das Futur I noch das futurelle Präsens benutzt. Der einzige Zukunftsbezug steht in einem abhängigen Satz (siehe Beleg 323).

Fünf der sechs Präsensformen inkludieren partiell Vergangenheit und/oder Zukunft:

(316) das alte system [.....] verspricht für das schlagerspiel am samstag gegen den HSV / doch eine wesentlich bessere leistung von den Münchnern

(317) und damit stehn die Münchner / unter den letzten vier

Ebenso erstrecken sich 40 der 50 Präterita auf Zeitabschnitte:

(318) er spielte so eine art hängenden rechtsaußen

(319) ein Dieter Hoeneß der rackerte / ackerte / und / eine ganz erhebliche verstärkung für die Münchner mannschaft war

(320) ein letztes abschlußtraining verlief nicht ganz so erfreulich

TABELLE 33: Distribution der finiten Verben nach Tempora und Zeitstufen in NB 2

NB 2	Banik Ostrau - Bayern München Reporter: G. RUBENBAUER		Futur I	Präsens	Perfekt	Präteritum	Plusquamperfekt	Konjunktiv I	Konjunktiv II	gesamt abs.	gesamt %
	0 allgemein									-	-
Vergangenheit	1 vor dem Spiel					14	5	1		20	27,78
Vergangenheit	A Spiel				1	36	7		1	45	62,50
Gegenwart	C Reportage	4a im Redemoment		1						1	1,39
Gegenwart	C Reportage	4b inkludierend		5						5	6,94
Zukunft	7 nach der Reportage							1		1	1,39
gesamt	abs.		-	6	1	50	12	2	1	72	
gesamt	%		-	8,33	1,39	69,44	16,67	2,78	1,39		100

Punktuelle Präteritum-Bezüge kommen dagegen nur zehnmal vor, z.B.

(321) der ball kam auf einigen umwegen vor die füße des Ostrauer mittelfeldspielers Nemec

Das Präteritum wird also vorzugsweise für Geschehens-Raffungen und zur Spieler-Charakterisierung benutzt. Auch in MÖNCHs Nachbericht haben 22 Präterita diese Funktion; allerdings drücken in NB 1 auch 16 Präterita punktuelle Handlungen aus. Als Grundkonstante der Nachberichte kann also die Zusammenfassung von spielbezogenen Handlungen, Verhaltensweisen und Begleitumständen bezeichnet werden. Einzelne Spielaktionen und -szenen werden mehr (NB 1) oder minder oft (NB 2) gleichsam als Exempla in die Beschreibung und Bewertung des Spiels, einzelner Phasen und der Akteure eingebaut. Dies steht im klaren Gegensatz zu den beiden zuvor behandelten Direktreportagen. Denn bei denen bildete das punktuell gefaßte Spielgeschehen die Basis der Reportage. Der erhebliche Unterschied, der bei den Präteritum-Referenzen zwischen den beiden Nachberichten besteht - 4:1-Relation zugunsten der Raffung bei RUBENBAUER, 1,4:1 bei MÖNCH - und der wesentlich größer ist als der zwischen der Ganz- und der Teilreportage, verweist einmal mehr auf den erzählstrategischen Freiheitsraum der Nachbericht-Reporter.

Sprecherspezifisch scheint der Gebrauch des Plusquamperfektum zu sein. Während MÖNCH die Vorvergangenheit fast ausschließlich durch das Präteritum ausdrückt, setzt hierfür RUBENBAUER vorzugsweise das Plusquamperfekt ein, und zwar zum Teil so konsequent, daß eine sprachästhetisch angreifbare Häufung nicht vermieden wird:

(322) der dritte /Grund/ lag vielleicht darin / daß man doch / von dem spiel das die Münchner Bayern ja schon vor rund viereinhalb jahren hier in Ostrau ausgetragen hatten als sie mit 1:2 ebenfalls im europapokal der landesmeister verloren hatten dann aber mit 5:0 / das rückspiel gewonnen hatten / doch ein bißchen angst hatte

Allerdings muß man sehr vorsichtig sein, beim Tempusgebrauch auf individuelle Sprechercharakteristika abzuheben. Zwar läßt sich aus MÖNCHs Reportagen folgern, daß er offenbar das Plusquamperfekt nicht besonders gerne verwendet. Denn in seinen drei Reportagen kommt dieses Tempus bei insgesamt 465 finiten Verbformen nur dreimal (= 0,65 %), also noch nicht einmal halb so oft wie im Korpus-Durchschnitt vor. Andererseits ist der überaus hohe Plusquamperfekt-Anteil in dem analysierten Nachbericht RUBENBAUERs nicht nur im Vergleich mit allen anderen Nachberichten eine Ausnahme, sondern auch im Vergleich zu den anderen Reportagen dieses Reporters: Den knapp 17 % Plusquamperfekt-Formen stehen in den anderen vier Texten nur 2,5 % gegenüber. Damit liegt er aber dennoch gut 1 Prozentpunkt über dem Korpus-Durchschnitt.

Wie in allen zwölf Fällen der Plusquamperfekt-Gebrauch in NB 2 normgerecht ist, so sind auch die drei Konjunktivformen korrekt verwendet. Die zwei Konjunktiv-I- Fälle stehen in einem abhängigen Subjektsatz, wobei der Kotext ihre vor- bzw. nachzeitige Referenz gewährleistet:

(323) Hoeneß von dem es hieß daß er zwar so einigermaßen wieder fit sei / aber bestenfalls erst am samstag in Hamburg eingesetzt werden könne

Die einzige im Konjunktiv II stehende Aussage ist ein Reporter-Kommentar, der in die Schilderung einer Spielaktion eingefügt ist. Er bezeichnet einen Irrealis, betrachtet also das Geschehen vom Wissensstand des Reporters nach Ablauf der Aktion:

(324) Dieter Hoeneß hatte am elfmeterpunkt keinen drehschuß riskiert / der vielleicht noch von einem Tschechen abgefangen worden wäre / sondern spielte klug und quer zu Wolfgang Kraus

3.3.3. Kotextuelle Zeitbestimmungen

Wie die Direktreportagen sind auch beide Nachberichte mit einem Netz unterschiedlicher Zeitangaben überzogen. In NB 1 sind es 43 ein- oder mehrgliedrige Zeitbestimmungen, in NB 2 50. Der Hörer erhält also durchschnittlich alle 6,6 bzw. 6,4 Sekunden eine derartige Information. Dies entspricht in etwa dem Durchschnittswert der Teilreportage (alle 6,7 Sekunden) und liegt um zwei Sekunden unter dem der Ganzreportage.

In beiden Nachberichten kommen keine Zeitangaben des Kalender- und des Narratio-Systems vor. Am häufigsten sind - wie bei den Direktreportagen - Referenzen des zeitdeiktischen Systems vertreten, gefolgt von Spielzeit- und Wettbewerb-Angaben. Um die Sonderheit der Nachberichte besser aufzeigen zu können, bietet sich ein Vergleich mit HAUFFEs Teilreportage an, da es sich ja bei dieser ebenfalls um ein Viertelfinal-Rückspiel in einem europäischen Wettbewerb handelt. Tabelle 34 gibt die prozentualen Anteile der drei Systeme wieder (+ RM = der Redemoment ist Bezugspunkt; - RM = der Bezugspunkt liegt außerhalb des Redemoments, d.h. hier im Regelfalle : er ist rückverlagert).

TABELLE 34: Distribution der Zeitangaben nach Zeitsystemen

		TR 1 (Hauffe)		NB 1 (Mönch)		NB 2 (Rubenbauer)	
Zeitdeiktisches System	+ RM	68,3	79	25,6	69,8	22	44
	- RM	10,7		44,2		20	
Spielzeit-System		14,5		20,9		38	
Wettbewerb-System		6,5		9,3		20	

Trotz der erheblichen Unterschiede zwischen beiden Nachberichten gilt im Vergleich mit der Teilreportage: In den Nachberichten wird das zeitdeiktische System nicht so häufig verwandt wie in der Direktreportage. Dafür sind die Anteile des Spielzeit- und des Wettbewerb-Systems höher. Beim Redemoment-Bezugspunkt ist der Anteil in der Teilreportage dreimal so hoch wie der in den Nachberichten, beim verlagerten Bezugspunkt ist das Verhältnis umgekehrt. Auch hierin drückt sich wieder einmal der generelle Unterschied zwischen den Reportagegattungen aus, nämlich daß in der Direktreportage das sich im Redemoment abspielende Geschehen im Mittelpunkt steht, dagegen im Nachbericht ein bereits abgelaufenes Geschehen, das primär von einem rückverlagerten Standpunkt aus betrachtet wird. Der Zusammenfall von Res und Narratio bei den Direktreportagen ist auch der Grund für die generell stärkere Bevorzugung des deiktischen Systems in Reportagen dieses Typs, während bei den Nachberichten häufiger die Notwendigkeit besteht, über die temporale Vorzeitigkeits-Markierung hinaus Zeitpunkte und -abschnitte exakter zu fixieren. Dies ist nun nicht nur eine Frage der abstrakten Relation zwischen den einzelnen Zeitangaben-Systemen, sondern ist auch für den Rezipienten konkret erfahrbar. In HAUFFEs Teilreportage erhält der Hörer alle 45 Sekunden eine Referenz auf die Spielzeit, alle 145 Sekunden auf den Wettbewerb. In MÖNCHs Nachbericht dagegen alle 31 bzw. 71 Sekunden, bei RUBENBAUER sogar alle 17 bzw. 32 Sekunden.

Beim Vergleich der beiden Nachberichte fällt auf, daß der Redemoment als deiktischer Nullpunkt von beiden Reportern in etwa gleicher Quantität benutzt wird, während in allen anderen Fällen sehr hohe Frequenz-Unterschiede bestehen. Diese erklären sich durch die bereits mehrfach angesprochene erzählstrategische Freiheit der Nachbericht-Reporter. Da MÖNCH - worauf in 3.3.4. näher einzugehen sein wird - in seinem Spielbericht-Teil das Geschehen sukzessiv wiedergibt, kann er häufiger von einem einmal gesetzten Bezugspunkt aus "verweisen" (vgl. Beleg 74 und 326). RUBENBAUER dagegen wählt in weit stärkerem Maße, wie bereits unsere Präteritum-Analyse gezeigt hat, die zusammenfassende Wertung als Basis seines Nachberichts. Dementsprechend häufiger muß er seine eingestreuten Aktions-Exempla mit Spielzeitangaben versehen. Auf der anderen Seite spielt bei ihm, wie wir bei der Zeitstufen-Distribution gesehen haben, die rückgreifende historische Einordnung eine wesentlich größere Rolle als bei MÖNCH. Zwangsläufig rekurriert er daher häufiger, d.h. konkret doppelt so oft, auf das Wettbewerb-System.

Auch von den Zeitangaben her bestätigt sich, daß das betreffende Fußballspiel eindeutig im Mittelpunkt der Reportage steht. In NB 1 sind 28 (= 65%), in NB 2 30 Zeitangaben (= 60%) spielbezogen. Dies entspricht in etwa den jeweiligen temporalen Spielreferenzen (68% bzw. 62,5%). Bei MÖNCH sind alle 19 zeitdeiktischen Angaben mit rückverlagertem Bezugspunkt, acht der neun Spielzeitangaben und eine der elf vom Redemoment ausgehenden deiktischen Angaben auf das Spiel bezogen. Das Wettbewerb-System wird dreimal zur historischen Einordnung des Spiels benutzt (ein Verweis auf das Hinspiel, zwei auf das Halbfinale, der vierte spricht die Fußballmeister-Statistik der ČSSR an).[90] RUBENBAUER bezieht sich fünfmal auf den laufenden UEFA-Wettbewerb, einmal auf einen früheren, dreimal auf Bundesligaspiele, einmal auf die Europapokal-Bilanz des Münchener Clubs. Spielbezogen sind 17 der 18 Spielzeitangaben (eine referiert wie in NB 1 auf das Hinspiel), acht der rückverlagerten deiktischen Angaben (zwei beziehen sich auf Begegnungen beider Mannschaften 1976) und zwei der elf Redemoment-Deiktika. Auch in den Nachberichten dominieren bei den zeitdeiktischen Angaben die Adverbien. Ihr Anteil umfaßt in NB 1 73%, in NB 2 61%. Im Gegensatz zu der Teilreportage, in der das redemomentbezogene "jetzt" am häufigsten vorkommt[91], verwenden die Nachbericht-Reporter dieses Adverb in zeitpunktueller Funktion nie. Lediglich RUBENBAUER benutzt es einmal zur Abgrenzung von zwei Zeitabschnitten:

(325) Rummenigge jetzt wieder entlastet von Dieter Hoeneß

Gemeint ist damit, daß Hoeneß nach einer Verletzungspause in diesem und in folgenden Spielen wieder eingesetzt werden kann. Die Stelle von "jetzt" nimmt in den Nachberichten, vor allem in NB 1 (sechsmal, NB 2 dreimal) "dann" ein, das die Geschehens-Sukzession unterstreicht:

(326) Uwe Kliemann / [.....] fand zwar / in den ersten minuten noch nicht gleicht (versprecher) kontakt / zu seiner neuen rolle / dann aber stellte er sich mehr und mehr und besser und besser darauf ein

Viermal verwendet darüber hinaus MÖNCH "nun"[92] in nicht rein punktueller Funktion (siehe Beleg 304 und 313).

Beim Wettbewerb- und Spielzeitsystem überwiegen dagegen die präpositionalen Ausdrücke:

(327) in den letzten spielen in der bundesliga

(328) überraschungen gab es eigentlich vor diesem einhundertsten europapokalspiel der Bayern [.....] schon vor spielbeginn

(329) denn wir hatten hier doch eine von anfang an offensive Ostrauer mannschaft erwartet

(330) in den ersten fünfzehn minuten der zweiten halbzeit

Punktuelle Spielminuten-Angaben bzw. ihre Äquivalente erfolgen im Regelfalle nur bei Spielhöhepunkten, besonders bei Toren:

(331) aber diesen treffer / erzielte die Hertha / und zwar in der 33sten minute

(332) in der 26sten minute allerdings dann der schönste spielzug der Münchner Bayern in diesem spiel [.....] flachschuß ins linke eck / 2:1

(333) Bernd Dürnberger der ja auch den vierten treffer kurz vor der pause erzielt hatte mit einem strammen schuß ins rechte kreuzeck

Wie bei den Direktreportagen sorgen u.a. die Zeitangaben dafür, tempuslose Aussagen problemlos einzuordnen. Während MÖNCHs Nachbericht sich von den Direktreportagen - und dabei auch von seinem eigenen Text - syntaktisch wesentlich unterscheidet, da in NB 1 nur fünf Setzungen bzw. umfangreichere Appositionen vorkommen, enthält RUBENBAUERs Nachbericht nicht weniger als 18 Setzungen und vier elliptische Hauptsätze. In beiden Reportagen gehören alle tempuslosen Sätze der Zeitstufe "Spiel" an. Nimmt man sie mit den temporalen Zeitbestimmungen zusammen, verschwindet gleichsam die relativ hohe Diskrepanz bei den "Spiel"-Anteilen beider Nachberichte, die wir bei der Zuordnung der finiten Formen feststellten (vgl. Tabelle 32 und 33). Beide Nachberichte haben nun mit 70% bzw. 72% fast gleich starke auf das Spiel bezogene Anteile. Das Spiel steht folglich eindeutig im Mittelpunkt der Nachberichte (siehe Tabelle 35).

Die weiterhin bestehenden beträchtlichen Unterschiede zwischen beiden Nachberichten im Bereich der Zeitstufen 1 und 7 zeugen von dem Freiraum, den der Nachbericht-Reporter hat. Vor allem die rund 20%, die in beiden Reportagen vergangenheits- und zukunftsbezogenen Hintergrundsinformationen vorbehalten sind, werden von beiden Reportern unterschiedlich ausgefüllt: MÖNCH legt hier den Schwerpunkt auf das anstehende Halbfinale, RUBENBAUER auf die Zeit vor dem Spiel, mag diese unmittelbar, einige Wochen oder gar viereinhalb Jahre davor liegen.

TABELLE 35: Distribution finiter Verben und tempusloser Sätze nach Zeitstufen

	Nachbericht 1 (Mönch) abs.	Nachbericht 1 (Mönch) %	Nachbericht 2 (Rubenbauer) abs.	Nachbericht 2 (Rubenbauer) %
0 allgemein	1	1,35	-	-
1 vor dem Spiel	5	6,76	20	21,50
A Spiel	52	70,27	67	72,04
C Reportage	7	9,46	5	5,38
7 nach der Reportage	9	12,16	1	1,08
gesamt abs.	74		93	
gesamt %		100		100

3.3.4. Die Zeitstruktur der Nachberichte

Im Gegensatz zu dem Reporter der Direktreportage erzählt der Nachbericht-Reporter ein vergangenes Geschehen, d.h. er kennt Verlauf und Ergebnis der Res. Erzählstrategisch bedeutet dies, daß er den formalen Aufbau und damit auch die inhaltliche Struktur seines Berichts weitgehend nach eigener Intention bestimmen kann.

MÖNCHs Nachbericht ist klar in vier Teile gegliedert:

1. Einleitung:	30"	=	10,6 %	
2. Spielbericht: 1. Halbzeit:	1'51"	=	39,2 %	68,9 %
2. Halbzeit:	1'24"	=	29,7 %	
3. Vorschau auf das Halbfinale:	34"	=	12 %	
4. Schlußteil:	24"	=	8,5 %	

Dieser Struktur entspricht die narrative zeitliche Bezugspunktsetzung, die sich vor allem in der Tempusdistribution realisiert. Mit dem präsentischen Einleitungssatz

(334) wunder gibt es immer wieder so heißt ein schönes deutsches lied

eröffnet der Reporter seine Reportage mit einer allgemeinen Aussage, die die Reporter-Hörer-Gegenwart einschließt. Er wählt damit eine Exposition, die im Bereich des schriftlichen Erzählens fiktionaler Begebenheiten nicht gerade selten vorkommt.[93] Fünf "hat"-Perfekta (siehe dazu Beleg 306) - in ihrer Häufung offenbar bewußt als stilistisches Mittel zur Bekräftigung des wahrgemachten Wunders eingesetzt und nur durch ein auf die Vorvergangenheit referierendes Präteritum (siehe Beleg 309) unterbrochen - stellen die Verbindung zwischen der Rede- und Hörmomentgegenwart und dem vergangenen Spielgeschehen her. Ein Fragesatz mit "ist"-Perfekt

(335) wie ist es dazu gekommen

markiert das Ende der Einleitung und leitet über zum Spielbericht, dem Hauptteil der Reportage. Am Anfang steht gleichsam als Überschrift die auf das Spielzeitsystem bezogene Zeitangabe "in der ersten halbzeit". Damit signalisiert der Reporter nicht nur den Beginn des Spielberichts bzw. des ersten Teils, sondern er versetzt den Hörer zurück in die Gegenwart des Spiels. Temporal drückt sich das im Übergang zum präteritalen Teilsystem aus. Die inhaltliche Grundkonstante ist im folgenden die Geschehenssukzession des Spiels, sei es in geraffter, sei es bei Höhepunkten in detaillierter Form, die entsprechende temporale Grundkonstante das epische Präteritum. Einen Bezugspunkt- und damit auch Zeitstufenwechsel nimmt er nur dreimal vor, wobei es sich niemals um das Geschehen selbst handelt, sondern um eine Bemerkung zum Text (siehe Beleg 301), einen Vergleich und eine Zitatwiedergabe. Die Dominanz des präteritalen Bezugspunktes dokumentiert sich nicht nur in der Quantität der Präterita (34 von 38), die abgesehen von einer Plusquamperfektform auch die Vorvergangenheit ausdrücken, sondern vor allem auch bei Bezügen auf die Zukunft im Spiel, die ja mit einer Ausnahme mit Hilfe des präteritalen Konjunktivs erfolgen (siehe Beleg 312 bis 315).

Der Präsens-Satz

(303) nun / die Hertha ist im halbfinale des UEFA-cups

verknüpft mit seinem (Spiel-)Vergangenheit und (Halbfinal-)Zukunft inkludierenden Gegenwartsbezug den Spielbericht mit dem Vorschauteil. Verbunden damit ist die Rückkehr zum Redemomentsystem. Von seinem Bezugspunkt, der Sprecher-Hörer-Gegenwart, erfolgt nun die Vorschau auf das Halbfinale, die vom futurellen Präsens und vom Futur I beherrscht wird. Lediglich ein Spieldetail, das in Parenthese nachgetragen wird ("gelbe" Karte für zwei Hertha-Spieler), aber inhaltlich hierher gehört (Sperre der Spieler für das erste Halbfinalspiel), steht im Präteritum.

Das Scharnier zum Schlußteil bildet eine Präsens-Perfekt-Kombination. Der Schlußteil lautet:

(336) auf jeden fall / <u>darf</u> [Präs] man eines feststellen / die stadtrundfahrt die die Herthaner am vormittag durch Prag <u>gemacht haben</u> [Perf] / und die darin <u>gipfelte</u> [Prät] / daß der erklärer <u>sagte</u> [Prät] im sport / stirbt die hoffnung am letzten / nun / diese erklärung sie <u>hat</u> sich im / Juliska-stadion von Prag / für die Hertha auf das schönste <u>bewahrheitet</u> [Perf] / eine fußballsensation <u>ist</u> wirklichkeit <u>geworden</u> [Perf] und zu dieser wirklichkeit <u>darf</u> [Präs] man den Herthanern / herzlich gratulieren

Bei der Tempusanalyse (vgl. 3.3.2.) haben wir festgestellt, daß die funktionale Distribution der Vergangenheitstempora Perfekt und Präteritum bis auf eine einzige Ausnahme konsequent der Gebrauchsnorm folgt: resultativ gefaßtes Geschehen = Perfekt; detailliert wiedergegebenes Geschehen = Präteritum. Die Ausnahme ist die Perfektform "gemacht haben". Hier steht ein Handlungsdetail nicht im Präteritum, sondern im Perfekt, obgleich das nachfolgende, syntaktisch sogar derselben Relativsatzreihe angehörende Detail der Gebrauchsnorm entspricht ("die die Herthaner [.....] <u>gemacht haben</u> und die darin <u>gipfelte</u>"). Die Erklärung liegt in der Scharnierfunktion des Perfekts beim Übergang vom präteritalen zum präsentischen Bezugssystem. Offenbar hat die temporal-narrative Norm für den Reporter bei einem derartigen Zeitstufenübergang Vorrang vor der temporal-semantischen Gebrauchsnorm.

Die den beiden Präterita ("gipfelte", "sagte") folgenden Perfekta mit ihren resultativen Aussagen ("hat bewahrheitet", "ist wirklichkeit geworden") stellen wieder den Bezug des vergangenen Geschehens mit der Reportage-Gegenwart her. Mit dem abschließenden Präsens ("darf man gratulieren"), das die Schlußteil-Einleitung ("darf man eins feststellen") wieder aufnimmt, mündet der Text direkt in die Gegenwart des Reporters und seiner Hörer ein.

Anfang und Schluß der Reportage bilden also nicht nur vom korrespondierenden Inhalt her einen Rahmen (Wunder bzw. Sensation, Einbeziehung von Geschehen vor dem Spiel, sprichwörtliches Zitat), sondern auch in narrativ-temporaler Hinsicht:

Einleitung:	1. Präsens
	2. Perfekta mit eingefügtem Präteritum
Schlußteil:	1. Perfekta mit eingefügten Präterita
	2. Präsens

Dieser die Reportage rahmende Tempus-Chiasmus ist weder eine formalartistische Spielerei noch blinder Zufall. Er dokumentiert einmal mehr die konsequent durchgeführte, jeden Schriftsteller mit qualitativen Ambitionen ehrende Handhabung narrativer Möglichkeiten.

Zusammenfassend ergibt sich folgendes Bild der zeitlichen Grundstruktur dieses Nachberichts:

Einstieg:	Präsens
1. Einleitung:	resultativ gefaßtes Spielgeschehen präsentisches Bezugssystem Perfekt
Übergang:	Perfekt
2. Spielbericht:	detailliert wiedergegebenes Spielgeschehen präteritales Bezugssystem Präteritum
Übergang:	inkludierendes Präsens
3. Vorschau:	zukünftiges Geschehen präsentisches Bezugssystem futurelles Präsens, Futur I
Übergang:	Präsens-Perfekt
4. Schlußteil	a) detailliert wiedergegebenes Geschehen vor dem Spiel präteritales Bezugssystem Präteritum b) resultativ gefaßtes Spielgeschehen präsentisches Bezugssystem Perfekt
Ausstieg:	Präsens

Um nicht mißverstanden zu werden: Ich weiß nicht, ob MÖNCH seinen Nachbericht schriftlich konzipiert und dann abgelesen hat. Einige Textstellen und die nicht immer sinnvollen Sprechpausen sind wohl eher ein Indiz dafür, daß mehr oder minder ausformulierte Stichpunkte die Grundlage der Reportage waren. Dies scheint mir aber gar nicht das Entscheidende zu sein. Denn man wird davon ausgehen können, daß er selbst bei schriftlicher Abfassung kaum genügend Zeit für eine stilistische Überarbeitung des Textes hatte, daß mit Sicherheit der funktionale Einsatz der Tempora nicht geplant war. Mit anderen Worten: Die Verwendung der Tempora in Fußballreportagen erfolgt nicht bewußt im Sinne einer metasprachlichen Reflexion; sie erfolgt vielmehr unbewußt wie normalerweise bei einem kompetenten Sprecher oder Schreiber, der die Grammatik seiner Sprache nicht nur passiv, sondern auch aktiv - und dies gut - beherrscht (was man außer Sachkenntnis von einem Hörfunkreporter auch füglich verlangen kann). Was die Analyse dieses Nachberichts und der zuvor besprochenen Direktreportagen beweist, ist folgendes: Das Tempussystem und seine funktionalen Verwendungsmöglichkeiten sind offenbar so internalisiert, daß ein geübter Sprecher sich kaum Verstöße gegen diese Regeln zuschulden kommen läßt. Unter den pragmatischen Produktionsbedingungen eines Nachberichts ist es daher durchaus möglich, daß eine derartige Reportage "vollkommen" in der konsequenten Durchführung funktionaler Gebrauchsnormen ist. Aber auch unter den situativ ungleich schwierigeren Bedingungen, denen die Sprecher von Direktreportagen unterworfen sind, kommen nicht nur generelle Verstöße, sondern auch Performanz-Fehler äußerst selten vor. Auch hierfür bietet MÖNCH mit seinem "fehlerfreien" Tempusgebrauch in der Direktreportage (siehe 3.2.) ein gutes Beispiel. Darüber hinaus bestätigen alle bisher analysierten Reportagen unsere These, daß bei der Verwendung der Tempora kein prinzipieller Unterschied zwischen narrativen Gebrauchstexten, hier Fußballreportagen, und belletristischen Erzähltexten besteht.

Im Gegensatz zur Direktreportage lassen sich aus unseren Untersuchungsergebnissen keine allgemeinen Gebrauchsregeln für die Reportagegattung "Nachbericht" ableiten, es sei denn die vom Reporter befolgten "selbstverständlichen" Regeln:

1. Das Spielgeschehen muß quantitativ und qualitativ im Vordergrund stehen.
2. Erzielte Tore müssen "szenisch", d.h. in Entwicklung und Abschluß möglichst genau geschildert werden.

Ob er um den Spielbericht andere Reportageteile gruppiert, vor allem wie er diese anlegt und inhaltlich ausfüllt, gehört zu den Freiheiten des Reporters, ja jedes Erzählers, der nicht wie der Reporter der Direktreportage unter dem Gleichzeitigkeitszwang von Res und Narratio steht. Für den vorliegenden Nachbericht als Einzeltext lassen sich dagegen folgende Gebrauchsnormen, die der Zeitorientierung des Hörers dienen, konstatieren:

1. Der Einstieg in das vergangene Geschehen erfolgt aus der Gegenwart des Hörers, in diese wird der Hörer am Ende wieder entlassen (Einleitung und Schlußteil).
2. Den Übergang von der Gegenwart der Reportage zur Vergangenheit des Geschehens und von dort wieder zurück zur Gegenwart vollziehen jeweils Perfekta (Einleitung und Schlußteil).
3. Ist die Vergangenheitsstufe durch resultative Perfekta etabliert, erfolgt die Loslösung des vergangenen Geschehens von der Gegenwart durch Verlagerung des zeitlichen Bezugspunktes. Das nun im epischen Präteritum erzählte Geschehen erhält so seine Autonomie, kann vom Hörer als "gegenwärtig" nach- bzw. miterlebt werden (Spielbericht und Schlußteil).
4. Innerhalb der präterital erfolgenden Geschehenswiedergabe gewährleisten vor allem die Angleichung der Erzählsukzession an die Ereignisabfolge und die Zeitangaben eine zweifelsfreie Zeitorientierung (Spielbericht).

5. Treffen Vergangenheit und Zukunft zusammen, bildet ein Vergangenheit und Zukunft inkludierendes Präsens die Brücke und verhindert so den abrupten Zeitsprung (Spielbericht ⟶ Vorschau); folgt auf Zukunft Vergangenheit, bildet eine Präsens-Perfekt-Kombination das Scharnier (Vorschau ⟶ Schlußteil).

Ziehen wir zum Vergleich RUBENBAUERs Nachbericht vom Spiel Banik Ostrau gegen Bayern München heran, und betrachten wir zunächst die Gemeinsamkeiten beider Reportagen, sozusagen die Normen des Reportagetyps "Nachbericht". Die erste postulierte Strukturregel ist auch hier eingehalten worden: Das vergangene Spielgeschehen steht eindeutig im Mittelpunkt, gleich ob man nur die finiten Formen berücksichtigt oder auch die tempuslosen Sätze mit einbezieht. Während die Redemoment-Gegenwart unter 10 % sinkt, steigen die außerhalb von Spiel und Reportage liegenden Zeitanteile auf über 20 %. Die im Vergleich zu den Direktreportagen niedrige Quantität der Redemomentbezüge ergibt sich zwangsläufig aus der Sache selbst; ist doch der Hauptgegenstand der Reportage, das Spiel, vorzeitig. Dagegen kann man die Anteile, die der historischen Einordnung des Spiels dienen, zu den fakultativen Strukturmerkmalen des Nachberichts rechnen. Sie sind auch in NB 2 wesentlich höher als bei der Ganz- und bei der Teilreportage, bei denen sie lediglich 10 % bzw. 6 % ausmachen.

Als zweite Regel hatten wir aus NB 1 abgeleitet: Spielrelevantes Geschehen, also vor allem die zu Toren führenden Szenen, muß detailliert dargestellt werden. Auch RUBENBAUER hält sich an sie:

(337) in der achten minute dann die vorentscheidung ein klassischer konter über den linken flügel / Dieter Hoeneß offenbarte nicht nur große qualitäten als goalgetter sondern auch als verteiler ein sehr kluger paß von der linken seite weit hinüber nach rechts auf Jürgen Röber / präzise flanke zur mitte kopfball Dieter Hoeneß aus 13 metern / ins rechte eck und es stand 1:0 / in der zwölften minute allerdings dann der ausgleich vorausgegangen waren zwei schnitzer von Horsmann und von Niedermayer / und der ball kam auf einigen umwegen vor die füße des Ostrauer mittelfeldspielers Nemec ein strammer schuß ins rechte kreuzeck / und es stand 1:1

Wie die Schilderung dieser zwei Tore zeigt, bedeutet "detailliert": Schildern der zum Tor führenden Angriffsszene, Nennung der beteiligten Spieler und des Torschützen, Hinweis auf die Art der Tor-Erzielung ("kopfball", "strammer schuß"), möglichst genaue Orts- und Entfernungsangaben, Zeitorientierung durch exakte Spielminuten-Angabe und Nennung des Torstandes ("1:0", "1:1").[94] Auf dieselbe Weise wird anschließend das zweite Tor der Münchener Mannschaft geschildert. Da für den Reporter mit diesem Tor - unter Berücksichtigung des 2:0-Hinspielerfolges - "die partie endgültig gelaufen" war, verzichtet er auf die detaillierte Darstellung der restlichen, nunmehr ja nicht mehr "spielrelevanten" drei Tore und registriert nur die Torschützen und die Reihenfolge der Treffer.

Strukturell bildet auch in dieser Reportage der Spielbericht den umfangreichen Mittelteil, um den sich ein Einleitungsteil und ein kurzes Schlußstück gruppieren. Damit beginnen aber zugleich die Unterschiede zwischen beiden Nachberichten, die sich auch in der Zeitstruktur und ihrer temporalen Realisierung niederschlagen. Inhaltlich wählt RUBENBAUER für die Einleitung das Thema der "gehörigen portion respekt", die die Münchener Spieler vor ihrem Gegner hatten. Zum Beweis nennt er drei Gründe: das glücklich zustande gekommene Hinspielergebnis, die Negativbilanz der letzten Bundesligaspiele, eine 1:2-Niederlage in Ostrau 1976. Abgerundet wird die Einleitung durch die Wiederaufnahme der Eingangsthese in variierter Form, nämlich daß Bayern München

(338) doch ein bißchen angst hatte vor dieser wie Sepp Maier einmal sagte hölle von Ostrau

Im Gegensatz zu MÖNCH, der das "Wunder" des Spielresultats zum Thema der Einleitung macht[95], wodurch der Spielbericht zur Begründung wird, baut RUBENBAUER mit seinem Anfangsteil einen Kontrast zur folgenden Spielschilderung auf: Der Spielverlauf widerlegt frühzeitig die Befürchtungen. Trotz ihrer thematischen Verschiedenartigkeit haben beide Einleitungen dieselbe Funktion: Sie dienen der Hervorhebung der Leistung beider deutschen Mannschaften. Narrativ bauen sie eine Spannung auf, indem sie sich rhetorisch hyperbolischer Mittel bedienen. Beide Reporter versuchen also, den Nachteil des Nachberichts, daß nämlich das Ergebnis bereits bekannt ist, wenigstens narrativ auszugleichen.

Für die Zeitstruktur hat die Themenwahl allerdings Folgen: MÖNCH referiert auf das Spiel selbst, RUBENBAUER auf die Zeit vor dem Spiel. Mit dem Einleitungssatz

(339) die Münchner Bayern waren doch mit einer gehörigen portion respekt hier nach Ostrau gefahrn

geschieht dies nicht nur inhaltlich, sondern RUBENBAUER signalisiert durch den Gebrauch des Plusquamperfektum auch temporal seinen Bezugspunkt. Im Gegensatz zu MÖNCH begibt er sich also sofort auf den rückverlagerten Bezugspunkt "Spielgeschehen", von dem aus er zeitlich in die "Vorvergangenheit" zurückgreift. Da die Vergangenheit der "vergangenen Gegenwart" so eindeutig konstituiert ist, kann er im folgenden für diesen relativ kurz vor dem Spiel liegenden Zeitabschnitt das Präteritum verwenden. Damit verlagert er aber zugleich seinen Bezugspunkt zeitlich weiter zurück und kann nun das Plusquamperfekt für die neue Vorvergangenheit benutzen, z.B.

(322) [.....] von dem spiel das die Münchner Bayern ja schon vor rund viereinhalb jahren hier in Ostrau ausgetragn hatten als sie mit 1:2 ebenfalls im europapokal der landesmeister verlorn hatten dann aber mit 5:0 / das rückspiel gewonnen hatten / doch ein bißchen angst hatte

Mit dem abschließenden Präteritum "angst hatte" wird nach diesem Rückgriff die Zeit der Anreise wieder kenntlich gemacht. Als Wortbrücke dient die "hölle von Ostrau" (Beleg 338) der Überleitung zum Hauptteil, dem Spielbericht, und unterstützt den Kontrast zwischen Befürchtung und Realität:

(340) diese hölle von Ostrau allerdings / sie währte nur acht minuten lang denn dann erzielten die Bayern den 1:0-führungstreffer

Unter Ausnutzung der Zeitsukzession - unmittelbar vor dem Spiel ⟶ Spiel - erreicht RUBENBAUER also seinen eingangs indirekt angekündigten eigentlichen Bezugspunkt, die Zeit des Spiels. Sein Tempus dafür ist das epische Präteritum, das mit fast 82 % die temporalen Referenzen auf die Zeitstufe "Spiel" ebenso deutlich dominiert, wie dies in NB 1 der Fall ist.

Der Spielbericht selbst besteht aus drei Abschnitten, die mit einer kurzen wertenden Zusammenfassung eingeleitet werden (das 1:0 war entscheidend, der Rest "nur noch formsache"):

1. Aufstellung und taktische Aufgaben der Spieler,
2. Spielverlauf, 1. Halbzeit ausführlich (5 Tore), 2. Halbzeit gerafft (1 Tor),
3. Wertung der Leistung der Münchener Mannschaft.

Im Vergleich zu MÖNCHs Reportage zeigt sich in dieser gewählten Inhaltsstruktur nicht nur die Freiheit des Nachbericht-Reporters, sondern zugleich auch der

Einfluß, den ein unterschiedlicher Spielverlauf auf die Reportage hat: im Prager Spiel Spannung bis kurz vor Schluß, im Ostrauer Spiel Entscheidung bereits zur Halbzeit, nach Meinung des Reporters - und nicht zu Unrecht - bereits in der achten, spätestens in der 26. Spielminute. Die frühe Entscheidung ist dementsprechend der Grundtenor des ganzen Spielberichts.

Um den Mittelabschnitt (Darstellung der Torfolge) gruppieren sich zwei Abschnitte, die zusammenfassende Aussagen über das Spielgeschehen enthalten. Dabei wird im Anfangsabschnitt von der Zeit unmittelbar vor dem Spiel ausgegangen (Überraschungen bei der Mannschaftsaufstellung), und werden taktische Aufgaben der Spieler während des Spiels benannt, ausführlich dabei die der Bayern, knapper die der Ostrauer. Wiederum mit dem Kohärenz schaffenden rhetorischen Mittel der Wortbrücke

(341) [....] kam erst ins spiel als die partie schon gelaufen war / wie lief sie / diese partie für den FC Bayern

schafft der Reporter den Übergang vom Anfangs- zum Mittelabschnitt. Eine erneute Frage leitet über zum dritten Abschnitt des Mittelteils:

(342) was ist von dieser ersten halbzeit denn die zweite verlief sehr sehr flau insgesamt zu erwähnen

Nicht zufällig wechselt hier RUBENBAUER kurzfristig seinen Bezugspunkt von der Spielgegenwart zum eigenen Redemoment: Denn dieser dritte Abschnitt bringt ein wertendes, das gesamte Spiel, insbesondere die interessante erste Halbzeit zusammenfassendes Resümee der Münchener Leistung, in das exemplarisch einzelne Spieldetails als Begründung eingefügt sind.

Mit einem "und damit"-Anschluß leitet der Reporter gleitend über zu seinem kurzen Schlußteil:

(343) und damit stehn die Münchner / unter den letzten vier / im halbfinale des europapokals der landesmeister und haben sicher mächtig auftrieb bekommen für das spiel / gegen den HSV

Eine inkludierende, da Spiel-Vergangenheit, Redemoment-Gegenwart und Halbfinal-Zukunft umgreifende Präsensform - die einzige, die nicht para- bzw. metanarrativ gebraucht, sondern auf die Res bezogen ist - und die einzige Perfektform im ganzen Nachbericht, die ebenfalls vom Redemoment aus auf das Spiel referiert (die Zukunft wird durch das Präpositionalobjekt "für das spiel gegen den HSV" einbezogen, denn der kompetente Hörer weiß, daß es sich dabei um das wichtige Bundesligaspiel der beiden Titelaspiranten drei Tage später handelt), signalisieren im temporalen Bereich die Verschiebung des zeitlichen Bezugspunktes, heben deutlich den Schlußsatz von den anderen Nachberichtteilen ab und lassen so wie in NB 1 die ganze Reportage in die Gegenwart des Hörers einmünden.

Die Gesamtstruktur des Nachberichts vom Spiel Banik Ostrau gegen Bayern München sieht folgendermaßen aus:

Einstieg:	Plusquamperfekt	
1. Einleitung:	historische Einordnung präteritales Bezugssystem Präteritum / Plusquamperfekt	48" = 15%
Übergang:	Wortbrücke; Präteritum	
2. Spielbericht	1. Abschnitt: Spielerfunktionen präteritales Bezugssystem Präteritum	1'25" = 26,6%
	Übergang: Wortbrücke, Frage; Präteritum	

2. Abschnitt: detailliert wiedergegebenes Spielgeschehen — 1'36" = 30 %
präteritales Bezugssystem
Präteritum

Übergang: Frage; Präsens

3. Abschnitt: Wertung des Spielgeschehens — 1'20" = 25 %
präteritales Bezugssystem
Präteritum

Übergang: "und damit"

3. Schlußteil (= Ausstieg) — 11" = 3,4 %
präsentisches Bezugssystem
Präsens / Perfekt

Im Vergleich zu MÖNCHs Nachbericht lassen sich folgende Unterschiede und Gemeinsamkeiten festhalten:

1. In beiden Reportagen steht der Spielbericht qualitativ und quantitativ im Zentrum der Reportage (ca. 70 % bzw. 80 %). In NB 1 ist er nach den Halbzeiten zweigeteilt, in NB 2 dagegen unter drei thematische Schwerpunkte gestellt: Taktik, Spielhöhepunkte, Wertung.
2. Einen eigenen Vorschauteil enthält NB 2 nicht. Auf die Zeit nach der Reportage wird temporal nur einmal referiert. Dies geschieht in einem abhängigen Satz mit dem präsentischen Konjunktiv. Futur-Formen kommen folglich überhaupt nicht vor. Bezüge auf die Zeit nach der Reportage erfolgen darüber hinaus dreimal in Form von Zeitangaben.
3. Demgegenüber ist die gesamte Einleitung und Teile des ersten Spielbericht-Abschnitts der Zeit vor dem Spiel gewidmet. Im temporalen Bereich referieren knapp 28 % der finiten Verbformen auf diese Zeitstufe (in NB 1 ca. 7 %). Hierin zeigt sich besonders deutlich die andersartige Inhalts- und Zeitstruktur dieses Nachberichts.
4. Von vornherein wird in NB 2 der Bezugspunkt "Gegenwart des vergangenen Spiels" gewählt. Sieht man von der präsentischen Überleitung zum dritten Spielbericht-Abschnitt (Beleg 342) und den üblichen kurzfristigen Bezugspunktwechseln ab, z.B.

   (344) zu unserer überraschung muß ich sagen,

   wird die Redemoment-Gegenwart nur im Schlußsatz als Bezugspunkt gesetzt. Demgegenüber betrachtet MÖNCH sowohl in seiner Einleitung als auch in seiner Vorschau und der zweiten Hälfte seines Schlußteils vorzeitiges und nachzeitiges Geschehen vom Redemoment her.
5. RUBENBAUERs narrative Entscheidung spiegelt sich getreu in der quantitativen Tempus-Distribution. Das präsentische Teilsystem (Futur I, Präsens, Perfekt), das in NB 1 38 % der finiten Formen umfaßt, ist in NB 2 nur mit 10 % vertreten. Umgekehrt dominiert das präteritale Teilsystem (Präteritum, Plusquamperfekt) im ersten Nachbericht nur mit 56,5 % bzw. unter Einbeziehung der Konjunktive mit ca. 60 %, im zweiten Nachbericht aber mit 86 %. Dementsprechend verwendet MÖNCH neunmal so oft das Perfekt, RUBENBAUER dagegen zwölfmal so häufig das Plusquamperfekt wie sein Reporterkollege. Von der temporalen Vorzeitigkeitsvariante "szenisches Präsens" machen beide Reporter keinen Gebrauch.

6. Der extrem hohe Plusquamperfekt-Anteil (16,7%) in NB 2 ist vor allem eine Folge der Rückgriffe auf weiter zurückliegende Zeitabschnitte in der Einleitung. Zum andern benutzt aber RUBENBAUER auch in den anderen Reportageteilen häufiger dieses Tempus, um die "Vergangenheit im Spiel" temporal zu markieren, wogegen sich MÖNCH hierbei ausschließlich für die Variante "Präteritum in Verbindung mit kotextuellen Zeitangaben" entscheidet.
7. Ein auffälliger Unterschied zwischen beiden Nachberichten besteht bei der Verwendung von Setzungen und elliptischen Hauptsätzen von Satzgefügen. Während in NB 1 nur fünf Setzungen bzw. Appositionen vorkommen, sind es in NB 2 18 Setzungen und vier elliptische Hauptsätze. Sie werden von RUBENBAUER primär für detaillierte Spielszenen-Schilderungen eingesetzt, wofür Beleg 337 ein anschauliches Beispiel bietet, in zweiter Linie aber auch für allgemeine Spielcharakterisierungen und -wertungen, z.B.

   (345) insgesamt also / eine ganz klare leistungssteigerung der Münchner Bayern / gegenüber den letzten spielen / deutlich aufsteigende tendenz ein cleveres erstklassiges spiel von Münchner seite in der ersten halbzeit

   Wie hoch immer man dabei den pragmatischen Kontext bewertet - dem Reporter steht ja nur eine bestimmte Zeit zur Verfügung -, entscheidender scheint mir zu sein, daß RUBENBAUER durch die Verwendung einer typischen syntaktischen Möglichkeit der Direktreportage seinem Nachbericht eine stärkere Aktualität geben will. Die ungewöhnlich hohe Anzahl von Setzungen schafft somit ein gewisses Gegengewicht gegen die gewählte rückgreifende Bezugspunktsetzung dieses Nachberichts.

4. KORPUSANALYSE

4.1. ZEITSTUFEN- UND INHALTSANTEILE

4.1.1. Vorbemerkung

Sich durch das Zahlenmaterial einer empirischen Untersuchung durchzuarbeiten, ist selbst für den interessierten Leser kein Zuckerschlecken. Damit er wenigstens die Übersicht nicht verliert, seien zuvor ein paar Orientierungspflöcke eingeschlagen.

Die Korpusanalyse erfolgt in drei Kapiteln: Zunächst wird auf die zeitreferentielle und davon abgeleitet auf die inhaltliche Distribution der finiten Verbformen eingegangen. Untersuchungsziel ist vor allem das Aufzeigen von charakteristischen Merkmalen und von Unterschieden zwischen den einzelnen Reportagegattungen und -typen und damit verbunden der Versuch, die nach rein außersprachlichen Kriterien vorgenommene Reportage-Einteilung auch unter sprachlichem Aspekt als tragfähig zu erweisen; oder anders ausgedrückt: die sprachlich realisierten Zeit- und Inhaltsbezüge der Gattungen, Typen und Reportagen hinsichtlich Gemeinsamkeiten, Unterschieden und Besonderheiten auf die jeweils geltenden pragmatischen Rahmenbedingungen zurückzuführen und dabei das Verhältnis zwischen Reportagen-Norm und Reporter-Freiraum aufzuzeigen. Das zweite Kapitel ist den Tempusformen gewidmet. Hier geht es vor allem um die Frage, welche Tempora für die einzelnen pragmatischen Zeitstufen eingesetzt werden, also um die Frage, ob sich bestimmte Gebrauchsnormen für die Textsorte insgesamt, für die einzelnen Gattungen und Typen und für einzelne Reporter nachweisen lassen. Das Schlußkapitel wirft einen kurzen Blick auf die Verwendung der kotextuellen Zeitangaben. Herausgegriffen werden hierbei die beiden fußballspezifischen Zeitsysteme, das Spielzeit- und das Wettbewerbsystem.

Das anstehende Kapitel baut methodisch auf dem Vergleich von Teilkorpora auf, wobei vom "Großen" zum "Kleinen" fortgeschritten wird; d.h. zunächst werden die beiden Gattungen 'Direktreportage' und 'Nachbericht' miteinander verglichen, dann die drei Typen der Direktreportage, schließlich die Reportagen eines Typs untereinander. Jeder dieser Vergleiche ist zweigeteilt: Zunächst werden die "pauschalen" Zeit- und Inhaltsanteile behandelt, d.h. die Zusammenfassung der Referenzen in vor-, gleich- und nachzeitige Bezüge sowie in spielbezogene und nichtspielbezogene Anteile, sodann werden die Zeitstufen im einzelnen vorgestellt und ihre Anteilswerte erläutert. Darstellungsmäßig erfolgt jeder Vergleich in einem Dreischritt:

A. die in Tabellenform wiedergegebene "quantitative Distribution" der eruierten Daten,
B. das Herausgreifen auffallender Daten bzw. Daten-Vergleiche, also der "statistische Befund",
C. die Deutung des statistischen Befundes, also der "interpretative Befund".

Um die Orientierung zu erleichtern, verbinden dieselben Gliederungsziffern den einzelnen statistischen Befund in B mit seinem erklärenden Pendant in C. Die vier Unterkapitel, die sich mit den einzelnen Direktreportage-Typen und den Nachberichten befassen, werden mit Abschnitten eingeleitet, die die pragmatischen Besonderheiten und die Strukturmerkmale des jeweiligen Typs bzw. einzelner Reportagen aufzeigen. Am Ende dieser Unterkapitel wird ein "Steckbrief" der jeweiligen "typischen" Reportage erstellt, der die wichtigsten Daten noch einmal zusammenfaßt.

Bewußt ist auf eine "Mathematisierung" der Daten-Vergleiche und somit auf Formelbeweise und Signifikanztests verzichtet worden, um die Lesbarkeit nicht zusätzlich zu erschweren und um auch dem Leser, der in Statistik nicht bewandert ist, den Nachvollzug der Beweisführung zu ermöglichen. Wie bei den Einzelanalysen begnüge ich mich also auch bei der Korpusanalyse mit der Umrechnung der absoluten Zahlen in prozentuale Anteile, um die direkte Vergleichbarkeit herzustellen. Auf die absoluten Zahlen wird dort zurückgegriffen, wo die Prozentangaben den konkreten Sachverhalt eher verschleiern als erhellen. Der Abstand zwischen zwei zu vergleichenden Werten wird entweder in Prozentpunkten oder in Prozenten ausgedrückt. Als Vergleichsbasis wird häufig der jeweilige arithmetische Mittelwert herangezogen. Wenn im folgenden abkürzend von "Mittelwert" oder "Mittel" die Rede ist, ist immer dieses arithmetische Mittel, also der sogenannte "Durchschnitt" gemeint. Auf Extremwerte, die unter Umständen den Mittelwert ungebührlich stark beeinflussen und damit verfälschen können, wird im Textteil näher eingegangen.

Einige Abkürzungen werden auch in der Korpusanalyse dem Leser zugemutet. Obgleich sie bereits im ersten Teil eingeführt wurden, sei hier noch einmal daran erinnert. Die Teilkorpora werden folgendermaßen abgekürzt (siehe Skizze 1 auf S. 7):

DR = Direktreportage
NB = Nachbericht
GR = Ganzreportage
TR = Teilreportage
KR = Konferenzreportage

Steht hinter den Abkürzungen NB, GR, TR und KR eine Ziffer, so ist eine konkrete Reportage des betreffenden Teilkorpus gemeint. Bei KR bezeichnen die römischen Ziffern die Sportsendungen, die arabischen die einzelnen Spielreportagen. Alle Numerierungen richten sich nach der Übersicht aller Reportagen in Tabelle 5 (S. 10ff.). Zum andern gelten für die pragmatischen Zeitstufen die Ziffern- und Buchstaben-Siglen, die auch in den Einzelanalysen verwendet worden sind (siehe Skizze 5, 6 und 9 auf S. 25ff.).

4.1.2. Die beiden Reportage-Gattungen

Vergleicht man die Ergebnisse der Einzelanalysen, so ergeben sich auffällige zeit-inhaltliche Unterschiede zwischen Direktreportagen und Nachberichten. Daß diese Unterschiede alles andere als zufällig sind, zeigt die Gegenüberstellung der 35 Direktreportagen und der zwölf Nachberichte. Trotz der sachlich bedingten unterschiedlichen Zeitstufenmodelle kann man die beiden Reportage-Gattungen miteinander vergleichen:

1. Die Anteile der vom Redemoment aus gesehen vor-, gleich- und nachzeitigen Bezüge,
2. die spielbezogenen gegenüber den nicht-spielbezogenen Anteilen.

Wir fassen hierzu bei dem zeitreferentiellen Vergleich alle Zeitstufen, die Redemomentgültigkeit beinhalten, als "gleichzeitig" zusammen, also die Zeitstufen O, 4a, 4b bzw. bei den Nachberichten die Zeitstufen O, C 4a, C 4b. Bei der Gegenüberstellung der pauschalen inhaltlichen Anteile rechnen wir die allgemeingültigen Aussagen (Zeitstufe O) zu dem nicht-spielbezogenen Anteil.

Die pauschalen Zeit- und Inhaltsanteile

A. Die quantitative Distribution

TABELLE 36: Zeit- und Inhaltsanteile in den Reportage-Gattungen

	vor-zeitig	gleich-zeitig	nach-zeitig	spiel-bezogen (s)	nicht-spiel-bezogen (ns)	Relation s : ns
Direktreportagen	31,76	63,58	4,66	93,62	6,38	ca. 15:1
Nachberichte	76,98	18,67	4,35	66,50	33,50	ca. 2:1

Bis auf die letzte Spalte alle Angaben in %.

B. Der statistische Befund

1. Im zeitlichen Bereich besteht bei den nachzeitigen Referenzen zwischen DR und NB ein minimaler Unterschied. Mit einem Anteil von ca. 4,5 % spielt die Nachzeitigkeit in Fußballreportagen eine untergeordnete Rolle.

2. Im zeitlichen Bereich unterscheiden sich DR und NB in augenfälliger Weise bei den Anteilen "vorzeitig" und "gleichzeitig". Zwischen beiden Gattungen beträgt die Differenz 45 Prozentpunkte. D.h. bei den Direktreportagen dominiert eindeutig die Redemomentgültigkeit, bei den Nachberichten die Vorzeitigkeit, wenn auch in unterschiedlicher Gewichtung: bei DR im Verhältnis 2:1 zugunsten des Redemoments, bei NB im Verhältnis 4:1 zugunsten der vorzeitigen Referenzen.

3. Im inhaltlichen Bereich sind die spielbezogenen Anteile in DR um rund 27 Punkte höher, die nicht-spielbezogenen Anteile dementsprechend um 27 Punkte niedriger als in NB. In DR übertreffen die Anteile, die dem Spiel gewidmet sind, die nicht-spielbezogenen im Verhältnis 15:1, in NB nur im Verhältnis 2:1.

C. Der interpretative Befund

zu 1: Mit dem 4,5%-Anteil "Nachzeitigkeit" ist ein Wert gefunden, der für die Fußballreportagen im Hörfunk offenbar eine Art Konstante, also ein zeitreferentielles Charakteristikum der gesamten Textsorte darstellt. Zur Gattungsabgrenzung wird man folglich die Zeitstufen-Differenzierung dieses Pauschalwertes befragen müssen.

Die relativ geringe Quantität der Nachzeitigkeits-Referenzen dürfte im übrigen keine spezielle Eigenart der Fußballreportage im Hörfunk sein, sondern sowohl für Reportagen anderer Sportarten als auch für Reportagen in anderen Medien gelten. Darüber hinaus läßt sich die weitergehende These aufstellen: Selbst bei expliziter "Anwesenheit" einer Narrator-Origo enthalten Erzähltexte im Regelfalle einen vergleichsweise geringen Anteil von Zeitbezügen, die vom Redemoment aus betrachtet nachzeitig sind.

zu 2: Die Bevorzugung gleichzeitiger Referenzen in DR und vorzeitiger Referenzen in NB findet ihre einfache Erklärung in dem Faktum, daß die Res, also das Fußballspiel, über das berichtet wird, bei den Direktreportagen zu derselben Zeit wie die Narratio, also die Reportage, abläuft, während bei den Nachberichten das Spiel zum Reportage-Zeitpunkt bereits stattgefunden hat. Der sprachliche Zeit-Befund bestätigt also in vollem Umfang die aus zeit-pragmatischen Gründen vorgenommene Gattungs-Zweiteilung. Die unterschiedliche Gewichtung innerhalb beider Gattungen bedarf einer Erklärung, die von den einzelnen Zeitstufen-Werten her zu leisten ist.

zu 3: Im Gegensatz zu 2 läßt sich der aus den Zeitbezügen abgeleitete inhaltliche Unterschied nicht durch die bestehende bzw. nicht bestehende Simultaneität von Res und Narratio, Spiel und Reportage, her erklären. Selbst wenn man in Rechnung stellt, daß bei den analysierten beiden Direktreportagen die mehr sprecher- als spielbezogenen "Reportagen"-Anteile 5 % (TR 1) bzw. 10 % (GR 3) betragen - Anteile, die ja bei den Nachberichten in den knapp 19 % Redemomentbezügen enthalten sind - und man diese fünf bis zehn Prozent von den spielbezogenen Referenzen der Direktreportagen abzieht, bleibt der erhebliche inhaltliche Unterschied zwischen den beiden Reportage-Gattungen bestehen. Da für dieses Faktum weder eine sachliche noch narrative Zwangsläufigkeit angeführt werden kann, handelt es sich offenbar um eine Gebrauchsnorm. Das bedeutet, daß wir es bei der unterschiedlichen Gewichtung von spielbezogenen und nicht auf das Spiel bezogenen Anteilen mit einem rein gattungsbedingten Spezifikum zu tun haben. Auch hier lassen sich aus der differenzierenden Zeitstufen-Betrachtung Gründe anführen. Sehen wir uns also die Verteilung der Zeitbezüge nach den beiden pragmatischen Modellen an.

Die Zeitstufen

A. Die quantitative Distribution

TABELLE 37: Zeitstufen-Distribution der Direktreportagen

	allgem. 0	vor dem Spiel 1	Vergangenheit 2	3	Spiel-Gegenwart 4a	4b	Zukunft 5	6	nach dem Spiel 7	gesamt
absolut	144	541	1782	1922	5877	2476	183	273	167	13365
%	1,08	4,05	13,33	14,38	43,97	18,53	1,37	2,04	1,25	100
		Vergangenheit			Gegenwart		Zukunft			

TABELLE 38: Zeitstufen-Distribution der Nachberichte

		vor der Reportage			Reportage				nach der Reportage	
	all-gem.	vor dem Spiel	Spiel	zwischen Spiel u. Report.	C					ge-samt
	0	1	A	B	2	4a	4b	6	7	
absolut	5	33	260	4	4	22	46	1	16	391
%	1,28	8,44	66,50	1,02	1,02	5,63	11,76	0,26	4,09	100
		Vergangenheit				Gegenwart		Zukunft		

Referenzen auf die Zeit unmittelbar vor und nach dem Redemoment (also die Zeitstufen C 3 und C 5) kommen in dem Teilkorpus NB nicht vor. Weniger die geringe Textmenge, sondern eher die fehlende sachliche Notwendigkeit für derartige Bezüge dürften der Grund sein.

B. Der statistische Befund

1. Im Vergangenheitsbereich dominieren in beiden Gattungen die spielbezogenen Anteile in gleicher Weise: Denn 87 % (DR) bzw. 86 % (NB) aller vorzeitigen Referenzen sind auf das Spiel bezogen.

2. Dagegen sind im Zukunftsbereich in DR 73 % der nachzeitigen Referenzen auf das Spiel bzw. die Reportage bezogen, während es in NB lediglich 6 % sind, die auf die Reportage-Zukunft referieren. D.h. zugleich: in DR beziehen sich nur 27 % der nachzeitigen Referenzen auf die Zeit nach dem Spiel, in NB dagegen 94 %.

3. Die der historischen Einordnung des Fußballspiels dienenden Bezüge (Zeitstufe 1 und 7) haben in NB mit 12,5 % aller Referenzen einen zweieinhalbmal höheren Anteil als in DR mit knapp 5,3 %, die Zeit vor dem Spiel (Zeitstufe 1) dabei im Verhältnis 2:1, die Zeit nach dem Spiel (Zeitstufe 7) im Verhältnis 3:1.

4. Im Gegenwartsbereich ist das Verhältnis zwischen punktuellen (4a) und inkludierenden (4b) Bezügen mit ungefähr 2:1 (DR) und 1:2 (NB) in beiden Gattungen umgekehrt proportional.

C. Der interpretative Befund

zu 1: Der Hinweis auf den fast identischen Spielanteilwert der jeweiligen Vergangenheitsstufen in DR und NB darf nicht den generellen zeitrefentiellen Unterschied, der zwischen beiden Gattungen besteht, in Vergessenheit geraten lassen: Bezogen auf alle durch finite Verbformen ausgedrückten Referenzen umfassen in DR die spielbezogenen Vergangenheitsstufen 2 und 3 nur knapp 28 % gegenüber 66,5 % der vergleichbaren Zeitstufe A in NB. Mit etwas unter und über 14 % sind an diesen 28 % in DR die zeitlich weiter zurückreichenden und die unmittelbaren

Rückgriffe ungefähr gleich stark vertreten (1 Prozentpunkt Differenz). Die Rückgriffe in die Spielvergangenheit spielen folglich in der Direktreportage eine ebenso große Rolle wie die zum aktuellen Spielgeschehen zu rechnenden Referenzen der Zeitstufe 3. Unsere These, die Direktreportage sei keineswegs ausschließlich eine Simultanreportage, ist damit auch vom Gesamtkorpus her voll bestätigt.

zu 2: Der in beiden Gattungen konstante Wert von ca. 4,5% nachzeitigen Bezügen setzt sich ganz unterschiedlich zusammen. Da im Falle des Nachberichts das Spiel in der Vergangenheit liegt, können von vornherein die Zukunftsreferenzen nicht spielbezogen sein. Da die Reportage-Zukunft (Zeitstufe C 6) eine zu vernachlässigende Zeitstufe ist (nur ein einziger Beleg), gehören fast alle nachzeitigen Referenzen der Zeit nach dem Spiel und der Reportage an. In DR dagegen sind fast drei Viertel der Zukunftsbezüge spielbezogen, wobei die nicht-unmittelbaren Referenzen (Zeitstufe 6) die unmittelbaren (Zeitstufe 5) deutlich übertreffen (273 gegenüber 183). Die beiden analysierten Direktreportagen mit ihren höheren Zeitstufe 5-Werten sind folglich nicht repräsentativ für die Gattung.

zu 3: Die historische Einordnung des Spiels gehört zu den Charakteristika der Hörfunkreportage. Dieses Kennzeichen teilt sie mit anderen medialen Berichterstattungsformen über Sportereignisse. Dieses Textsortenspezifikum erklärt sich primär aus der Einbindung einzelner Sportereignisse in Wettbewerbe, eine Erscheinung, die sowohl aus rein sportlichen (z.B. Zunahme internationaler Vergleiche) als auch aus rein kommerziellen Gründen (größeres Zuschauerinteresse und damit höhere Einnahmen) eine ansteigende Tendenz zeigt.[96] Für den Reporter besteht somit eine gewisse Informationspflicht, die er zugleich narrativ nutzt, um mit der Bedeutungssteigerung des einzelnen Fußballspiels auch seine Reportage interessanter und gewichtiger erscheinen zu lassen.

Nicht zu erklären sind dagegen von diesem Sachverhalt her die unterschiedlichen Anteils-Quantitäten in den beiden Gattungen. Geht man davon aus, daß in DR ein gut 5prozentiger Anteil als genügend erachtet wird, um für ein sachkompetentes, durch andere Medien bereits vorinformiertes Publikum die historische Einordnung zu gewährleisten, so besteht weder ein sachlicher noch ein narrativer Grund dafür, daß der Nachbericht-Reporter 12,5% seines eng bemessenen Berichtsraumes für die historische Einbindung des Spiels opfert. Es handelt sich hierbei also um ein Gattungsspezifikum, genauer: um eine gattungsbedingte inhaltliche Gebrauchsnorm. Offenbar wird eine bestimmte Informationsmenge dieser Art für unerläßlich angesehen, so daß der Reporter - selbst wenn ihm wie beim Nachbericht relativ wenig Zeit zur Verfügung steht - lieber Abstriche bei der Wiedergabe des Spielgeschehens macht. Die unterschiedliche Gewichtung der historischen Einordnung ist damit ein wichtiges Abgrenzungskriterium beider Gattungen.

zu 4: Die differenzierte Betrachtung der Gegenwarts-Referenzen zeigt, daß hinsichtlich der historischen Einordnung die Gattungsunterschiede noch größer sind. Wie die Einzelanalysen gezeigt haben, dient die Zeitstufe 4b in DR überwiegend dazu, Spielgeschehen zusammenzufassen, Mannschaften bzw. Spieler zu charakterisieren und ihre Leistung zu bewerten. In NB dagegen entfällt von vornherein durch den zeitlichen Abstand zwischen Spiel und Reportage diese direkte Spielbezogenheit. Aufgabe der inkludierenden Redemoment-Referenzen ist es daher, die Vergangenheit des Spiels mit der Zukunft zu verbinden, und das heißt ja zugleich: eine "historische" Zusammenschau zu geben. Der Schluß ist also erlaubt: Fast ein Viertel aller Referenzen haben in den Nachberichten die mehr oder minder eindeutige Funktion, das Spiel historisch einzuordnen. Der signifikante Unterschied bei den spielbezogenen Anteilen - DR: 93,6%, NB: 66,5% - erklärt sich folglich von diesem Faktum her.

Da der Redemoment ja der Bezugspunkt dieser inkludierenden Referenzen ist, kommt die Gegenwart des Reporters weit stärker ins Spiel, als dies die knapp 6% punktuellen Redemomentbezüge, die ja ausschließlich die zeitliche Reporter-Origo explizieren, vermuten lassen. Der NB-Reporter hebt folglich seine Vermittler-Rolle als Augenzeugen-Narrator stark hervor, so daß hierbei kaum ein Unterschied zu seinem DR-Kollegen besteht, bei dem diese Rolle reportageimmanent ist. Wie der Vergleich mit Spielberichten in der Presse zeigt, die ja medienbedingt prinzipiell "Nachberichte" sind, besteht hierfür weder eine sachliche noch narrative Notwendigkeit. Die Hypothese sei gewagt, daß die Explizierung des Narrators in Erzähltexten, die sowohl nichtfiktional sind, als auch mündlich wiedergegeben werden, zu den "natürlichen" Konstanten des Erzählens gehört. Vorrang hat hierbei offenbar das Kriterium "mündlich". Denn auch bei fiktionalen Texten, die primär zum mündlichen Vortrag gedacht sind, ist das völlige Zurücktreten des Erzählers, also das sogenannte "personale" Erzählen, das wir an dem KAFKA-Text (Beleg 36) exemplifiziert haben, offenbar die Ausnahme. Man vergleiche etwa die antiken Epen und mittelalterlichen Romane, in denen der Erzähler mehr oder minder stark präsent ist.

4.1.3. Die drei Typen der Direktreportage

Der Umstand, daß den Direktreportage-Typen dasselbe pragmatische Zeitmodell zugrunde gelegt ist, erleichtert den Vergleich der drei Teilkorpora GR, TR und KR. Die auf der Zeitachse gegeneinander abgegrenzten Zeitstufen des Modells lassen sich dementsprechend auch für alle drei Reportage-Typen von vornherein bestimmten pauschalen Inhaltsbezügen zuordnen. Mit einer mehr (z.B. Zeitstufe 1 und 7) oder minder (4b) geltenden Ausschließlichkeit ergeben sich die in Skizze 21 aufgeführten Inhalts- und Zeitstufen-Entsprechungen.

Betrachten wir zunächst die quantitative Verteilung der Zeitreferenzen, aufgeschlüsselt nach Vor-, Gleich- und Nachzeitigkeit und nach spiel- und nicht-spielbezogenen Anteilen.

<u>Die pauschalen Zeit- und Inhaltsanteile</u>

A. Die quantitative Distribution

Siehe hierzu Tabelle 39 auf der übernächsten Seite.

B. Der statistische Befund

<u>1.</u> Im zeitlichen Bereich betragen die Differenzen zwischen den drei Direktreportage-Typen bei den vor- und den gleichzeitigen Referenzen minimal 4,4, maximal 13 Prozentpunkte. Im Verhältnis zu ihrem relativ geringen Anteil besteht aber auch bei den nachzeitigen Referenzen ein beträchtlicher Unterschied zwischen GR einerseits und den Ausschnittreportagen (TR und KR) andererseits. In Prozent ausgedrückt: GR hat 22% weniger vorzeitige Referenzen als TR und 31% als KR; GR hat 25% weniger nachzeitige Referenzen als TR und 26% als KR. Demgegenüber hat GR 12% mehr gleichzeitige Referenzen als TR und 19% als KR. Generell gilt: Die Anteile der Vor- und Nachzeitigkeit steigen, wenn die Anteile gleichzeitiger Referenzen fallen. Diese dominieren aber mit einem Anteil von 57,% (KR) bis 70,5% (GR) in allen drei Typen eindeutig.

SKIZZE 21: Entsprechungen zwischen inhaltlichen und zeitlichen Bezügen

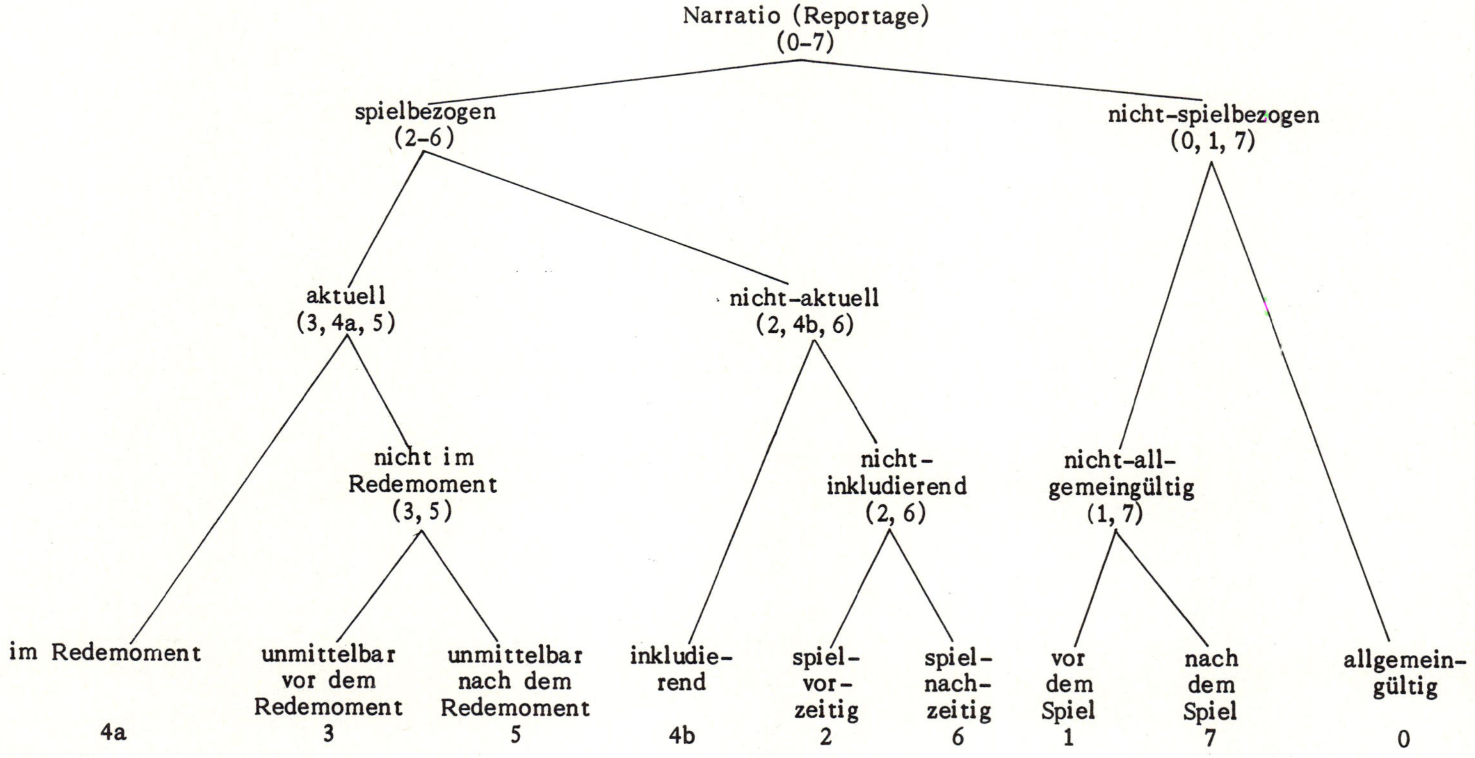

TABELLE 39: Zeit- und Inhaltsanteile in den Direktreportage-Typen

	vor-zeitig	gleich-zeitig	nach-zeitig	spiel-bezogen (s)	nicht-spiel-bezogen (ns)	Relation s:ns
Ganzre-portagen	25,66	70,46	3,88	95,26	4,74	20:1
Teilre-portagen	33,05	61,88	5,07	90,94	9,06	10:1
Konferenz-reportagen	37,44	57,40	5,16	94,39	5,61	17:1
Mittel	32,05	63,25	4,70	93,53	6,47	16:1

Bis auf die letzte Spalte alle Angaben in %.
Die Prozent-Anteile beziehen sich auf folgende Datenmengen: GR: 4.875 finite Verbformen, TR: 4.206, KR: 4.284.

2. Im inhaltlichen Bereich sind die Prozentpunkt-Differenzen mit maximal 4,3 und minimal 0,9 wesentlich niedriger als im Zeitbereich. Bei den spielbezogenen Anteilen hat TR lediglich 5 % weniger als GR und knapp 4 % weniger als KR. Dagegen übertrifft TR bei den nicht-spielbezogenen Anteilen GR um fast das Doppelte und TR um gut 60 %.

C. Der interpretative Befund

zu 1: Die Gemeinsamkeiten der drei Typen bestätigen ihre Zugehörigkeit zur Gattung Direktreportage. Im Mittelpunkt stehen überall die Referenzen auf Geschehen im Redemoment. An zweiter Stelle folgt die Vorzeitigkeit mit deutlichem Abstand vor der Nachzeitigkeit. Gleich welchen Typ man herausgreift, die festgestellten Unterschiede gegenüber der Gattung Nachbericht bleiben bestehen.

Auf der anderen Seite existieren aber zwischen allen drei DR-Typen nicht unbeträchtliche Quantitäts-Differenzen. Gleich ob man diese in Prozentpunkten, Prozenten, der Abweichung vom arithmetischen Mittel oder vom Gesamtwert der Direktreportagen (der ja bei fast gleichen Textmengen nahezu dem arithmetischen Mittel entspricht) mißt, diese Unterschiede sind so erheblich, daß die aus reportage-pragmatischen Gründen erfolgte Dreiteilung in der unterschiedlich ausgeprägten zeitreferentiellen Distribution ihre Entsprechung findet. Die Ganzreportage grenzt sich dabei klarer von den anderen beiden Typen ab als diese voneinander. Die Prozentpunkt-Differenzen zwischen GR und TR sind im Schnitt doppelt so hoch wie die zwischen TR und KR. Diese Fakten bestätigen auch im zeitlichen Bereich die eingangs vorgenommene Zusammenfassung der Teil- und Konferenzreportagen zu einem gemeinsamen Obertyp "Ausschnittreportage".

zu 2: Mit Anteilen spielbezogener Referenzen zwischen 91 % und gut 95 % bilden die drei Typen eine erstaunlich homogene Gruppe. Ihre Abweichungen vom Mittelwert um höchstens 2,6 Punkte unterstreichen diese Aussage. Bei allen drei Typen steht folglich das betreffende Fußballspiel, dem die Reportage gewidmet ist, eindeutig im Mittelpunkt. Unsere These, daß die Relation zwischen spielbezogenen und nicht-spielbezogenen Anteilen das relevante inhaltliche Abgrenzungskriterium zwischen Direktreportagen und Nachberichten ist, kann also als verifiziert gelten.

Betrachtet man allerdings die Anteilswerte in den drei DR-Typen näher, so fällt auf, daß im Gegensatz zum zeitlichen Bereich nicht die Ganzreportage, sondern hier die Teilreportage beim Typen-Vergleich eine Sonderstellung einnimmt. Sowohl dieses Faktum wie die Feststellung größerer Anteilsunterschiede im zeitlichen Bereich bedürfen der detaillierteren Analyse der quantitativen Zeitstufen-Distribution.

Die Zeitstufen

A. Die quantitative Distribution

TABELLE 40: Zeitstufen-Distribution der finiten Verben in den DR-Typen

	allgem.	Vergangenheit			Gegenwart		Zukunft		
	0	1	2	3	4a	4b	5	6	7
Ganzreportagen	1,23	3,08	4,80	17,78	54,54	14,69	1,79	1,66	0,43
Teilreportagen	1,09	6,04	13,34	13,67	40,75	20,04	1,02	2,12	1,93
Konferenzreportagen	0,89	3,20	23,04	11,20	35,11	21,40	1,24	2,40	1,52
Mittel	1,07	4,11	13,73	14,22	43,46	18,71	1,35	2,06	1,29

Alle Angaben in %.

B. Der statistische Befund

1. Bei den nicht-spielbezogenen Referenzen (Zeitstufe 0, 1, 7) sinkt der Anteil der allgemeingültigen Aussagen in etwa gleichem Abstand von GR zu TR zu KR. In allen drei Typen überwiegen die Rückgriffe in die Zeit vor dem Spiel die Vorgriffe in die Zeit nach dem Spiel. Klar unterschiedlich ausgeprägt ist dabei allerdings die Gewichtung zwischen diesen beiden Zeitstufen: In GR beträgt das Verhältnis zwischen den Zeitstufen 1 und 7 7:1, in TR 3:1, in KR 2:1. Die Anteile beider Zeitstufen sind in TR relativ am höchsten, in GR am niedrigsten, KR nimmt die Mittelposition ein.

2. Bei den spielbezogenen Referenzen (Zeitstufe 2 bis 6) bestehen zwischen den drei DR-Typen erhebliche Differenzen zwischen den aktuellen (Zeitstufe 3, 4a, 5) und den nicht-aktuellen Anteilen (Zeitstufe 2, 4b, 6). Tabelle 41 zeigt dies in aller Deutlichkeit:

TABELLE 41: Distribution aktueller und nicht-aktueller Spiel-Referenzen

	aktuell (a)	nicht-aktuell (na)	Quotient a:na	Abweichung vom Mittelwert aktuell	Abweichung vom Mittelwert nicht-aktuell
Ganzreportagen	74,11	21,15	3,50	+15,08	-13,35
Teilreportagen	55,44	35,50	1,56	-3,59	+ 1,00
Konferenzreportagen	47,55	46,84	1,02	-11,48	+12,34
Mittel	59,03	34,50	2,03		

Die ersten beiden Zahlen-Spalten in %, die letzten beiden in Prozentpunkten.

3. Die Zeitstufen-Auffächerung der aktuellen Referenzen ergibt, daß mit Anteilen zwischen 1 % und knapp 2 % - das sind Anteile an den aktuellen Referenzen von unter 3 % - die Zeitstufe 5 eine völlig untergeordnete Rolle spielt. Signifikant unterscheiden sich dagegen die drei Typen bei ihren 4a- und 3-Werten. Mit einem Anteil von fast 55 % punktuellen Redemoment-Bezügen übertrifft die Ganzreportage um 14 Punkte die Teilreportage und um über 19 Punkte die Konferenzreportage. Bei der Zeitstufe 3 sind es zwischen GR und TR vier, zwischen GR und KR fast 6,5 Punkte. Unabhängig von diesen erheblichen Quantitäts-Unterschieden ist dagegen das Verhältnis zwischen diesen beiden Zeitstufen: In allen drei DR-Typen existiert eine 3:1-Relation zwischen punktuellen Redemoment-Referenzen und Bezügen, die auf das unmittelbar davor liegende Geschehen abheben.

Gemessen am arithmetischen Mittel weicht GR in allen drei Zeitstufen (3, 4a, 5) am stärksten ab. GR liegt immer über, die beiden Ausschnittreportage-Typen liegen immer unter dem betreffenden Mittelwert.

4. Nimmt die Anteils-Quantität des aktuellen Geschehens ab, steigt der Anteil des nicht-aktuellen Spielgeschehens, und zwar in allen drei Zeitstufen (2, 4b, 6). Am auffälligsten ist dies bei der Zeitstufe 2, den Rückgriffen in das Spiel. KR hat hier fast 10 Punkte mehr als TR und sogar gut 18 Punkte mehr als GR.

Betrachtet man allerdings den nicht-aktuellen Bereich für sich (hier gleich 100 gesetzt), kommt es dagegen zu erheblichen Umgewichtungen, wie Tabelle 42 (siehe folgende Seite) zeigt.

TABELLE 42: Zeitstufen-Distribution der nicht-aktuellen Spiel-Referenzen

	2	4b	6	gesamt
Ganzreportage	22,7	69,5	7,8	100
Teilreportage	37,6	56,4	6,0	100
Konferenzreportage	49,2	45,7	5,1	100

Alle Angaben in %.

Je höher der Anteil der Zeitstufe 2 innerhalb der nicht-aktuellen Spielreferenzen ist, desto niedriger sind die Anteile von 4b und 6. Während auch hier die nachzeitige Zeitstufe eine untergeordnete Rolle spielt, findet eine starke Verschiebung der 2- und 4b-Anteile statt. In GR beträgt die Relation zwischen den Zeitstufen 2 und 4b 1:3, in TR 1:1,5, in KR 1,1:1.

C. Der interpretative Befund

zu 1: Wegen des relativ geringen Vorkommens "allgemeingültiger" Aussagen kann man nur unter Vorbehalt eine Interpretationsthese anbieten: Je mehr Zeit der Reporter für seine Reportage hat, je weniger Spiel-Nachträge er dementsprechend geben muß, desto eher ist es ihm möglich, allgemeine Betrachtungen anzustellen, gleichsam "Gnomik" in seine Reportage einfließen zu lassen.

Was die unterschiedliche Gewichtung der das Spiel historisch einordnenden Zeitstufen 1 und 7 in den drei DR-Typen und damit auch die Sonderstellung der Teilreportage betrifft, läßt sich eine teils sach-, teils korpusbedingte Erklärung geben: Ganzreportagen werden bei Wettbewerbshöhepunkten gesendet. Insofern enthält unser GR-Korpus nicht zufällig vier Endspiele. Der jeweilige Turnus ist folglich mit dem Spiel abgeschlossen. Im Gegensatz dazu handelt es sich bei den Spielen, von denen Teilreportagen gesendet werden, im Regelfalle um Spiele inmitten eines Wettbewerbs. In unserem sieben Spiele umfassenden TR-Korpus sind vertreten: vier Viertelfinalspiele europäischer Wettbewerbe und zwei Länderspiele, die im Rahmen einer Qualifikationsrunde ausgetragen werden. Gerade in den Europapokalspielen geht es ja um das Erreichen der nächsten Runde, in den Qualifikationsspielen um ein positives Ergebnis für die Endabrechnung aller Spiele. Andererseits ist es verständlich, daß die vorausgegangenen Spiele, die ja bei den meisten Teilreportage-Spielen für das Weiterkommen im Wettbewerb wichtig sind, in weit stärkerem Maße in die Reportage einbezogen werden als bei Endspiel-Reportagen, also unseren Ganzreportagen, bei denen sie ja nur noch statistischen Wert besitzen. Man erinnere sich, daß es sich bei den vier Europapokalspielen um Rückspiele handelt, deren Ergebnis mit dem der Hinspiele addiert wird und somit über das Weiterkommen einer Mannschaft entscheidet. Für diese "pragmatische" Erklärung läßt sich das Freundschaftsspiel Bundesrepublik Deutschland - Argentinien als zusätzlicher Beweis anführen: In der Reportage dieses Spiels, das ja außerhalb eines Wettbewerbs stattfindet, treffen wir auf die niedrigsten Werte der Zeitstufen 1 und 7 in allen sieben Teilreportagen (siehe Tabelle 50).[97]

Erklärt das Faktum "End"-Spiel die relativ geringe Anzahl von Referenzen auf die Zeit nach dem Spiel für GR (ein Viertel des entsprechenden TR-, ein knappes Drittel des KR-Wertes), so bedarf der gegenüber GR und KR etwa doppelt so hohe Anteil der Zeit vor dem Spiel bei den Teilreportagen noch einer zusätzlichen reportage-pragmatischen Erläuterung. Vergleicht man die beiden jeweils eine Halbzeit umfassenden Teilreportagen von Qualifikationsspielen (TR 6 und 7) mit den beiden vollständig in das Korpus aufgenommenen WM-Reportagen (GR 1 und 2), so zeigt sich, daß die absolute Zahl der Zeitstufe 1-Referenzen in allen vier Reportagen zwischen 40 und 49 liegt. Das bedeutet also: Die Reporter von Ganzreportagen geben ihren Hörern dieselbe Anzahl von Informationen über die Zeit vor dem Spiel wie ihre TR-Kollegen. Da sie aber die doppelte Reportagezeit zur Verfügung haben, verteilt sich diese Informationsmenge auf zwei Halbzeiten.

Der Reporter einer Konferenzreportage kommt dagegen mit seinem im Vergleich zu GR nur unwesentlich höheren Zeitstufe 1-Anteil wegen der wesentlich kürzeren Reportagezeit zwangsläufig nicht auf eine gleich große Informationsmenge. Selbst wenn man berücksichtigt, daß z.B. vorangegangene Spiele in einer Bundesliga-Saison mit insgesamt 38 Spielen pro Mannschaft nicht die Bedeutung haben wie ein Hinspiel im Europapokal, wird man das Faktum einer inhaltlich anderen Gewichtung primär als vom Reportagetyp abhängig erklären müssen.

zu 2: Die Auffächerung der spielbezogenen Referenzen in "aktuelle" und "nichtaktuelle" unterscheidet in signifikanter Weise die drei DR-Typen. Während hierbei TR die mittlere Position einnimmt, weichen GR und KR um +15 bzw. -11,5 Prozentpunkte vom arithmetischen Mittel ab, d.h. sie differieren untereinander um ca. 26 Punkte. Da in allen drei Typen mindestens 90 % der finiten Verben spielbezogen sind, bildet folglich der Gewichtungs-Quotient zwischen aktuellen und nicht-aktuellen Referenzen (a : na) das Maß, an dem sich im Inhaltsbereich die Abgrenzung der drei Typen am eindrucksvollsten ablesen läßt. Darüber hinaus stellt dieser Quotient auch das Maß dar, an dem man jede einzelne Direktreportage messen kann. Er ist gleichsam der unverwechselbare, individuelle Fingerabdruck jeder Direktreportage.

Zwar hat die Wiedergabe des aktuellen Geschehens in allen drei Typen Vorrang, aber in KR nur noch in so geringem Umfang, daß hier von einem Gleichgewicht gesprochen werden kann. Demgegenüber übertrifft in GR der aktuelle den nichtaktuellen Anteil um das Dreieinhalbfache, in TR immerhin um das Eineinhalbfache. Diese klare Abstufung findet zweifellos ihre Erklärung in dem unterschiedlichen Verhältnis von Spiel- und Reportagezeit. Decken sich beide, wie bei der Ganzreportage, sind Rückgriffe in das Spiel reine Wiederholungen, haben folglich weitgehend den Charakter nichtobligatorischer Zusätze. Bei den Ausschnittreportagen besteht dagegen die Notwendigkeit, über das Spielgeschehen zu informieren, das außerhalb der Reportagezeit stattgefunden hat. D.h. der Hörer muß durch derartige Rückgriffe auf den Wissensstand des Reporters gebracht werden, soweit es spielrelevante Vorkommnisse betrifft. Notgedrungen geht dies vor allem zu Lasten der Wiedergabe aktuellen Spielgeschehens. Dabei ist einsichtig, daß der KR-Reporter mehr vergangenes Geschehen nachzutragen hat. Denn bei KR vergrößert sich ja die Differenz zwischen der Spiel- und Reportagezeitlänge. Von hieraus erklärt sich also primär die Sonderstellung der Ganzreportage gegenüber den beiden Ausschnittreportage-Typen, aber auch der zwar geringere, aber dennoch deutliche Unterschied zwischen Teil- und Konferenzreportage.

zu 3: Die soeben angesprochenen Unterschiede zeigen sich auch in aller Deutlichkeit bei der Betrachtung der beiden "aktuellen" Zeitstufen 4a und 3. Die Wiedergabe punktuellen, im Redemoment erfolgenden Geschehens hat in GR einen

Anteil von knapp 55 % aller Referenzen. Im Vergleich zu den Ausschnittreportagen sind dies 25 % mehr als in TR und 36 % mehr als in KR. Vergleichsweise ebenso groß sind die Unterschiede in der Zeitstufe 3. Setzt man die Werte beider Zeitstufen in Relation, ergibt sich für alle drei Typen daher ein annähernd gleicher Relationswert. Diese 3:1-Relation ist gewissermaßen als eine typenübergreifende Konstante der Gattung Direktreportage anzusehen. Da die unmittelbar nachzeitigen Referenzen wegen ihrer geringen Quantität eine zu vernachlässigende Größe sind, erfolgt also die Wiedergabe des aktuellen Geschehens zu drei Viertel durch simultane Referenzen, zu einem Viertel durch unmittelbare Nachträge. Wie die Einzelanalysen gezeigt haben, sind drei Nachtragsformen zu unterscheiden:

a) die syntaktische Integrierung des vorzeitigen Geschehens mit Hilfe eines Nebensatzes (im Regelfalle attributiver Relativsatz oder temporaler Konjunktionalsatz),

b) die syntaktische Selbständigkeit des Nachtrags in Form eines Hauptsatzes,

c) die "Zeitlupen"-Wiederholung, d.h. die nachträgliche, in mehreren selbständigen Sätzen erfolgende ausführlichere Darstellung eines zuvor zwar simultan, aber knapp geschilderten Vorgangs.

Hierbei handelt es sich bei a) und b) im Regelfalle um ein bis zwei Details einer Spielszene, bei c) um eine ganze Spielszene.

Hinsichtlich der unmittelbar nachzeitigen Referenzen (Zeitstufe 5) läßt sich festhalten, daß hier ein klarer Unterschied zwischen Ganz- und Ausschnittreportagen existiert. Nimmt man das arithmetische Mittel von TR und KR als Wert der Ausschnittreportage, ist damit verglichen die Zeitstufe 5 in GR um 58 % häufiger vertreten. Offenbar hängt der 5-Anteil ebenfalls mit dem Anteil der punktuellen Redemoment-Referenzen zusammen. Denn die Relation 4a:5 ist mit 31:1 in GR nicht weit entfernt von der Relation 34:1 in der Ausschnittreportage. Die naheliegende Deutung, daß vergleichbar dem Zeitstufe-3-Anteil auch der Anteil der Zeitstufe 5 proportional zum 4a-Anteil steigt oder fällt, stößt allerdings auf das Faktum, daß sich dies nicht für alle drei Typen nachweisen läßt. Der Vergleich von TR mit KR ergibt nämlich, daß TR den höheren 4a-, aber den niedrigeren 5-Wert hat. Dieser Tatbestand könnte allerdings korpusbedingt sein: Einmal ist die absolute Zahl der unmittelbar nachzeitigen Referenzen relativ klein (TR = 43; KR = 53). Zum andern erscheinen nicht wenige dieser Bezüge in Form von Fragesätzen (vgl. Beleg 153-155). Diese Fragesätze haben die Funktion, die Reportage zu verlebendigen, sind folglich ein fakultatives Stilmittel. Ihr Einsatz ist daher vom jeweiligen Reporter abhängig. Eine andere Reporter-Auswahl könnte also gerade bei der Zeitstufe 5 für TR und GR mit jeweils nur 6 Reportern (KR = 21 Reporter) zu anderen Werten führen.

zu 4: Auch im "nicht-aktuellen" Bereich sind die jeweiligen Differenzen zwischen der Ganz- und Ausschnittreportage bei allen drei Zeitstufen (2, 4b, 6) größer als zwischen den beiden Typen der Ausschnittreportage, also zwischen TR und KR. Was dagegen die Gewichtung dieser drei Zeitstufen untereinander betrifft, liegen hier die Verhältnisse ganz anders als im "aktuellen" Bereich. Sie verhalten sich gleichsam "umgekehrt proportional". Daß der Anteil der Rückgriffe ins Spiel von GR zu TR zu KR steigt - und zwar unabhängig davon, ob ich den "nicht-aktuellen" Bereich isoliert betrachte oder nicht -, hat offensichtlich seinen Grund in den pragmatischen Fakten, die wir bereits in "zu 3" als Erklärung genannt haben. Überraschend dagegen ist, daß die jeweiligen Anteile der Zeitstufe 6 nicht mit denen der Zeitstufe 2 korrelieren. Sie nehmen zwar von GR zu TR zu KR absolut gesehen zu (vgl. Tabelle 40), innerhalb des nicht-aktuellen Bereichs aber anteilsmäßig ab (vgl. Tabelle 42). Zusammengenommen bedeutet dies, daß wir es bei jedem der drei DR-Typen mit einer anderen Relation zwischen den Zeitstufen 6 und 2 zu tun haben: GR 1:2,9; TR 1:6,3; KR 1:9,6. Dagegen korrelieren die Anteile der Zeitstufe 6 in allen drei Typen in gleicher Weise mit den 4b-Anteilen. D.h. unabhängig von den jeweiligen unterschiedlichen Anteilen beider Zeitstufen in allen drei DR-Typen beträgt die Relation zwischen den 4b- und 6-Anteilen etwa 9:1.

Wie immer man diese die mittelbaren Zukunftsreferenzen betreffenden Unterschiede und Gemeinsamkeiten der DR-Typen auch deuten mag, gewichtiger ist das Verhältnis der Zeitstufen 2 und 4b zueinander, da sie ja zusammen über 90 % der nicht-aktuellen Referenzen ausmachen. Inhaltlich dienen in den Direktreportagen beide Zeitstufen primär dazu, Aussagen über das bereits abgelaufene Spielgeschehen zu machen. Die Rückgriffe ins Spiel erfolgen entweder punktuell, indem sie Spielhöhepunkte nachtragen (vgl. z.B. Beleg 14, 145, 171, 172), oder sie fassen den bisherigen Spielverlauf bzw. einzelne Spielabschnitte zusammen (vgl. z.B. Beleg 14, 166, 177, 275). Diese zusammenfassende Funktion können aber auch inkludierende Referenzen wahrnehmen (vgl. z.B. 21, 22, 138, 250). Beide Zeitstufen bieten sich dabei dem Reporter an, um seine Sicht der Dinge mitzuteilen, also Akteure, Spielverlauf und Spielumstände zu werten. Der prinzipielle Unterschied liegt folglich nicht so sehr im Zeit-Inhaltlichen - Referenzen der Zeitstufe 2 können punktuell sein, die der Zeitstufe 4b nicht -, sondern in der Bezugspunktbindung: Die 4b-Referenzen verknüpfen direkt und explizit die Vergangenheit mit der Gegenwart, da sie ja immer die Aussage auch für den Redemoment gültig sein lassen. Selbst bei Referenzen der Zeitstufe 2, die im Perfekt stehen, haben wir aber nur die indirekte Verbindung zur Sprechergegenwart, die bei Verwendung des präteritalen Tempussystems sogar ganz aufgegeben wird.

Nimmt die Notwendigkeit also zu, über das außerhalb der Reportagezeit liegende Spielgeschehen zu informieren, steigen absolut gesehen die Anteile aller nicht-aktuellen Zeitstufen. Aus demselben Grunde verschieben sich allerdings auch die Gewichte zwischen den Zeitstufen 2 und 4b. Denn je größer das Bedürfnis ist, zum Verständnis des aktuellen Geschehens das vergangene miteinzubeziehen, desto mehr Eigengewicht erhalten die Rückgriffe. Je interessanter das vergangene Geschehen gewesen ist (z.B. erzielte Tore) und je gegensätzlicher es zum augenblicklichen Spielfeldgeschehen verlaufen ist, desto weniger Möglichkeiten bestehen, Vergangenheit und Gegenwart zusammenzufassen. Der Reporter einer Konferenzreportage, der jeweils nur wenige Minuten zur Verfügung hat, in denen obendrein häufig nichts Spannendes oder gar Spielentscheidendes passiert, ist folglich anteilsmäßig am stärksten auf Rückgriffe in die Spiel-Vergangenheit angewiesen. Die Hörer einer Ganzreportage haben dagegen keinen "Nachholbedarf". Dementsprechend genügen anteilsmäßig weniger Rückgriffe, um einerseits an Spielhöhepunkte zu erinnern und um andererseits einen Service für die Sondergruppe der "Später-Einschalter" zu geben. Von der Reportagesituation her betrachtet, bietet es sich daher an, wertende Geschehenszusammenfassungen und Spielercharakterisierungen unter Einschluß des Redemoments, also durch 4b-Referenzen zu leisten.

4.1.4. Die Ganzreportagen

Struktur und Rahmenbedingungen

Das GR-Korpus enthält vier in 2.1. näher beschriebene Reportagen, zwei von ihnen in voller Länge, zwei im Ausschnitt (Spielverlängerung und 1. Halbzeit). In allen vier Fällen dauert die Reportagezeit länger als die Spielzeit. Dieses zwischen 5'30" bis 12' betragende Plus der Reportagezeit kommt im einzelnen folgermaßen zustande:

GR 1: ZIMMERMANN beginnt seine Reportage nach eigener Aussage mit knapp einminütiger Verspätung. Denn nach einer kurzen Einleitung (siehe Anm. 95) heißt es:

(346) und dieses spiel hier (lauter) hat bereits vor einer minute / mit sieben minuten frühzündung begonnen

Nach dem Halbzeitpfiff faßt er das bisherige Geschehen kurz zusammen und gibt nach einem knappen Ausblick auf die 2. Halbzeit "nach Deutschland" zurück. Begründet wird dies zuvor:

(347) sie werden jetzt / sicherlich dasselbe bedürfnis haben wie wir / liebe zuhörer in der heimat / jetzt eine pause für sie / für die spieler / und / auch für uns

Kurz vor Beginn der 2. Halbzeit nimmt ZIMMERMANN seine Reportage wieder auf:

(348) wir melden uns / also wieder aus Bern / spielstand zu beginn der zweiten halbzeit die in 30 sekunden beginnen wird / 2:2

Pünktlich nach 45 Minuten pfeift der Schiedsrichter die zweite Spielhälfte ab. Der Reporter setzt nach kurzer Unterbrechung

(349) nach diesen 30 sekunden / die sie dem reporter verzeihen müssen / ja bitte müssen [die Unterbrechung dauert in Wirklichkeit nur 16"]

die Reportage bis zum Höhepunkt der Siegerehrung, Überreichung des Pokals und Abspielen der Hymne, fort.

In dieser von e i n e m Reporter gesprochenen Reportage ist die Halbzeitpause bis auf 1'38" zu Beginn und ca. 30" am Ende ausgespart. 10'25" sind dem Geschehen im Stadion nach dem Spielschluß gewidmet.

GR 2: Die Reportage setzt unmittelbar vor dem vermeintlichen Anstoß ein[98], denn es heißt im Eingangsabschnitt

(350) aber jetzt wird er / in wenigen sekunden / den ball freigeben

Doch dann kommt es zu einer Verzögerung des Spielbeginns infolge einer Organisationspanne: man hat vergessen, die Eck- und Mittelfahnen aufzustellen,

(351) dadurch verzögert sich / der anstoß doch um ein zwei minuten

Insgesamt läuft also die Reportage zwei Minuten, bevor das Spiel beginnt. Eine vom Reporter vermutete kurze Nachspielzeit entfällt, so daß die 1. Halbzeit fast genau 45 Minuten dauert. Der Reporter bleibt für 1'37" weiter auf Sendung, rekapituliert noch einmal die Höhepunkte und berichtet über ein ungewöhnliches aktuelles Pausengeschehen (gelbe Karte für Cruyff wegen Reklamierens). Dann gibt der Reporter zurück ins "WM-sonderstudio / in Frankfurt".

Eine Minute vor Beginn der 2. Halbzeit beginnt die Reportage wieder

(352) hier meldet sich wieder das Münchner Olympiastadion

und wird nach dem pünktlich erfolgenden Spielschluß noch 7'32" fortgeführt mit Resümees und Schilderung des aktuellen Geschehens im Stadion. Nach der Ehrung der beiden Mannschaften beendet der Reporter die Reportage mit dem Verabschiedungstopos

(353) und damit / liebe zuhörer / daheim und unterwegs / verabschieden wir uns / aus dem Münchner Olympiastadion / durch einen 2:1-erfolg / über die Niederlande / wurde Deutschland / fußballweltmeister 1974

Sieht man davon ab, daß GR 2 etwas früher als GR 1 einsetzt, die kurzen Pausenkommentare etwas länger sind, dafür die Fortsetzung der Reportage über den Spielschluß hinaus fast drei Minuten kürzer als in GR 1 ist, zeigt sich, daß die Struktur beider Ganzreportagen identisch ist; mit anderen Worten: die Sendeform hat sich in den 20 Jahren von 1954 bis 1974 - und man kann hinzufügen: bis heute - nicht verändert.

Geändert hat sich dagegen die Sprecherzahl. 1954 kommentierte ZIMMERMANN das gesamte Spiel allein, obgleich er u.a. ROBERT LEMKE zur Seite hatte. 1974 wechselten sich zwei Reporter, FASSBENDER und KLOSE, pro Halbzeit zweimal ab, wobei FASSBENDER außerdem die knappe Einleitung und den Reportageschluß spricht. Von der Gesamtsprechzeit von 1h 40'45" entfallen auf FASSBENDER 49'27", auf KLOSE 51'18". In der ersten Reportagehälfte spricht KLOSE sechs, in der zweiten FASSBENDER gut vier Minuten länger als sein Kollege.

<u>GR 3:</u> Zur näheren Beschreibung der Verlängerung dieses Pokalendspiels siehe <u>3.2.1.</u> und Skizze 15. Zu beachten ist hierbei, daß die Regeln keine Halbzeitpause vorsehen (vgl. Beleg 248), das Spiel also nur so lange unterbrochen ist, bis beide Mannschaften die Seiten gewechselt haben. Ein etwa zweiminütiger Pausenkommentar ergibt sich dadurch,

(354) daß schiedsrichter Linn doch ein bißchen gnade vor recht ergehen läßt / und den mannschaften wenigstens gelegenheit gibt einen erfrischungstrunk zu nehmen

Daß die Reportage nach Spielschluß nur knapp zwei Minuten weitergeführt wird, hat seinen Grund darin, daß ein Interview auf dem Spielfeld eingeplant ist. Nach der Verabschiedung wird deswegen der Reporter mitten im Satz ausgeblendet:

(355) wir dürfen uns verabschieden / zum schluß noch einmal das ergebnis / Fortuna Düsseldorf

<u>GR 4:</u> Die Reportage setzt gut vier Minuten vor Spielbeginn ein. Nach der Hörer-Begrüßung unterbricht HAUFFE für 42 Sekunden seinen Kommentar[99], da gerade die belgische Nationalhymne gespielt wird. Im Mittelpunkt des folgenden dreiminütigen "Vorberichts" stehen die Aufstellungen beider Mannschaften. Die erste Halbzeit wird in der 46. Spielminute beendet:

(356) der schiedsrichter hat ganze / dreißig sekunden / nachspielen lassen

FASSBENDER faßt in 37 Sekunden den bisherigen Spielverlauf "statistisch" zusammen (u.a. Spielstand, Torschützen, Spielminuten der Tore) und verabschiedet sich für die Halbzeitpause:

(357) liebe fußballfreunde / wir / geben jetzt zunächst zurück / in die funkhäuser / in Deutschland

Beide Reporter wechseln sich zweimal ab. Insgesamt bestreitet HAUFFE 24'27", FASSBENDER 24'38" dieser ersten Reportagehälfte.

Die Struktur des Typs Ganzreportage ist in allen vier konkreten Fällen gleich. Sie setzt vor dem offiziell angesetzten Spielbeginn ein, spart - abgesehen von kurzen Abschnitten zu Beginn und am Ende - die Halbzeitpause aus (Zurückschalten in die Funkhäuser) und wird über das Spielende bis zu etwa zehn Minuten weitergeführt. Die noch 1954 geltende Regelung, einen Reporter die ganze Reportage sprechen zu lassen, ist offenbar generell durch den Einsatz von zwei Reportern abgelöst worden. Hierbei gilt, daß in jeder Halbzeit jeder Reporter zweimal Spielgeschehen kommentiert. Die normale Ganzreportage der neueren Zeit gliedert sich also durch die Halbzeit-Unterbrechung in zwei Hälften, die Reportagehälfte wiederum durch den Sprecherwechsel in vier Abschnitte. Obgleich die Spielverlängerung 15 Minuten kürzer als eine Spielhälfte ist, scheint diese "Halbzeit"-Regelung auch hier zu gelten: in GR 3 wechseln sich die Sprecher ebenfalls zweimal ab. Die Länge der einzelnen Sprechzeiten variiert. Man kann daraus folgern, daß dieses Aufteilungsschema nicht auf die Minute oder sogar Sekunde genau zeitlich vorgeplant ist bzw. praktisch durchgeführt wird. Insgesamt wird aber wohl darauf geachtet, daß beide Reporter in etwa die gleichen Sprechzeit-Anteile an der Gesamtreportage haben.

Die pauschalen Zeit- und Inhaltsanteile

A. Die quantitative Distribution

TABELLE 43: Zeit- und Inhaltsanteile der Ganzreportagen

	vor-zeitig	gleich-zeitig	nach-zeitig	spiel-bezogen (s)	nicht-spiel-bezogen (ns)	Relation s : ns
GR 1 (WM 1954)	25,20	71,85	2,95	95,98	4,02	24:1
GR 2 (WM 1974)	24,42	71,99	3,59	95,83	4,17	23:1
GR 3 (Pokal 1979)	26,83	66,21	6,96	93,88	6,12	15:1
GR 4 (EM 1980)	28,53	67,30	4,17	93,44	6,56	14:1
Mittel	26,24	69,34	4,42	94,78	5,22	19:1

Bis auf die letzte Spalte alle Angaben in %.
Die Anzahl der finiten Formen, auf die sich die Prozentangaben dieser und der folgenden Tabellen beziehen, lautet: GR 1: 1.766; GR 2: 1.728; GR 3: 589; GR 4: 792.

B. Der statistische Befund

1. Im rein zeitlichen Bereich ergeben sich zum arithmetischen Mittel maximale Abweichungen von +2,65 und -3,13. Diese sich bei den gleichzeitigen Referenzen ergebende Differenz von knapp 6 Prozentpunkten zwischen GR 2 und GR 3 bedeutet aber lediglich, daß in GR 2 8,5 % mehr Redemoment-Bezüge als in GR 3 vorkommen.

2. Im inhaltlichen Bereich sind die Abweichungen vom arithmetischen Mittel noch geringer: Sie liegen maximal bei +1,2 und -1,34 für die spielbezogenen Anteile und dementsprechend mit vertauschten Vorzeichen für die nicht-spielbezogenen.

3. Sieht man von der Spalte "nachzeitig" einmal ab, stehen die beiden WM-Reportagen eng beieinander und deutlich den anderen beiden Reportagen gegenüber. GR 1 und GR 2 differieren untereinander zwischen 0,14 und 0,78 Punkten, gegenüber GR 3 und GR 4 aber um 1,94 bis 5,64 Punkte. Dagegen weichen GR 3 und GR 4 höchstens um 1,7 Punkte voneinander ab.

C. Der interpretative Befund

zu 1 und 2: Insgesamt betrachtet erweist sich die Gruppe der Ganzreportagen als äußerst einheitlicher Typ. Die Anteilsdifferenzen bei diesen zusammenfassenden Kategorien sind letztlich so gering, daß sich hier weitergehende Interpretationen von selbst verbieten und dem Vergleich der Zeitstufen-Anteile vorbehalten bleiben müssen.

zu 3: Die Gruppierung GR 1 und 2 gegenüber GR 3 und 4 läßt zwei mögliche Deutungs-Thesen zu: zum einen nach dem Kriterium der Entstehungszeit (1954/74 gegenüber 1979/80), zum andern nach dem Kriterium der Voll- bzw. Unvollständigkeit. Wahrscheinlicher als an einen Wandel in der zweiten Hälfte der siebziger Jahre zu denken, ist die Vermutung, daß die Unterschiede beider Zweiergruppen auf die Eigenart der für GR 3 und 4 ausgewählten Reportageteile zurückzuführen sind. Auch hier wird die Aufschlüsselung in Zeitstufen-Anteile nähere Begründungen liefern können.

Die Zeitstufen

A. Die quantitative Distribution
Siehe hierzu Tabelle 44 auf der folgenden Seite.

B. Der statistische Befund

1. Die Unterschiede zwischen den vier Reportagen können besonders gut durch die Abweichung von dem jeweiligen arithmetischen Mittelwerten verdeutlicht werden.
Siehe Tabelle 45 auf der folgenden Seite.

TABELLE 44: Zeitstufen-Distribution der Ganzreportagen

	allgem.	Vergangenheit			Gegenwart		Zukunft		
	0	1	2	3	4a	4b	5	6	7
GR 1 (WM 1954)	1,13	2,32	2,21	20,67	58,38	12,34	0,85	1,53	0,57
GR 2 (WM 1974)	1,27	2,84	7,00	14,58	55,85	14,87	1,97	1,56	0,06
GR 3 (Pokal 1979)	2,21	2,55	8,49	15,79	44,65	19,35	3,39	2,21	1,36
GR 4 (EM 1980)	0,63	5,68	3,03	19,82	50,63	16,04	2,15	1,77	0,25
Mittel	1,31	3,35	5,18	17,72	52,38	15,65	2,09	1,77	0,56

Alle Angaben in %.

TABELLE 45: Abweichungen vom Mittelwert

	0	1	2	3	4a	4b	5	6	7
GR 1	-0,18	-1,03	-2,97	+2,95	+6,00	-3,31	-1,24	-0,24	+0,01
GR 2	-0,04	-0,51	+1,82	-3,14	+3,47	-0,78	-0,12	-0,21	-0,50
GR 3	+0,90	-0,80	+3,31	-1,93	-7,73	+3,70	+1,30	+0,44	+0,80
GR 4	-0,68	+2,33	-2,15	+2,10	-1,75	+0,39	+0,06	±0	-0,31

Alle Angaben in Prozentpunkten.

Die zeit-inhaltliche Grobgliederung in Tabelle 43 erhält durch die Zeitstufen-Werte teilweise eine Stütze. Denn GR 1 und GR 2 stehen sich mit ihren Werten viermal am nächsten, während GR 4 lediglich je zweimal mit GR 1 bzw. GR 2 die geringste Abweichung im Vergleich der vier Reportagen aufweist. Auf der anderen Seite zeigt sich aber, daß die weitgehende Übereinstimmung im Bereich

"Vorzeitigkeit" und "Gleichzeitigkeit" auf Zeitstufen-Differenzen beruht, die sich lediglich gegenseitig aufheben. Eine Sonderstellung nimmt zweifellos GR 3 ein. Gleich in sieben Zeitstufen hat sie die höchsten Abweichungen vom Mittelwert. Nimmt man zum Vergleich die durchschnittliche Abweichung jeder Reportage vom arithmetischen Mittel, also den Mittelwert der Abweichungen, so bestätigt sich die Sonderstellung von GR 3. Ihre durchschnittliche Abweichung beträgt 2,32. Es folgt GR 1 mit 1,99. GR 2 und GR 4 kommen mit Werten von 1,09 bzw. 1,05 dagegen dem Mittelwert sehr nahe.

2. Die Extremposition von GR 1 und GR 3 wird besonders deutlich bei der Auffächerung der spielbezogenen Anteile in aktuelle und nicht-aktuelle Anteile.

TABELLE 46: Distribution aktueller und nicht-aktueller Spiel-Referenzen

	aktuell (a)	nicht-aktuell (na)	Quotient a:na	Abweichung vom Mittelwert	
				aktuell	nicht-aktuell
GR 1	79,90	16,08	4,97	+7,72	-6,52
GR 2	72,40	23,43	3,09	+0,22	+0,83
GR 3	63,83	30,05	2,12	-8,35	+7,45
GR 4	72,60	20,84	3,48	+0,42	-1,76
arithm.Mittel	72,18	22,60	3,19		

Die ersten beiden Zahlenspalten in %, die letzten beiden in Prozentpunkten.

3. Folgende Einzelwerte fallen besonders auf:

a) bei den allgemeingültigen Referenzen der relativ hohe Wert von GR 3;

b) bei der Zeitstufe 1 der doppelt so hohe Anteil in GR 4;

c) bei der Zeitstufe 2 die relativ niedrigen Werte von GR 1 und GR 3 und die demgegenüber um das Zwei- bis Vierfache höheren Werte von GR 2 und GR 3;

d) bei der Zeitstufe 3 der in Relation zum 4a-Anteil niedrige Wert von GR 2 (statt ein Drittel nur ein Viertel des 4a-Wertes);

e) bei den beiden Gegenwartsstufen die Extremwerte von GR 1 und GR 3, die bei 4a fast 14, bei 4b 7 Punkte auseinanderliegen,

f) bei den Zukunftsstufen die Werte von GR 3, die in allen drei Zeitstufen verglichen mit den anderen drei Reportagen am höchsten sind.

C. Der interpretative Befund

zu 1 und 2: Sowohl die einzelnen zeitreferentiellen Anteile als auch die inhaltliche Auffächerung der Spiel-Anteile erweisen, daß die sich aus Tabelle 43 ergebende Zweiergruppierung (GR 1 und 2 vs. GR 3 und 4) gleichsam quer zu der Feindifferenzierung nach Zeitstufen-Anteilen steht. Die Reportagen von der WM 1974 und der EM 1980 (GR 2 und 4) repräsentieren mit ihren geringfügigen Abweichungen vom arithmetischen Mittel den Typ Ganzreportage, während GR 1 und GR 3 doch erhebliche Abweichungen, vor allem auch im inhaltlichen Bereich aufweisen. Die Hypothese liegt nahe, daß die Extremposition von GR 1 primär *historisch*, die entgegengesetzte von GR 3 primär *sachlich* erklärt werden kann. Hierauf wird bei der Einzelbetrachtung der Zeitstufen näher einzugehen sein.

zu 3a: Der im Vergleich zu den anderen Ganzreportagen relativ hohe GR 3-Wert bei den allgemeingültigen Referenzen könnte seinen Grund in der subjektiven Entscheidung des jeweiligen Autors bei der nicht immer zweifelsfreien Zuordnung von inkludierenden Referenzen zu 4b *oder* 0 haben.

zu 3b: Die vergleichsweise starke Berücksichtigung von Rückgriffen in die Zeit vor dem Spiel in GR 4 erklärt sich von einer fakultativen Gebrauchsnorm dieses Reportagetyps her. Denn wie der Vergleich mit den beiden vollständigen Ganzreportagen zeigt, ist es offenbar dem Reporter freigestellt, wie er erstens den ca. 5 % umfassenden Anteil nicht-spielbezogener Referenzen aufteilt, vor allem aber, wann er zweitens derartige Rückgriffe in seine Reportage einbaut. ZIMMERMANN in GR 1 bevorzugt dabei die 1. vor der 2. Halbzeit (3,03 % vs. 1,70 %), FASSBENDER und KLOSE in GR 2 dagegen die 2. Halbzeit (1. HZ 2,42 % vs. 2. HZ 3,22 %; FASSBENDER dabei 2,57 % vs. 3,80 %, KLOSE 2,33 % vs. 2,71 %). Die Vermutung liegt nahe, daß in GR 4 vor allem FASSBENDER (7,53 %), aber auch HAUFFE (4,05 %) die für notwendig erachteten Informationen aus der Zeit vor dem Spiel - vergleichbar ZIMMERMANN - schwerpunktmäßig in der 1. Halbzeit vermittelt haben. Konkret erklärt sich der hohe Zeitstufe-1-Wert in GR 4 daher, daß FASSBENDER, der im zweiten Viertel dieser Halbzeit zum ersten Mal zu Wort kommt, hier überproportional oft Leistungen und Verhaltensweisen von Spielern, Mannschaften, Schiedsrichtern und Trainern während der zurückliegenden Turniertage anspricht. Offenbar hatte er sich auf derartige Zusatz- und Hintergrundinformationen gut vorbereitet und bringt sie nun in seinem ersten Reportageteil unter. Daß dies mehr als eine Vermutung ist, zeigt die Distribution der Rückgriffe in die Zeit vor dem Spiel:

HAUFFE	1. Halbzeitviertel	5 Rückgriffe[100]
FASSBENDER	2. Halbzeitviertel	13 Rückgriffe
HAUFFE	3. Halbzeitviertel	7 Rückgriffe
FASSBENDER	4. Halbzeitviertel	5 Rückgriffe

Um eine generelle Eigenart FASSBENDERs, also um einen individuellen Stilzug handelt es sich hierbei übrigens nicht. Denn in GR 2, der Endspiel-Reportage 1974, referiert FASSBENDER in der 1. Halbzeit nur insgesamt mit acht finiten Verbformen auf die Zeit vor dem Spiel, in GR 4 dagegen mit 28. Dies alles spricht für unsere These einer fakultativen Gebrauchsnorm: Innerhalb eines vorgegebenen quantitativen Rahmens, der offenbar im Regelfalle unter 5 % liegt, kann der Reporter einer Ganzreportage derartige Rückgriffe vornehmen. Er hat dabei einen Ermessensspielraum, wann er schwerpunktmäßig diese Informationen einbringt.

Für GR 4 läßt sich aus den aufgeführten Fakten die Vermutung ableiten, daß in der 2. Halbzeit wesentlich weniger derartige Rückgriffe erfolgt sein dürften, daß dementsprechend der Zeitstufe-1-Anteil der Gesamtreportage niedriger ist. Der auffallende Wert in Tabelle 44 dürfte also primär korpusbedingt sein.

zu 3c: Bei der Zeitstufe 2, den Rückgriffen in die Spiel-Vergangenheit, muß wohl der niedrige Wert von GR 1 in Zusammenhang mit den ebenfalls niedrigen Werten der anderen beiden Zeitstufen des nicht-aktuellen Bereichs gesehen werden. Das heißt: für ZIMMERMANN steht das aktuelle Geschehen mit 80 % so im Vordergrund seiner Reportage, daß wenig Raum für Rück- und Vorgriffe, aber auch allgemeine Spielcharakterisierungen bleibt. Der Grund dafür kann nicht im Spiel selbst gesucht werden. Da es das torreichste aller vier Spiele und an Höhepunkten gewiß nicht arm ist, hätte man eher mehr Rückgriffe auf relevante Spielszenen erwarten dürfen. Da die Vergleichsbasis fehlt, läßt sich nicht entscheiden, ob es sich hierbei um ein Charakteristikum des persönlichen Reportagestils ZIMMERMANNs handelt oder ob sich hierin der Reportagestil der 50er Jahre ausdrückt. Persönlich neige ich der zweiten Erklärungshypothese zu. Denn auffällig ist, daß die vier Reporter der beiden Reportagen aus den siebziger Jahren drei- bis viermal so häufig Rückgriffe in die Spiel-Vergangenheit vornehmen. Darüber hinaus ist GR 4, die Reportage aus dem Jahr 1980, kein Gegenbeweis. Ihr relativ niedriger, aber immerhin noch um knapp ein Drittel gegenüber GR 1 höher liegender Wert hängt primär damit zusammen, daß GR 4 korpusbedingt nur den Wert der 1. Halbzeit wiedergibt. Wie Tabelle 47 aber eindeutig beweist, ist der Zeitstufe-2-Wert in allen Reportagen und bei allen Sprechern in der 1. Halbzeit niedriger als in der 2. Halbzeit.

Im Gegensatz zu der strukturellen Distribution der "Rückgriffe in die Zeit vor dem Spiel" gilt für die "Rückgriffe in das Spiel" generell: sie kommen in der Reportagehälfte, die über die 2. Halbzeit berichtet, häufiger vor als in der ersten, der 1. Halbzeit gewidmeten Hälfte. Hierbei hat es weder einen Wandel von den 50er zu den 70er Jahren gegeben, noch macht der Sonderfall "Spielverlängerung" (GR 3) eine Ausnahme. Die Erklärung für diese GR-Norm liegt auf der Hand: Je mehr Spielgeschehen bereits abgelaufen ist, desto mehr Möglichkeiten zu Rückgriffen auf relevante Spielszenen bieten sich an. Hinzu kommt der typspezifische, das Spiel resümierende Rückgriff am Reportageende. Es ist daher wohl kein Zufall, daß in GR 3 die höchsten Werte anzutreffen sind, gehen doch der Verlängerung 90 Spielminuten voraus. Da FASSBENDER in GR 4 ebenso oft wie in der 1. Halbzeit von GR 2 Spiel-Rückgriffe einstreut, ist der relativ niedrige 1. Halbzeit-Wert von GR 4 also ausschließlich auf die Zurückhaltung seines Reporter-Kollegen HAUFFE (nur 1 %) zurückzuführen.
(Siehe Tabelle 47 auf der folgenden Seite.)

zu 3d: Die vergleichsweise große Abweichung in GR 2 von der reportagetyp-unabhängigen 3:1-"Konstante" zwischen den 4a- und 3-Werten zeigt, daß es sich nicht um eine starre Relation handelt. Sie läßt vielmehr Abweichungen zugunsten der einen oder der anderen Zeitstufe zu. Diese Abweichungen können sachlich begründet sein, wenn z.B. häufig die Notwendigkeit zu "Zeitlupen"-Wiederholungen vom Spielgeschehen her gegeben ist. Auf der anderen Seite ist der unmittelbare Rückgriff aber auch in das Ermessen des Reporters gestellt, kann also auch Züge eines individuellen Stilcharakteristikums haben. Besonders FASSBENDER, aber auch KLOSE gehören offenbar zu den Reportern, die keine besondere Vorliebe für derartige aktuelle Rückgriffe haben. HAUFFE dagegen scheint ein Faible für diese Form der Darstellung aktuellen Geschehens zu haben. Der in Tabelle 48 angestellte Reporter-Vergleich legt nahe, daß es sich nicht um bloßen Zufall handelt.[101]

TABELLE 47: Anteile der Zeitstufe 2

		1. HZ	2. HZ	1.u.2. HZ
GR 1	Zimmermann	1,70	2,66	2,21
GR 2		4,72	9,10	7,00
	Faßbender	5,79	7,60	6,83
	Klose	4,07	10,42	7,13
GR 3		6,67	10,19	8,49
	Breuckmann	6,43	10,13	8,42
	Mönch	6,90	10,07	8,56
GR 4		0,03		
	Hauffe	0,95		
	Faßbender	5,37		

Alle Angaben in %.

TABELLE 48: Anteile der Zeitstufen 3 und 4a bei Faßbender, Klose und Hauffe

		3	4a	Relation 4a : 3
Faßbender	GR 2	13,53	58,33	4,3 : 1
	GR 4	13,98	53,76	3,9 : 1
	TR 2	10,19	35,92	3,5 : 1
	KR I, 5	10,33	54,96	5,3 : 1
Klose	GR 2	15,3	54,02	3,5 : 1
Hauffe	GR 4	26,67	50,97	1,9 : 1
	TR 1	17,40	49,56	2,8 : 1

Bis auf die letzte Spalte alle Angaben in %.

Die Relation von 4:1 in GR 2 ist also das Resultat beider Sprecher, wobei FASSBENDER aber stärker von der 3:1-Norm abweicht als KLOSE. Die unter der Norm liegende Relation in GR 4 (2,6:1) ist dagegen ein Ausgleichswert zweier extremer Verhalten: HAUFFE hat fast einen doppelt so hohen Rückgriff-Anteil wie FASSBENDER. Waren es bei HAUFFE in TR 1 (vgl. Tabelle 12 bis 14) fünf "mittellange" (3 bis 5 Referenzen) und drei "lange" Rückgriffe (hier 6 bis 7 Referenzen), so kommentiert er in GR 4 sechs Spielszenen ausführlicher nach (4 mittellang, 2 lang). Noch stärker ins Gewicht fallen aber bei ihm die "kurzen" Rückgriffe (1 bis 2 Referenzen), die in beiden Reportagen etwa zwei Drittel aller Zeitstufe 3-Bezüge ausmachen und im Regelfalle keine Zeitlupen-Wiederholungen sind, sondern nicht selten der hyperkorrekten zeitlichen Abstufung der Aktionsfolge dienen. Dies führt hin und wieder sogar zu mittellangen Rückgriff-Passagen, z.B.

(358) er hat gepfiffen freistoß schon ausgeführt / der ball ist übernommen worden von Cools / der Beerschrot-spieler hat den ball / aber dann letzten endes doch nicht unter kontrolle behalten können drei deutsche spieler waren hinzugesprungen

(359) aber dazwischen äh / Stielike / Stielike hat aufgepaßt / hat nach links herausgespielt dort war aber niemand in stellung gelaufen / so daß nun / Meeuws / in der eigenen hälfte [....] einwerfen kann

HAUFFE gehört also zu den Reportern, die den häufig unvermeidbaren zeitlichen Unterschied zwischen dem realen Geschehen und dessen Umsetzung in Sprache temporal kenntlich machen, also nicht den Anschein erwecken wollen, jederzeit auch sprachlich "auf der Höhe des Balls" zu sein, d.h. völlig synchron zu kommentieren.

zu 3e: Auf ZIMMERMANNs Vorliebe für die Wiedergabe aktuellen Geschehens ist bereits in "zu 3c" hingewiesen worden. Sie findet ihren Niederschlag vor allem in der hohen Quantität von 4a- und 3-Anteilen, während die Zeitstufe 5 bei ihm kaum eine Rolle spielt. Dementsprechend niedriger sind die nicht-aktuellen Anteile, also auch die Zeitstufe 4b. Einiges spricht dafür, daß diese Ausnahmestellung der Reportage von 1954 kein Zufall ist, sondern vielmehr den "alten" Reportagestil verkörpert. Offenbar hat ein gewisser Wandel in den 60er Jahren stattgefunden. Die Reporter versuchen nun, in stärkerem Maße Spielanalysen und zusammenfassende Wertungen zu vermitteln: daher die gegenüber GR 1 vergleichsweise niedrigeren 4a- und 3-Werte und die höheren 2- und 4b-Werte. Dies scheint mit zwei wohl nicht unabhängig voneinander zu sehenden Entwicklungen zusammenzuhängen: erstens der Verbreitung des neuen Massenmediums Fernsehen[102], das ja dem Funkreporter die Schilderung des aktuellen Geschehens weitgehend abnimmt[103] und zu einer einschneidenden Änderung der Sportberichterstattung im Massenmedium Presse geführt hat, nämlich weg von der "szenischen" und hin zur "resümierenden" Darstellung[104]; zweitens das veränderte Verhältnis des Reporters zum Sportereignis, d.h. weg von der "parteiischen", subjektiven Anteilnahme und hin zu einem distanzierteren, häufig nur scheinbar objektiveren, die eigene sachliche Kompetenz herausstellenden Standpunkt. Daß es sich im Hörfunk dabei um keinen radikalen Wandel handelt, beweisen die Zeitstufenwerte und die von ihnen abgeleiteten Inhaltsanteile der jüngeren Reportagen: In allen dominiert nach wie vor die Zeitstufe 4a und mit ihr das aktuelle Spielgeschehen eindeutig. Offenbar ist das Interesse des Publikums an direkter Teilhabe und damit verbunden die "Aktualitäts"-Rechtfertigung der Hörfunk-Sportabteilungen für ihre Reportagen ein zu starkes Gegengewicht gegen die "resümierende" Tendenz, die nicht zuletzt ihren Grund in einem gewissen Minderwertigkeitskomplex der Sportreporter gegenüber ihren Kollegen aus anderen Ressorts haben dürfte, ein

Komplex, der kräftig von berufenen und unberufenen Kritikern der Sportreporter genährt wird.
Es wäre gleichwohl falsch, die Reporter von GR 3 als Vorreiter dieser Tendenz zu bezeichnen. Daß wir hier die niedrigsten 4a- und die höchsten 4b-Werte antreffen und sich dementsprechend nur eine 2:1-Relation zwischen aktuellen und nicht-aktuellen Spielanteilen ergibt, ist sachlich vom Ausnahmefall "Spielverlängerung" her bedingt. Hier mögen gewisse "Ermüdungserscheinungen", Spielszenen zu schildern, eine Rolle spielen, vor allem aber die Auffassung der Reporter, hier werde sich nichts Entscheidendes mehr tun, zumal das Spiel nicht gerade an Torszenen reich ist. Als doch noch unerwartet das spielentscheidende Tor fällt, gerät MÖNCH in einen gewissen Rechtfertigungszwang.[105] Gestützt wird diese Interpretation durch folgende Fakten: Der Anteil punktueller Redemoment-Referenzen sinkt im Vergleich zur ersten in der zweiten Verlängerungs-Hälfte um 10 Punkte, dagegen steigen die inkludierenden 4b-Referenzen und die Rückgriffe ins Spiel (vgl. Tabelle 26).

zu 3f: In den eben erörterten Zusammenhang sind auch die im Vergleich zu den anderen drei Reportagen höheren Nachzeitigkeits-Werte in GR 3 zu stellen. Im Gegensatz zu GR 1 und GR 2, in denen ja noch während der regulären Spielzeit eine Mannschaft führt, fällt in GR 3 erst drei Minuten vor Beendigung der Verlängerung das einzige, alles entscheidende Tor. Hinweise auf den Spielschluß und auf die Neuansetzung des Spiels sind also von der Sache her gegeben. Nicht zufällig steigert sich ihre Quantität in der zweiten Verlängerungs-Hälfte erheblich. Umgekehrt verhält es sich dagegen mit den Referenzen auf die unmittelbare Zukunft: Sie kommen vorzugsweise in der ersten Hälfte vor.

In GR 1 ist erstaunlich, daß ZIMMERMANN während der Spielzeit nur ein einziges Mal auf die Folgen eines unentschiedenen Spielausgangs, nämlich eine drohende Verlängerung, eingeht, obwohl es zur Halbzeit 2:2 unentschieden steht und das Siegtor erst fünf Minuten vor Spielschluß fällt. Alle Bezüge auf die Zeit nach dem Spiel bzw. der Reportage stehen im Schlußteil, also dem Siegerehrungs-Teil. Dies zeigt einmal mehr die Aktualitätsbezogenheit seiner Reportage während des Spiels. In GR 2 dagegen führt die deutsche Mannschaft seit der 43. Minute mit 2:1, dem späteren Endergebnis, so daß die Möglichkeit einer Spielverlängerung so spekulativ ist, daß die Reporter sie zu Recht gar nicht in Betracht ziehen.

Obgleich das Material, das das GR-Korpus bildet, unter historischem und korpusbedingtem Aspekt sehr heterogen ist, erweisen sich dennoch die vier GR-Reportagen als eine relativ einheitliche Gruppe. Verglichen mit den anderen Reportagetypen - dies sei vorweggenommen - handelt es sich bei den Ganzreportagen sogar um die homogenste Gruppe. Diese Diskrepanz zwischen Material-Heterogenität und Ergebnis-Homogenität läßt nur eine Deutung zu: Die Rahmenbedingungen dieses Reportagetyps sind unvergleichlich konstanter als bei den anderen Typen. Daraus folgt eine Reportagestruktur samt inhaltlicher Füllung, die als relativ fest bezeichnet werden muß. Zugleich bestätigen die zeitreferentiellen Anteilswerte der vier Reportagen, daß die nach pragmatischen Kriterien erfolgte Ansetzung eines Reportagetyps 'Ganzreportage' ihre volle Entsprechung im untersuchten sprachlichen Bereich hat. Denn keine der vier Reportagen weist Zeitstufen- und Inhaltswerte auf, die in irgendeinem relevanten Bereich an die entsprechenden Werte der Teil- oder der Konferenzreportage heranreichen.

Der Steckbrief der Ganzreportage

Unter Berücksichtigung der besprochenen Eigenarten der einen oder anderen Reportage läßt sich abschließend folgender "Steckbrief" der "typischen" Ganzreportage aufstellen:

Vorzeitigkeit	25,5 %
Gleichzeitigkeit	70,5 %
Nachzeitigkeit	4 %
Zeitstufe 2	5 %
Zeitstufe 3	18 %
Zeitstufe 4a	55 %
Zeitstufe 4b	15 %
spielbezogene Anteile (s)	95 %
nicht-spielbezogene Anteile (ns)	5 %
Relation s:ns	19:1
aktuelle Spielanteile (a)	72,5 %
nicht-aktuelle Spielanteile (na)	22,5 %
Quotient n:na	3,2

4.1.5. Die Teilreportagen

Struktur und Rahmenbedingungen

Gab es bei den Ganzreportagen lediglich eine korpusbedingte Aufteilung in Reportagen, die vollständig, und solche, die unvollständig in das Korpus aufgenommen worden waren, so lassen sich die Teilreportagen reportagebedingt in eine "vollständige" und eine "unvollständige" Gruppe gliedern:

1. Reportagen, die über die gesamte 2. Halbzeit berichten,
2. Reportagen, die nicht vollständig über die 2. Halbzeit berichten.

Die erste Gruppe ist im Korpus durch drei Reportagen, TR 4, 6 und 7, vertreten. Sie haben eine Länge zwischen 54 und knapp 59 Minuten. Durchschnittlich dauern sie 56'49", d.h. sie sind fast zwölf Minuten länger als die 45minütige Spielzeit. Dieser zeitliche "Überhang" wird fast ausschließlich für die Zeit vor dem Wiederanpfiff genutzt, d.h. alle Reportagen setzen während der Halbzeitpause zwischen sieben und zwölf Minuten vor Beginn der 2. Halbzeit ein. Dagegen werden sie nach Spielschluß höchstens eine Minute fortgeführt. Die Reporter wissen jeweils, wann sie beginnen, und beenden selbständig die Reportage. Der Begrüßungs- und Verabschiedungstopos ist daher obligatorisch. Lediglich bei TR 7 hat EMMERICH bereits zu sprechen begonnen. Offenbar hat der Hessische Rundfunk sich etwas zu spät in die ARD-Reportage eingeschaltet.[106]

Die Struktur der "vollständigen" Teilreportagen ist also in allen drei Fällen gleich, so daß man hier zweifelsfrei von einer Strukturnorm sprechen kann:

1. Begrüßung der Hörer
2. ausführlicher Pausenkommentar (ca. 11 Minuten)
3. vollständiger Spielbericht der 2. Halbzeit (45 Minuten)
4. knappes resümierendes Schlußwort (unter 1 Minute)
5. Verabschiedung von den Hörern

Die zweite TR-Gruppe läßt sich ihrerseits unterteilen in

a) die Untergruppe, deren Reportagen aus einer Einblendung bestehen,

b) die Untergruppe, deren Reportagen sich aus mehreren Einblendungen zusammensetzen.

Die Untergruppe a ist im Korpus durch TR 1 und 2, die Untergruppe b durch TR 3 und 5 repräsentiert. Mit einer Sprechdauer zwischen 15 und 35 Minuten sind die "unvollständigen" Reportagen im Durchschnitt (26'12") noch nicht einmal halb so lang wie die der ersten Gruppe. Der Begrüßungstopos kann ebenso wie der Verabschiedungstopos - so in TR 1 - gesetzt werden, aber auch ausgespart bleiben wie in TR 2, 3 und 5. In keinem Fall handelt es sich aber um Einblendungen in eine bereits laufende Reportage. Jedes Mal wird der Stadion-Reporter vom Studio-Sprecher gerufen bzw. direkt angesprochen, z.B.

(360) /Körper:/ genug geredet sofort zur tat zum 1. FC Köln zu Manni Breuckmann und zum viertelfinalrückspiel / im UEFA-pokal / 1. FC Köln / gegen Standard Lüttich / live ins Müngersdorfer-Stadion
/Breuckmann:/ acht minuten ist die zweite halbzeit alt und die Lütticher haben die möglichkeit zum 2:1-führungstreffer

(361) /Körper:/ so sagt dies 0:0 des 1. FC gegen die Belgier gar nicht alles aus / Manfred Breuckmann / oder //
/Breuckmann:/ ja / ich würde sagen Eddi Körper nehmen wir doch jetzt mal beide zeigefinger zur hilfe / denn / Standard Lüttich / führt seit 60 sekunden / seit der 66sten minute / mit 2:1

(362) /Schott:/ Manfred Breuckmann / die Düsseldorfer fuhren mit großem optimismus in die Schweiz //
/Breuckmann:/ alle waren sie optimistisch / von / torwart Daniel bis zum linksaußen Seel

Ebenso beenden die TR-Reporter in allen Fällen, also auch bei den kürzeren Einblendungen in TR 3 und 5, von sich aus die Reportage bzw. die Einblendung mit dem sterotypen Schlußsignal

(363) zurück ins funkhaus

Mit anderen Worten: Der Reporter kommentiert nach Plan, d.h. es steht von vornherein fest, wieviel Zeit er im Rahmen der Sportsendung zur Verfügung hat.

Wir haben auf S. 7 bereits darauf hingewiesen, daß es sich bei TR 3 und 5 im Grunde um eine Mischform zwischen den Typen Teil- und Konferenzreportage handelt. Bei TR 5 (Köln-Lüttich) haben wir es darüber hinaus mit einem doppelten Sonderfall zu tun. Während in TR 3 (Genf-Düsseldorf) die erste Einblendung zur Halbzeitpause erfolgt, diese Reportage gleichsam eine zweimal unterbrochene, also gekürzte "vollständige" Reportage der 2. Halbzeit ist, findet in TR 5 die erste Einblendung von der 35. bis 45. Minute der 1. Halbzeit statt. Hierbei handelt es sich offenbar um einen Sonderservice des Reporters für RIAS Berlin. Denn BREUCKMANN wird hier vom Studiosprecher der mitgeschnittenen RIAS-Mittelwellensendung gerufen:

(364) /Fürstenwerth:/ 1. FC Köln gegen Standard Lüttich / Manfred Breuckmann ist der reporter und er wird uns sagen was sich in den ersten minuten dieses treffens / bisher getan hat //
/Breuckmann:/ in zehn minuten wird schiedsrichter John Carpenter aus Irland die erste halbzeit des UEFA-pokal-rückspiels zwischen dem 1. FC Köln / und Standard Lüttich abpfeifen

Nach dem Abpfiff der 1. Halbzeit gibt BREUCKMANN "zurück ins funkhaus" und FÜRSTENWERTH bedankt sich bei ihm. Die nachfolgenden beiden Kurzeinblendungen (54.-58. und 67.-69. Minute) und der gesamte Spielschluß (ab 75. Minute)[107] werden dagegen jeweils vom WDR-Studiosprecher KÖRPER eingeleitet, auf den sich - wie Beleg 361 zeigt - nun BREUCKMANN direkt bezieht. Der Sender RIAS hat also spätestens in der 53. Spielminute die WDR-Sportsendung übernommen. Für TR 5 läßt sich also vermuten, daß sie im Gegensatz zu TR 1 und den vollständigen Halbzeitreportagen in mehreren "Fassungen" vorliegt, zumindest in einer RIAS- und in einer WDR-Fassung. Es ist dabei nicht auszuschließen, ja sogar wahrscheinlich, daß die WDR-Fassung mit einem Pausenkommentar begonnen hat; denn der WDR-Ausschnitt "54.-58. Minute" geht nur äußerst knapp auf die beiden in der ersten Halbzeit erzielten Tore ein.

Gemeinsam ist allen Teilreportagen, daß sie am Anfang einen ausführlicheren Rückblick auf die bereits abgelaufene Spielzeit geben, sei es in weitgehend selbständiger Form im Rahmen eines Pausenkommentars, sei es in eingeschobener Form im Rahmen aktueller Berichterstattung, wie wir es am Beispiel von TR 1 aufgezeigt haben. Alle Teilreportagen berichten kontinuierlich zumindest über die Schlußphase des Spiels (etwa die letzte Viertelstunde). Über den Spielschluß hinaus werden alle Teilreportagen nur kurz weitergeführt (höchstens eine Minute). Die Reporter wissen, wann sie mit ihren Reportagen bzw. Einblendungen zu beginnen haben. Der Studiosprecher führt jeweils ein. Die Reporter beenden selbständig ihre Reportagen bzw. Einblendungen. In keinem Fall werden sie vom Studio her ein- oder ausgeblendet, sieht man von der HR-Panne bei TR 7 einmal ab. Der Status der TR-Reporter entspricht also dem der GR-Reporter, obwohl Teilreportagen im Regelfalle Bestandteile einer Sendung sind, während Ganzreportagen gleichsam die Sendung selbst bilden. Im Gegensatz zu den Ganzreportagen werden die Teilreportagen, auch wenn sie fast eine Stunde dauern, nur von einem Reporter gesprochen.

Die pauschalen Zeit- und Inhaltsanteile

A. Die quantitative Distribution

In Tabelle 49 (siehe folgende Seite), die die pauschalen Zeit- und Inhaltsanteile wiedergibt, und in den folgenden Tabellen ordnen wir die sieben Reportagen nach ihrer Zugehörigkeit zu den beiden Gruppen. Neben dem arithmetischen Mittel aller sieben Reportagen in der untersten Tabellenzeile werden zusätzlich die arithmetischen Mittel jeder Gruppe aufgeführt. Ausgangsbasis der einzelnen Teilreportagen, auf die sich jeweils die Prozentanteile beziehen, ist folgende Anzahl finiter Verbformen:

TR 1 (HAUFFE):	454	TR 5 (BREUCKMANN):	517
TR 2 (FASSBENDER):	206	TR 6 (BÖTTCHER):	997
TR 3 (BREUCKMANN):	408	TR 7 (EMMERICH):	917
TR 4 (SPRENTZEL):	707		

B. Der statistische Befund

1. Vergleicht man die Mittelwerte der beiden Gruppen mit den Mittelwerten aller sieben TR-Reportagen, so ergibt sich bei den vorzeitigen Referenzen so gut wie kein Unterschied. Bei den gleichzeitigen Referenzen liegt die Gruppe der "vollständigen" Halbzeitreportagen ca. 1 Prozentpunkt über, die Gruppe der kürzeren Teilreportagen knapp 1 Punkt unter dem TR-Mittel. Bei den nachzeitigen Referenzen ist die Abweichung in etwa umgekehrt.

2. In der ersten Gruppe kommen die größten Abweichungen mit maximal 4,35 Punkten bei TR 6 vor. Im Inhaltsbereich weicht diese Reportage mit 3 Punkten ebenfalls am stärksten vom Mittelwert ihrer Gruppe ab. In der zweiten Gruppe

TABELLE 49: Zeit- und Inhaltsanteile der Teilreportagen

		vor-zeitig	gleich-zeitig	nach-zeitig	spiel-bezogen (s)	nicht-spiel-bezogen (ns)	Relation s:ns
	TR 4	30,12	64,93	4,95	94,20	5,80	16,2:1
Gruppe	TR 6	37,61	59,18	3,21	88,47	11,53	7,7:1
1	TR 7	32,06	62,48	5,46	91,61	8,39	10,7:1
	Mittel	33,26	62,20	4,54	91,43	8,57	10,7:1
	TR 1	33,04	59,91	7,05	93,61	6,39	14,7:1
Gruppe	TR 2	40,77	51,94	7,29	85,43	14,57	5,9:1
2	TR 3	28,01	65,85	6,14	89,43	10,57	8,5:1
	TR 5	30,95	64,41	4,64	91,10	8,90	10,2:1
	Mittel	33,19	60,53	6,28	89,89	10,11	8,9:1
Mittel TR 1-7		33,22	61,24	5,53	90,55	9,45	9,6:1

Bis auf die letzte Spalte alle Angaben in %.

fällt TR 2 gleichsam aus dem Durchschnitts-Rahmen: Ihre Differenz beträgt +7,6 bei den vorzeitigen und -8,6 Punkte bei den gleichzeitigen Referenzen; ihre Abweichung im Inhaltsbereich macht 4,5 Punkte aus. Damit übertrifft TR 2 erheblich die Abweichungen vom Gruppen-Mittel in TR 3, die maximal -5,2 (vorzeitig) und +5,3 (gleichzeitig) betragen.

C. Der interpretative Befund

zu 1: Die Unterschiede zwischen beiden Gruppen sind minimal. Lediglich bei den nachzeitigen Referenzen bedeutet die Differenz von 1,75 Prozentpunkten zwischen beiden Gruppen, daß die kürzeren Reportagen anteilsmäßig gut ein Drittel mehr derartige Zeitbezüge enthalten als die vollständigen Reportagen. Wegen des geringen Nachzeitigkeits-Anteils sollte man aber diesen Unterschied nicht überbewerten. Bei den gleichzeitigen Referenzen, die im Schnitt gut 60 % aller Referenzen einnehmen, macht die etwa gleiche Prozentpunkt-Differenz noch nicht einmal einen um 3 % höheren Anteil in der ersten Gruppe aus. Derartige geringfügige Anteilsverschiebungen dürften für einen Hörer mit Sicherheit nicht erkennbar sein. Insgesamt genommen bestätigt die Auffächerung der finiten Formen in Tabelle 49 die nach reportage- und untersuchungspragmatischen Kriterien vorgenommene Zuordnung der sieben Reportagen zu e i n e m Direktreportage-Typ.

zu 2: Die im Verhältnis zur ersten Gruppe höheren Abweichungen einzelner Reportagen der zweiten Gruppe sind zweifellos eine Folge der größeren Heterogenität dieser Gruppe. Die besonders herausfallende Reportage vom Spiel Duisburg - Budapest (TR 2) ist mit Abstand die kürzeste Teilreportage. Zwangsläufig steigt daher z.B. - wenn der Reporter, wie noch zu zeigen sein wird, eine vergleichbare rückblickende Informationsmenge mitteilen will bzw. muß - der Anteil der vorzeitigen Referenzen zu Lasten der Gegenwartsbezüge. Die relative Homogenität der ersten Gruppe erklärt sich dagegen von der gemeinsamen Strukturnorm und den wesentlich geringeren Längen-Unterschieden her. Die hier auffallende Reportage TR 6 (Albanien - Bundesrepublik Deutschland) bedarf zu ihrer Interpretation der Zeitstufen-Analyse.

Die Zeitstufen

A. Die quantitative Distribution

Die Eigenart der einzelnen Reportagen und der beiden TR-Gruppen verdeutlicht Tabelle 50, die die jeweiligen Zeitstufen-Anteile aufschlüsselt.

TABELLE 50: Zeitstufen-Distribution der Teilreportagen

		allgem.	Vergangenheit			Gegenwart		Zukunft		
		0	1	2	3	4a	4b	5	6	7
Gruppe 1	TR 4	0,71	3,96	14,00	12,16	45,12	19,10	1,27	2,55	1,13
	TR 6	1,60	7,92	12,84	16,85	31,70	25,88	0,30	0,90	2,01
	TR 7	0,87	5,23	14,72	12,11	36,64	24,97	0,44	2,73	2,29
	arithm. Mittel	1,06	5,70	13,85	13,71	37,82	23,32	0,67	2,06	1,81
Gruppe 2	TR 1	0,44	4,19	11,45	17,40	49,56	9,91	3,31	1,98	1,76
	TR 2	-	9,71	20,87	10,19	35,92	16,02	1,46	0,97	4,86
	TR 3	1,72	7,62	11,05	9,34	48,65	15,48	1,23	3,68	1,23
	TR 5	1,55	5,61	11,41	13,93	47,39	15,47	0,77	2,13	1,74
	arithm. Mittel	0,93	6,78	13,70	12,72	45,38	14,22	1,69	2,19	2,40
Mittel	TR1-7	0,98	6,32	13,76	13,14	42,14	18,12	1,25	2,13	2,15

Alle Angaben in %.

B. Der statistische Befund

1. Der Vergleich der beiden Gruppen-Mittel ergibt bei den zeitlich allgemeingültigen Referenzen (Zeitstufe 0) und bei den drei Vergangenheitsstufen im Höchstfalle Differenzen von einem Prozentpunkt; die maximale Abweichung vom TR-Mittel beträgt sogar lediglich 0,6. Im Zukunftsbereich zeigen sich zwar auch nur Unterschiede von höchstens einem Punkt, jedoch bedeutet dies wegen der geringen Anteilsquantität der Zeitstufen 5 bis 7, daß die zweite Gruppe einen mehr als doppelt so hohen Anteil an unmittelbaren Zukunfts-Referenzen (Zeitstufe 5) und einen um ein Drittel höheren Anteil an Vorgriffen in die Zeit nach dem Spiel (Zeitstufe 7) hat.

Ein relevanter Unterschied zwischen beiden Gruppen besteht dagegen im Gegenwartsbereich. Die Zeitstufen 4a und 4b machen zusammengenommen zwar in beiden Gruppen einen Anteil von ca. 60 % aus, jedoch sind beide Zeitstufen recht unterschiedlich gewichtet. In der ersten Gruppe ist der 4a-Anteil um 7,5 Punkte niedriger, dagegen der 4b-Anteil um 9 Punkte höher als in der zweiten Gruppe.

TABELLE 51: Distribution aktueller und nicht-aktueller Spiel-Referenzen

		aktuell (a)	nicht-aktuell (na)	Quotient a:na	Abweichungen vom TR-Mittel aktuell	Abweichungen vom TR-Mittel nicht-aktuell
Gruppe 1	TR 4	58,55	35,65	1,64	+2,02	+1,63
	TR 6	48,85	39,62	1,23	-7,68	+5,60
	TR 7	49,19	42,42	1,16	-7,34	+8,40
	Mittel	52,20	39,23	1,33	-4,33	+5,21
Gruppe 2	TR 1	70,27	23,34	3,01	+13,74	-10,68
	TR 2	47,57	37,86	1,26	-8,96	+3,84
	TR 3	59,22	30,21	1,96	+2,69	-3,81
	TR 5	62,09	29,01	2,14	+5,56	-5,01
	Mittel	59,79	30,11	1,99	+3,26	-3,91
Mittel	TR 1-7	56,53	34,02	1,66		

Die ersten beiden Zahlen-Spalten in %, die letzten beiden in Prozentpunkten.

2. Diese unterschiedliche Gewichtung wirkt sich im inhaltlichen Bereich aus, wie die Aufschlüsselung des spielbezogenen Reportageanteils in Tabelle 51 zeigt. Bei den aktuellen Spielanteilen übertrifft die zweite Gruppe die erste genau um die 7,5 Punkte, bei den nicht-aktuellen Anteilen die erste Gruppe die zweite um 9 Punkte.

3. Dem TR-Mittel am nächsten kommt nach Tabelle 51 TR 4 (Bundesrepublik Deutschland - Argentinien), gefolgt von TR 3 (Genf - Düsseldorf). Am weitesten entfernt ist demgegenüber TR 1 (Mönchengladbach - Manchester), was sich besonders gut an den Abweichungen und dem Quotienten ablesen läßt. Was für den Inhaltsbereich gilt, bestätigt sich nur zum Teil, wenn man sich - wie in Tabelle 52 aufgeführt - die Abweichungen vom TR-Mittel in allen Zeistufen betrachtet.

TABELLE 52: Abweichungen vom Mittelwert

		0	1	2	3	4a	4b	5	6	7
	TR 4	-0,27	-2,36	+0,24	-0,98	+2,98	+0,98	+0,02	+0,42	-1,02
Gruppe	TR 6	+0,62	+1,60	-0,92	+3,71	-10,44	+7,76	-0,95	-1,23	-0,14
1	TR 7	-0,11	-1,09	+0,96	-1,03	-5,50	+6,85	-0,81	+0,60	+0,14
	TR 1	-0,54	-2,13	-2,31	+4,26	+7,42	-8,21	-2,06	-0,15	-0,39
Gruppe	TR 2	-0,98	+3,39	+7,11	-2,95	-6,22	-2,10	+0,21	-1,16	+2,71
2	TR 3	+0,74	+1,30	-2,71	-3,80	+6,51	-2,64	-0,02	+1,55	-0,92
	TR 5	+0,57	-0,71	-2,35	+0,79	+5,25	-2,65	-0,48	±0	-0,41

Alle Angaben in Prozentpunkten.

Errechnet man aus den neun Einzelwerten jeder Reportage in Tabelle 52 für jede Reportage die durchschnittliche Abweichung, so ergibt sich folgende, in Tabelle 53 zusammengefaßte "Nähe" bzw. "Ferne" der TR-Reportagen von der "typischen" Teilreportage.

TABELLE 53: Durchschnittliche Abweichung

	Gruppe 1			Gruppe 2			
	TR 4	TR 6	TR 7	TR 1	TR 2	TR 3	TR 5
durchschnittliche Abweichung	1,03	3,04	1,90	3,05	2,98	2,24	1,47
Rangplatz	1	6	3	7	5	4	2

4. Daß in Tabelle 53 mit nahezu identischen Abweichungswerten TR 1, 2 und 6 am weitesten von der typischen Teilreportage entfernt sind, ist kein rechnerisches Zufallsergebnis. Denn bei den einzelnen Zeitstufen-Anteilen fallen folgende Werte besonders auf:

a) der relativ hohe Anteil der Zeitstufen 1, 2 und 7 und das Fehlen von allgemeingültigen Referenzen in TR 2;
b) der relativ hohe Anteil der Zeitstufen 3, 4a und 5 und der niedrige 4b-Anteil in TR 1; fast spiegelbildartig stehen demgegenüber die niedrigsten TR-Werte bei den Zeistufen 4a, 5 und 6 und der höchste Wert bei 4b in TR 6.

C. Der interpretative Befund

zu 1: Die verhältnismäßig geringen Unterschiede bestätigen die bereits auf der Grundlage von Tabelle 49 gemachte Aussage: Im Vergleich zu den Differenzen, die wir zwischen den drei Direktreportage-Typen festgestellt haben (vgl. Tabelle 40), wäre es weder gerechtfertigt gewesen, die "Halbzeitreportagen" - wie es ROSENBAUM getan hat[108] - den Ganzreportagen zuzuschlagen, noch die beiden Teilreportage-Gruppen als zwei gesonderte Direktreportage-Typen anzusetzen. Die zwar nach Prozentpunkten geringe, aber nach der prozentualen Differenz zwischen beiden Gruppenwerten hohe Abweichung bei den Zeitstufen 5 und 7 ist nämlich in beiden Fällen auf Extremwerte einzelner Reportagen zurückzuführen. Bei der Zeitstufe 5 ist es besonders HAUFFEs Vorliebe, Fragen an die unmittelbare Zukunft zu stellen (vgl. Belege 153-155). Denn läßt man TR 1 mit seinem 3,3%-Anteil unberücksichtigt, fällt das Gruppen- Mittel von 1,69 auf 1,15. Noch stärker als hier beeinflußt ein Einzelwert der Zeitstufe 7 den entsprechenden Mittelwert der kürzeren Reportagen. Streicht man nämlich den Extremwert von TR 2 (4,86%), sinkt das Mittel von 2,4 auf 1,6 und liegt damit sogar um ein Viertel niedriger als das der ersten Gruppe.

Erstaunlicher als diese leicht erklärbaren Differenzen im Zukunftsbereich sind dagegen der hohe Übereinstimmungsgrad bei den Vergangenheits-Zeitstufen und die großen Unterschiede bei den punktuellen und inkludierenden Gegenwarts-Referenzen, hier vor allem der wesentlich niedrigere 4a-Wert bei den langen Teilreportagen. Denn wie sich aus dem Typen-Vergleich der Tabelle 40 ergibt, steigen mit abnehmender Reportagezeit die Anteile der Zeitstufen 2 und 4b, der wichtigsten nicht-aktuellen Zeitstufen, während die aktuellen Zeitstufen 4a und - in ihrem Gefolge - 3 anteilsmäßig verlieren. Da die Reportagen der ersten TR-Gruppe im Schnitt mehr als doppelt so lang sind wie die der zweiten Gruppe, hätte sich dieses außersprachliche Zeitdauer-Kriterium im eben erwähnten Sinne auf die beiden Textgruppen auswirken müssen.

Vor allem für den Vergangenheitsbereich läßt sich dieser Widerspruch aus der strukturellen Eigenart der "vollständigen" Teilreportagen, nämlich ihrer Zweiteiligkeit erklären. Tabelle 54 gibt daher die Zeitstufen-Anteile der langen Teilreportagen 4, 6 und 7 getrennt für den Pausenkommentar und den Spielbericht der 2. Halbzeit wieder. Die Basiszahlen der finiten Verbformen betragen in den drei Reportagen aufgeschlüsselt nach Pausenkommentar/Spielbericht: TR 4: 84/623; TR 6: 191/806; TR 7: 160/757.

Klammert man den Pausenkommentar einmal aus und vergleicht die Spielbericht-Werte mit den Werten der zweiten TR-Gruppe, so beträgt die Differenz bei der Zeitstufe 1, den Rückgriffen in die Zeit vor dem Spiel, nun 3 Punkte, d.h. der Mittelwert der Halbzeitreportagen nähert sich mit knapp 4% dem der Ganz- und Konferenzreportagen (gut 3%). Bei den Rückgriffen in die Spielvergangenheit

TABELLE 54: Zeitstufen-Distribution der Pausenkommentare und Spielberichte

		0	1	2	3	4a	4b	5	6	7
Pausen-	TR 4	2,38	10,72	34,52	-	14,29	34,52	1,19	2,38	-
kom-	TR 6	1,05	19,89	32,46	1,05	8,38	32,98	-	-	4,19
men-	TR 7	1,25	14,37	27,50	0,63	14,37	32,50	-	8,75	0,63
tar	Mittel	1,56	14,99	31,49	0,56	12,35	33,33	0,40	3,71	1,60
Spiel-	TR 4	0,48	3,05	11,24	13,80	49,28	17,02	1,28	2,57	1,28
be-	TR 6	1,74	5,09	8,20	20,62	37,27	24,10	0,37	1,12	1,49
richt	TR 7	0,79	3,30	12,02	14,53	41,35	23,38	0,53	1,46	2,64
2.HZ	Mittel	1,00	3,81	10,49	16,32	42,63	21,50	0,73	1,72	1,80

Alle Angaben in %.

(Zeitstufe 2) liegt die Gruppe der langen Teilreportagen nun "normgerecht" 3,2 Punkte niedriger als die zweite Gruppe, allerdings immer noch fast 6 Punkte vom GR-Wert entfernt. Bei den unmittelbaren Rückgriffen (Zeitstufe 3) erhöht sich die 1 Punkt-Differenz auf 3,6 Punkte zugunsten der langen Teilreportagen, was allerdings auf die Vorliebe BÖTTCHERs in TR 6 für diese Zeitstufe bei der Wiedergabe aktuellen Geschehens zurückzuführen ist.

Das Verhältnis zwischen 4a und 4b verschiebt sich bei den langen Reportagen von 1,6:1 zu 2:1. Dennoch reicht der um 5 Punkte höhere 4a-Wert des Spielberichts mit 42,6 % nicht an den entsprechenden Wert der kurzen Teilreportagen heran (45,4 %). Umgekehrt verhält es sich mit den 4b-Anteilen. Zwar sinkt ihr Anteil beim Spielbericht, liegt aber immer noch um 3,4 Punkte höher als in der zweiten Gruppe. Da der niedrigste 4b-Wert innerhalb der langen Teilreportagen, gleich ob man die ganze Reportage oder den Spielbericht der 2. Halbzeit zum Vergleich heranzieht, höher ist als der höchste 4b-Wert innerhalb der kurzen Reportagen (TR 4: 19,1 % bzw. 17 %; TR 2: 16 %), handelt es sich offenbar um eine Gebrauchsnorm bei den Reportagen, die über die ganze 2. Halbzeit berichten. Ob hierbei für den Spielbericht die im Pausenkommentar häufige Verwendung von inkludierenden Gegenwartsbezügen (ein Drittel aller Referenzen) "nachwirkt", mag als psychologisierende Begründung dahingestellt sein. Unstrittig ist die Funktion der inkludierenden Referenzen in beiden Reportageteilen. Da den Reportern der Halbzeit-Reportagen ungleich mehr Zeit zur Verfügung steht als den Reportern der kurzen Teilreportagen, haben sie gemessen an den absoluten Zahlen der 4a-Referenzen eine um 65 %, bei Hinzunahme der unmittelbaren Rückgriffe sogar eine um 79 % höhere Quantität aktueller Spielbezüge aufzuweisen. Beim Hörer kommt also nie das Gefühl auf, nicht ausreichend "aktuell" informiert zu werden. Weil in den Pausenkommentaren bereits die Höhepunkte der 1. Halbzeit nacherzählt worden sind, liegt es also nahe, z.B. den jeweiligen gesamten Spielverlauf vom Redemoment der 2. Halbzeit her zusammenzufassen. Die sprachliche Möglichkeit hierzu bieten die Vorzeitiges inkludierenden Gegenwartsbezüge, z.B.

(365) Schuster / der wirklich eine gute partie liefert / der sehr stark spielt

(366) und dieses mal / hat Isoaho den ball festgehalten ansonsten macht der finnische Torhüter / aus Helsinki / nicht immer den allersichersten / eindruck

(367) Fischer / macht das sehr gut der Schalker indem er immer wieder auf die flügel rausgeht / und äh damit sich der bewachung von van Tuyne entzieht

Diese verbindende Funktion üben die 4b-Referenzen vor allem in den Pausenkommentaren aus. Durch sie gelingt es dem Reporter besonders gut, seinen zeitlichen Standpunkt "inmitten des Spiels" zu dokumentieren: Zwar ist die Hälfte des Geschehens bereits vorbei, aber es wirkt bis zum Spielpause-Redemoment, ja auch darüber hinaus in die noch ausstehende 2. Halbzeit:

(368) es ist halbzeit und die bundesdeutsche fußball-nationalmannschaft führt nach 45 minuten mit 1:0

(369) es ist nicht allzuviel / was gegen die Albaner gebracht werden muß

(370) und so spielt man hier mehr auf brauner erde denn auf grünem rasen

Ziehen wir das Fazit: Trotz der aufgezeigten Besonderheiten der vollständigen, langen Teilreportagen handelt es sich bei ihnen um Repräsentanten des Direktreportage-Typs 'Teilreportage'. Ihre weitgehende Übereinstimmung mit den unvollständigen, kurzen Teilreportagen ist nämlich kein "statistisches" Zufallsergebnis, etwa nach der Formel: 'Nachbericht' (hier: Pausenkommentar) plus 'Ganzreportage' (hier: Spielbericht der 2. Halbzeit) ergibt zufällig 'Teilreportage'. Denn der Pausenkommentar ist kein Nachbericht, und der Spielbericht der 2. Halbzeit ist keine Ganzreportage, wie der Vergleich der Zeitstufen-Anteile (siehe Tabelle 38, 40, 44, 54) überzeugend belegt. Um die wichtigsten Beweis-Punkte herauszugreifen: Der Pausenkommentar hat gegenüber dem Nachbericht einen fast doppelt so hohen Wert bei den Rückgriffen in die Zeit vor dem Spiel (15 % vs. 8,4 %), einen mehr als die Hälfte geringeren "Spiel"-Anteil (31,5 % vs. 66,5 %), einen gut doppelt so hohen Anteil an punktuellen Redemoment-Referenzen (12,4 % vs. 5,6 %), einen fast dreifachen Anteil an inkludierenden Gegenwarts-Referenzen (33,3 % vs. 11,8 %). Vor allem an den Gegenwartsbezügen (4a und 4b) wird deutlich, daß die Narrator-Position des Reporters beim Nachbericht zeitlich außerhalb, beim Pausenkommentar aber innerhalb der Res, also des Fußballspiels, ist.

Beim Vergleich 2. Halbzeit-Spielbericht - Ganzreportage lassen sich ebenfalls signifikante Unterschiede nachweisen: Der Halbzeitbericht hat einen doppelt so hohen Anteil bei den Rückgriffen ins Spiel (10,5 % vs. 5,2 %), einen dreimal so hohen bei den Vorgriffen in die Zeit nach dem Spiel (1,8 % vs. 0,6 %), einen um ein Fünftel niedrigeren 4a-Wert (42,6 % vs. 52,4 %) und einen um ein Drittel höheren 4b-Wert (21,5 % vs. 15,7 %). Mit Ausnahme des 4b-Wertes liegen alle diese Anteilswerte wesentlich näher an den entsprechenden Werten der zweiten TR-Gruppe, der der kurzen Teilreportagen. Dementsprechend steht auch der 2. Halbzeit-Teil der langen TR-Reportagen im Inhaltsbereich den kurzen Teilreportagen näher als der Ganzreportage. Denn der Relations-Quotient zwischen aktuellen und nicht-aktuellen Spiel-Anteilen beträgt bei der Gruppe der kurzen Teilreportagen 1,99, beim Halbzeit-Teil der ersten TR-Gruppe 1,77, bei den Ganzreportagen aber 3,19.

zu 2 und 3: Nach dem eben Ausgeführten erklärt sich der Unterschied zwischen beiden TR-Gruppen hinsichtlich der aktuellen und nicht-aktuellen Anteile einerseits durch die generell häufigere Verwendung inkludierender Gegenwarts-Referenzen in der ersten Gruppe, zum andern durch den sehr hohen Anteil nicht-aktueller Bezüge im Pausenkommentar. Hinzu kommt das Gruppen-Extrem der Teilreportage 1, deren Quotient 3 fast an den GR-Quotienten 3,2 heranreicht. Im Inhaltsbereich erweist sich daher im nachhinein die in 3.1. analysierte Reportage vom Spiel Mönchengladbach gegen Manchester City geradezu als atypisch für den Typ 'Teilreportage'. Dieses Urteil wird aber gemildert, wenn man alle Zeitstufen-Werte berücksichtigt und dabei feststellt, daß von den sieben Teilreportagen außer TR 1 noch zwei weitere erheblich vom TR-Mittel abweichen. Daß diese drei "Abweichler" nicht nur aus einer der beiden TR-Gruppen kommen, deutet einmal mehr darauf hin, daß die nach pragmatischen Kriterien erfolgte Untergliederung auf keinen Fall die Trennung der Teilreportage in zwei vollständige Direktreportage-Typen rechtfertigen würde. Den Beweis hierfür liefert Tabelle 52: Nur bei einer einzigen Zeitstufe (4b) sind die Plus-Abweichungen ausschließlich der ersten und die Minus-Abweichungen ausschließlich der zweiten Gruppe zugeordnet.

Selbst wenn man die korpusbedingte Sonderstellung von GR 1 (1954), GR 3 (Nachspielzeit) und GR 4 (1. Halbzeit) außer acht läßt, erweisen sich die Ganzreportagen gegenüber den Teilreportagen als der homogenere Direktreportage-Typ. Denn bei GR liegen die Abweichungen vom Mittelwert bei den Zeitstufen zwischen +6 und -7,7 (siebe Tabelle 52), in TR dagegen zwischen +7,8 und -10,4. Ebenso ergibt sich bei den aktuellen und nicht-aktuellen Spielanteilen bei GR gemessen am Durchschnitt eine Spannweite von 15,9 Punkten (+7,5 bis -8,4), bei TR dagegen von 24,4 (+13,7 bis -10,7). Der Grund für die größere Variabilität der Teilreportage ist wohl zum einen in äußeren Faktoren, wie z.B. unterschiedlich lange Reportagezeit, sich daraus ergebende Struktur-Unterschiede, Wettbewerbstyp der Spiele, zu suchen, andererseits aber auch in einer durch diese Faktoren mitbedingten Gebrauchsnorm, die weniger starr als die der Ganzreportage ist und somit dem Reporter größere Gestaltungsfreiheiten läßt.

zu 4: Die eben erwähnten Reporter-Freiheiten kann man besonders gut an den auffälligen Abweichungen der Teilreportagen 1, 2 und 6 nachweisen. In TR 2 legt FASSBENDER verhältnismäßig großen Wert auf die historische Einordnung des Spiels. Fast 15 % seiner Reportage widmet er den Zeitstufen 1 und 7. Vom Spiel her besteht dazu genauso viel bzw. wenig Notwendigkeit wie bei den anderen drei Viertelfinal-Rückspielen. Hinzu kommt der überdurchschnittlich hohe Zeitstufe-2-Wert (20,9 %). Dieser hat offenbar seinen Grund in der relativen Kürze der Reportage, da hier die Pflicht besteht, über die Höhepunkte der vorausgegangenen 75 Spielminuten zu informieren. In der Tat ist die absolute Zahl der Rückgriffe ins Spiel mit 43 Referenzen in TR 2 beinahe gleich mit der in TR 3 (45 Referenzen), einer Reportage mit nahezu doppeltem Umfang. Man kann daraus folgern: Diese Anzahl stellt für Teilreportagen sozusagen das Informations-Minimum über die abgelaufene Spielzeit dar.

HAUFFE in TR 1 legt den Schwerpunkt seiner Reportage überdurchschnittlich auf die Wiedergabe des aktuellen Geschehens; daher bei ihm die höchsten 3-, 4a- und 5-Werte. Als einziger weicht er entscheidend von der Gebrauchsnorm der Teilreportagen ab, inkludierende Gegenwartsbezüge relativ häufig zu verwenden. Sein im Vergleich zum Gruppen-Mittel um ein Drittel, zum TR-Mittel gar um die Hälfte niedrigerer 4b-Wert ist eine Folge seiner Entscheidung, der Aktualität des Spielgeschehens den absoluten Vorrang einzuräumen.

Gleichsam die entgegengesetzte Entscheidung hat BÖTTCHER in TR 6 (Albanien-

Bundesrepublik Deutschland) getroffen. Er hat mit Abstand den geringsten Anteil punktueller Redemoment-Referenzen (31,7 %) und unmittelbarer und mittelbarer Spiel-Vorgriffe (0,3 % bzw. 0,9 %). Dafür gebraucht er anteilsmäßig und absolut am häufigsten inkludierende Gegenwarts-Referenzen. Außerdem behält er 10 % seiner Reportage der historischen Einordnung des Spiels vor. Daß trotzdem die Aktualität des Geschehens auf dem Spielfeld nicht völlig ins Hintertreffen gerät, liegt an dem hohen Wert der Zeitstufe 3, der mehr als die Hälfte des 4a-Wertes ausmacht. Im Gegensatz zu BÖTTCHER scheut sich BREUCKMANN in TR 3 (Genf - Düsseldorf) regelrecht vor dem unmittelbaren Rückgriff. Sein 3-Wert erreicht noch nicht einmal ein Fünftel des 4a-Wertes.

Der Einfluß von sachbedingten Faktoren und freien Reporter-Entscheidungen läßt sich am besten an den Pausenkommentaren illustrieren. Die Drittel-Anteile der Zeitstufen 2 und 4b ergeben sich von der Sache und der sich daraus ergebenden Gebrauchsnorm her. Daß so gut wie keine unmittelbaren Rückgriffe vorkommen, ist ebenfalls sachbedingt: Es besteht keine Veranlassung dazu, da der Reporter ja nicht durch eine schnelle Geschehensfolge zu derartigen Rückgriffen genötigt wird. Ebenso entfällt jedes sachliche und narrative Motiv zu unmittelbaren Vorgriffen. Freigestellt ist dagegen dem Reporter, ob er Aussagen über die bevorstehende 2. Halbzeit machen will oder nicht. BÖTTCHER in TR 6 verzichtet darauf, EMMERICH widmet diesen Vorgriffen fast 9 % seines Pausenkommentars. Historische Einordnung muß sein, zwar nicht unbedingt auf die Zeit nach dem Spiel, aber auf die Zeit vor dem Spiel bezogen. Doch ob man dazu 20 % wie BÖTTCHER oder nur knapp 11 % wie SPRENTZEL verwendet, gehört zu den Freiheiten des Reporters bei der Gestaltung des Pausenkommentars.

Der Steckbrief der Teilreportage

Zum Schluß wieder der "Steckbrief" der typischen Teilreportage. Zum Vergleich sind die entsprechenden Werte der typischen Ganzreportage in Klammern hinzugefügt:

	TR	(GR)
Vorzeitigkeit	33 %	(25,5 %)
Gleichzeitigkeit	61,5 %	(70,5 %)
Nachzeitigkeit	5,5 %	(4 %)
Zeitstufe 2	14 %	(5 %)
Zeitstufe 3	13 %	(18 %)
Zeitstufe 4a	41 %	(55 %)
Zeitstufe 4b	19 %	(15 %)
spielbezogene Anteile (s)	91 %	(95 %)
nicht-spielbezogene Anteile (ns)	9 %	(5 %)
Relation s:ns	10:1	(19:1)
aktuelle Spielanteile (a)	56,5 %	(72,5 %)
nicht-aktuelle Spielanteile (na)	34,5 %	(22,5 %)
Quotient n:na	1,6	(3,2)

4.1.6. Die Konferenzreportagen

Struktur und Rahmenbedingungen

Die 24 Konferenzreportagen unseres Korpus haben eine Gesamtsprechzeit von 4h 12'28". Durchschnittlich dauert eine Konferenzreportage also 10'31". Die Extreme reichen dabei von 27'30" (KR II,4) bis 55" (KR I,7), d.h. die längste Konferenzreportage übertrifft die kürzeste genau um das Dreißigfache. Die einzelnen Reportagen setzen sich aus Einblendungen zusammen, deren Anzahl zwischen eins und neun schwankt. Im Schnitt besteht eine Konferenzreportage aus vier bis fünf Einblendungen. Die längste Einblendung dauert 11'03", die kürzeste 9". Selbst die zweitlängste Einblendung (5'48") übertrifft die kürzeste noch um das nahezu Vierzigfache. Im Durchschnitt stehen dem Reporter 2'15" für jede Einblendung zur Verfügung.

Schon diese Zeitdauer-Angaben zeigen in aller Deutlichkeit, daß es sich bei der Konferenzreportage um einen besonderen Direktreportage-Typ handelt. Denn die Sprechzeit-Unterschiede bei den Ganzreportagen sind prinzipiell minimal. Selbst die Reportage eines Spiels, das verlängert werden muß, benötigt nur ein Viertel mehr Sprechzeit als die "normale" Ganzreportage. Auch bei den Teilreportagen sind die Unterschiede vergleichsweise gering: Die umfangreichste TR-Reportage ist nur viermal so lang wie die kürzeste, bei KR aber dreißigmal.

Die großen Sprechdauer-Unterschiede bei KR haben ihren Grund in den pragmatischen Faktoren der Sendeform. Sinn der Konferenzsendungen ist es ja, den Hörer über mehrere, zur gleichen Zeit ablaufende Sportereignisse zu informieren, und dies nicht nur durch Zwischenstand-Meldungen und Ergebnis-Zusammenfassungen, sondern vorwiegend live. Dies kann zwangsläufig nur durch Springen von einem Schauplatz zum anderen erfolgen, also durch Kurzausschnitte. Nimmt man hinzu, daß die im Regelfalle dreistündigen Samstag-Sportsendungen aus Wort- und Musikbeiträgen zusammengesetzt sind, steht für jedes Fußballspiel, über das berichtet wird, nur eine gut zehnminütige Reportagezeit zur Verfügung, also knapp 12% der 90minütigen Spielzeit. Innerhalb der Gesamtsendung ist der Zeitabschnitt, in dem die Fußballspiele stattfinden, fast ausschließlich der Sportart 'Fußball' vorbehalten, worin sich die herausragende Position des Fußballs unter allen anderen Sportarten dokumentiert. Deswegen ist es kein Zufall, daß die Sprechzeit der Fußballreportagen in den drei untersuchten Sendungen nahezu gleich ist:

KR I "Sport am Samstag" (HR I, 29.10.1977): 1h 29'20",
KR II "Sportreport" (SWF III, 28.2.1981): 1h 29'23",
KR III "Sport und Musik" (WDR I, 11.4.1981): 1h 13'45"
unter Einbeziehung der Nachberichte: 1h 21'26".[109]

Die unterschiedliche Reportagen-Länge ergibt sich also nicht von der Sendezeit her, die für Fußballspiele reserviert ist, sondern aus zwei anderen Gründen:

1. Die Anzahl der Reportagen variiert in den drei Sendungen. KR I berichtet über elf, KR II über fünf und KR III über acht Spiele. Diese Varianz ist eine Folge von "Angebot" und "Nachfrage", will sagen: sie ergibt sich einerseits vom DFB-Spielplan, zum andern von der Auswahl-Freiheit des Senders her. KR II steht exemplarisch für die "Angebotsseite": Am 28.2.1981 fanden mit Ausnahme eines Nachholspiels keine Bundesligaspiele statt, sondern das Viertelfinale im Vereinspokal stand auf dem DFB-Programm. Daher nur fünf Reportagen. Die anderen beiden Sendungen stehen exemplarisch für die "Nachfrage" der Sender. Sowohl am 29.10.1977 als auch am 11.4.1981 war ein "normaler" Spieltag. Der Hessische Rundfunk berichtete über alle neun Bundesliga- und über zwei Zweitliga-Spiele, der WDR entschied sich ebenfalls für Übertragungen von allen acht Bundesliga-Spielen, die an diesem Tage stattfanden[110], verzichtete aber auf Reportagen von Zweitliga-Spielen. Die durchschnittliche Reportagen-Länge variiert dementsprechend: KR I: 8'7", KR III: 9'13", KR II: 17'54".

2. Die einzelnen Sportredaktionen berichten ausführlicher über Spiele der Mannschaften, die in ihrem jeweiligen Sendegebiet beheimatet sind. Eine Ausnahme machen nur besonders interessante Spiele, besonders Begegnungen zweier Spitzenmannschaften. Hinzu kommt, daß die eigenen Reporter nach Möglichkeit bevorzugt werden. Da in der Saison 1977/78 nur eine hessische Mannschaft in der Bundesliga und drei in der 2. Liga spielten, stand am 29.10.1977 für den HR eindeutig das Treffen Fortuna Düsseldorf - Eintracht Frankfurt im Mittelpunkt. Diesem Spiel wurden acht Einblendungen und 18'36" gewidmet, fünf Minuten mehr als der zweitlängsten Reportage. An dritter und vierter Stelle sind die Zweitliga-Begegnungen hessischer Vereine plaziert, wobei der rein hessische Vergleich FSV Frankfurt - VfR Bürstadt mit dem HR-Reporter REHAHN Vorrang vor der BR-Reportage vom Spiel Bayern Hof - KSV Baunatal hat.[111] Zwischen die "hessischen" Spiele schiebt sich nur die Begegnung Schalke - HSV. Der Moderator erklärt dies alles einleitend:

(372) aber nicht nur die erste liga / wird in unserer sendung heute berücksichtigt werden sondern genau wie sie es gewöhnt sind meine damen und herren / auch die begegnungen aus der zweiten liga

(373) in der bundesliga interessiert natürlich / für alle anhänger der Eintracht die begegnung Fortuna Düsseldorf gegen Eintracht Frankfurt / [.....] aber spitzenspiel / natürlich auch in der ersten liga die begegnung FC Schalke 04 / gegen den Hamburger SV

Wohl nicht zufällig stehen 1. FC Köln - München 1860 (55") und Bayern München - Hertha BSC (2'23") am Ende der Sprechzeit-Skala, handelt es sich doch um Mannschaften, die relativ entfernt von Hessen beheimatet sind, und um wenig Spannung verheißende Spiele.[112]

Beim SWF signalisieren die Anzahl der Einblendungen (neun, sieben und vier) und die deutlichen Sprechzeit-Unterschiede (27'30", 19'57" und ca. 8') die vom Sender geplante Gewichtung: an erster Stelle die Begegnung mit dem "heimischen" Vertreter (Kaiserslautern) und Reporter, dann mit klarem Abstand das Spiel zweier "benachbarter" (geographisch und tabellenrangmäßig) Mannschaften (Frankfurt - Stuttgart), am Ende die "entfernteren" Mannschaften Hertha BSC - Düsseldorf und Nürnberg - 1860 München. Wie allerdings ein unerwarteter Spielverlauf die Sendung und damit auch die Länge einer Reportage beeinflussen kann, beweist das Pokalspiel zwischen dem Zweitligisten Braunschweig und der Spitzenmannschaft HSV. Eingeplant war sie offenbar in die dritte Kategorie mit vier Einblendungen. Da aber die reguläre Spielzeit 2:2 endete, wurde eine Verlängerung notwendig. Der SWF hängt - sozusagen außerhalb der Fußball-Reportagezeit - noch eine zusätzliche Einblendung von den letzten zehn Verlängerungs-Minuten an. Auf diese Weise rückt die Reportage mit 26'12", aber nur fünf Einblendungen an die zweite Stelle.

Im Gegensatz zum HR konnte der WDR in der Saison 1980/81 über die Spiele von zehn Bundesliga-Mannschaften aus dem eigenen Sendegebiet berichten. Zufällig trafen in den acht Begegnungen am 11.4.1981 keine Mannschaften des Sendegebiets aufeinander, sechs hatten sogar Heimspiele. Der Sender fühlte sich folglich gegenüber seinen Hörern verpflichtet, von vornherein über alle Bundesliga-Spiele live zu informieren, und konnte dabei sechs eigene Reporter einsetzen. Die "heimischen" Zweitliga-Spiele waren daher von geringerem Interesse. Über ihre Tore, Zwischen- und Endergebnisse informierte der Moderator der Sendung. Die Unterschiede in der Länge der einzelnen Reportagen ergeben sich hier also vom Interesse an den einzelnen Spielen und von der Bevorzugung der eigenen Reporter her. Im Mittelpunkt der Sendung steht - auch nach den Worten des Moderators -

der "schlager" im "Ruhrpott" zwischen dem abstiegsgefährdeten Traditions-Club Schalke 04 und dem Tabellenführer HSV (20'28"). Mit erheblichem Abstand folgt das Abstiegsduell Uerdingen - Nürnberg (12'04"). Am Ende der Skala steht mit nur zwei Einblendungen und einer Sprechzeit von 4'12" die vom HR verantwortete Reportage Frankfurt - Köln. Die zweite "auswärtige" Reportage liegt mit drei Einblendungen zwar hinter allen sechs WDR-Reportagen, ist aber um fast eine Minute länger als die beiden kürzesten Reportagen mit WDR-Reportern (6'28" vs 5'37" bzw. 5'31"). Für diese "Ausnahme von der Regel" lassen sich drei Gründe anführen: 1. Bayern München ist neben dem HSV Meisterschaftsanwärter; 2. der BR-Reporter RUBENBAUER kommentiert seine drei Einblendungen exklusiv für den WDR; 3. es ist das torreichste Spiel des Tages gewesen.

Die Zahl der E i n b l e n d u n g e n pro Reportage ist primär abhängig von der Gewichtung des Spiels durch die Sportredaktion, hin und wieder aber auch vom Spielverlauf. Für beide Faktoren haben wir zuvor schon Beispiele angeführt. Im Regelfalle besteht ein direkter Zusammenhang zwischen der Anzahl der Reportagen in der Sendung, der Länge der einzelnen Reportagen und der Anzahl der Einblendungen. Insofern korrespondiert in allen drei Sendungen die Gesamtzeit der längsten und die der kürzesten Reportage mit der höchsten bzw. niedrigsten Einblendungs-Zahl. Ebenso wirkt sich die Anzahl der Reportagen pro Sendung aus: Bei KR I (HR) mit elf Reportagen setzt sich durchschnittlich jede Reportage aus 3,6 Einblendungen zusammen, bei KR III (WDR, acht Reportagen) aus 5,4 und bei KR II (SWF, fünf Reportagen) aus 5,8 Einblendungen. Kein unmittelbarer Zusammenhang besteht dagegen zwischen diesen Größen und der Länge der einzelnen Einblendungen. In KR III beträgt sie im Durchschnitt 1'43", in KR I 2'14" und in KR II 3'5". Hier zeigt sich natürlich am stärksten der Einfluß der Sendungs-Struktur und des faktischen Spielgeschehens gegenüber dem Sendeplan. Bei dem WDR-Wert wirken sich die rasch wechselnden Kurzeinblendungen gegen Spielzeitende aus. Dagegen verdankt die mit Abstand längste Einblendung (11'03") ihre Sonderstellung einzig dem Umstand der Spielverlängerung. Zu diesem Reportagezeitpunkt waren alle anderen Spiele bereits beendet, KR II,4 war folglich "konkurrenzlos". Die mit 9" kürzeste Einblendung ist folgender Schlußkommentar:

(374) /Hageleit:/ die begegnung in Leverkusen ist längst zu ende / Bayer Leverkusen schlägt den Karlsruher SC mit 3:0 / verabschiede mich von hieraus und gebe weiter nach Mönchengladbach //

Die Kürze dieser Einblendung hängt primär davon ab, daß das Spiel bereits beendet ist. HAGELEIT faßt sich offenbar bewußt kurz, um seinen Reporter-Kollegen Gelegenheit zu geben, die letzte Minute bzw. die Sekunden vor oder nach Abpfiff ihrer Spiele live kommentieren zu können.

Unter dem Kriterium "Spielreportage" haben wir nicht als Einblendungen die Reporter-Äußerungen mitgerechnet, die lediglich der Konferenz-Abstimmung dienen bzw. bloße Bekräftigung sind. BREUCKMANN wird "nach Plan" vom WDR-Moderator SCHOTT gerufen:

(375) /Schott:/ und nun zu ihnen Manfred Breuckmann nach Düsseldorf //
/Breuckmann:/ ich glaube irgendwo anders ist ein tor gefallen ich halte mich 'mal ein bißchen zurück //
/Hansch:/ toor in Bielefeld //
/Breuckmann:/ in Bielefeld //
/Hansch:/ jaaah jajaja ja / auf der Alm in Bielefeld / und ich glaube / diesen jubel diesen beifall / den braucht man gar nicht äh zu kommentieren / /..../

Würde man diese "Dialog"-Äußerung zu den Einblendungen zählen, hätten wir es mit Kurzeinblendungen von wenigen Sekunden zu tun.

Diese erheblichen Quantitäts-Unterschiede und ihre Ableitung von den Sonderbedingungen der Sendeform her prägen zugleich die qualitative Eigenart der Konferenzreportagen gegenüber den Ganz- und Teilreportagen. Denn in einer Sendung können ganz verschiedene Arten von Reportagen vorkommen:

1. Die vom Sender mit eigenem Reporter produzierte Reportage. Die Anzahl der Einblendungen und deren ungefähre Länge sind eingeplant. Bei diesen "Originalreportagen" kann der Hörer sicher sein, daß er innerhalb der einzelnen Einblendungen in Form von Rückgriffen über alle relevanten Spielvorkommnisse informiert wird. Sie ist zugleich die Grundlage für Zuschaltungen anderer Sender.

2. Die vom Sender in Auftrag gegebene Reportage. Der Reporter eines anderen Senders berichtet exklusiv für den Auftragsender. Dies ist z.B. bei KR III,8 der Fall. Der BR-Reporter RUBENBAUER wird jeweils vom WDR-Moderator gerufen und gibt jeweils mit dem Schlußtopos einer selbst beendeten Einblendung "zurück ins funkhaus". Der Exklusiv-Charakter wird für den Hörer deutlich z.B. an einer Dialog-Verknüpfung wie dieser:

(376) /Schott:/ und wir geben direkt weiter ins Münchner Olympia-Stadion Gerd Rubenbauer aus Münchner sicht gesehen begann ja alles gar nicht so gut gegen den MSV Duisburg aber dann //
/Rubenbauer:/ aber dann und vielleicht noch mehr aber Kalle del 'Haye bleibt am rechten flügel hängen es begann deshalb nicht so gut weil /..../

In anderen Einblendungen ist das direkte Nennen des Auftragsenders bzw. das Ansprechen seiner Hörer ein expliziter Hinweis:

(377) /Hageleit WDR:/ eine viertelstunde im / Parkstadion in Gelsenkirchen gespielt ich begrüße die hörer des Hessischen Rundfunks

(378) /Koch BR:/ zurück zum Hessischen Rundfunk

Da man annehmen darf, daß z.B. RUBENBAUER auch für seinen Sender die "Originalreportage" gesprochen hat, gibt es also mindestens zwei Reportagen desselben Reporters von demselben Spiel. Auf keinen Fall können die aktuellen Spiel-Referenzen in beiden Reportagen identisch sein, da die jeweiligen Einblendungen ja zeitversetzt sein müssen.

3. Die vollständige oder teilweise Übernahme von Reportagen oder Einblendungen von einem anderen Sender, die Zuschaltung. In diesen Fällen muß der Sender seinen Reportageplan auf den des anderen Senders abstimmen. Er kann diesen natürlich während der Sendung nicht genau realisieren, weiß doch der Moderator des zuschaltenden Senders nicht auf die Sekunde genau, wann der Moderator des produzierenden Senders seine Überleitung beendet hat und der Reporter zu sprechen beginnt. Deswegen beginnen die meisten Einblendungen dieser Art mitten im Satz. Für den Hörer ist folglich diese Reportageart deutlich kenntlich an der akustischen und sprachlichen Form der Überleitung, auch wenn der Moderator nicht ausdrücklich betont, daß der Sender sich in eine laufende Reportage "ein-" bzw. aus ihr "ausblendet" oder der Reporter an ein anderes Funkhaus bzw. "die angeschlossenen funkhäuser" zurückgibt. Zwei Beispiele:

(379) /Böttcher HR:/ wir wollen mal hören wie es in Schalke steht / Jochen Hageleit berichtet //
/Hageleit WDR:/ .... nicht zufrieden / mit der leistung / der Schalker / bei denen im angriff nichts zusammen / laufen will

(380) /Emmerich WDR:/ und so ein wenig habe ich jetzt doch den ein- / druck / daß die Braunschweiger / die ihr selbstvertrauen wiederfinden / und zeigen wollen / daß doch ein bißchen mehr / in ihnen steckt / als das nun heute .....
/Böttcher HR:/ so wir wollen einmal schauen wie es inzwischen in Bremen aussieht

Im Extremfall besteht eine Konferenzreportage dieser Art aus einer einzigen Einblendung (z.B. KR I,7, 8, 10 und 11), die im Falle von KR I,7 noch nicht einmal eine Minute dauert. Welchen Sinn das macht, sei dahingestellt. Sieht man vom Sender-Stolz ab, über "alle" Spiele "live berichtet" zu haben, sind derartige Kurzausschnitte für die Radiohörer vergleichbar der Aufführung eines Dramas, bei der dem Publikum nur ein Szenen-Ausschnitt vorgespielt wird, der für das Ganze noch nicht einmal bedeutsam zu sein braucht, und der Regisseur (hier: Moderator) nach einer Pause eine Inhaltsangabe in Stichworten gibt.

Zwischen der zweiten und dritten Reportageart sind auch Mischformen möglich. So berichtet der BR-Reporter KOCH vom Spiel Hof - Baunatal zunächst exklusiv für den HR:

(381) denn es sind mittlerweile bereits drei tore gefallen / und zwei verehrte hörerinnen und hörer des Hessischen Rundfunks / zwei dieser tore für den KSV Baunatal

Die nächsten beiden Ausschnitte sind Einschaltungen des HR in die Reportage, die KOCH für seinen Sender spricht:

(382) /Böttcher HR:/ wir schalten uns in die reportage von Günter Koch ein

Die letzte Einblendung ist wieder exklusiv für den HR:

(383) gute nachrichten also für sie im raum Hessen

(384) das solls gewesen sein / zurück zu ihnen nach Hessen

Ähnlich verhält es sich bei KR II,5. Zunächst übernimmt der SWF eine Einblendung aus Frankfurt vollständig. Der zweite Ausschnitt ist exklusiv für den SWF. MICHEL, der Moderator von KR II, kündigt ihn als solchen an:

(385) nein / bitte zurückstellen ich höre die ansage für einen kommentar / exklusiv für uns / zum spiel Eintracht Frankfurt gegen / VfB Stuttgart / von Joachim Böttcher / ich bitte um verständnis und entschuldigung wir schalten um

Die folgenden fünf Einblendungen sind der BÖTTCHER-Reportage für die "angeschlossenen funkhäuser" entnommen. In allen fünf Fällen spricht der Reporter bereits bei der Zuschaltung:

(386) es steht 1:1 in Frankfurt / und Joachim Böttcher hat bereits gesprochen wir blenden uns ein

Bei der dritten und vierten Einblendung dieser Reportage wartet MICHEL ab, bis BÖTTCHER "zurückgibt", bei den letzten drei blendet MICHEL seinen Sender aus:

(387) so wir müssen uns ausblenden

Es gibt sogar Fälle, in denen sich der Sender A in eine Exklusivreportage des Senders B für den Sender C einschaltet. In KR I,10 berichtet der NDR-Reporter POPPEN aus Bremen exklusiv für den WDR ("zurück nach Köln"). Der HR blendet sich in diese laufende Reportage ein.

Eine Mischform ganz eigener Art stellt KR II,1 dar. Die Reportage, die der SWF seinen Hörern vom Spiel Hertha BSC Berlin - Fortuna Düsseldorf bietet, setzt sich aus drei Übernahmen aus der SFB-Reportage von MÖNCH und einer Einblendung aus der RIAS-Reportage von OSTERMANN zusammen.

Innerhalb einer Sendung kommt es nun nicht nur zu häufigen Zuschaltungen in Sportsendungen anderer Rundfunkanstalten, sondern es werden hin und wieder sogar komplette Teile fremder Sendungen übernommen. Der WDR pflegt gegen Ende der Spiele "die berühmte konferenzschaltung der schlußphase" zu veranstalten. D.h. die einzelnen WDR-Reporter geben nicht zurück nach Köln ins Studio, sondern direkt weiter in ein anderes Stadion. Die Einblendungen von verschiedenen Spielen folgen also unmittelbar aufeinander. Der Moderator im Studio schaltet sich nur in Ausnahmefällen dazwischen, etwa um über ein andernorts gefallenes Tor zu informieren. Unterbrechungen durch Musik-Beiträge finden gar nicht statt. In diese "Konferenz" schaltet sich der HR ein:

(388) jetzt aber die konferenz / sie hat schon kurz begonnen / bei unseren kollegen vom Westdeutschen Rundfunk

Bis zum Schluß dieser Konferenz hört das HR-Publikum nun die WDR-Sendung. Erst nach ihrer Beendigung

(389) damit verabschieden wir uns aus dem Parkstadion in Gelsenkirchen und beenden unsere fußballkonferenzschaltung

ergreift der HR-Moderator wieder das Wort und läßt zum Abschluß der aktuellen Fußball-Berichterstattung die HR-Hörer in eine SR-Reportage über ein gerade begonnenes Spiel "reinhören".

Der pragmatische Rahmen der Sendeform bedingt einen gegenüber Ganz- und Teilreportagen völlig veränderten S t a t u s d e r R e p o r t e r :

1. Der KR-Reporter ist an den Sendeplan gebunden, muß daher seine Reportage in relativ kurzen Teilstücken geben.

2. Er kann nie sicher sein, daß ihm die vorgesehene Sprechzeit voll zur Verfügung steht. Mit Unterbrechungen seiner Reportage muß er immer rechnen, weil Ereignisse anderer Spiele und sportfremde Meldungen, z.B. Verkehrsnachrichten, als im Augenblick wichtiger eingestuft werden. Im Regelfalle wird sein Ton dann ausgeblendet, hin und wieder auch einfach durch den Studiosprecher überdeckt:

(390) /Kottkamp:/ der wird unfair (proteste) attackiert von Hofedietz / klare entscheidung + von schiedsrichter Clajus und es gibt einen freistoß für / Borussia Mönchen +
/Menke:/ + Eintracht Frankfurt VfB Stuttgart 1:1 / ausgleich für die Frankfurter / in der 64sten spielminute +
/Kottkamp:/ gladbach etwa zehn meter von der mittellinie entfernt

Er muß sogar mit dem Abbruch seiner Einblendung rechnen, wenn auf einem anderen Schauplatz etwas Interessantes passiert ist. Davor bewahrt ihn auch nicht eine spannende Szene seines Spiels:

(391) /Koch:/ kurze ballannahme drehung nach links innen mit dem linken fuß ein paß (lauter) auf den elfer aber ein .....
/Michel:/ tor in Kaiserslautern wir schalten um zu Volker Kottkamp

3. Der Reporter ist einer unter anderen. Er hat also von sich aus Rücksicht auf andere Spiele und Reportagen zu nehmen. Nicht seine Reportage ist für sich genommen wichtig, sondern das Gelingen der ganzen Sendung. Von hieraus ergibt sich neben dem erzwungenen auch der freiwillige Verzicht auf Sprechzeit:

(392) /Hageleit:/ aber ich sollte schnell zurückgeben //

/Schott:/ ja aus gutem grund Jochen Hageleit denn das 4:0 für Eintracht Frankfurt gegen den 1. FC Köln ist gefallen

(393) rasch nach Uerdingen zu Heinz Jungmann

Beleg 375 gibt sogar ein Beispiel dafür, daß der vom Moderator gerufene Reporter ganz auf seine Einblendung verzichtet bzw. diese auf später verschieben läßt.

4. Der KR-Reporter ist nicht mehr allein verantwortlich für die Berichterstattung über sein Spiel. Er teilt seine Berichterstatter-Rolle mit dem Studioreporter, "der durch die sendung führt". Der Moderator mit seinen vielfältigen Funktionen - vom "Dirigenten" des Reporter-Chors bis zum Interviewer und Gesprächspartner von Studiogästen - gibt ja nicht nur Stichworte und Kurzüberleitungen, sondern informiert die Hörer möglichst schnell über Tore, Spielstand, besondere Vorkommnisse, ordnet das Spiel historisch ein, gibt den Gesamtüberblick über den Spieltag, scheut auch nicht vor Wertungen zurück. Er übernimmt auch weitgehend die Kommunikation mit den Hörern, die ja den Moderator bzw. das Studio telefonisch erreichen können:

(394) /Schott:/ meine damen und herren ich muß mich tausend mal bei ihnen entschuldigen /..../ also bitte nicht anrufen / die telefone bei unserer sekretärin / Birgen / Birgit Neudorf oben stehen schon nicht mehr still / /.../ asche komme über mein haupt ich bitte um entschuldigung

Er sieht es offenbar auch nicht gern, wenn ihm ein Reporter diese Möglichkeiten beschneidet, indem dieser ihn in Zeitnot bringt und so zum bloßen Ansager der nächsten Einblendung degradiert:

(395) /Michel:/ eine sprechzeit Joachim Böttcher hat seine sprechzeit ausgenützt bis zur letzten sekunde / so daß es nur wieder zu einer kurzen ansage reicht[113]

5. Alle diese Faktoren wirken sich zwangsläufig auf die Rolle des Reporters als Narrator aus. Seine Autonomie ist nicht nur vom Typ 'Direktreportage' eingeschränkt, sondern auch von der Sendeform 'Konferenzschaltung'. Eine Konferenzsendung gleicht daher einer Erzählung, in der ein außerhalb der Res stehender Ich-Erzähler (Moderator), der die Fäden der Handlung insgesamt in der Hand hält, verabredungsgemäß (Sendeplan) oder nach eigener Entscheidung u.a. das Wort an mittelbar am Geschehen beteiligte Personen (Reporter) abtritt, damit diese in Form des Erzählerberichts und szenischer Darstellung Ausschnitte des von ihnen Miterlebten erzählen können. Der strukturelle Unterschied zu vergleichbaren literarischen Großformen, wie sie z.B. in BOCCACCIOs 'Decamerone', CHAUCERs 'Canterbury Tales' und GOETHEs 'Unterhaltungen deutscher Ausgewanderten' vorliegen, besteht vor allem darin, daß die Binnenerzählungen (die einzelnen Spielreportagen) nicht jede für sich geschlossen dargeboten werden, sondern in einzelne Episoden zerlegt sind, die durch Episoden anderer gleichrangiger Binnenerzählungen unterbrochen werden.[114] Da es sich bei den Narratores einer Konferenzsendung ja nicht um fiktionale Geschöpfe eines realen, als Creator fungierenden Autors handelt, sind bei einer derartigen Sendeform "Pannen" aus menschlichen und technischen Gründen gleichsam vorprogrammiert, Pannen, die Anlaß zu schadenfroher Beobachtung und Kritik oder zu satirischer Auswertung bieten.[115] Diese Pannen kommen natürlich in den Sendungen, die fast ausschließlich auf Fremdreportagen angewiesen sind, häufiger vor. So machen KR I (HR) und KR II (SWF) einen wesentlich unharmonischeren Eindruck als die geordnete WDR-Sendung KR III.

6. Im Gegensatz zur Ganz- und Teilreportage kann bei der Konferenzreportage ein Unterschied zwischen der "Reporter-Reportage" und der "Sendungs-Reporta-

ge" bestehen; oder anders ausgedrückt: was der Reporter sagt, braucht quantitativ und damit auch qualitativ nicht identisch zu sein mit dem, was das Radiopublikum zu hören bekommt. Ausschlaggebend ist hierbei nicht das Plus durch zusätzliche Informationen aus dem Studio, sondern das Minus, das sich bei Reportage-Übernahmen von anderen Sendern durch spätes Ein- und frühes Ausblenden ergibt. Da dies der KR-Reporter nicht einkalkulieren kann, richtet er also seine Erzählstrategie nach dem Zeitplan der Original- bzw. Exklusivreportage aus. Denn hierbei kann er einigermaßen sicher sein, daß der Auftragssender den vollen Wortlaut bringt und nicht ohne Not unter- oder gar abbricht. D.h. aber zugleich: auf die Hörer zugeschalteter Sender kann er keine Rücksicht nehmen, auch wenn diese häufig in der Mehrheit sein dürften. Das "Geordnetsein" der WDR-Sendung rührt also vor allem daher, daß KR III ausschließlich Original- und Exklusivreportagen enthält. Kein einziges Mal wird in eine laufende Reportage eingeblendet, kein einziges Mal vorzeitig ausgeblendet. Nur einmal bittet der Moderator einen Reporter, ihn kurz unterbrechen zu dürfen, einmal räuspert er sich vernehmlich, damit ein Reporter von sich aus den Schlußpunkt setzt, einmal blendet sich während der "Konferenz" ein Reporter "ungerufen" ein, um ein Tor zu vermelden.[116]

Als Kontrast dazu das von der Herkunft her heterogene Reportagematerial der HR-Sendung: Sieht man von den "vollständigen" 15 Einblendungen der komplett übernommenen Konferenzschaltung des WDR ab, beginnen 16 der restlichen 25 Einblendungen zu spät und werden zehn vom Moderator vorzeitig abgebrochen. In einigen Fällen kann man dabei von Pannen sprechen, denn sogar bei Original- und Exklusiveinblendungen hat bisweilen der Reporter zum Zeitpunkt der Umschaltung bereits zu sprechen begonnen. Da aber gerade am Anfang einer Einblendung - wie gleich noch zu zeigen sein wird - wichtige Informationen und Orientierungen gegeben werden, fehlen diese dem Hörer häufig, wenn sich der Sender zu spät zuschaltet.

Nach allem Gesagten dürfte klar sein, daß und warum es keinen einheitlichen Typus der Konferenzreportage gibt. Es ist daher nicht möglich, wie bei GR und TR auch für KR eine bzw. zwei typische Strukturformen aufzuzeigen. Dies ist nur möglich, wenn man reporterbezogen die vollständige Original- bzw. Exklusivreportage als die Konferenzreportage ansieht. Dafür spricht, daß sie ja die Basis jeder ausgestrahlten Reportage ist. Vom Hörer her betrachtet, ist dies berechtigt, wenn er einen Idealfall wie die WDR-Sendung KR III antrifft, aber unzulässig, wenn wie bei der HR-Sendung KR I die Mehrzahl der Reportagen aus heterogenen und unvollständigen Einblendungen besteht.

Die "vollständige" Konferenzreportage hat folgende Struktur:

1. Sie wird vom Moderator zu Sendungsbeginn, sozusagen im "Inhaltsverzeichnis" der Sendung, angekündigt.
2. Sie besteht aus etwa sieben Einblendungen.
3. Die Einblendungen haben eine durchschnittliche Länge von zwei bis drei Minuten (während der Schlußphasen-Konferenz des WDR wesentlich kürzer).
4. Die Einblendungen sind über die Spielzeit gestreut. Nach Möglichkeit findet die erste Einblendung kurz nach Spielbeginn, die letzte gegen Spielende statt.
5. Jede Einblendung wird durch den Moderator - bei der WDR-Konferenz durch einen Mitreporter - einführend vorbereitet, zumindest angekündigt.
6. Die Übergänge von der Moderation zur Reportage-Einblendung werden z.T. bewußt gleitend gestaltet und sind inhaltlich und formal sehr variabel. Sie reichen vom persönlichen gegenseitigen Ansprechen über Bestätigung, wörtliche Wiederholungen, Frage und Antwort bis hin zu einer gemeinsamen Satzstruktur

(z.B. Moderator: Hauptsatz, Reporter: Nebensatz). Hierfür ein paar Beispiele (siehe auch Beleg 376):

(396) [Schott:] Jürgen-Dieter Rehahn dieses spiel steht unter ganz besonders äh großen vorzeichen denn ein ganz großer des deutschen fußballs / nimmt abschied mit diesem spiel von der bundesliga //
[Rehahn:] das is richtig Dietmar Schott das ist Bernd Hölzenbein

(397) [Böttcher:] Jürgen-Dieter Rehahn wie steht es da
[Rehahn:] nun am ergebnis hat sich überhaupt nichts geändert

(398) [Schott:] Bayern München Gerd Rubenbauer nun doch wohl eindeutig gegen den MSV Duisburg auf der siegerstraße //
[Rubenbauer:] zumal Karl-Heinz Rummenigge vor 30 sekunden seinen vierten treffer in diesem spiel erzielt hat

Auf der anderen Seite kann auf derartige gleitende Übergänge, für die besonders der WDR-Moderator SCHOTT sowohl die pragmatischen Voraussetzungen wie eine Vorliebe hat, verzichtet werden. In diesen Fällen setzt der Moderator für seine Einführung ein deutliches Schlußsignal, das aber zugleich auf die anschließende Einblendung verweist. Der Reporter beginnt dann ohne direkten Bezug auf die Moderation seinen Reportageteil:

(399) [Böttcher:] wir gehen / ins Parkstadion nach Gelsenkirchen / Schalke 04 Hamburger SV / Jochen Hageleit / berichtet /
[Hageleit:] eine viertelstunde im Parkstadion in Gelsenkirchen gespielt ich begrüße die hörer des Hessischen Rundfunks / im schlagerspiel des heutigen samstags / des 13ten spieltags der fußballbundesliga führt der FC Schalke vor 66.000 mit 1:0

(400) [Michel:] jetzt schnell zu Hertha BSC gegen Fortuna Düsseldorf mit Wolfgang Mönch / wir schalten um ins Olympia-Stadion //
[Mönch:] im Berliner Olympia-Stadion scheint eine vorentscheidung gefallen zu sein eine arg unter druck gesetzte Hertha / die im der zweiten halbzeit zu beginn der zweiten halbzeit einen sturmlauf der Düsseldorfer erlebte / [.....] sie ist in der 65sten minute in führung gegangen

Die Moderatoren BÖTTCHER (HR) und MICHEL (SWF) bevorzugen eindeutig diese Form des Übergangs, variieren dabei aber sprachlich: "unser reporter ist A", "A wird reporter sein", "wir rufen das X-Stadion", "A vom spiel M gegen N", "in X meldet sich A", "ein abstecher nach X". MICHEL verwendet relativ häufig das stereotype "wir schalten um nach X (zu A, ins Y-Stadion)". Übergänge nicht-"gleitender" Art bieten sich natürlich für Reportagen an, die von mehreren Funkhäusern gebucht worden sind.

7. Die Belege 399 und 400 stehen zugleich stellvertretend für zwei narrative Eröffnungs-Möglichkeiten einer Einblendung. Beleg 399 enthält die obligatorischen Informationen: Spielminute, Spielort, Spielstand. Da es sich um die erste Einblendung der Reportage handelt, kommen Begrüßung der Hörer und Angabe der Zuschauerzahl hinzu, obendrein hier noch eine kurze Einordnung des Spiels in den Bundesliga- und Spieltag-Rahmen. Auf diesen Eröffnungstyp folgt dann in der Regel ein zusammenfassender Überblick über das bisherige Spielgeschehen und/oder der detaillierte Rückgriff auf eine oder mehrere relevante Spielszenen, dann die Schilderung aktuellen Geschehens. Beleg 400 variiert diesen Einblendungs-Anfang. Die wertende Zusammenfassung mit dem anschließenden Rückgriff auf ein entscheidendes Tor werden an den Anfang gesetzt und in diese Informationen Angaben über Spielort, Mannschaften und Spielstand integriert.
Diesen Eröffnungs-Möglichkeiten steht ein strukturell anderer Anfangstyp gegenüber. Er setzt mit der Schilderung aktuellen Geschehens ein und holt dann

die Orientierungsangaben nach. Narrativ betrachtet handelt es sich also um eine Eröffnung "in medias res":

(401) zehnter eckball für die Hofer und auf der linie des to / des Baunatalers tores kann geklärt werden noch ist die situation nicht ganz bereinigt / (zuschauerraunen) fernschuß über das tor / wir melden uns aus Hof vom punktespiel zwischen dem FC Bayern Hof und dem KSV Baunatal / bis zur halbzeit verdiente führung der Baunataler / einer in jeder hinsicht beweglicheren und mannschaftlich geschlosseneren mannschaft / die hier mit 2:1 führte und immer noch führt / mit 2:1

Dieser Typ kommt seltener vor, da er nur gewählt wird, wenn zufällig im Augenblick des Redebeginns eine spannende Szene auf dem Spielfeld abläuft. Aber auch hier geben die nachgeschobenen Orientierungs-Angaben dem Hörer ein untrügliches narratives Signal, daß es sich nicht um eine Zuschaltung in eine laufende Reportage handelt.

8. Am Ende jeder Einblendung steht obligatorisch die stereotype Wendung "zurück ins funkhaus (in die funkhäuser, zum Hessischen Rundfunk, nach Köln)", entweder isoliert oder syntaktisch eingebettet (vgl. Beleg 378, 384, 402, 403). Dieser Schlußtopos hat doppelte Signalfunktion: dem Hörer zeigt er an, daß dieser eine nicht vorzeitig abgebrochene Einblendung geboten bekommen hat, für das Studio ist er das Zeichen, daß man dort wieder an der Reihe ist. Bei der Schlußphasen-Konferenz des WDR wird dieses Schlußsignal durch das "Rufsignal" ersetzt; denn hier übernimmt ja der seine Einblendung beendende Reporter zugleich die Aufgabe des Moderators, dem folgenden Reporter das Wort zu erteilen (siehe Beleg 374 und 393). Nicht selten geht dem Schlußtopos die Wiederholung des Spielstandes und die Angabe der Spielminute voraus. Diese Schlußsignal-Kombination - hin und wieder mit einem Hinweis auf die zu Ende gehende Sprechzeit verbunden - folgt im Regelfalle auf die Schilderung einer aktuellen Szene, ausnahmsweise auch auf eine wertende Zusammenfassung:

(402) das ist Glowacz / der könnt direkt flanken da kommt die flanke auf den elfmeterpunkt / kopfballversuch / aber abgewehrt / hat die abwehr des KSC / es bleibt also hier nach nunmehr 23 minuten beim 1:0 für Bayer Leverkusen / und mit diesem zwischenbericht / rufe ich wieder / das funkhaus //

(403) jetzt also / die führung für die Fortuna die einen spielfreudigen eindruck macht / die in der anfangsphase schwierigkeiten hatte / das mittelfeld schnell genug / zu überwinden / jetzt / dieses 1:0 dürfte allerdings / eine gewisse beruhigung / auf das spiel von Fortuna Düsseldorf ausüben 19 minuten / sind vorbei / 1:0 für Fortuna durch das tor von Schmitz in der 17ten minute und damit geben wir zurück ins funkhaus//

Die pauschalen Zeit- und Inhaltsanteile

Die Analyse und Interpretation der Teilkorpora 'Ganzreportagen' und 'Teilreportagen' hat ergeben, daß nicht nur die Unterschiede zwischen beiden Reportage-Typen, sondern auch die Unterschiede zwischen den einzelnen Reportagen eines Teilkorpus hauptsächlich auf die pragmatischen Bedingungen zurückzuführen sind. Es zeigte sich dabei: Je einheitlicher die Rahmenbedingungen, desto geringer die Unterschiede der Reportagen bei den Zeitstufen-Anteilen, den davon abgeleiteten Inhalts-Anteilen und der Reportage-Struktur. Die Konferenzreportagen, die der Radiohörer im Laufe einer Sportsendung geboten bekommt, ja die Sportsendungen selbst, unterliegen aber so unterschiedlichen pragmatischen Faktoren, daß sich die Hypothese geradezu aufdrängt: die KR-Reportagen bilden hinsichtlich ihrer quantitativen Zeitstufen-Distribution den mit Abstand heterogensten Direktreportage-Typ. Diese Hypothese zu verifizieren, fällt in der Tat nicht schwer. Bereits die Betrachtung der "pauschalen" Zeit- und Inhaltsanteile zeigt die große Spannweite dieses Reportagetyps.

A. Die quantitative Distribution

Siehe hierzu die Tabellen 55 bis 57 auf den folgenden Seiten. Außer in der ersten und letzten Zahlen-Spalte handelt es sich um Prozentangaben. Die erste Zahlen-Spalte gibt die Anzahl der Fälle, d.h. der finiten Verbformen an, auf der die prozentualen Werte basieren. Die vorletzte Zeile enthält das arithmetische Mittel der Werte der einzelnen Reportagen, die letzte Zeile die Gesamtwerte der Sendung.

B. Der statistische Befund

1. Die Rangfolge der Reportagen nach der Anzahl ihrer finiten Verbformen korrespondiert nicht in allen Fällen mit der Rangfolge, die sich von der Sprechzeit bzw. der Wortzahl her ergibt. Insgesamt gesehen bestätigt aber auch das untersuchte Material die enormen Quantitäts-Unterschiede. KR II,3 hat 26mal soviel finite Verbformen wie KR I,7.

2. Sowohl im zeitlichen als auch im inhaltlichen Bereich sind die Unterschiede zwischen den einzelnen Reportagen zum Teil sehr beträchtlich. Die Extremwerte lauten: bei "vorzeitig" 8,64 % und 52,94 %, bei "gleichzeitig" 46,57 % und 83,95 %, bei "nachzeitig" 0,49 % und 14,73 %, bei den spielbezogenen Anteilen 84,49 % und 100 %, bei den nicht-spielbezogenen Anteilen 0 % und 15,51 %. Die Spannweite zwischen den jeweiligen minimalen und maximalen Zeit-Werten ist in den einzelnen Sendungen - wie Tabelle 58 zeigt - unterschiedlich groß. KR III erweist sich als homogenste, KR I als die unausgeglichenste Sendung.

TABELLE 58: Spannweiten im Zeitbereich

	vorzeitig		gleichzeitig		nachzeitig	
	Extremwerte	Differenz	Extremwerte	Differenz	Extremwerte	Differenz
KR I	8,64 52,94	44,30	46,57 83,95	37,38	0,49 7,94	7,45
KR II	28,68 43,86	15,18	48,04 62,59	14,55	1,96 14,73	12,77
KR III	33,90 47,56	13,66	51,22 62,15	10,93	1,22 6,87	5,65

Extremwerte in %, Differenz in Prozentpunkten.

TABELLE 55: Zeit- und Inhaltsanteile der HR-Sendung KR I

			finite Formen	vor-zeitig	gleich-zeitig	nach-zeitig	spiel-bezogen (s)	nicht-spielbez. (ns)	Relation s:ns
1	Hof-Baunatal	Koch	204	52,94	46,57	0,49	97,55	2,45	40:1
2	FSV-Bürstadt	Rehahn	220	39,10	54,09	6,81	93,64	6,36	15:1
3	Braunschw.-Mönchengl.	Emmerich	152	39,47	54,61	5,92	84,87	15,13	6:1
4	Schalke-HSV	Hageleit	214	28,51	63,55	7,94	89,72	10,28	9:1
5	Düsseldorf-E.Frankfurt	Faßbender	242	28,51	70,67	0,82	98,35	1,65	60:1
6	St.Pauli-Kaisersl.	Maletzko	69	42,03	55,52	1,45	88,41	11,59	8:1
7	Köln-München 1860	Körper	17	23,53	70,59	5,88	88,24	11,76	8:1
8	B.München-Hertha BSC	Stanjek	46	34,78	63,05	2,17	100		
9	Bochum-VfB Stuttgart	Hauffe	138	35,51	57,97	6,52	94,19	5,81	16:1
10	Bremen-Duisburg	Poppen	92	46,74	48,92	4,34	97,84	2,16	45:1
11	Saarbrücken-Dortmund	Berwanger	81	8,64	83,95	7,41	96,30	3,70	26:1
	Sendungs-	Mittel	134	34,52	60,95	4,53	93,56	6,44	15:1
	Sendungs-	Gesamtwert	1475	36,06	59,46	4,48	93,83	6,17	15:1

TABELLE 56: Zeit- und Inhaltsanteile der SWF-Sendung KR II

		finite Formen	vor-zeitig	gleich-zeitig	nach-zeitig	spiel-bezogen (s)	nicht-spielbez. (ns)	Relation s:ns
1 Hertha BSC-Düsseldorf	Mönch/Ostermann	129	28,68	56,59	14,73	84,49	15,51	5:1
2 Nürnberg-München 1860	Koch	103	40,77	53,40	5,83	96,12	3,88	25:1
3 Braunschw.-HSV	Emmerich	443	36,57	55,76	7,67	91,20	8,80	10:1
4 Kaisersl.-Möncheng l.	Kottkamp	383	43,86	48,04	8,10	93,99	6,01	16:1
5 E.Frankfurt-VfB Stuttgart	Böttcher	409	35,45	62,59	1,96	99,03	0,97	102:1
Sendungs-	Mittel	293	37,06	55,28	7,66	92,97	7,03	13:1
Sendungs-	Gesamtwert	1467	37,76	55,55	6,69	93,87	6,13	15:1

TABELLE 57: **Zeit- und Inhaltsanteile der WDR-Sendung KR III**

		finite Formen	vor-zeitig	gleich-zeitig	nach-zeitig	spiel-bezogen (s)	nicht-spielbez. (ns)	Relation s:ns
1 Schalke-HSV	Thoma	405	38,02	57,29	4,69	95,55	4,45	21:1
2 B.München-Duisburg	Rosenbauer	97	44,33	52,58	3,09	100		
3 Bielefeld-VfB Stuttgart	Hansch	177	33,90	62,15	3,95	96,03	3,97	24:1
4 Uerdingen-Nürnberg	Jungmann	237	38,40	56,11	5,49	97,47	2,53	39:1
5 Düsseldorf-München 1860	Breuckmann	131	35,11	58,02	6,87	92,36	7,64	12:1
6 Leverkusen-Karlsruhe	Hageleit	94	42,55	55,32	2,13	92,56	7,44	12:1
7 E.Frankfurt-Köln	Rehahn	82	47,56	51,22	1,22	87,80	12,20	7:1
8 Möncheng l.-Kaisersl.	Seiwert	119	37,81	59,67	2,52	99,16	0,84	118:1
Sendungs-	Mittel	168	39,71	56,54	3,75	95,12	4,58	21:1
	Gesamtwert	1342	38,60	57,16	4,24	95,60	4,40	22:1

3. Trotz der erheblichen Unterschiede, die vom Untersuchungsmaterial her zwischen den einzelnen Reportagen existieren, sind die Diskrepanzen zwischen den beiden Sendungs-Werten, dem arithmetischen Mittel (Durchschnitt der Werte der einzelnen Reportagen) und dem Gesamtwert (prozentuale Aufschlüsselung aller finiten Verbformen einer Sendung) relativ gering: In KR I beträgt die maximale Differenz 1,5 Punkte, in KR II weniger als einen Punkt, in KR III 1,1 Punkte. Nimmt man alle drei Sendungen zusammen, weicht das KR-Mittel vom KR-Gesamtwert höchstens um 0,9 Punkte ab.

4. Vergleicht man die arithmetischen Mittel der drei Sendungen mit dem aus den Werten aller 24 KR-Reportagen gebildeten Mittel, so ergeben sich bei den Zeit-Werten Abweichungen von maximal 3, bei den Inhalts-Werten von maximal 1,2 Punkten.

C. Der interpretative Befund

zu 1: Nicht zu interessieren brauchen hier Rangdifferenzen, die sich aus unterschiedlicher Sprechgeschwindigkeit (Relation Sprechzeit:Wortzahl) ergeben. Daß KR II,4 die längste Reportage von der Sprechzeit her ist, aber von der Wortzahl erst an dritter Stelle plaziert ist, liegt offensichtlich an dem wesentlich niedrigeren Sprechtempo KOTTKAMPs im Vergleich zu seinen Kollegen. Denn man darf wohl ausschließen, daß bei ihm die durchschnittliche Wortlänge (Silben pro Wort) wesentlich größer ist und daraus der Unterschied resultiert. Interessanter sind in unserem Zusammenhang die Unterschiede, die beim Vergleich der Anzahl aller Wörter mit der Anzahl der finiten Verbformen auftreten. Von hieraus läßt sich nämlich bis zu einem gewissen Grade auf die Verb-Intensität der einzelnen Reportagetexte schließen und somit auch die Rang-Differenz z.B. bei KR II,5 erklären: Von der Sprechzeit und Wortzahl her steht diese Reportage an vierter Stelle, von der Anzahl der finiten Verbformen, also unserem Untersuchungsmaterial her, aber an zweiter Stelle. Der Relationsquotient beider Größen beträgt bei den 24 Konferenzreportagen im Schnitt 10,1; d.h. auf zehn Wörter entfällt eine finite Verbform. Bei den drei längsten Reportagen (KR II,3; II,4; III,1) ist dieser Quotient mit 10,3 bis 10,4 unwesentlich höher, bei KR II,5 mit 9,1 aber deutlich niedriger. Das bedeutet also: EMMERICH, KOTTKAMP und THOMA, die Reporter der drei längsten Reportagen, verwenden gemessen am KR-Durchschnitt geringfügig weniger, BÖTTCHER, der KR II,5-Reporter, dagegen mehr finite Verbformen. Es liegt nahe, diese Unterschiede in direkten Zusammenhang mit der Quantität der sogenannten "Setzungen" zu bringen und zu erklären, dies umso mehr bei einer Textsorte, deren auffälligstes syntaktisches Charakteristikum der hohe Anteil an Sätzen ohne Prädikat bzw. ohne finite Verbform ist. Bei den beiden behandelten Nachberichten läßt sich dieser Zusammenhang klar nachweisen: NB 1 hat wesentlich weniger Setzungen als NB 2. In NB 1 kommt auf 10,5 Wörter, in NB 2 dagegen erst auf 12,3 Wörter eine finite Verbform. Doch bei den Direktreportagen ist Vorsicht geboten. Denn offenbar gibt es "Gegentendenzen", die z.T. gewichtiger sein können als das Faktum: Setzungen gehen zu Lasten der finiten Verbformen. Hier ist besonders an Sätze mit mehreren Prädikaten zu denken, z.B.

(404) Ottmar bekommt den ball noch vor der außenlinie / steht an der eckfahne / dribbelt jetzt in richtung strafraum / flankt nach innen

vor allem aber an die häufig vorkommende Abfolge sehr kurzer Sätze[117]:

(405) Eckel müßte abspielen / er zögert lange / jetzt spielt er ab

In Beleg 404 ist jedes fünfte, in Beleg 405 beinahe jedes dritte Wort eine finite Verbform. Ohne der Verifizierung durch eine quantitativ abgestützte Syntax-Analyse vorgreifen zu wollen, läßt sich die Prädikats-Häufung auf relativ engem Raum als Begründung dafür anführen, daß z.B. ZIMMERMANNs GR 1 trotz eines höheren Anteils an Setzungen häufiger finite Verbformen verwendet (Quotient 8,8) als HAUFFE in TR 1 (Quotient 9,7) mit einem vergleichsweise geringeren Setzungs-Anteil. Funktional betrachtet erfüllen übrigens der elliptische und der grammatisch vollständige Kurzsatz dieselbe Aufgabe: eine schnell ablaufende Aktionsfolge halbwegs simultan in Sprache umzusetzen und zugleich - unterstützt durch höheres Sprechtempo und steigende Sprechintensität - Spannung zu erzeugen.

Insgesamt betrachtet spiegelt sich aber in den Quantitäts-Unterschieden des Untersuchungsmaterials die Längen-Diskrepanz, die zwischen den einzelnen Reportagen besteht. Die Umrechnung der absoluten Zahlenwerte in Prozent-Anteile ist für den Vergleich eine unabdingbare Notwendigkeit. Die Prozentzahlen müssen aber vor dem Hintergrund der Anzahl der Fälle gesehen werden, die ihre Basis bilden.

zu 2: Die erheblichen Unterschiede zwischen den einzelnen Reportagen bei den pauschalen Zeit- und Inhaltswerten lassen sich nicht auf die unterschiedliche Reportagelänge zurückführen. Offenbar besteht kein direkter Zusammenhang zwischen der zeitlichen bzw. inhaltlichen Distribution und dem Umfang der Reportage bzw. des Untersuchungsmaterials. Man vergleiche nur die Anteilswerte der Reportagen, die in etwa dieselbe Zahl finiter Formen haben: z.B. KR I, 11 (81) mit KR III,7 (82) oder KR I,1 (204) mit KR I,4 (214). Umgekehrt differieren die Werte von KR I,8, mit 46 finiten Formen die zweitkürzeste Reportage, nur minimal von denen von KR II,5, der mit 409 zweitlängsten. Ebenso kann man die unterschiedlich große Spannweite zwischen den jeweiligen Extremwerten innerhalb jeder Sendung nicht mit der Reportagen-Anzahl pro Sendung begründen. Denn die naheliegende Regel: je mehr Reportagen, desto größere Spannweiten, hat keine generelle Gültigkeit. Sie läßt sich unter Vorbehalt auf KR I, nicht aber auf KR II und III anwenden. Daß KR III mit acht Reportagen bei allen drei Zeitwerten die kleinste Spannweite aufweist, dagegen KR II mit fünf Reportagen bei der Nachzeitigkeit und KR I mit elf Reportagen bei der Vor- und Gleichzeitigkeit die größte Spannweite zu verzeichnen haben, so daß sich eine klare Rangfolge KR III, dann KR II und an letzter Stelle KR I ergibt, stimmt auffällig mit unseren Beobachtungen über die Rahmenbedingungen und das den drei Sendern zur Verfügung stehende Reportageangebot überein. Die WDR-Sendung, die sich ausschließlich aus vollständigen Original- und Exklusivreportagen zusammensetzt, ist auch von ihren Zeitwerten her die homogenste Sendung. Für die HR-Sendung gilt das Gegenteil. Es fällt schwer, hierbei an Zufall zu glauben.

zu 3: Die Gegenüberstellung des arithmetischen Mittels und des Gesamtwertes einer Sendung bestätigt die These, daß die Zeit-Anteile unabhängig von der Anzahl der Referenzen, also der Reportagelänge sind. Denn wäre dies der Fall, müßten die Werte der kürzeren Reportagen den Mittelwert wesentlich zu ihren Gunsten verschieben und somit größere Diskrepanzen zwischen den beiden Sendungswerten bewirken.

zu 4: Vergleicht man die Mittel der einzelnen Sendungen miteinander bzw. mit dem Gesamtmittel aller 24 Reportagen, so hätte man eigentlich weit größere Differenzen erwarten müssen, als sie in Wirklichkeit vorhanden sind. Wir haben es also mit dem erstaunlichen Faktum zu tun, daß trotz unterschiedlicher pragmatischer Rahmenbedingungen und trotz erheblicher zeit-inhaltlicher Anteils-Differenzen zwischen den einzelnen Reportagen es eine "Sendungs-Norm" gibt. Mit anderen Worten: Bei den Ganz- und Teilreportagen repräsentiert weitgehend jede einzelne Reportage den betreffenden Direktreportage-Typ; bei den Konferenzreportagen tut dies nicht die einzelne Reportage, sondern die einzelne Sendung. Unsere Aussagen über die Konferenzreportage in 4.1.3. sind folglich nicht gegenstandslos geworden. Denn die Angaben der Tabellen 39 bis 41 sind kein nichtssagender Zufallsdurchschnitt, sondern entsprechen weitgehend den Werten einer KR-Sendung.

Die Zeitstufen

A. Die quantitative Distribution

Um nähere Aussagen über die Konferenzreportagen machen zu können, betrachten wir wieder die Distribution der einzelnen Zeitstufen. Getrennt nach den drei Konferenzsendungen sind die prozentualen Anteile der Zeitstufen und der aktuellen und nicht-aktuellen Spiel-Referenzen in Tabelle 59 bis 61 auf den nächsten Seiten aufgeführt. Der Quotient a:na in der Zeile "Sendungs-Mittel" ist aus den beiden Mittelwerten der Spalten "aktuell" und "nicht-aktuell" errechnet worden.

B. Der statistische Befund

1. Nicht weniger als 15 von 24 Reportagen, also knapp zwei Drittel, enthalten nicht alle Zeitstufen. Dabei ist der Zeitstufen-Ausfall mit 22 % in KR I am höchsten, mit 7 % in KR II am niedrigsten. KR III nimmt mit 14 % den Mittelplatz ein.

2. Alle 24 Reportagen enthalten Referenzen auf punktuelles Geschehen im Redemoment (4a), auf gerade abgelaufenes Geschehen (3) und auf die den Redemoment übergreifende Zeitstufe 4b. In zwei Reportagen kommen keine Rückgriffe in die mittelbare Spielvergangenheit (2) vor. Die historische Einordnung (1 und 7) unterbleibt neunmal bei Zukunfts-, fünfmal bei Vergangenheits-Bezügen. Unmittelbare und mittelbare Vorgriffe in die noch ausstehende Spielzeit (5 und 6) werden in acht bzw. vier Fällen ausgespart. Allgemeingültige Referenzen fehlen in sieben Reportagen.

3. Allein schon bedingt durch diese Ausfälle ist die Spannweite zwischen den jeweiligen Minimal- und Maximalwerten sehr hoch. Auch wenn man die Ausfälle nicht berücksichtigt, bleibt eine große Spannweite: Bei der Zeitstufe 1 lauten die Extremwerte 0,24 % und 11,59 %, bei der Zeitstufe 2 10,28 % und 42,65 %, bei der Zeitstufe 5 0,41 % und 7,41 %. Aber auch bei den drei Zeitstufen, die in allen Reportagen vorkommen, sind erhebliche Diskrepanzen zu verzeichnen. In Prozentpunkten ausgedrückt beträgt die Spannweite bei den Zeitstufen 3, 4a und 4b in KR I rund 20, 56 und 26, in KR II 15, 14 und 12, in KR III 16, 23 und 17.

4. Das Verhältnis zwischen aktuellen und nicht-aktuellen Spielbezügen ist in den einzelnen Reportagen sehr unterschiedlich ausgeprägt. Am krassesten sind die Unterschiede in der HR-Sendung: In KR I,11 haben die aktuellen Referenzen ein nahezu achtfaches Übergewicht, in KR I,6 dagegen die nicht-aktuellen ein vierfaches. Aber auch in den anderen beiden Sendungen sind die Unterschiede offensichtlich: In KR III betragen die Extreme ein Drittel mehr aktuelle (III,1) und über dreimal soviel nicht-aktuelle Referenzen (III,7).

5. Trotz dieser erheblichen Differenzen, die sich beim Vergleich der Reportagen untereinander ergeben, weichen die beiden Sendungs-Werte (arithmetisches Mittel und Gesamtwert) bei den Zeitstufen nur geringfügig voneinander ab (3 und weni-

Tabelle 59: Zeitstufen-Distribution der HR-Sendung KR I

	allgem.	Vergangenheit			Gegenwart		Zukunft			aktuell	nicht-aktuell	Quotient
	0	1	2	3	4a	4b	5	6	7	(a)	(na)	a:na
1	0,49	1,96	42,65	8,33	26,47	19,61	-	0,49	-	34,80	62,75	0,56
2	1,36	2,73	29,55	6,82	28,18	24,55	0,45	4,09	2,27	35,45	58,19	0,61
3	0,66	11,18	21,71	6,58	17,11	36,84	-	2,63	3,29	23,69	61,18	0,39
4	1,40	5,14	10,28	13,09	39,25	22,90	2,80	1,40	3,74	55,14	34,58	1,60
5	-	1,65	16,53	10,33	54,96	15,71	0,41	0,41	-	65,70	32,65	2,01
6	-	11,59	24,64	5,80	13,04	43,48	-	1,45	-	18,84	69,57	0,27
7	5,88	-	-	23,53	17,65	47,06	-	-	5,88	41,18	47,06	0,88
8	-	-	13,04	21,74	52,18	10,87	2,17	-	-	76,09	23,91	3,18
9	1,45	2,18	29,71	3,62	24,64	31,88	0,72	3,62	2,18	28,98	65,21	0,44
10	-	1,08	35,87	9,79	32,61	16,31	-	3,26	1,08	42,40	55,44	0,77
11	3,70	-	-	8,64	69,14	11,11	7,41	-	-	85,19	11,11	7,67
Sendungs- Mittel	1,35	3,41	20,36	10,75	34,11	25,48	1,27	1,58	1,68	46,13	47,42	0,97
Sendungs- Gesamtwert	0,95	3,66	23,32	9,08	34,92	23,59	1,09	1,83	1,56	45,09	48,74	0,93

Tabelle 60: Zeitstufen-Distribution der SWF-Sendung KR II

		allgem.	Vergangenheit			Gegenwart		Zukunft			aktuell	nicht-aktuell	Quotient
		0	1	2	3	4a	4b	5	6	7	(a)	(na)	a:na
1		2,33	6,20	18,60	3,88	27,13	27,13	0,77	6,98	6,98	31,78	52,71	0,60
2		1,94	1,94	33,98	4,85	35,92	15,54	-	5,83	-	40,77	55,35	0,74
3		1,58	3,61	21,45	11,51	30,93	23,25	0,90	3,16	3,61	43,34	47,86	0,91
4		-	4,96	19,84	19,06	30,55	17,49	2,87	4,18	1,05	52,48	41,51	1,26
5		0,49	0,24	21,76	13,45	41,32	20,78	0,49	1,23	0,24	55,26	43,77	1,26
Sendungs-	Mittel	1,27	3,39	23,12	10,55	33,17	20,84	1,01	4,27	2,38	44,73	48,23	0,93
Sendungs-	Gesamtwert	0,95	3,13	21,75	12,88	33,74	20,86	1,23	3,41	2,05	47,85	46,02	1,04

Tabelle 61: Zeitstufen-Distribution der WDR-Sendung KR III

	allgem.	Vergangenheit			Gegenwart		Zukunft			aktuell	nicht-aktuell	Quotient
	0	1	2	3	4a	4b	5	6	7	(a)	(na)	a:na
1	0,50	2,96	19,75	15,31	37,78	19,01	1,73	1,97	0,99	54,82	40,73	1,35
2	-	-	36,08	8,25	40,21	12,37	2,06	1,03	-	50,52	49,48	1,02
3	0,57	2,83	13,56	17,51	36,72	24,86	1,69	1,69	0,57	55,92	40,11	1,39
4	0,84	-	27,43	10,97	39,66	15,61	2,11	1,69	1,69	52,74	44,73	1,18
5	1,53	4,58	23,66	6,87	32,83	23,66	0,76	4,58	1,53	40,46	51,90	0,78
6	1,06	6,38	29,79	6,38	35,11	19,15	-	2,13	-	41,49	51,07	0,81
7	2,44	8,54	37,80	1,22	19,51	29,27	-	-	1,22	20,73	67,07	0,31
8	-	0,84	25,21	11,76	42,86	16,81	0,84	1,68	-	55,46	43,70	1,27
Sendungs- Mittel	0,87	3,27	26,66	9,78	35,58	20,09	1,15	1,85	0,75	46,51	48,60	0,96
Sendungs- Gesamtwert	0,75	2,76	24,14	11,70	36,81	19,60	1,41	1,94	0,89	49,92	45,68	1,09

ger Prozentpunkte). Kontrastiert man die Gesamtwerte der drei einzelnen Sendungen, so ergeben sich im Höchstfalle Differenzen von 4 Punkten, verglichen mit dem Gesamtwert aller 24 Reportagen (Tabelle 40) weichen KR I maximal um 2,2, KR II und III maximal um 1,7 Punkte ab. Bei der Gegenüberstellung der arithmetischen Mittelwerte der drei Sendungen liegt die Spannweite bei sieben Zeitstufen unter 3 Punkten, bei den Zeitstufen 2 und 4b beträgt sie allerdings 6,3 bzw. 5,4 Punkte. Gemessen am arithmetischen Mittel aller 24 Reportagen handelt es sich dabei um maximale Abweichungen von -2,7 (KR I) bei der Zeitstufe 2 bzw. +2,8 (KR I) bei der Zeitstufe 4b. Bei den Inhalts-Anteilen überwiegen in KR III die aktuellen und in KR I die nicht-aktuellen noch nicht einmal um ein Zehntel. In KR II übertreffen die nicht-aktuellen Anteile die aktuellen um weniger als ein Zwanzigstel. Der Vergleich des Relations-Quotienten, der vom arithmetischen Mittel her berechnet ist, zeigt lediglich minimale Unterschiede zwischen den drei Sendungen. Hierbei haben in allen drei Sendungen die nicht-aktuellen Anteile ein geringfügiges Übergewicht.

C. Der interpretative Befund

zu 1: Daß im Gegensatz zu den Ganz- und Teilreportagen fast zwei Drittel aller Konferenzreportagen nicht auf alle Zeitstufen referieren, hängt zweifellos primär mit der Kürze der Konferenzreportagen zusammen. D.h. also zugleich: wegen der Kürze der zur Verfügung stehenden Zeit muß der Reporter sich von vornherein entscheiden, wie er seine Inhalts-Gewichte setzen will. Seine Vorentscheidung in Verbindung mit dem vergangenen und aktuellen Spielverlauf prägen seine Reportage. So ist es nicht verwunderlich, daß FASSBENDER sogar in der längsten KR I-Reportage nicht nur auf allgemeingültige Aussagen, sondern auch auf jegliche Zukunfts-Ausblicke, die über das Spiel hinausreichen, verzichtet. Von wenigen Ausnahmen abgesehen gilt die Regel: je kürzer die Reportagezeit bzw. je zufälliger die Zuschaltung in eine laufende Reportage, desto größer die Zeitstufen-Lücken. Denn zehn der 15 betroffenen Reportagen gehören in die Kategorie der Kurzreportagen mit maximal 120 Referenzen. In jeder der drei Sendungen haben die kürzesten Reportagen die meisten Zeitstufen-Ausfälle; in KR I rechnen die fünf kürzesten (17 bis 92 Referenzen), in KR III die vier kürzesten (82 bis 119 Referenzen) dazu.

zu 2: Die Zeitstufen 2, 3, 4a und 4b bilden den unverzichtbaren Kern der Konferenzreportage. Aktuelles Geschehen (3 und 4a) und zeitlich übergreifende Spiel-Charakterisierung (4b) sind dabei die grundlegenden Darstellungsmöglichkeiten, die etwa 45 % bzw. gut 20 % der Reportage ausmachen. Auf unmittelbare Zukunftsbezüge (5) kann ebenso verzichtet werden wie auf "Gnomik" (0), aber auch auf die historische Einordnung (1 und 7), für die ja häufig der Moderator sorgt. Für den Reportagetyp konstitutiv sind aber auch die Rückgriffe in das Spiel (2). Ihr durchschnittlicher Anteil von über 20 % liegt deutlich über dem Zeitstufe-2-Wert der Ganz- und Teilreportagen. Der KR-Reporter hat ja die Pflicht, nicht nur über die Ereignisse vor seiner ersten Einblendung, sondern auch über die zwischen zwei Einblendungen vorgefallenen ausführlicher zu informieren, als es der Moderator mit der Bekanntgabe von Zwischenergebnissen tut. Deswegen überrascht es, daß in zwei Reportagen derartige Referenzen völlig fehlen. Doch in beiden Fällen erklärt sich dieses Fehlen problemlos aus den pragmatischen Rahmenbedingungen: Bei KR I,11 ist es das Faktum, daß dieses Spiel erst beginnt, als alle anderen bereits beendet sind. In die Sendungszeit fällt also nur der Spielanfang. Es gibt folglich für BERWANGER absolut keinen Grund, ja praktisch keine sinnvolle Möglichkeit zu Rückgriffen in das Spiel. Dafür ist hier die Wiedergabe punktuellen Geschehens (4a) mit fast 70 % doppelt so hoch wie der Sendungswert. Die fehlende historische Einordnung dagegen hängt vermutlich mit der Zuschaltung des HR in die laufende Reportage zusammen. Es ist nicht auszuschließen, eher wahrscheinlich, daß BERWANGER zu Beginn seiner Reportage hier einige derartige Ausführungen gemacht hat. Noch krasser liegen die Verhältnisse bei KR I,7, der mit Abstand kürzesten Direktreportage unseres Korpus. Bei dieser "Reportage" handelt es sich um eine einzige Kurzeinblendung. Die HR-Hörer bekommen also nur einen Ausschnitt aus einer Einblendung der WDR-Reportage zu hören. Offenbar schaltet sich der HR nur ein, weil gerade ein Tor in Köln gefallen ist, über das KÖRPER zunächst mit einem "Zeitlupen"-Rückgriff (Zeitstufe 3) spricht:

(406) denn dieses tor hat man verdient noch mal in zeitlupe zu sehen aber das ist im radio so fürchterlich schwer

Es schließen sich nach dieser Schilderung ein paar allgemeinere Bemerkungen über einzelne Spieler an. Von hieraus erklärt sich also nicht nur das Fehlen von Rückgriffen in das weiter zurückliegende Spielgeschehen, sondern auch der hohe 3- und 4b-Anteil und der niedrige 4a-Anteil.

zu 3: Wie eben geschehen, lassen sich auch die erheblichen Differenzen, die generell zwischen den einzelnen Reportagen bestehen, als überwiegend pragmatisch bedingte Abweichungen von der KR-Norm interpretieren, einer Norm, die nicht durch die einzelne Reportage, sondern durch die einzelnen Sendungen repräsentiert wird. Im Gegensatz zu den anderen beiden DR-Typen sind folglich die mehr oder minder großen Abweichungen der einzelnen Konferenzreportagen von der Sendungs-Norm gleichsam diesem Reportagetyp immanent und somit auch für ihn charakteristisch. Denn es findet sich unter den 24 KR-Reportagen kaum eine, die nicht in mindestens zwei Zeitstufen mit ihren Anteilswerten erhebliche Differenzen zum entsprechenden Sendungswert aufweist. Eine Ausnahme macht lediglich KR II,3, eine Reportage allerdings, die infolge ihrer ungewöhnlich langen Schlußeinblendung eine Sonderstellung einnimmt. Konkretisieren wir den Einfluß pragmatischer Faktoren an den Reportagen, die besonders auffallende Abweichungen aufweisen:
Über KR I,7 und 11 haben wir bereits gesprochen. Fehlten dort Rückgriffe in die mittelbare Spiel-Vergangenheit, so zeichnet sich KR I,1 gerade durch einen hohen Anteil derartiger Referenzen aus (ca. 43 %). Wegen des vorgezogenen Spielbeginns kann die erste Einblendung erst in der 40. Spielminute einsetzen. Sie berichtet hauptsächlich über drei zuvor gefallene Tore. Die zweite Einblendung, wie die erste exklusiv für den HR, enthält ebenfalls Rückgriffe auf Ereignishöhepunkte (ein mit der Hand erzieltes Tor, Konterchancen, eine Spielerverletzung). In die dritte Einblendung schaltet sich der HR ein. Sie ist offensichtlich die erste diesem Spiel gewidmete Einblendung innerhalb der BR-Sportsendung. Denn KOCH informiert u.a. über die Tore der 1. Halbzeit, bringt eine Zusammenfassung des bisherigen Spielverlaufs der 2. Halbzeit, geht auf das "Handball"-Tor und drei Spieler-Verwarnungen durch "gelbe" Karten ein. Die letzte Einblendung, wieder exklusiv für den HR, findet erst nach Spielschluß statt, faßt also das vergangene Spielgeschehen zusammen, wobei die Tore nochmals erwähnt werden, und würdigt die Baunataler als clevere Kontermannschaft. Im Gegensatz zu KR I,11 ist es hier zunächst der späte Reportagebeginn, der zu ausführlicher Darstellung des vergangenen Geschehens zwingt. Noch mehr ins Gewicht fallen aber die dritte und vierte Einblendung, deren Rückgriffe Wiederholungen sind, die aus der Mischform der HR-Reportage resultieren bzw. sich vom frühen Spielschluß her ergeben.

Der mit rund 37 % ebenfalls recht hohe Wert der Zeitstufe 2 in KR III,2 und 7 erklärt sich vor allem daher, daß es sich in beiden Fällen um Auftragsreportagen des WDR mit nur drei bzw. zwei Einblendungen handelt. RUBENBAUER hat hierbei über nicht weniger als fünf, REHAHN über vier zwischenzeitlich gefallene Tore zu berichten. Weitgehend auf die freie Entscheidung der Reporter läßt sich dagegen die unterschiedliche Gewichtung der anderen Zeitbezüge in diesen beiden Reportagen zurückführen. RUBENBAUER vermittelt sehr stark punktuelles Redemoment-Geschehen (40 %), REHAHN begnügt sich mit nur 20 % und bevorzugt die spielcharakterisierende, Geschehen zusammenfassende Zeitstufe 4b (30 %), die bei RUBENBAUER nur mit 12,5 % vertreten ist. RUBENBAUER verzichtet gänzlich auf die historische Einordnung, bei REHAHN spielt die Zeitstufe 1 mit 8,5 % eine überproportional große Rolle. Offenbar um die Enttäuschung im Westen über die hohe Niederlage des 1. FC KÖLN zu mildern, verweist er u.a. auf Verletzungen in früheren Spielen und ein strapaziöses Mittwoch-Spiel der Kölner. Daß kaum unmittelbare Rückgriffe vorkommen, hängt wohl vom Spielverlauf während der Reportagezeit ab, der keine Zeitlupen-Wiederholungen erfordert. Diese beiden Auftragsreportagen mit ihren zahlreichen Extremwerten führen übrigens dazu, daß bei den Zeitstufen 3, 4a und 4b die WDR-Sendung höhere Spannweiten hat als KR II. Nimmt man nur die sechs von WDR-Reportern gesprochenen Originalreportagen, erweist sich KR III auch in diesem Punkt als die homogenste Sendung.

Die an III,2 und 7 aufgezeigte Reporter-Freiheit, sich zwischen einer mehr aktuellen und einer mehr wertend-generalisierenden Darstellung des Geschehens entscheiden zu können, läßt sich an einer Reihe anderer Reportagen belegen. Hohen 4a-Anteilen stehen in I,5, 8 und 11 und in II,2, 4 und 8 niedrige 4b-Anteile gegenüber. Umgekehrt sieht es in I,3, 6, 7 und 9, in II,1 und III,7 aus. Unberührt von dieser narrativen Freiheit gilt natürlich die für alle Direktreportagen obligatorische Regel: "torverdächtige" Strafraum-Szenen müssen punktuell (= 4a) wiedergegeben werden und haben absoluten Vorrang. Davon abgesehen unterliegen die der historischen Einordnung dienenden Zeitstufen 1 und 7 ebenfalls der gestalterischen Freiheit des Reporters. Im Gegensatz zu den Ganz- und Teilreportagen können sie ganz (KR I,8 und 11; KR III,2) bzw. kann eine von beiden fehlen (z.B. KR I,1 und 7; KR II,7; KR III,4 und 6) oder auch anteilsmäßig stark vertreten sein. Hierbei ragen KR I,3 und 6 mit über 11 % Rückgriffen in die Zeit vor dem Spiel heraus. In KR I,3 bietet der unerwartete Spielverlauf EMMERICH die Gelegenheit, gleichsam kontrastiv auf die Erwartungen von Spielern und Zuschauern vor dem Spiel einzugehen, das hohe Ergebnis für die Gäste mit früheren Ergebnissen zu vergleichen und von den Leistungen in Europapokalspielen her, die beide Mannschaften kurz zuvor absolvierten, zu begründen. Mit dem Mittel des Kontrastes arbeitet auch MALETZKO in der wesentlich kürzeren I,6-Reportage. Hier ist es vor allem ein längerer Rückgriff auf die 0:4-Heimniederlage des 1. FC Kaiserslautern acht Tage zuvor, aus der Präsident, Trainer und Spieler Konsequenzen gezogen hätten, die sich nun bei der 4:0-Führung in Hamburg auszahlten. Beide Beispiele zeigen: "narrative Freiheit" bedeutet nicht "Beliebigkeit", "Willkür". Die historische Einbindung ist dementsprechend auch kein Selbstzweck, sondern sie ist inhaltlich und narrativ sinnvoll.

Eindeutig reportagebedingt sind in KR II,1 die mit 7 % relativ hohen Anteile der "Zukunft in" und "nach dem Spiel" und der im Vergleich zum Sendungswert doppelt so hohe Anteil der Zeitstufe 1. Denn die meisten dieser Referenzen stehen in der ersten MÖNCH-Einblendung, und diese findet bereits vor dem Spielbeginn statt. Neben allgemeineren Feststellungen (z.B. über die Zuschauer) und Hinweisen auf das bevorstehende Spiel enthält diese Einblendung knapp ein Drittel Bezüge in die Zeit vor und nach dem Spiel (z.B. Verletzungen von Spielern; nach einem Sieg zu zahlende Prämien). Da es kein Spielgeschehen zu berichten gibt, weicht der Reporter zwangsläufig auf "spielbegleitende" Informationen aus, wobei die Spiel- und Nach-Spiel-Zukunft rund 40% der Einblendung einnehmen. In einer eher kurzen als langen Konferenzreportage schlagen diese Anteile einer Einblendung auch von den absoluten Zahlen her auf die Werte der Gesamtreportage durch, auch wenn die OSTERMANN-Einblendung dieser Reportage keine historisch einordnenden Bezüge enthält. Der extrem hohe "Nachzeitigkeits"-Wert aus Tabelle 56 findet also durch die Sonderstellung der ersten Einblendung seine reportagebedingte Erklärung.

zu 4: Die großen Unterschiede bei der Auffächerung der spielbezogenen Referenzen und ihres Quotienten sind eine zwangsläufige Folge der eben erläuterten, erheblich divergierenden Zeitstufen-Gewichtung in den einzelnen Reportagen. Die inhaltlichen "Fingerabdrücke" der 24 Konferenzreportagen bestätigen unsere These: je unterschiedlicher die pragmatischen Rahmenbedingungen jedes Direktreportage-Typs, desto größer die Unterschiede innerhalb des Reportagetyps. Einmal mehr weist deswegen KR I die größten Diskrepanzen zwischen den Reportagen dieser HR-Sendung auf und - berücksichtigt man die Auftragsreportage KR III,7 nicht - die WDR-Sendung die geringsten.

zu 5: Der Vergleich der Sendungswerte, gleich ob man das arithmetische Mittel oder den Gesamtwert nimmt, zeigt sowohl bei den Zeitstufen wie beim Verhältnis der inhaltlichen Anteile erstaunlich geringe Unterschiede zwischen den drei Sendungen. Die pauschalen Zeitwerte sind also kein "statistischer Zufall", sondern finden ihre Entsprechung in der Differenzierung nach Zeitstufen-Anteilen. Insofern haben alle im Abschnitt "Die pauschalen Zeit- und Inhaltsanteile", besonders die "zu 3" und "zu 4" gemachten Aussagen auch hier ihre Gültigkeit.

Der Steckbrief der Konferenzsendung

Während eine Ganzreportage zugleich eine Sendung ist, während eine Teilreportage zumindest ein selbständiger Teil einer Sendung ist, entspricht die einzelne Konferenzreportage weder einer Sendung noch einem selbständigen Sendungsteil. Die einzelnen Reportagen und Einblendungen sind folglich kleinere Elemente, aus denen sich die "Spieltag-Reportage", und das ist der Fußballteil der samstäglichen Sportsendungen, zusammensetzt. So unterschiedlich die zeitliche und inhaltliche Distribution in diesen kleineren Teilstücken auch sein mag, auf das Ganze, die Sendung bezogen gleichen sich selbst große Differenzen wie z.B. in KR I so aus, daß offenbar der Hörer einer Sendung während der rund eineinhalbstündigen Reportagezeit annähernd dieselben Zeitstufen- und Inhaltsanteile vermittelt bekommt wie der Hörer einer anderen Konferenzsendung. Nicht die einzelne Konferenzreportage und schon gar nicht die einzelne Einblendung sind folglich maßgebend, sondern der Gesamtwert der Sendung. Daß diese Überlegungen weder abwegig noch eine reine Erklärungskrücke sind, läßt sich an den Ganz- und Teilreportagen belegen: Bereits die getrennte Betrachtung der Halbzeiten führte bei den Ganzreportagen zum Nachweis von Anteilsverschiebungen. Die Aufteilung der Teilreportagen, die während der Halbzeitpause einsetzen, in Pausenkommentar und Spielbericht (vgl. Tabelle 54) erbrachte ebenfalls Differenzen, die bei der Zeitstufe 1 bis zu 15, bei 2 bis zu 24, bei 3 bis zu 20, bei 4a bis zu 35, bei 4b bis zu 17,5 Punkten reichten. Die Zeitstruktur-Analyse von TR 1 (vgl. Tabelle 14 und 15) ergab gleichfalls beträchtliche zeitreferentielle Anteils-Unterschiede zwischen den Reportage-Vierteln. Mit anderen Worten: würde man eine eineinhalbstündige Ganzreportage in fünf, acht oder elf 18- bzw. 11- bzw. 8-minütige Teilstücke zerlegen, würden sich auch hier - unabhängig von den einheitlich bleibenden Rahmenbedingungen und nur bestimmt vom Spielverlauf und der Strukturnorm der Reportage - beträchtliche Unterschiede zwischen den Teilstücken ergeben. Da im

Normalfalle die Spiele der KR-Sendung zur selben Zeit stattfinden, sind die einzelnen Reportageeinblendungen bis zu einem gewissen Grade auch an die 90 Spielminuten gebunden, was sich auf ihre Zeit- und Inhaltsanteile auswirkt. Überdeutlich wird dies an den Extremwerten der Reportagen bzw. Einblendungen, die über die Extremabschnitte der Spielzeit berichten, nämlich Spielbeginn bzw. -ende, oder sogar über die Zeit vor dem Anpfiff bzw. nach dem Abpfiff. Der Ausgleich der sich hierbei zwangsläufig ergebenden zeitreferentiellen Extremwerte zu dem Sendungswert und darüber hinaus zu dem Gesamt-KR-Wert dürfte folglich seine primäre Erklärung in der Übereinstimmung von 90minütiger Spielzeit und Berichtzeit finden. Der Unterschied zu einer 90minütigen Ganzreportage besteht bei dieser Betrachtungsweise nur darin, daß nicht über ein Spiel, sondern in unseren KR-Sendungen in derselben Zeit über fünf bis elf Spiele berichtet wird, was selbstverständlich zu anderen zeitlichen und inhaltlichen Gewichtungen führen muß.

All dies ist natürlich kein hieb- und stichfester Beweis für das erstaunliche Faktum ungefähr gleicher Zeitstufen-Werte in den drei KR-Sendungen. Zwar werden sich durch Hinzufügen einer weiteren Konferenzsendung die Werte dieses Reportagetyps nicht wesentlich verschieben. Aber es ist nicht auszuschließen, daß die Werte einer vierten Sendung erheblich stärker von denen unseres KR-Korpus abweichen, als es die untersuchten drei Sendungen untereinander tun. Aber selbst wenn sie mit diesen übereinstimmen sollten, könnte dies ebenso "zufällig" sein wie die Übereinstimmung der ersten drei Sendungen. Es stellt sich folglich die Frage, wie umfangreich muß die Stichprobe sein, damit das empirisch gewonnene Untersuchungsergebnis nicht nur aussagekräftig für das Korpus ist, sondern zugleich generelle und somit auch prognostische Beweiskraft besitzt.

Trotzdem wage ich auf der Grundlage der pragmatischen Rahmenbedingungen und der vorliegenden Korpus-Ergebnisse die "prognostizierende" Behauptung: Jede KR-Sendung wird sich in den vier wichtigsten Zeitstufen, nämlich 2, 3, 4a und 4b, die im Direktreportage-Durchschnitt 90 % aller Referenzen ausmachen, relativ klar von der Teilreportage und sehr deutlich von der Ganzreportage abheben. Sie wird anteilsmäßig wesentlich mehr Rückgriffe in die weiter zurückliegende Spielvergangenheit (2) enthalten als der Typ TR und vor allem GR, sie wird dagegen weniger punktuelle Redemoment-Bezüge (4a) und in deren Gefolge unmittelbare Rückgriffe (3) aufweisen als TR, besonders aber GR, sie wird häufiger zu der den Redemoment überschreitenden, zusammenfassenden Zeitstufe 4b greifen, als dies in GR der Fall ist. Dementsprechend wird sich jede Konferenzsendung auch im Inhaltsbereich deutlich von GR und TR abgrenzen, indem sie nicht zu einer klaren Bevorzugung der aktuellen Spielanteile, sondern zu einem ausgewogenen Verhältnis zwischen aktuellen und nicht-aktuellen Spielbezügen tendiert.

Wie auch immer: Für unser KR-Korpus läßt sich folgender Steckbrief einer typischen Konferenzreportagen-Sendung erstellen (in Klammern zum Vergleich die Werte der typischen Teil- und Ganzreportage):

	KR-Sendung	(TR)	(GR)
Vorzeitigkeit	37,5 %	(33 %)	(25,5 %)
Gleichzeitigkeit	57,5 %	(61,5 %)	(70,5 %)
Nachzeitigkeit	5 %	(5,5 %)	(4 %)
Zeitstufe 2	23 %	(14 %)	(5 %)
Zeitstufe 3	11 %	(13 %)	(18 %)
Zeitstufe 4a	35 %	(41 %)	(55 %)
Zeitstufe 4b	22 %	(19 %)	(15 %)
spielbezogene Anteile	94,5 %	(91 %)	(95 %)

	KR-Sendung	(TR)	(GR)
nicht-spielbezogene Anteile	5,5 %	(9 %)	(5 %)
Relation s:ns	17:1	(10:1)	(19:1)
aktuelle Spielanteile	47,5 %	(56,5 %)	(72,5 %)
nicht-aktuelle Spielanteile	47 %	(34,5 %)	(22,5 %)
Quotient a:na	1	(1,6)	(3,2)

4.1.7. Die Nachberichte

Struktur und Rahmenbedingungen

Ein kurzer Blick sei auf die Nachberichte geworfen. Sie spielen in den Sportsendungen des Hörfunks aus folgenden Gründen eine untergeordnete Rolle:

1. Im Medienvergleich liegt die Stärke des Hörfunks eindeutig in der aktuellen Berichterstattung, und das heißt: in der Direktreportage.
2. Über Spiele, die von ihrer Bedeutung her nicht so interessant sind, um über sie live zu berichten, informiert der Hörfunk daher "aktuell" durch den Moderator (Mitteilung von Toren, Torschützen, Halbzeit- und Endergebnissen) und/oder in Form von zusammenfassenden Ergebnislisten nach Beendigung der Spiele.

Nachberichte sind folglich nur dann sinnvoll, wenn entweder von einem bedeutenden Spiel aus technischen oder organisatorischen Gründen nicht live gesendet werden kann, bzw. die Spielzeit nicht in den Sendeplan der Rundfunkanstalt paßt oder wenn zur selben Zeit andere bedeutende Spiele stattfinden und aus regionalem Interesse bevorzugt werden. NB 1 steht stellvertretend für die erste Gruppe, NB 2, 4 und 5 für die zweite.

Einen Sonderfall stellen internationale Spiele dar, deren Bedeutung so herausragend ist, daß zusätzlich zu der Direktübertragung in einer nachfolgenden Sportsendung noch einmal ausführlicher auf sie eingegangen wird. Dies kann in Form eines Interviews, eines Kommentars, aber auch in Form eines Nachberichts geschehen. NB 3 ist ein derartiger Fall. Vergleichbar der Zusammenfassung der wichtigsten Spielszenen im Fernsehen handelt es sich bei diesen Nachberichten um eine auf das Wesentliche reduzierte Wiederholung. Sie sind primär ein Sonderservice für die Hörer, die die Direktreportage nicht miterleben konnten. Während allerdings im Bildbereich des Fernsehens prinzipiell Ausschnitte aus der Direktreportage wiederholt werden[118], stellt der Nachbericht eine eigenständige "Original"-Reportage dar. Eine besondere Untergruppe dieser "Wiederholungs"-Nachberichte bilden die Kurzabrufe nach Beendigung der Direktreportagen. In unserem Korpus sind sie nur in der WDR-Sendung "Sport und Musik" vertreten (NB 6-12). Neben der "konferenz der schlußphase" handelt es sich bei diesem Nachbericht-Block um die zweite strukturelle Eigenart des Fußballteils dieser Sendung.

Allen Nachberichten gemeinsam ist ihre narrative Eigenständigkeit, d.h. sie bilden jeder für sich eine geschlossene Einheit, sind eine "Kurzgeschichte", setzen sich weder aus Einzelstücken wie die Konferenzreportagen zusammen, noch sind sie selbst Teilstück einer Reportage. Insofern besteht ein wesentlicher Unterschied zwischen resümierenden Reportageteilen bzw. Einblendungen gegen oder nach Spielschluß und den WDR-Kurzabrufen. Wie bereits beim Vergleich der TR-Halbzeitkommentare mit den Nachberichten betont, ist dieser Unterschied in der narrativen Rolle des Reporters begründet: Bei den Halbzeitkommentaren und Schlußteilen bzw. -einblendungen ist die Position des Narrators innerhalb, bei den

Nachberichten dagegen außerhalb der Res. Nur in Ansätzen ist daher bei den Kurzabrufen die zeitliche Nähe zum Spiel und zu der vorausgegangenen Konferenzreportage noch spürbar.
Diese Narrator-Position, der Abstand von der Res und das Wissen über die bereits abgeschlossene Res bewirken auch im strukturellen Bereich erzählerische Freiheiten, die trotz pragmatisch bedingter Grenzen (vor allem Spielverlauf und zur Verfügung stehende Reportagezeit) wesentlich größer sind als bei Direktreportagen. Zu diesem Punkt sei auf die kontrastive Analyse der zwei Nachberichte in 3.3. verwiesen.

Die Zeitstufen- und Inhaltsanteile

A. Die quantitative Distribution

Eine Umrechnung der finiten Verbformen pro Zeitstufe in Prozentwerte erscheint wenig sinnvoll. Denn hierbei würden Unterschiede zwischen den einzelnen Nachberichten herauskommen, die die realen Verhältnisse eher verdecken als durchsichtig machen. Sieht man von den beiden bereits eingehend behandelten Nachberichten 1 und 2 und von NB 3 ab, schwankt nämlich die Zahl der finiten Verbformen in den restlichen neun Nachberichten lediglich zwischen 35 und 13. Eine einzige Referenz in der einen Zeitstufe mehr und in der anderen weniger würde folglich einen Unterschied von 6 bis 14 Prozentpunkten ergeben. Deswegen begnügen wir uns mit der Zusammenfassung der Nachberichte in zwei Gruppen und mit deren prozentualer Aufschlüsselung. In die erste Gruppe nehmen wir die Nachberichte, die isoliert von einer Direktreportage gesendet werden (NB 1-5), in die zweite Gruppe die Kurzabrufe der WDR-Sendung. Die erste Gruppe nennen wir im folgenden "Nachkommentar", die zweite "Kurzabruf". Auf Besonderheiten einzelner Nachberichte wird bei der Interpretation der Gruppenwerte eingegangen. Der Vergleich der beiden Nachkommentare NB 1 und 2 hat erhebliche Unterschiede bei den Zeitstufen-Anteilen aufgezeigt. Nimmt man noch die relativ geringe Materialmenge beider Gruppen (245 bzw. 146 finite Verbformen) hinzu, ist der statistische Befund vor allem daraufhin zu befragen, ob die Gruppenwerte und die Differenzen zwischen beiden Gruppen das Resultat von Gemeinsamkeiten der Reportagen sind, die die jeweilige Gruppe im Korpus repräsentieren, oder ob sie auf Extremwerten einzelner Reportagen beruhen. Tabelle 62 auf der folgenden Seite gibt Auskunft über die Zeitstufen-Distribution.

B. Der statistische Befund

1. Abgesehen von den allgemeingültigen Aussagen (Zeitstufe 0) spielen die Zeit zwischen Spiel und Reportage (B) und die Rück- und Vorgriffe in die Reportage (C vor- und nachzeitig) keine bzw. eine geringfügige Rolle.

2. Erhebliche Differenzen bestehen zwischen beiden Gruppen bei den Reportage-Zeitstufen "gleichzeitig punktuell" und "gleichzeitig inkludierend".

3. Dasselbe gilt für die Zeitstufen, die der historischen Einordnung dienen (1 und 7).

4. Die Wiedergabe des Spielgeschehens steht in beiden Gruppen eindeutig im Mittelpunkt der Reportage, dabei in den Nachkommentaren etwas stärker als in den Kurzabrufen.

TABELLE 62: Zeitstufen-Distribution der beiden Nachbericht-Gruppen

	finite Verbformen	allgem.	vor dem Spiel	Spiel	zwischen Spiel u. Reportage	vorzeitig	C (Reportage) gleichzeitig		nachzeitig	
							punktuell	inkludierend		
		0	1	A	B					7
Nachkommentare (NB 1-5)	245	1,22	13,06	69,39	-	0,41	2,86	8,16	-	4,90
Kurzabrufe (NB 6-12)	146	1,37	0,69	61,64	2,74	2,05	10,27	17,81	0,69	2,74
Nachberichte (NB 1-12)	391	1,28	8,44	66,50	1,02	1,02	5,63	11,76	0,26	4,09

Bis auf die erste Zahlenspalte alle Zahlenangaben in %.

C. Der interpretative Befund

zu 1: Wie bei den Direktreportagen sind auch bei den Nachberichten Vor- und Rückgriffe in die Reportage sehr selten (vgl. Beleg 30, 32, 118-121). Daß sie in den Kurzabrufen etwas häufiger als in den Nachkommentaren vorkommen, hängt wohl mit der Gewichtung der Referenzen zusammen, die auf die Zeit der Reportage bezogen sind: bei den Kurzabrufen beträgt der C-Anteil 30,8 %, bei den Nachkommentaren lediglich 11,5 %. Mit aller Vorsicht läßt sich also die Regel aufstellen: Je größer der Gesamtanteil der Zeitstufe C (Reportage-Zeit), und das bedeutet hier konkret: je größer der Anteil punktueller Redemoment-Referenzen, desto eher das gelegentliche Vorkommen von Rück- und Vorgriffen in die Reportage. Ebenso selten wird auf das Geschehen zwischen Spiel und Reportage eingegangen (Zeitstufe B). Alle vier Referenzen unseres NB-Korpus (vgl. Beleg 29) stehen in einem Kurzabruf (NB 11). Die Zeitstufe B kann folglich nicht zur Abgrenzung beider Gruppen herangezogen werden. Denn ebensogut hätte sich ein Nachkommentar-Reporter z.B. auf Aussagen des Trainers nach dem Spiel berufen können.

zu 2: Der Unterschied bei den punktuellen und inkludierenden Gegenwartsreferenzen ist anteilsmäßig signifikant. Doch wegen der geringen Materialmenge ist auch hier Vorsicht geboten. Denn die Kurzabruf-Werte werden durch je eine Reportage stark beeinflußt: der Wert der punktuellen Referenzen durch NB 8 mit sechs, der Wert der inkludierenden Referenzen durch NB 7 mit zehn Bezügen. Das bedeutet: NB 8 enthält mindestens doppelt soviel punktuelle, NB 7 mindestens zweieinhalbmal soviel inkludierende Referenzen wie die anderen sechs Kurzabrufe. Ihre Prozentanteile liegen dementsprechend mit 17 % (NB 8 punktuell) bzw. 36 % (NB 7 inkludierend) erheblich über dem jeweiligen Gruppenwert von 10,3 % bzw. 17,8 %. Sieht man von diesen beiden Kurzabrufen einmal ab, enthalten alle Nachberichte bis zu drei punktuelle und zwischen zwei und sechs inkludierende Referenzen. Lediglich in NB 6 wird völlig auf übergreifende Gegenwartsbezüge verzichtet. Insgesamt betrachtet läßt sich ein gemeinsames Minimum an Gegenwartsreferenzen für beide Gruppen konstatieren. Auf das Korpus bezogen läßt sich hinzufügen: dieses gemeinsame Minimum wird in den Kurzabrufen ausnahmsweise erheblich überschritten.

Beide "Sonderfälle" zeigen zugleich die narrativen Freiheiten der Nachbericht-Reporter, die wir bereits bei der Analyse der Nachkommentare NB 1 und 2 festgestellt haben. In NB 8 nutzt THOMA die für einen NB-Reporter seltene Gelegenheit, interessantes, zur Zeit der Reportage ablaufendes Geschehen mitzuteilen: Die HSV-Spieler verlassen gerade das Stadion und werden von den Schalker Fans mit hämischen Sprechchören verabschiedet. REHAHN dagegen nutzt den Schlußteil seiner Reportage (NB 7) für ein Resümee über den sportlichen Erfolg und den finanziellen Mißerfolg der Frankfurter Eintracht, z.B.

(407) der neue trainer Buchmann kann sich freuen und stolz sein / er ist im DFB-pokalendspiel / und in der laufenden meisterschaft *[....]* auf rang drei / in Frankfurt herrscht also durchaus vom sportlichen her / eitel sonnenschein / was allerdings betrübt / sind die zuschauerzahlen

zu 3: Im Gegensatz zu den Reportagezeit-Referenzen beruhen die anteilsmäßigen Unterschiede bei den Zeitstufen 1 (vor dem Spiel) und mit Vorbehalt 7 (nach der Reportage) auf einem pragmatisch bedingten Gruppen-Gegensatz. Alle Nachkommentare gehen mehr oder minder ausführlich auf die Zeit vor dem Spiel ein. Dagegen ist dies nur in einem der sieben Kurzabrufe der Fall (NB 12), und hier nur mit einer einzigen Referenz. Mit anderen Worten: der "normale" Kurzabruf enthält derartige Bezüge überhaupt nicht. Offenbar zeigt sich hier eine gewisse Abhängigkeit der Kurzabrufe von den Konferenzreportagen derselben Sendung: Da die Reporter nur sehr wenig Zeit zur Verfügung haben, verzichten sie auf derartige Rückgriffe. Hält sie ein Reporter für wichtig - so vor allem HAGELEIT und REHAHN in KR III,6 bzw. 7 -, bringt er sie in seiner Konferenzreportage unter, braucht sie also in seinem Kurzabruf nicht nochmals zu wiederholen. Anders in den Nachkommentaren: hier läßt sich keiner der fünf Reporter Rückgriffe dieser Art entgehen, um das Spiel historisch einzubinden. Daß allerdings die Differenz zwischen beiden Gruppen bei den Zeitstufe-1-Werten mit 12 Punkten sehr hoch ist, hängt von dem Extremwert in NB 2 ab. Denn in diesem Nachkommentar stehen 20 Referenzen auf die Zeit vor dem Spiel, während es in den anderen vier Nachkommentaren durchschnittlich nur drei Bezüge sind.

Wesentlich vorsichtiger wird man den Gruppen-Unterschied bei der Zeitstufe 7 interpretieren müssen. Zwar enthalten vier von fünf Nachkommentaren, dagegen nur drei von sieben Kurzabrufen derartige Referenzen. Jedoch neun von insgesamt zwölf Bezügen in die Zeit nach der Reportage kommen allein in NB 1 vor. Nimmt man also diesen extremen Ausnahmefall heraus, bleibt von der Gruppen-Differenz nichts mehr übrig. Konkret bedeutet dies: der NB-Reporter kann, aber braucht nicht auf zukünftiges Geschehen einzugehen. Tut er es, begnügt er sich im Regelfalle ebenso wie der Direktreportagen-Reporter mit einem relativ geringen Anteil. Hat er genügend Zeit, ist es ihm freigestellt, auf die Zukunft einzugehen, wie z.B. MÖNCH in NB 1. Bedingung ist dabei allerdings, daß dies nicht zu sehr zu Lasten des Anteils geht, der dem Spiel gewidmet ist. Insgesamt läßt sich als Tendenz festhalten: Die Einbeziehung "historischer" Referenzen nimmt in dem Maße ab bzw. sinkt auf null, in dem die zur Verfügung stehende Reportagezeit knapper bzw. sehr knapp wird. Die narrative Freiheit des Nachbericht-Reporters stößt also da an ihre Grenzen, wo der Zeitzwang der äußeren Verhältnisse regiert.

zu 4: In beiden Gruppen dominiert eindeutig die Zeit des Spiels (Zeitstufe A). Mit etwa 69,5% übertreffen dabei die Nachkommentare die Kurzabrufe mit einem Anteil von knapp 62%. Die Gruppe der Nachkommentare ist dabei wesentlich homogener: NB 2 bildet mit 62,5% die untere, NB 4 mit 72% die obere Grenze. Völlig heterogen setzt sich dagegen der Gruppenwert der Kurzabrufe zusammen: Auf der einen Seite stehen RUBENBAUER und JUNGMANN, die zu 87% ihre Reportagen (NB 6 und 9) fast ausschließlich dem Spielgeschehen widmen, auf der anderen Seite HANSCH und BREUCKMANN, die in NB 10 und 11 nur ein Drittel der finiten Formen für den eigentlichen Spielbericht verwenden. REHAHN, THOMA und SEIWERT kommen mit einem Anteil zwischen 50% und 70% in NB 7, 8 und 12 dem Gruppenwert am nächsten. In aller Deutlichkeit zeigt sich in diesen Anteils-Diskrepanzen der Einfluß der geringen Materialmenge, und das heißt ja zugleich: der pragmatisch bedingten Kürze dieser Kurzabrufe. Wie der Vergleich der beiden längsten NB-Reportagen (NB 1 und 2) dokumentierte, haben diese Reporter zeitlich die Möglichkeit, nach eigener Entscheidung z.B. ausführlicher auf die Zeit vor oder nach dem Spiel einzugehen, ohne daß dadurch der dem Spiel vorbehaltene Reportageteil wesentlich betroffen wird. Will dagegen ein Kurzabruf-Reporter über irgendetwas, das außerhalb der Zeit des Spiels liegt, informieren, kann er dies nicht mehr nur zu Lasten der übrigen Zeitstufen, sondern muß dies zwangsläufig auch zu Lasten des Spiel-Anteils, also der Zeitstufe A tun. In NB 7 - wie wir vorhin exemplifiziert haben (siehe Beleg 406) - ist es das Eingehen auf die Vereinssituation. Ebenso ist in NB 10 der Anteil der inkludierenden Gegenwartsreferenzen mit 27% überdurchschnittlich hoch. In NB 11 nimmt - wie bereits erwäht - die Zeitstufe B, also Geschehen zwischen Spiel und Reportage, mit 31 % einen großen Raum ein. Dennoch: auch in diesen Reportagen gibt es keine Zeitstufe, die mehr Referenzen als die Zeitstufe A aufzuweisen hat. Hinzu kommt: Bezieht man bei den Kurzabrufen die Inhaltsreferenzen mit ein, die nicht in Sätzen mit finiten Verbformen, sondern in Setzungen, also Sätzen ohne Prädikat bzw. Personalform, ausgedrückt werden[119], so verändern sich die Werte der Spiel-Zeitstufe A maximal um 2 Prozentpunkte. Lediglich bei den beiden Reportagen, die mit rund 33 % den mit Abstand niedrigsten "Spiel"-Wert haben, steigt dieser Anteil auf 45 % (NB 10) bzw. 47,5 % (NB 11). Das bedeutet also: HANSCH und BREUCKMANN gebrauchen mit einem Anteil von 25 % bzw. 32 % an allen Referenzen nicht nur überdurchschnittlich häufig Setzungen, sondern sie verwenden sie auch fast ausschließlich für die Zeitstufe A. Auf den Reportage-Inhalt bezogen behauptet also auch in diesen beiden Kurzabrufen der eigentliche Spielbericht mit knapp 50 % seine herausragende Stellung gegenüber Informationen, die sich auf die übrigen Zeitabschnitte beziehen.

Der Steckbrief des Nachberichts

Die Interpretation des statistischen Befundes hat zwar ergeben, daß die auffälligen quantitativen Gruppen-Unterschiede überwiegend das Resultat einzelner, aus dem Gruppenrahmen fallender Nachberichte sind. Läßt man diese Extremfälle unberücksichtigt, sind die zeitreferentiellen Unterschiede beider NB-Gruppen relativ gering. Trotzdem bleibt natürlich das Faktum bestehen, daß sich Gewichtungs-Entscheidungen der NB-Reporter wegen der Kürze der Reportagen sehr stark auf die Zeitstufen- und Inhaltswerte des einzelnen Nachberichts auswirken. Es fällt von daher schwer, die zentralen Anteilswerte des "typischen" Nachberichts zusammenzustellen. Der Vollständigkeit halber und der schnellen Groborientierung wegen seien deshalb die wichtigsten pauschalen Durchschnittswerte angeführt:

Vorzeitigkeit	77 %
Gleichzeitigkeit	18,5 %
Nachzeitigkeit	4,5 %
Zeitstufe 1	8,5 %
Zeitstufe A (Spiel)	66,5 %
Zeitstufe C (Reportage)	
gleichzeitig punktuell	5,5 %
gleichzeitig inkludierend	12 %
spielbezogene Anteile (s)	66,5 %
nicht-spielbezogene Anteile (ns)	33,5 %
Relation s:ns	2:1

4.1.8. Zusammenfassung in Schaubildern

Die wichtigsten Gemeinsamkeiten und Unterschiede im zeitlichen, inhaltlichen und strukturellen Bereich, die wir bei der Korpus-Analyse zwischen den beiden Reportage-Gattungen 'Direktreportage' (DR) und 'Nachbericht' (NB) und zwischen den drei Typen der Direktreportage, also der 'Ganzreportage' (GR), der 'Teilreportage' (TR) und der 'Konferenzreportage' (KR) bzw. der Konferenzreportagen-Sendung, herausgearbeitet haben, sollen noch einmal im Überblick zusammengefaßt und herausgestellt werden. Wir wollen dies hier weder mit Worten noch mit abstrakten Zahlenreihen tun, sondern wir wollen versuchen, in Form einfacher Graphiken die wesentlichen Ergebnisse zu veranschaulichen. Für genauere Auskünfte sei auf die betreffenden Tabellen und Ausführungen in den vorangegangenen Abschnitten dieses Kapitels verwiesen.

SKIZZE 22: Die Zeit- und Inhaltsanteile der beiden Reportage-Gattungen

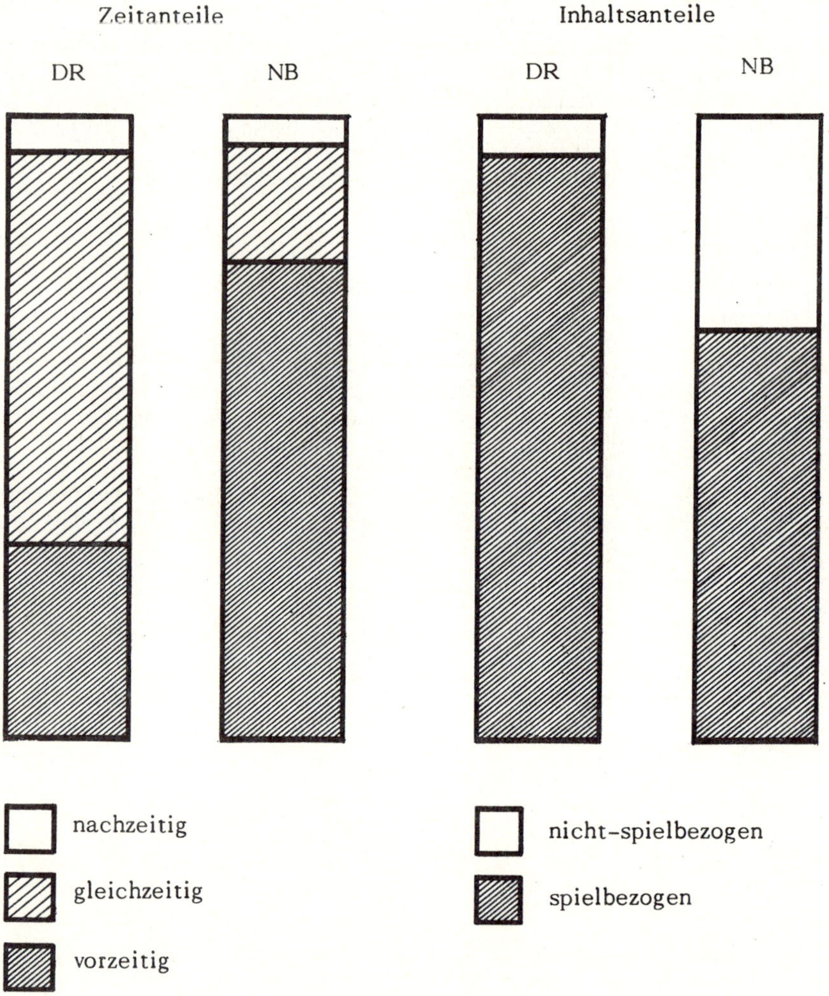

SKIZZE 23: Die Zeit- und Inhaltsanteile der drei DR-Typen

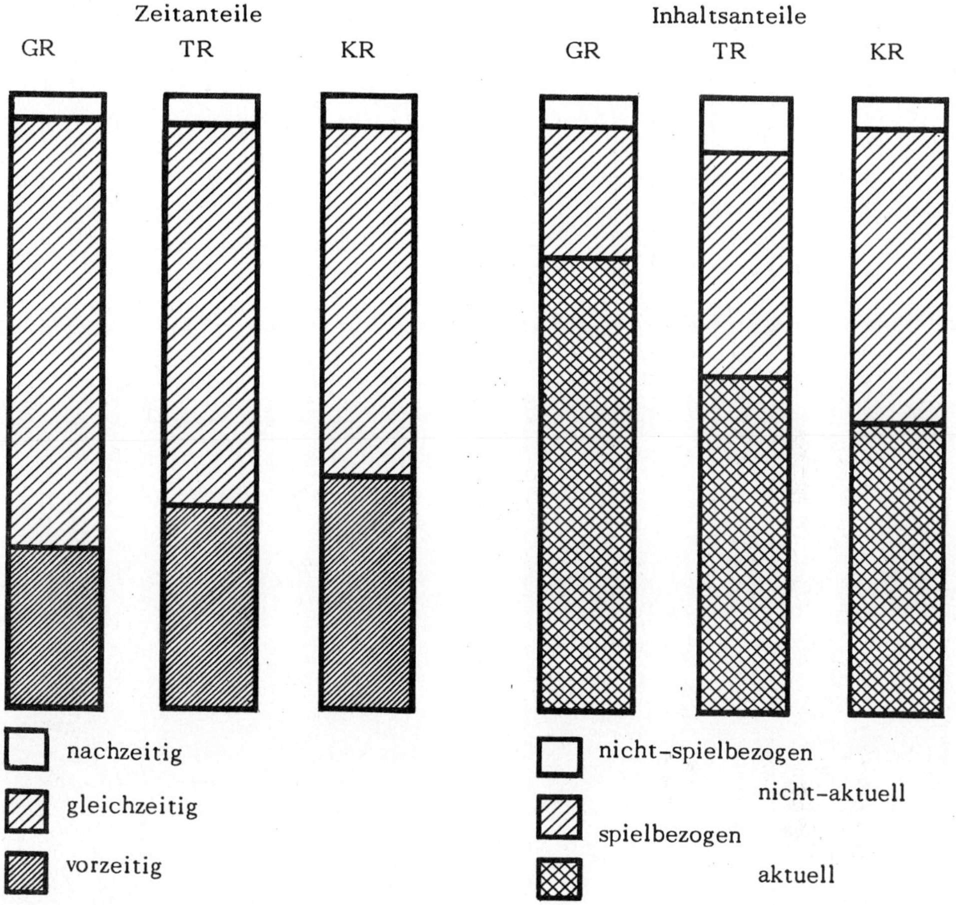

SKIZZE 24: Die Anteile der vier wichtigsten Zeitstufen in den DR-Typen

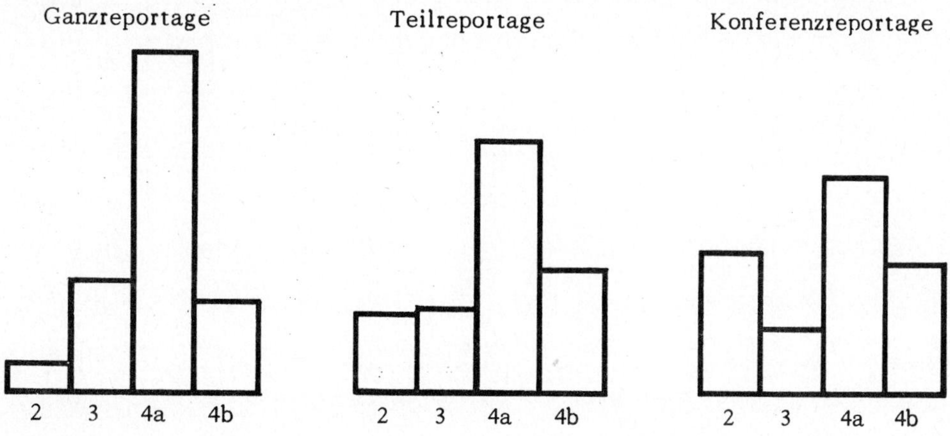

SKIZZE 25: Grundstruktur der DR-Typen und ihr Verhältnis zur Spielzeit

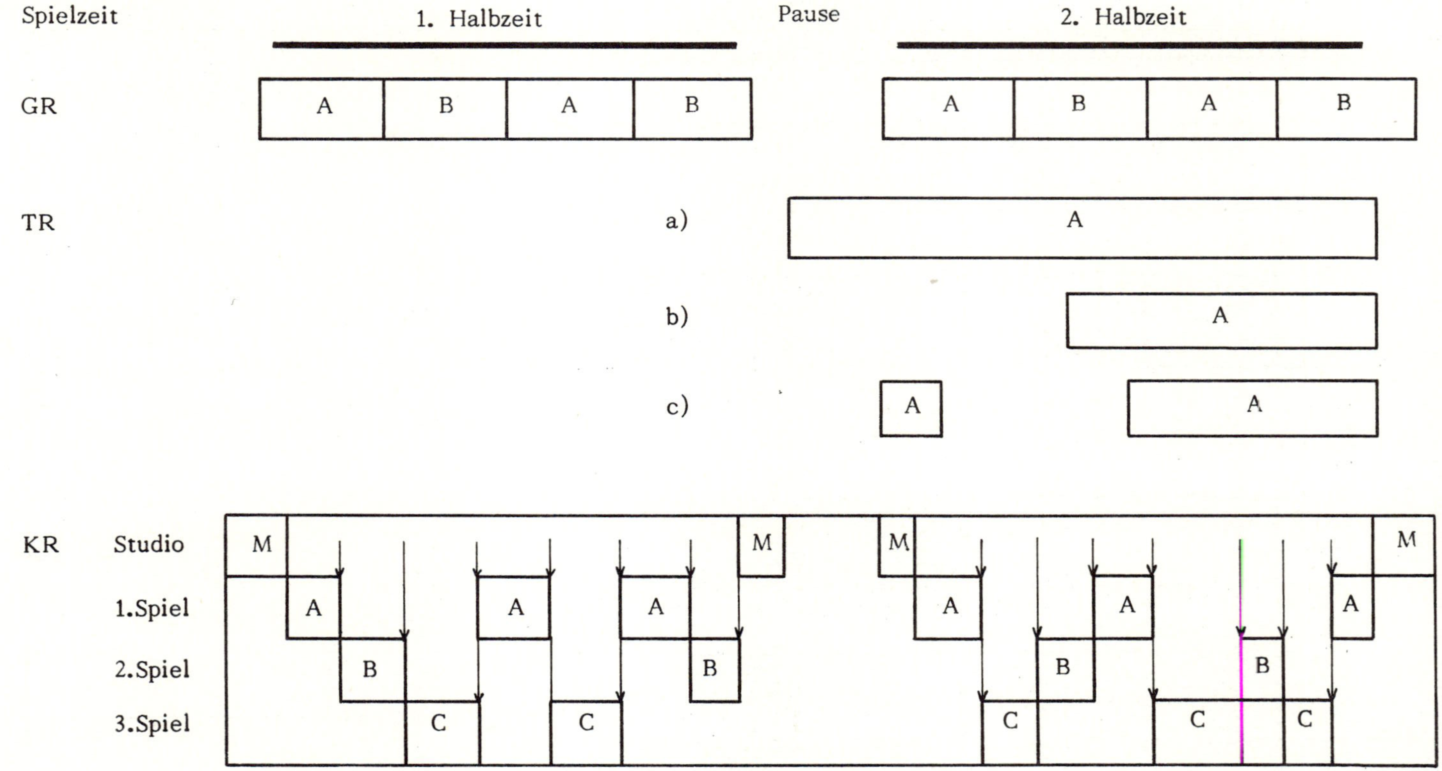

Das KR-Schema stellt eine vereinfachende Wiedergabe der Sendungs-Realität dar (Reduzierung auf drei Reportagen, Fehlen der Musikbeiträge usw.). Bezogen auf die Achse der Spielzeit sind die Einblendungen wesentlich kürzer als im Schaubild dargestellt. In der Moderator-Zeile bedeutet [M] : längere Passagen (z.B. Ergebniszusammenfassungen, Studiointerviews), ↓ : Überleitungen von einer Reportagen-Einblendung zur anderen.
A = Reporter A, B = Reporter B, C = Reporter C.

4.2. TEMPUSGEBRAUCH

4.2.1. Vorbemerkung

Im Mittelpunkt dieses Kapitels stehen die Tempora, d.h. konkret: welche Tempora werden mit welchen Funktionen in den Reportage-Gattungen, in den Direktreportage-Typen und in einzelnen Reportagen bzw. von einzelnen Reportern mit welcher Frequenz verwendet, um die Zeitstruktur bzw. die einzelnen Zeitbezüge mit Hilfe finiter Verben zu markieren.

Zunächst wird die quantitative Distribution der finiten Verben in den verschiedenen Gattungen und DR-Typen verglichen. Diese Aufschlüsselung soll dem Leser zugleich textsortenspezifische Daten an die Hand geben, die er zum Vergleich mit der Tempus-Distribution in anderen Textsorten benutzen kann. Zugleich erlauben diese Überblicksdaten erste behutsame Aussagen über bestehende Zusammenhänge zwischen den Tempora. Da bei Textsorten-Untersuchungen häufig nur die indikativischen Formen, also die fünf bis sechs Tempora, quantitativ erfaßt werden, während wir auch die Formen des Konjunktivs und Imperativs einbezogen haben, sind in Tabelle 63 und in vergleichbaren Tabellen die absoluten Zahlen einmal in Prozentanteilen aller finiten Verben und zum anderen - sozusagen als zusätzlicher Service - in Prozentanteilen aller indikativischen Verben aufgeführt. Bei den Interpretationen wird generell von der Basis aller finiten Verben ausgegangen.
Die anschließenden acht Unterkapitel behandeln die einzelnen Tempora. (Der Einfachheit halber subsumieren wir dem Terminus "Tempus" auch den Konjunktiv und Imperativ). Soweit ihr Gebrauch zeitreferentiell multifunktional ist, wird die Darstellung nach Vor-, Gleich- und Nachzeitigkeit gegliedert. Diese Art der Vorgehensweise scheint mir übersichtlicher zu sein, als die Gattungen und Typen oder die einzelnen Zeitstufen als Grundgerüst zu nehmen. Der Nachteil, eine rein formal-grammatikalische Kategorisierung der finiten Verben zum Ausgangspunkt der Darstellung zu wählen, wird durch Querverweise zu überbrücken versucht. Andererseits ist es unvermeidbar, daß Vergleiche zwischen Tempora, die gleiche oder ähnliche Funktionen erfüllen, nur unter einem der Tempus-Unterkapitel behandelt werden. Grundlage dieser neun Unterkapitel sind die Übersichtstabellen 69 bis 73 (jeweils a,b,c).

4.2.2. Die Distribution der finiten Verben

Die Distribution nach Tempora

Tabelle 63 auf der folgenden Seite stellt einerseits die absoluten und prozentualen Anteile der Tempora in den beiden Gattungen NB und DR gegenüber und gibt im zweiten Teil die Anteile in den drei Direktreportage-Typen GR, TR und KR wieder.

Die Anteils-Unterschiede der drei wichtigsten Tempora (Präsens, Perfekt und Präteritum) sind beim Gattungs-Vergleich eklatant. Bei den Nachberichten dominiert das Präteritum mit fast 62%, bei den Direktreportagen das Präsens mit knapp 65%. Umgekehrt ist in NB das Präsens nur mit 22%, in DR das Präteritum sogar lediglich mit etwas über 14% vertreten. In DR kommt das Perfekt anteilsmäßig mehr als doppelt so oft wie in NB vor (ca. 13% vs. 6%). Deutliche Distributions-Unterschiede sind auch bei den anderen Tempora vorhanden: höhere

TABELLE 63: Quantitative Distribution der Tempora in den Reportage-Gattungen und DR-Typen

		Fut.I	Fut.II	Präs.	Perf.	Prät.	Plqu.	Konj.I	Konj.II	Imp.
NB	absol.	4	-	86	23	242	19	2	15	-
	%	1,02	-	22,00	5,88	61,89	4,86	0,51	3,84	-
		1,07	-	22,99	6,15	64,71	5,08			
DR	absol.	225	3	8671	1695	1910	180	100	568	13
	%	1,68	0,02	64,88	12,68	14,29	1,35	0,75	4,25	0,10
		1,78	0,02	68,36	13,36	15,06	1,42			
GR	absol.	70	-	3457	663	399	43	35	197	11
	%	1,44	-	70,91	13,60	8,18	0,88	0,72	4,04	0,23
		1,51	-	74,63	14,31	8,62	0,93			
TR	absol.	68	1	2682	523	643	62	42	183	2
	%	1,62	0,02	63,77	12,43	15,29	1,47	1,00	4,35	0,05
		1,71	0,03	67,40	13,14	16,16	1,56			
KR	absol.	87	2	2532	509	868	75	23	188	-
	%	2,03	0,05	59,10	11,88	20,26	1,75	0,54	4,39	-
		2,14	0,05	62,16	12,50	21,31	1,84			

Werte in DR bei Futur I, Konjunktiv I und II, dagegen in NB ein wesentlich höherer Plusquamperfekt-Wert (4,9% vs. 1,4%). Sieht man einmal von der zeitreferentiellen Multifunktionalität der indikativischen Tempora ab - von den Konjunktiven hierbei ganz zu schweigen -, so zeigt sich: Bei hohem oder niedrigem Präsens-Anteil haben auch Futur I und Perfekt vergleichsweise höhere bzw. niedrigere Anteile; dasselbe gilt für das Verhältnis von Präteritum und Plusquamperfekt. Pauschal betrachtet bedeutet dies für den Vergleich beider Gattungen: Im Nachbericht, der primär vorzeitiges Geschehen wiedergibt, herrscht das "präteritale Teilsystem" (Präteritum, Plusquamperfekt) im Verhältnis 7:3 vor, während das "präsentische Teilsystem" (Futur I, Präsens, Perfekt) bei der Direktreportage, die vorzugsweise gleichzeitiges Geschehen berichtet, mit etwa 5:1 noch eindeutiger dominiert. Temporale Basis der Gattung Nachbericht ist dementsprechend das Präteritum, temporale Basis der Gattung Direktreportage das Präsens. Bei allen Abweichungen im konkreten Einzelfall korrespondiert dieser generelle Unterschied zwischen den beiden Teilkorpora mit den Ergebnissen, die wir bei der exemplarischen Analyse der zwei Direktreportagen und der zwei Nachberichte gewonnen haben. Die quantitative Distribution der Tempora spiegelt folglich den narrativen Gattungsunterschied.

Die Distributionswerte der Direktreportage ergeben sich aus den absoluten Anteilen der drei DR-Teilkorpora. Deren Werte heben sich in allen relevanten Punkten signifikant von den Werten der Gattung Nachbericht ab, so daß auch der Vergleich der Nachberichte mit jedem einzelnen DR-Typ die zuvor erläuterte Differenz zwischen beiden Gattungen bestätigt. Dennoch unterscheiden sich die drei DR-Typen trotz ihres gemeinsamen Direktreportage-Rahmens deutlich voneinander: Von GR zu TR zu KR haben wir es mit einer klaren Abnahme des Präsens-Anteils um 8 bzw. 5 Prozentpunkte zu tun und mit einer leichten Abnahme des Perfekt-Anteils. Dem stehen deutliche Zunahmen beim Präteritum um 7 bzw. 4 Punkte und leichte Zunahmen beim Futur I und Plusquamperfekt gegenüber. Sicher nicht zufällig stimmen diese Unterschiede weitgehend mit den zeit-inhaltlichen Unterschieden überein, die im vorigen Kapitel für die drei DR-Typen aufgezeigt werden konnten. Wenn auch nicht in einer 1:1-Entsprechung, ergibt sich doch folgender Zusammenhang: Die von GR zu TR zu KR festgestellte Abnahme aktuellen Geschehens hat offensichtlich im temporalen Bereich eine Minderung des Übergewichts zur Folge, das die Tempora des präsentischen Teilsystems innehaben. In GR beträgt die Relation zwischen präsentischem und präteritalem Teilsystem noch 9,5:1, in TR 4,6:1, in KR nur noch 3,3:1. Die drei DR-Teilkorpora bestätigen dabei ebenfalls den Zusammenhang der jeweiligen Teilsystem-Tempora Präsens und Perfekt einerseits und Präteritum und Plusquamperfekt andererseits. In beiden Fällen besteht keine für alle Teilkorpora geltende feste Relation. Vielmehr wird - wie Tabelle 64 zeigt - das Verhältnis zwischen den jeweils zusammengehörigen Tempora sowohl für das Perfekt wie für das Plusquamperfekt günstiger, wenn der Anteil des jeweiligen Haupttempus geringer wird.

Einen Sonderfall stellt das Futur I dar. Der sich aus dem Vergleich NB mit DR ergebende Zusammenhang: je höher der Präsens-Anteil, desto höher auch der Futur-Anteil, gilt nicht für die drei DR-Typen. Hier ist es gerade umgekehrt: der Futur-Anteil steigt mit abnehmender Präsens-Quantität. Dieser Widerspruch könnte eventuell darauf zurückzuführen sein, daß das Futur nicht das quantitativ vorherrschende Nachzeitigkeits-Tempus ist.

Interessant ist der Vergleich der Perfekt- mit den Präteritum-Anteilen. Da in jedem Teilkorpus die drei Haupttempora Präsens, Perfekt und Präteritum zusammen ca. 92,5% aller finiten Verben ausmachen, erhöht sich gleichsam automa-

TABELLE 64: Relation Präsens : Perfekt und Relation Präteritum - Plusquamperfekt

	Präsens : Perfekt	Präteritum : Plusquamperfekt
GR	5,2 : 1	9,3 : 1
TR	5,1 : 1	10,4 : 1
KR	5 : 1	11,6 : 1
NB	3,7 : 1	12,7 : 1

tisch der Anteil der Vergangenheitstempora, wenn das "Gegenwartstempus" Präsens abnimmt. Die Erhöhung der Vergangenheits-Bezüge verteilt sich nun aber nicht gleichmäßig oder proportional auf das Perfekt und Präteritum, sondern der Perfekt-Anteil wird niedriger, der Präteritum-Anteil höher. D.h. die Schere zwischen Perfekt- und Präteritum-Anteil klafft immer weiter auseinander, je stärker der Präsens-Anteil fällt. In GR übertrifft das Perfekt das Präteritum noch um 5,4 Prozentpunkte (13,6% vs. 8,2%), in TR - mit um 7 Punkte geringerem Präsens-Anteil gegenüber GR - überwiegt bereits das Präteritum (12,5% vs. 15,3%), in KR ist der Präteritum-Anteil fast doppelt so hoch wie der des Perfekts (11,9% vs. 20,3%), in NB macht er schließlich das Elffache aus (5,9% vs. 64,7%). Das bedeutet also: Allein schon von diesen quantitativen Verhältnissen her kann für die Textsorte Reportage von einer beliebigen Austauschbarkeit beider Vergangenheitstempora keine Rede sein. Unsere Eingangsthese, daß das deutsche Tempussystem sich aus zwei Teilsystemen mit unterschiedlichen Bezugspunkten zusammensetze, wird folglich von den Korpus-Werten voll gestützt.

Die Distribution nach Haupt- und Nebensätzen

Von den 13365 finiten Verben des DR-Korpus stehen 10396 (=77,8%) in Hauptsätzen, 2969 (=22,2%) in Nebensätzen. In den Nachberichten kommen 275 (=70,3%) in Haupt- und 116 (=29,7%) in Nebensätzen vor. Die Tabellen 65 und 66 zeigen getrennt nach dem Auftreten in Haupt- und Nebensätzen die Distribution der Tempora in den einzelnen Reportage-Gattungen und -Typen auf. Während in den Nachberichten relativ geringe Abweichungen zwischen den Tempora-Anteilen in den Haupt- und den Nebensätzen zu konstatieren sind, ergeben sich bei den Direktreportagen z.T. erhebliche Gewichtsverlagerungen. Der Präsens-Anteil der Hauptsätze ist gut 15 Punkte höher als der der Nebensätze. Dieser DR-Wert gilt mit sehr geringer Schwankung für alle drei DR-Typen: GR 13,6; TR 16,5; KR 15,4 Punkte. Demgegenüber spielt das Präteritum in den Nebensätzen eine relativ größere Rolle als in den Hauptsätzen (+ 10,6 Punkte). Auch hierbei verhalten sich die drei DR-Typen gleich: Die Differenz beträgt: GR 10,1; TR 9,5; KR 10,9 Punkte. Während die Anteilswerte des Perfekts geringe Unterschiede aufweisen, sind die Unterschiede beim Plusquamperfekt erheblich: Sein Anteil innerhalb der Nebensatz-Tempora ist drei- bis viermal so hoch wie der bei den Hauptsätzen. Diese Daten zeigen zweierlei:

1. Die Abnahme der Präsens- und Perfekt-Anteile von GR zu TR zu KR und die gleichzeitige Zunahme der Anteile des Präteritum und des Plusquamperfekt (siehe

TABELLE 65: Tempus-Distribution in Hauptsätzen

		Fut.I	Fut.II	Präs.	Perf.	Prät.	Plqu.	Konj.I	Konj.II	Imp.
NB	absol.	2	-	62	17	173	11	-	10	-
	%	0,73	-	22,54	6,18	62,91	4,0	-	3,64	-
		0,75	-	23,40	6,42	65,28	4,15			
DR	absol.	161	3	7105	1312	1241	87	75	400	12
	%	1,55	0,03	68,34	12,62	11,94	0,84	0,72	3,85	0,11
		1,63	0,03	71,70	13,24	12,52	0,88			
GR	absol.	53	-	2877	545	242	21	26	135	10
	%	1,36	-	73,60	13,94	6,19	0,54	0,66	3,45	0,26
		1,42	-	76,97	14,58	6,47	0,56			
TR	absol.	52	1	2171	375	418	32	29	127	2
	%	1,62	0,03	67,70	11,69	13,03	1,00	0,91	3,96	0,06
		1,71	0,03	71,20	12,30	13,71	1,05			
KR	absol.	56	2	2057	392	581	34	20	138	-
	%	1,71	0,06	62,71	11,95	17,71	1,04	0,61	4,21	-
		1,79	0,06	65,89	12,56	18,61	1,09			

TABELLE 66: Tempus-Distribution in Nebensätzen

		Fut.I	Fut.II	Präs.	Perf.	Prät.	Plqu.	Konj.I	Konj.II	Imp.
NB	absol.	2	-	24	6	69	8	2	5	-
	%	1,73	-	20,69	5,17	59,48	6,90	1,72	4,31	-
		1,84	-	22,02	5,50	63,30	7,34			
DR	absol.	64	-	1566	383	669	93	25	168	1
	%	2,16	-	52,75	12,90	22,53	3,13	0,84	5,66	0,03
		2,31	-	56,43	13,80	24,11	3,35			
GR	absol.	17	-	580	118	157	22	9	62	1
	%	1,76	-	60,04	12,22	16,25	2,28	0,93	6,42	0,10
		1,90	-	64,88	13,20	17,56	2,46			
TR	absol.	16	-	511	148	225	30	13	56	-
	%	1,60	-	51,15	14,82	22,52	3,00	1,30	5,61	-
		1,72	-	54,95	15,91	24,19	3,23			
KR	absol.	31	-	475	117	287	41	3	50	-
	%	3,09	-	47,31	11,65	28,59	4,08	0,30	4,98	-
		3,26	-	49,95	12,30	30,18	4,31			

Tabelle 63) verteilen sich relativ gleichmäßig auf Haupt- und Nebensätze.

2. Daß das Präsens in den Hauptsätzen einen höheren Anteilswert als in den Nebensätzen innehat und beim Präteritum und beim Plusquamperfekt die Verhältnisse umgekehrt liegen, beweist einmal mehr die dominierende Rolle des Präsens als Basis-Tempus der Direktreportagen. In den Nachberichten dagegen ist das Präteritum das Basis-Tempus mit einem um 3,5 Punkte höheren Anteil in den Hauptsätzen.

Diese zuletzt genannten Verhältnisse werden noch klarer, wenn man die Formen der einzelnen Tempora nach ihrer Vorkommenshäufigkeit in Haupt- und Nebensätzen aufschlüsselt, wie wir es in Tabelle 67 getan haben. Sieht man einmal von den Sonderfällen Futur II und Imperativ ab, so ergibt sich - geordnet nach dem Relationsquotienten "Vorkommen in Hauptsätzen zu Vorkommen in Nebensätzen" - in DR die Reihenfolge:

Präsens	4,5	Konjunktiv II	2,4
Perfekt	3,4	Präteritum	1,9
Konjunktiv I	3	Plusquamperfekt	0,9
Futur I	2,5		

Die Tempora des präsentischen Systems stehen in der Rangfolge vor denen des präteritalen Systems. Vor allem kommen die beiden Haupttempora des präsentischen Systems, die beide die Spitzenplätze einnehmen, anteilsmäßig ungleich häufiger in Hauptsätzen vor als die beiden Tempora des präteritalen Systems, die die Schlußlichter der Rangfolge bilden. In den Nachberichten findet sich zwar keine Umkehrung dieser Reihung, aber dennoch läßt sich eine deutliche Verschiebung feststellen: Verglichen mit den entsprechenden DR-Werten steigt beim Präsens, Perfekt und Futur I der jeweilige Anteil in den Nebensätzen, beim Präteritum und Plusquamperfekt dagegen der in den Hauptsätzen.

In einer Textsorte, in der drei von vier finiten Verben in Hauptsätzen stehen, stellt ein Tempus mit nahezu ausgeglichener Distribution eine große Ausnahme dar, nämlich das Plusquamperfekt. Dennoch müssen die 48,3% (DR) bzw. 57,9% (NB), die auf Hauptsätze entfallen, als ein Charakteristikum der gesprochenen Reportage angesehen werden. Denn in einigen Grammatiken, die sich offenbar primär auf geschriebene Texte stützen, wird behauptet, das Plusquamperfekt stehe "selten in Hauptsätzen, häufig in Gliedsätzen"[120]. Davon kann in unserer Textsorte keine Rede sein. Ebenfalls ein Kennzeichen der Reportagen scheint zu sein, daß sowohl der Konjunktiv I als auch der Konjunktiv II im Verhältnis 3:1 bzw. 7:3 häufiger in Haupt- als in Nebensätzen vorkommen[121]. Dies hängt offenbar damit zusammen, daß Reportagen eine narrative Textsorte sind, in der generell Redewiedergaben und damit auch indirekte Reden selten auftreten.

Insgesamt ergibt sich eine deutliche Distributions-Abstufung zwischen GR (80:20), TR/KR (76,5:23,5) und NB (70:30). Bei den Ganzreportagen liegen fünf Sprechertexte mit einem Hauptsatzanteil zwischen 81% und 83% eng beieinander. Zu diesen Texten gehört ZIMMERMANNs GR 1. Eine Veränderung hat also in diesem Punkt seit 1954 offensichtlich nicht stattgefunden. Von dieser 80%-Norm der Ganzreportagen weichen FASSBENDER in GR 2 (74%) und vor allem MÖNCH in GR 3 (66%) ab. Bei den Teilreportagen beträgt in allen sieben Reportagen der Hauptsatz-Anteil zwischen 74% und 80%, liegt folglich überall sehr nahe am Mittelwert dieses Reportage-Typs. Wie auch in anderen Fällen bieten die Konferenzreportagen wegen ihrer Heterogenität kein derartig einheitliches Bild. Hier reicht die Streuung von 64,7% bis 90,2%, wobei aber immerhin 15 der 24 Reportagen auf einen Hauptsatz-Anteil zwischen 70% und 82% kommen. In den Nachberich-

TABELLE 67: Hauptsatz-Nebensatz-Distribution der Tempora

		Fut.I	Fut.II	Präs.	Perf.	Prät.	Plqu.	Konj.I	Konj.II	Imp.	finite Verben
GR	HS	75,7	-	83,2	82,2	60,7	48,8	74,3	68,5	90,9	80,2
	NS	24,3	-	16,8	17,8	39,3	51,2	25,7	31,5	9,1	19,8
TR	HS	76,5	100	80,9	71,7	65	51,6	69	69,4	100	76,2
	NS	23,5	-	19,1	28,3	35	48,4	31	30,6	-	23,8
KR	HS	64,4	100	81,2	77	66,9	45,3	87	73,4	-	76,6
	NS	35,6	-	18,8	23	33,1	54,7	13	26,6	-	23,4
DR	HS	71,6	100	81,9	77,4	65	48,3	75	70,4	92,3	77,8
	NS	28,4	-	18,1	22,6	35	51,7	25	29,6	7,7	22,2
NB	HS	50	-	72,1	73,9	71,5	57,9	-	66,7	-	70,3
	NS	50	-	27,9	26,1	28,5	42,1	100	33,3	-	29,7

Alle Angaben in %.

HS = Hauptsatz
NS = Nebensatz

ten, deren Hauptsatz-Anteil ja um 7,5 Punkte niedriger als der von DR ist, zeigt sich ein deutlicher, knapp 5 Punkte ausmachender Unterschied zwischen den beiden Untergruppen: In den fünf Nachkommentaren stehen relativ mehr finite Verben in Nebensätzen (31,4%) als in den sieben Kurzabrufen (26,7%).

Ohne eine detaillierte Syntax-Analyse wird man mit einer Interpretation dieser Zahlen vorsichtig sein müssen. Es scheint aber so, daß die Gattungen bzw. Typen und der konkrete Spielverlauf am stärksten die Hauptsatz-Nebensatz-Distribution der finiten Verben beeinflussen. Zumindest läßt sich bei den Reportern, die mit mehreren Texten im Korpus vertreten sind, zeigen, daß von einer individuellen Neigung oder Abneigung gegenüber mehr oder weniger häufigem Nebensatz-Gebrauch kaum die Rede sein kann. FASSBENDER liegt zwar mit seinem Nebensatz-Anteil in GR 4 deutlich über der GR-Norm, aber in seinen anderen drei Reportagen sehr nahe am jeweiligen Mittelwert. Umgekehrt ist es bei BREUCKMANN: in KR III,5 (17,6%) unter der KR-Norm, in GR 3 (19,1%), TR 3 (25%) und TR 5 (21,3%) nahe der GR- bzw. TR-Norm. Besonders kraß fällt der Vergleich bei REHAHN aus (KR I,2: 21,8%; KR III,7: 9,8%), ebenso bei HAGELEIT (KR I,4: 27,9%; KR III,6: 16%) und RUBENBAUER (NB 2: 27,9%; NB 4/5: 19,6%). Lediglich bei MÖNCH scheint es eine relative Präferenz für den Nebensatz zu geben: sowohl in GR 3 (34,1%) wie in KR II,1 (34,7%) übertrifft er deutlich die betreffenden Typen-Werte.

Für unser Untersuchungsziel ist die Auffächerung der finiten Verben nach ihrem Vorkommen in Haupt- und Nebensätzen von untergeordneter Bedeutung, da das Verhältnis zwischen Zeitreferenz und Tempusgebrauch, zumindest in den Reportagen, nur ausnahmsweise von der syntaktischen Einbettung der Tempusformen tangiert wird. Wie in den Einzelanalysen werden wir daher auch bei der Korpusanalyse die syntaktische Zuordnung der einzelnen Tempusformen unberücksichtigt lassen und nur dort auf sie eingehen, wo sie einen gewissen Einfluß ausübt.

Die Distribution nach Aktiv und Passiv

Weitgehend unberücksichtigt bleiben kann auch die Aufteilung der finiten Verben nach den "Genera verbi" 'Aktiv' und 'Passiv'. Dies allein schon deswegen, weil der Passiv-Anteil mit rund 6% aller finiten Verben keine Größe darstellt, die einen gewichtigen Einfluß auf den Tempusgebrauch haben könnte. Um dem Leser, der an der Aktiv-Passiv-Distribution in unserer Textsorte interessiert ist, einen kleinen Überblick zu verschaffen, sind in Tabelle 68 die Distributions-Verhältnisse in ausgewählten Reportagen aufgeführt.

Wie bei der Gesamtdistribution der finiten Verben dominiert bei der Distribution der finiten Passiv-Formen in DR das Präsens, in NB das Präteritum. Von den 55 Passiva in TR 4, um ein konkretes Beispiel zu nennen, stehen 34 im Präsens, 11 im Präteritum und 8 im Perfekt. Anteilsmäßig entspricht dies in etwa den Anteilen, die diese drei Haupttempora insgesamt in TR einnehmen. Andererseits kommen aber auch Futur I, Plusquamperfekt und beide Konjunktive unter den 434 Passiva der 18 ausgewählten Reportagen vor. Man kann also nicht davon ausgehen, daß bestimmte Tempora z.B. wegen ihrer komplizierteren Bildungsweise im Passiv gemieden und durch einfacher gebaute ersetzt werden. Auch unter diesem Aspekt kann bei der Behandlung der einzelnen Tempora auf eine getrennte Betrachtung der Genera verbi verzichtet werden. Zur Illustration ein paar Passiv-Beispiele für die einzelnen Tempora und Bildungsweisen:

(408) das spiel ist unterbrochen und jetzt wird ausgewechselt

(409) er wurde übrigens / gegen Allofs eingewechselt

(410) in der zweiten / halbzeit / ward er kaum mehr gesehen

(411) das war gar nicht schlecht gedacht

TABELLE 68: Aktiv-Passiv-Distribution finiter Verben

		finite Verben		Passiva	
		Aktiv	Passiv	Vorgangs-passiv	Zustands-passiv
GR 1	Zimmermann	93,6	6,4	87,6	12,4
GR 2	Faßbender	93,7	6,3	84,8	15,2
	Klose	94,3	5,7	77,2	22,8
GR 3	Mönch	96,6	3,4	50	50
	Breuckmann	96,6	3,4	60	40
TR 1	Hauffe	92,1	7,9	66,7	33,3
TR 2	Faßbender	94,2	5,8	66,7	33,3
TR 3	Breuckmann	93,9	6,1	52	48
TR 4	Sprentzel	92,2	7,8	81,8	18,2
KR I,1	Koch	93,1	6,9	78,6	21,4
KR I,2	Rehahn	94,1	5,9	46,2	53,8
KR I,3	Emmerich	96,1	3,9	16,7	83,3
KR I,5	Faßbender	92,1	7,9	78,9	21,1
KR I,7	Körper	100	-	-	-
KR I,8	Stanjek	95,7	4,3	50	50
KR I,9	Hauffe	93,5	6,5	44,4	55,6
NB 1	Mönch	97,1	2,9	100	-
NB 2	Rubenbauer	93,1	6,9	60	40
Reportagen122		93,8	6,2	75,1	24,9

Alle Angaben in %.

(412) der jetzt von Oblak hereingeschlagen / werden wird

(413) aber diesmal ist er festgehalten worden

(414) Jongbloed war ausmanövriert worden

(415) das sei zu meiner entschuldigung angefügt

(416) und sie geben so gefährlich zurück / daß Maier beinah ausgespielt worden wäre

(417) bliebe es so dann würde die deutsche bilanz gegen Argentinien / weiter verbessert werden

In allen 18 untersuchten Reporter-Texten haben die Aktiv-Formen mit mindestens 92% eine überwältigende Dominanz. Bei Abweichungen von +2 bis -3 Punkten vom Gesamtwert fällt es schwer, dem einen oder anderen Reporter eine gewisse Vorliebe für das Passiv zuzusprechen. Am ehesten wäre dies bei HAUFFE möglich, der sowohl in TR 1 wie in KR I,9 über dem Reportagewert liegt. Umgekehrt könnte man bei MÖNCH folgern, er meide nach Möglichkeit das Passiv. Fälle wie FASSBENDER und BREUCKMANN warnen allerdings vor voreiligen Schlüssen. Ein historisch interpretierbarer Kontrast zwischen ZIMMERMANN und den anderen Reportern ist nicht festzustellen.

Die z.T. erheblichen Diskrepanzen zwischen den beiden Passiv-Möglichkeiten sollte man wegen der häufig geringen Zahl von Passiv-Formen ebenfalls nicht überbewerten. Es scheint allerdings so, daß das Zustandspassiv im Schnitt in KR höhere Anteile erreicht als in GR und TR, zumindest erzielt es in einzelnen Konferenzreportagen seine höchsten Werte. Bei den längeren Texten fällt auf, daß ZIMMERMANNs GR 1 den geringsten Zustandspassiv-Anteil aufweist.

Die Distribution nach Tempora und Zeitstufen

Die Auffächerung des Untersuchungsmaterials nach Tempusformen erlaubt bereits eine Reihe von Rückschlüssen auf ihre Zeitstufen-Verwendung. So korrespondiert z.B. der Präsens-Anteil in bestimmter Weise mit dem Anteil der Zeitstufen 4a und 4b; dagegen besteht eine unübersehbare Diskrepanz zwischen dem Futur- und dem Nachzeitigkeits-Anteil. Das Präsens dürfte also das wichtigste Tempus für die Realisierung gleichzeitiger Referenzen sein, das Futur aber nicht für die Verwirklichung nachzeitiger Bezüge. Die Gegenüberstellung der Zeitstufen und der Tempora mit dem Mittel der kreuzklassifizierenden Matrix gibt hier präzise Auskunft und ermöglicht mit Rückgriff auf die Texte Aussagen über den Tempusgebrauch in unserer Textsorte. Deswegen stellen wir den folgenden Unterkapiteln hier Übersichtstabellen der Gattungen und DR-Typen voran, die die quantitative Grundlage für die dort zu leistende Analyse und Interpretation der einzelnen Tempora bilden. Die quantitativen Verhältnisse, die zwischen den Zeitstufen und den sie realisierenden Tempora bestehen, werden für beide Gattungen und die drei DR-Typen jeweils in drei Tabellen aufbereitet:

a) die Distribution in absoluten Zahlen,

b) die prozentuale Aufschlüsselung der einzelnen Tempora nach ihrer Verwendung in den Zeitstufen ("vertikale" Auswertung der absoluten Zahlen; die Gesamtzahl der Fälle jedes Tempus gleich 100 gesetzt),

c) die prozentuale Aufschlüsselung der einzelnen Zeitstufen nach den sie realisierenden Tempora ("horizontale" Auswertung der absoluten Zahlen; die Anzahl der Fälle jeder Zeitstufe gleich 100 gesetzt).

Diese doppelte Auswertung der absoluten Zahlen soll also zum einen Auskunft geben über die Zeitbezug-Frequenz der einzelnen Tempora, zum anderen über ihre Bedeutung für die einzelnen Zeitstufen.

TABELLE 69a: Direktreportagen: Distribution der **finiten Verben** nach Zeitstufen und Tempora

		Futur I	Futur II	Präsens	Perfekt	Präteritum	Plusquamperfekt	Konj. I	Konj. II	Imperativ	gesamt
Vorzeitigkeit	1		1	6	224	253	38	4	15		541
	2	1	1	103	480	1074	60	4	59		1782
	3			160	981	583	82	3	113		1922
	1-3	1	2	269	1685	1910	180	11	187	-	4245
Gleichzeitigkeit	4a	15		5573				72	204	13	5877
	4b	9		2371	2			15	79		2476
	0			144							144
	4/0	24	-	8088	2	-	-	87	283	13	8497
Nachzeitigkeit	5	81		95	2			1	4		183
	6	81		139	2			1	50		273
	7	38	1	80	4				44		167
	5-7	200	1	314	8	-	-	2	98	-	623
gesamt		225	3	8671	1695	1910	180	100	568	13	13365

Alle Angaben in absoluten Zahlen.

TABELLE 69b: Direktreportagen: Anteile der Zeitstufen an den Tempora

		Futur I	Futur II	Präsens	Perfekt	Präteritum	Plusquamperfekt	Konj. I	Konj. II	Imperativ	finite Verben
Vor-	1		33,3	0,07	13,21	13,25	21,11	4,0	2,64		4,05
zeitig-	2	0,44	33,3	1,19	28,32	56,23	33,33	4,0	10,39		13,33
keit	3			1,85	57,88	30,52	45,56	3,0	19,89		14,38
	1-3	0,44	66,7	3,11	99,41	100	100	11,0	32,92	-	31,76
Gleich-	4a	6,67		64,27				72,0	35,92	100	43,97
zeitig-	4b	4,0		27,34	0,12			15,0	13,91		18,53
keit	0			1,66							1,08
	4/0	10,67	-	93,27	0,12	-	-	87,0	49,83	100	63,58
Nach-	5	36,0		1,10	0,12			1,0	0,70		1,37
zeitig-	6	36,0		1,60	0,12			1,0	8,80		2,04
keit	7	16,89	33,3	0,92	0,23				7,75		1,25
	5-7	88,89	33,3	3,62	0,47	-	-	2,0	17,25	-	4,66
gesamt		100	100	100	100	100	100	100	100	100	100

Alle Angaben in %.

TABELLE 69c: Direktreportagen: Anteile der Tempora an den Zeitstufen

		Futur I	Futur II	Präsens	Perfekt	Präteritum	Plusquamperfekt	Konj. I	Konj. II	Imperativ	gesamt
Vorzeitigkeit	1		0,19	1,11	41,40	46,77	7,02	0,74	2,77		100
	2	0,06	0,06	5,78	26,93	60,27	3,37	0,22	3,31		100
	3			8,32	51,04	30,33	4,27	0,16	5,88		100
	1-3	0,02	0,05	6,34	39,69	44,99	4,24	0,26	4,41	-	100
Gleichzeitigkeit	4a	0,26		94,83				1,22	3,47	0,22	100
	4b	0,36		95,76	0,08			0,61	3,19		100
	0			100							100
	4/0	0,28	-	95,19	0,02	-	-	1,03	3,33	0,15	100
Nachzeitigkeit	5	44,26		51,91	1,09			0,55	2,19		100
	6	29,67		50,91	0,73			0,37	18,32		100
	7	22,75	0,60	47,90	2,40				26,35		100
	5-7	32,10	0,16	50,40	1,29	-	-	0,32	15,73	-	100
Zeitstufen 0-7		1,68	0,02	64,88	12,68	14,29	1,35	0,75	4,25	0,10	100

Alle Angaben in %.

TABELLE 70a: Ganzreportagen: Distribution der finiten Verben nach Zeitstufen und Tempora

		Futur I	Futur II	Präsens	Perfekt	Präteritum	Plusquamperfekt	Konj. I	Konj. II	Imperativ	gesamt
Vor-	1			3	63	70	10	1	3		150
zeitig-	2			23	104	95	6		6		234
keit	3			65	494	234	27		47		867
	1-3	-	-	91	661	399	43	1	56	-	1251
Gleich-	4a	10		2532				24	82	11	2659
zeitig-	4b			670	1			9	36		716
keit	0			60							60
	4/0	10	-	3262	1	-	-	33	118	11	3435
Nach-	5	31		53				1	2		87
zeitig-	6	21		40					20		81
keit	7	8		11	1				1		21
	5-7	60	-	104	1	-	-	1	23	-	189
gesamt		70	-	3457	663	399	43	35	197	11	4875

Alle Angaben in absoluten Zahlen.

TABELLE 70b: Ganzreportagen: Anteile der Zeitstufen an den Tempora

		Futur I	Futur II	Präsens	Perfekt	Präteritum	Plusquamperfekt	Konj. I	Konj. II	Imperativ	finite Verben
Vorzeitigkeit	1			0,09	9,50	17,54	23,26	2,86	1,52		3,08
	2			0,66	15,69	23,81	13,95		3,05		4,80
	3			1,88	74,51	58,65	62,79		23,86		17,78
	1-3	-	-	2,63	99,70	100	100	2,86	28,43	-	25,66
Gleichzeitigkeit	4a	14,28		73,24				68,57	41,62	100	54,54
	4b			19,38	0,15			25,71	18,27		14,69
	0			1,74							1,23
	4/0	14,28	-	94,36	0,15	-	-	94,28	59,89	100	70,46
Nachzeitigkeit	5	44,29		1,53				2,86	1,02		1,79
	6	30		1,16					10,15		1,66
	7	11,43		0,32	0,15				0,51		0,43
	5-7	85,72	-	3,01	0,15	-	-	2,86	11,68	-	3,88
gesamt		100	-	100	100	100	100	100	100	100	100

Alle Angaben in %.

TABELLE 70c: Ganzreportagen: Anteile der Tempora an den Zeitstufen

		Futur I	Futur II	Präsens	Perfekt	Präteri-tum	Plus-quam-perfekt	Konj. I	Konj. II	Impe-rativ	gesamt
Vor-	1			2,0	42	46,67	6,67	0,66	2		100
zeitig-	2			9,83	44,45	40,60	2,56		2,56		100
keit	3			7,50	56,98	26,99	3,11		5,42		100
	1-3	-	-	7,27	52,84	31,89	3,44	0,08	4,48	-	100
Gleich-	4a	0,38		95,22				0,90	3,09	0,41	100
zeitig-	4b			93,57	0,14			1,26	5,03		100
keit	0			100							100
	4/0	0,29	-	94,96	0,03	-	-	0,96	3,44	0,32	100
Nach-	5	35,63		60,92				1,15	2,30		100
zeitig-	6	25,93		49,38					24,69		100
keit	7	38,10		52,38	4,76				4,76		100
	5-7	31,74	-	55,03	0,53	-	-	0,53	12,17	-	100
Zeitstufen 0-7		1,44	-	70,91	13,60	8,18	0,88	0,72	4,04	0,23	100

Alle Angaben in %.

TABELLE 71a: Teilreportagen: Distribution der finiten Verben nach Zeitstufen und Tempora

		Futur I	Futur II	Präsens	Perfekt	Präteritum	Plusquamperfekt	Konj. I	Konj. II	Imperativ	gesamt
Vorzeitigkeit	1			3	105	126	17		3		254
	2	1		36	168	324	10	2	20		561
	3			54	249	193	35	3	41		575
	1-3	1	-	93	522	643	62	5	64	-	1390
Gleichzeitigkeit	4a	3		1616				32	61	2	1714
	4b	5		817	1			4	16		843
	0			46							46
	4/0	8	-	2479	1	-	-	36	77	2	2603
Nachzeitigkeit	5	17		25					1		43
	6	27		45				1	16		89
	7	15	1	40					25		81
	5-7	59	1	110	-	-	-	1	42	-	213
gesamt		68	1	2682	523	643	62	42	183	2	4206

Alle Angaben in absoluten Zahlen.

TABELLE 71b: Teilreportagen: Anteile der Zeitstufen an den Tempora

		Futur I	Futur II	Präsens	Perfekt	Präteritum	Plusquamperfekt	Konj. I	Konj. II	Imperativ	finite Verben
Vorzeitigkeit	1			0,11	20,08	19,60	27,42		1,64		6,04
	2	1,47		1,34	32,12	50,39	16,13	4,76	10,93		13,34
	3			2,01	47,61	30,01	56,45	7,14	22,41		13,67
	1-3	1,47	-	3,46	99,81	100	100	11,90	34,98	-	33,05
Gleichzeitigkeit	4a	4,41		60,26				76,19	33,33	100	40,75
	4b	7,35		30,46	0,19			9,53	8,74		20,04
	0			1,72							1,09
	4/0	11,76	-	92,44	0,19	-	-	85,72	42,07	100	61,88
Nachzeitigkeit	5	25		0,93					0,55		1,02
	6	39,71		1,68				2,38	8,74		2,12
	7	22,06	100	1,49					13,66		1,93
	5-7	86,77	100	4,10	-	-	-	2,38	22,95	-	5,07
gesamt		100	100	100	100	100	100	100	100	100	100

Alle Angaben in %.

TABELLE 71c: Teilreportagen: Anteile der Tempora an den Zeitstufen

		Futur I	Futur II	Präsens	Perfekt	Präteritum	Plusquamperfekt	Konj. I	Konj. II	Imperativ	gesamt
Vorzeitigkeit	1			1,18	41,34	49,61	6,69		1,18		100
	2	0,18		6,42	29,95	57,75	1,78	0,36	3,56		100
	3			9,39	43,30	33,57	6,09	0,52	7,13		100
	1-3	0,07	-	6,69	37,55	46,26	4,46	0,36	4,61	-	100
Gleichzeitigkeit	4a	0,17		94,28				1,87	3,56	0,12	100
	4b	0,59		96,92	0,12			0,47	1,90		100
	0			100							100
	4/0	0,31	-	95,24	0,04	-	-	1,38	2,95	0,08	100
Nachzeitigkeit	5	39,53		58,14					2,33		100
	6	30,34		50,56				1,12	17,98		100
	7	18,52	1,23	49,38					30,87		100
	5-7	27,70	0,47	51,64	-	-	-	0,47	19,72	-	100
Zeitstufen 0-7		1,62	0,02	63,77	12,43	15,29	1,47	1,0	4,35	0,05	100

Alle Angaben in %.

TABELLE 72a: Konferenzreportagen: Distribution der finiten Verben nach Zeitstufen und Tempora

		Futur I	Futur II	Präsens	Perfekt	Präteritum	Plusquamperfekt	Konj. I	Konj. II	Imperativ	gesamt
Vor-	1		1		56	57	11	3	9		137
zeitig-	2		1	44	208	655	44	2	33		987
keit	3			41	238	156	20		25		480
	1–3	-	2	85	502	868	75	5	67	-	1604
Gleich-	4a	2		1425				16	61		1504
zeitig-	4b	4		884				2	27		917
keit	0			38							38
	4/0	6	-	2347	-	-	-	18	88	-	2459
Nach-	5	33		17	2				1		53
zeitig-	6	33		54	2				14		103
keit	7	15		29	3				18		65
	5–7	81	-	100	7	-	-	-	33	-	221
gesamt		87	2	2532	509	868	75	23	188	-	4284

Alle Angaben in absoluten Zahlen.

TABELLE 72b: Konferenzreportagen: Anteile der Zeitstufen an den Tempora

		Futur I	Futur II	Präsens	Perfekt	Präteritum	Plusquamperfekt	Konj. I	Konj. II	Imperativ	finite Verben
Vorzeitigkeit	1		50		11,0	6,57	14,67	13,04	4,79		3,20
	2		50	1,74	40,87	75,46	58,67	8,70	17,55		23,04
	3			1,62	46,76	17,97	26,66		13,30		11,20
	1-3	-	100	3,36	98,63	100	100	21,74	35,64	-	37,44
Gleichzeitigkeit	4a	2,30		56,30				69,56	32,45		35,11
	4b	4,60		34,89				8,70	14,36		21,40
	0			1,50							0,89
	4/0	6,90	-	92,69	-	-	-	78,26	46,81	-	57,40
Nachzeitigkeit	5	37,93		0,67	0,39				0,53		1,24
	6	37,93		2,13	0,39				7,45		2,40
	7	17,24		1,15	0,59				9,57		1,52
	5-7	93,10	-	3,95	1,37	-	-	-	17,55	-	5,16
gesamt		100	100	100	100	100	100	100	100	-	100

Alle Angaben in %.

TABELLE 72c: Konferenzreportagen: Anteile der Tempora an den Zeitstufen

		Futur I	Futur II	Präsens	Perfekt	Präteritum	Plusquamperfekt	Konj. I	Konj. II	Imperativ	gesamt
Vorzeitigkeit	1		0,73		40,88	41,60	8,03	2,19	6,57		100
	2		0,10	4,46	21,08	66,36	4,46	0,20	3,34		100
	3			8,54	49,58	32,50	4,17		5,21		100
	1-3	-	0,12	5,30	31,30	54,11	4,68	0,31	4,18	-	100
Gleichzeitigkeit	4a	0,13		94,75				1,06	4,06		100
	4b	0,44		96,40				0,22	2,94		100
	0			100							100
	4/0	0,24	-	95,45	-	-	-	0,73	3,58	-	100
Nachzeitigkeit	5	62,26		32,08	3,77				1,89		100
	6	32,04		52,43	1,94				13,59		100
	7	23,08		44,61	4,62				27,69		100
	5-7	36,65	-	45,25	3,17	-	-	-	14,93	-	100
Zeitstufen 0-7		2,03	0,05	59,10	11,88	20,26	1,75	0,54	4,39	-	100

Alle Angaben in %.

<u>TABELLE 73a:</u> Nachberichte: Distribution der finiten Formen nach Zeitstufen und Tempora

		Futur I	Präsens	Perfekt	Präteritum	Plusquamperfekt	Konj. I	Konj. II	gesamt
Vorzeitigkeit	1			1	21	10	1		33
	A		5	22	214	9		10	260
	B				4				4
	Cv		1		3				4
	1,A,B,Cv	-	6	23	242	19	1	10	301
Gleichzeitigkeit	C 4a		19					3	22
	C 4b		44					2	46
	0		5						5
	C4, 0	-	68	-	-	-	-	5	73
Nachzeitigkeit	Cz		1						1
	7	4	11				1		16
	Cz, 7	4	12	-	-	-	1	-	17
gesamt		4	86	23	242	19	2	15	391

Alle Angaben in absoluten Zahlen.

In den Tabellen 73a, b und c werden unter Cv die Verbformen zusammengefaßt, die auf die Vergangenheit der Reportage-Zeit referieren, unter Cz diejenigen, die sich auf die Zukunft der Reportage-Zeit beziehen.

TABELLE 73b: Nachberichte: Anteile der Zeitstufen an den Tempora

		Futur I	Präsens	Perfekt	Präteritum	Plusquamperfekt	Konj. I	Konj. II	finite Verben
Vorzeitigkeit	1			4,35	8,68	52,63	50,0		8,44
	A		5,82	95,65	88,43	47,37		66,67	66,50
	B				1,65				1,02
	Cv		1,16		1,24				1,02
	1,A,B,Cv	-	6,98	100	100	100	50,0	66,67	76,98
Gleichzeitigkeit	C 4a		22,10					20,0	5,63
	C 4b		51,16					13,33	11,76
	0		5,81						1,28
	C4, 0	-	79,07	-	-	-	-	33,33	18,67
Nachzeitigkeit	Cz		1,16						0,26
	7	100	12,79				50,0		4,09
	Cz, 7	100	13,95	-	-	-	50,0	-	4,35
gesamt		100	100	100	100	100	100	100	100

Alle Angaben in %.

TABELLE 73c: Nachberichte: Anteile der Tempora an den Zeitstufen

		Futur I	Präsens	Perfekt	Präteritum	Plusquamperfekt	Konj. I	Konj. II	gesamt
Vorzeitigkeit	1			3,03	63,64	30,30	3,03		100
	A		1,92	8,46	82,31	3,46		3,85	100
	B				100				100
	Cv		25,0		75,0				100
	1,A,B,Cv	-	2,0	7,64	80,40	6,31	0,33	3,32	100
Gleichzeitigkeit	C 4a		86,36					13,64	100
	C 4b		95,65					4,35	100
	0		100						100
	C4, 0	-	93,15	-	-	-	-	6,85	100
Nachzeitigkeit	Cz		100						100
	7	25,0	68,75				6,25		100
	Cz, 7	23,53	70,59	-	-	-	5,88	-	100
alle Zeitstufen		1,02	22,0	5,88	61,89	4,86	0,51	3,84	100

Alle Angaben in %.

4.2.3. Präsens

Gleichzeitigkeit

Mit 8671 Formen ist das Präsens das mit Abstand am häufigsten verwendete Tempus in den Direktreportagen. 8088 der Präsentia, das sind 93,3% aller Präsensformen, entfallen dabei auf die drei Zeitstufen, die Gültigkeit im Redemoment beinhalten, also 0, 4a und 4b. Das Präsens ist also das Gleichzeitigkeitstempus. Der DR-Wert repräsentiert hierbei alle drei DR-Typen, deren entsprechende Werte zwischen 92,4% und 95,5% liegen. Die unterschiedliche Verteilung auf die drei Gleichzeitigkeitsstufen innerhalb der DR-Typen ist eindeutig abhängig von dem Gewicht, das jede dieser Zeitstufen in den einzelnen DR-Typen besitzt. Während dieses Gewicht für die Zeitstufe 0 weitgehend gleich ist - lediglich in den Konferenzreportagen spielen die "allgemeingültigen" Aussagen eine etwas geringere Rolle -, ergeben sich deutliche Verschiebungen zwischen den 4a- und 4b-Anteilen beim Vergleich GR mit TR und KR, aber auch merkbare beim Vergleich TR mit KR. Der Anteil des Präsens aber an diesen Zeitstufen ist unabhängig von ihrer Gewichtung mit ca. 95% für die punktuellen Redemoment-Referenzen (4a) und die partiell über den Redemoment hinausgehenden Referenzen (4b) in allen drei Direktreportage-Typen gleich. Die Zeitstufe 0 wird in unserem Korpus sogar ausschließlich durch das Präsens realisiert. Auch nur annähernd vergleichbare Anteilswerte erreicht das Präsens in keiner vor- und nachzeitigen Zeitstufe. Für die Textsorte Direktreportagen läßt sich daher konstatieren: Die zeitreferentielle Multifunktionalität des Präsens - d.h. konkret: das Tempus kann und wird für alle neun Zeitstufen eingesetzt - muß in ihrer Bedeutung vor der Folie der Gebrauchs-Frequenz gesehen und damit erheblich relativiert werden. Unter quantitativem Aspekt fungiert in dieser Textsorte das Präsens folglich eindeutig als "Gleichzeitigkeits"-, als "Gegenwarts"-Tempus. Deswegen bedarf es auch unter qualitativem Aspekt keiner zusätzlichen kotextuellen Zeitangaben. Wenn eine Aussage im kotextuell unmarkierten Präsens erfolgt, weiß der Hörer, daß sie sich auf den Redemoment bezieht. Zeitangaben und sprecherische Mittel (z.B. Erhöhung des Sprechtempos und der Intensität) können hierbei als verstärkende Signale hinzutreten, brauchen es aber nicht, um den Zeitbezug des Präsens zu monosemieren. Sie fungieren daher lediglich als narrative Mittel, etwa zur Spannungssteigerung oder als Zusatzsignal für die Rückkehr zum momentanen Spielgeschehen. Machen wir uns diesen Sachverhalt noch einmal an drei Beispielen aus GR 2 klar:

(418) Haan / der libero weit in der hälfte der bundesdeutschen mannschaft / noch einmal zurückgespielt / dort steht jetzt Krol / der Ajaxverteidiger / noch einmal Rijsbergen und der kommt jetzt etwa / bis 40 meter / vor das tor von Sepp Maier

(419) nun / Johann Cruyff / er hat sich [...] zurückgezogen / zurückgehalten / ins mittelfeld zurückfallen lassen / jetzt flankt / Krol in den strafraum hinein

(420) aber Jongbloed / hatte mit einem prachtsprung den ball zur ecke geboxt und die ecke kommt von Grabowski / da wird ge- ausgehoben (pfiffe) / Bonhof

In 418 wirken die beiden "jetzt" lediglich als Verstärkung. Denn sie stehen innerhalb einer simultan wiedergegebenen Spielszene. Gemeinsam mit dem Präsens stützen sie zugleich die Simultaneität der vorausgegangenen Setzungen. In 419 und 420 erfolgt jeweils der Übergang von einem Rückgriff zum momentanen Spielgeschehen. In 419 setzt FASSBENDER das Zusatzsignal "jetzt", in 420 verzichtet er darauf. Er hätte es auch umgekehrt machen können: "Krol flankt in den strafraum hinein" und "jetzt kommt die ecke von Grabowski". Wie auch immer: der Hörer hat weder in dem einen noch dem anderen Falle Orientierungsschwierigkeiten.

Die Abstufungen innerhalb der Gleichzeitigkeit, ob sich also die Gültigkeit der Aussage nur auf den Redemoment bezieht (4a) oder ob sie über ihn zeitlich hinausreicht (4b, 0), bedarf dagegen ebenfalls der Steuerung durch den Ko-/Kontext. Hierbei spielen die Verbsemantik und die Zeitangaben die wichtigste Rolle. Ein Beispiel mag dies verdeutlichen:

(421) von Cruyff weiß man das / daß er ausweicht auf die flügel

Das Denotat von "wissen" kann sich schlechterdings nicht auf einen Zeitpunkt, sondern muß sich auf einen Zeitabschnitt beziehen, selbst wenn dieser nur eine kurze Erstreckung hat. Im Präsens gebraucht, erstreckt sich also der Zeitraum des Wissens über den Redemoment hinaus (4b). Zugleich determiniert aber "wissen" auch die Aussage des präsentischen Objektsatzes: "ausweicht" kann also von der Semantik des Gesamtsatzes her hier nicht punktuell sein. Dasselbe Resultat ergibt sich, wenn "ausweicht" mit einer Zeitabschnittsangabe z.B. iterativer Art verbunden ist: "weicht häufig/immer wieder/manchmal aus". Da "ausweichen" zeitsemantisch als eher "punktuell", zumindest als "neutral" einzuordnen ist, wird in einer Textsorte, die primär punktuelles Geschehen wiedergibt, vom Hörer die kotextuell nicht näher definierte Verwendung "weicht aus" als punktuelles Redemomentgeschehen interpretiert. Beleg 421 ist übrigens ein gutes Beispiel für unterschiedlich lange Zeitabschnitte, auf die das inkludierende Präsens referieren kann. Denn "ausweicht" bezieht sich maximal auf die Jahre, die Cruyff aktiv Fußball spielt. Dagegen reicht das "weiß" über diese Zeitspanne hinaus, und zwar so weit, wie man sich an die Spielweise des Niederländers erinnern wird.

In den N a c h b e r i c h t e n, in denen das Präsens nur 22 % der finiten Verben ausmacht, beziehen sich vier Fünftel der Präsentia auf die drei Gleichzeitigkeitsstufen. Insgesamt wird auch hier "Gleichzeitigkeit" in 93 % aller Fälle durch das Präsens wiedergegeben. Von der pragmatischen Reportagesituation her - das Fußballspiel ist "vergangen", der Gleichzeitigkeits-Anteil beträgt deswegen nur knapp 19 % aller Referenzen - haben wir es hier mit einem 2:1-Übergewicht der inkludierenden Bezüge zu tun. Dementsprechend referieren über 50 % aller Präsensformen auf die Zeitstufe 4b und nur 22 % auf 4a. Dennoch gelten auch hier die zuvor aufgezeigten Verhältnisse: das punktuelle Redemoment-Präsens bedarf keiner zusätzlichen kotextuellen Markierung, das inkludierende Präsens ist zu seinem Verständnis darauf angewiesen.

Das Gleichzeitigkeits-Präsens erfüllt inhaltlich die F u n k t i o n e n, die bereits bei der Analyse der zwei Direktreportagen und der zwei Nachberichte aufgezeigt wurden. Diese Reportagen können daher stellvertretend für das Korpus stehen. Deswegen können wir uns hier mit einer kurzen Auflistung begnügen. In den Direktreportagen erfüllt die überwiegende Mehrzahl der präsentischen 4a-Referenzen die Hauptaufgabe jeder Direktreportage, das im Redemoment stattfindende Spielgeschehen wiederzugeben (vgl. z.B. die Belege 132-134, 246, 247):

(422) torhüter Preud'homme / schlägt das leder / weit ab / etwa zehn fünfzehn meter / hinter der mittelmarkierung / (zuschauer laut) kommt es herunter / die Belgier / (jubel) im ballbesitz / vorstopper Poel / gibt auf die rechte seite / zu Tahamata / der versucht / nach innen zu kurven das gelingt ihm auch jetzt ist er schon im strafraum / etwa / zehn meter von der eckfahne entfernt / duell / mit seinem bewacher Zimmermann / der leistet sich einen fehlpaß / dann die flanke in die mitte aber ein bißchen schlecht getimt / und das leder / überschreitet die außenlinie

Hinzu kommen Referenzen, die sich auf momentanes Geschehen im Stadion beziehen (Zuschauer, Trainer usw.). Diese Funktionsgruppe "simultane Wiedergabe des Spiel- bzw. Stadiongeschehens" entfällt in den Nachberichten. Beiden Gattungen gleich ist die Verwendung des punktuellen Präsens auf der Kommunikationsebene Reporter - Hörer, z.B. Begrüßung, Verabschiedung, Hinweise an die Hörer. Vor allem sind es hier die Passagen, in denen der Reporter von sich selbst spricht oder seinen eigenen Text kommentiert (vgl. Beleg 135-137, 301, 302). Je nach Zeiterstreckung kann es sich dabei auch um 4b-Referenzen handeln. Die Hauptfunktion der 4b-Referenzen ist es allerdings, Spielgeschehen zusammenzufassen, Spieler und Spiel zu bewerten, Akteure zu charakterisieren, Taktik zu erläutern, äußere Begleitumstände des Spiels (Wetter, Zuschauer, Spielfeldbeschaffenheit usw.) aufzuzeigen (siehe etwa die Belege 21-23, 138, 139, 463). Ein Beispiel mag hier stellvertretend für die verschiedenen Möglichkeiten genügen:

(423) Geye der von spiel zu spiel (lärm auf den rängen) stärker wird / obwohl er ja sich auch heute mit einer verletzung herumplagt / aber er hat hier in diesem spiel gezeigt / daß er auf der rechten seite / sehr wertvolle arbeit leistet / (zuschauerschrei) vor allen dingen auch dann wenn Toppmöller / und auch Pierung (falsch ausgesprochen) zusammen / im mittelfeld die bälle verteilen / und sie dann auch auf die richtige außenstelle herübertragen

Wegen des extrem hohen Anteils des Präsens an den drei Gleichzeitigkeits-Stufen kann für die Differenzen, die zwischen den Gattungen, Typen, Reportern und Reportagen bestehen, auf die Behandlung der Zeitstufen im vorausgegangenen Kapitel und die dort vorgenommene Interpretation verwiesen werden. Kurz eingegangen sei daher nur auf die relativ kleine Gruppe der Passiv-Präsentia, die spezifische Funktionen in den Direktreportagen wahrnimmt.

Das Zustandspassiv verwenden die Reporter vor allem zur Kennzeichnung von Spielfortsetzungen nach Unterbrechungen

(424) der einwurf ist ausgeführt

und zur Angabe der Spielzeit, z.B.

(425) gespielt sind jetzt in der zweiten halbzeit rund 14 minuten

Die großen Unterschiede, die beim Reportage-Vergleich bei der Verwendung der beiden Passiv-Arten und generell beim Gebrauch des Passivs auftauchen, erklären sich primär dadurch, daß es für beide Funktionsfälle Variationsmöglichkeiten gibt, die je nach vorhandenem oder nicht vorhandenem Zeitdruck oder auch nach Belieben vom Reporter benutzt werden: so etwa die Omission der Personalform des Prädikats, also "gespielt jetzt 14 minuten", "einwurf ausgeführt", aber auch das Perfekt "der einwurf ist ausgeführt worden", der aktivische Ausdruck "A wirft ein" oder bei der Spielzeit etwa die Variante "zu spielen noch 31 minuten". Auffällig ist hierbei lediglich, daß ZIMMERMANNs GR 1 unter den längeren Reportagen die geringste Anzahl an Zustandspassiva aufweist, während EMMERICH in KR I,3 sie in diesen Funktionen eindeutig bevorzugt. Die Präsentia des Vorgangspassivs werden zu etwa zwei Drittel für Aktionen auf dem Spielfeld verwandt, entweder um das Scheitern eines angreifenden Spielers zu bezeichnen, z.B.

(426) Klaus Allofs an der rechten seite / wird gestoppt von / wird gestoppt von Cocoli

oder um auszudrücken, was gerade mit dem Ball passiert:

(427) und dann wird er aus dem strafraum herausgeschlagen

Daß diese beiden Inhaltsfälle am häufigsten auftreten, läßt sich von der Reportagesituation her erklären. Das Passiv ermöglicht es, das logische Subjekt wegzulassen oder durch syntaktische Ausklammerung an das Ende des Satzes zu stellen. Da der Reporter selbst manchmal gar nicht genau erkennen kann bzw. erst nach der Aktion erkennt (etwa an der Rückennummer), wer eigentlich den Ball abgewehrt oder den angreifenden Spieler gestoppt hat, bietet das Vorgangspassiv ihm die Möglichkeit, den betreffenden Akteur gar nicht zu nennen, so in Beleg 427, oder ihn "nachzuschieben", so in Beleg 426. Der doppelte Ansatz in 426 zeigt in aller Deutlichkeit, daß sich hier BÖTTCHER erst selbst orientieren muß. Darüber hinaus bietet das Passiv den Vorteil, die insgesamt bevorzugte Perspektive des Angreifers möglichst lange beizubehalten.[123]

Vorzeitigkeit (Präsens historicum)

In den Direktreportagen beziehen sich 269 von 8671 Präsensformen auf vergangenes Geschehen, das sind 3,1 % aller Präsentia. In den Nachberichten sind es 6 von 86, gleich 7 %. Diese prozentuale Differenz sollte wegen der geringen NB-Textmenge nicht überbewertet werden. Immerhin steht in beiden Reportage-Gattungen die überwiegende Zahl dieser "historischen" Präsentia für die Vergangenheit des Spiels. Da in NB ja das gesamte Spiel vorzeitig ist, ergeben sich anteilsmäßig von vornherein mehr Möglichkeiten für den Einsatz des Präsens historicum. Auf der anderen Seite ist das Präsens aber an der temporalen Realisierung der Zeitstufe A lediglich mit knapp 2 % beteiligt, während in den Direktreportagen 7 % (263 von 3704) der Rückgriffe ins Spiel (Zeitstufe 2 und 3) mit Präsensformen ausgedrückt werden. Das historische Präsens spielt folglich im Vorzeitigkeitsbereich der Direktreportagen eine gewichtigere Rolle als in dem der Nachberichte.

In der Zeitstufe 1, der Zeit vor dem Spiel, ist in GR und TR der Anteil des Präsens sehr gering, in KR und NB kommen hier gar keine Präsentia vor. Dies erklärt sich vor allem daher, daß selten vor dem Spiel liegendes Geschehen ausführlicher erzählt wird. Es fehlt folglich der inhaltliche Rahmen für die szenische Variante des Präsens historicum. Die wenigen Fälle gehören daher überwiegend der registrierenden Variante an. In der Zeitstufe 2 werden - gemessen an der Gesamtzahl der Präsentia - anteilsmäßig mehr Präsensformen verwendet, wenn der Anteil der Zeitstufe an der Gesamtreportage höhere Werte aufweist. In GR mit einem 4,8 %-Anteil der Zeitstufe 2 referieren 0,7 % aller Präsentia auf Geschehen der zurückliegenden Spielvergangenheit, in TR lauten die entsprechenden Werte 13,3 % und 1,3 %, in KR 23 % und 1,7 %, in NB ("Spiel"-Zeitstufe A) 66,5 % und 5,8 %. Auf der anderen Seite verringert sich aber der Präsens-Anteil an der Realisierung der Zeitstufe 2, wenn diese anteilsmäßig umfangreicher wird: In GR mit dem geringsten Zeitstufe-2-Anteil stehen 9,8 % aller Bezüge auf die mittelbare Spielvergangenheit im Präsens, in TR 6,4 %, in KR 4,5 %; in NB machen die Präsentia nur noch 1,9 % der Zeitstufe A aus. Eine vergleichbare "Gesetzmäßigkeit" besteht für das Präsens bei der Zeitstufe 3, der unmittelbaren Spielvergangenheit, nicht. Zwar nehmen die Bezüge insgesamt von GR (17,8 %) über TR (13,7 %) zu KR (11,2 %) ab, aber die Präsens-Anteile an dieser Zeitstufe stehen mit 7,5 % (GR), 9,4 % (TR) und 8,5 % (KR) ebensowenig in einem Verhältnis dazu wie die Anteile, die jeweils die Zeitstufe 3 an allen Präsentia hat (GR 1,9 %; TR 2 %; KR 1,6 %). Ebenso lassen sich die Anteile, die das historische Präsens an allen Referenzen hat, nämlich GR 1,9 %, TR 2,2 %, KR 2 %, NB 1,5 %, mit keiner anderen Größe sinnvoll korrelieren.

Dieser statistische Befund, vor allem auch der relativ geringe Anteil an den Vorzeitigkeitsreferenzen, läßt zunächst nur die Feststellung zu: das historische Präsens ist in Fußballreportagen eine Tempus-Variante, die lediglich in einem von 16 Fällen ein Vergangenheitstempus ersetzt. Es bleibt zu prüfen, ob Verwendung und Frequenz auf einer textsortenspezifischen Gebrauchsnorm basieren, wie es offenbar in spontanen "Alltags"-Erzählungen der Fall ist, oder ob es sich um ein mehr oder minder bewußt eingesetztes individual-stilistisches Mittel handelt, wie wir es aus präterital erzählten belletristischen Texten kennen (siehe Beleg 150 und 151). Einen ersten Aufschluß kann die Einordnung der Reporter-Texte in Frequenz-Gruppen geben, d.h. in Gruppen, die den prozentualen Anteil des historischen Präsens an allen vorzeitigen Referenzen angeben.

TABELLE 74: Distribution der Reporter-Texte nach ihrem Präsens-Anteil an der Vorzeitigkeit

	Anteil des Präsens an der Vorzeitigkeit					
	0-2 %	2,1-4 %	4,1-6 %	6,1-8 %	8,1-10 %	über 10 %
GR		2	1		1	3
TR		4		1	1	1
KR	8	5	5	1	3	2
DR	8	11	6	2	5	6

Alle Angaben in absoluten Zahlen.

Die Verteilung auf die sechs Anteilsgruppen erweist den jeweiligen Wert der einzelnen DR-Typen und damit den Gesamtwert der Gattung Direktreportage als ausgesprochenen Ausgleichswert. Nur jeweils ein GR- und TR-Text und sechs KR-Texte entfallen auf die beiden mittleren Gruppen (4,1 bis 8 %), die gleichsam den zwischen 5,3 % und 7,3 % liegenden Typen-Werten entsprechen. Dagegen gehören in GR und TR jeweils sechs, in KR 18 Texte den Randgruppen "bis 4 %" und "über 8,1 %" an. Hinzu kommt: In sieben der acht Fälle der untersten Gruppe wird überhaupt kein historisches Präsens verwendet, darüber hinaus in 12 weiteren Fällen nur äußerst selten. Dem gegenüber stehen Reportagen wie TR 1, KR I,4 und KR III,7 mit relativ hohem präsentischem Vorzeitigkeits-Anteil. Die Extremwerte: 2,7 % - 17,3 % in GR, 2,4 % - 28 % in TR und 0 - 28,2 % in KR zeigen außerdem in aller Deutlichkeit, daß der Gebrauch des Präsens historicum nicht von dem pragmatischen Faktor "DR-Typ" und damit auch nicht von der Reportagelänge und dem Vorzeitigkeits-Anteil abhängig ist.

Alles spricht dafür, daß der Einsatz des historischen Präsens ein individuelles Stilmittel ist. In der Tat läßt sich für einzelne Reportagen und Reporter diese These verifizieren. In GR 2, der WM-Endspiel-Reportage von 1974, kommen insgesamt 34 Präsentia historica vor. Davon entfallen auf FASSBENDER vier, auf KLOSE 30. FASSBENDER benutzt also für alle seine 149 vorzeitigen Referenzen nur zu 2,7 %, KLOSE für seine 248 zu 12,1 % das Präsens. In GR 4, der 1. Halbzeit des EM-Endspiels 1980, sind es insgesamt 14 Fälle. FASSBENDER ist daran wiederum nur gering, nämlich mit zweien, vertreten (3,8 % seiner vorzeitigen Referenzen), HAUFFE mit zwölfen (11 %). Derartig krasse Gebrauchs-Differenzen innerhalb einer Reportage stützen unsere These, daß pragmatische Bedingungen nicht der entscheidende Faktor sein können, sondern daß es das individuelle Sprachverhalten des Reporters sein muß. Ziehen wir zur Absicherung die anderen Reportagen beider Sprecher heran, so ergibt sich dasselbe Kontrastbild: FASSBENDER KR I,5: 1,5 %; TR 2: 3,6 %; HAUFFE TR 1: 18,9 %; KR I,9: 8,2 %.

Eine weitere Stütze erhält die individualstilistische Erklärung durch den Zeitstufen-Vergleich. In je sechs Reportagen mit verschiedenen Sprechern wird das historische Präsens entweder nur für die mittelbare oder nur für die unmittelbare Spielvergangenheit verwendet. So gebraucht REHAHN in KR III,7 elfmal das Präsens für die Zeitstufe 2 und keinmal für 3. Umgekehrt macht es EMMERICH in KR II,3: alle neun vorzeitigen Präsentia entfallen auf die Zeitstufe 3. In ähnlicher Weise setzen beide Reporter auch in anderen Reportagen ihre Schwerpunkte: EMMERICH bevorzugt in TR 7 mit sechs von sieben Präsensformen eindeutig die Zeitstufe 3. REHAHN verwendet in KR I,3 zwar die gleiche Anzahl für beide Zeitstufen, anteilsmäßig bedeutet dies aber: 3,1 % der Zeitstufe 2, 13,3 % der Zeitstufe 3. Vergleichbar ist eine Reihe von Reportagen, in denen das Schwergewicht der Präsens-Verwendung eindeutig auf einer dieser beiden Zeitstufen liegt, so in BÖTTCHERs TR 6 (Zeitstufe 2: 25; Zeitstufe 3: 7), ZIMMERMANNs GR 1 (2 vs. 21) oder SPRENTZELs TR 4 (2 vs. 14). Aus dem Faktum, daß gleich in sechs GR- bzw. TR-Reportagen das historische Präsens vorzugsweise in der Zeitstufe 3 eingesetzt wird, erklärt sich letztlich, warum die DR-Tabelle trotz ungefährer Gleichgewichtigkeit beider Zeitstufen ein Drittel mehr Präsens-Fälle in der Zeitstufe 3 als in der Zeitstufe 2 (160 vs. 103) aufweist.

Obgleich alle diese Beobachtungen für die These vom Individualstil sprechen, ist dennoch Vorsicht geboten. Denn FASSBENDER und HAUFFE mit ihrer durchgängigen Präferenz für relativ geringen bzw. hohen Gebrauch erweisen sich als Ausnahmen. Denn die Werte der anderen Reporter, die mit mehr als einem Text im Korpus vertreten sind, differieren z.T. erheblich. In den vier BREUCKMANN-Direktreportagen lauten z.B. die Präsens-Anteile an der Vorzeitigkeit: TR 5: 3,1 %; TR 3: 3,5 %; GR 3: 8,4 %; KR III,4: 8,7 %. BÖTTCHER benutzt in TR 6 zwar 33mal das Präsens historicum (8,8 %), davon allein 23mal (37 %) im Pausenkommentar-Teil dieser Reportage (siehe Beleg 432 und 433), dagegen in KR II,5 nur zu 3,5 %. Klare Differenzen zwischen den Reportagen bestehen auch bei HAGELEIT (KR I,4: 28 %; KR III,6: 2,5 %), REHAHN (KR III,7: 28,2 %; KR I,2: 4,7 %) und KOCH (KR II,2: 9,6 %; KR I,1: 0,9 %). Die Einzelanalyse von GR 3 hat ergeben, daß MÖNCH jede fünfte bis sechste vorzeitige Referenz präsentisch ausdrückt. In KR II,1 dagegen macht er von dieser Möglichkeit überhaupt keinen Gebrauch. Lediglich EMMERICH läßt sich mit seiner zurückhaltenden Verwendung (kein historisches Präsens in KR I,3; 2,4 % in TR 7; 5,6 % in KR II,3) der kleinen Gruppe der "Individualstilisten" zuordnen. Über Reporter, die im Korpus nur mit einer einzigen Direktreportage vertreten sind, lassen sich folglich keine halbwegs gesicherten Aussagen machen. Es ist daher nicht auszuschließen, daß KLOSE, der ja in GR 2 überproportional oft zum historischen Präsens greift (12,1 % der vorzeitigen Referenzen), in einer anderen Reportage es gar nicht verwendet, wie umgekehrt Reporter, die in ihren Korpus-Reportagen niemals - so BERWANGER, KÖRPER, MALETZKO und OSTERMANN - oder nur vereinzelt - so POPPEN, RUBENBAUER und SEIWERT - das Präsens in dieser Funktion benutzen, sich in anderen Reportagen ganz anders verhalten. Die aus dem Korpus gewonnenen Erkenntnisse zwingen also zur Vorsicht gegenüber vorschnellen Erklärungen der Korpus-Daten.

Aus diesem Grund wäre es erst recht verfehlt, einen historischen Vergleich vornehmen zu wollen: Denn ob ZIMMERMANNs 5,7 %-Anteil ein Charakteristikum des Reportagestils der fünfziger Jahre ist, bleibt natürlich völlig spekulativ, wenn noch nicht einmal die Hypothese gewagt werden kann, daß dieser Anteil in dieser einen Reportage ein Stilzug des Reporters sei. Fest steht lediglich: ZIMMERMANN verwendet in seiner Reportage des Endspiels 1954 das historische Präsens mit einer Frequenz, die etwas unter dem GR-Wert liegt. Es scheint so, daß in den letzten Jahrzehnten in diesem Punkt keine wesentliche Änderung eingetreten ist.

Das historische Präsens wird in den Direktreportagen in verschiedenartigen Funktionen eingesetzt:

a) Das registrierende, konstatierende Präsens historicum

Es kommt in allen drei Vergangenheits-Stufen vor. Meistens handelt es sich um eine einzelne Präsensform, die zwischen anderen Tempusformen steht und gleichsam den wesentlichen Extrakt einer Geschehensfolge herausstellt, sozusagen protokollarisch festhält. Dieser funktionale Gebrauch entspricht daher der Verwendung in Protokollen und Geschichtstabellen, allerdings mit der erwähnten Einschränkung, daß dieses Präsens in den Reportagen nicht gereiht vorkommt, also keine Textpassagen bildet:

(428) unsicherheit des torhüters / der Argentinier und dann tor durch Klaus Allofs / 1:0 // (zuschauerlärm) Klaus Allofs erzielt das 1:0

(429) was wir befürchtet haben / das ist eingetreten / der blitzstart der Ungarn hat ihnen die führung eingebracht / Ungarn schießt nach sechs minuten / durch Puskas den spielführer das 1:0

Zu den Standardvarianten des Reportageschlusses zählt, das Endergebnis "fürs Protokoll", für die Tages-Statistik präsentisch festzuhalten:

(430) die begegnung in Leverkusen ist längst zu ende / Bayer Leverkusen schlägt den Karlsruher SC mit 3:0

(431) 2:1 gewinnt Schalke 04 gegen den Hamburger SV

b) Das resümierend-kommentierende Präsens historicum

Dieses vorzeitige Präsens wird von einigen Reportern bei mittelbaren Rückgriffen eingesetzt. Es konstatiert nicht den entscheidenden Abschluß einer relevanten Spielszene oder das Resultat einer Halbzeit bzw. des Gesamtspiels, sondern es faßt abgelaufenes Spielgeschehen primär aus der Sicht des Reporters zusammen, verbindet folglich Resümee und Kommentar. Es sind gleichsam zeitlich rückverlagerte 4b-Referenzen, also 2b-Referenzen, die rückblickend der Spiel- und Spieler-Charakterisierung dienen. Ohne die pragmatisch gegebene Voraussetzung, daß zwischen Redemoment und Geschehenszeit eine zeitliche Differenz besteht, müßte sie der Hörer zwangsläufig als inkludierende Gleichzeitigkeits-Bezüge interpretieren. In TR 6 ist von der Reportagesituation her klar - die Übertragung beginnt erst in der Halbzeitpause, worüber Studio- und Stadionreporter die Hörer informiert haben -, daß die erste Halbzeit vorüber ist, die zweite noch nicht begonnen hat. In seinem Pausenkommentar geht BÖTTCHER ausführlich auf die erste Halbzeit ein, wobei er wiederholt Passagen folgender Art einstreut:

(432) er ist der beste mann bisher in diesen ersten 45 minuten über ihn laufen die meisten angriffe er ist immer bereit als anspielstation / und er sieht auch die freien mitspieler

(433) Rummenigge kommt meist über die linke seite aber auch da klappt es nicht immer so direkt und Hansi Müller versucht ab und zu / eben auch über die außenposition zu kommen / manchmal wird es sehr eng im deutschen spiel

Nach Beendigung des WM-Endspiels 1974 faßt KLOSE in einem kurzen Resümee noch einmal Spielverlauf und Höhepunkte zusammen. Unter anderem heißt es hier:

(434) die deutsche mannschaft aber überwindet den schock / wird zur überlegenen mannschaft in der ersten halbzeit / und geht durch ein elfmetertor von Breitner / verschuldet an Hölzenbein / in der 25sten minute und schließlich in der 43sten minute / durch Gerd Müller / mit 2 (zwo):1 in führung / und hält gegen eine drückend überlegen gewordene holländische mannschaft / diesen knappen vorsprung / bis hinein / in das ziel

c) Das szenische Präsens historicum

Das vorzeitige Präsens kommt sowohl in gesprochenen Alltagserzählungen als auch in literarischen Erzählungen vor. Obgleich in beiden Bereichen das Präsens hier nicht gebraucht wird, um vergangenes Geschehen als Resultat oder Wertung zusammenzufassen, sondern um Geschehen "szenisch" zu gestalten, gleichsam zu "dramatisieren", besteht zwischen der Verwendung in beiden narrativen Textsorten doch ein gewichtiger Unterschied. QUASTHOFF hat bei ihren "alltäglichen konversationellen Erzählungen" eine "Durchgängigkeit des Präsensgebrauchs" festgestellt, der abhängig ist vom "Detaillierungsgrad der Informationsgebung". Bei einer Zusammenfassung "des zugrundeliegenden Ereignisstroms in der Erzählung" ist "die Präsensverwendung bei Vergangenheitsbezug praktisch ausgeschlossen". "Wird dagegen das Handlungs-/Ereigniskontinuum der Geschichte in Kleinsteinheiten zerlegt, 'atomisiert', so ist das Präsens erwartbar."[124] Wegen der Obligatorik der Detaillierung besteht von vornherein kein Zusammenhang mit der "registrierenden" und der "resümierenden" Variante. Die alltägliche und die literarische Verwendung des szenischen Präsens trennt aber das Kriterium der vorhandenen bzw. der fehlenden "Durchgängigkeit". QUASTHOFF folgert m.E. zu Recht daraus, daß man "dieses Tempus in konversationellen Erzählungen" nicht "als gezielt hervorhebendes kontrastives Stilmittel im Sinne der literarischen Tradition des historischen Präsens" interpretieren dürfe.[125] Ebenso hat WODAK-LEODOLTER festgestellt, daß in szenisch gehaltenen Problemdarstellungen innerhalb gruppentherapeutischer Situationen "im narrativen Präsens" erzählt wird, daß eine "sehr persönliche" Sprecherperspektive eingenommen wird, daß "Erregung und Gefühlsstärke" zeigen: der Sprecher "erlebt das Geschehene sozusagen wieder".[126]

Diese Ergebnisse konkreter Erzählanalysen lassen sich mit folgender These vereinbaren: Die "literarische" Verwendung des szenischen Präsens ist eine Simulation der "alltäglichen". Diese These erklärt zugleich die narrativen Unterschiede beider Gebrauchsweisen: In Alltagserzählungen erfolgt der Gebrauch spontan, er ist durch das "Wieder-Erleben" des Sprechers motiviert, ist folglich sprecherbezogen, von daher primär "Ausdruck" im BÜHLERschen Sinne. In schriftlichen, literarischen Erzähltexten erfolgt der Gebrauch dagegen bewußt, was sich aus dem Simulations-Charakter zwangsläufig ergibt, ist daher primär stilistisch motiviert, ist folglich leserbezogen, ist "Appell".

Die narrative Textsorte der Direktreportagen verbindet mit beiden Erzählformen eine Reihe von Gemeinsamkeiten. Mit Gesprächs-Erzählungen: weitgehend unvorbereitetes, spontanes, mündliches Erzählen; Wiedergabe realer Geschehnisse. Mit literarischen Erzählungen: "Berufs"-Erzähler; auf Tradition und Konvention beruhende Erzählstrukturen; narrativ-stilistischer Einsatz von Sprachmitteln. Gerade am Beispiel des szenischen Präsens läßt sich zeigen, daß in diesem Punkt die Direktreportage eine "Mischform" ist, denn es spricht einiges dafür, daß das szenische Präsens sowohl im Sinne literarischen als auch im Sinne alltäglichen Erzählens in dieser Textsorte vorkommt. Literarisch ist offenbar der okkasionelle Einsatz des Präsens bei szenischen Rückgriffen in die Vergangenheit des Spiels (Zeitstufe 2). Diese Verwendung hat in der Sportberichterstattung Tradition, wie folgendes Beispiel aus der 'Oberhessischen Zeitung' vom 30.8.1920 zeigt (also aus einer Zeit, als es überhaupt noch keine Direktreportagen gab!):

(435) Die Casseler Mannschaft zeigte erst nach dem Umschwung das bekannte vorbildliche, vollendete Kombinationsspiel. Sie wies keinen schwachen Punkt auf, Torhüter sehr gut. Zum Spielverlauf: Bereits nach 5 Minuten schießt Hohmann nach Abwehr eines Kopfballes das erste Tor für Marburg. Beide Tore kommen abwechselnd in Gefahr. Ein wahnsinniges Tempo wird vorgelegt. Weber schießt scharf, der lange Schuß ist unhaltbar, 2:0 für Marburg, Karl Adorf macht einen schönen Flankenlauf, Hohmann umspielt die Verteidigung, Schrägschuß an dem angreifenden Verteidiger vorbei, und nach 20 Minuten führt Marburg 3:0.

Heute scheint es, daß das szenische Präsens ein Charakteristikum der Sportberichterstattung in der Boulevardpresse ist (siehe Beleg 441 und 442).
In derselben Weise wie der Zeitungsreporter von 1920 setzt HAGELEIT in KR I,4 das Präsens zur Schilderung eines Tores ein, das elf Minuten vor seiner Einblendung gefallen ist. Die präteritale Einleitung und die exakte Spielzeitangabe lassen beim Hörer keinen Zweifel aufkommen, daß es sich um einen Rückgriff und nicht um aktuelles Geschehen handelt:

(436) ein frühes tor für den FC Schalke 04 das schon in der vierten minute zustande kam // vorbereitet wurde von linksaußen Erwin Kremers // der am linken flügel zwei abwehrspieler des HSV auf sich zieht // dann eine weite diagonalflanke schlägt auf den freistehenden / Fischer // und der mannschaftskapitän des FC Schalke 04 stoppt den ball läuft noch zwei meter und schließt dann aus acht meter entfernung / den bisher einzigen treffer in dieser begegnung

Aber auch für unmittelbare Rückgriffe wird das "literarische" szenische Präsens eingesetzt, so etwa von ZIMMERMANN in GR 1 (direkt vorausgegangen ist Beleg 429):

(437) das tor kam so zustande / fehlerhaftes abspiel von Liebrich / dann alleine durchgegangen Kocsis / er schießt einen deckungsspieler der Deutschen an / genau (betont) / prallt der ball / dann / Puskas vor die füße und unhaltbar für Turek schießt Puskas flach / in das von uns aus gesehen rechte toreck ein

Oder SPRENTZEL in TR 4:

(438) Müller auf Allofs und toor / 2:0 / für die deutsche mannschaft / (zuschauer jubeln) und der torschütze Karlheinz Rummenigge von Bayern München / mit kopfball / nach flanke von Hansi Müller / und das ganze in der 13ten minute der zweiten halbzeit / 59ste spielminute / Hansi Müller / er überflankt den wieder viel zu weit vor seinem tor postierten // argentinischen keeper Vidalle und Rummenigge läßt sich die chance nicht entgehen / er erzielt das 2:0

In beiden unmittelbaren Rückgriffen fällt auf, daß die Reporter gleichsam neu einsetzen, daß die Erregung bereits gedämpft ist (was sich auch an den Pausen ablesen läßt). ZIMMERMANN kündigt die "Zeitlupe" direkt an ("kam so zustande"), wobei die Präteritumform den zeitlichen Abstand und die gefühlsmäßige Distanz signalisiert. SPRENTZEL verharrt zunächst bei der ersten Wiederholung in derselben stakkatohaften syntaktischen Form, nämlich der Setzung, die er bei der simultanen Wiedergabe verwendet hat; die doppelte Zeitangabe (einmal nach dem Halbzeit-, einmal nach dem 90-Minuten-System) markiert den Übergang von der ersten zur zweiten Wiederholung, die nun in vollständigen präsentischen Sätzen das Geschehen noch einmal in Ruhe Revue passieren läßt.

In der Mehrzahl der Fälle, in denen szenisches Präsens in unmittelbaren Rückgriffen vorkommt, verweist der Tempusgebrauch eher auf spontane Verwendung, zumal der Präsensgebrauch nicht durchgehalten, sondern häufig von Präterita abgelöst bzw. durchsetzt wird. Das die Weltmeisterschaft 1974 entscheidende Tor schildert FASSBENDER in seiner "Zeitlupe" so:

(439) eine wunderbare kombination der deutschen mannschaft // als auf dem rechten flügel / Bonhof geschickt wird // überläuft der seinen verteidiger / er hätte aus spitzen winkel schießen können / aber er gab eine / wie man so schön sagt / englisch harte / ff flanke / zurück zu Gerd Müller / der brachte diesen scharf geschlagenen ball unter kontrolle / trickste seinen bewacher Rijsbergen aus / und erzielt den führungstreffer für Deutschland

Zu Beginn, gleichsam als Nachklang des gerade Erlebten, eine Setzung und zwei Präsentia, dann der reflektierende Irrealis, der ein wenig von dem spontanen Noch-einmal-Erleben Abstand schafft, gleichsam den Reporter zu "objektiver" Anteilnahme mahnt, die sich darauf in dem metanarrativen Einschub ("wie man so schön sagt") und in drei die zeitliche und innere Distanz betonenden Präterita ("gab", "brachte", "trickste") ausdrückt und mit dem nüchtern registrierenden Präsens ("erzielt") ihren protokollierenden Schlußpunkt findet. Die psychologische Erklärung liegt nahe, daß sich die Reporter zunächst von ihrem eigenen Engagement mitreißen lassen, daher spontan das Präsens verwenden, aber noch während ihrer Zeitlupenwiederholung sich dessen - im Gegensatz zum Alltagserzähler - "bewußt" werden und die wiedergewonnene Distanz zum Geschehen mit dem temporalen Mittel "Präteritum" markieren.

In einigen Fällen werden die Tempora sogar gemischt, was von vornherein auf keine literarische Verwendung des szenischen Präsens schließen läßt. Gerade in diesen Fällen bietet sich die Erklärung an, daß es sich um ein partielles Durchbrechen der usuellen präteritalen Gebrauchsnorm durch Spontaneität handelt:

(440) dann war Trapp noch einmal da / drischt den ball gegen den rechten pfosten / da gab der schiedsrichter allerdings dann eine abseits-stellung

Wohl nicht zufällig wird das spektakuläre Detail dieser Szene ins Präsens gesetzt (siehe auch Beleg 561).

Der Hinweis ist natürlich berechtigt, daß mancher unmittelbare Rückgriff auf relevante Spielszenen ein Kommentar der Fernseh-Zeitlupe ist, da auch die Hörfunkreporter nach Möglichkeit einen Monitor vor sich haben. Doch dieses pragmatische Reportagefaktum bestätigt eher unsere Interpretation, als daß es sie widerlegt. Denn die Szenen-Wiederholung durch das Fernsehen ist ja nichts weiter als das nochmalige "Vor-Augen-Stellen" des vergangenen Geschehens. Die originalidentische bzw. die das Originalgeschehen zeitlich streckende Visualisierung tritt gleichsam an die Stelle der Imagination. Statt des "inneren" Auges sieht das "äußere" Auge die Wiederholung. In beiden Fällen aber wird abgelaufenes Geschehen noch einmal erlebt.[127]

Für unsere These, die DR-Reporter würden das szenische Präsens teils literarisch, teils spontan verwenden, und für unsere These, der okkasionelle Gebrauch könne nicht primär individualstilistisch gedeutet werden, spricht vor allem, daß sich bei der Mehrzahl der Reporter keine Gebrauchsnorm feststellen läßt. Bestenfalls sind bei einigen wenigen Reportern Ansätze einer individuellen Norm zu entdecken. Nehmen wir die temporale Gestaltung der Wiederholungen der fünf

Tore und eines Abseitstors in ZIMMERMANNs GR 1 zum Exempel:

0:1	1 Präteritum, 2 Setzungen, 3 szenische Präsentia (siehe Beleg 437)
0:2	5 Präterita, 1 szenisches, 1 registrierendes Präsens
1:2	2 Präterita, 1 registrierendes Präsens

Als Gebrauchsnorm kristallisiert sich lediglich der Abschluß des Rückgriffs durch das registrierende Präsens heraus. Doch bei den folgenden drei Wiederholungen fehlt auch dieses:

2:2	nur Präterita
3:2	nach einer 8 Sekunden-Pause: 1 Setzung, 2 Perfekta
Abseitstor	2 Setzungen, 4 Präterita, 1 Perfekt

Als "Gebrauchsnorm" läßt sich allenfalls festhalten: Überwiegen präteritaler Formen, zum Abschluß ein Tempus des präsentischen Teilsystems (Präsens oder Perfekt).

Ebenso allgemein sieht die "Gebrauchsnorm" bei anderen Reportern aus, so daß sich daraus keinerlei individuelle "Regelhaftigkeit" für den Einsatz des szenischen Präsens ableiten läßt. Eine gewisse Ausnahme macht lediglich HAUFFE, der ja von allen im Korpus vertretenen Reportern als einziger in allen seinen Reportagen überdurchschnittlich oft das historische Präsens verwendet. Die Zeitlupenwiederholungen der drei während seiner Reportagezeit gefallenen Tore in GR 4 und TR 1 erfolgen durchgehend präsentisch (siehe Beleg 142-145). Ganz anders sieht das Bild bei anderen detailliert geschilderten Rückgriffen in die unmittelbare Vergangenheit aus (z.B. Tor-Chancen): In GR 4, TR 1 und KR I,9 werden zwei präsentisch, vier präterital und drei temporal "gemischt" dargeboten. Es kann also auch bei HAUFFE weder von einer durchgängigen Präferenz für das Präsens bei der unmittelbaren Wiederholung von Spielhöhepunkten, noch von einer funktionalen Kontrastierung: Tore präsentisch - Tor-Chancen präterital, die Rede sein. Dasselbe läßt sich von den detaillierten Rückgriffen in das weiter zurückliegende Spielgeschehen sagen: In TR 1 wird ein Tor präterital, das andere präsentisch wiedergegeben, eine Tor-Chance in TR 1 und ein Abseitstor in KR I,9 präterital. Auch das Beispiel HAUFFE spricht also eher für als gegen unsere These: In der Zeitstufe 2 wird das Präsens gelegentlich "literarisch", also als bewußtes Stilmittel eingesetzt; in der Zeitstufe 3 überwiegt offenbar der spontan erfolgende Gebrauch.

Als Ergebnis unserer Analyse des DR-Korpus bleibt für den Gebrauch des P r ä s e n s h i s t o r i c u m festzuhalten:

1. Die Reporter verwenden das historische Präsens in drei Funktionen: registrierend, resümierend-kommentierend, szenisch. Der Einsatz der szenischen Funktionsvariante erfolgt nur zum Teil als bewußt eingesetztes Stilmittel im Sinne der literarischen Tradition. In der Mehrzahl der Fälle erfolgt er spontan.
2. Von obligatorischem, aber auch von usuellem Gebrauch in bestimmten Erzählsituationen kann generell nicht gesprochen werden. Der Einsatz ist rein fakultativ. Eine gewisse Ausnahme bildet lediglich das registrierende Präsens bei der Konstatierung des Endergebnisses.
3. Textsortenspezifisch ist das historische Präsens nur insofern, daß die Mehrzahl der Reporter es in ihren Direktreportagen verwendet, und zwar fast ausnahmslos für unmittelbare und mittelbare Rückgriffe in das Spiel.
4. Gebrauch und Frequenz sind nicht abhängig von den pragmatischen Rahmenbedingungen der einzelnen DR-Typen. Weder die Reportagelänge noch die Anteile der Zeitstufen 2 und 3 an der einzelnen Reportage sind bestimmend. Die Unterschiede, die sich beim Vergleich der Typen-Werte ergeben, können nämlich nicht in diesem Sinne interpretiert werden, da sowohl die Typen-Werte

wie der DR-Wert ausgesprochene Ausgleichswerte der äußerst stark divergierenden Werte der einzelnen Reportagen darstellen.

5. Zum Teil läßt sich aus der Korpus-Analyse eine Präferenz einzelner Reporter a) für über- oder unterdurchschnittlichen Gebrauch, b) für die bevorzugte Verwendung in einer der beiden vorzeitigen Spiel-Zeitstufen ableiten bzw. vermuten.

6. Die Mehrzahl der Reporter, die im Korpus mit mehr als einer Reportage vertreten sind, verhält sich allerdings weniger "individualstilistisch", sondern eher "werkstilistisch". Denn sieht man vom spontanen Gebrauch des szenischen Präsens ab, ist es offensichtlich in das Belieben des Reporters gestellt, ob, wann und mit welcher Frequenz er dieses fakultative Mittel in seinen einzelnen Reportagen einsetzt.

Ein überraschendes Ergebnis zeitigt die Betrachtung der zwölf Nachberichte. Bereits die Einzelanalyse von NB 1 und 2 ergab ja, daß weder MÖNCH noch RUBENBAUER das historische Präsens in diesen Nachberichten verwendeten. Dies ist keine Ausnahme. Denn nur in vier Nachberichten kommt das Präsens historicum vor: In NB 9 und 12 je einmal, in NB 4 und 7 je zweimal. In einem Fall bezieht es sich auf die Reportage-Vergangenheit (Zeitstufe C 2), in den anderen fünf Fällen auf die Zeit des Spiels (Zeitstufe A). Überraschend ist diese geringe, nur ausnahmsweise erfolgende Verwendung deswegen, weil sie sich aus mehreren Gründen angeboten hätte:

1. Drei Viertel aller Referenzen sind vorzeitig, zwei Drittel auf das Spiel bezogen. Im Gegensatz zu den Direktreportagen handelt es sich schwerpunktmäßig eindeutig um "Vergangenheits-Erzählungen".
2. Dementsprechend sind Gleich- und Vorzeitigkeits-Bezüge sowohl narrativ wie inhaltlich deutlich voneinander abgegrenzt. In DR dagegen muß der Reporter durch auffällige Markierung den vorzeitigen vom gleichzeitigen Präsensgebrauch abgrenzen, damit der Hörer nicht desorientiert wird.
3. Da in den Nachberichten die spielentscheidenden, d.h. im Regelfall die zu Torerfolgen führenden Szenen "szenisch" wiedergegeben werden, würde es naheliegen, hier ins szenische Präsens zu wechseln, sei es, um Signale für Höhepunkte zu setzen, sei es, um einen "emotionalen Gegenwartsbezug" des Vergangenen herzustellen[128], sei es, um sprachstilistisch zu variieren.

Da Nachberichte sich von ausführlicheren Spielberichten in der Presse primär nur durch ihre mündliche Realisierung unterscheiden - auf beide Formen trifft ja das zeitliche Auseinanderrücken von Res und Narratio zu (siehe Skizze 4) -, erhellt der Vergleich die Besonderheit der Nachberichte. Vor allem bieten sich hier die Sonntagsausgaben der Boulevardpresse an, da ihre Sportberichte u.a. die Leser über den Verlauf eines Fußballspiels unterrichten wollen, die am Samstag keine Gelegenheit hatten, am Radio oder Fernsehgerät die Spiele zu verfolgen, und die günstigstenfalls nur das Ergebnis kennen. Abgesehen davon, daß eine Reihe von Berichten beispielsweise in 'BILD am Sonntag' ganz im Präsens steht, wird fast durchgängig für die szenische Darstellung des Spielgeschehens zum Präsens historicum gegriffen. Hierzu zwei Beispiele[129]:

(441) Die Berliner verloren viele Zweikämpfe, hatten kaum Chancen. 19.Minute: Remark an der rechten Außenlinie steil auf Blau, Bayreuths Torwart Mahr fischt die Flanke raus. 42.Minute: Remark mit Hackentrick an Bender vorbei - Torwart Mahr fliegt wieder richtig.

(442) Oberhausens Stadion wird umgebaut, darum spielte man in Mühlheim. Und dort siegte Borussia Dortmund mit Ach und Krach 1:0 gegen Rot-Weiß

Oberhausen. Vor dem Anpfiff herrscht "Bürgerkrieg": Oberhausens Fans bewerfen die Dortmunder Anhänger mit Pflastersteinen. Auch die Dortmunder Mannschaft (ohne die verletzten Rüßmann und Bönighausen) kriegt gleich Probleme. Oberhausens Allig knallt an den Pfosten, Runge köpft haarscharf neben Immels Kasten (3.).

Im Gegensatz dazu die Nachbericht-Reporter des Hörfunks: Obgleich sie in ihren Direktreportagen sehr wohl das szenische Präsens gelegentlich verwenden, meiden sie es in den Nachberichten regelrecht. Sie verhalten sich ähnlich wie die Sportjournalisten des "Sportinformationsdienstes" (sid), der "seriösen" überregionalen und der lokalen Zeitungen, die - wenn ich richtig sehe - heutzutage fast ausnahmslos auf diese sprachstilistische Möglichkeit verzichten. Denn die wenigen Präsentia historica unserer Nachberichte gehören ausschließlich der resümierend-kommentierenden Variante an, dienen der allgemeinen Charakterisierung des Spiels bzw. der Akteure, sind auf die Vergangenheit bezogene 4b-Referenzen (vgl. aus den Direktreportagen die Belege 432-434):

(443) ansonsten wirken die Münchner technisch besser als Liverpool da gibt es gar keinen zweifel / aber kämpferisch in den zweikämpfen sieht nun natürlich die stärke des FC Liverpool

Trotz der schmalen Textbasis von nur zwölf Nachberichten kann folgende These gewagt werden: Die Hörfunkreporter verzichten offenbar bewußt bei Nachberichten auf die Möglichkeit, temporal "Vergangenes präsent zu machen", "vorrübergehend eine Unmittelbarkeit des Erzählens" zu erreichen, wie es GÜNTER GRASS einmal formuliert hat.[130]

Zum Schluß sei noch auf einen offensichtlichen Performanzfehler ZIMMERMANNs hingewiesen. In dem Satz

(444) aber jetzt abschlag nachdem der ball zu Grosics / zurückgespielt wird

muß von der Konjunktion "nachdem" her das präsentische Vorgangspassiv als "historisches" Präsens interpretiert werden. Ein derartiger Gebrauch ist aber völlig unüblich. Die Wertung "falscher Tempusgebrauch" scheint mir hier angebracht.

Nachzeitigkeit

Nur sehr beschränkt ist die nachzeitige Verwendung des Präsens mit der vorzeitigen vergleichbar. Zwar referieren in den Direktreportagen lediglich 45 Präsensformen mehr auf zukünftiges als auf vergangenes Geschehen, bezogen auf alle Präsentia ist dies aber nur ein Anteils-Plus von einem halben Punkt (3,6% vs. 3,1%). Mit der Feststellung, daß jeweils gut 3% aller Präsensformen für die Vor- bzw. die Nachzeitigkeit eingesetzt werden, endet bereits die Gemeinsamkeit. In den Nachberichten ergibt sich bereits bei der Quantität eine erhebliche Differenz: Das Verhältnis zwischen vor- und nachzeitigen Präsens-Referenzen beträgt genau 1:2 (7% vs. 14%). Verglichen mit DR bedeutet dies: In den Direktreportagen referiert jedes 28. Präsens auf die Zukunft, in den Nachberichten dagegen jedes siebte. Der DR-Wert (3,62%) repräsentiert weitgehend die präsentischen Nachzeitigkeits-Anteile der drei DR-Typen: GR 3,01%, TR 4,1%, KR 3,95%. Die sich aus diesen Anteilen ergebende Zweiergruppierung: GR mit 3% gegenüber TR/KR mit 4%, korreliert mit den Anteilen, die die nachzeitigen Zeitstufen 5 bis 7 innehaben: GR knapp 4%, TR/KR etwas über 5%. Für die Direktreportagen ergibt sich also: Wird der Anteil der Zukunftsbezüge höher, steigt ungefähr in gleichem Maße der Anteil der nachzeitig referierenden Präsentia. Diese Grundrelation zwischen beiden Größen von etwa 1,3:1 gilt mit geringfügigen Abweichungen (1,1:1 bis 1,4:1) auch bei der Einzelbetrachtung der drei Zeitstufen. Die

Ausnahme bildet lediglich die Zeitstufe 5 der Konferenzreportagen (1,9:1), worauf noch einzugehen sein wird.

Der auffälligste und entscheidende Unterschied gegenüber dem vorzeitigen Präsensgebrauch liegt aber in dem Gewicht, das die nachzeitigen Präsentia bei der Realisierung der drei Zukunfts-Zeitstufen ausüben. In den Direktreportagen wird jede zweite temporale Bezug auf zukünftiges Geschehen durch das Präsens markiert (50,4%). In den Nachberichten sind es sogar über zwei Drittel (70,6%) aller Nachzeitigkeits-Referenzen. Wenn auch mit Abstufungen (GR 55%, TR 51,6%, KR 44,6%), ist dennoch in allen Reportagetypen das Präsens das Tempus, das mit Abstand am häufigsten für die Nachzeitigkeit verwendet wird (siehe hierzu "4.2.4. Futur I"). Dies bestätigt auch die Analyse der einzelnen Zeitstufen:

TABELLE 75: Anteil des Präsens an den nachzeitigen Zeitstufen

	Zeitstufe			
	5	6	7	5-7
GR	60,9	49,4	52,4	55
TR	58,1	50,6	49,4	51,6
KR	32,1	52,4	44,6	45,3
DR	51,9	50,9	47,9	50,4

Alle Angaben in %.

In allen drei Zeitstufen stehen sich GR und TR näher als KR und GR oder TR. Einmal mehr fällt der KR-Wert der Zeitstufe 5 (32%) aus dem "Normalrahmen", der mit Anteilswerten von 45 bis 60% abgesteckt ist. Die größten Differenzen treten daher auch bei der Zeitstufe 5 mit den Extremwerten 61% und 32% auf, während sich die drei DR-Typen bei der Zeitstufe 6 sehr einheitlich verhalten.

Ordnen wir die einzelnen Reportagen in vier Gruppen nach ihrem präsentischen Anteil an der Nachzeitigkeit (siehe Tabelle 76), so zeigen sich wesentliche Unterschiede zu der entsprechenden Vorzeitigkeits-Tabelle 74.

Zwei Fakten fallen besonders auf:

1. Insgesamt, also in der DR-Zeile, haben die Texte der beiden mittleren Gruppen mit 27 Fällen ein deutliches Übergewicht gegenüber den Randgruppen mit zwölf.
2. Sehr geringe bzw. sehr hohe Anteilswerte kommen nur bei den Konferenzreportagen vor.

Im Gegensatz zum vorzeitigen Präsens-Gebrauch läßt sich also bereits von diesen beiden Feststellungen her die These aufstellen: Die "normale" nachzeitige Präsens-Verwendung pendelt um den DR-Wert von 50%; die auf KR beschränkten "Extreme" sind pragmatisch vom Reportagetyp her erklärbar. In der Tat fällt es

TABELLE 76: Distribution der Reporter-Texte nach ihrem Präsens-Anteil an der Nachzeitigkeit

	Anteil des Präsens an der Nachzeitigkeit			
	0-25 %	26-50 %	51-75 %	76-100%
GR		2	5	
TR		4	3	
KR	7	7	6	5
DR	7	13	14	5

Angaben in absoluten Zahlen.
Extremwerte: GR 32,1% - 73%
TR 40% - 62,5%
KR 0 - 100%

nicht schwer, die Mehrzahl der Extremfälle auf einfache Weise zu erklären. Unter den sieben Reportagen der untersten Gruppe sind fünf, in denen jeweils nur eine einzige nachzeitige Referenz vorkommt, und eine sechste mit zwei derartigen Bezügen. Wenn also durchschnittlich jeder zweite Zukunfts-Bezug mit dem Präsens ausgedrückt wird, besagt es folglich überhaupt nichts, wenn Reporter, die in ihrer Reportage nur einmal nachzeitiges Geschehen ansprechen, dies mit einer anderen temporalen Möglichkeit tun. In der Gruppe mit extrem hohem Präsens-Anteil erreichen drei Reportagen 100%, d.h. für alle nachzeitigen Referenzen wählt der Reporter das Präsens. Auch hierunter ist ein Text, die OSTERMANN-Einblendung in KR II,1, mit nur einer Zukunfts-Referenz, ein weiterer, POPPENs KR I,10, mit vier derartigen Bezügen. Vergleichbare Verhältnisse finden wir in den Nachberichten vor. Auch hier erklären sich die Extremwerte 0 und 100% durch das geringe Auftreten von Nachzeitigkeits-Referenzen: In fünf Reportagen fehlen sie vollständig, in fünf anderen gibt es einen einzigen Bezug, der dreimal durch Präsens (= 100%), zweimal nicht durch Präsens (= 0) temporal realisiert wird.

Da also bei den Direktreportagen von vornherein von 39 Reporter-Texten sieben bis acht nicht mitberücksichtigt werden können, die alle den beiden Extremgruppen angehören, verschiebt sich das Verhältnis zwischen Mittel- und Extremgruppen noch eindeutiger zugunsten der beiden mittleren Gruppen (27:5). Unter Berücksichtigung der GR- und TR-Spannweiten bedeutet dies: ein Drittel bis drei Viertel aller Nachzeitigkeits-Bezüge mit dem Präsens auszudrücken, also im Durchschnitt die Hälfte, ist die usuelle Norm dieser Textsorte.

Der Vergleich der Präsens-Anteile in verschiedenen Reportagen eines Reporters bestätigt das bisherige Ergebnis. Zwar gibt es einige Reporter, die in ihren Korpus-Reportagen generell mehr oder generell weniger häufig das nachzeitige Präsens benutzen. So beträgt der Präsens-Anteil 50 und mehr Prozent bei BREUCKMANN (GR 3: 73,7; TR 3: 56; TR 5: 50; KR III,5: 55,6), BÖTTCHER (TR 6: 62,5; KR II,5: 75), HAGELEIT (KR I,4: 52,9; KR III,6: 50). HANSCH benutzt sogar für die sieben Zukunftsbezüge in KR III,3 und die zwei in NB 10 ausschließlich das Präsens. Auf der anderen Seite steht EMMERICH, der in seinen drei Reportagen einen Präsens-Anteil unter 50% hat (TR 7: 46; KR I,3: 33,3; KR II,3: 35,3). Doch mit Ausnahme von HANSCH sind die Abweichungen vom DR-Wert keineswegs so erheblich, daß man von individuellen Stilmerkmalen sprechen oder den Gebrauch des nachzeitigen Präsens als fakultative Variante interpretieren kann. In allen aufgezeigten Fällen beträgt nämlich der Präsens-Anteil mindestens 33%. Wenn es sich hierbei nicht um korpusbedingte Zufälle handeln sollte, was bei der geringen Vergleichsbasis für jeden dieser Reporter nicht auszuschließen ist, lassen sich diese Frequenz-Unterschiede folgendermaßen interpretieren: Das nachzeitige Präsens ist eine usuelle, im Vergleich zu den anderen temporalen Möglichkeiten sogar die am häufigsten verwendete Gebrauchsvariante. Innerhalb eines bestimmten quantitativen Rahmens (etwa einem Anteil von 33 bis 75%) nutzen die Reporter diese Variante entsprechend individueller Präferenzen, vor allem aber inhaltlich-funktionaler Gegebenheiten.

Wie das vorzeitige Präsens muß auch das nachzeitige kotextuell oder pragmatisch von der Redesituation her eindeutig als Zukunftsbezug markiert sein, um nicht beim Hörer Verwechslungen mit dem Gleichzeitigkeits-Präsens zu provozieren. Die von GELHAUS für geschriebene Texte aufgestellte These, wegen des "'modalen' Moments" könne das Präsens das Futur I nicht ersetzen, da das Präsens nur in den Fällen stehe, in denen es sich nicht um unsichere, mit Emotion versehene "Voraussagen und Ankündigungen", "Versprechungen, Vermutungen, Erwartungen und Prophezeiungen" handele[131], läßt sich an der Textsorte Reportagen nicht nachweisen. Dasselbe gilt für die vergleichbare These, die sich aus BRONS-ALBERTs Telephongespräch-Analyse ergibt.[132] Das Ergebnis der von GELHAUS durchgeführten "Substitutionsproben an ganzen Texten", nämlich daß in der überwiegenden Mehrzahl der Fälle nur unter "Verlust" bzw. "Steigerung des Pathos" ein Austausch beider Tempora möglich sei, ist ebenfalls nur schwer mit unserer Analyse zu vereinbaren. Dagegen bietet seine Feststellung, der Austausch des Präsens durch das Futur sei in den Fällen unangemessen oder gar "unmöglich", in denen er zu einer Überlastung des verbalen Gefüges führe (z.B. passivische Modalverb-Konstruktionen)[133], einen Hinweis für die Deutung des nachzeitigen Präsens-Gebrauchs in unseren Reportagen. Wie in der gesprochenen Alltagssprache dürfte das sprachökonomische Moment der entscheidende Faktor sein, dies umso mehr, da der Reporter unter pausenlosem Zeitdruck steht. Sprachökonomisch ist aber das Präsens die kürzere, zeitsparende Form. Diesem Faktor, der ja auch im syntaktischen Bereich zu der hohen Quantität elliptischer Sätze führt, steht allerdings die Pflicht zu eindeutiger Zeitorientierung gegenüber. Die "Resultante" beider "Vektoren", also die Gebrauchsnorm lautet: Wenn keine Verwechslung möglich ist, ob gleich- oder nachzeitiges Geschehen gemeint ist, wird im Regelfalle die sprachökonomischere Form, also das Präsens, verwendet. Ist die Nachzeitigkeit vom Ko- und/oder Kontext her nicht gewährleistet, kann das Präsens nicht benutzt werden.[134] In den Nachberichten, in denen ja die Reporter-Gegenwart von der Vergangenheit des Spiels zeitlich abgesetzt ist und daher eine quantitativ geringere Rolle spielt, ist dieses Verwechslungsproblem nicht in dem Maße gegeben wie in den Direktreportagen, in denen ja die Simultaneität von Geschehen und Sprechen die Reportagebasis ist. Dementsprechend liegt der Präsens-Anteil an der Nachzeitigkeit mit 70,6% in NB wesentlich höher als in DR (50,4%), dagegen der Futur-Anteil deutlich niedriger (23,5% vs. 32,1%).

Die in den Einzelanalysen aufgeführten Beispiele (Beleg 152-157, 257-259) bestätigen unsere Erklärungsthese. In allen Präsens-Fällen könnte Futur stehen, dagegen in keinem Futur-Fall Präsens. Textstellen mit der Redundanz "Zeitangabe plus Futur" (so in Beleg 158), sind natürlich nicht "verboten", sind aber die Ausnahme. Nicht zufällig steht dieses einzige Beispiel aus beiden Direktreportagen in einer Exkurs-Passage. Derartige Passagen werden ja dann eingestreut, wenn vom Spielfeld-Geschehen gerade nichts Interessantes zu vermelden ist, und d.h. zugleich: wenn der Reporter unter keinem besonderen Zeitdruck steht.

Die wichtigsten kotextuellen Mittel, um den Nachzeitigkeits-Bezug des Präsens zu gewährleisten, sind:

a) Verben im Hauptsatz, deren Denotat auf ein nachzeitiges Geschehen im untergeordneten Satz zielt, z.B.

(444) so steht / der schiedsrichter Taylor dort in der mitte / und wartet / daß er endlich das spiel freigeben kann

(445) jetzt bin ich gespannt wie das die deutsche mannschaft verkraftet

b) Zeitangaben

(446) der tabellenführer [...] / der sich in den kommenden wochen behaupten muß / auswärts spielt man am nächsten samstag in Dortmund / dann kommen heimspiele gegen Mönchengladbach und den MSV

(447) und wenn Österreich / auf Bulgarien trifft am 28sten fällt sicherlich eine wichtige entscheidung

c) Ein vorausgegangenes Futur, das die kotextuelle Markierung leistet:

(448) die / also jetzt auf das von uns weit entfernt liegende tor spielen werden während die deutsche mannschaft auf das tor stürmt das wir bestens im blickpunkt haben

(449) Keegan / der sicherlich gleich zur seite springen wird / wenn Nogly schießt

Hinzu kommt der pragmatische Kontext, z.B.

(450) angriffe / der Niederländer [...] / die ihnen nun Oskar Klose weiter schildert

Bei diesem von FASSBENDER angekündigten Sprecherwechsel ist klar, daß im Redemoment KLOSE nicht die niederländischen Angriffe "schildert", sondern erst kurz darauf "schildern wird". Der häufigste Fall in dieser Kategorie ist die Frage an die unmittelbare Zukunft:

(451) kommt Schuster noch einmal vorbei / er tut das sehr schön

(452) kann er links schießen / er schießt den ball / aber er schießt ihn an freund und feind vorbei

Wie bereits bei der Interpretation der vergleichbaren Belege 153 bis 155 ausgeführt, müssen derartige Fragen an das Spielgeschehen reportagebedingt nachzeitig referieren. Es sind ja nicht Fragen des Hörers an den Reporter - dann würden sie von der pragmatischen Redekonstellation her gleichzeitig referieren -, sondern Fragen des Augenzeugen an das Geschehen. Dieser Fragetyp ist ein stilistisches Mittel, um innerhalb der Aktionsschilderung sprachlich zu variieren, d.h. konkret: die häufig in vergleichbarer Funktion auftretenden Konjunktiv II-Wendungen vom Typ "er könnte schießen" zu ersetzen. Narrativ betrachtet, sind beide Möglichkeiten aus der Augenzeugen-Perspektive gesprochen, drücken das Beteiligtsein des Reporters aus, verlebendigen zugleich die Narratio und bringen damit für den Hörer ein zusätzliches, rhetorisch bewirktes Spannungselement in die Reportage.

Wie die Analyse von TR 1 gezeigt hat, machen die Reporter-Fragen an die unmittelbare Zukunft ein Gutteil der präsentischen Referenzen der Zeitstufe 5 aus.

Der in dieser Zeitstufe auffallende niedrige KR-Wert (32 % vs. rund 60 % in GR und TR) hängt zweifellos mit der seltenen Verwendung dieser Präsens-Fragen in den Konferenzreportagen zusammen. In acht KR-Reportagen fehlen Zeitstufe-5-Bezüge vollständig, in sieben weiteren kommt kein Präsens vor. D.h. lediglich in neun von 24 Konferenzreportagen treffen wir überhaupt das nachzeitige Präsens in dieser Zeitstufe an. Dagegen sind es in der Zeitstufe 6 17, in der Zeitstufe 7 immerhin 11 Reportagen mit Präsensformen. Da in KR im Gegensatz zu GR und TR ein ausgeglichenes Verhältnis zwischen aktuellen und nicht-aktuellen Spiel-Anteilen herrscht, ist von vornherein mehr inhaltliche "Abwechslung" vorhanden. Es besteht folglich für den Reporter weniger häufig der Zwang, längere aktuelle Passagen sprachlich aufzulockern. Es ist deswegen wohl kein Zufall, daß BERWANGER, der von allen KR-Reportern die meisten Präsentia in der Zeitstufe 5 hat, nur ein einziges Mal diesen Fragetyp benutzt.

(453) was entscheidet schiedsrichter Dreher

4.2.4. Futur I

Nachzeitigkeit

225 der 13.365 im DR-Korpus vorkommenden finiten Verben stehen im Futur I, das sind knapp 2 %. Nachzeitig referieren hiervon 200, das sind fast 89 % aller Futura. Dieser Wert entspricht fast genau dem Gesamtwert, den GELHAUS für sein schriftsprachliches Korpus ermittelt hat[135]. In unserer Textsorte fungiert das Futur also mit einer Frequenz "neun von zehn Fällen" eindeutig als Zukunfts-Tempus. Innerhalb der drei DR-Teilkorpora ergeben sich hierbei keine entscheidenden Differenzen: GR 86 %, TR 87 %, KR 93 %. Diese Anteilswerte verteilen sich aber in den DR-Typen in unterschiedlicher Weise auf die drei Nachzeitigkeits-Stufen. Während die GR-Reporter gut 44 % aller Futurformen für die unmittelbare Zukunft (Zeitstufe 5) verwenden, setzen die TR-Reporter 40 % ihrer Futura in der Zeitstufe 6 ein. In KR beziehen sich jeweils rund 38 % der Futura auf die Zeitstufen 5 und 6. Gemeinsam ist also nur allen drei DR-Typen, daß auf die Zukunft nach dem Spiel (Zeitstufe 7) die wenigsten Futurformen entfallen, wenn auch mit erheblichen Differenzen (GR 11,4 % aller Futura, TR 22,1 %). Es besteht also - wie der Vergleich der Zeitstufen-Aufschlüsselung der Futura mit dem Anteil der drei Nachzeitigkeits-Zeitstufen an allen Referenzen in den Tabellen 70b, 71b und 72b zeigt, kein direkter Zusammenhang zwischen dem jeweiligen Zeitstufen-Anteil und dem Futur-Gebrauch. Dies bedeutet zugleich, daß das quantitative Gewicht des Futur in den drei Zeitstufen von Reportage-Typ zu Reportage-Typ unterschiedlich ist. Tabelle 77 stellt die Anteilswerte noch einmal zusammen.

Zusammen genommen besagen diese Einzelwerte, daß knapp ein Drittel aller nachzeitigen Referenzen (32,1 %) in den Direktreportagen mit dem Futur ausgedrückt werden. Verglichen mit den Ergebnissen von BRONS-ALBERT[136] - Telephongespräche 4,6 %, "vorwiegend sehr formale Sprechsituation" 11,6 % - ist dies ein relativ hoher Anteil. Unsere Korpus-Analyse bestätigt daher zum einen DITTMANNs und BRONS-ALBERTs These, daß die Frequenz des nachzeitigen Futur von der Textsorte abhängt[137]. Zum andern verweist der Drittel-Anteil darauf, daß in den Direktreportagen das Futur offenbar eine besondere Rolle spielt. Wie Tabelle 77 zeigt, ist diese Rolle innerhalb der Zeitstufen und der Reportage-Typen recht unterschiedlich gewichtet, wenn man auch wegen der relativ geringen Anzahl der Fälle (siehe die absoluten Zahlen in den Tabellen 69a bis 72a) diese Differenzen nicht überbetonen sollte. Sieht man daher von dem Zeitstufe-7-Wert

TABELLE 77: Anteil des Futur an den nachzeitigen Zeitstufen

	Zeitstufe 5	6	7
GR	35,6	25,9	38,1
TR	39,5	30,3	18,5
KR	62,3	32	23,1
DR	44,3	29,7	22,8

Alle Angaben in %.

in GR ab - er beruht lediglich auf acht Futura von insgesamt 21 nachzeitigen Referenzen -, so zeigt sich: Das Futur hält überdurchschnittliche Anteile in der Zeitstufe 5, besonders in KR, und verliert an Gewicht in den vom Redemoment entfernteren Zeitstufen 6 und 7.

Bevor wir diese quantitativen Verhältnisse interpretieren, wollen wir sie erst einmal anhand der einzelnen Reportertexte durchsichtiger machen:

TABELLE 78: Distribution der Reporter-Texte nach ihrem Futur-Anteil an der Nachzeitigkeit

	Prozentualer Anteil des Futur an der Nachzeitigkeit					
	0-15	15,1-30	30,1-45	45,1-60	60,1-75	75,1-100
GR	1	3	2	1		
TR	1	5		1		
KR	7	3	7	2	2	4
DR	9	11	9	4	2	4

Angaben in absoluten Zahlen.

Extremwerte: GR 13% - 48,9%
TR 12% - 46 %
KR 0 - 100%

Wie bei der Analyse des nachzeitigen Präsens verzerren Reportagen, in denen überhaupt nur ein bis drei nachzeitige Referenzen vorkommen, das KR- und damit auch DR-Ergebnis. In der Anteilsgruppe 0-15% sind dies drei, in der Anteilsgruppe 75-100% alle vier Texte. Hinzu kommen vier weitere Texte aus den Gruppen 31,1-60%. Aber selbst wenn man diese KR-Texte unberücksichtigt läßt, lauten die Extremwerte in KR noch 0 und 71%.

Der Ausfall fast der Hälfte aller KR-Texte und die im Vergleich zu GR und TR fast doppelt so große Spannweite zeugen einmal mehr von der pragmatisch bedingten Heterogenität der Konferenzreportagen. Dennoch läßt sich konstatieren: In der überwiegenden Mehrzahl der Sprechertexte aller drei DR-Typen hält das Futur einen Nachzeitigkeits-Anteil von 15 und mehr Prozent. Dies spricht von vornherein dagegen, das Futur als rein fakultative Variante einzustufen. Offenbar gibt es einen Inhaltsanteil, der durchschnittlich 33% der Nachzeitigkeit ausmacht, und der üblicherweise mit dem Futur bezeichnet wird. Die hohen Frequenz-Unterschiede, die sich innerhalb dieser Gebrauchsnorm ergeben, sind zunächst daraufhin zu befragen, ob sie auf individualstilistische Eigenheiten der Reporter zurückzuführen sind. Überprüfen wir dies an den Reportern, von denen mehr als eine Reportage stammt, so liegt EMMERICH, wenn auch mit beträchtlichen Anteils-Unterschieden, in allen seinen Reportagen über dem DR-Wert von 32% (TR 7: 46%; KR I,3: 66,7%; KR II,1: 35,3%), BREUCKMANN (GR 3: 15,8%; TR 3: 12%; TR 5: 20,8%; KR III,5: 11,1%) und BÖTTCHER (TR 6: 28,1%; KR II,5: 25%) unter diesem Wert. Bei FASSBENDER (GR 2: 41,2%; TR 2: 20%), HAUFFE (GR 4: 39,3%; TR 1: 21,9%; KR I,9: 22,2%) und MÖNCH (GR 3: 13%; KR II,1: 33,3%) läßt sich keine Präferenz für ein Futur-Pro oder -Kontra feststellen. Mit anderen Worten: die Erfassung und der Vergleich der reinen Quantitäten führt hier nicht weiter, wir müssen die Texte selbst befragen, d.h. die Frage nach der Funktion des Futur stellen. Wir müssen folglich für unsere Texte die in der Tempus-Diskussion umstrittene Frage beantworten, ob es im Deutschen überhaupt ein Zukunfts-Tempus namens "Futur" gibt oder ob die analytisch mit "werden + Infinitiv" gebildeten Formen den Modal-Konstruktionen vom Typ "wollen/sollen/können + Infinitiv" entsprechen, das Futur folglich eher modale als temporale Funktion hat, also nicht zu den Tempora, sondern den Modi zu rechnen ist.[138]

Zur Überprüfung wähle ich zum einen die Zeitstufe aus, in der das Futur seinen höchsten Anteil an der Nachzeitigkeit hat, also die Zeitstufe 5, zum andern Reportagen, in denen dieser Anteil überproportional hoch bzw. niedrig ist. In KOTTKAMPs KR II,4 kommen insgesamt 31 Zukunftsbezüge vor (8,1% aller Referenzen), davon stehen 22 im Futur (71% der Zukunftsreferenzen). In der Zeitstufe 5 sind neun von elf Referenzen Futurformen (81,8%). Diese neun Futura stehen alle innerhalb folgender Standardsituation: Das Spiel ist unterbrochen, weil der Ball außerhalb des Spielfeldes ist oder weil der Schiedsrichter gepfiffen hat. Das Spiel wird fortgesetzt mit Einwurf, Eckball, Freistoß. Die Zeit der Spielunterbrechung kann der Reporter auf zweifache Weise ausfüllen:

1. Er bleibt "am Ball", also beim aktuellen Geschehen auf dem Spielfeld bzw. im Stadion.
2. Er nutzt die Unterbrechung für einen Exkurs, also in der Regel einen Rückgriff, Vorgriff oder ein Resümee.

Hierzu jeweils ein Beispiel aus KOTTKAMPs Reportage:

(454) schiedsrichter Clajus aus Karlsruhe / hat auf freistoß entschieden für Borussia Mönchengladbach etwa in der mitte / der hälfte des 1. FC Kaiserslautern fünf sechs meter / neben der seitenaus-linie / und ich erkenne Nielsen / der diesen freistoß vor das tor geben wird / etwa fünf sechs angreifer / bei Borussia Mönchengladbach aber dann (pfiffe) korrigiert Nielsen noch einmal die position des balles und signalisiert einem seiner mitspieler / daß ihn die flanke erreichen soll dann kommt der ball vor das tor

(455) es gibt vermutlich / den ersten eckball so ises (sprechchöre) für die Lauterer / und das gibt mir die gelegenheit ihnen schnell zu sagen / wie die-

ses 1:0 zustande kam / die Lauterer waren im angriff dann gab es einen abspielfehler / ein schneller angriff [...] und aus halbrechter position schoß er in die äußerste linke ecke / für meine begriffe unhaltbar / für Ronnie Hellström jetzt noch einmal die Lauterer (zuschauer lauter) nach diesem eckball

Beide Beispiele stehen zugleich für zwei weitere inhaltliche Varianten. In 454 wird der Spieler, der den Freistoß ausführt, namentlich genannt, in Beleg 455 nicht, d.h. hier beläßt es KOTTKAMP bei der obligatorischen Information "eckball". Außerdem überschneidet sich in 455 der Schluß des Rückgriffs zeitlich mit der Ausführung des Eckballs. KOTTKAMP unterbricht also nicht seinen Rückgriff, sondern überspringt die aktuelle Aktion und trägt sie anschließend mit "nach diesem eckball" nach. Bei schneller Ausführung des Einwurfes oder Freistoßes entfällt natürlich die Möglichkeit zum Exkurs:

(456) es gibt einen freistoß für Borussia Mönchengladbach etwa zehn meter von der mittellinie entfernt / ausführen wird äh Schäffer / der vorstopper / flankt den ball in höhe des 16-meter-strafraumes

(457) Wuttke direkt unterhalb unserer sprechstelle hier in einem laufduell / er erkämpft sich einen einwurf / der bereits ausgeführt worden ist

Bei all diesen entweder vom Spielgeschehen oder von der Reporter-Intention abhängigen Varianten dieser Standardsituation hat der Reporter die Möglichkeit, bereits im Anfangsteil, dem Beginn der Unterbrechung, den Spieler zu nennen, der den Eckball, Freistoß oder Einwurf ausführen wird. Er sieht ja im Regelfalle, wer zur Eckfahne läuft, sich den Ball zurechtlegt usw. Während KOTTKAMPs Reportagezeit gibt es insgesamt 19 derartige Unterbrechungen. Zweimal nutzt er eine solche, um seine Einblendung zu beenden. Bei den verbleibenden 17 wird der Name des ausführenden Spielers in neun Fällen bereits vor der Ausführung, d.h. im Falle von Exkursen also vor diesen genannt. Jedesmal wird diese Information wie in Beleg 454 und 456 mit dem Futur gegeben.

Zum Vergleich BREUCKMANN in TR 3: Er berichtet ebenfalls über 17 derartige Standardsituationen. In sieben Fällen wird die Ausführung ausgespart, die Exkurse werden zu Ende geführt; in sechs Fällen beläßt er es bei der bloßen Erwähnung der Ausführung, davon dreimal formelhaft ("schon / bereits ausgeführt"), in drei Fällen geht er auf die Vorbereitung ein. Nur dreimal erwähnt BREUCKMANN überhaupt den ausführenden Spieler, 14mal verzichtet er darauf und gibt lediglich die obligatorische Information, für welche Mannschaft der Schieds- bzw. Linienrichter entschieden hat. Wird die Ausführung geschildert, ist folglich der Ball Subjekt:

(458) freistoß / für Fortuna Düsseldorf in der eigenen hälfte / planlos / ziellos / irrt der ball da in richtung torhüter Engel

In keinem einzigen Fall wird der ausführende Spieler vor der Ausführung genannt. Die Zeitstufe 5 ist in dieser Reportage nur mit fünf finiten Verben vertreten, davon steht ein einziges im Futur:

(459) 'nd da <u>wird's</u> wohl in der schlußphase / noch einmal eine gelbe karte <u>geben</u> nein / schiedsrichter Smith tut es doch nicht.

Oder BERWANGER in KR I,11: In dieser Reportage stehen fünf Präsentia einer Futur-Form gegenüber. Sie dient wie bei KOTTKAMP der Vorankündigung des ausführenden Spielers:

(460) Geier / wird ausführen

Bei FASSBENDER entfallen in GR 2 vier seiner sechs Futura, bei seinem Koreporter KLOSE sechs seiner neun Futura auf derartige mit Akteur-Namen verbundene Vorankündigungen. In insgesamt sechs Fällen gewährleistet hierbei das Futur allein den Zukunftsbezug. Dagegen fehlen derartige Vorankündigungen bei ZIMMERMANN im Spielbericht vollständig. Lediglich in dem Siegerehrungs-Teil seiner Reportage kündigt er an, wer die Ehrung "sprechen und vornehmen wird". Futur-Referenzen der Zeitstufe 5 kommen daher bei ihm kaum vor.

Ziehen wir das Fazit:

1. Für die unmittelbare Zukunft wird das Futur vor allem in den Fällen benutzt, in denen innerhalb einer Textpassage die Notwendigkeit besteht, zwischen Ankündigung und Ausführung zu unterscheiden. Das Präsens signalisiert hier "die Ausführung findet im Redemoment statt", das Futur "sie findet n a c h dem Redemoment statt". Würde das Futur in allen diesen Fällen durch das Präsens ersetzt, müßte der Hörer annehmen, daß das Geschehen simultan zur Reporter-Äußerung abläuft. In allen Fällen, in denen der Kotext nicht den Zukunftsbezug garantiert, muß also in den Reportagen das Futur stehen. Das Futur wird folglich primär zur zeitlichen Differenzierung eingesetzt.

2. Dort wo der Kotext Nachzeitigkeit gewährleistet, greifen nicht nur Reporter mit geringer Futur-Quantität wie BREUCKMANN und BERWANGER in der Mehrzahl der Fälle zum Präsens, sondern auch Reporter mit hohem Futur-Anteil, wie z.B. KOTTKAMP. Hierfür zwei Beispiele:

(461) und es gibt vermutlich / den ersten eckball

(462) nun gibt es mit sicherheit wohl die fünfte gelbe karte / in diesem spiel

In beiden Fällen steht die Schiedsrichter-Entscheidung im Redemoment noch nicht fest. Man mache die Probe: streiche ich "vermutlich" bzw. "mit sicherheit wohl", könnte das Präsens nicht als nachzeitig interpretiert werden. Setze ich dagegen Futur ein, könnten unter dem Aspekt der Zeitorientierung die Modalitätsangaben ruhig fehlen. Überraschenderweise ist es übrigens KOTTKAMP, der in 462 das Präsens verwendet, während der "Futur-Asket" BREUCKMANN für dieselbe Situation in 459 zum Futur greift. Von einer hohen bzw. niedrigen Futur-Frequenz kann folglich nicht ohne weiteres auf individualstilistische Präferenzen geschlossen werden. Entscheidend ist allein die einwandfreie Zeitorientierung.

3. Die Futur-Verwendung, so haben wir nachweisen können, kommt bei der Schilderung ganz bestimmter Spielsituationen oft vor. Wie aber der Reporter diese Szenen schildert, ist ihm überlassen. D.h. konkret: im Rahmen seiner Auswahl-Freiheit und seiner erzählstrategischen Kompetenz kann er entscheiden, ob er die Spielunterbrechung für Exkurse nutzt oder nicht, ob er den ausführenden Spieler nennt, und wenn ja, ob er dies vor oder während der Ausführung tut, oder ob es ihm nur auf die Aktion ankommt und er es daher bei der obligatorischen Benennung der Mannschaft beläßt, die den Ball wieder ins Spiel bringen darf. Die relativ häufige Verwendung des Futur bei KOTTKAMP, aber auch bei FASSBENDER und KLOSE in GR 2 und die geringe bei BREUCKMANN, BERWANGER und ZIMMERMANN hängt also von der narrativen Entscheidung dieser Reporter ab, was ihnen der Mitteilung wert ist und in welcher Reihenfolge sie ihre ausgewählten Sachverhalte sprachlich darbieten wollen. Erst aus dieser Freiheit ergibt sich dann die Tempuswahl als zwangsläufige Folge. KOTTKAMP hat dementsprechend keine Vorliebe für, BREUCKMANN keine Antipathie gegen die Verwendung des Futur, sondern KOTTKAMP hat eine Vorliebe dafür, den Namen des ausführenden Spielers frühzeitig zu nennen, während BREUCKMANN die Personen-Angabe für unwichtig hält, erst recht die vorgezogene. Allein von hieraus erklärt sich der Unterschied.

4. Die Frage, ob das Futur in den Direktreportagen primär Tempus oder Modus sei, haben wir praktisch schon beantwortet. Dennoch sei die Probe aufs Exempel gemacht. Das Futur kann mit Modalitätsangaben auftreten, in der Mehrzahl der

diskutierten Fälle tut es dies nicht. Dasselbe gilt für Temporalangaben. Bei KOTTKAMP enthalten z.B. acht von neun Futur-Sätzen keine derartigen Angaben. Zu demselben Ergebnis waren wir bei der Analyse von HAUFFEs TR 1 gekommen (vgl. die Belege 156 bis 158). Bei den unmittelbar nachzeitig referierenden Präsentia kann die obligatorische kotextuelle Zukunftsangabe durch eine Modalitätsangabe vom Typ "vermutlich, sicherlich" ersetzt werden, die zugleich die Nachzeitigkeit garantiert. Unter dem Aspekt "Modus" beweist dies für die Verwendung beider Tempora gar nichts. Da alle Zukunfts-Aussagen letztlich spekulativ sind, sind es auch die im Präsens und Futur stehenden. Der Grad der Spekulation wird aber in den Direktreportagen nicht durch Präsens und Futur differenziert, sondern ausschließlich durch Hinzufügung von Modalitätsangaben. Durch sie signalisiert der Reporter, ob er das Eintreten eines zukünftigen Geschehens als "sicher" ansieht, als "wahrscheinlich", als "vermutlich". Fehlen derartige Angaben, unterstellt der Reporter und interpretiert der Hörer einen hohen Grad an Wahrscheinlichkeit, und zwar unabhängig davon, ob Futur oder Präsens verwendet werden. Noch einmal die Probe aufs Exempel: Bei den Belegen 461 und 462 steht fest, daß das Futur die temporale Information, die in "vermutlich" bzw. "mit sicherheit wohl" enthalten ist und daher das Präsens zuläßt, ersetzen könnte. Nun könnte man aber ebenso "modal", also umgekehrt argumentieren: die Modalitäts-Information beider Angaben übernimmt das Futur. Doch dann stellt sich sofort die Frage: welcher Modalitätsgrad wird denn durch das Futur ausgedrückt, "vermutlich" oder "mit sicherheit"?

5. Eine allgemein methodische Überlegung sei im Hinblick auf die kürzlich erschienene "Zukunft"-Dissertation von R. BRONS-ALBERT angeschlossen. Ohne genauere Analyse der einzelnen konkreten Texte läßt sich m.E. aus quantitativen Korrelationen wie "Verbform" mit "Zeitadverbial im Satz" bzw. "Modalpartikel im Satz" für die temporale und modale Funktion der Tempora nichts ableiten, schon gar nichts beweisen. Denn wie ist der statistische Befund: "Die Korrelation 'werden + Infinitiv' zu 'Modalität bezeichnender Zusatz im Satz' ist hochsignifikant und ergibt einen Korrelationskoeffizienten von 0,19035", zu deuten? Wenn also ein knappes Drittel aller Futur-Sätze eine Modalangabe enthalten, spricht dies nun für oder gegen den Tempus-Charakter, für oder gegen den Modus-Charakter des Futur? Trotz aller interpretatorischen Zurückhaltung läßt für BRONS-ALBERT dieser Befund "eindeutig darauf schließen", "daß in zukunftsbezogenen Sätzen 'werden' + Infinitiv vor allem in modalen Umgebungen gewählt wird".[139] Bei dem zeitadverbialen Befund - 42,9% aller Futur-Sätze enthalten Zeitangaben - zieht sie den umgekehrten Schluß: das Futur stelle keinen "eindeutigen Zukunftsbezug" her, "es tritt im Gegenteil besonders häufig mit Zeitadverbialen im selben Satz auf, die den Zukunftsbezug sicherstellen".[140] Da eine stichhaltige Begründung für diesen Argumentationswechsel fehlt, ist es wohl erlaubt, von einer "Manipulation statistischer Ergebnisse" zu sprechen. Denn nach demselben Verfahren, nur jeweils mit umgekehrten Interpretations-Vorzeichen, läßt sich aus der Statistik die These vom "Tempus Futur" beweisen. Gewichtiger, da genereller, ist aber eine andere Überlegung. Wenn 61% aller zukunftsbezogenen Sätze keine Zeitangabe, wenn 93,9% kein "eindeutig zukunftsbeziehendes Zeitadverbial" und 92,6% keinen "Modalitätszusatz" enthalten, fragt es sich, was auf den Einzelsatz bezogene Korrelationen der oben erwähnten Art überhaupt für eine Relevanz haben. BRONS-ALBERTs Schlußbemerkung: "offensichtlich ergibt sich der Zukunftsbezug in vielen Fällen aus dem Kontext"[141], zeigt den m.E. richtigen Weg. Gerade bei der Textsorte "Telephongespräche", die ja innerhalb der gesprochenen Sprache wegen des technischen Mediums ebenso einen Sonderfall darstellt wie unsere Hörfunkreportage, hätte man erst einmal mit einer auf den Einzeltext bezogenen Analyse das Verhältnis zwischen pragmatisch bedingter Redundanz und Aussparung von Zeit- und Modalbestimmungen klären müssen, bevor man aus quantitativen Korrelationen irgendwelche Schlüsse zieht.

Kehren wir nach diesem Exkurs zu den Direktreportagen zurück. In Tabelle 77 war der mit 62% hohe Futur-Anteil an den Referenzen der Zeitstufe 5 in KR besonders aufgefallen. Da bei den unmittelbaren Zukunfts-Referenzen rund 95% auf Präsens und Futur entfallen, sinkt zwangsläufig der Anteil des einen Tempus, wenn der des anderen steigt. Das Futur wird - wie unsere exemplarischen Analysen gezeigt haben - in dieser Zeitstufe vornehmlich bei der Schilderung einer bestimmten Standardsituation eingesetzt, das Präsens dagegen häufig, um Fragen an die unmittelbare Zukunft zu stellen. Die KR-Reporter sind reportagepragmatisch gezwungen, jede sich bietende Unterbrechung des aktuellen Spielgeschehens zu nutzen, um vor allem Resümees und Rückgriffe vorzunehmen. Sie müssen ja innerhalb ihrer kurz bemessenen Einblendungszeit den Hörer über die Vorkommnisse, die vor ihrer Einblendung stattgefunden haben, informieren. Der Vorgriff auf die Ausführung eines Eck- oder Freistoßes bietet sich also als gute Möglichkeit an, die aktuelle Geschehens-Wiedergabe vorläufig abzuschließen, um einen Exkurs zu beginnen. Zugleich gibt sie dem Hörer das Gefühl, über den Fortgang des Spiels unterrichtet zu sein. Die vorweggenommene Namensnennung des Akteurs, der den Ball wieder ins Spiel bringen wird, ist dabei eine präzisierende Verstärkung der obligatorischen Information, für welche Mannschaft entschieden worden ist. Im Gegensatz dazu benötigt der GR-Reporter unter dem Informations-Aspekt keine Rückgriffe und Resümees. Der Hörer hat ja von Anfang an alles selbst miterlebt. Wenn der GR-Reporter dennoch Spielunterbrechungen für Exkurse nutzt, dann primär, um Abwechslung in das Einerlei der Wiedergabe aktuellen Geschehens zu bringen. Da dieses aktuelle Geschehen dennoch 72,5% seiner Reportage ausmacht, ist er folglich in stärkerem Maße als der KR-Reporter daran interessiert, seine Narratio nicht in Gleichförmigkeit erstarren zu lassen. Die Präsens-Frage ist daher für ihn eine Möglichkeit, um sprachstilistisch zu variieren. In der Tat wird sie in den Ganzreportagen weit häufiger eingesetzt als in Konferenzreportagen. In der Mehrzahl der Konferenzreportagen - so z.B. in KOTTKAMPs KR II,4 - kommt sie überhaupt nicht vor. Das fast spiegelbildartige Verhältnis der Präsens- und Futur-Anteile für die Zeitstufe 5 in GR (61% vs. 35,5%) und KR (32% vs. 62,5%) läßt sich auf diese reportagepragmatischen Verhältnisse zurückführen. Die Teilreportage (58% vs. 39,5%) steht in diesem Fall GR sehr nahe (vgl. die Belege 153 bis 155 aus TR 1).

Die Analyse des Futur-Gebrauchs für unmittelbare Zukunfts-Bezüge hat gezeigt, daß es aus Orientierungsgründen notwendig ist, eindeutig zwischen gleich- und nachzeitig zu unterscheiden, und daß hierzu das Futur eine der sprachlichen Möglichkeiten ist. Diese Notwendigkeit - und das gilt ja auch für die Markierung der Vorzeitigkeit - besteht generell betrachtet besonders dann, wenn e i n Sachverhalt zeitlich differenziert werden muß. Direktreportagen befassen sich fast ausschließlich, d.h. zu 93%, mit einem Geschehen, das lediglich 90 Minuten dauert und aus einer Fülle von sich wiederholenden Situationen und Einzelszenen besteht, die in ihrer Sukzession beliebig, folglich austauschbar sind. Um es banal zu sagen: Das Geschehen besteht darin, daß einmal die eine Mannschaft den Ball hat, das andere Mal die andere. Sieht man von den erzielten Toren ab, bietet folglich der "Inhalt" keinen Anhaltspunkt für die zeitliche Abfolge der einzelnen Aktionsszenen. Umso mehr ist daher der Reporter gezwungen, durch exakte Zeitorientierung Ordnung zu schaffen. Der vergleichsweise hohe Futur-Anteil an den Zukunftsbezügen erklärt sich also nicht nur vom Sonderfall "Simultan-Narratio", sondern auch vom Sonderfall "Res" her.

Dieselbe Funktion wie in der Zeitstufe 5, nämlich kotextunabhängig eine Handlung als nachzeitig auszuweisen, übt das Futur auch bei nicht-unmittelbaren Vorgriffen (Zeitstufe 6 und 7) aus. Einige Beispiele aus der KOTTKAMP-Reportage

KR II,4 sollen auch dies belegen:

(463) zudem regnet es etwa seit 15 minuten vor spielbeginn / in strömen / und das wird diesen platz noch weicher machen

Stände hier Präsens statt Futur, wäre der Platz also bereits zum Sprechzeitpunkt "noch weicher". Die Intention des Reporters ist aber zweifellos, darauf hinzuweisen, daß der Platz im Laufe des Spiels "noch weicher" werden wird, als er jetzt schon ist.

(464) es gibt einen einwurf / für den 1. FC Kaiserslautern der nun natürlich versuchen wird / den 0:1-rückstand wettzumachen und nun versucht / das angriffsspiel ein bißchen zu forcieren

Hier konfrontiert KOTTKAMP mit demselben Verb "versuchen" Nach- und Gleichzeitigkeit. In folgendem Beleg tritt zu dem zeitlichen Kontrast ein inhaltlicher:

(465) und daß man natürlich nun versuchen wird / den vorsprung auf 2:0 zu erhörn (Fehler) / jetzt allerdings ein gegenangriff (zuschauer lauter) des 1. FC Kaiserslautern

Angemerkt sei, daß in den letzten beiden Belegen weder die Modalitäts- noch die Zeitangabe den Zukunftsbezug sichern. Ob "nun" 'im Augenblick' oder 'in der Folgezeit' beinhaltet, entscheidet hier nämlich das Tempus.

Nun fehlt es in den Reportagen nicht an Beispielen, in denen die Nachzeitigkeit sowohl durch das Futur wie durch den Kotext markiert wird:

(466) und bei den Lauterern wird vermutlich in kürze ausgewechselt werden / denn ich erkenne den Schweden Benny Wendt / der sich an der seitenlinie warmläuft

Den Zukunftsbezug könnten hier die Modalitäts- und die Zeitangabe jeweils allein gewährleisten. Wenn man so will, ist das Futur redundant. Diese Vorankündigung erfolgt während einer Spielunterbrechung. Ebenso steht in TR 1 der einzige Redundanz-Fall innerhalb eines Simonsen gewidmeten Exkurses (siehe Beleg 158), den HAUFFE nach einer Abseits-Entscheidung des Schiedsrichters zur Überbrükkung einschiebt. In GR 2 - um ein weiteres konkretes Beispiel heranzuziehen - weisen überproportional viele Futur-Sätze, nämlich 15 von 29, diese Redundanz auf: 13 dieser 15 Redundanzfälle kommen ebenfalls in Exkursen vor. Hierbei sind es in sieben Fällen kotextuelle Angaben, die das Futur als "überflüssig" erscheinen lassen, z.B.

(467) und jetzt fehlt nur noch die eine fahne drüben / auf der mittellinienseite / und dann / wird das spiel beginnen können

In den restlichen sechs Fällen handelt es sich um Reporter-Fragen an die unmittelbare Zukunft, die - wie bereits in den Präsens-Abschnitten erörtert - vom pragmatischen Kontext her zwangsläufig nachzeitig referieren:

(468) was werden sie machen / wird (sprecher verschluckt sich) Beckenbauer der einen harten schuß besitzt selber schießen oder wird man täuschen

Ähnlich liegen die Dinge in allen Direktreportagen, in denen die Futur-Frequenz vergleichbare Aufschlüsselungen zuläßt. Dieser Sachverhalt läßt wohl nur eine Erklärung zu: Das Futur wird häufiger "redundant" benutzt, wenn das eigentliche Spielgeschehen pausiert, wenn der Reporter, befreit vom Simultaneitäts-Zwang, Gelegenheit hat, auch auf künftiges Geschehen einzugehen. Gestützt wird diese Erklärungsthese besonders gut durch die Tempus-Distribution der Zukunftsfragen: In GR 2 kommen alle im Futur stehenden Fragen in Passagen vor, die während einer Spielunterbrechung gesprochen werden, dagegen wird zur nachzeitigen Präsens-Frage vor allem dann gegriffen, wenn das Spiel "läuft", in den meisten Fällen sogar, wenn es spannend wird. Der Zusammenhang zwischen den Faktoren

"Zeitökonomie" und "Sprachökonomie" ist hier evident. Ist die Zeit knapp, verzichtet der Reporter auf Zeitbezugs-Redundanz; d.h. sichern Ko- und/oder Kontext bereits die Nachzeitigkeit, verwendet er die sprachökonomisch einfachere, kürzere Form, also das Präsens. Ist genügend Zeit vorhanden, kann auch der Zeitbezug doppelt markiert werden, also ruhig das "zeitaufwendigere" Futur benutzt werden. Daß dies kein Einzelfall ist, zeigt der Blick auf die Syntax: In Exkurspassagen treten komplexere Satzstrukturen mit überdurchschnittlicher Frequenz auf, während bei der Wiedergabe aktuellen Spielgeschehens Einfachsätze und Setzungen vorherrschen.

Rhetorisch genutzt, etwa um durch gezielten und gehäuften Gebrauch Pathos zu erzeugen[142], wird das Futur offenbar in den Reportagen nicht. Lediglich in GR 1 könnte die Häufung an einer Stelle eine derartige Deutung nahelegen. ZIMMERMANN, der in dem eineinhalbstündigen Spiel-Teil seiner Reportage ganze vier nachzeitige Futura verwendet, greift in dem knapp elfminütigen Siegerehrungs-Teil gleich neunmal zum Futur. Fünf dieser Futura stehen in einer 48 Sekunden dauernden Passage, in der er über das Heimfahrt-Programm der deutschen Mannschaft informiert und Publikums-Reaktionen voraussagt. Doch das sich wiederholende "wird" und "werden" hebt sich nicht aus dem insgesamt ruhigen, langsamen Sprechduktus ab. Hätte ZIMMERMANN die "redundanten" Futura bewußt eingesetzt, um damit eine bestimmte Wirkung zu erzielen, hätte er sie sicherlich betont gesprochen, so wie es MÖNCH zu Beginn von NB 1 mit seinen fünf "hat"-Perfekta tut (siehe Beleg 306).

In den N a c h b e r i c h t e n kommen Zukunftsbezüge nur in sechs der zwölf Reportagen vor. Lediglich in zwei Nachberichten, MÖNCHs NB 1 und THOMAs NB 8, wird überhaupt das Futur drei- bzw. einmal gebraucht, und zwar ausschließlich in nachzeitiger Funktion. Gemessen an allen 391 finiten Verben hält das Futur lediglich einen Anteil von 1%, gemessen an den 17 Zukunfts-Referenzen hält es einen Anteil von 23,6%. Das Futur spielt folglich in den Nachberichten eine deutlich geringere Rolle als in den Direktreportagen. Nimmt man noch hinzu, daß drei der vier Futur-Sätze dem "redundanten" Verwendungstyp angehören, z.B. die Belege 32 und 304 oder

(469) ich könnt mir vorstellen daß das / mancherorts heute abend ganz schön feucht <u>zugehen wird</u>,

zeigt sich, daß im Gegensatz zu den Direktreportagen offenbar keine Notwendigkeit besteht, das Futur zur zeitlichen Abgrenzung gleicher Inhalte einzusetzen. Denn unmittelbare Zukunftsreferenzen fehlen vollständig (sie würden in den Nachberichten ja auch kaum Sinn machen), die Spielzeit liegt generell vor der Reportagezeit, Bezüge auf die Zeit nach der Reportage sind inhaltlich deutlich von der Reporter-Tätigkeit unterschieden und obendrein mit inhaltlich notwendigen Angaben versehen, die den genaueren Zeitpunkt in der Zukunft fixieren.

<u>Gleichzeitigkeit</u>

In 24 von insgesamt 225 Futur-Fällen, das sind knapp 11% aller Futura, bezeichnet das Futur in den Direktreportagen Geschehen im Redemoment bzw. Geschehen, das den Redemoment einschließt. Dieser Wert entspricht annähernd dem 9,9%-Anteil in GELHAUS' schriftsprachlichem Korpus[143]. Bezogen auf alle Gleichzeitigkeits-Referenzen (8497) machen diese 24 Futura allerdings nur 0,3% aus. In den Nachberichten kommt das Futur in dieser Funktion überhaupt nicht vor. Diese geringe Frequenz ist zweifelsfrei ein Indiz dafür, daß das gleichzeitige Futur in Fußballreportagen eine wenig benutzte fakultative Variante ist. Die Betrachtung der einzelnen Reportagen bestätigt diese These: Lediglich in einem

Drittel aller Reporter-Texte taucht diese Futur-Verwendung überhaupt auf, dabei in zehn dieser 13 Texte nur jeweils ein einziges Mal. Bei BÖTTCHER, FASSBENDER, HANSCH, HAUFFE und REHAHN kommt das gleichzeitige Futur nur in einer, bei HAGELEIT, KOCH und MÖNCH in keiner ihrer Reportagen vor. Zwei Reporter stechen heraus: Allein acht der zehn GR-Fälle finden sich in ZIMMERMANNs GR 1, jeweils die Hälfte in TR (4 von 8) und KR (3 von 6) in EMMERICHs Reportagen. 15 von 24 gleichzeitigen Futura, das sind 62,5 %, entfallen auf diese zwei Reporter. Die vergleichsweise hohe Frequenz bei ZIMMERMANN und das Vorkommen in allen drei EMMERICH-Reportagen erlauben den Schluß, daß es sich hierbei um ein individuelles Stilmittel ZIMMERMANNs und EMMERICHs handelt.

Die Funktion des gleichzeitigen Futur, das ja in den vier Reportagen, die wir im 3. Kapitel analysiert haben, überhaupt nicht vorkommt, ist primär modal. Sie drückt eine "Möglichkeit, Wahrscheinlichkeit"[144], "eine vorsichtige Behauptung, Annahme, Vermutung"[145] aus. Zum einen steht das gleichzeitige Futur innerhalb der expliziten Kommunikation des Reporters mit seinen Hörern. Neben dem Potentialis-Charakter kommt hierbei noch ein gewisses Höflichkeits-Moment zum Tragen. So schwächt BREUCKMANN z.B. in

(470) sie werden vielleicht überrascht sein diesen namen zu hören

seine Unterstellung doppelt ab, einmal mit der Modalitätsangabe, zum andern mit dem Futur. Nicht selten steht aber das Futur allein und trägt damit ausschließlich den modalen Aspekt der Aussage, so z.B. in folgenden ZIMMERMANN-Äußerungen:

(471) kinder / ist das eine aufregung / ihnen an den lautsprechern wird es genauso gehen / wie den 30.000 schlachtenbummlern

(472) schuß (schreie) / abwehr von Turek (sprecher schreit) Turek du bist ein teufelskerl / Turek du bist ein fußballgott (beifall) // entschuldigen sie die begeisterung / die fußball-laien werden uns für verrückt erklären / aber bedenken sie es ist heute wirklich Deutschlands fußballtag[146]

Gleich sieben der acht GR 1-Belege stehen in vergleichbaren Äußerungen. Für ZIMMERMANN ist folglich das gleichzeitige Futur eine Variante, um innerhalb der direkten, aber vom Medium her einsträngigen Kommunikation den Sprech- bzw. Gedankenpart seiner "stummen" Zuhörer mit zu übernehmen. Gleich, ob er ein "sicherlich" hinzusetzt wie in einem Falle

(473) sie werden sicherlich mit heißem herzen dieses spiel mitverfolgen

oder ob er ebenso wie in Beleg 471 und 472 in allen anderen Fällen auf eine Modalitätsangabe verzichtet, immer unterstellt er, daß er über die Reaktionen, das Denken und Fühlen seines Publikums bestens Bescheid weiß. Seine gleichzeitigen Futura sind folglich keine Potentialis-Aussagen, sondern im Grunde verkappte Realis-Behauptungen. Sie könnten ebensogut im Indikativ Präsens stehen. Das gleichzeitige Futur fungiert bei ihm also als "Höflichkeits-Modus".

Bei den auf das Spiel direkt bezogenen Fällen besteht dagegen der durch Futur und Präsens ausgedrückte Gegensatz "Potentialis" versus "Realis":

(474) Beckenbauer // hat eine grandiose partie geliefert angeschlagen ist er er wird schmerzen haben aber die zeigt er überhaupt nicht mehr der kapitän

Die Wiedergabe der sichtbaren Realität im Präsens ("zeigt er überhaupt nicht"), die Vermutung im Futur ("wird schmerzen haben"). Hier handelt es sich also um eine bloße Annahme, eine vorsichtige Behauptung. Ganz ähnlich, nur die eigene Unsicherheit durch "in etwa" verstärkend, äußert sich BÖTTCHER:

(475) es wird der achte eckball in etwa sein

Im Gegensatz zu ZIMMERMANN verwendet EMMERICH nur einmal das gleichzeitige Futur in einer Hörer-Apostrophe. Die anderen sechs Fälle drücken entweder Vermutungen über das Denken und Fühlen der Spieler oder Zahlen-Schätzungen aus:

(476) im augenblick verkriecht sich die sonne hinter / einer wolke einmal das werden die spieler sicher dankbar hinnehmen

(477) das wird den / langen Hamburger sicherlich besonders erfreuen

(478) 420.000 mark wenn man netto nimmt werden es 120.000 für jede seite sein

Bei ZIMMERMANN und EMMERICH macht der Anteil des Futur an allen Gleichzeitigkeits-Referenzen knapp 0,8% bzw. 1% aus. Das sind zwar Anteilswerte, die den DR-Wert um das Dreifache übersteigen, dennoch liegen sie so niedrig, daß man dem gleichzeitigen Futur eine sehr bescheidene Rolle zubilligen muß. Dies hängt nicht nur damit zusammen, daß Hörer-Ansprachen und Vermutungen über Spieler-Gedanken und spielbezogene Sachverhalte nicht im Mittelpunkt der Reportage stehen, sondern eher Beiwerk der realen Spielfakten sind, sondern damit, daß das Futur nur eine unter mehreren anderen sprachlichen Möglichkeiten darstellt, die gleiche modale Aussage zu machen. So hätte KLOSE statt wie in Beleg 474 "er wird schmerzen haben" z.B. auch sagen hönnen

- "er dürfte Schmerzen haben"
- "er hat wohl/vermutlich/wahrscheinlich Schmerzen"
- "ich vermute/glaube, daß er Schmerzen hat".

In der Tat verwenden die Reporter weit häufiger diese Möglichkeiten. Das gleichzeitige Futur ist folglich in den Reportagen eine fakultative Variante, von der die Reporter nur äußerst selten Gebrauch machen.

Wie unsere Beispiele zeigen, tritt das gleichzeitige Futur ohne gegenwartsbezogene Zeitangaben auf. Dennoch muß man sich vor dem Schluß hüten, der Zeitbezug sei allein durch das Tempus garantiert. Es ist vielmehr so, daß die gleichzeitige Funktion des Futur vom erweiterten Kotext bzw. von der Sprechsituation abhängt. So ergibt sich der Gegenwartsbezug in den Belegen 470 bis 473 aus der Kommunikationssituation der direkten Hörer-Ansprache, die im konkreten Falle beider Belege eine rein nachzeitige Interpretation ausschließt. In den Belegen 474 bis 478 handelt es sich jeweils um Ergänzungen zu Fakten, die im Redemoment Gültigkeit haben. Nehmen wir 476 zum Beispiel: Würde es nicht "im augenblick verkriecht sich die sonne" heißen, sondern "Sollte sich die Sonne doch noch verkriechen", müßte das Futur "werden hinnehmen" natürlich nachzeitig interpretiert werden.

Vorzeitigkeit

Der einzige Fall, in dem das Futur auf ein vergangenes Geschehen referiert, ist narrativ zu erklären. Eine Viertelstunde vor Schluß des UEFA-Cup-Spiels Genf gegen Düsseldorf (TR 3) resümiert BREUCKMANN die Leistung der Genfer im Hinspiel in Düsseldorf und in den bereits abgelaufenen 75 Minuten dieses Rückspiels. Ausgangspunkt ist eine mißglückte Angriffsaktion der Genfer. Dann heißt es:

(479) ja es kommt keine linie / in das angriffsspiel / der Genfer akteure / von ihren stürmern (pfiffe) haben wir in Düsseldorf herzlich wenig gesehn und ich war wirklich gespannt / wie sich das heute abend / im heimischen stadion entwickeln wird / aber / die abwehr von Fortuna Düsseldorf war fast immer / herr der situation

Wie der präteritale Schlußsatz zusätzlich beweist, ist die sich aus dem Hinspiel ergebende Frage, nämlich leisten die Genfer Stürmer zu Hause mehr als auf dem Platz des Gegners, durch die bisher gespielten 75 Minuten, in denen die Düsseldorfer Mannschaft wenig Probleme mit dem Genfer Angriff hatte und sogar mit 1:0 führte, für BREUCKMANN bereits beantwortet. Die Futurform referiert folglich nicht auf die noch ausstehenden 15 Spiel-Minuten, sondern auf die abgelaufene Spielzeit. Der Bezugspunkt des Futur-Satzes ist deswegen auch nicht der Redemoment, sondern die Zeit vor dem Spiel, also vor "heute abend". Von diesem Bezugspunkt aus ist das Spiel in Genf natürlich nachzeitig. Wie bereits aus Skizze 6 hervorgeht (siehe dazu auch Anm. 31), verfügt aber das deutsche Tempussystem über kein Tempus, das "die Zukunft eines vergangenen Geschehens", also das in Skizze 20 dargestellte Verhältnis ausdrückt. Im Regelfalle füllen die Reporter diese System-Lücke entsprechend den inhaltlichen und syntaktischen Gegebenheiten mit den "Ersatzformen" 'würde' + Infinitiv Präsens, Präsens, Konjunktiv II (präterital) aus, wie z.B. die Belege 197, 312 bis 314 und 323 dokumentieren. Die Reporter verhalten sich also hierbei nicht anders als ihre Kollegen von der schreibenden Zunft und wie belletristische Erzähler. Wie PETKOV an literarischen Belegen nachgewiesen hat, wird "gelegentlich" auch das Futur gebraucht.[147] BREUCKMANNs Futur-Wahl - er hätte natürlich auch "ich war wirklich gespannt, wie sich das heute abend entwickelt" bzw. "entwickeln würde" sagen können - ist folglich als "Verwendung einer rein okkasionellen Variante" einzustufen.

4.2.5. Futur II

Unter 13.365 finiten Verben des DR-Korpus stehen drei Formen im Futur II, das sind 0,02 %. In den Nachberichten kommt dieses Tempus überhaupt nicht vor. Alle drei Formen stammen von einem Reporter, von EMMERICH. Es handelt sich also innerhalb des Korpus fraglos um ein individuelles Merkmal des Sprechers EMMERICH, das ihn von allen anderen Reportern unterscheidet. Andererseits darf man aber auch nicht übersehen, daß bezogen auf die insgesamt 1.512 finiten Verben in EMMERICHs Reportagen die drei Futura II ein äußerst unauffälliges Charakteristikum seines Personalstils darstellen (0,2 % aller Formen). Interessanterweise verwendet EMMERICH das Futur II in seinen beiden Funktionen.

<u>Vorzeitigkeit</u>

Die zwei Vergangenheits-Belege stehen in KR II,3. Der eine bezieht sich auf die Zeit vor dem Spiel, der andere auf Geschehen in der Halbzeitpause.

(480) Geiger war zur stelle und köpfte den ball / unter dem jubel der 30.000 Braunschweiger 2.000 <u>werden</u> / aus Hamburg <u>gekommen sein</u> / ins netz

(481) Kaltz jetzt weitaus (sprechchöre) offensiver / auch das <u>wird</u> ihm sein trainer in der halbzeit <u>gesagt haben</u> daß von der rechten seite mehr kommen muß

In beiden Fällen drückt das Futur II eine auf die Vergangenheit bezogene Vermutung des Sprechers aus. Es hat also dieselbe modale Funktion wie das gleichzeitige Futur I. Wie dieses durch die Kombination Präsens + Modalangabe oder 'dürfte' + Infinitiv Präsens ersetzt werden kann, so das Futur II durch Perfekt + Modalangabe oder 'dürfte' + Infinitiv Perfekt. In beiden Fällen könnte es also auch heißen:

- "2.000 sind wohl aus Hamburg gekommen" bzw. "dürften gekommen sein"
- "das hat ihm sein Trainer sicherlich in der Halbzeit gesagt" bzw. "dürfte gesagt haben".

Nachzeitigkeit

Das sogenannte Futurum exactum ist in unserem Korpus nur mit einem einzigen Beleg aus TR 7 vertreten:

(482) heute wird die deutsche mannschaft auf sichere 8:0 punkte kommen / und damit / die schritte / nach Spanien schon getan haben die notwendig sind

20 Minuten vor Spielende beim Stande von 3:0 für die deutsche Mannschaft nimmt EMMERICH die Folgerung aus dem als sicher angesehenen Sieg, nämlich die zwei "heute" hinzukommenden Punkte, vorweg ("wird kommen"). Voraussetzung hierfür und "damit" für das Erreichen der Endrunde in Spanien ist der Sieg über Finnland, der das Punktekonto auf "sichere 8:0 punkte" ansteigen läßt. Es erfolgt also von einem Punkt der Zukunft aus, der durch Futur I markiert ist, ein Rückgriff in die "Vor-Zukunft". Dieses Zeitverhältnis drückt EMMERICH hier mit dem Futur II aus.

Die narrative Problematik des Futur II

Die äußerst geringe Frequenz dieses Tempus in Fußballreportagen ist kein Spezifikum dieser Textsorte. GELHAUS hat unter den 156.039 Tempusformen seiner 24 geschriebenen Texte 2.510 Futur-I- und 44 Futur-II-Belege gefunden. Gemessen an der Gesamtzahl hat das Futur II lediglich einen Anteil von 0,03 %, was fast genau unserem 0,02 %-Wert entspricht. Nimmt man alle Futura zusammen, kommt das Futur I in unserem Direktreportage-Korpus auf 98,7 %, das Futur II auf 1,3 %. Bei GELHAUS lautet das Verhältnis 98,3 % gegenüber 1,7 %. "Das Futur II begegnet also im Vergleich mit dem Futur I äußerst selten."[148] In den 146 Texten gesprochener Standardsprache mit insgesamt 381.081 Wörtern, die DITTMANN untersucht hat, stehen neun Futura II. Setzt man ein ähnliches Verhältnis zwischen der Anzahl finiter Verben und der Gesamtwortzahl in DITTMANNs und unseren Texten voraus, ergibt sich für DITTMANNs Korpus ebenfalls ein Futur-II-Anteil an allen finiten Verben von etwa 0,02 %.[149] In BRONS-ALBERTs Telephongesprächen kommen 91 Futur-I-Formen, aber keine Futur-II-Form vor.[150] Daß in unserem Korpus nur einer von drei Fällen nachzeitig ist, entspricht ebenfalls tendenziell den Befunden bei GELHAUS (7 vs. 37) und DITTMANN (2 vs. 7).[151]

Die Tatsache, daß das Futur II generell, vor allem in primär zeitlicher Funktion so selten vorkommt, liegt kaum an "seiner schwerfälligen und umständlichen Form", wie KROEGER behauptet[152]. Denn die Passivformen des Futur I, Perfekt und Plusquamperfekt sind von der analytischen Bildungsweise her ebenso "umständlich" und "schwerfällig". Unter sprachökonomischem Aspekt ließe sich die überaus geringe Verwendung höchstens damit erklären, daß Futur II prinzipiell durch das "einfachere" Perfekt ersetzt werden kann. Aber sowohl in DITTMANNs als auch in unserem Korpus kommt das nachzeitige Perfekt nur jeweils achtmal vor. Dies spricht eindeutig für DITTMANNs Erklärung: das Futur sei so selten, weil die für dieses Tempus in Frage kommenden "Zeitreferenzakte" - und ich möchte ergänzen: die "scientischen Referenzakte" - "überhaupt sehr selten sind".[153]

Ein zusätzlicher Grund scheint mir in Erzähltexten die narrative Problematik des Futur II zu sein. Beim vergangenheitsbezogenen Futur II stellt sich nämlich folgendes Problem: Innerhalb einer Erzählung mit präteritalem Bezugspunkt müßte der zeitliche Bezugspunkt kurzfristig auf die Redemomentgegenwart verlagert werden. Dies macht aber doch nur Sinn, wenn der Narrator ein - im Vergleich zum präteritalen Bezugspunkt - anderes Wissen mitteilen kann bzw. preisgeben will, also statt einer Vermutung eine Aussage über Realität oder Irrealität der Res machen will bzw. machen kann. Denn weiß er im Redemoment über die betreffende Res nicht mehr als zuvor, kann er seinen zeitlichen und scientischen Vergangenheitsbezugspunkt beibehalten (siehe Skizze 20). Ein narrativ anderer Sachverhalt ist gegeben, wenn der Erzähler vergangenen Geschehens das Bezugssystem wechseln muß oder wenn er wie beim gleichzeitigen Erzählen die Redemomentgegenwart als Bezugspunkt hat. So folgt z.B. bei LENZ auf die erste, präterital erzählte Passage in Beleg 35 ein Satz mit eingeschobener Leserapostrophe:

(483) Beide Familien hießen, wie man vorauseilend sich gedacht haben wird, Feddersen.

Für dieses explizite Ansprechen des Lesers ist der Bezugspunktwechsel zwingend. Statt der Futur-II-Form hätte der LENZsche Narrator sich aber auch für das Perfekt in Verbindung mit einem modalen Adverbiale entscheiden können ("wie man vorauseilend sich wohl/vermutlich/sicherlich gedacht hat"). Diese Möglichkeit ziehen die Reporter von Direktreportagen vor, wenn sie - was selten genug geschieht - überhaupt Vermutungen über vergangene Sachverhalte anstellen; denn eher neigen sie dazu, den Anschein von All-, mindestens aber Vielwissenheit zu erwecken. Die Bevorzugung des Perfekt erklärt sich allerdings nicht aus sprachökonomischen, sondern aus semantischen Gründen. Denn bei der Bildung des Perfekt wird zwar gegenüber der des Futur II ein Wort eingespart, das aber durch die obligatorische Modalangabe ersetzt werden muß. Der sprachökonomische Effekt einer zeitsparenden Ausdrucksweise käme folglich nur bei "redundanten" Fällen (Futur II + Modalangabe) zum Tragen, nicht aber z.B. bei unseren Belegen 480 und 481. Entscheidend ist also das semantische Plus der Modalangabe. Denn wie beim modalen Gleichzeitigkeits-Futur, sagt auch hier die Futur-II-Form nichts über den Grad der Wahrscheinlichkeit aus. Nehmen wir ein konkretes Beispiel. In GR 2 heißt es nicht: "Und jetzt muß er nicht wütend werden der Münchner, obwohl der Zusammenprall weh getan haben wird", sondern KLOSE sagt:

(484) und jetzt muß er nicht wütend werden der Münchner obwohl der zusammenprall sicher weh getan hat

Beide Formulierungen weisen dieselbe Wort-, ja sogar Silbenzahl auf. Semantisch ist dagegen die KLOSE-Äußerung differenzierter, da der Reporter seine Vermutung als "sicher" einstuft und so verstanden wissen will. Die Futur-II-Formulierung würde dagegen offen lassen, ob er "sicher", "wahrscheinlich", "vermutlich" oder "vielleicht" intendiert hat.

Eine ähnliche Problematik wie beim vorzeitigen, modalen Futur II liegt beim nachzeitigen Futur II vor. Unter rein zeitreferentiellem Aspekt erfüllt das Futurum exactum innerhalb des präsentischen Redemoment-Systems eine vergleichbare Aufgabe wie das Plusquamperfekt. Beide Tempora beinhalten ein zweites zusätzliches Zeitverhältnis: Das Plusquamperfekt kennzeichnet die Zeit v o r dem Perfekt, das Futur II die Zeit v o r dem Futur I. Auch hier läßt sich das geringe Vorkommen narrativ erklären: Zunächst wird kotextuell (Futur I; Zeitangabe) auf einen Zukunftspunkt referiert, der als zeitlicher Bezugspunkt für die "Vorzukunft" dient. Die kotextuelle Realisierung des Bezugspunktes ist unabdingbar, um diese nachzeitige Futur-II-Funktion erkennen zu können.[154] Während aber beim Plusquamperfekt keine Diskrepanz zwischen zeitlichem und scientischem Bezug vorhanden ist (das Wissen des Narrators im Redemoment über die Vorvergangenheit entspricht in diesem Fall ja seinem Wissen zum Zeitpunkt der Perfekt-Vergangenheit), kommt es beim Futurum exactum zu einer Trennung zwischen zeitlichem und scientischem Bezugspunkt: Das "Wissen" um den Futur-II-Sachverhalt ist ja nicht von dem Bezugspunkt in der Zukunft, sondern vom Redemoment her gegeben. Es ist folglich - wie im Grunde jede Zukunfts-Aussage - trotz der Einkleidung in eine Realis-Form - potential, hypothetisch. Das Auseinanderklaffen von zeitlichem und scientischem Bezug veranschaulicht Skizze 26.

<u>SKIZZE 26:</u> Vorzukunft (Futurum exactum)

zeitlich

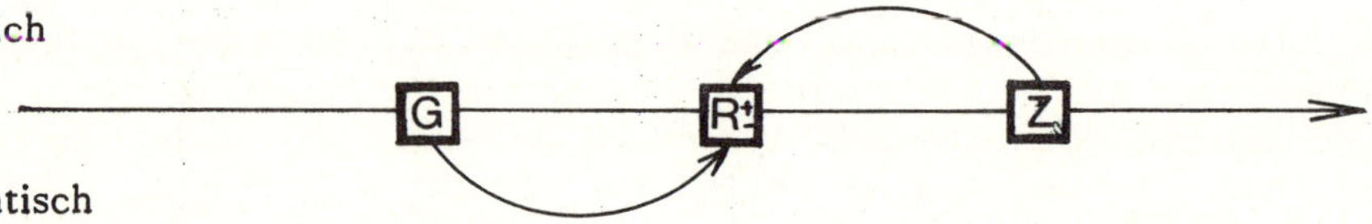

scientisch

G = Bezugspunkt Gegenwart
R = Referenzzeit
Z = Bezugspunkt Zukunft

± = es bleibt offen, ob die Res stattfindet

Daß hierbei statt des Futur II das Perfekt eingesetzt wird, z.B. auch von EMMERICH in KR II,3

(485) die jetzt eigentlich nur noch rund zwei minuten zu warten braucht dann hat sie ein riesenziel erreicht nämlich das halbfinale im deutschen fußballpokal

und nicht Futur II ("wird erreicht haben"), ändert zwar nichts an der doppelten Bezugspunktsetzung, bedeutet aber eine sprachliche Erleichterung und läßt sich mit der Funktion des Perfekts innerhalb des präsentischen Teilsystems erklären, die Vorzeitigkeit in Relation zum Bezugspunkt auszudrücken.

Eine ganz andere Sachlage als in den eben diskutierten Zukunftsfällen ist übrigens beim sogenannten "Zukunftsroman" gegeben. Hier imaginiert der Narrator eine Versetzung seiner realen Redemomentgegenwart auf einen in der Zukunft liegenden Zeitpunkt, von dem er sowohl unter zeitlichem wie scientischem Aspekt die Res als vergangen (obgleich realiter zukünftig) erzählt und sich so derselben temporalen Mittel wie der Narrator eines "Vergangenheitsromans" bedient.[155]

<u>SKIZZE 27:</u> Zukunftsroman

zeitlich

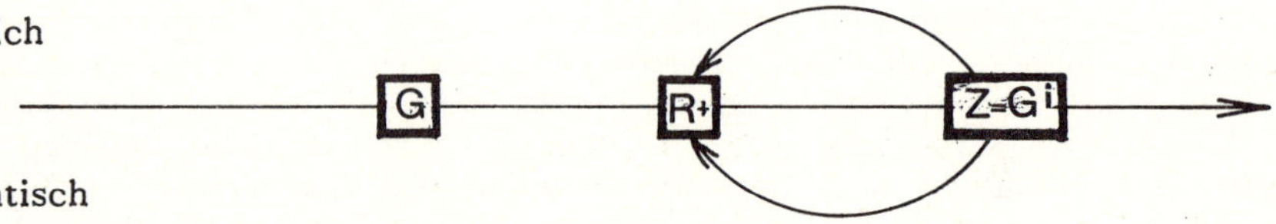

scientisch

G. = Bezugspunkt 'Gegenwart'
G^i = Bezugspunkt 'imaginierte Gegenwart'
R = Referenzzeit

\+ = die Res findet statt

Als Beispiel seien Anfang und Schluß von ORWELLs 1949 erschienenem Roman '1984' zitiert:

(486) Es war ein klarer, kalter Tag im April, und die Uhren schlugen gerade dreizehn, als Winston Smith, das Kinn an die Brust gepreßt, um dem rauhen Wind zu entgehen, rasch durch die Glastüren eines der Häuser des Victory-Blocks schlüpfte, wenn auch nicht rasch genug, als daß nicht zugleich mit ihm ein Wirbel griesigen Staubs eingedrungen wäre. [......
......] Es gab noch eine große Menge reiner Fachliteratur - unentbehrliche technische Handbücher und dergleichen, die in der gleichen Weise bearbeitet werden mußten. Hauptsächlich um Zeit zu den vorbereitenden Übersetzungsarbeiten zu gewinnen, wurde die endgültige Einführung der Neusprache auf einen so späten Zeitpunkt wie 2050 festgesetzt.

Die aufgezeigte Problematik des Futur II ist offenbar einer der Hauptgründe für seine Sonderstellung unter den anderen Tempora. Mit "Sonderstellung" ist hier nicht nur die geringe Vorkommenshäufigkeit gemeint, sondern auch folgendes Faktum: Wie an seiner Bildungsweise mit dem Perfekt-Infinitiv bereits erkennbar, bezeichnet das Futur II einen Zeitpunkt bzw. -abschnitt, der jeweils vor dem Zeitpunkt bzw. -abschnitt liegt, den das Futur I bezeichnet. Dies gilt im Bereich "Zukunft - Vorzukunft", aber auch in modaler Funktion für den Bereich "Gegenwart - Vergangenheit". Dieses Verhältnis beider Tempora zueinander ist vergleichbar dem von Präsens und Perfekt ("Gegenwart - Vergangenheit" bzw. "Zukunft - Vorzukunft"). Im Gegensatz aber zu allen anderen Tempora kommt das Futur II in seiner "eigentlichen" System-Position als "Vor-Zukunft" wesentlich weniger häufig vor als in seiner "verschobenen". Dies ist - wie wir am Präsens und Futur I gesehen haben und am Perfekt noch zeigen werden - sonst nie der Fall. Vor- und nachzeitiges Präsens machen nur 7% aller Präsentia aus, das modale gleichzeitige Futur I nur knapp 11% aller Futur-I-Formen. In neun von zehn Fällen referieren also Präsens (gleichzeitig) und Futur I (nachzeitig) "systemkonform". In diesen neun von zehn Fällen bedürfen beide Tempora keiner zusätzlichen Zeitmarkierung. Beim Futur II dagegen ist es nahezu umgekehrt: gerade die nachzeitige Funktion bedarf unabdingbar der kotextuellen Stütze. Berücksichtigt man diese Fakten, kann unter gegenwartsbezogenem, synchronem Aspekt bezweifelt werden, daß "die Grundbedeutung des 2. Futurs" - so MOSKALSKAJA - "der Ausdruck der Vorzeitigkeit in der Zukunft" ist[156]. Ebenso fragt es sich, was es unter diesen Umständen für einen Sinn macht, außer einem präsentischen und einem präteritalen Teilsystem für das Deutsche ein aus Futur I und II bestehendes "Bezugssystem der Zukunft" anzusetzen, wie es beispielsweise FOURQUET tut[157].

4.2.6. Perfekt

Vorzeitigkeit

Von 1.695 Perfektformen referieren in den Direktreportagen 1.685 vorzeitig. In den Nachberichten beziehen sich alle 23 Perfekta auf vergangenes Geschehen. Das sind 99,4% (DR) bzw. 100% (NB). Der Anteilswert des vorzeitigen Perfekt von rund 99,5% an allen Perfektformen entspricht fast genau den 99%, die HOFFMANN bei der Untersuchung ihres Korpus gesprochener Sprache festgestellt hat[158]. Das Perfekt ist also auch in Hörfunkreportagen ohne Zweifel "Vergangenheitstempus". Zusammen mit dem Präteritum drückt es 85% (DR) bzw. 88% (NB) aller Vorzeitigkeitsbezüge aus, wobei in DR knapp 40%, in NB lediglich 7,6% der Vergangenheitsreferenzen auf das Perfekt entfallen. Quantitätsmäßig ist das Perfekt also mit geringem Abstand gegenüber dem Präteritum in den Direktreportagen, mit großem Abstand in den Nachberichten das "zweite" Vergangenheitstempus.[159] Die Mehrzahl der Perfekta bezieht sich in DR auf Geschehen unmittelbar vor dem Redemoment (Zeitstufe 3: 57,9% aller Perfekta). Es folgen

die Rückgriffe ins Spiel (Zeitstufe 2: 28,3 %) und die Rückgriffe in die Zeit vor dem Spiel (Zeitstufe 1: 13,2 %). Da die Zeitstufen 2 und 3, bezogen auf alle Referenzen der Direktreportagen, ungefähr gleiche Anteile haben, bedeutet dies: das Perfekt wird bevorzugt in der Zeitstufe 3 eingesetzt.
Vergleicht man den Anteil der Perfekta an allen Referenzen der einzelnen Zeitstufen miteinander, so bestehen z.T. - wie Tabelle 79 zeigt - beträchtliche Differenzen zwischen den Zeitstufen und zwischen den drei DR-Typen.

TABELLE 79: Anteil des Perfekt an den vorzeitigen Zeitstufen

	Zeitstufen 1	2	3	1-3	Vorzeitigkeitsanteil
GR	42	44,5	57	52,8	25,7
TR	41,3	30	43,3	37,6	33,1
KR	40,9	21,1	49,6	31,3	37,4
DR	41,4	26,9	51	39,7	31,8

Alle Angaben in %.

Betrachten wir zunächst die beiden letzten Spalten. Hier läßt sich ein eindeutiger Trend ablesen: Steigt der Anteil der Vorzeitigkeit, nimmt der Anteil des Perfekt an der temporalen Kennzeichnung der Vorzeitigkeit ab. Die "Gesetzmäßigkeit" dieses Trends bestätigen die Nachberichte: Dort dominiert die Vorzeitigkeit mit einem 77 %-Anteil, das Perfekt ist aber nur mit 7,6 % an den Vergangenheitsbezügen beteiligt. Daß es sich hierbei nicht um zufällige "Ausgleichswerte" handelt, belegt die Gruppierung der Direktreportagen-Texte nach dem prozentualen Anteil, den das Perfekt an der Vorzeitigkeit einnimmt (siehe Tabelle 80).

TABELLE 80: Distribution der Reporter-Texte nach ihrem Perfekt-Anteil an der Vorzeitigkeit

	Anteil des Perfekt an der Vorzeitigkeit					
	10-20 %	21-30 %	31-40 %	41- 50%	51-60 %	61-70 %
GR			1	2	3	1
TR			5	2		
KR	5	11	4	2	2	1
DR	5	11	10	6	5	2

Ungefähr zwei Drittel aller Reportagen jedes DR-Typs sind um den jeweiligen Gesamtwert des Typs gruppiert: Fünf GR-Texte gehören den Gruppen 41-60% an, fünf Teilreportagen der Gruppe 31-40%, 15 KR-Texte den Gruppen 21-40%. Es zeigt sich also auch hier ganz deutlich eine Verschiebung zu einem geringeren Perfekt-Anteil von GR über TR zu KR. Aus den Perfekt-Anteilen an den einzelnen Zeitstufen in Tabelle 79 ist nun aber klar ersichtlich, daß dieser Trend nichts mit der Zeitstufe 1 zu tun hat. Denn hier kann nur von einem minimalen Rückgang des Perfekt-Anteils gesprochen werden. In der Zeitstufe 3 ergibt sich nur eine derartige Abstufung zwischen GR und den Ausschnittreportagen (TR und KR), aber nicht zwischen TR und KR. Offensichtlich erklärt sich der festgestellte Gesamttrend vor allem von der Zeitstufe 2 her. Einem höheren Zeitstufen-Anteil steht hier eindeutig ein niedrigerer Perfekt-Anteil gegenüber und umgekehrt. Also in GR 4,8% Zeitstufe 2 und 44,5% Perfekt, in TR 13,3% und 30%, in KR 23% und 21,1%. Mit anderen Worten: je häufiger und ausführlicher Rückgriffe in die zurückliegende Spiel-Vergangenheit vom Reportagetyp her notwendig sind, desto weniger wird das Perfekt zur Vorzeitigkeits-Markierung herangezogen.

Die höchsten Perfekt-Werte weisen in allen drei Zeitstufen die Ganzreportagen auf. Hier ist das Perfekt sowohl in den Zeitstufen 2 und 3 als auch im Gesamtbereich 'Vorzeitigkeit' das am häufigsten benutzte Vergangenheitstempus. In TR und KR nimmt das Perfekt diese erste Stelle nur bei den unmittelbar vorzeitigen Referenzen ein. Dagegen dominiert bei den mittelbaren Rückgriffen in die Spiel-Vergangenheit das Präteritum deutlich. In allen drei DR-Typen hat das Präteritum in der Zeitstufe 1 einen leichten Quantitäts-Vorsprung vor dem Perfekt (siehe hierzu die Präteritum-Tabelle 84).

Diese Unterschiede zwischen den drei Zeitstufen und zwischen den drei DR-Typen werden voll bestätigt, wenn man die Werte der einzelnen Reportagen heranzieht. In der Zeitstufe 1, die in sieben KR-Reportagen gar nicht vorkommt, enthalten 13 Reporter-Texte mehr Perfekta als Präterita, 16 Texte mehr Präterita als Perfekta, in zwei Texten sind beide Tempora gleich häufig vertreten. Für Referenzen der Zeitstufe 2 bevorzugen die GR-Sprecher in fünf Fällen das Perfekt, in zwei Fällen das Präteritum, die TR- und KR-Reporter dagegen in 28 Fällen das Präteritum und nur in einem Fall das Perfekt (in zwei Konferenzreportagen fehlen Rückgriffe dieser Art, in einer sind beide Tempora im Gleichgewicht). In der Zeitstufe 3 dominiert in GR und TR in je sechs Texten das Perfekt, in je einem das Präteritum. In KR lautet das Verhältnis zwar "nur" 15 zu 10 für das Perfekt, in sechs der zehn Reportagen mit "Präteritum-Dominanz" beträgt der Vorsprung des Präteritum allerdings lediglich ein bis drei Formen.

Bei diesen relativ eindeutigen Verhältnissen erübrigt sich im Grunde die Frage nach individualstilistischen Präferenzen. Machen wir dennoch wieder die Probe an den Reportern, die im DR-Korpus mit zwei oder mehr Reportagen vertreten sind. Tabelle 81 auf der folgenden Seite vergleicht an diesen Reporter-Texten, in welchen Zeitstufen das Perfekt häufiger als das Präteritum benutzt wird. Diese Fälle werden mit "+" gekennzeichnet. "-" bedeutet dementsprechend: mehr Präterita als Perfekta, "=": beide Tempora kommen gleich häufig vor, "0": auf die Zeitstufe wird keinmal referiert. Von der Norm des jeweiligen Reportagetyps abweichender Tempus-Gebrauch wird durch ein Ausrufezeichen (!) hervorgehoben. Die Normen der drei DR-Typen sind in den ersten drei Tabellen-Zeilen noch einmal herausgestellt. In der letzten Spalte stehen die prozentualen Werte des Anteils, den das Perfekt in den einzelnen Texten an allen vorzeitigen Referenzen hat.

Sieht man von der Zeitstufe 1 einmal ab - die ausgewählten Reporter-Texte repräsentieren mit zwölfmal Präteritum-Bevorzugung und achtmal Perfekt-Bevorzu-

TABELLE 81: Dominanz des Perfekt bzw. Präteritum

		Zeitstufen 1	2	3	Perfekt-Anteil an Vorzeitigkeit in %
Ganzreportagen	(GR)	-(+)	+	+	52,8
Teilreportagen	(TR)	-(+)	-	+	37,6
Konferenzreportagen	(KR)	-(+)	-	+	31,3
Breuckmann	GR 3	-	-!	+	45
	TR 3	+	-	+	38,6
	TR 5	-	-	+	43,9
	KR III,5	+	-	-!	41,3
Faßbender	GR 2	-	-!	-!	31,2
	GR 4	+	+	+	59
	TR 2	+	-	+	47,6
	KR I,5	=	-	+	34,9
Emmerich	Tr 7	-	-	-!	38,8
	KR I,3	-	-	-!	13,3
	KR II,3	-	-	+	21,8
Hauffe	GR 4	-	+	+	53,7
	TR 1	-	-	+	33,3
	KR I,9	-	-	+	28,6
Böttcher	TR 6	-	-	+	39
	KR II,5	+	-	-!	27,6
Hageleit	KR I,4	-	-	+	29,5
	KR III,6	+	-	+	30
Koch	KR I,1	+	-	-!	14,8
	KR II,2	0	-	+	33,3
Mönch	GR 3	-	+	+	54,7
	KR II,1	+	-	+	48,2

gung das Gesamtbild aller Direktreportagen -, verhalten sich die Reporter bei den mittelbaren und unmittelbaren Rückgriffen (Zeitstufe 2 und 3) in 36 Fällen normgerecht, lediglich in acht Fällen, also einem knappen Fünftel, weichen sie von der jeweiligen Norm ab, und zwar immer zuungunsten des Perfekt. In der Zeitstufe 2 kommen derartige "Verstöße" nur bei zwei GR-Sprechern vor, in der Zeitstufe 3 entfallen vier Abweichungen auf KR-Texte, je eine auf GR- und TR-Texte. Völlig den Typen-Normen entsprechen HAGELEIT, MÖNCH und HAUFFE, wobei HAUFFE in seinen drei Reportagen geradezu diese Normen repräsentiert. Aber auch vier der fünf restlichen Reporter stimmen in drei Viertel aller Fälle mit dieser Norm überein. Selbst EMMERICHs Perfekt-Gebrauch weicht nur in zwei von sechs Fällen ab. Immerhin fällt auf, daß bei ihm im Vergleich zu den anderen Reportern die Präteritum-Bevorzugung am eindeutigsten ist (in acht von neun Fällen). Doch auch hier wird man mit der Deutung "individueller Sprachstil" vorsichtig sein müssen, gehören doch vom Perfekt-Anteil her TR 7 mit 38,8 %, KR II,3 mit 21,8 % und KR I,3 mit 13,3 % den Prozentgruppen an, in denen die meisten TR- bzw. KR-Reportagen versammelt sind. Immerhin läßt sich konstatieren, daß EMMERICH insgesamt gesehen eher eine Präferenz für das Präteritum als für das Perfekt hat[159]. Das Beispiel FASSBENDER beweist einmal mehr, daß Daten eines einzigen Textes auf keinen Fall verallgemeinert werden dürfen. Ausgehend von dem 31,2 %-Perfekt-Anteil in GR 2, dem negativen Extremwert aller GR-Texte, und der Normabweichung in den Zeitstufen 2 und 3, läge es nahe, diesen Sonderfall unter den GR-Texten mit "Individualstil" zu erklären, etwa: FASSBENDER habe eine Scheu vor dem Perfekt, als einziger GR-Reporter bevorzuge er daher mit 56,7 % aller vorzeitigen Referenzen das Präteritum. Doch die anderen drei FASSBENDER-Texte, vor allem die demselben Typ angehörende GR 4-Reportage, würden sofort einen derartigen Erklärungsversuch ad absurdum führen: Sie alle entsprechen der Norm, enthalten sogar relativ hohe Perfekt-Anteile. In GR 4 sind die GR 2-Werte geradezu vertauscht: das Perfekt hat hier einen Vorzeitigkeits-Anteil von 59 %, das Präteritum nur von 34 %. FASSBENDERs TR 2 ist die einzige Teilreportage, in der mehr Perfekta als Präterita vorkommen. Ob die drei Reporter, die bei den Konferenzreportagen am stärksten von der Norm nach oben abweichen - HANSCH in KR III,2 (61,7 %), MALETZKO in KR I,6 (55,2 %) und THOMA in KR III,1 (51,3 %) -, eine persönliche Vorliebe für das Perfekt haben, läßt sich daher noch nicht einmal als Vermutung äußern.

Wiederholt haben mir dialektologisch arbeitende Kollegen geraten, bei der quantitativen Perfekt-Präteritum-Distribution den berühmten "oberdeutschen Präteritum-Schwund" zu bedenken, bzw. mich gefragt, ob dieser auch bei meinen Fußballreportagen eine Rolle spiele. Nach dem bisher bereits Ausgeführten muß diese Frage mit einem klaren Nein beantwortet werden. Die Tempus-Distribution innerhalb unseres Korpus gibt hierfür keinen Anhaltspunkt. Sie richtet sich nach standardsprachlichen, nicht nach regionalen Normen. Zumindest läßt sich bei den Reportern des Bayerischen Rundfunks kein Nachweis erbringen, daß sie das Perfekt dem Präteritum vorziehen. Eher im Gegenteil: KLOSEs GR 2-Text mit 49,4 % Perfekt-Anteil an den vorzeitigen Referenzen, KOCHs KR I,1 (14,8 %), RUBENBAUERs KR III,2 (knapp 10 %) und STANJEKs KR I,8 (25 %) liegen jeweils unter dem Durchschnitt ihres jeweiligen Reportagetyps. Lediglich KOCHs KR II,1 mit 33,3 % Perfekt-Anteil an der Vorzeitigkeit liegt etwas darüber. In RUBENBAUERs Nachberichten sieht die Situation ähnlich aus: 89 Präterita stehen sechs Perfekta gegenüber, das sind gerade 6,7 % aller Vergangenheits-Referenzen, also etwas weniger als der NB-Gesamtwert von 7,6 %.

Zusammenfassend läßt sich sagen:

1. Die Perfekt-Frequenz ist weder abhängig von individualstilistischen Präferenzen noch gar von regionalen Gebrauchsnormen.

2. Die Perfekt-Frequenz ist vielmehr abhängig von den zeitstrukturellen Gegebenheiten der einzelnen Reportagegattungen und -typen. D.h. zugleich: die unterschiedlichen Typen-Normen und die Abweichungen von ihnen sind in erster Linie pragmatisch und funktional erklärbar.

Einen ersten gewichtigen Hinweis auf die F u n k t i o n des Perfekt in den Reportagen gibt die Beobachtung, daß Reihungen von Perfektformen die absolute Ausnahme sind, daß im Regelfalle drei Viertel aller Perfekta "alleine" stehen. Wie der Typen-Vergleich zeigt, hat dies nichts mit niedrigem oder hohem Vorzeitigkeits-Anteil zu tun. In Tabelle 82 haben wir exemplarisch für die drei DR-Typen GR 2, TR 1, TR 4 und die 1. Konferenzsendung daraufhin untersucht, wie häufig Perfekt- und Präteritum-Formen einzeln, zu zweit und in einer Folge von drei und mehr Verwendungen auftreten. In GR 2 machen die Vergangenheitsbezüge 24,1 % aller Referenzen aus, in TR 1 33 %, in TR 4 30,1 %, in KR I 36,1 %.

TABELLE 82: Isoliertes und gruppenmäßiges Auftreten von Perfekt- und Präteritumformen

	GR 2		TR 1		TR 4		KR I	
	Perf.	Prät.	Perf.	Prät.	Perf.	Prät.	Perf.	Prät.
1 Form	65	46,3	84	48,2	90,1	30,1	73,8	23,5
2 Formen	31,6	32,9	16	25	9,9	23,3	22,1	19,3
3 u. mehr Formen	3,4	20,8	-	26,8	-	46,6	4,1	57,2

Tabelle 82 zeigt trotz ihres exemplarischen Charakters deutlich:

1. Während 65 % bis 90 % aller Perfekta einzeln vorkommen, d.h. von anderen Tempora umgeben sind, steht nur ein Viertel bis knapp die Hälfte aller Präterita isoliert. Überwiegend treten Perfektformen nicht in Kombination mit anderen Perfektformen auf, während sich die Präterita zu 52 % bis 77 % mit anderen Präterita zu Gruppen zusammenschließen.
2. Die Aneinanderreihung von drei und mehr Perfekta geschieht noch nicht einmal bei 5 % aller Perfektformen. Dagegen steigt der Anteil der Präterita, die derartige Gruppen bilden, stark an, wenn der Vorzeitigkeits-Anteil insgesamt zunimmt. Dies ist weniger deutlich an TR 1, dagegen besonders auffällig an den anderen zwei Reportagen und der KR-Sendung abzulesen.
3. Schlüsselt man die Gruppe "drei und mehr Formen" auf, so zeigt sich bei den Perfekta: Die Dreierkombination gibt es in TR 1 und 4 überhaupt nicht; in GR 2 und KR I stehen alle Fälle dieser Gruppe nur in Dreierkombination, d.h. es gibt in allen 14 Reportagen keine einzige Textpassage, in der vier oder mehr Perfekta hintereinander auftreten. In absoluten Zahlen ausgedrückt: ganze zwölf von insgesamt 475 Perfektformen, das sind 2,5 %, stehen in einem derartigen Dreierverbund. Dagegen sind es bei den Präterita in GR 2 und TR 1 rund 17 %, in TR 4 gut ein Viertel, in KR I sogar 42 %, die sich zu Gruppen von vier und mehr Präterita zusammenschließen (insgesamt: 194 von 634 = 30,1 %). Nimmt man die Dreierkombination hinzu, stehen in den ausgewählten

14 Reportagen zwölf Perfekta 275 Präterita in derartiger Reihenbildung gegenüber, das sind 2,5 % der Perfekta vs. 43,4 % der Präterita.

Sprachästhetisch bedeutet dieser Befund: Die Sportreporter vermeiden - wenn sie damit nicht wie im Eingang von NB 1 eine rhetorisch-funktionale Absicht verbinden - die stereotyp klingende "hat/haben"-Wiederholung. Selbst bei den vier Fällen der exemplarisch untersuchten Reportagen, in denen drei Perfektformen gereiht werden, kommt es zu keiner Häufung gleichlautender Personalformen. In drei Fällen wird die Möglichkeit genutzt, die Personalform nur einmal zu setzen, z.B.

(487) und uns // die wir mitgebangt / mitgezittert / und uns mit-/gefreut haben uns bleibt jetzt nur noch // uns mit den deutschen spielern / genauso zu freuen / wie sie es dort unten / auf dem rasen tun

Im vierten Fall folgen zwei "hat"-Perfekta einem "ist"-Perfekt, wobei diese Dreierkombination eine inhaltliche Zäsur enthält (siehe auch Beleg 558):

(488) aber dazwischengegangen ist Hansi Müller / der aufsteiger hat hier zu spät das sturmspiel angekurbelt / hat sich zu / lange überlegt sollen wir auf ein unentschieden spielen

In einigen Fällen doppelter Perfekt-Setzung unterstützt die Wiederholung der Personalform rhetorisch wirksam die inhaltliche Aussage, z.B. einen Kontrast oder eine Hervorhebung:

(489) hat er nun gepfiffen oder hat er nicht gepfiffen

(490) und dazu gehört eine gehörige position mut / aber dieser englische referee aus dem mutterland des fußball / hat sie gehabt diese position / hat die richtige entscheidung getroffen so bitter das für die deutsche mannschaft und die millionen die uns zuhören nun sein mag

Die aufgezeigte Distribution der Perfektformen unter kotextuellem Aspekt läßt von vornherein für die Funktionen dieses Tempus folgende Schlüsse zu:

1. Das Perfekt wird nicht verwandt, wenn Vergangenheits-Geschehen ausführlicher dargestellt werden soll. Diese Rolle übernimmt vornehmlich das Präteritum, in Einzelfällen die szenische Variante des Präsens historicum.
2. Aufgabe des Perfekts kann es daher nur sein, erstens kurze Geschehens-Nachträge als vorzeitig zu markieren, um Verwechslungen mit dem präsentischen Gleichzeitigkeits-Geschehen zu vermeiden, und zweitens innerhalb längerer Rückgriffe besondere, vom epischen Präteritum abgesetzte Funktionen zu erfüllen.

In Punkt 1 verhalten sich folglich die Sportreporter beim Tempusgebrauch nicht anders als Schriftsteller, die ja ebenfalls nur ausnahmsweise längere Passagen im Perfekt erzählen, wie es z.B. SIEGFRIED LENZ im Eingangskapitel der 'Deutschstunde' tut:

(491) Sie haben mir eine Strafarbeit gegeben. Joswig selbst hat mich in mein festes Zimmer gebracht, hat die Gitter vor dem Fenster beklopft, den Strohsack massiert, hat sodann, unser Lieblingswärter, meinen metallenen Schrank durchforscht und mein altes Versteck hinter dem Spiegel. Schweigend, schweigend und gekränkt hat er weiterhin den Tisch inspiziert und den mit Kerben bedeckten Hocker, hat dem Ausguß sein Interesse gewidmet, hat sogar, mit forderndem Knöchel, dem Fensterbrett ein paar pochende Fragen gestellt, [....]

Oder - um ein weiteres Beispiel zu nennen - JOHANNES MARIO SIMMEL, der in der letzten Aufzeichnung seines Ich-Erzählers in 'Die Antwort kennt nur der

Wind' die Vorzeitigkeit überwiegend im Perfekt wiedergibt. Hier als Beispiel eine derartige Perfekt-Passage:

(492) Während der Pfarrer so gebetet hat, habe ich zum Meer hinausgesehen, über dem dunkle Wolken gehangen haben. Zwischen den Wolken und dem Meer hat ein dichter Schleier von Regel geweht. Dann endlich haben die Totengräber den Sarg an den Seilen in die Grube hinabgelassen, und der Pfarrer hat mir die Hand gegeben und etwas gesagt, das ich nicht verstanden habe, und danach hat er mir eine kleine Schaufel gereicht, und ich habe mich gebückt und etwas nasse Erde aufgenommen und sie in die Tiefe geworfen, auf Angelas Sarg. Die Schaufel ist danach von Hand zu Hand weitergewandert bei denen, die zu diesem Begräbnis gekommen sind. Sie alle haben Erde auf den Sarg geworfen, viele auch Blumen.[161]

Die in Punkt 2 hervorgehobenen Funktionen haben wir bereits bei der Analyse der Teilreportage "Borussia Mönchengladbach gegen Manchester City" belegt. Die dort aufgezeigte Hauptfunktion, nämlich einen kurzen Geschehens-Nachtrag in die Schilderung gleichzeitig ablaufenden Geschehens einzuschieben, ist auch innerhalb des gesamten DR-Korpus die wichtigste und - wie die hohen Quantitäts-Anteile in der Zeitstufe 3 beweisen - am häufigsten auftretende Perfekt-Funktion. Ca. 45 % aller Perfekta erfüllen in den Direktreportagen diese Aufgabe.

Bei den Bezügen auf die unmittelbare Vergangenheit lassen sich zwei prinzipielle Fälle unterscheiden:

1. Der "normale" Nachtrag, das ist die Aufgabe der Geschehens-Sukzession beim Sprechen, die Umstellung zeitlich aufeinanderfolgender, kausal verketteter Handlungsdetails. Also: die Geschehensfolge a b c wird aus Gründen der Sprecher-Intention oder pragmatisch bedingter Zwänge sprachlich in der Reihenfolge b a c wiedergegeben; a muß dabei temporal oder kotextuell als vorzeitig markiert werden. Als "normal" kann man diese Form des Nachtrags bezeichnen, da es sich hierbei um eine generelle sprachliche Möglichkeit handelt, die nicht von einer speziellen Sprechsituation abhängig ist.
2. Der "hyperkorrekte" Nachtrag, das ist die Markierung der Vorzeitigkeit, ohne daß eine Umstellung der Geschehens-Sukzession vorgenommen wird. Während der Sprecher noch bei der sprachlichen Wiedergabe von a ist, findet bereits b statt; b wird nach Abschluß der Wiedergabe von a als bereits vergangen markiert: "Hyperkorrekt" - wie wir an anderer Stelle bereits ausführten (siehe S. 51) - ist diese Vorzeitigkeits-Markierung von b insofern, da eine Wiedergabe von b als gleichzeitig wegen der kausalen Geschehensfolge dem Hörer weder als "unkorrekt" auffallen noch ihn in irgendeiner Weise desorientieren würde. Es handelt sich hierbei also um einen sprachlichen Sonderfall, der nur in Sprechsituationen auftreten kann, die wie die Direktreportage auf der Simultaneität von Geschehen und Geschehenswiedergabe basieren.

Zunächst der "normale Nachtrag": Syntaktisch kann die Wiedergabe von a in die Wiedergabe von b integriert sein, d.h. a wird dem Satz, der b beinhaltet, untergeordnet. Diese Unterordnung erfolgt im Regelfall als Nachstellung, relativ selten als Einschub: also b, a oder b 1, a, b 2.

(493) zuspiel zum rechten flügel / zu Czibor / bringt nichts ein / bringt nur einen ausball ein [b] nachdem Kohlmeyer den ball fünf meter von der eckfahne entfernt allerdings in der eigenen hälfte ins aus geschlagen hat [a]

(494) Rep ist am ball / der ist kurz vor der eckfahne / ou geht sehr schön an Schwarzenbeck [b 1] den er getäuscht hat [a] (schnell) vorbei [b 2] ist schon im strafraum [c]

Neben der Hypotaxe wird - wenn auch nicht sehr häufig - die Parataxe benutzt. Der Geschehens-Nachtrag erfolgt hierbei in Form eines Hauptsatzes, also b. a. c.

(495) sonderapplaus für den mittelläufer der deutschen elf [b] denn er hat einen gefährlichen schuß von Puskas im entstehen abge / na / abgetötet [a]

Der Nachtrag kann aber auch zwei Aktionen umfassen. Hier ein Beispiel des parataktischen Typs c.a/b:

(495) auf ihn kommt der ball nicht [c] / denn Nogly ist höher gesprungen [a] / hat abgewehrt [b]

Die Funktion des "normalen Nachtrags" ist es - wie alle Belege unabhängig von ihrer syntaktischen Gestaltung zeigen -, das simultan wiedergegebene Geschehen durch Hinzufügung einer unmittelbar vorausgegangenen Aktion zu ergänzen, verständlicher zu machen, zu begründen. Inhaltlich liegt allen diesen Nachträgen die enge kausale Verknüpfung von Geschehensdetails zugrunde. Rund 7% aller vorzeitigen Perfekta gehören dieser Funktionsgruppe an.

Weit häufiger, nämlich gut viermal so oft (ca. 30%), kommt der "hyperkorrekte", die Geschehens-Sukzession beibehaltende Nachtrag vor. Daß das Geschehen der simultan erfolgenden sprachlichen Wiedergabe "davonläuft", kann vom Reporter "selbstverschuldet" sein, z.B. wenn er es für wichtig hält, eine Zusatzinformation zu geben oder eine Wertung einzustreuen:

(497) Ocano / <u>der mann mit dem größten laufpensum bei den Argentiniern</u> (pfiff) / er <u>hat</u> jetzt <u>gefoult</u>

An dem hörbaren Schiedsrichterpfiff wird hier ganz deutlich, daß das Foul stattfindet, während SPRENTZEL die läuferische Gesamtleistung Ocanos würdigt.

(498) die Düsseldorfer wieder stärker im bilde / mit Wolfgang Seel / dem linksaußen diesmal auf der rechten seite vorbei (schneller) an Neuberger / im 16-meter-raum / aber Trinklein / <u>der manchmal etwas langsam und eckig wirkt</u> / <u>hat</u> die situation <u>bereinigt</u> (zuschauer klatschen) freilich den ball nicht weit genug <u>befördert</u> / denn Lund / erläuft sich das leder

Hier zeigt sich ebenfalls in aller Deutlichkeit, daß FASSBENDER bewußt die simultane Geschehenswiedergabe durchbricht. Sinnvollerweise schiebt er die Spieler-Charakterisierung in dem Augenblick ein, als die Torgefahr gebannt ist, was bereits durch das Adversativum "aber" und die Nennung eines Spielers der verteidigenden Mannschaft dem kompetenten Hörer klar ist. Derartige "selbstverschuldete" Nachträge machen aber nur etwa 6% der vorzeitigen Perfekta aus. In der überwiegenden Mehrzahl der Fälle, nämlich in ca. 24%, ist offensichtlich das Geschehen schneller als die simultane Verbalisierung, so daß der Reporter gezwungenermaßen "nachhinkt":

(499) der ball kommt zum linken flügel der Ungarn / Puskas <u>hat</u> ihn <u>verfehlt</u> / Rahn <u>hat</u> ihn sich <u>geholt</u> / Rahn zu Ottmar Walter / Ottmar Walter überlegt / gibt dann zu Rahn

Die beiden letzten Belege zeigen zugleich, daß die kurzfristige Verschiebung des simultanen Verhältnisses von Geschehen und Wiedergabe bei einer Aktion den Nachtrag einer zweiten, sich zeitlich anschließenden Aktion zur Folge haben kann: Während der Reporter das "Bereinigen" bzw. "Verfehlen" nachträgt, geschieht bereits das "Nicht-weit-genug-Befördern" bzw. das "Holen" des Balles (siehe auch Beleg 358 und 359). Die Kettenreaktion sich gegenseitig bedingender Nachträge wird in Beleg 498 dadurch verhindert, daß offenbar das "Erlaufen" des Balles einige Sekunden dauert, das Sprechen das Geschehen also wieder einholt, in Beleg 499 durch sprachliche Verkürzung, nämlich die tempuslose Setzung "Rahn zu Ottmar Walter" (vgl. 3.1.4.).

Als Mischung beider Nachtragsarten können die Fälle angesehen werden, in denen der Reporter der Ausführung einer Aktion die Absicht oder Möglichkeit, die gerade ein Spieler hat, bzw. seinen eigenen Reporter-Ratschlag oder -Wunsch voranstellt oder eine Frage an das Geschehen stellt (siehe auch Beleg 153, 162, 163):

(500) der will verlängern zu Rahn / das ist nicht gelungen

(501) und jetzt müßte ein kopfball kommen / ist gekommen

(502) und was passiert / Posipal hat gestoppt / souverän gestoppt

Es handelt sich hierbei also um die vergangenheitsbezogene Variante der präsentischen "Ausführungs-"Antwort vom Typ "könnte/will schießen, schießt" bzw. "kommt er vorbei? ja, er schafft es" (siehe Beleg 154, 155, 451, 452). Diese Perfekt-Gruppe ist relativ klein und umfaßt etwa 2% aller vorzeitigen Perfekta.

In einigen wenigen Fällen gibt die Tempusfolge Präsens, 1. Perfekt, 2. Perfekt die Geschehensfolge a c b wieder:

(503) Fischer erreicht den ball [a] / hat ihn aber verloren [c] weil Kaltz aufgepaßt hat [b]

Das zweite Perfekt hat hier nicht wie in allen vorausgegangenen Belegen die zeitliche Funktion, Vorzeitigkeit vom Redemoment aus zu markieren, sondern eine zweite Vergangenheitsstufe, die "Vor-Vergangenheit". Das Perfekt "ersetzt" hier das Plusquamperfekt, das ja - wie die Belege 184 bis 186 aus TR 1 zeigen - auch innerhalb des präsentischen Teilsystems die zweite Vorzeitigkeitsstufe ausdrückt. Als Tempus der Vorvergangenheit fungiert das Perfekt ebenfalls in der Verbindung mit dem szenischen Präsens historicum. Die Kombination Präsens/Perfekt tritt hierbei an die Stelle der usuellen Kombination Präteritum/Plusquamperfekt:

(504) der 1. FC Köln (zuschauer lauter, reporter laut und schnell) ist im strafraum / und jetzt // (pfiffe) hättes ja vielleicht auch 'mal ein (!) elfmeter geben können / wenn / der referee / aus Irland schon so großzügig ist / als in diesem augenblick Dieter Müller wieder zu fall kommt // nachdem er zuvor / von einem ellbogen / eines gegenspielers berührt worden ist

Von der inhaltlichen Funktion her handelt es sich bei dieser Vorvergangenheits-Verwendung ebenfalls um kurze Geschehens-Nachträge.

Eine besondere narrative Funktion erfüllt das Perfekt bei Exkursen, die der Reporter in seinen aktuellen Spielbericht einfügt. Zugunsten anderer, für wichtig erachteter Informationen oder zur Wiederholung einer spannenden Szene "in Zeitlupe" unterbricht er die simultane Geschehenswiedergabe. Nach Beendigung des Exkurses stellt sich das narrative Problem der Rückkehr zum Redemoment-Geschehen. Dieser Übergang kann abrupt erfolgen, indem der Reporter z.B. mit dem "jetzt"-Signal direkt in das laufende Geschehen "springt". So beendet EMMERICH in KR I,3 die Zusammenfassung des bisherigen Spielverlaufs, die er zu Beginn seiner Einblendung gibt, folgendermaßen:

(505) solche tage wird es immer wieder geben / einer mannschaft gelingt einfach alles / wie dem kleinen / Alan Simonsen / der mit seinen drei toren / in der ersten halbzeit / den grundstein zum Mönchengladbacher erfolg hier legte /

Unmittelbar wendet er sich dann dem aktuellen Geschehen auf dem Spielfeld zu:

(506) jetzt aber Braunschweig mit einem freistoß

Ebenso macht es KOTTKAMP in Beleg 455. Der zeitliche und inhaltliche Kontrast kann aber auch abgemildert werden. Ein mehr gleitender Übergang bietet sich besonders dann an, wenn eine Geschehensfolge bereits begonnen hat, ein Nachtrag des Geschehens, das sich während des Exkurses ereignet hat, folglich auch inhaltlich sinnvoll ist. Dies ist vor allem bei Exkursen der Fall, die in der Zeit von Spielunterbrechungen gegeben werden und meistens noch nicht abgeschlossen sind, wenn das Spiel wieder aufgenommen wird. Hier besteht ein Bedürfnis des Hörers, über die Ausführung der Ecke oder des Freistoßes informiert zu werden. Das Perfekt bietet hierfür eine ideale Möglichkeit: Es markiert die Vorzeitigkeit und führt zugleich als Vergangenheitstempus des präsentischen Teilsystems zurück zum Redemoment. Während einer "Toraus"-Unterbrechung geht der Reporter auf die bisherigen Leistungen des Torwarts ein:

(507) unhaltbar das tor von Hrubesch drei vier weitere fast unhaltbare schüsse / wurden von ihm gemeistert / von Müller / von Schuster / insbesondere / und nun hat er den ball wieder auf Ceulemans geschlagen

Aber auch bei präsentischen Einschüben, seien sie wertend-zusammenfassend oder auf die Hörer bezogen, signalisiert das Perfekt die Rückkehr zum aktuellen Geschehen auf dem Spiefeld:

(508) die ecke kommt vor das tor (hektisch) / geköpft / am tor vorbei (zuschauerraunen) / aber wenn der / Kocsis köpft / also dann ist es so doll (zuschauerjubel) / der mann hat eine sprungkraft die muß man neidlos anerkennen / Kocsis ist wirklich der regisseur des angriffspiels der Ungarn / während Puskas doch noch ein bißchen angeschlagen scheint durch seine verletzung / nun ist das abspiel / vom deutschen tor zur deutschen sturmseite rechts gekommen / dort ins aus gerutscht

(509) es gibt einen freistoß / für die Schweizer // (zuschauer lauter) und hören sie sich einmal an wie das publikum jetzt reagiert / auswechselspieler Seramondi hat den ball in den strafraum geschlagen

In allen diesen Fällen bildet das Perfekt das Scharnier zwischen dem Exkurs und dem Spiefeld-Geschehen im Redemoment. Rund 9% aller vorzeitigen Perfekta setzen die Reporter für derartige Kurznachträge mit Überleitungsfunktion ein. Hierbei kann übrigens das Präteritum nicht das Perfekt ersetzen. Der Signalcharakter "Rückkehr zum Redemomentgeschehen" ginge völlig verloren, der Hörer wäre desorientiert. Man mache die Probe, z.B. bei Beleg 508: "nun kam das abspiel zur deutschen sturmseite" oder 509: "Seramondi schlug den ball in den strafraum".

Scharnier-Funktion übt das Perfekt aber auch dann aus, wenn es eine Zeitlupenwiederholung bzw. einen Rückgriff in die weiter zurückliegende Spielzeit ein- oder ausleitet, wozu gut 5% aller vorzeitigen Perfektformen eingesetzt werden. Im Gegensatz zu der zuvor behandelten Scharnier-Gruppe gehören diese Aus- und Einleitungen inhaltlich zum Exkurs (siehe auch Beleg 142, 143, 145):

(510) eindeutige abseitsstellung von major Puskas (ruhig) / großartig seine aktion / großartig auch die vorarbeit von Kocsis / der mit kopfball / zu seinem clubkameraden verlängerte / dann schoß Puskas / flach / aber er stand eindeutig abseits / und Griffith aus Wales / der linienrichter auf unserer seite / hatte / die fahne hoch und Ling hat prompt reagiert

(511) vor einigen minuten haben sie ein handballtor erzielt das natürlich nicht anerkannt werden konnte / aber das war auch so ein konter als sie ganz urplötzlich im strafraum auftauchten Schade / zwei drei Hofer versetzte ihnen einfach davonlief

Beleg 143 ist übrigens ein Beispiel für die Umrahmung eines Rückgriffs durch ein einleitendes und abschließendes Perfekt. Andere sprachliche Möglichkeiten, die ungefähr ebenso oft wie das Perfekt benutzt werden, sind in der Einleitung die Setzung, am Ende - wie wir bei der Behandlung des Präsens historicum gesehen haben - das konstatierende, registrierende Präsens. Trotz gleicher zeitlicher und narrativer Funktion steht also diese Scharnier-Gruppe, wie die Ersatzmöglichkeit "konstatierendes Präsens" beweist, im deutlichen inhaltlichen Gegensatz zur Gruppe der Scharniere, die mit kurzen Nachträgen das Redemomentgeschehen komplettieren. In Beleg 510 beinhaltet das abschließende, in Beleg 511 das einleitende Perfekt das Ergebnis, das Resultat, den Abschluß einer Geschehenskette. Die Perfekt-Einleitung hat gleichsam den Charakter einer Überschrift - vergleichbar dem perfektischen Einleitungssatz in Nachrichten[162] -, bevor die Details im Präteritum folgen.

Diese inhaltliche Funktion, nämlich Feststellungen zu treffen und knappe resultative Resümees zu geben, ist neben dem Kurznachtrag aktuellen Geschehens die Hauptaufgabe des Perfekts in den Direktreportagen. Läßt man die zweite Scharnier-Gruppe außer acht, erfüllen rund 27 % aller vorzeitigen Perfekta diese Funktion. Derartige Referenzen kommen in allen Vergangenheits-Zeitstufen vor, sie können dabei ein punktuelles Geschehen oder eine Zusammenfassung beinhalten. Hierfür einige Beispiele:

(512) Ungarn das seit viereinhalb jahren kein länderspiel mehr verloren hat

(513) denn er / hat vor jahrzehnten / diese weltmeisterschaft ins leben gerufen

(514) die Hofer Bayern / die hier natürlich gewinnen wollen / die erst einmal zu hause verloren haben

(515) es sind wenige zuschauer gekommen

(516) mittlerweile hat die mannschaft 12:2 ecken herausgeholt

(517) Cullmann hat sein zweites tor und damit das dritte für den 1. FC Köln geschossen

(518) sie hat ausgewechselt / Stolzenburg / der mehr oder minder blaß blieb / dafür ist Ronny Worm gekommen

Wie die Beispiele zeigen, handelt es sich ausschließlich um "statistische" Fakten, d.h. um Tatsachen, die auch in ein Spiel-Stenogramm oder in eine Übersicht der Fußball-Historie aufgenommen und statistisch aufbereitet werden könnten. Auf den ersten Blick verwundert es daher, daß die Reporter dieses konstatierende Perfekt auch dann benutzen, wenn sie in Kurzeinschüben Akteure und Spielverlauf bewerten, was in gut 20 % aller Perfekt-Fälle geschieht:

(519) ein überraschender stand für den objektiven betrachter / aber die Bürstädter haben sich das auch am anfang verdient

(520) der KSV Baunatal der ja hier einen sehr guten eindruck hinterlassen hat

(521) der schiedsrichter / der schon so einige kuriose entscheidungen heute abend / gefällt hat

(522) Hansi Müller / bis auf die vorlage zum 2:0 hat man im zweiten abschnitt sehr wenig von ihm gesehen

(523) Franz / der heute die aufgabe hatte / den außenstürmer Elia zu bewachen was ihm wirklich hervorragend gelungen ist

(524) das spiel scheint gelaufen / die Deutschen haben / ihre pflicht getan viel mehr zweifellos nicht

Berücksichtigt man den pragmatischen Rahmen dieser isolierten Belege nicht, müßte man folgern: Da das Perfekt sowohl zur Konstatierung als auch zur Bewertung von Fakten verwendet wird, erfüllt es entweder die konträre Doppelfunktion, Objektivität und Subjektivität zu signalisieren, oder - was näher läge -

keine dieser beiden Funktionen.

Gegen derartige Folgerungen sprechen folgende Gründe:

1. Die Belege 519 bis 524 heben sich alle durch ihren resümierenden Grundtenor von ihrer kotextuellen, meistens aktuellen Spieldetails gewidmeten Umgebung ab.
2. Wenn auch am Stammtisch Fußballfans über nichts so sehr streiten wie über die Leistung eines Spielers oder des Schiedsrichters, in der überwiegenden Mehrzahl der Fälle sind die Bewertungen der Reporter zugleich Aussagen über objektive Gegebenheiten. Es geht also nicht um "ideologische" Bewertungen.
3. Der Reporter ist "Erzähler" seiner Reportage. Der Hörer erlebt folglich das Spiel aus der Augenzeugen-Perspektive des Reporters. Auch in literarischen Texten changiert die Charakterisierung einer Frau als "schön" zwischen objektiver Fakten-Wiedergabe und subjektivem Erzähler-Urteil.
4. Der Reporter ist nicht - wie häufig moderne literarische Ich-Erzähler - von Zweifeln angekränkelt, ob seine persönliche Sicht der Dinge mit der Wirklichkeit oder mit dem, was die Mehrheit als "objektiv" betrachtet, übereinstimmt. Im Gegenteil: er spielt - gegenüber den bewußt "einäugigen" Zuschauern und ihren rein parteiischen Beifalls- und Mißfallens-Äußerungen meistens zu Recht - wie selbstverständlich die Rolle des Experten.

Aus allem Gesagten ergibt sich: Die Intention des Reporters ist zweifellos, daß seine Wertungen als Tatsachenbehauptungen aufgefaßt werden. Die narrative Funktion, nicht ohne Not den Bezugspunkt wechseln zu müssen, und die inhaltliche Funktion, Fakten zu resümieren, decken sich folglich. Es verwundert daher nicht, daß die Reporter auch das konstatierende Perfekt in Fällen verwenden, in denen es sich nicht um wertende Behauptungen handelt, die aus Beobachtungen abgeleitet sind, sondern auch in Fällen, in denen es sich um reine Spekulationen handelt:

(525) aber das hat keiner vermutet / keiner der deutschen spieler

(526) er hat sein selbstvertrauen wiedergefunden

(527) der FC St. Pauli / wider erwarten selbstbewußt / er will ja hier verlorenen boden in Hamburg gutmachen / und er hat sich vorgenommen zumindest die zuschauer / bei der krise des HSV / doch ein wenig abzuwerben

In keinem der drei Beispiele werden die in Form von Tatsachenbehauptungen geäußerten Vermutungen modal eingeschränkt.

(528) aber Morlock hat sich gedacht / na vielleicht kannste den Zaccarias so eben mit dem ellenbogen noch mal ein bißchen mitnehmen

Wie dieses Beispiel in aller Klarheit zeigt, scheuen sich die Reporter nicht, den Akteuren ganz bestimmte Gedanken zu unterstellen und diese Unterstellung als Faktum auszugeben. Narrativ handelt es sich hierbei um Introspektion, also um ein Erzähler-Wissen, das weit über die Wiedergabe des Beobachtbaren hinausgeht, der realen Augenzeugen-Rolle des Reporters folglich inadäquat ist.[163]

Tabelle 83 auf der folgenden Seite unternimmt den Versuch, an ausgewählten Reportagen bzw. einer KR-Sendung die funktionale Distribution der vorzeitigen Perfekta aufzuzeigen. Hierbei muß beachtet werden, daß die spezifisch narrative Scharnier-Funktion gleichsam quer zu den inhaltlichen Hauptfunktionen steht: Die "Rückkehr"-Perfekta sind Nachträge, die "Ein- und Ausleitungen" resultative Resümees. Um einen "Versuch" handelt es sich insofern, da die Übergänge zwischen "rein" und "wertend" konstatierenden Resümees und zwischen Fakten- und Begründungs-Nachträgen selbstverständlich fließend sind, eine Zuordnung der einzel-

TABELLE 83: Funktions-Distribution der vorzeitigen Perfekta

	resultative Resümees			"Scharnier"-Funktion			unmittelbare Nachträge		
	rein konstatierend	wertend konstatierend	gesamt	Ein-u. Ausleitung von Exkursen	Redemoment-Rückkehr-Signal	gesamt	Fakten	Begründungen	gesamt
GR 1 (1954)	11,8	6,4	18,2	9,3	15	24,3	46,4	11,1	57,5
Reportagen 1974-79	27,4	21,4	48,8	5,4	8,9	14,3	29,8	7,1	36,9
GR 2 (1974)	21,5	22	43,5	5,1	6,8	11,9	35	9,6	44,6
Faßbender	14,8	29,6	44,4	3,7	5,6	9,3	31,5	14,8	46,3
Klose	24,4	18,7	43,1	5,7	7,3	13	36,6	7,3	43,9
TR 1 (1979)	22	14	36	10	12	22	36	6	42
TR 4 (1979)	33,3	19,8	53,1	-	13,6	13,6	25,9	7,4	33,3
KR I (1977)	33,3	24,1	57,4	7,1	7,8	14,9	23,4	4,3	27,7

Alle Angaben in %.

nen Belege daher nicht frei von Subjektivität sein kann. Trotz dieser Vorbehalte erlaubt die Aufschlüsselung in Tabelle 83, bestimmte Tendenzen beim funktionalen Gebrauch des Perfekt aufzuzeigen. Am auffälligsten sind die Unterschiede zwischen ZIMMERMANNs Reportage aus dem Jahre 1954 und den Reportagen der siebziger Jahre. In GR 1 werden nur knapp 20% der Perfekta für resultative Resümees, dafür aber annähernd 60% für kurze, in die simultane Geschehenswiedergabe eingestreute Nachträge verwendet. In den neueren Reportagen lautet dagegen das Verhältnis: knapp 50% Resümees gegenüber 37% Nachträgen. Deutlich höhere Anteile weist GR 1 bei den beiden "Scharnier"-Funktionen auf. Einmal mehr zeigt sich also, wie stark ZIMMERMANNs Reportage dem aktuellen Spielgeschehen verhaftet ist.

Vergleicht man GR 1, GR 2, TR 4 und KR I miteinander, so läßt sich als Tendenz feststellen: geringere Anteile des Redemoment-Geschehens haben geringere Anteile perfektischer Nachträge zur Folge, während der Anteil der konstatierenden Perfekta zunimmt. Bei der Scharnier-Funktion lassen sich dagegen derartige reportagebedingte Abhängigkeiten nicht feststellen. TR 1 fällt auch bei den Perfekt-Funktionen aus dem Tendenz-Rahmen. Diese Teilreportage beweist einmal mehr, daß es sich beim Tempusgebrauch nicht um starre Normen handelt. Die relative Freiheit der Reporter dokumentiert besonders deutlich der Vergleich der beiden GR 2-Sprecher. Während ihre Werte bei den drei Hauptfunktionen nur geringfügig voneinander abweichen, differieren die Anteile der jeweiligen Untergruppen z.T. sehr erheblich. So bevorzugt FASSBENDER das wertende, KLOSE dagegen das konstatierende Perfekt-Resümee. FASSBENDER unterschreitet, KLOSE überschreitet das durchschnittliche, 4,2:1 lautende Verhältnis zwischen Nachträgen, die Fakten beinhalten, und Nachträgen, die zugleich Begründungen liefern.

In den N a c h b e r i c h t e n sind alle Perfekta vorzeitig. 22 beziehen sich auf die Zeit des Spiels (Zeitstufe A), nur eine Perfektform auf die Zeit vor dem Spiel (Zeitstufe 1). 95% aller Perfekta sind also spielbezogen. Innerhalb beider Zeitstufen spielt das Perfekt als Vorzeitigkeitstempus des präsentischen Teilsystems quantitativ eine völlig untergeordnete Rolle gegenüber den dominierenden Tempora des präteritalen Teilsystems: nur 3% aller Referenzen der Zeitstufe 1, nur 8,5% derer der Zeitstufe A stehen im Perfekt. In vier Nachberichten kommen gar keine Perfekta vor, in sieben lediglich ein bis drei Formen. Nur NB 1 hebt sich mit neun Perfekta, das sind 21% aller vorzeitigen Referenzen in diesem Nachbericht, deutlich von den elf anderen Reportagen ab. Dies ist zweifellos eine Folge der von MÖNCH gewählten Einleitung mit sechs und des Schlußteils mit drei Perfektformen (siehe 3.3.2.). Von den restlichen 14 Perfekta der anderen Nachberichte haben sechs eine vergleichbare Funktion, nämlich die Reportage ein- bzw. auszuleiten bzw. ein temporales Scharnier von der Redemoment-Gegenwart zum vergangenen Spielgeschehen zu schaffen (vgl. Beleg 343 aus KR 2). Wie alle Perfekta in NB 1 und NB 2 beinhalten auch die der übrigen Nachberichte ausnahmslos resultativ gefaßtes Geschehen. Sie haben folglich rein konstatierende oder zusammenfassend-wertende Funktion:

(529) der TSV 1860 hat mit 2:1 in Düsseldorf im Rhein-Stadion verloren

(530) die deutsche mannschaft hat einen weiteren schritt nach spanien getan

(531) wieder war Fischer erfolgreich heute / hat er sich also wieder einmal eintragen können in die torschützenliste

(532) Junghans der eine fehlerfreie partie hier geboten hat

Von ihrer Funktion her sind die Perfekt-Aussagen deutlich abgesetzt von den epischen Präterita, die vorzugsweise Spieldetails ausdrücken, z.B.

(533) aber sein 25-meter-schuß wurde glänzend pariert von Walter Junghans / dem diese gute aktion gleich zu anfang des spiels mächtig auftrieb gegeben hat / so daß er auch in der 22sten minute / bei einem 14-meter-schuß von Douglish hervorragend auf dem posten war

Da in den Nachberichten das präsentische Teilsystem die temporale Repräsentation der Reporter-Gegenwart und damit der Zeit der Reportage ist, überrascht es auf den ersten Blick, daß kein einziges Mal das Perfekt für die Vergangenheit innerhalb der Reportage verwendet wird. Doch wie ein Blick auf die Tabelle 73a zeigt, erklärt sich diese narrativ-temporale "Anomalie" von der äußerst geringen Quantität derartiger Zeitbezüge her: nur vier der zwölf Nachberichte referieren je einmal auf die Reportage-Vergangenheit. Bei den drei Präterita handelt es sich ausschließlich um typische Erleichterungsformen ("sagte", "war"), wobei in zwei Fällen die Schlußformel

(534) das wars von hier

(535) das wars zunächst aus Bielefeld

den Nachbericht beendet.

Nachzeitigkeit

Acht Perfektformen von insgesamt 1695 referieren in den Direktreportagen nachzeitig, das sind ca. 0,5% aller Perfekta. In den Nachberichten kommt das Perfekt in dieser Funktion nicht vor. Die acht nachzeitigen Perfekta stehen in sieben Reportagen, die von verschiedenen Reportern gesprochen werden. Es handelt sich also bei dieser Perfekt-Verwendung keinesfalls um einen individuellen Stilzug, sondern um einen gelegentlichen Gebrauch, der davon abhängig ist, ob ein Reporter ein doppeltes Nachzeitigkeits-Verhältnis ansprechen und verdeutlichen will. Die geringe Quantität ist zweifellos eine Folge der in Skizze 26 dargestellten und im Rahmen des Futur II-Abschnitts besprochenen Zeit- und Wissens-Verhältnisse. In allen acht Fällen "ersetzt" das Perfekt das Futur II bzw. kann gegen Futur II ausgetauscht werden. Die Verteilung der neun "Vor-Zukunft"-Referenzen, achtmal Perfekt und einmal Futur II, erweist das Perfekt als die Regelform. Gleichwohl bedarf das nachzeitige Perfekt des Kotextes, um nicht als vorzeitig interpretiert zu werden. Dementsprechend garantiert in allen acht Fällen unseres Korpus der Kotext die nachzeitige Referenz:

(536) der tabellenführer / der fußballbundesliga / der sich in den kommenden wochen behaupten muß / auswärts spielt man am nächsten samstag in Dortmund / dann kommen heimspiele gegen Mönchengladbach und den MSV / und danach ein auswärtsspiel bei Hertha BSC / und wenn man diese begegnungen gut gestaltet hat / dann winkt sogar / die herbstmeisterschaft

(537) und wenn erst einmal jenes anschlußtor gefallen ist vielleicht kommt dann noch schwung in die aktionen

Neben derartigen zukunftsbezogenen "wenn-dann"-Konstruktionen stehen Fälle, in denen wie in Beleg 485 das Verb des übergeordneten Satzes auf einen Punkt in der Zukunft verweist. In unseren Belegen handelt es sich um die Verben "zittern" (siehe Beleg 265) und "warten":

(538) d' schiedsrichter wartet jetzt bis dieser betreuer wieder aus der äh / aus dem spielfeld herausgelaufen ist

(539) Bongartz / der spielmacher der stärkste spieler in reihen des FC Schalke 04 / der jetzt den ball hält / wartet bis ein spieler in stellung gelaufen ist

In beiden Fällen zielt das Warten über den Redemoment hinaus auf eine zukünftige Handlung, das Anpfeifen des Spiels bzw. das Weiterleiten des Balles, die zwar sprachlich ausgespart bleibt, aber sich aus der geschilderten Situation ergibt. Vor dieser Handlung liegt das in den "bis"-Sätzen ausgedrückte Geschehen. In allen Fällen des nachzeitigen Perfekt ist die zeitliche Funktion "Vorzukunft" mit der inhaltlichen Funktion "Bedingung" gekoppelt: der Perfekt-Satz drückt die Bedingung aus, die erfüllt sein muß, damit die nachfolgende Handlung überhaupt stattfinden kann.

Gleichzeitigkeit

In 2.3. haben wir anhand der Belege 19 und 20 die Redemoment-Überlagerung von Perfektformen diskutiert und unsere Entscheidung in strittigen Fällen begründet. Es sei hier noch einmal betont, daß es im Grunde eine Ermessensfrage ist, ob man die zeitliche Gültigkeitsdauer bis kurz vor den Redemoment reichen läßt oder ob man den Redemoment noch mit einschließt. Ohne Frage gibt es auch in den Fußballreportagen Perfekt-Aussagen, deren Zeitstufen-Zuordnung strittig ist, z.B.

(540) und gegenstoß über den linken flügel den im augenblick Magath besetzt hat

Mir scheint es eine Frage der inhaltlichen Interpretation zu sein, ob der Reporter das Perfekt "besetzt hat" im Sinne von 'besetzt hält' verstanden wissen oder ob er einen der üblichen kurzen Geschehens-Nachträge geben will ("im augenblick" = 'kurz zuvor'). REGINA QUENTIN hat folgendes Perfekt der Vergangenheit inkludierenden Redemoment-Zeitstufe 4b zugeordnet:

(541) Sidka hilft ihm // und hat das leder dann für die Berliner gesichert / Remark / im dribbling gegen Weikl ist sieger geblieben / und / spurtet jetzt die linie herunter

Ich habe vergleichbare Fälle entsprechend den in 2.3. angestellten Überlegungen der Vergangenheitsstufe 3 zugerechnet. So verbleibt ein einziger Fall, den ich vielleicht inkonsequenterweise der 4b-Zeitstufe zugeschlagen habe:

(542) den kann Müller nicht erlaufen und der schnellste ist er bisher immer noch nicht gewesen das wissen wir

BÖTTCHER spielt hier auf die mangelnde Grundschnelligkeit des Nationalspielers Hans Müller an, die dem Reporter und seinen Hörern bekannt ist ("wissen wir"). Da aber fehlende Grundschnelligkeit nur bis zu einer bestimmten Grenze durch Training verbessert werden kann, ist klar, daß Müller auch in Zukunft kein "Flügelflitzer" sein wird. Der Spieler-Charakterisierung liegt also ein Vergangenheit, Gegenwart und Zukunft umfassendes Faktum zugrunde. In diesem Sinne wird auch die vorzeitige Angabe "bisher" durch "immer" relativiert, und "noch nicht" zielt zweifellos in dieselbe Richtung.

4.2.7. Präteritum

Sowohl in den Direktreportagen als auch in den Nachberichten referieren alle 1.910 bzw. 242 Präterita vorzeitig, das sind 14,3% (DR) bzw. 61,9% (NB) aller finiten Verben. Das Präteritum ist in den Direktreportagen neben dem Perfekt das wichtigste, in den Nachberichten das absolut dominierende Vergangenheitstempus.

In den Direktreportagen kommen 56,2% aller Präterita in der Zeitstufe 2, 30,5% in der Zeitstufe 3 und 13,3% in der Zeitstufe 1 vor. Wird das Perfekt bevorzugt für die unmittelbare Vergangenheit benutzt, so das Präteritum für die weiter zurückliegende Spiel-Vergangenheit. Vergleicht man das Vorkommen des Präteritum in den einzelnen DR-Typen, indem man den Präteritum-Anteil an allen Referenzen der einzelnen Vergangenheits-Zeitstufen bestimmt (siehe Tabelle 84), ergeben sich z.T. nicht unerhebliche Differenzen.

TABELLE 84: Anteil des Präteritum an den vorzeitigen Zeitstufen

	Zeitstufen				Vorzeitigkeitsanteil
	1	2	3	1-3	
GR	46,7	40,6	27	31,9	25,7
TR	49,6	57,8	33,6	46,3	33,1
KR	41,6	66,4	32,5	54,1	37,4
DR	46,8	60,3	30,3	45	31,8

Alle Angaben in %.

Klar korrespondiert der Anteil der Vorzeitigkeitsreferenzen (letzte Spalte) mit dem Präteritum-Anteil an der Vorzeitigkeit (vorletzte Spalte). Mit anderen Worten: je mehr Vergangenheitsbezüge insgesamt, desto häufiger werden sie durch das Präteritum ausgedrückt. Für diese Korrespondenz ist vor allem die Zeitstufe 2 verantwortlich, auf die ja über die Hälfte aller Präterita entfallen. Hier gibt es dieselben deutlichen Abstufungen zwischen den drei DR-Typen, die wir mit umgekehrtem Vorzeichen beim Perfekt beobachten konnten (vgl. Tabelle 79). Wie beim Perfekt handelt es sich auch hier nicht um zufällige "Ausgleichswerte". Tabelle 85 ordnet die einzelnen Reporter-Texte nach dem prozentualen Anteil, den in ihnen das Präteritum an allen vorzeitigen Referenzen hat.

TABELLE 85: Distribution der Reporter-Texte nach ihrem Präteritum-Anteil an der Vorzeitigkeit

	Anteil des Präteritum an der Vorzeitigkeit					
	20-30 %	31-40 %	41-50 %	51-60 %	61-70 %	71-80 %
GR	4	1	1	1		
TR		2	4	1		
KR	1	2	6	9	2	5
DR	5	5	11	11	2	5

Alle Angaben in absoluten Zahlen.

Die überwiegende Mehrzahl der einzelnen Texte ist in den Prozent-Gruppen angesiedelt, die dem Gesamtwert des jeweiligen Reportagetyps entsprechen. Der Vergleich mit der Perfekt-Tabelle 80 zeigt, daß die Schwerpunkte genau entgegengesetzt liegen.

Da im Perfekt-Abschnitt das quantitative Verhältnis beider Vergangenheitstempora bereits ausführlich erörtert worden ist, können wir direkt auf die Funktionen des Präteritum eingehen. Tabelle 86 auf der folgenden Seite schlüsselt für ausgewählte Reportagen die Präterita nach Funktionsgruppen-Anteilen auf. Quantitativ am häufigsten wird das Präteritum eingesetzt, um kurze Resümees resultativer Art zu ziehen. Etwa 40% aller Präterita erfüllen diese inhaltliche Aufgabe, indem sie Tatsachen konstatieren. Interessant sind hierbei die Unterschiede zwischen den Zeitstufen: ca. 80% in der Zeitstufe 1, ca. 45% in der Zeitstufe 2, aber lediglich 13% in der Zeitstufe 3:

(543) Arco Öczan // der ja / jahrelang das tor des HSV hütete

(544) Deutschland / das gegen den großen favoriten / gegen Ungarn / den ungekrönten weltmeister / der seit viereinhalb jahren / in 31 länderspielen nicht bezwungen wurde zu spielen hat

(545) knappe führung für den VfR Bürstadt / nachdem Posniak ein herrliches tor in der 62sten minute / erzielen konnte

(546) Briegel schoß das tor numero eins / das tor numero zwei Fischer

(547) Kocsis köpft / nein Posipal war es

Hinzu kommen ungefähr 20% mit wertend-konstatierender Funktion, d.h. die Fakten-Information wird mit der Bewertung des Reporters verquickt. Am häufigsten (etwa 30% der Präterita) geschieht dies bei Referenzen auf die Vergangenheit des Spiels (Zeitstufe 2), seltener auf die Zeitstufe 1 (gut 10%); die Zeitstufe 3 nimmt die Mittelposition ein (ca. 20%).

(548) die Holländer / die / konfus wirkten nachdem sie in den rückstand geraten waren / sind drauf und dran das spiel völlig an sich zu reißen

(549) die letzten zehn minuten waren die schwächsten in diesem spiel

(550) spielerisch konnte er durchaus mit technikern wie Rummenigge wie Hansi Müller und Klaus Allofs mithalten

(551) schrägschuß ins rechte obere eck / da gab es nichts zu halten

(552) Cruyff ist bei ihm und tritt ein wenig / nach gegen den torwart / das war nicht nötig / das war eine ziemlich harte attacke

In allen diesen Belegen mit resultativ-resümierender Funktion könnte auch das Perfekt stehen. In der Mehrzahl der Fälle sind also unter diesem inhaltlich-funktionalen Aspekt Perfekt und Präteritum austauschbar. In einigen Fällen läßt sich allerdings nachweisen, daß das Perfekt bei allgemeineren, das Präteritum bei konkreteren, detaillierten Tatbeständen bevorzugt wird. Besonders gut nachprüfbar ist dies dort, wo beide Tempora gemeinsam vorkommen, so z.B. im Falle der Information über eine erfolgte Auswechslung:

(553) auch der VfL Bochum hat mittlerweile ausgewechselt / Herget kam für Holz

oder im Falle einer verpaßten Flanke:

(554) Borchers / der hat nun doch ein bißchen raum verloren / kam nicht mehr / an den ball

Wesentlich weniger häufig wird das Präteritum in Sätzen verwendet, die unmittelbare Geschehens-Nachträge beinhalten. Im Schnitt erfüllen nur ca. 15% aller

TABELLE 86: Funktions-Distribution der Präterita

	resultative Resümees			unmittelbare Nachträge			"szenisches"
	rein konstatierend	wertend-konstatierend	gesamt	Fakten	Begründungen	gesamt	Präteritum bei Rückgriffen
GR 1 (1954)	26,5	14,5	41	23,1	5,1	28,2	30,8
Reportagen 1974-79	39,9	19,4	59,3	9,4	4	13,4	27,3
GR 2 (1974)	37,8	17,7	55,5	17,7	5,5	23,2	21,3
Faßbender	35,7	16,3	52	20,4	6,1	26,5	21,5
Klose	40,9	19,7	60,6	13,6	4,6	18,2	21,2
TR 1 (1979)	33,9	23,2	57,1	5,4	7,1	12,5	30,4
TR 4 (1979)	37,9	30,1	68	2,9	3,9	6,8	25,2
KR I (1977)	43,7	17,1	60,8	3,5	1,9	5,4	33,8

Alle Angaben in %.

Präterita diese Funktion. Auch hierbei tritt das Präteritum an die Stelle des Perfekt, das gewissermaßen den narrativen Normalfall darstellt. Wie dort können auch diese Präteritum-Nachträge als selbständige Fakten-Informationen oder als Begründungen in die Wiedergabe aktuellen Redemoment-Geschehens eingebettet sein:

(555) dann äh Rummenigge jetzt kommt der ball in die mitte hinein / aber nicht hoooch genug / auch Kaltz bot sich hier förmlich an

(556) Rahn schießt / am tor vorbei (schreiend, zuschauer schreien) / und abgewehrt / ein Ungar hatte ein bein dazwischen

(557) aber nach dem ersten an / ausball gibt es einen zweiten / weil Kohlmeyer mit dem kopf den ball erneut ins aus schlug

Setzt man jeweils die Zahl der Perfekt- und Präteritumformen, die resultativ-konstatierende Resümees bzw. unmittelbare Geschehens-Nachträge ausdrücken, gleich 100 - hierbei rechnen wir die Perfekta mit Rückkehrsignal-Funktion zu den Nachträgen, die mit Ein- und Ausleitungs-Funktion zu den Resümees -, so ergibt sich in den ausgewählten Reportagen die in Tabelle 87 enthaltene Distribution.

TABELLE 87: Perfekt-Präteritum-Distribution bei Resümees und Nachträgen

	Resümees		Nachträge	
	Perf.	Prät.	Perf.	Prät.
GR 1	61,6	38,4	86	14
GR 2	48,6	51,4	70,5	29,5
Faßbender	33,8	66,2	51,9	48,1
Klose	60	40	84	16
TR 1	74	26	87,7	12,3
TR 4	38,1	61,9	84,4	15,6
KR I	33	67	75,4	24,6

Alle Angaben in %.

Klar zeigt sich, daß bei diesen beiden inhaltlichen Funktionen weder ein historischer Wandel noch eine einseitige Abhängigkeit von den DR-Typen festzustellen ist. Bei den Resümees reicht der Perfekt-Anteil von 33 bis 74%, der Präteritum-Anteil von 26 bis 67%. Wie FASSBENDER und KLOSE in GR 2 beweisen, ist es offenbar den Sprechern überlassen, welches Tempus sie für resultative Aussagen bevorzugen. Dennoch zeichnet sich - sieht man einmal von FASSBENDERs GR-2-Text ab - eine gewisse Tendenz ab: In Reportagen mit hohem, zwischen 70 und 80% liegendem Anteil aktuellen Geschehens, so GR 1, GR 2 (KLOSE) und TR 1, greifen die Reporter häufiger zum Perfekt, in Reportagen mit niedrigerem aktuellem Anteil, so in TR 4, vor allem aber in der Konferenzsendung, häufiger zum Präteritum. Als Erklärungsthese bietet sich an: Das aktuelle Spielgeschehen (Zeitstufen 3, 4a, 5) wird vorzugsweise durch das päsentische Teilsystem temporal realisiert, nicht-aktuelles vorzeitiges Geschehen primär durch das präteritale Teilsystem. Bei der Freiheit, für Resümees das Perfekt oder das Präteritum wählen zu können, verbleiben offenbar die meisten Reporter in dem vorrangigen System.

Was sich bei den Resümees nur vermuten läßt, liegt bei den unmittelbaren Nachträgen offen zutage. Unabhängig vom Reportagetyp dominiert hier überall das Perfekt, im Regelfalle mit einem Anteil zwischen 70 und 90%. Lediglich FASSBENDER mit seinen 48% Präteritum-Anteil macht in GR 2 eine Ausnahme (siehe zu diesem "Sonderfall" die Ausführungen auf S. 269).

Nicht gegen das Perfekt austauschbar ist dagegen das Präteritum in seiner Funktion als "szenisches" Präteritum, d.h. bei seiner Verwendung zur ausführlicheren, detaillierteren, szenischen Wiedergabe von Rückgriffen. Wie Tabelle 82 exemplarisch belegt hat, kommt die Aufeinanderfolge von mehr als zwei Perfekta in den Reportagen kaum vor. Selbst in ZIMMERMANNs GR 1 mit ihrem extrem hohen Perfekt-Gebrauch gehören dieser Gruppe nur 14,6% aller Perfekta an. Maximal stehen bei ihm vier Perfekta hintereinander, was aber nur zweimal vorkommt, z.B.

(558) Toni Turek / der zwei prachtparaden gezeigt hat / beim ersten mal einen sogenannten unmöglichen ball / gehalten hat // das spiel ist weitergegangen und etwas ruhe ist eingetreten

Abgesehen davon, daß es sich hierbei überwiegend um konstatierende Perfekta handelt, beziehen sich die vier Perfekta auf zwei durch merkliche Sprechpause getrennte Sachverhalte. Die Regel in den Direktreportagen ist also: Werden mehr als drei, ja meistens sogar mehr als zwei Geschehensdetails nachgetragen, wird der Bezugspunkt "Redemoment" verlassen und ein Bezugspunkt in der Vergangenheit gewählt. Temporal bedeutet dies den Übergang zum Präteritum. Die Sportreporter verhalten sich hierbei völlig systemkonform, ist doch im Deutschen das Präteritum das "Tempus zur Wiedergabe von Vergangenem 'in Sequenz'".[164]

(559) Görts flankt / weich / und ein kopfball (zuschauer gehen mit) ist nicht voll getroffen worden / der ball hatte aber soviel effet / daß Heinze hinterher / lupfen mußte / eins zwei drei / so sah das aus / das glück aber hatte / daß der ball am pfosten / vorbeiging / und jetzt Röntved

(560) und die Frankfurter erhalten jetzt einen freistoß / in der eigenen hälfte noch / und die ganz große chance die gab es ja bereits in der ersten spielminute / ein furioser start der Frankfurter / Pezzey stand (trompete) frei die flanke kam von der rechten seite / und seinen kopfball sah man schon fast im tor / aber da war dann Szatmari da / und wirklich in allerletzter sekunde wenn man einmal allerletzt sagen kann / holte er den ball von der linie und es blieb damit also beim 0:0 / und es kam nicht zu der frühen sehr frühen führung der Frankfurter Eintracht

In diesem Beleg leiten konstatierende Präterita ("gab", "blieb", "kam") den szenischen Rückgriff in die Spielvergangenheit ein bzw. aus. Weitere Beispiele sind etwa die Belege 171 bis 174, 276, 564 bis 567.

Diese szenische Funktion erfüllt das Präteritum in gut 25% aller Präteritum-Fälle. Wie Tabelle 86 zeigt, ergibt sich bei den Reportagen der siebziger Jahre eine Quantitätsabstufung nach Typen-Zugehörigkeit: Die beiden Sprecher der Ganzreportage verwenden jede fünfte Präteritum-Form in dieser Funktion, die beiden Reporter der zwei Teilreportagen mindestens jede vierte, die elf Reporter der Konferenzsendung jede dritte. Innerhalb der einzelnen Zeitstufen hält das episch-szenische Präteritum im Vergleich zu allen in der betreffenden Zeitstufe vorkommenden Präterita recht unterschiedliche Anteile. Nur in Einzelfällen wird ein vor dem Spiel liegendes Geschehen ausführlicher berichtet. Bei den Rückgriffen ins Spiel (Zeitstufe 2) ist eine deutliche Abstufung zwischen den DR-Typen erkennbar: in GR 2 nur 15%, in TR 1 und 4 ca. 25%, in KR I knapp 40%. Am relativ häufigsten benutzen die DR-Reporter das episch-szenische Präteritum in der Zeitstufe 3, also bei unmittelbaren Rückgriffen: knapp 30% in GR 2 und KR I, rund 55% in den Teilreportagen. Die WM-Reportage 1954 weicht auch hier von den neueren Reportagen ab: ZIMMERMANN verwendet jedes fünfte Präteritum der Zeitstufe 1 und mindestens jedes dritte der Zeitstufe 3 in szenischer Funktion. Dagegen sind bei ihm derartige Präterita in der Zeitstufe 2 die große Ausnahme.

Wie bereits im Präsens-Abschnitt gezeigt, kann das szenische Präteritum durch das szenische Präsens historicum ersetzt werden. In einigen Fällen treten beide Tempora gemeinsam auf, so in den Belegen 439 und 440 oder in folgendem Beleg:

(561) Neues flankt vor das tor / kopfballabwehr / und dann ist Hannes Bongartz zur stelle / und markiert in der 43sten minute den 1:1-ausgleich unhaltbar für Kleff / der auf der torlinie geblieben war / denn äh es <u>war</u> sicherlich auch nicht unbedingt zu erwarten daß der ball direkt zu Bongartz <u>kommt</u> / und / der mit dem rücken zum tor / <u>trifft</u> ihn aus kürzester entfernung / und dann <u>hatte</u> (stadionsprecher) Kleff natürlich keine möglichkeit mehr einzugreifen.

In den N a c h b e r i c h t e n, in denen ja acht von zehn Vergangenheitsbezügen im Präteritum stehen - in den Direktreportagen sind es nur 45% - werden knapp 90% aller Präterita in der Zeitstufe A, also für den Spielbericht eingesetzt, der ja den Schwerpunkt jedes Nachberichts bildet. In der Gruppe der Nachkommentare sind es dabei 86,6%, in der Gruppe der Kurzabrufe sogar 91,8%. Der Anteil des Präteritum an allen Referenzen der Zeitstufe A macht gut 82% aus (Nachkommentare 80%, Kurzabrufe 86,7%). Das Präteritum ist, um es noch einmal zu wiederholen, fraglos das den Nachbericht beherrschende Tempus.

Rund 45% aller NB-Präterita haben resümierende, konstatierende Funktion, etwa 30% stehen in Sätzen, die Wertungen enthalten, ca. 25% sind episch-szenisch. Zwischen den beiden NB-Gruppen zeigen sich hierbei keine nennenswerten Unterschiede. Bei den Referenzen auf die Zeit vor dem Spiel und auf die Zeit zwischen Spiel und Reportage, die ja zusammen lediglich knapp 10% aller Bezüge ausmachen, überwiegt die konstatierende Funktion, da im Regelfalle nur einzelne Fakten in Kurzform nachgetragen werden. Die detailliertere Wiedergabe von Geschehen aus der Zeit vor dem Spiel, wie in Beleg 336, ist eine große Ausnahme. In der dem Spielgeschehen gewidmeten Zeitstufe A ist das rein konstatierende Präteritum mit ca. 40%, das wertend-konstatierende mit ca. 33% und das szenische mit ca. 27% vertreten. Auch hier stimmen die Werte beider NB-Gruppen weitgehend überein. Zwischen den einzelnen Nachberichten sind allerdings wegen der vorhandenen Gestaltungsfreiheit der NB-Reporter Unterschiede anzutreffen. Wie wir gesehen haben, bevorzugt MÖNCH in NB 1 stärker die szenische Darstellung als RUBENBAUER in NB 2. Dementsprechend hat bei MÖNCH ein Drittel aller Präterita szenische Funktion, während es bei RUBENBAUER nur ein Fünftel ist.

Die Funktions-Aufschlüsselung der Präterita innerhalb des Spielberichts spiegelt trotz dieser Unterschiede die Inhaltsstruktur dieses Hauptteils der Nachberichte. Wegen der knapp bemessenen Zeit sind die NB-Reporter gezwungen, das Spielgeschehen zu raffen. Daher das Übergewicht des Resümees in allen Nachberichten, sei es nun rein konstatierend oder wertend. Spielgeschehen detailliert wiederzugeben, also das Präteritum für szenische Wiedergabe einzusetzen, kommt nur für Spielhöhepunkte in Frage. Beleg 307 bietet ein gutes Beispiel für die Kombination zusammenfassender, raffender und punktueller, szenischer Geschehenswiedergabe. Ganz ähnlich verfahren übrigens die Sportjournalisten der Presse in Fußballberichten, deren Grundstruktur auf der Spiel-Chronologie basiert. Folgende Passage aus einem Spielbericht der 'Oberhessischen Presse' vom 18.10.1982 kann dies verdeutlichen:

(562) Das Mitte der ersten Hälfte druckvolle Spiel der Gladenbacher eröffnete den Dillenburgern immer wieder Konterchancen. Konteransätze wurden aber meist an der Strafraumgrenze abgefangen. In der 38. Minute fast der Gladenbacher Führungstreffer, als Wehr aus aussichtsreicher Position vom linken Strafraumeck auf das Tor schoß. Sein Schuß wurde im letzten Moment von einem Dillenburger Abwehrspieler zur Ecke abgefälscht.

Bei allen Vergleichen, die man vor allem bei der quantitativen Distribution der beiden Vergangenheitstempora Präteritum und Perfekt anstellt, darf man allerdings das Faktum "Erleichterungspräteritum" nicht außer acht lassen. Besonders bei "sein" und "haben" als Vollverben und bei den Modalverben wird häufig von dieser "Erleichterung" Gebrauch gemacht. Und der Anteil dieser Verbgruppen ist in der gesprochenen Textsorte 'Reportagen' relativ hoch. Allein "sein" erreicht unter den Präterita einen Anteil, der in den einzelnen Reportagen etwa zwischen 15% und 25% ausmacht, dagegen unter den Perfekta durchschnittlich gerade 2%.[165] Nimmt man die Modalverben[166] hinzu, kommt man zu Anteilen zwischen gut 25% und knapp 50% aller Präterita. Unter allen Perfektformen sind aber noch nicht einmal 5%, die mit den Modalverben und "sein" als Vollverb gebildet werden.[167] Dieses Sprachverhalten stimmt völlig mit dem überein, das man auch in anderen Textsorten beobachten kann. "Es zeigt sich, daß in allen Fällen 'sein', die Modalverben und etwas schwächer 'haben' eindeutig präteritumdominant verwendet werden."[168] Hinzu kommt, daß die Sportreporter die Vergangenheit von "stehen" und "liegen" nahezu ausnahmslos mit dem Präteritum wiedergeben. Ebenso werden die Verba dicendi, an ihrer Spitze das am häufigsten benutzte "sagen", aber auch "erwähnen", "nennen", "sprechen", "meinen", von der überwiegenden Mehrheit der Sprecher fast ausschließlich im Präteritum gebraucht. Dasselbe gilt selbstverständlich für "heißen" und "scheinen". Würde man beispielsweise alle diese Fälle aus dem Distributions-Vergleich beider Tempora in der Zeitstufe 3 herausnehmen, würde das Perfekt bei den unmittelbaren Rückgriffen weit stärker dominieren, als dies der Anteils-Vergleich der Tabellen 79 und 84 ausweist.

Auf der anderen Seite stehen die unfesten verbalen Zusammensetzungen, vor allem die Partikelverben. Sie werden in aktivischen Hauptsätzen bevorzugt im Perfekt gebraucht. Dies geschieht zweifellos nicht, um die Klammerbildung zu vermeiden: Denn "er hat den freistoß ausgeführt" oder "er führte den freistoß aus", bleibt sich gleich. Der Grund liegt offenbar in der Erleichterung, das Verb hier nicht - wie beim Präsens zwangsläufig - trennen zu müssen, was zugleich eine Verständnis-Erleichterung für den Hörer bedeutet. Die Prädikatsklammer ("hat ..... ausgeführt") wird anscheinend gegenüber der Verbklammer ("führte ..... aus") als das "kleinere Übel" angesehen. Im Regelfalle gehören die unfesten Verbzusammensetzungen zur semantischen Gruppe der häufig verwendeten Aktionsverben, z.B.

ab - fälschen
- fangen
- geben
- jagen
- nehmen
- pfeifen
- schlagen
- wehren

an - bieten
- kommen
- kurbeln
- nehmen
- visieren
- zeigen

auf - bäumen
- rücken
- tauchen

aus - führen
- helfen
- sehen
- wechseln

dazwischen - gehen
- springen
- werfen

ein - greifen
- schicken
- wechseln
- werfen

heraus - bringen
- holen
- spielen

herüber - spielen

hinaus - geben
- schlagen
- spielen

hinein - befördern
- gehen
- kommen

mit - bekommen
- erleben
- gehen

quer - spielen
- passen

unter - bringen
- tauchen

vorbei - bringen
- gehen
- ziehen

weiter - geben
- leiten
- spielen

wieder - bekommen
- finden

zu - greifen
- packen
- spielen

zurecht - legen

zurück - geben
- gehen
- laufen
- passen
- spielen
- ziehen

In durchschnittlich drei von vier vorzeitigen Fällen setzen die Reporter diese trennbaren Verben ins Perfekt.[169] Daß es hierbei um eine Erleichterung für den Sprecher geht, zeigt ihre Verwendung in untergeordneten Sätzen mit Prädikats-Endstellung. Hier überwiegt im DR-Durchschnitt der Präteritum- den Perfekt-Gebrauch im Verhältnis 2:1.[170] So heißt es etwa bei KLOSE in GR 2

(563) und kopfballabwehr von torwart Jongbloed / weil er mit dem / mit der hand nicht heranka̲m̲

oder bei MALETZKO in KR I,6

(564) 1:0 führt also der 1. FC Kaiserslautern / obwohl der FC St. Pauli zu spielbeginn (lärm)// zwei drei / gute chancen sich herausspielte

und nicht "herangekommen ist" bzw. "herausgespielt hat".

Das sprachökonomische Kriterium tritt bei den unfesten Partikelverben allerdings hinter das narrative Kriterium zurück, wenn der Nachtrag sich zu einem detaillierten Rückgriff ausweitet, d.h. wenn zurückliegendes Geschehen szenisch geschildert und dazu unter Verlagerung des Bezugspunktes das epische Präteritum verwendet wird. Von wenigen Ausnahmen abgesehen, erklären sich in den Hauptsätzen die 15 bis 30% Präteritum-Formen auf diese Weise. Folgende "Zeitlupen"-Wiederholung wird durch ein wertend-konstatierendes Präteritum eingeleitet. Die hierfür benutzte Erleichterungsform "war" (statt "ist gewesen") verlagert zugleich den Bezugspunkt, von dem aus nun der szenische Rückgriff erfolgt, und zwar durchgehend im Präteritum, was bei den unfesten Partikelverben die Trennung der unmittelbaren Konstituenten zur Folge hat:

(565) aber Hoeneß rennt sich fest und kommt dabei zu fall / das war eine ganz hervorragende situation / Hoeneß zog plötzlich / dem ersten angreifer davon / dann mußte der libero heraus / Jansen übernahm gerade in diesem moment diese position und innen / hatte es Müller nur noch mit einem mann zu tun / Grabowski stand frei

Oder ein in der 40. Spielminute gesprochener Rückgriff in die 13. Minute, wiederum eingeleitet durch ein konstatierendes Präteritum:

(566) und in der 13ten minute brachte der erste konter der / zunächst nur einen eckball einbrachte das 1:0 / Reinbold legte sich den ball für diesen ersten eckstoß zurecht / er zog den ball lang am tor vorbei genau auf den am hinteren torpfosten postiert lauernden Patzer / und Patzer paßte per kopf klug (betont) zurück in den fünf-meter-raum / und dort stand Ganz / er nahm den ball volley / schoß ihn flach auf das tor / auf die torlinie dort stand noch ein Hofer / er fälschte den ball noch ab und er landete im netz zum 0:1

Da in den Konferenzreportagen derartige Rückgriffe, die außerhalb der Reportagezeit liegendes Geschehen beinhalten, häufiger als in den beiden anderen DR-Typen vorkommen, überwiegt in KR auch in den untergeordneten Sätzen der Gebrauch des Präteritum deutlicher als im DR-Durchschnitt. In KR I z.B. entfällt auf vier Nebensatz-Präterita nur eine Perfekt-Form, während in GR 2 oder TR 1 das Verhältnis beider Tempora in dieser syntaktischen Position nahezu ausgeglichen ist. D.h. in GR und TR nehmen die Reporter bei Kurznachträgen das sprachökonomisch "aufwendigere" Perfekt in Kauf, um den Redemoment-Bezugspunkt beibehalten zu können (vgl. die Belege 487, 493, 494, 503, 512, 514, 521, 523). Bei ausführlicheren Rückgriffen dagegen fallen bei der Nebensatz-Endstellung des Prädikats das sprachökonomische und das narrative Kriterium zusammen, so daß hier das Präteritum das eindeutig bevorzugte Tempus ist. Zwei Beispiele aus KR I,10 und KR I,1 mögen dies verdeutlichen:

(567) sie machten dann ihre tore wobei aber / der anschluß zum 2:3 wir müssen das auch sagen / mehr oder minder ein fehler von Höttges war / der den ball zu kurz auf Burdenski zurückspielte Büssers ging dazwischen / und ließ dann Burdenski keine chance / der glaube ich alles versuchte / einschließlich / eines verursachten elfmeters / aber einfach nicht an den ball herankam

(568) aber das war auch so ein konter als sie urplötzlich im strafraum der Hofer auftauchten Schade / zwei oder drei Hofer versetzte ihnen einfach davonlief und dann nach links paßte

Wie unsere Analyse gezeigt hat, kann die Verwendung der beiden Vorzeitigkeitstempora Präteritum und Perfekt weder von einem Kriterium allein, sei es inhaltlich, narrativ, sprachökonomisch, sprachästhetisch oder individualstilistisch, noch gar durch die einseitige Behauptung genereller Austauschbarkeit oder klarer Funktionstrennung erklärt werden. Auch das von uns als Ausgangspunkt genommene narrative Modell einer von Bezugspunkten ausgehenden Zweiteilung des Tempussystems muß sich daher eine gewisse Relativierung gefallen lassen. Denn weder bei präteritalen Erleichterungsformen noch bei resümierend-konstatierenden präteritalen Aussagen, die innerhalb einer Passage mit dem Redemoment als Bezugspunkt stehen, wird man von einer Bezugspunktverlagerung sprechen können. Um es an Beleg 565 zu verdeutlichen: Stände hier die wertende Feststellung "das war eine hervorragende situation" vereinzelt in einem präsentischen Kotext, könnte ich schwerlich nachvollziehen, daß der Bezugspunkt in die Vergangenheit verlagert wäre. Erst durch den nachfolgenden szenisch geschilderten Rückgriff gewinnt das "Erleichterungs"-Präteritum "war" diese narrative Qualität. Man kann also auch hier von einem "Scharnier" sprechen: Vom vorausgegangenen Redemoment-Geschehen her betrachtet, ist "war" eine sprachökonomisch bedingte Ersatzform für das Perfekt "ist gewesen", und der gesamte Satz beinhaltet einen wertenden, abschließenden Nachtrag; der Bezugspunkt ist folglich weiterhin der Redemoment. Von der nachfolgenden Zeitlupen-Wiederholung her betrachtet, erweist sich "das war eine hervorragende situation" als resultativ gefaßte Einleitung, als "Überschrift" des Rückgriffs; der Bezugspunkt ist mit "war" also in die Vergangenheit verlagert. Vergleichbar damit ist die Scharnier-Funktion des "war" in der eingangs zitierten Kriminalerzählungs-Passage (Beleg 37). Hier liegt der Fall nur umgekehrt, da vom präteritalen ins präsentische Teilsystem gewechselt wird. Nicht jede Präteritum-Form bedeutet folglich automatisch "Bezugspunkt Vergangenheit". Sogar "Doppeldeutigkeit" ist hierbei, wie unsere Beispiele zeigen, nicht von vornherein auszuschließen. Diese Sachlage scheint mir aber andererseits kein hinreichender Grund zu sein, das zugrundegelegte narrative Tempus-Modell als falsifiziert zu betrachten. Wie in anderen Fällen auch tritt hier ein Tempus aus anderen als narrativen bzw. systemkonformen Gründen "ersatzweise" für das System-Tempus ein.

Diese primär sprachökonomisch bedingte Ersatzfunktion übt das Präteritum auch innerhalb des präteritalen Teilsystems aus, wenn es an die Stelle des Plusquamperfekt tritt, wenn es also nicht die "Gegenwart", sondern die "Vergangenheit" der Vorzeitigkeit ausdrückt. Ich meine hier nicht die in Erzähltexten häufig vorkommende doppelte Bezugspunktverlagerung, d.h. die nochmalige Rückversetzung des vom Redemoment aus vorzeitigen Bezugspunktes. Hierbei wird die sogenannte Vorvergangenheit zunächst durch Plusquamperfekta zweifelsfrei markiert, darauf dann der Bezugspunkt in diese Vorvergangenheit verlagert und durch Präterita ausgedrückt. Ein Beispiel, aus HERMANN KANTs 'Die Aula' ausgewählt, mag genügen, um diese traditionelle Erzähltechnik zu illustrieren:

(569) Sie waren eine breite Treppe hinaufgeschlichen und hatten vor der Tür, auf der in verschnörkelten Buchstaben 'Aula' stand, eine Weile gezögert [.....] Robert wollte gleich wieder gehen. 'Die haben sich geirrt', sagte er, 'die haben gesagt, Arbeiter- und Bauern-Fakultät, und nun sieh dir an [.....]' Trullesand gefiel das.

Ebenso verfährt RUBENBAUER in NB 2, indem er die Zeit der "Anreise" vom Bezugspunkt "Spiel" zunächst plusquamperfektisch abgrenzt, sodann die "Anreise" als Bezugspunkt wählt und damit zum Präteritum greift, was ihm einen erneuten Rückgriff in die Zeit vor der Anreise ermöglicht (siehe dazu die Analyse des Belegs 339).

Mit Plusquamperfekt-Ersatz sind hier dagegen die Fälle gemeint, die wir in NB 1 beobachten konnten (vgl. Beleg 309 bis 311), in denen die Kombination "Präteritum plus Kotext" die Vorvergangenheit ausdrückt, also das Plusquamperfekt "ersetzt". Hierzu zwei Belege aus den Direktreportagen:

(570) nun / oh / dieser abseitspfiff kam / etwas voreilig / zumindest die flagge des linienrichters ging zu früh hoch

Der kompetente Hörer weiß, daß bei Abseitsstellungen die Handlung des Linienrichters der des Schiedsrichters vorausgeht.

(571) und den ersten warnschuß gaben die Gladbacher bereits in der zehnten mi-

nute ab / als Nielsen einen treffer erzielte / dem aber die anerkennung verwehrt wurde / nachdem (zuschauer lauter) Nielsen im abseits stand

Hier markiert die Temporalkonjunktion "nachdem" eindeutig die vom präteritalen Bezugspunkt aus gesehen ("erzielte", "verwehrt wurde") vorzeitige Referenz. Das Präteritum wird wie dem Perfekt auch dem Plusquamperfekt vorgezogen, wenn es sich um Modalverben handelt, z.B.

(572) und davon haben sie schon eins geschossen / dieses in der 30sten minute / durch Dieter Müller / nachdem Bonhof / einen schönen freistoß in den strafraum gejagt hatte / und Müller / aus einer entfernung von elf zwölf metern / verlängern konnte

4.2.8. Plusquamperfekt

In den Direktreportagen stehen 180 der 12.684 indikativischen bzw. 13.365 finiten Verbformen im Plusquamperfekt. Das sind lediglich 1,42% aller indikativischen bzw. 1,35% aller finiten Formen. Von der Quantität her spielt dieses Tempus damit eine geringere Rolle als das Futur I. Auf die drei Vorzeitigkeitsstufen verteilen sich diese 180 Plusquamperfekta folgendermaßen: Zeitstufe 1 21%, Zeitstufe 2 33,3% und Zeitstufe 3 46%. Die drei DR-Typen unterscheiden sich hierbei sehr deutlich. Während in GR und TR rund 60% aller Plusquamperfekta in der Zeitstufe 3 vorkommen, dagegen nur ca. 15% in der Zeitstufe 2, lautet die Distribution in KR: gut 25% in 3, knapp 60% in 2. Offensichtlich hängt dieser Unterschied mit dem größeren Umfang zusammen, den die mittelbare Spiel-Vergangenheit in den Konferenzreportagen einnimmt. Denn für derartige Rückgriffe wird ja vorzugsweise das präteritale Teilsystem verwendet.

An den Referenzen der einzelnen Vorzeitigkeitsstufen ist das Plusquamperfekt unterschiedlich beteiligt:

TABELLE 88: Anteil des Plusquamperfekt an den vorzeitigen Zeitstufen

	Zeitstufen				Vorzeitigkeitsanteil
	1	2	3	1-3	
GR	6,7	2,6	3,1	3,4	25,7
TR	6,7	1,8	6,1	4,5	33,1
KR	8	4,5	4,2	4,7	37,4
DR	7	3,4	4,3	4,2	31,8

Alle Angaben in %.

Wie die letzten beiden Spalten zeigen, besteht ein direkter Zusammenhang zwischen dem Anteil, den die Vorzeitigkeit in den einzelnen DR-Typen einnimmt, und dem Anteil, den das Plusquamperfekt an allen vorzeitigen Referenzen hat. Steigt der Vorzeitigkeitsanteil, steigt auch der Anteil des Plusquamperfekt. In allen drei DR-Typen spielt das Plusquamperfekt in der Zeitstufe 1 seine relativ größte Rolle. Da Referenzen auf die Zeit vor dem Spiel verhältnismäßig selten vorkommen, wird dementsprechend selten der Bezugspunkt in diesen Zeitabschnitt verlagert, sondern es wird vom Zeitpunkt "Spiel" aus auf die Zeit vor dem Spiel referiert, d.h. es kommt relativ häufiger als in den anderen beiden Vorzeitigkeitsstufen zu dem Zeitverhältnis "Vorvergangenheit". In der Zeitstufe 2 bestätigt der KR-Wert, der etwa doppelt so hoch ist wie der GR- und TR-Wert, die Interpretation der Plusquamperfekt-Distribution. Der gleichsam aus dem Rahmen fallende TR-Wert in der Zeitstufe 3 erklärt sich von einer einzigen Reportage her: Auf BÖTTCHERs TR 6 entfallen allein 18 der insgesamt 35 Plusquamperfekta. Berücksichtigt man diesen Extremfall nicht, lautet der TR-Gesamtwert der Zeitstufe 3 nur noch 4,2%. Ebenso beeinflußt KLOSE mit seinem GR 2-Text den Wert der Zeitstufe 3. Die Hälfte aller GR-Plusquamperfekta dieser Zeitstufe stehen in diesem Text. Die anderen sechs GR-Texte haben hier lediglich einen Gesamtwert von 1,8%.

Bei der geringen Plusquamperfekt-Quantität in den einzelnen Reportagen lassen sich nur unter Vorbehalt Aussagen über "Bevorzugung" und "Vernachlässigung" dieses Tempus durch die einzelnen Reporter machen. HAUFFE in GR 4 (7,1%), TR 1 (6%) und KR I,9 (10,2%) und KOCH in KR I,1 (5,6%) und KR II,2 (11,9%) liegen z.T. deutlich über den Gesamtwerten des jeweiligen Reportagetyps; EMMERICH in TR 7 (3%), KR I,3 (3,3%) und KR II,3 (2,9%) und MÖNCH in GR 3 (1,3%) und KR II,1 (3,2%) liegen immer darunter. Bei den anderen Reportern, bei denen ein Vergleich möglich ist, läßt sich keine derartige eindeutige Zuordnung vornehmen. REHAHN und HAGELEIT verwenden in KR I,2 (8,1%) bzw. KR I,4 (6,6%) überdurchschnittlich oft das Plusquamperfekt, während sie es in KR III,7 (2,6%) bzw. KR III,6 (2,5%) unterdurchschnittlich häufig einsetzen. Selbst BÖTTCHER, der ja in TR 6 relativ häufig zum Plusquamperfekt greift (7,2%), benutzt es in KR II,5 (4,1%) noch nicht einmal so oft wie im Durchschnitt seine KR-Kollegen.

Nicht nur diese Gebrauchs-Unterschiede, sondern vor allem auch das relativ seltene Vorkommen überhaupt hängen mit der Funktion des Plusquamperfekt im Tempussystem zusammen. Es kennzeichnet primär eine - vom Redemoment aus gesehen - zweite Vergangenheit, die Vorvergangenheit. Seine Verwendung ist also von vornherein davon abhängig, ob der Sprecher überhaupt ein derartiges Zeitverhältnis realisieren will bzw. ob dieses Zeitverhältnis sachlich notwendig ist. Hinzu kommen ein textsortenspezifischer, ein narrativer und ein sprachökonomischer Grund. Textsortenspezifisch: In Direktreportagen, die überwiegend Redemoment-Geschehen wiedergeben und dazu zwangsläufig das präsentische Teilsystem benutzen, gibt es von vornherein weniger Möglichkeiten, das Plusquamperfekt als "Vorzeitigkeitstempus" des epischen Präteritum einzusetzen, als dies in Vergangenheits-Erzählungen der Fall ist. Insofern verwundert es nicht, daß das Plusquamperfekt im Vergleich zu den anderen Vergangenheitstempora in schriftsprachlichen Texten einen wesentlich höheren Anteil hat als in unseren Direktreportagen.[171] Narrativ: Ist der Bezugspunkt vom Redemoment zu einem Zeitpunkt der Vergangenheit zurückverlagert, besteht jederzeit die Möglichkeit, von hieraus den Bezugspunkt weiter in die Vergangenheit zu verlegen, wenn zuvor das Verhältnis zwischen beiden Vergangenheitspunkten geklärt wird. Hierzu genügt im temporalen Bereich bereits die einmalige Verwendung des Plusquamperfekts. Sprachökonomisch: Schon die eben erwähnte zweite Bezugspunktverlagerung, die die Verwendung des Präteritum bedeutet, deckt sich nicht nur mit dem sprachästhetischen, sondern auch mit dem sprachökonomischen Kriteritum. Aber auch ohne Bezugspunktverlagerung kann das von der Bildungsweise "einfachere" bzw. "kürzere" Präteritum das Plusquamperfekt ersetzen, wenn der Kotext das Zeitverhältnis "Vorvergangenheit" garantiert.[172] Dies geschieht vor allem bei den Verben, bei denen das Präteritum dem Perfekt und Plusquamperfekt sowieso usuell vorgezogen wird. Zusammengenommen bedeutet dies, daß der einzelne Reporter relativ große Freiheit besitzt, ob und wie häufig er in einer Direktreportage das Plusquamperfekt verwendet. Wie in literarischen Erzähltexten treten auch in Direktreportagen aus narrativen, sprachästhetischen und sprachökonomischen Gründen selten Passagen mit einer Reihung von Plusquamperfekta auf, zumal von einem rhetorisch-stilistischen Einsatz gehäufter Plusquamperfekt-Formen in dieser Textsorte ebenso wenig gesprochen werden kann wie im Falle des Perfekt. Wie dort ist auch hier die Reihung von vier Formen die absolute Ausnahme:

(573) und jetzt vielleicht (zuschauer lauter) noch die chance / für die Albauer / ball über Schumacher hinweggehoben / und auch über das tor gehoben / aber / schiedsrichter / Wencel aus der ČSSR / hatte schon gepfiffen hatte eine unkorrektheit gesehen die Pernaska da / sich geleistet hatte und somit hatte er schon abgepfiffen

In gut 80% aller Fälle steht dagegen das Plusquamperfekt vereinzelt, in gut 10% folgen zwei Formen dieses Tempus aufeinander. Nur knapp 10% aller Plusquamperfekta werden zu dritt oder ausnahmsweise einmal zu viert aneinandergereiht. Hierbei wird die Personalform nicht selten einmal ausgespart, z.B. in folgendem Beleg aus GR 2:

(574) er hatte sich überhaupt noch nicht einstellen können auf sein gegenüber Cruyff / hatte das bein stehen lassen / dem Niederländer die beine weggezogen

In diesem und in vergleichbaren Belegen wird zeitreferentiell von einem Punkt der Vergangenheit auf einen davor liegenden Punkt Bezug genommen und dann sukzessiv im Plusquamperfekt vorangeschritten. Im Regelfalle wechseln aber die Reporter nach dem ersten plusquamperfektisch wiedergegebenen Geschehensdetail ins Präteritum:

(575) ja Schade war losgerast wie ein sprinter und spielte Maciosek an

In Beleg 573 aus BÖTTCHERs TR 6 entspricht dagegen die sprachliche Abfolge nicht der realen Geschehenssukzession. Zwangsläufig werden daher die Plusquamperfekta "hatte gesehen" und "geleistet hatte" zur "Vor-Vorvergangenheit". Denn folgender Geschehensablauf liegt dieser Schilderung zugrunde: a) Wencel sieht eine Unkorrektheit Pernaskas, b) er pfeift, c) der Ball wird über das Tor geschossen. Im Redemoment gehören alle drei Aktionen der Vergangenheit an. BÖTTCHER hat offenbar die Handlung c bereits nachkommentiert, wofür die vorausgehende Zuschauer-Reaktion ein klares Indiz ist. Dementsprechend faßt er seine Setzung "ball über Schumacher hinweggehoben / und auch über das tor gehoben" als präterital auf und kommt so zu der sprachlichen Abfolge: c (nicht realisiertes, "verkürztes" Prät.), b (Plqu.), a (Plqu.), Wiederholung b (Plqu.).

Die Funktion, ein drittes Vergangenheits-Verhältnis zu kennzeichnen, sozusagen seine eigene Vorvergangenheit zu sein, da das Deutsche für dieses Zeitverhältnis kein Tempus besitzt, diese Funktion erfüllt das Plusquamperfekt allerdings nur in ganz wenigen Fällen. Die überwiegende Mehrzahl der Plusquamperfekta, nämlich über 95%, drückt die Vorvergangenheit aus. In knapp 60% aller Fälle ist der Bezugspunkt der Plusquamperfekta nachweisbar "präterital", d.h. das Plusquamperfekt fungiert hier als "Vergangenheit der vergangenen Gegenwart", als Vorzeitigkeitstempus des präteritalen Systems. Gut die Hälfte aller Formen stehen daher zusammen mit Präterita, z.B.

(576) gestern waren die Polen / schon mausetot und gewannen zwar trotzdem noch mit 1:0 gegen Brasilien aber / von ihrer spritzigkeit die so begeisternd in diesem turnier gewesen war war nichts mehr zu sehen

(577) in der 53sten minute wurde Deterding auf dem felde knapp eine minute behandelt er war am rechten knöchel angeschlagen worden

Weitere Belege sind z.B. 42-44, 183, 548, 561.

In ca. 6% aller Fälle bildet das Plusquamperfekt die Vergangenheit eines im historischen Präsens geschilderten vergangenen Geschehens. Hierbei kann das Plusquamperfekt dem Präsens vorausgehen oder nachfolgen:

(578) ja da hatte der so lange geschickt den ball gehalten der Abel / zwei drei schlenker gemacht / bis Bart nachgerückt war / spielt dann / in den lauf des ehemaligen Esseners aber heraus aus dem tor ist Roleder

(579) 3:3 heißt es mittlerweile / in der 85sten minute ist Martin / der außenläufer (schiri-pfiff) weit ausgerückt / aufgerückt / erspäht eine lücke (stadionsprecher-durchsage) in der deckung des FSV / die vorher so gut gestanden hatte

In beiden Belegen ersetzt das Plusquamperfekt das sonst übliche Perfekt in seiner Funktion als "Vor-Präsens-Tempus", einer Funktion, die das Perfekt unabhängig davon wahrnehmen kann, ob das Präsens gleich-, nach- oder vorzeitig referiert. Damit wird aber in den eben zitierten Fällen eindeutig signalisiert, daß die Reporter einen präteritalen Bezugspunkt intendieren, und d.h. zugleich: hier das historische Präsens als Präteritum-Ersatz auffassen. Die Möglichkeit, ein dreistufiges Vorzeitigkeitsverhältnis mit der Abfolge: historisches Präsens - historisches Perfekt - Plusquamperfekt, temporal zu gestalten, kommt in unserem Korpus nicht vor.

Ein gutes Viertel aller Plusquamperfekta bezieht sich nicht auf ein im Kotext realisiertes Vergangenheitstempus. Doch hier von einem "falschen" Tempusgebrauch zu sprechen, ist meines Erachtens oberflächlich und verkennt die Tatsache, daß Bezugspunkte auch nicht-temporal, d.h. mit anderen sprachlichen Mitteln markiert oder sogar nur "mitgedacht" sein können. So schließt sich in knapp 8% aller Fälle die Plusquamperfektform an eine Setzung an, die wie in Beleg 573 den vorzeitigen Bezugspunkt bildet. Ebenso verhält es sich in folgenden Rückgriffen:

(580) ein klares foul an dem Frankfurter / der seinen gegenspieler ausgetrickst hatte

(581) schuß am tor vorbei / Hidegkuti hatte ihn abgefeuert

Da es sich unter Berücksichtigung des Textzusammenhangs in beiden Fällen zweifelsfrei um Rückgriffe in die unmittelbare Vergangenheit handelt, kann die vollständige Formulierung der Setzungen nur lauten: "dies war (ist) ein klares foul (gewesen)" und "der schuß ging (ist) am tor vorbei(gegangen)".

Mehr als doppelt so oft kommt allerdings der Fall vor, daß dieser vorzeitige Bezugspunkt sprachlich ganz ausgespart bleibt bzw. nicht "satzwertig" realisiert wird, vom Sprecher also lediglich mitgedacht ist und vom Hörer selbst ergänzt werden muß, dank seiner Sachkompetenz aber auch problemlos ergänzt werden kann. Nach einem Exkurs kehrt BÖTTCHER zum Redemoment-Geschehen zurück, das er mit einem der üblichen aktuellen Kurznachträge einleitet. Im Redemoment findet ein Angriff der albanischen Mannschaft statt, zu dem es durch einen von Schuster verschuldeten Freistoß gekommen ist. Doch diesen Freistoß überspringt er und sagt lediglich:

(582) Schuster hatte gefoult / die Albaner kommen wieder

Zwischen beiden Äußerungen muß der Hörer also einschieben: "der Freistoß ist ausgeführt worden". Oder BREUCKMANN faßt die Geschehensfolge: Schiedsrichterpfiff - Torschuß - Zuschauerjubel sprachlich folgendermaßen:

(583) und der jubel der jetzt kommt / der gilt einem tor / aber nur einem vermeintlichen tor / + pfui + denn lange vorher / hatte schiedsrichter Smith + pfui + die begegnung schon unterbunden

Vergleichbar hiermit sind die wenigen Fälle (knapp 2%), in denen der Vergangenheits-Bezugspunkt der plusquamperfektischen Aussage in einem Vorzeitigkeit inkludierenden Redemoment-Präsens enthalten ist. In einem kurz vor Ende der ersten Halbzeit gesprochenen Rückgriff in die ersten 20 Spielminuten heißt es u.a.:

(584) und von diesem moment an / läuft das spiel des FSV / eindeutig nur noch in richtung / der Bürstädter vorher war es umgekehrt gewesen

Obgleich also das Geschehen im Redemoment und das der vorausgegangenen 25 Minuten mit der Präsensform "läuft" temporal zusammengefaßt werden, impliziert REHAHN mit der Zeitangabe "von diesem moment an" (= 20. Spielminute) einen Vergangenheitspunkt, von dem aus das davor liegende Spielgeschehen betrachtet und daher mit dem Plusquamperfekt ausgedrückt wird.

In den Fällen, in denen der Bezugspunkt temporal nicht markiert ist – sei es, weil die Personalform des Prädikats fehlt, sei es, weil die verbale durch eine nominale Gestaltung ersetzt ist –, ist es im Grunde müßig zu streiten, ob hier das präteritale oder das präsentische Teilsystem als mitgedachter Bezugspunkt zugrunde zu legen ist, mit anderen Worten: ob die Plusquamperfektform in einem Vorzeitigkeitsverhältnis zum Präteritum oder zum Perfekt steht. Denn wie wir bereits bei der Einzelanalyse von Reportagen festgestellt haben, kann das Plusquamperfekt auch innerhalb des präsentischen Systems das Zeitverhältnis "Vorvergangenheit" ausdrücken. Diese Aufgabe erfüllen 14% aller Plusquamperfekta, z.B.

(585) sie haben ihre mannschaft noch umgestellt nachdem sie ja gegen Österreich hier mit 0:1 unterlegen waren

(586) Breitner der in der letzten phase ein bißchen untergetaucht war hat den ball weitergespielt

Neben der zeitlichen Funktion "Vorvergangenheit" setzt z.B. die Duden-Grammatik eine zweite Zeitfunktion an, nämlich die Kennzeichnung der "Abgeschlossenheit eines Geschehens auf der Ebene des Präteritums".[173] Diese Funktion erfüllt in den Direktreportagen das Plusquamperfekt nur in ganz wenigen, fast ausschließlich auf Temporalsätze mit der Konjunktion "bis" beschränkten Fällen:

(587) ich sagte ihnen eben / daß die Frankfurter / zunächst einmal den risikolosen kurzpaß spielten / bis sie ihre nerven beruhigt hatten

Hier kann man allerdings auch argumentieren, daß das Präteritum "spielten" einen Zeitabschnitt umfaßt, dessen Endpunkt genau betrachtet nicht mit dem Abschluß des Nerven-Beruhigens zusammenfällt. Denn erst mußten die Nerven beruhigt worden sein, dann gaben die Frankfurter das Kurzpaßspiel auf; d.h. also zeitlich: der Endpunkt des mit "spielten" gemeinten Abschnitts ist der Bezugspunkt, von dem aus "beruhigt hatten" vorzeitig ist. Dementsprechend braucht in Beleg 578 "bis Bart nachgerückt war" nicht als "gleichzeitig" mit den vorausgegangenen Plusquamperfekta ("hatte solange den ball gehalten der Abel / zwei drei schlenker gemacht") interpretiert zu werden, sondern als "vorzeitig", also nicht als Vorvergangenheit, sondern als "Vor-Vorvergangenheit".

Relativ selten sind die Fälle, in denen das Plusquamperfekt als einfache Vergangenheit fungiert. Abgesehen von einigen Fällen, die man als falschen Tempusgebrauch kritisieren bzw. als Performanz-Versehen entschuldigen kann, ist dieser zeitreferentielle Plusquamperfekt-Gebrauch fast ausschließlich auf Temporalsätze mit "nachdem"-Einleitung beschränkt. In Beleg 182 ist z.B. der plusquamperfektische "nachdem"-Satz eindeutig abhängig von einer Redemoment-Setzung. Wir haben diese Verwendung im Abschnitt 3.1.2. als "korrekten, da von der Konjunktion geforderten Gebrauch" charakterisiert. Die Beurteilung "korrekt" muß allerdings für das Korpus relativiert werden. Denn der Tempusgebrauch in "nachdem"-Sätzen richtet sich nicht nach dieser schulgrammatischen Norm bzw. nach Grammatiker-Behauptungen, wie z.B.: das Plusquamperfekt stehe "fast immer in Temporalsätzen mit 'nachdem'"[174], sondern fast ausschließlich nach dem temporal-narrativen Kriterium der Bezugspunktsetzung. Die überwiegend geltende Gebrauchsregel lautet dementsprechend: Redemoment-Präsens im Hauptsatz - Perfekt (bzw. Erleichterungspräteritum) im Nebensatz; Präteritum (bzw. historisches Präsens oder Perfekt) im Hauptsatz - Plusquamperfekt im Nebensatz. An dieser Gebrauchsregel gemessen, stellen sich Fälle wie Beleg 182 als Hyperkorrektheit oder gar als Einbruch einer präskriptiven, auf schriftsprachlichen präteritalen Texten basierenden Norm in ein sinnvolles, Zeitverhältnisse differenzierendes System dar.

In den N a c h b e r i c h t e n stehen 19 von 391 finiten Verben im Plusquamperfekt, das sind 4,9%. Sie verteilen sich fast zu gleichen Hälften auf die beiden wichtigsten Vergangenheitsstufen: zehn referieren auf die Zeit vor dem Spiel (Zeitstufe 1), neun auf die Zeit des Spiels (Zeitstufe A). An allen Vergangenheitsbezügen ist das Plusquamperfekt mit 6,3% beteiligt. Besonders hoch ist sein Anteil an den Referenzen der Zeitstufe 1: hier beträgt der Anteil 30%. In der Spiel-Zeitstufe A dagegen erreicht das Plusquamperfekt lediglich einen Anteil von 3,5%. In diesem Prozentzahl-Vergleich spiegelt sich die Grundstruktur der Nachberichte: ihre Basis ist das präterital wiedergegebene Spielgeschehen, von dem aus Rückgriffe vorgenommen werden können. Relativ gesehen spielt bei den Rückgriffen in die Zeit vor dem Spiel das Plusquamperfekt zur temporalen Markierung des Zeitabstandes eine wesentlich gewichtigere Rolle als im Rahmen des Spielberichts, der weitgehend kontinuierlich der Spielzeit folgt, z.B.

(588) die zuschauer / waren sicherlich ein bißchen enttäuscht von ihrer mannschaft vielleicht <u>hatten</u> sie ein bißchen mehr <u>erwartet</u> / aber sie <u>hatten</u> sich ja so sehr auf die deutsche mannschaft <u>gefreut</u>

Oder man vergleiche die Belege 308 und 322.

Verglichen mit den entsprechenden Anteilswerten der Direktreportagen liegen sämtliche Plusquamperfekt-Werte in den Nachberichten höher. Dies erklärt sich durch die Dominanz des präteritalen Systems. Denn vom Bezugspunkt aus betrachtet, kennzeichnet das Plusquamperfekt in diesem System ja ein "einfaches" Vorzeitigkeits-Verhältnis, also die "Vergangenheit der vergangenen Gegenwart", während es im vorherrschenden präsentischen System der Direktreportagen ein zweigestuftes Vorzeitigkeits-Verhältnis ausdrückt, also "die Vergangenheit der Vergangenheit der Redemoment-Gegenwart".

Dennoch ist die Verwendung dieses Tempus in NB differenzierter und wegen der geringen Textbasis vorsichtiger zu beurteilen, als es der Gesamtwert nahelegt. Denn 18 der 19 Plusquamperfekta kommen in der Gruppe der Nachkommentare vor, nur eine einzige Form taucht in der Gruppe der Kurzabrufe auf. Das bedeutet also: in sechs von sieben Kurzabrufen fehlt dieses Tempus; der Plusquamperfekt-Wert der Kurzabrufe liegt daher deutlich unter dem der Direktreportagen. Dementsprechend steigt in den Nachkommentaren der Plusquamperfekt-Anteil an allen Referenzen auf 7,4% (mehr als das Fünffache des DR-Anteils), an den Vorzeitigkeits-Referenzen auf 8,9% (mehr als das Doppelte des DR-Anteils). Allerdings muß hierbei berücksichtigt werden, daß diese Werte vor allem auf den ungewöhnlich hohen Plusquamperfekt-Gebrauch von RUBENBAUER in NB 2 zurückzuführen sind. Ohne diese Reportage kommen die Nachkommentare nur auf einen Anteil von 3,5% (das Zweieinhalbfache des DR-Anteils). Der Grund für die Diskrepanz zwischen beiden NB-Gruppen ist offensichtlich der in 4.1.7. unter "zu 3" aufgezeigte pragmatisch bedingte Gruppen-Gegensatz.

Ein Letztes bleibt hervorzuheben. Beim Vergleich von NB 1 mit NB 2 (siehe 3.3.2.) haben wir die unterschiedliche Plusquamperfekt-Frequenz als "sprecherspezifisch" erläutert, aber zugleich darauf hingewiesen, daß in anderen RUBENBAUER-Reportagen das Plusquamperfekt wesentlich weniger häufig benutzt wird. Wie die Korpus-Analyse zeigt, stehen den 16,7% in NB 2 nur 4% bzw. 4,8% in den beiden anderen RUBENBAUER-Nachkommentaren NB 4 und NB 5 gegenüber. In dem Kurzabruf NB 6 benutzt er "gruppenkonform" dieses Tempus überhaupt nicht. Einmal mehr beweist dies, daß der Tempusgebrauch primär auf pragmatisch bedingte Normen zurückzuführen ist, daß aber vor allem in den Nachkommentaren auch sprecherspezifische Präferenzen eine gewichtige Rolle zu spielen vermögen, die auf der Reporterfreiheit gründen, inhaltliche Schwerpunkte eigener Wahl vor allem in den Rahmenteilen setzen zu können.

4.2.9. Konjunktiv

Genau 5% aller finiten Verben (668 von 13.365) stehen in den Direktreportagen im Konjunktiv. In den Nachberichten sind es 4,4% (17 von 391). Damit weisen die Hörfunkreportagen einen wesentlich niedrigeren Konjunktiv-Anteil auf, als dies nach JÄGERs und nach BAUSCHs Untersuchungen in der geschriebenen (7,6%) und gesprochenen Sprache (6,7%) der Fall ist.[175] In den Reportagen entfällt fast die Hälfte (49,3%) aller Konjunktivformen auf die Gruppe der Modalverben: "können" (18,3%), "müssen" (12,1%), "sollen" (11,2%), "mögen" (3,1%), "dürfen" (2%), "wollen" (1,5%) und "lassen" (1%) in Modalverb-Funktion. Der Vergleich mit den Indikativen zeigt die herausragende Rolle der Modalverben bei den Konjunktiven: bei den Indikativen beträgt der Anteil der Modalverben nur knapp 10%.[176]

Von der Bildungsweise und damit zum großen Teil auch von der zeitinhaltlichen Funktion her spielt der Konjunktiv II in den Reportagen eine geringere Rolle als in der gesprochenen Sprache generell. Leider ist ein direkter Vergleich unseres Korpus mit den 17 "Reportage"-Texten BAUSCHs nicht möglich, da BAUSCH - im Gegensatz zu den Voll- und Auxialverben - weder im Darstellungsteil noch im Anhang die Konjunktive der Modalverben nach Textsorten aufschlüsselt. Stellt man seinen Gesamtwert unserem Reportagewert gegenüber, so ist der Konjunktiv-I-Anteil in beiden Korpora mit 0,73% bzw. 0,75% praktisch identisch. Dagegen liegt der Konjunktiv-II-Anteil in BAUSCHs Korpus um fast 30% (DR) bzw. 36% (NB) höher als in den Hörfunkreportagen (DR: 4,25% aller finiten Verben, NB: 3,84%, gesprochene Sprache allgemein: 5,99%). Der Konjunktiv-II-Wert der Reportagen steht demnach dem der geschriebenen Sprache (nach JÄGER 3,95%) wesentlich näher.

Der Konjunktiv I wird mit Ausnahme von MÖNCH in GR 3 von allen GR- und TR-Reportern benutzt. Sowohl in GR wie in TR hat HAUFFE den höchsten Konjunktiv-I-Anteil (GR 4: 1,43%; TR 1: 1,54%). In KR kommt der Konjunktiv I in zwölf Texten überhaupt nicht vor. Der Extremwert von 11,8% in KÖRPERs KR I,7 erklärt sich durch die sehr geringe Textmenge, bei der der zweimalige Konjunktiv-Gebrauch in der Redewendung

(589) man höre und staune

dementsprechend hoch zu Buche schlägt. Ohne diese Minireportage reicht die Spannweite in KR von 0 bis 3,7%. Der Konjunktiv-II-Anteil schwankt in den GRund TR-Reportagen zwischen 2,01% (KLOSE in GR 2) und 7,38% (HAUFFE in GR 4). In drei KR-Texten (KR I,6, 7 und 8), die zu den kürzesten des Korpus gehören, fehlen Konjunktiv-II-Formen. Den höchsten Anteilswert erreicht hier HAGELEIT in KR III,6 mit 8,5%.

Irgendwelche Rückschlüsse auf eine Konjunktiv-II-Präferenz einzelner Reporter sind vom Korpus her kaum möglich. FASSBENDER liegt zwar mit KR I,5 (3,7%), besonders mit GR 2 (2,7%) und GR 4 (3%) unter dem Gesamtwert, dafür aber mit TR 2 (6,8%) deutlich darüber. HAGELEIT, der in KR III,6 den mit Abstand höchsten Wert aller Reportagen aufweist (8,5%), rangiert mit seinem 1,4%-Anteil in KR I,4 dagegen am unteren Ende der Skala. Lediglich bei HAUFFE könnte man die Behauptung wagen, daß er eine gewisse Vorliebe für den Konjunktiv hat. Er verwendet in allen seinen Reportagen überdurchschnittlich oft den Konjunktiv II. Besonders deutlich wird dies, wenn man seine Konjunktiv-Werte in GR 4 mit denen seines Mitreporters FASSBENDER vergleicht: Konjunktiv II: 7,38% vs. 2,96%; Konjunktiv I: 1,43% vs. 1,07%. Zumal ZIMMERMANN mit 4,9% (II) und 0,6% (I) nur unerheblich vom Gesamtwert abweicht, ist von vornherein eine historische "Entwicklung" auszuschließen.

Die Distribution beider Konjunktive nach ihrer jeweiligen Bildungsweise zeigt Tabelle 89.

TABELLE 89: Distribution der Konjunktive nach ihrer Bildungsweise

	Konjunktiv I			Konjunktiv II		
	präsentisch	perfektisch	gesamt	präterital	plusquamperfektisch	gesamt
GR	34	1	35	142	55	197
TR	40	2	42	128	55	183
KR	18	5	23	129	59	188
DR	92	8	100	399	169	568
NB	2	-	2	8	7	15

Alle Angaben in absoluten Zahlen.

In den Direktreportagen ist der perfektisch gebildete Konjunktiv I relativ selten vertreten, lediglich in KR hat er einen etwas höheren Anteil. Doch muß man hierbei sehen, daß er lediglich in vier von 24 Konferenzreportagen vorkommt. Die NB-Reporter unseres Korpus verwenden ihn überhaupt nicht. Wegen der insgesamt äußerst geringen Quantität lassen sich aber keinerlei Rückschlüsse auf Gattungs-Unterschiede ziehen. Anders sieht es bei der Aufschlüsselung der Konjunktiv-II-Formen aus. Bei aller Vorsicht, die die kleine NB-Textbasis gebietet, zeigt sich hier ein klarer Unterschied zwischen DR und NB. Dem praktisch ausgeglichenen Verhältnis zwischen dem präteritalen und dem plusquamperfektischen Typ in NB steht in DR ein deutliches Übergewicht des präteritalen Typs gegenüber (70,2%

vs. 29,8%). Die drei DR-Typen unterscheiden sich dabei nur unwesentlich voneinander: in GR dominieren die präterital gebildeten Konjunktive mit 72,1%, in TR mit 69,9%, in KR mit 68,8%. Ein Abgrenzungskriterium für die drei DR-Typen ist demnach die Konjunktiv-II-Distribution nicht.

Allein schon bedingt durch die relativ geringe Vorkommens-Häufigkeit des Konjunktiv gibt es zwischen den einzelnen Reportagen beträchtliche Unterschiede. Diese betreffen im Regelfalle auch einzelne Reporter. So sind beispielsweise bei MÖNCH in KR II,1 alle Konjunktiv-II-Formen präterital gebildet, dagegen in GR 3 nur die Hälfte. FASSBENDER, der in seinen GR- und TR-Reportagen überdurchschnittlich oft den plusquamperfektischen Typ verwendet, benutzt ihn in KR I,5 überhaupt nicht. Nur unter Vorbehalt läßt sich deswegen eine individualstilistische Deutung anbieten: Im Schnitt ihrer Reportagen verwenden einige Reporter überdurchschnittlich oft den präteritalen Typ, so BREUCKMANN (78,2%) und HAUFFE (72,4%), andere unterdurchschnittlich, z.B. BÖTTCHER (63,8%), FASSBENDER (61,1%) und EMMERICH (59,1%).

Der sogenannte "Konditional"[177], d.h. die Wiedergabe des präteritalen Konjunktiv durch die analytisch gebildete Form "würde" + Infinitiv kommt in 9% aller Konjunktiv-II-Fälle vor. 0,4% aller finiten Verben sind so gebildet. Dies ist, verglichen mit dem Vorkommen in BAUSCHs Korpus gesprochener Sprache, ein erstaunlich geringer Anteil. Denn dort gehören 1,6% aller finiten Verben bzw. 26,5% aller Konjunktiv-II-Formen diesem Bildungstyp an[178], ein Anteilswert übrigens, der fast identisch mit den 26,8% des schriftsprachlichen Korpus von JÄGER ist.[179] Errechnet man allerdings den Prozentanteil des Konditional für einzelne Textsorten, so ergeben sich z.B. zwischen öffentlichen Interviews, Diskussionen und Reportagen gravierende Frequenz-Unterschiede. Bei den Interviews und Diskussionen beträgt der Anteil nämlich 1,8% bzw. 2% aller finiten Verben, bei den Reportagen dagegen lediglich 0,4%.[180] Dies ist aber exakt der Wert, den wir auch bei unseren Fußballreportagen festgestellt haben. Mit Fug und Recht wird man daher den relativ geringen Gebrauch des Konditional als Textsorten-Kriterium der Reportagen gelten lassen können.

Die 51 "würde"+Infinitiv-Formen unseres Korpus verteilen sich recht unterschiedlich auf die DR-Typen: GR: 6, KR: 17, TR: 28. Das im Vergleich zu GR häufigere Vorkommen in KR und vor allem in TR läßt sich nur zum geringen Teil mit der größeren Notwendigkeit zu Rückgriffen und der damit verbundenen Möglichkeit erklären, das Zeitverhältnis "Zukunft der Vergangenheit" mit diesem Konjunktiv auszudrücken. Denn in KR entfällt knapp ein Viertel, in TR sogar nur gut ein Zehntel aller "würde"+Infinitiv-Fälle auf dieses Zeitverhältnis, in GR gar kein Fall. Der Unterschied erklärt sich vielmehr - worauf noch näher einzugehen sein wird - durch die pragmatisch begründbare höhere Frequenz von nachzeitigen Konditionalgefügen in TR. Daß von individuellen Gebrauchspräferenzen nicht die Rede sein kann, läßt sich leicht nachweisen. So benutzt z.B. BREUCKMANN in GR 3 den Konditional überhaupt nicht, dagegen in TR 3 dreimal und in TR 5 siebenmal. Ebenso findet sich bei FASSBENDER in GR 4 kein Beleg, in GR 2 ein einziger; dagegen sind es in TR 2 vier. Ähnlich verhält sich HAUFFE: kein derartiger Fall in GR 4, drei Fälle in TR 1. Diese Beispiele zeigen in aller Deutlichkeit, daß der Konditional-Gebrauch reportagetyp-abhängig ist.

Konjunktiv I

In den Direktreportagen lassen sich die Konjunktiv-I-Formen sowohl vorzeitigen wie gleich- und nachzeitigen Zeistufen zuordnen. Hierbei fehlen innerhalb unseres Korpus allerdings Referenzen auf die Zeitstufen 0 und 7. Die acht perfektisch gebildeten Formen gehören den Zeitstufen 1 bis 3 an. Sie stehen in abhängigen Sätzen, vor allem zur Wiedergabe indirekter Rede:

(589) man sagte uns / das sei geschehen als konzession

(590) auch wenn kritiker gemeint haben / möglicherweise / sei damit / doch Braunschweig um ein paar chancen ärmer geworden

(591) mir schien es so als habe der Mönchengladbacher mit einem abseitspfiff gerechnet

Der präsentisch gebildete Konjunktiv I hat mit 87 von 92 Formen eindeutig seinen Schwerpunkt im Bereich der Gleichzeitigkeit. Die wenigen vor- bzw. nachzeitigen Fälle kommen ausschließlich in abhängigen Sätzen vor (siehe Beleg 191 und 192). Bei den gleichzeitigen Referenzen handelt es sich überwiegend um direkte Hörer-Aufforderungen, zum Teil auch um paranarrative Bemerkungen. Vor allem sind es der Höflichkeits-Befehl (3. Person Plural: "Sie")[181] und der Reporter und Hörer inkludierende Adhortativ (1. Person Plural: "wir"):

(592) und hören sie mal den beifall

(593) erlauben sie auch dem sprecher einen ganz kurzen erfrischungsschluck

(594) halten sie die daumen / liebe zuhörer

(595) aber warten wir ab

(596) lassen wir einmal diese erste halbzeit ein wenig revue passieren

(597) nehmen wir das nicht so tragisch

Bei den paranarrativen Kurzeinschüben handelt es sich primär um den Typ "Zustandspassiv der Verba dicendi" (vgl. Beleg 195, 196 und 278), z.B.

(598) obwohl / auch das sei gesagt / viele gute mannschaften auch vereinsmannschaften es schon sehr schwer / hier in Tirana gehabt haben

Obgleich es sich hierbei um eine Abschwächung handelt - "sei gesagt" statt "muß gesagt werden" -, ist es dennoch zugleich die Aufgabe dieser paranarrativen Konjunktive, für eine bestimmte Aussage die Aufmerksamkeit der Hörer zu erhöhen. Der Konjunktiv fungiert hier als "Heischezeichen".

Die irrealen Vergleiche gehören in ihrer Mehrzahl der Zeitstufe 4b an:

(599) fast sieht es aus als sei es torf aber es ist alter abgestorbener rasen

(600) fast hat es den anschein / als tröste er ihn ein bißchen aber dann / heißt die geste wohl doch / bitte wenns geht wieder / auf die beine / zu kommen / und zwar / möglichst schnell

Ebenso gehört der Zeitstufe 4b eine Reihe von Objektsätzen, z.T. in Form indirekter Rede, an:

(601) wer hat jemals behauptet daß der deutsche kapitän / vom FC Bayern (beifall) ein blasierter arroganter spieler sei

(602) ein vorurteil gilt es nach knapp 40 minuten / zu dementieren / daß die Holländer spielkulturell besser seien / hat man bisher nicht erkannt

In beiden Fällen distanzieren sich die Reporter mit dem Konjunktiv von der "Behauptung" bzw. dem "Vorurteil" anderer Personen.

Bei zwei präsentischen Konjunktiven handelt es sich ganz offensichtlich um Performanzfehler, um "Versprecher":

(603) die Ungarn drängen / mit aller macht und Czibor könne schießen / spielt aber jetzt ab

Gemeint ist natürlich: "Czibor könnte schießen", also der Konjunktiv II. Ein ähnlicher Sprechfehler unterläuft KOCH in KR I,1:

(604) wenn ich ehrlich sein <u>solle</u>

Hier müßte es korrekt "soll" oder "sollte" heißen.

Sieht man von diesen beiden Fällen ab, verteilen sich die verbleibenden 98 Konjunktiv-I-Formen auf folgende Hauptfunktionen:

TABELLE 90: Funktions-Distribution des Konjunktiv I

	Aufforderung	Abschwächung	indirekte Rede	irrealer Vergleich	Bedingung
GR	23	2	8	1	-
TR	25	4	6	5	2
KR	18	1	3	-	-
DR	66	7	17	6	2

Alle Angaben in absoluten Zahlen.

Von der Quantität her lassen nur die Aufforderungs-Konjunktive, also die mit adhortativer bzw. imperativer Funktion, eine reporterspezifische Betrachtung zu. Sie sind in allen drei DR-Typen mit einem Anteil von 60 und mehr Prozent vertreten. Der GR-Wert von 67,6% aller Konjunktiv-I-Formen wird besonders durch ZIMMERMANN beeinflußt: 15 der 23 Hörer-Ansprachen stammen von ihm. Gegenüber den neueren Ganzreportagen zeigt sich u.a. hierin der andere Reportagestil ZIMMERMANNs: Er sucht weit häufiger als seine Reporterkollegen der 70er und 80er Jahre den Kontakt mit seinen Hörern. Ihm am nächsten kommen noch BÖTTCHER in TR 6 mit sieben Hörer-Aufforderungen und EMMERICH, der zwar in KR I,3 und II,3 selten (ein- bzw. zweimal), dafür aber in TR 7 achtmal auf diese Weise sein Publikum anspricht. BREUCKMANN, FASSBENDER, HANSCH, HAUFFE, JUNGMANN, KOCH und KOTTKAMP verwenden diese Form der Einbeziehung der Rezipienten in mäßiger Quantität, HAGELEIT, KLOSE, MÖNCH, SEIWERT und SPRENTZEL in unserem Korpus überhaupt nicht.

Eine besondere Zusatzfunktion erfüllt die "wir"-Aufforderung in den Konferenzreportagen. Bemerkungen wie

(605) <u>nehmn wir</u> diesen eckball noch <u>mit</u>

sind Ankündigungen, die sowohl dem Hörer wie dem Moderator signalisieren, daß die Einblendung in Kürze beendet wird. Ihre indikativische Modalverb-Entsprechung

(606) freistoß / den <u>wollen wir</u> ihnen noch <u>schildern</u>

zeigt übrigens, daß auch bei der Konjunktiv-Variante die Reporter mit "wir" primär sich selbst meinen. Daß derartige paranarrative Ankündigungen nicht sehr zahlreich sind, hängt mit zwei pragmatischen Bedingungen zusammen: zum einen muß es sich um eine Einblendung handeln, die der Moderator nicht vorzeitig abbricht, zum andern muß gerade kurz vor Ablauf der festgesetzten Einblendungsdauer eine torgefährliche Eckball- oder Freistoß-Situation gegeben sein.

Daß in den N a c h b e r i c h t e n der adhortative oder gar der imperative Konjunktiv I fehlt, erklärt sich wohl nicht nur von der geringen Textmenge her, sondern dürfte vor allem seinen Grund in dem zeitlichen Abstand zwischen Reportage und Spielgeschehen haben. Direkte Hörer-Apostrophen mit spannungssteigernden Handlungsaufforderungen vom Typ "halten sie die daumen / liebe zuhörer" sind in dieser Gattung überhaupt nicht denkbar. Die beiden einzigen Konjunktiv-I-Formen der Nachberichte sind präsentisch gebildet, stehen in indirekter Rede und beziehen sich in einem Fall zeitlich auf die Vergangenheit, im anderen Fall auf die Zukunft (siehe Beleg 323). Wie hier sorgt auch in den wenigen vor- und nachzeitigen präsentischen Konjunktiv-I-Fällen der Direktreportagen der Kotext dafür, daß der Zeitbezug dieser in abhängigen Sätzen stehenden Formen zeitreferentiell eindeutig interpretierbar ist.

Konjunktiv II

In den Direktreportagen sind 169 der 187 v o r z e i t i g e n Konjunktiv-II-Formen p l u s q u a m p e r f e k t i s c h gebildet. In den Nachberichten sind es sieben von zehn. In einigen Fällen wird dabei der perfektische Konjunktiv I ersetzt, z.B.

(607) Kleff moniert daß der ball / die verlängerte torauslinie nicht überschritten hätte [statt "überschritten habe"]

(608) schiedsrichter Taylor sagt / er wäre mit dem ball / über die grundlinie gefallen [statt "sei gefallen"]

Allerdings bleibt in diesen Fällen offen, ob der Reporter hier nur "indirekte Rede" kennzeichnen will oder zugleich beabsichtigt, die Meinung des Spielers bzw. Schiedsrichters als falsch, als nicht den Tatsachen entsprechend, als "irreal" zu vermitteln. In einem Fall wird der plusquamperfektische Konjunktiv mit "würde" ausgedrückt:

(609) ich würde gesagt haben das war gleiche höhe

Die drei letzten Belege illustrieren zugleich zwei Funktionen des plusquamperfektischen Konjunktiv, die aber nur mit sehr geringer Quantität in den Direktreportagen vorkommen: die indirekte Rede (2,4%) und die "Höflichkeits"-Abschwächung (1,7%). Sowohl in Beleg 609 wie in folgendem Beispiel

(610) möglichkeit und da gibt es noch elfmeter hätte ich gesagt / denn da wurde der doch festgehalten mit beiden händen oh haben sie glück haben sie ein glück / daß das keinen elfmeter gab / ich hatte schon gedacht da muß er doch elfmeter pfeifen das geht doch gar nicht anders / aber er hat es nicht getan

könnte neben der Abschwächung bzw. Distanzierung von der eigenen Aussage allerdings auch Irrealität intendiert sein, indem mitgedacht wird: "wenn ich Schiedsrichter wäre".

In 96% aller Fälle wird in DR, in fünf von sieben Fällen in NB der plusquamperfektische Konjunktiv eingesetzt, um eine mögliche, denkbare Alternative für ein vergangenes Geschehen auszudrücken. Die absolut vorherrschende Funktion des plusquamperfektischen Konjunktivs ist also der Irrealis:

(611) hier hätte er sogar noch ein zwei schritte oder sogar noch mehr laufen können hätte den ball ins tor tragen können

(612) und das wäre durchaus eine möglichkeit für die Argentinier gewesen

(613) Ray Clemens wäre nie und nimmer an diesen ball herangekommen und dies hätte / die 1:0-Führung der Münchner Bayern sein können

Jede elfte bis zwölfte Form dieses Konjunktiv-Typs gibt dabei die Geschehens-Voraussetzung an, steht in einem Konditionalsatz (siehe auch Beleg 667):

(614) und wenn er voll getroffen hätte / dann / wäre dieser ball sicherlich schwer zu halten gewesen

(615) aber der schuß wäre er ins tor gegangen hätte gegolten

Dagegen begegnet der einen Realis beinhaltende verneinte Konditionalsatz kaum:

(616) gefahr / wenn nicht Eckel den ball vor Puskas / zu Toni Turek zurückgespielt hätte

Ebenfalls relativ selten (2,4% aller plusquamperfektischen Konjunktive) kommen vergangenheitsbezogene fiktive Vergleiche vor:

(617) da sah es so aus als hätte er den ball fast noch mit der hand mitgenommen

Der vorzeitige Irrealis wird am häufigsten auf die unmittelbare Vergangenheit bezogen. Er bietet hierbei die Möglichkeit, einen Rückgriff auszuweiten, interessanter zu gestalten, indem die Geschehens-Alternative und ihre Folgen aufgezeigt werden. Die Bedeutung der realen Handlung wird dadurch gesteigert und zugleich der emotionale Pegel des für "seine" Mannschaft engagierten Hörers angehoben. Die Geschehens-Alternative macht ihm erst richtig bewußt, wie groß die drohende Gefahr oder wie groß das Pech für seine Mannschaft gewesen ist. Unter narrativem Aspekt handelt es sich folglich bei diesen fiktiven Gegenbildern zum realen Vergangenheits-Geschehen um ein Mittel zur Auflockerung der Reportage, zur atmosphärischen und emotionalen Steigerung, zum Ausdruck des Engagements. Es ist damit ein Mittel, das zwar in ungefähr gleicher Quantität in allen Reportage-Typen anzutreffen ist, das daher als Stilcharakteristikum der Fußballreportage gelten kann, dessen Verwendungs-Häufigkeit aber andererseits in das Belieben des einzelnen Reporters gestellt ist. Daß es sich um eine textsortenspezifische Gebrauchsnorm handelt, zeigt der Vergleich der neun Reporter, von denen die größten Textmengen des Korpus stammen. Zwischen 3% (BREUCKMANN) und 5,4% (MÖNCH) aller vorzeitigen Referenzen entfallen auf diesen Irrealis. Bei BREUCKMANN und ZIMMERMANN sind es drei von 100 Vergangenheitsbezügen, bei HAUFFE, KLOSE und SPRENTZEL vier, bei BÖTTCHER vier bis fünf, bei FASSBENDER und EMMERICH fünf, bei MÖNCH sogar fünf bis sechs. Die Verwendungsfreiheit des Reporters zeigt sich dagegen, wenn man die einzelnen Reportagen eines Reporters betrachtet. Zwar bestätigen die Einzelwerte die eben gemachten Aussagen über den durchschnittlichen Irrealis-Gebrauch durch einzelne Reporter, so etwa im Falle BREUCKMANN, EMMERICH, HAUFFE und BÖTTCHER. Auf der anderen Seite liegen die Reportage-Werte der anderen Reporter sehr weit auseinander, so vor allem bei MÖNCH (GR 3: 8%; KR II,1: 0) und FASSBENDER (TR 2: 7,1%; GR 2: 6,4%; GR 4: 4%; KR I,5: 0).

Die Gesamtwerte beider Gattungen (DR: 3,8%; NB 1,7%) dokumentieren einen Unterschied im Irrealis-Gebrauch, der nicht zufällig sein dürfte. In den Nachberichten kann sich der Reporter weit weniger den Luxus leisten, neben der Realität auch noch fiktive Alternativen zu berichten. Außerdem entfällt bis zu einem gewissen Grade die Basis zur Steigerung der emotionalen Komponente; denn der Zeitabstand zwischen Spiel und Spielbericht und die vorangestellte Information über den Spielausgang wirken ja einer Emotionalisierung entgegen.

Der präterital gebildete Konjunktiv II referiert auf die vorzeitigen Zeitstufen in DR nur in 18 (= 9,6% aller präteritalen Konjunktive), in NB in zwei Fällen (= 13,3%). In der Hälfte aller Fälle handelt es sich zum einen um die Verwendung in indirekter Rede. Überwiegend tritt hierbei der präteritale für den präsentischen Konjunktiv ein, obgleich hierzu keine System-Notwendigkeit besteht:

(618) da sagte der busschaffner / ja er hätte nur einen Schweizer kollegen gemeint der so hieße

In diesem Beleg ersetzt ZIMMERMANN bei beiden Prädikaten den Konjunktiv I durch den Konjunktiv II. Zum andern sind es vergangenheitsbezogene irreale Vergleiche, z.B.

(619) es schien so als ob der ball dahin gehen müßte

Dominierend mit ca. 50% ist allerdings im Vorzeitigkeitsbereich die Funktion, die "Zukunft der Vergangenheit" auszudrücken. Der DR-Reporter versetzt sich und seine Zuhörer noch einmal auf den Wissensstand eines vergangenen Zeitpunktes zurück, von dem er in die Zukunft schaut (siehe Skizze 20). Fast ausnahmslos füllen die Reporter diese "Systemlücke" des präteritalen Teilsystems mit der "würde + Infinitiv"-Umschreibung:

(620) sie fühlte sich schon zu sicher / daß sie dieses länderspiel klar gewinnen würde

(621) wobei man ja geglaubt hatte / daß nach dem führungstor von Schuster doch die sicherheit in die deutsche mannschaft einkehren würde

In den Nachberichten gehören beide Vorzeitigkeits-Fälle dieser Funktionsgruppe an (siehe Beleg 313 und 314).

Über zwei Drittel (70,9%) der präteritalen Konjunktive in DR und ein Drittel in NB referieren g l e i c h z e i t i g, sind also auf die Gegenwartsstufen 4a und 4b bezogen. Indirekte Reden sind daran nur mit sehr geringer Quantität beteiligt.

(622) seine kollegen die um ihn herumstehen signalisieren / daß betreuer doch bitte auf den platz kommen sollten

Dasselbe gilt für Wünsche und irreale Vergleiche, bei denen "normgerecht"[182] der präteritale anstelle des präsentischen Konjunktiv steht (siehe auch Beleg 632):

(623) es wäre ja zu schön

(624) aber manchmal hat man auch das gefühl als ob der platz vielleicht ein kleines bißchen schmäler wäre als äh bei uns

Zwei funktionale Verwendungsweisen dominieren bei den Gegenwartsbezügen: 35,3% aller gleichzeitigen präteritalen Konjunktive gehören dem Typ "er könnte/ müßte schießen" an, 27,9% sind Abschwächungen direkter Aussagen. Beide Funktionstypen sind den kommentierenden Reportage-Anteilen zuzurechnen. In ihnen expliziert sich der Reporter teils direkt, teils indirekt in seiner Rolle als Narrator. Im Falle von "könnte/müßte schießen" handelt es sich um das Aufzeigen konkreter Aktions-Möglichkeiten, die im Redemoment zwar irreal sind, aber kurz darauf durchaus realisiert werden können. Der Reporter als Experte erkennt gleichsam vor dem Spieler eine erfolgversprechende Aktion. Je nach Parteinahme drückt er damit zugleich aus, ob er die Realisierung wünscht oder befürchtet. Für den Hörer bedeutet dieser "Aktions-Potentialis" ein zusätzliches Spannungselement: Er signalisiert dem Hörer in Form einer Vorankündigung Chance oder Gefahr für "seine" Mannschaft (siehe auch Beleg 193, 194, 279, 501):

(625) Manni Kaltz könnte jetzt sogar selber schießen das versucht er auch

(626) was macht da jetzt Dronia ist im strafraum / könnte flanken / müßte flanken / tut das auch

(627) Schäfer müßte schießen / spielt ab / zu Morlock

Bei schneller Aktionsfolge kann auch der Hinweis auf die Realisierung bzw.

Nichtrealisierung der zuvor genannten Aktionsmöglichkeit unterbleiben. Die kausale Abfolge der Spielszene reicht dabei als Orientierung:

(628) schuß / auf der torlinie gerettet / nachschuß müßte kommen / nochmal auf der torlinie gerettet

(629) Kocsis (schreit) auf engstem raum / dribbelt (zuschauerraunen) / könnte schießen / nein / kein elfmeter / kein elfmeter den Kocsis haben wollte

In Beleg 628 geht eindeutig aus der zweiten Rettungsaktion hervor, daß der Nachschuß erfolgt ist. In Beleg 629 impliziert der nachfolgende "Elfmeter"-Kommentar, daß Kocsis nicht zum Schuß gekommen ist, sondern vom Ball getrennt wurde. In einigen wenigen Fällen wird auch "sollte" für derartige punktuelle Aktions-Möglichkeiten benutzt, z.B.

(630) Kaltz sollte sich anbieten hat das getan

(631) der könnte flanken / sollte es auch tun / jetzt macht er's

Wie besonders Beleg 631 zeigt, enthält die "sollte"-Variante einen dringlichen Ratschlag. Im Regelfalle beinhaltet "sollte" nicht-punktuelle, sondern allgemeinere Ratschläge, häufig mit imperativischem Unterton. Es handelt sich also um 4b-Referenzen

(632) es scheint jetzt so / als ob die beiden torsteher sich im weitschießen üben wollten / sie sollten vielleicht lieber ein bißchen genauer / zuspielen

(633) sie macht sich vorwürfe / das sollte sie nicht tun / sie sollte ruhig versuchen ihr spiel aufzuziehen

In beiden Situationen steht der Ratschlag im Kontrast zu dem realen Geschehen bzw. der Verhaltensweise der Akteure. Neben der Irrealität im Redemoment drücken diese präteritalen Modalverb-Konjunktive aber auch eine Abschwächung des imperativischen Inhalts aus. Dies kann eine Gegenüberstellung indikativischer und konjunktivischer Ausdrucksweise verdeutlichen:

(634) ja / die deutschen spieler müssen ein bißchen darauf achten

(635) Andrey der enger genommen werden müßte

Setzt man in beiden Beispielen den jeweils anderen Modus ein (634: "müßten"; 635: "muß"), erkennt man die mehr oder minder starke Modifizierung der Reporter-Ratschläge.

Die Abschwächungs-Funktion, sei es aus Gründen der Höflichkeit, des Understatement, der Unverbindlichkeit, der Vermutung oder der Skepsis, kann als gleitende Skala gedacht werden, die von der Irrealität bis zur zweifelsfreien Realität reicht. Der Rubrik "Abschwächung" haben wir daher nur die Fälle subsumiert, bei denen diese Funktion eindeutig überwiegt, in der also die irreale Komponente nur schwach ausgeprägt bzw. überhaupt nicht vorhanden ist. Ohne Frage gehören zu den abgeschwächten Realis-Aussagen die meta- bzw. paranarrativen Reporter-Äußerungen, z.B.

(636) ich würde sagen

(637) wir sollten es nicht verschweigen

(638) dann müßte ich ihnen auch noch sagen

(639) in dieser / so möchte ich sagen schicksalhaften begegnung

(640) das wäre dann schon alles was erwähnenswert wäre

(641) so / da wären wir wieder und inzwischen haben die Ungarn eine / möglichkeit bekommen

In allen Beispielen findet die konjunktivisch ausgedrückte Handlung realiter statt.

Nur ein geringer Vorbehalt gegenüber der eigenen Realis-Beurteilung schwingt in den "dürfte"-Kommentaren mit:

(642) und ich glaube das dürfte die entscheidung sein

(643) 25.000 zuschauer / dürften es gut und gerne sein

Vergleichbare Abschwächungen enthalten folgende Passagen:

(644) ein offensivverteidiger / wie er / nicht besser spielen könnte

(645) und damit müßte / eigentlich schon eine vorentscheidung in diesem spiel gelaufen sein / äh gefallen sein

(646) man wünschte sich ein bißchen mehr / energie

Die dritte Hauptgruppe der präteritalen gleichzeitigen Konjunktive bilden die irrealen Aussagen, zu denen wir auch die allgemeinen Ratschläge vom Typ "sollte tun" der Zeitstufe 4b und die wenigen irrealen Wünsche gerechnet haben. Hier einige Beispiele des eindeutigen Irrealis:

(647) die Berliner die hier ja gern Norbert Nigbur im kasten sehen würden

(648) ja also Schatzschneider nich wahr der wär schon ganz gut wenn wir den hier hätten

(649) ihr daumendrücken / hat jedenfalls in den letzten drei minuten geholfen / denn sonst stände es 3:2 / für / Ungarn / aber der effektive spielstand nach wie vor 2:2

In den Nachberichten spielt von der Gattung her der Aktions-Potentialis keine Rolle. Die Hälfte der acht präteritalen Konjunktive sind Abschwächungen, je zwei entfallen auf den Irrealis und auf "würde + Infinitiv" in der vorzeitigen Funktion "Zukunft der Vergangenheit".

Wenn auch nur 17% aller Konjunktiv-II-Formen bzw. 25% aller präterital gebildeten Konjunktive n a c h z e i t i g referieren, so spielt der präteritale Konjunktiv, wie die Tabellen 69c bis 72c zeigen, dennoch in den Zeitstufen 6 und 7 eine bedeutende Rolle. Bei den Vorgriffen in die nicht-unmittelbare Spiel-Zukunft sind bereits 18,3% aller Referenzen Konjunktiv-Formen, bei den Vorgriffen in die Zeit nach dem Spiel steht der Konjunktiv II sogar mit 26,4% an zweiter Stelle nach dem Präsens (47,9%) und vor dem Futur (22,8%). Eine Ausnahme stellen hier die Ganzreportagen dar, deren im Vergleich zu TR und KR niedriger Zeitstufe-7-Anteil nur einen einzigen Konjunktiv enthält. Der Grund liegt zum einen in den auf S. 146 erläuterten Endspiel-Bedingungen der Ganzreportagen, zum anderen in der Funktion des Konjunktiv im Bereich der Nachzeitigkeit.

Im Gegensatz zum futurellen Präsens und zum Futur I, die Vorgriffe mit dem Signum der Realität, zumindest einer mehr oder minder stark ausgeprägten Zukunftsgewißheit versehen, kennzeichnet der nachzeitige präteritale Konjunktiv vor allem die Modalität "Eventualis". Gleich, ob hierbei das zukünftige Geschehen als mehr oder minder wahrscheinlich bzw. unwahrscheinlich beurteilt wird, der Schwerpunkt der Aussage liegt auf der Eventualität:

(650) es sind noch sechs minuten zu spielen / 1:1 unentschieden / und das würde reichen für die Fortunen

(651) schnell noch der hinweis / auf das reglement / auf die auswärtsregeln / denn Servette Genf müßte hier schon mit 2:1 gewinnen / ein 1:1 reicht nicht denn dann zählte ja das tor / von Fortuna Düsseldorf doppelt

(652) das sind spieler / die möglicherweise bei der weltmeisterschaft 1982 in Spanien / im rampenlicht stehen könnten

Relativ häufig stehen diese Zukunfts-Spekulationen in Konditionalgefügen, wobei im Regelfalle sowohl Bedingung wie Folgerung konjunktivisch ausgedrückt werden:

(653) wenn ein schneller ausgleich kommen könnte in den nächsten / fünf bis zehn minuten dann wäre wieder alles ausgeglichen / dann hätte man das hinter sich

(654) sollte der 1. FC / dieses erlösende / dritte tor schießen dann wäre er tatsächlich / im halbfinale

(655) bliebe es so dann würde die deutsche bilanz gegen Argentinien / weiter verbessert werden / dann würde es so sein / daß wir drei siege / eine niederlage und / ein unentschieden zu verzeichnen haben

(656) er könnte möglicherweise im September / im freundschaftsspiel / wenn Barcelona ihn freigeben sollte / in Königshütte / gegen Polen / durchaus / wieder dabei sein / aber das bleibt abzuwarten

Die überwiegende Mehrzahl dieser Konditionalgefüge kommen in Teilreportagen vor. Hier spielen eben die Folgerungen, die sich aus dem Spielstand bzw. dem möglichen Endresultat dieser Cup-Spiele ergeben, eine wesentlich größere Rolle als in den Ganz- und Konferenzreportagen, die primär Endspielen bzw. Bundesliga-Begegnungen gewidmet sind (siehe S. 146). Daher ist es auch nicht verwunderlich, daß in den Nachberichten der Konjunktiv II überhaupt nicht für Zukunftsreferenzen eingesetzt wird; es fehlt halt nicht nur der Berichtsraum, sondern die Reportagesituation für derartige spekulative Exkurse ist einfach nicht gegeben. Rechnet man dagegen die NB-Fälle des vorzeitigen Eventualis, also "würde" + Infinitiv, in der Funktion als "Zukunft der Vergangenheit", auf die Textmenge der Direktreportagen hoch, so stehen den sieben DR-Fällen die zehnfache Anzahl in NB gegenüber.

Tabelle 91 gibt einen zusammenfassenden Überblick über die funktionale Verwendungsweise des Konjunktiv II in den Direktreportagen. Die unteren drei Zeilen

TABELLE 91: Distribution der Konjunktiv-II-Funktionen in den Direktreportagen

	GR	TR	KR	DR
Abschwächung	8,6	19,1	16	14,4
indirekte Rede	3,6	1,1	2,7	2,5
vorzeitiger Eventualis	-	1,6	2,1	1,2
nachzeitiger Eventualis	11,7	23	17,5	17,3
Irrealis	76,1	55,2	61,7	64,6
Aktions-Potentialis	29,9	11,5	10,6	17,6
irrealer Vergleich	8,1	3,3	1,1	4,2
Bedingung	7,1	15,8	5,3	9,3

Alle Angaben in %.

"vorzeitiger Eventualis": "würde" + Infinitiv als "Zukunft der Vergangenheit"
"Aktions-Potentialis": Typ "könnte/müßte schießen"

geben zwei Sonderfälle des Irrealis, nämlich den Aktions-Potentialis und den irrealen Vergleich, und die Verwendung in Konditionalsätzen, seien sie irreal oder eventual, wieder.

Die Gesamtaufschlüsselung bestätigt noch einmal unsere nach plusquamperfektischer und präteritaler Bildungsweise getrennt vorgenommenen Analysen:

1. Selbst unter Einbeziehung des Konjunktiv I ist die indirekte Rede mit sehr geringen Anteilen vertreten. Die Direktreportage ist also eine narrative Textsorte, in der die Rede-Wiedergabe, und zwar nicht nur in Form indirekter, sondern auch direkter Rede, von völlig untergeordneter Bedeutung ist. Dieses Faktum unterscheidet die Fußballreportagen sowohl von alltäglichen wie von literarischen Erzählungen.
2. Mit noch geringerer Frequenz ist der vorzeitige Eventualis vertreten. Sein Anteil steigt in den DR-Typen, wenn die vorzeitigen Referenzen insgesamt zunehmen. Dennoch wird die Grundsituation, die Zukunft von einem Bezugspunkt der Vergangenheit aus darzustellen, nur ausnahmsweise realisiert. Der Regelfall ist die rückwärtige Betrachtung vom Wissensstand des Redemoments aus, was im Falle der Geschehens-Alternative folglich durch Verwendung des Irrealis geschieht.
3. Der Gebrauch irrealer Vergleiche hängt offensichtlich von der Reportagen-Länge ab. Je mehr Zeit die Reporter haben, desto eher greifen sie zu derartigen Zusatz-Informationen.
4. Der im Vergleich zu TR und KR wesentlich höhere Irrealis-Anteil in GR findet in erster Linie seine Erklärung in dem relativ hohen Anteil, den der Aktions-Potentialis hier hat.
5. Der TR-Wert "23 % nachzeitiger Eventualis" hängt mit dem vergleichsweise hohen Anteil zusammen, den in TR die Konditionalgefüge einnehmen (15,8 %).
6. GR weist gegenüber TR und KR einen niedrigen Abschwächungs- und einen hohen Aktions-Potentialis-Wert auf. Beides läßt sich nur sehr bedingt reportage-pragmatisch erklären. Hier ist eher an individuelles Stilverhalten zu denken.

Die in 6. aufgestellte Hypothese bedarf der Überprüfung. Mißt man die Anzahl der Abschwächungs-Fälle an der jeweiligen Gesamtzahl der punktuellen Redemoment-Referenzen, so zeigen sich zwischen den Reportern erhebliche Frequenz-Unterschiede. Weniger als einmal auf 100 4a-Bezüge machen FASSBENDER und HAUFFE von diesem Stilmittel Gebrauch. Ein- bis zweimal pro 100 verwendet es SPRENTZEL, zwei- bis dreimal gebrauchen es BREUCKMANN, EMMERICH und MÖNCH, viermal benutzt es BÖTTCHER. Bei ZIMMERMANN kommt nur ein Fall auf 1.000 Referenzen vor, bei KLOSE gar keiner. Innerhalb des GR-Teilkorpus halten nun aber gerade die Reporter mit wenigen bzw. keinen Abschwächungen, also FASSBENDER, ZIMMERMANN und KLOSE, einen 80 %-Anteil an allen 4a-Bezügen dieses Teilkorpus. Umgekehrt sieht es in TR aus: Hier beträgt der 4a-Anteil am Teilkorpus, den Reporter mit einer gewissen Vorliebe für Abschwächungen halten, nämlich BÖTTCHER, BREUCKMANN, EMMERICH und SPRENTZEL, sogar über 80 %.
Noch eindeutiger beeinflußt ein Reporter, nämlich ZIMMERMANN, den GR-Wert "Aktions-Potentialis" und damit auch den GR-Wert "Irrealis". Von den 59 Fällen des Typs "könnte/müßte schießen" kommen allein 36 in GR 1 vor. Ohne diese Reportage sinkt der GR-Wert des Aktions-Potentialis auf 20,7 % aller Konjunktiv-II-Formen, der Irrealis-Wert auf 61,3 %. ZIMMERMANN verwendet also in seiner WM-Endspiel-Reportage 3,5 % aller punktuellen Redemoment-Referenzen zur Schilderung einer aktionalen Möglichkeit. Innerhalb seines engagierten, auf Spannung ausgerichteten Reportagestils stellt folglich der Aktions-Potentialis ein

wichtiges Mittel dar. Sollte es sich hierbei zugleich um ein allgemein gebräuchliches Stilmittel der fünfziger Jahre handeln, so scheint es in der Folgezeit eine zweisträngige Entwicklung gegeben zu haben. Wenn nicht, ist von einer Zweiteilung der Reporter auszugehen. Wie auch immer, Faktum ist: Eine Reihe der heutigen Reporter verwendet in ihren Korpus-Reportagen diesen Aktions-Potentialis gar nicht oder nur äußerst selten, so MÖNCH, KLOSE, EMMERICH und BREUCKMANN. Mäßigen Gebrauch machen auch BÖTTCHER und FASSBENDER von diesem Mittel, d.h. höchstens jede 100. Redemoment-Referenz ist ein Aktions-Potentialis. Auf der anderen Seite stehen Reporter, die in diesem Punkt gleichsam die ZIMMERMANN-Tradition fortsetzen: Fast drei von 100 4a-Referenzen setzt SPRENTZEL zu diesem Zweck ein, HAUFFE sogar fünf. In GR 4 erreicht HAUFFE mit 7% aller punktuellen Redemoment-Referenzen den höchsten Wert aller GR- und TR-Reportagen, der nur noch von kürzeren KR-Reportagen übertroffen wird, z.B. von HANSCH in KR III,3 (7,7%) und HAGELEIT in KR III,6 (9,1%).

4.2.10. Imperativ

Zwei Erläuterungen müssen diesem Abschnitt vorausgeschickt werden:

1. Zum "Imperativ" rechnen wir nur die präsentisch gebildete 2. Person Singular und Plural, die kein formal selbständiges Subjekt erfordert. Wir rechnen also nicht zum "Imperativ" die zahlreichen Ersatzformen, die entweder wie Futur und Konjunktiv I auf ein Personalpronomen angewiesen sind oder wie Infinitiv und Partizip Perfekt keine Numerus-Zuordnung enthalten oder die gar mit Hilfe eines Modalverbs ausgedrückt werden. Also: "paß auf"/"paßt auf", aber nicht "wirst du wohl aufpassen", "passen Sie doch auf", "aufpassen!", "aufgepaßt!", "du sollst aufpassen", "du hast aufzupassen" usw. Die Mehrzahl der Grammatiken führt den Konjunktiv I mit dem nachgestellten Höflichkeits-"Sie" unter "Imperativ" und nicht unter den imperativischen Ersatzformen auf. Mit derselben semantischen Begründung könnte man die anderen imperativischen Ausdrucksmöglichkeiten der morphologisch-formalen Kategorie "Imperativ" zuschlagen, aber auch das auf den Redemoment bezogene Futur I dem "Konjunktiv", das nachzeitige Perfekt und Präsens dem "Futur" usw. Da es keine Einszu-eins-Entsprechung zwischen Tempus- bzw. Modusformen und inhaltlichen Funktionen gibt, sollte man konsequenterweise entweder von der Form oder von der Funktion ausgehen. Da wir bisher die Form als Ausgangspunkt genommen haben, halten wir es für angemessen, auch beim Imperativ so zu verfahren.
2. Der Imperativ hat für uns Redemoment-Gültigkeit. Dies muß betont werden, da BRONS-ALBERT erst kürzlich "Imperative" zu den "zukunftsbezogenen Sätzen" gerechnet hat.[183] Nun kann nicht bestritten werden, daß die Ausführung eines Befehls erst nach seiner Erteilung erfolgen kann. Bestreitbar ist aber, daß bei der Verwendung des Imperativs der zeitliche Bezug sich auf die Ausführung erstreckt. M.E. richtet sich die Zeitreferenz des Imperativs auf die Erteilung - und die ist mit dem Redemoment identisch. Zeitreferentiell entscheidend im Falle von "komm morgen" ist aus meiner Sicht die imperativische Komponente "ich will" (und zwar jetzt im Redemoment) und nicht das Ziel meines Wollens "daß du morgen kommst".

Der Imperativ ist nach dem Futur II die finite Form, die im DR-Korpus mit der geringsten Frequenz vertreten ist. Nur 0,1% aller finiten Verben, nur 0,2% aller punktuellen Redemoment-Referenzen stehen im Imperativ. Im NB-Korpus fehlt der Imperativ völlig. Die Verteilung der 13 Imperative auf die einzelnen DR-Typen (GR: 11; TR: 2; KR: 0) erweckt den Eindruck, daß der Imperativ ein zwar selten gebrauchtes, aber im Vergleich zu den Ausschnittreportagen charakteristisches Stilmittel der Ganzreportagen sei. Doch diese Deutung trügt: Denn nicht weniger als zehn der 13 Imperative kommen in einer einzigen Reportage, in ZIMMERMANNs GR 1, vor. Wenn eine Verbform-Kategorie ausschließlich individualstilistisch bzw. im Sinne eines historischen Zeitstils interpretiert werden muß, dann ist es der Imperativ. Dies umso mehr, da es sich bei den drei anderen Imperativen um Sonderfälle handelt. Denn der Imperativ setzt eine direkte Kommunikationssituation voraus. Mit ihm "wendet sich der Sprecher direkt an eine Person oder an mehrere Personen, die anwesend sind. Mit dem Imperativ wird jemand direkt angesprochen"[184]. Diese jedem narrativen Text zugrunde liegende Dialog-Konstellation zwischen dem Erzähler-Ich und dem Rezipienten-Du - sei sie nun expliziert oder nur mitgedacht - ist in allen Hörfunkreportagen voll realisiert: der Reporter ist immer als Narrator mit allen seinen Origo-Merkmalen des Ego, Hic und Nunc präsent, der Hörer wird in Begrüßungen und Verabschiedungen, in Bitten, Entschuldigungen und Aufforderungen direkt apostrophiert und so in die einsträngige "Dialog"-Struktur einbezogen. Doch die Ansprache in der 2. Person, wie sie in Hörer/Leser-Apostrophen früherer Zeiten üblich war, ist in den Reportagen des 20. Jahrhunderts im Anschluß an die geltende gesellschaftliche Konvention dem "Siezen" gewichen. Kein Reporter würde es daher wagen, diese Rundfunk-Norm zu durchbrechen. Mit anderen Worten: für den Imperativ ist aus konventionellen Gründen in den Reportagen kein Raum. Er ist daher innerhalb der Kommunikation zwischen dem Reporter und seinen Hörern generell ersetzt worden durch die konjunktivisch gebildete Höflichkeits-Form (Konjunktiv I + nachgestelltes "Sie"). Alle 13 Imperative unseres Korpus beziehen sich daher auf andere Kommunikationsebenen.

Zwei der drei Fälle aus den neueren Reportagen konstruieren gleichsam eine direkte Gesprächssituation zwischen zwei Spielern. "Konstruieren" im doppelten Sinne: 1. Der Reporter zitiert nicht einen Akteur, unterbricht folglich seine Narratio nicht, indem er das Wort an eine Person der geschilderten Res abtritt. 2. Es handelt sich in beiden Fällen um die Versprachlichung einer nonverbalen Kommunikation, der Reporter fungiert also als "Übersetzer" von einem Zeichensystem in ein anderes:

(657) der Stuttgarter / folgt nun dem zeichen von Stielike der andeutete spiel zu Förster

(658) foulspiel / an Klaus Allofs / der noch ein bißchen auf den Albaner zugeht als wollt er ihm sagen es war wohl / Targaj geh weg und du hast mich gefoult

Im Gegensatz zu diesen beiden von HAUFFE (GR 4) und BÖTTCHER (TR 6) stammenden Fällen durchbricht BREUCKMANN in TR 3 scheinbar die Konvention:

(659) und auch dieser abschlag landet sofort wieder / in den armen / sprich natürlich / in den beinen des gegners

Aber einmal davon abgesehen, ob es sich bei rein formaler Betrachtung hier überhaupt um die Kommunikationsebene "Reporter - Hörer" und nicht um die Ebene "Reporter zu sich selbst" handelt (er "spricht" ja und "befolgt" den Befehl), funktional betrachtet ist dieser Imperativ nichts weiter als eine metanarrative Verbesserungsfloskel, eine Variante zu eingeschobenen Äußerungen wie "das heißt", "das muß natürlich heißen", "besser", "richtiger" usw.

In ganz anderer Weise gebraucht ZIMMERMANN den Imperativ in seiner Reportage von 1954. Einer der Gründe, warum diese Reportage die Zeiten überdauert hat, als Schallplatte gleichsam "literarisch" geworden ist, liegt zweifellos in ZIMMERMANNs souveräner Beherrschung narrativer Möglichkeiten und sinnvollen Anwendung rhetorischer Mittel, die nicht aufgesetzt oder manieriert wirken, sondern seinem zwischen Reporter-Distanz und Augenzeugen-Engagement pendelnden Stil adäquat sind. Zu den erzählstrategischen Mitteln gehört, daß er in ein und derselben Reportage mehrere Kommunikationsebenen realisiert. Bereits die obligatorische Reporter-Hörer-Ebene wird von ihm in verschiedene Teilebenen zerlegt. Er bezieht nicht nur alle Zuhörer in das Geschehen ein, z.B.

(660) sie hören das raunen der menge,

vermittelt das Reporter, Mannschaft, Schlachtenbummler und Hörer verbindende Wir-Gefühl

(661) ja ist es zu glauben / wir haben ausgeglichen / gegen / Ungarn / die großartigste technikerelf / die man kennt,

fordert die Hörer zum Daumendrücken auf und macht sie zu Mitbeteiligten am Erfolg

(662) mein kompliment für sie meine lieben zuhörerinnen und zuhörer / ihr daumendrücken / hat jedenfalls in den letzten drei minuten geholfen,

sondern er teilt sein Publikum auch in Fußball-Enthusiasten und -Laien ("die an den lautsprechern gezwungenermaßen sitzen"), die er getrennt anspricht, etwa die Laien:

(663) die fußball-laien werden uns [d.h. die Enthusiasten] für verrückt erklären / aber bedenken sie es ist wirklich Deutschlands fußballtag

Daneben etabliert er weitere Kommunikationsebenen, deren Gemeinsamkeit es ist, daß sie rein "rhetorisch" sind, da von den pragmatischen Bedingungen der Reportage her es sich um fiktives Ansprechen handelt. So apostrophiert er

1. die Zuschauer im Stadion, z.B.

(664) (pfiffe) nein / nein liebe zuschauer sie irren / es gibt keinen eckball / es gibt abschlag

2. die Spieler auf dem Spielfeld, z.B.

(665) Toni Turek / mensch hast du uns eben angst gemacht

3. den Schiedsrichter, z.B.

(666) ja mister Ling / wenn sie Rahn abseits pfeifen dann hätten sie das eine minute vorher / auch / bei Puskas tuen müssen

4. einen Gegenstand, konkret den Zeiger der Stadionuhr (siehe Beleg 673).

Bei allen Apostrophen wird die personale Zuordnung des "Siezen" und des "Duzen" konsequent eingehalten:

- die beiden Zuhörer-Gruppen, die Zuschauer im Stadion und der Schiedsrichter werden gesiezt,
- die Spieler und der personifizierte Gegenstand geduzt.

Diese Zuordnung entspricht voll der für Hörfunkreportagen geltenden Konvention. Gegenüber den Spielern nimmt der Reporter die Rolle des Stadion-Fans ein, der sich mit seinem Eintrittsgeld das Recht erkauft hat, mit den Spielern auf Du und Du zu stehen. ZIMMERMANN simuliert also gleichsam die direkten Aufforderungs-Zurufe der Zuschauer an die Spielfeld-Akteure. Dasselbe tun die heutigen Reporter, wenn sie ausnahmsweise einmal einen Spieler direkt apostrophieren, so etwa HAUFFE in GR 4 den Spieler Hans Müller:

(667) ja Hansi wärst du noch ein paar schritte gelaufen da hättest du zeit dann hätte hier durchaus das 2:0 fallen können

ZIMMERMANNs Imperative sind zwangsläufig auf den Kommunikationsebenen angesiedelt, in denen die angesprochene Person bzw. Sache geduzt wird. Neben Indikativ- und Konjunktiv-Formen ist dabei der Imperativ innerhalb des Arsenals finiter Verben eine von drei Realisierungsmöglichkeiten der direkten Ansprache. ZIMMERMANN reitet dieses Engagement vermittelnde, die Stadion-Atmosphäre wiederspiegelnde und die Spannung steigernde Mittel des rhetorischen Imperativ dabei keineswegs zu Tode, sondern er setzt es sparsam und im Regelfall nur bei Geschehens-Höhepunkten ein. "Sparsam" in zweierlei Hinsicht: zum einen sind in GR 1 lediglich 0,6% aller finiten Verben und 1% aller punktuellen Redemoment-Referenzen Imperative, zum andern kommen die zehn Imperative nur an sechs Stellen seiner gut eineinhalb Stunden dauernden Reportage vor; das bedeutet: zweimal steigert er den Effekt des Imperativ-Gebrauchs durch einmalige, einmal sogar durch zweimalige Wiederholung (siehe Beleg 668, 670, 673). Es ist wohl kein Zufall, daß diese sechs Imperativ-Stellen im Verhältnis 1:2 auf die erste und zweite Halbzeit verteilt sind: drei Imperative an zwei Stellen in der ersten, sieben Imperative an vier Stellen in der zweiten Hälfte.

An einer Stelle wird mit drei Imperativen die Abwehr der deutschen Mannschaft beschworen, eine gefährliche Situation zu bereinigen:

(668) noch einmal nachschuß / Kocsis am linken flügel / (flehentlich) rettet ret-tet rettet und / jetzt / ist die gefahr beseitigt

Alle anderen Imperative sind Einzelansprachen, stehen also im Singular. An vier Stellen spricht ZIMMERMANN einzelne Spieler direkt mit Handlungsaufforderungen an:

(669) sei vorsichtig mein junge daß du beim abschlag nicht ausrutschst

(670) gibt zu Ottmar / Ottmar schieß / (sprecher schreit) schieß doch bitte / nein er spielt ab zu Posipal

(671) Eckel kann den ball nicht bekommen / Bozsik hat ihn / zu Hidegkuti (schnell) und Liebrich Liebrich (flehend) nimm ihn // nein er überläßt ihn Turek (zuschauerraunen)

(672) jetzt angriff der Ungarn (hektisch) durch Czibor alleine durch / Turek geh aus dem tor heraus / (jubel) hat gerettet

Kurz vor Spielende wendet sich ZIMMERMANN beschwörend an die Stadionuhr und steigert somit die usuellen Hinweise auf die noch zu spielenden Minuten bzw. Sekunden:

(673) der sekundenzeiger er wandert so langsam wie gebannt starre ich hinüber / geh doch schneller geh doch schneller / aber er tut es nicht

Deutlich wird an der Gewichtung der Imperative - nur einer (Beleg 669) richtet sich an den ungarischen Torwart Groscis - die Parteilichkeit des Reporters. ZIMMERMANN bemüht sich nie, diese Parteilichkeit zu verdecken, er sieht sich als engagierter Augenzeuge, der mit "seiner" Mannschaft und stellvertretend für "seine" Zuhörer zittert, bangt, fürchtet, hofft und jubelt. Trotz aller Hyperbolik - in Chauvinismus gleitet er nie ab, seine Bewertungen vermeiden einseitige Schwarz-Weiß-Malerei, Lob und Tadel verteilen sich in gleicher Weise auf die deutschen und ungarischen Spieler. Vielleicht ist es dieses Wechselspiel von Parteinahme und fachlich-kritischer Information, von Steigerung und Rücknahme der Emotion, von Begeisterung und Distanz, von Subjektivität und Objektivität, das diese Reportage heute noch lebendig sein läßt und hörenswert macht, in einer Zeit, in der sich bewährte Reporter entschuldigen, wenn ihnen ein "wir" über die Lippen rutscht.[185]

4.2.11. Zusammenfassung

Ohne auf die einzelnen Analysen und Interpretationen nochmals einzugehen - hierzu sei auf die vorangegangenen Tempus-Abschnitte verwiesen -, soll der Versuch unternommen werden, die Ergebnisse des Tempus-Kapitels in zehn Punkten zusammenzufassen.

1. Der Gebrauch der einzelnen Tempora erfolgt in den Fußballreportagen des Hörfunks in der überwiegenden Mehrzahl der Fälle "systemkonform". Das heißt zunächst einmal, daß die fünf Haupttempora des Deutschen auf die drei grundlegenden Zeitverhältnisse in der Weise referieren, die ihrer System-Position entspricht. Diese Behauptung läßt sich an der jeweiligen zeitreferentiellen Frequenz eindeutig nachweisen:

Präsens:	zu 93,1 %	gleichzeitig
Perfekt:	zu 99,4 %	vorzeitig
Präteritum:	zu 100 %	vorzeitig
Plusquamperfekt:	zu 100 %	vorzeitig
Futur I:	zu 89,1 %	nachzeitig

"Gleichzeitig" bedeutet: "Redemoment-Gültigkeit", "vor-" und "nachzeitig": "Gültigkeit vor" bzw. "nach dem Redemoment". Außer dem Vorwissen des Rezipienten, um welche Textsorte es sich handelt, bedürfen diese Tempora keiner kotextuellen Zeitangaben, um ihren Zeitbezug im angegebenen Sinne zu gewährleisten. Ebenfalls als normgerecht kann der Gebrauch der Konjunktive und Imperative bezeichnet werden.

2. Der Ko- und/oder Kontext muß dagegen die Zeitreferenz der Tempora in den Fällen monosemieren, in denen sie abweichend von der Systemnorm verwendet werden. Von relativ wenigen Fällen abgesehen, handelt es sich bei diesen Abweichungen um "übliche" Verschiebungen innerhalb des erweiterten Systems, das neben den drei Grundverhältnissen noch die zusätzlichen Zeitverhältnisse "Vorvergangenheit" und "Vorzukunft" enthält. Als "üblich" kann man diese Verschiebungen bezeichnen, da sie eine zweite, quantitativ allerdings wesentlich "dünnere" Normschicht über der Systemnorm bilden. Im einzelnen handelt es sich um folgende Verschiebungen:

   a) Präsens und Perfekt können von ihren Systempositionen auf der Zeitachse sowohl in den Bereich "Nachzeitigkeit" als auch in den Bereich (im Falle des Perfekt innerhalb des Bereichs) "Vorzeitigkeit" verschoben werden.

SKIZZE 28: "Verschiebung" des Präsens und Perfekt

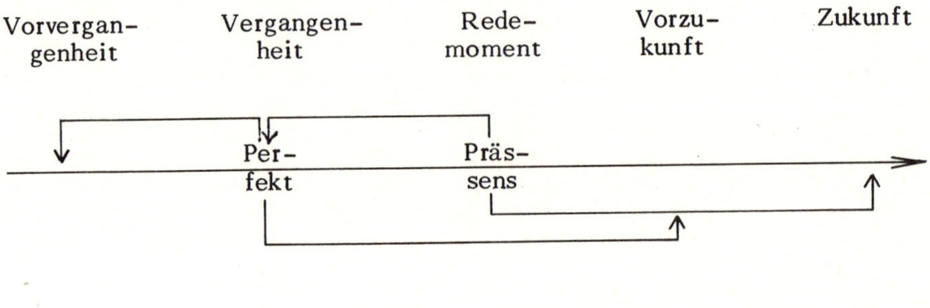

Das Präsens nimmt folglich die Systemposition einerseits des Futur I (= futurelles Präsens) andererseits die des Perfekt bzw. Präteritum (= historisches Präsens) ein. Das Perfekt "wandert" gleichsam auf der Zeitachse mit. Es tritt an die Systemstelle des Futur II bzw. die des Plusquamperfekt. Kommt es dabei in Kombination mit dem "verschobenen" Präsens vor, erfüllt es auch innerhalb der "Verschiebung" seine Grundfunktion, nämlich das Vorzeitigkeits-Tempus des Präsens zu sein.

b) Futur I und Futur II können auf der Zeitachse "zurückverschoben" werden.

SKIZZE 29: "Verschiebung" des Futur I und II

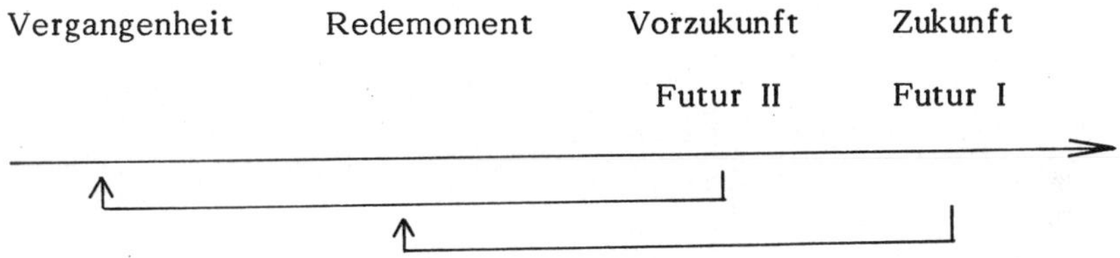

Diese zeitliche Rückversetzung ist kein einfaches Gegenstück zu der Nachzeitigkeits-Verschiebung des Präsens und Perfekt. Denn bei der Futur-Verschiebung ändern beide Tempora ihren Modus: sie werden zu "Möglichkeits"-Formen.

c) Das Präteritum kann die Stelle des Plusquamperfekt als Tempus der Vorvergangenheit einnehmen.

SKIZZE 30: "Verschiebung" des Präteritum

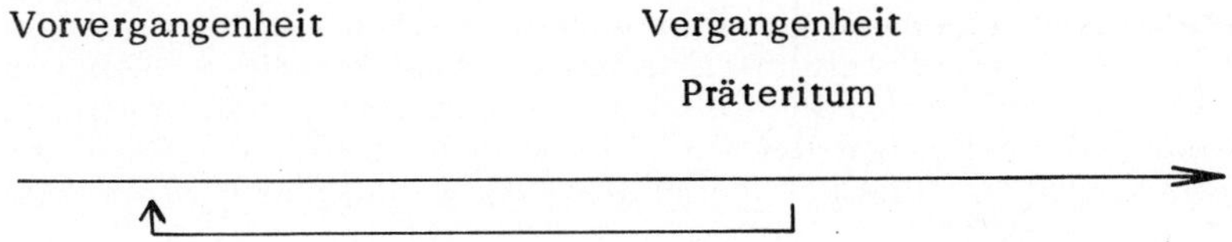

d) Der nachzeitige "Konditional" ("würde" + Infinitiv) füllt im Regelfalle die Systemlücke "Zukunft der Vergangenheit" aus.

SKIZZE 31: "Verschiebung" des "Konditional"

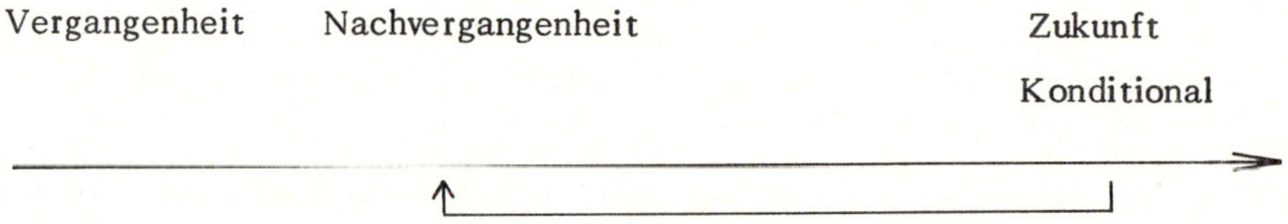

Von all diesen Tempus-Verschiebungen machen die Reporter mit einer Häufigkeit Gebrauch, die in der deutschen Gegenwartssprache als "üblich" und "normal" bezeichnet werden kann. Im Vergleich zu anderen Textsorten fällt auf, daß die Reporter das futurelle Präsens, die sprachlich relevanteste "Verschiebungsfolge", unterdurchschnittlich häufig verwenden.

3. Das Modell zweier Teilsysteme im temporalen Bereich, nämlich des "präsentischen" mit dem Redemoment als Bezugspunkt und des "präteritalen" mit einem bestimmten Bezugspunkt in der Vergangenheit, hat sich als Ausgangsbasis der Untersuchung bewährt. Darüber hinaus konnte der Nachweis erbracht werden, daß der *funktionale* Einsatz dieser beiden Teilsysteme zumindest für "erzählende" Texte generell gleich erfolgt. Mit anderen Worten: zwischen dem Tempusgebrauch in weitgehend spontan gesprochenen, nicht-fiktionalen Erzählungen, hier Fußballreportagen des Hörfunks, und dem in geschriebenen, fiktionalen, literarischen Erzählungen besteht kein nennenswerter Unterschied. Im Gegensatz zur ontologischen Betrachtungsweise erweist sich das Gegensatzpaar "fiktional" - "nicht-fiktional" unter narrativem Aspekt als weit weniger bedeutsam, als man zunächst annehmen könnte. Für die *Frequenz* der einzelnen Tempora spielt der Gegensatz zwischen "Gegenwarts-" und "Vergangenheits-Erzählung" selbstverständlich die entscheidende Rolle.

4. Wie in der geschriebenen und in der gesprochenen Sprache allgemein, treten auch in den Reportagen die Tempora in ihren Systempositionen weit häufiger auf als an gleicher Stelle die "verschobenen" Tempora. Ausnahmen machen das nachzeitige Präsens und Perfekt, die häufiger für die Zukunft bzw. Vorzukunft eingesetzt werden als die betreffenden System-Tempora Futur I und Futur II. In beiden Fällen handelt es sich zugleich um "sprachliche Erleichterungen". Neben dem narrativen Bezugspunkt-Kriterium beeinflußt vor allem dieses sprachökonomische Kriterium den Tempusgebrauch. Im Vorzeitigkeitsbereich ist besonders die Perfekt-Präteritum-Distribution davon betroffen ("Erleichterungspräteritum"). Ob im konkreten Einzelfalle das narrative, das funktionale, das sprachökonomische oder gar das sprachästhetische Kriterium Vorrang hat, ist teilweise vorgegeben, teilweise nicht festgelegt. Für individuelle Präferenzen bleibt letztlich kein großer Freiraum.

5. Individualstilistischer Tempusgebrauch läßt sich daher nur in Ausnahmefällen nachweisen. Hinzu kommt, daß selbst die Textbasis der Reporter, die im Korpus mit mehreren Reportagen vertreten sind, m.E. nicht ausreichend ist, um derartige Schlüsse zu ziehen. Denn gerade bei diesen Reportern konnte wiederholt gezeigt werden, daß eine Präferenz, die sich in zwei oder drei Reportagen abzeichnete, in einer weiteren Reportage in ihr Gegenteil verkehrt ist. Auffallende Abweichungen von der Reportage-Norm sind daher lediglich in

wenigen Einzelfällen (z.B. EMMERICH) festzustellen und mit Vorbehalt "individualstilistisch" erklärbar.

6. Einige markante Unterschiede treten beim Vergleich der ZIMMERMANN-Reportage aus dem Jahre 1954 mit den Reportagen aus den siebziger und achtziger Jahren auf. Ob es sich bei ZIMMERMANN um individuellen Reportagestil oder um "Werkstil" handelt oder ob sich in den Unterschieden eine "zeitstilistisch" interpretierbare, historische Entwicklung dokumentiert, kann für den Gebrauch einzelner Tempora mehr oder minder überzeugend vermutet werden. Der eingangs gemachte Vorbehalt, daß das Korpus für einen historischen Vergleich ungeeignet sei, mahnt aber zur Vorsicht.

7. Die meisten Abweichungen von den Normen der einzelnen Gattungen und Gattungstypen können auf erzählstrategische Entscheidungen (von der inhaltlichen Auswahl bis zu Mitteln der Spannungssteigerung) des Reporters zurückgeführt werden. Sie sind also eine Folge der Wahlfreiheit, die dem einzelnen Reporter innerhalb pragmatischer Gegebenheiten und vorhandener Gattungskonventionen verbleibt.

8. Der pragmatische und damit auch narrative Gattungs-Unterschied zwischen Direktreportagen und Nachberichten beeinflußt durch das unterschiedliche Zeitverhältnis von Res und Narratio, von Spiel und Reportage, den Tempusgebrauch am eklatantesten. Skizze 32 macht noch einmal den entscheidenden Unterschied an der jeweiligen quantitativen Distribution der wichtigsten Tempora augenfällig.

SKIZZE 32: Tempus-Distribution in Direktreportagen und Nachberichten

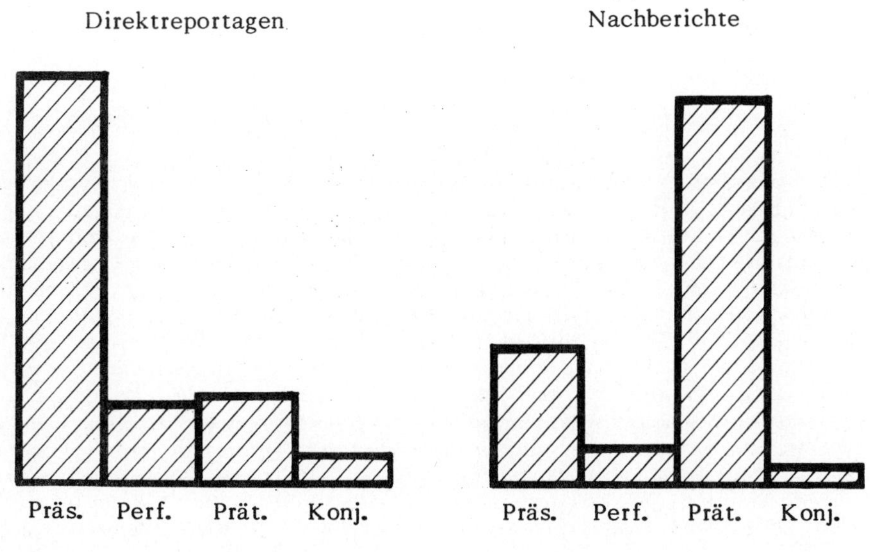

9. Der pragmatisch bedingte Unterschied zwischen den drei Typen der Direktreportage findet ebenfalls seinen deutlichen Niederschlag in der quantitativen Tempus-Distribution. Sie basiert zweifelsfrei auf den zeitstrukturellen Gegebenheiten jedes DR-Typs. Auf der anderen Seite weist das graphische Profil der drei Typen jeden von ihnen als Direktreportage aus.

SKIZZE 33: Tempus-Distribution der DR-Typen

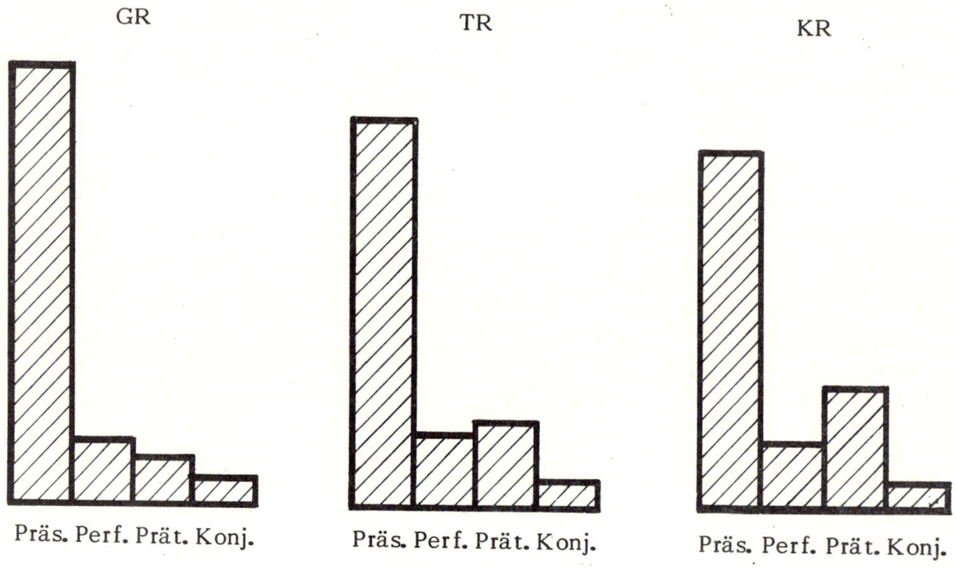

10. Wenn man nicht starre schulgrammatische Präskriptionen zugrunde legt, läßt sich abschließend konstatieren: Die Sportreporter beherrschen das Tempussystem des Deutschen und nutzen seine funktionalen Möglichkeiten. Der zeitreferentielle und narrative Einsatz der Tempora folgt dabei generellen Gebrauchsnormen, z.T. auch gattungsspezifischen Konventionen. Tempus-Experimente wird man daher in diesen Gebrauchstexten vergeblich suchen. Auf der anderen Seite ist die Verwendung der Tempora aber keineswegs als "simpel" zu charakterisieren. In den weitgehend spontan gesprochenen Direktreportagen fällt auf, daß relativ wenige temporale Performanzfehler vorkommen und von regelrecht "falschem" Tempusgebrauch ganz selten gesprochen werden kann. Da die Direktreportagen alles andere als eine bloße Wiedergabe des simultan zum Redemoment ablaufenden Geschehens sind, sondern der häufige Wechsel der Zeitbezüge für sie strukturell konstitutiv ist, gehört eine möglichst eindeutige zeitliche Orientierung des Hörers zu den unabdingbaren Erfordernissen. Die sprachliche Realisierung ständig wechselnder Zeitverhältnisse mit Hilfe der Tempora leisten die Reporter in optimaler Weise.

4.3. SPORTARTSPEZIFISCHE ZEITANGABEN

4.3.1. Das Spielzeitsystem

Die 35 Direktreportagen unseres Korpus enthalten 1.010 Zeitangaben, die Geschehnisse des betreffenden Fußballspiels zeitlich auf die Spieldauer von 90 Minuten bzw. - bei Verlängerungen - von 120 Minuten beziehen. Im Durchschnitt bedeutet dies, daß der Hörer alle 48,5 Sekunden, also fast jede Dreiviertelminute, eine derartige Information erhält. Auf die drei DR-Teilkorpora verteilen sich allerdings diese 1.010 Angaben recht unterschiedlich:

GR : 213 = 21,1%
TR : 351 = 34,7%
KR : 446 = 44,2%

Da die drei Teilkorpora, gemessen an ihrer Wortzahl, annähernd den gleichen Umfang besitzen, geben sowohl die absoluten Zahlen wie die prozentualen Anteile das Gewicht wieder, das derartige Angaben für die einzelnen DR-Typen haben. Der Gewichts-Unterschied vergrößert sich sogar noch, wenn man die Zahl der Spielzeit-Angaben auf die Sprechzeit bezieht, die ja in GR eine knappe Viertelstunde bzw. eine gute halbe Stunde länger ist als in TR bzw. KR (siehe Tabelle 2). Der Hörer erhält durchschnittlich in folgenden Zeitabständen eine Spielzeit-Information (in Klammern die Extremwerte):

GR : 1'21" (54" - 1'48")
TR : 47" (36" - 1'08")
KR : 34" (18" - 2'22")

Nicht zufällig bilden die beiden Ganzreportagen 3 und 4, die nur mit einem Teil der Gesamtreportage im Korpus vertreten sind, die GR-Extreme. GR 3, die halbstündige Spielverlängerung, bietet natürlich ungleich mehr Möglichkeiten, an Spielhöhepunkte der vorausgegangenen Spielzeit zu erinnern, und enthält als Schlußviertel der Gesamtreportage ein dichteres Netz von Informationen über die aktuelle Spielzeit, als dies in GR 4, der Reportage einer 1. Halbzeit, möglich und erforderlich ist. Die beiden vollständigen Ganzreportagen liegen dagegen mit 1'34" (GR 1) bzw. 1'16" (GR 2) in der Nähe des GR-Gesamtwertes (1'21"). Als sehr homogen erweisen sich die Teilreportagen. Sieht man von TR 6 mit dem Extremwert 1'08" ab, weichen die anderen sechs Reportagen nur maximal um ±10" vom TR-Gesamtwert (47") ab. In KR fällt der Extremwert 2'22" besonders auf.
Er findet seine einfache Erklärung darin, daß KR I,11 aus einer einzigen Einblendung besteht, die den ersten Minuten eines Spiels gewidmet ist. Zeitlich einzuordnende Rückgriffe kann es hier folglich gar nicht geben. Abgesehen von diesem Ausnahmefall stellt aber auch der KR-Wert keinen Ausgleichswert einer großen Spannweite dar; denn immerhin erhalten die Hörer in 18 der 24 Konferenzreportagen Spielzeit-Informationen in durchschnittlichen Abständen, die unter 45" liegen. Als erstaunlich homogen erweisen sich einmal mehr die drei KR-Sendungen; ihre Zeitabstands-Werte lauten: KR I und II: 35", KR III: 32". Es kann also insgesamt kein Zweifel daran bestehen, daß die Frequenz der Spielzeit-Angaben - und damit der zeitliche Abstand, in dem sie durchschnittlich erfolgen - eindeutig vom Reportage-Typ abhängig ist.

Wie wir bereits auf S. 36 allgemein und auf S. 60ff. am konkreten Beispiel einer Reportage dargelegt haben, erfüllt das Spielzeitsystem in den Direktreportagen zwei informative Hauptaufgaben:

1. Es bezieht den Redemoment zeitlich auf die Spielzeit, d.h. es dient der Spielzeit-Bestimmung des aktuellen Spielgeschehens, z.B.

(674) es sind jetzt gespielt 57 minuten

2. Es ordnet Spielgeschehen, das bereits stattgefunden hat oder - was seltener der Fall ist - das noch stattfinden wird, in die Gesamtspielzeit ein, d.h. es dient der Zeitbestimmung nicht-aktuellen Spielgeschehens; in einem in der Halbzeitpause gesprochenen Rückgriff heißt es beispielsweise:

(675) dann war Schumacher der Kölner torhüter das erste mal am ball überhaupt in der sechsten minute

Von den 1.010 Spielzeit-Angaben entfallen auf die Bestimmung aktuellen Geschehens 386 (= 38,2%), auf die Bestimmung nicht-aktuellen Geschehens, also auf mittelbare Vor- und Rückgriffe, 624 Angaben (= 61,8%). Betrachtet man jede der beiden Gruppen für sich, ergibt sich folgende prozentuale Distribution zwischen den drei DR-Typen:

TABELLE 92: Distribution der aktuellen und der nicht-aktuellen Spielzeit-Angaben

	GR	TR	KR	DR
aktuell	27,2	32,1	40,7	100
nicht-aktuell	17,3	36,4	46,3	100

Alle Angaben in %.

In beiden Gruppen finden wir die Gesamtdistribution aller Spielzeit-Angaben zwar bestätigt - GR hat jeweils den niedrigsten, KR jeweils den höchsten Anteil -, doch sind die Abstände bei den nicht-aktuellen Angaben größer als bei den aktuellen. Die Verteilung der 624 nicht-aktuellen Angaben auf die drei DR-Typen hängt offensichtlich direkt mit dem Anteil zusammen, den das nicht-aktuelle Geschehen in jedem der Typen einnimmt (siehe Tabelle 41). Mit anderen Worten: je häufiger Rückgriffe in die mittelbare Spiel-Vergangenheit vorkommen, desto häufiger besteht die Notwendigkeit, dieses vergangene Spielgeschehen zeitlich einzuordnen. Für die aktuellen Zeitangaben müßte demnach gelten: je höher der aktuelle Spiel-Anteil, desto mehr aktuelle Angaben. Genau dies ist aber nicht der Fall; im Gegenteil: je niedriger der aktuelle Spiel-Anteil, desto mehr aktuelle Spielzeit-Angaben. Das bedeutet also: die Frequenz der aktuellen Angaben nach dem Spielzeitsystem hat nichts mit dem Anteil zu tun, den aktuelles Geschehen in den einzelnen DR-Typen einnimmt. Die Erklärung läßt sich bei der näheren Betrachtung der aktuellen Angaben finden.

Aktuelle Spielzeit-Angaben

Bezieht man die aktuellen Angaben auf die Reportagezeit, die mit dem Spielgeschehen zusammenfällt, klammert man also die Reportageteile aus, die vor und nach dem Spiel bzw. während der Halbzeitpause gesprochen werden, so erfolgen die 386 aktuellen Angaben des DR-Korpus in einem Sprechzeitraum von zwölf Stunden (11h 59'). Im Schnitt erhält der Hörer also jede zweite Minute (2'03") eine derartige Information. Deutlich sind dabei die Teilkorpora abgestuft:

GR : 2'24" TR : 1'53" KR : 1'31"

Diese rund eine halbe bzw. eine Minute betragende Differenz läßt sich nicht durch die allen drei DR-Typen gemeinsamen und obligatorischen Zeitbestimmungs-Regeln erklären, nämlich:

1. Anfang und Ende des Spiels bzw. einer Halbzeit müssen eindeutig fixiert werden.
2. Die Spielminute der Tore, die während der Reportage fallen, muß angegeben werden.

Es gibt zwar Reporter, die gegen diese Regeln verstoßen. So hält z.B. ZIMMERMANN gleich zweimal, nämlich bei den Toren zum 0:2 und 2:2 die zweite Regel nicht ein, wobei allerdings nicht übersehen werden darf, daß das 0:2 nur zwei Minuten nach dem in der sechsten Spielminute erzielten 0:1 erfolgt und kurz vor dem Ausgleichstreffer im Zusammenhang mit einem Eckstoß eine exakte Spielzeit-Angabe gemacht wurde. Ebenso unterläßt es KLOSE in GR 2, das Tor der Deutschen zum 1:1 spielzeitmäßig exakt einzuordnen. Aber auch hier war im Zusammenhang mit einem Sprecher-Wechsel eine Minute zuvor die Spielminute angegeben worden. In allen anderen Fällen halten aber die GR- und TR-Reporter die beiden Regeln strikt ein. Verstöße gegen diese Regeln können also mitnichten der Grund für die festgestellten Differenzen sein, zumal diese obligatorischen Informationen in GR nur ein Fünftel aller aktuellen Spielzeit-Angaben, in TR und KR sogar noch weniger ausmachen.

Der Unterschied zwischen GR und TR ergibt sich offensichtlich durch die Verteilung der Spielzeit-Angaben innerhalb der einzelnen Reportagen. Wie wir bei der Analyse von TR 1 festgestellt haben, verteilen sich diese Angaben ja nicht gleichmäßig über die Reportage, sondern kommen in größeren Abständen vor der 80. Minute, in kurzen Abständen innerhalb der Schlußphase vor. Diese Distribution ist keine Eigenart des Reporters HAUFFE, sondern - wie Tabelle 93 eindeutig nachweist - ein Strukturmerkmal der Ganz- und Teilreportagen. Tabelle 93 gibt die durchschnittlichen Abstände der Spielzeit-Angaben der jeweils ersten 34 Minuten und der letzten elf Minuten einer Halbzeit an. Die Verlängerung GR 3 wurde dabei wie eine 2. Halbzeit behandelt. Bei den Teilreportagen, die nicht die gesamte zweite Spielhälfte umfassen, bezieht sich die Spalte "46.-79." Minute auf den jeweils übertragenen Abschnitt dieses Zeitraums. Die Spalten "35.-45." und "80.-90." Minute enthalten auch die Nachspielzeit, d.h. ist die Schlußphase ab der 35. bzw. 80. Minute nicht elf, sondern zwölf oder gar mehr Minuten lang, wird der durchschnittliche Zeitabstand der Angaben auf diese Minutenzahl bezogen (Tabelle 93 auf der folgenden Seite).

Folgende Punkte lassen sich festhalten:

1. Die bei der Analyse von TR 1 festgestellte Distribution der aktuellen Spielzeit-Angaben innerhalb der Reportage wird durch die Korpus-Analyse ausnahmslos bestätigt: In jeder Ganz- und jeder Teilreportage treten die aktuellen Angaben in den letzten elf Minuten gehäuft auf. Im Regelfalle erfolgen sie hier in ein- bis eineinhalb-minütigen Abständen, während es von der 46. bis zur 79. Minute Abstände von drei bis dreidreiviertel Minuten sind. Die relativ geringe Abstands-Differenz zwischen beiden Spielphasen in TR 3 und TR 5 hängt mit dem "Mischcharakter" beider Reportagen zusammen, nämlich halb Teil-, halb Konferenzreportage zu sein.
2. Was für die 2. Halbzeit gilt, gilt auch für die 1. Halbzeit. Auch hier erfolgen die Angaben im Schlußviertel in wesentlich kürzeren Abständen als in den vorangegangenen 34 Minuten. Soweit das Material einen derartigen Schluß zuläßt,

TABELLE 93: Distribution der aktuellen Spielzeit-Angaben in den Ganz- und Teilreportagen, gemessen in Zeitabständen

	1.-34.	35.-45.	1. HZ	46.-79.	80.-90.	2. HZ	Spielzeit gesamt
GR 1	3'24"	1'50"	2'48"	3'46"	55"	2'05"	2'24"
GR 2	3'24"	1'20"	2'25"	3'24"	1'20"	2'25"	2'25"
GR 3				2'43"	1'13	1'53"	1,53"
GR 4	4'15"	2'24"	3'32"				3'32"
TR 1				3'45"	1'13"		1'55"
TR 2				3'	1'34"		1'45"
TR 3				1'19"	1'12"		1'15"
TR 4				3'05"	51"	1'48"	1'48"
TR 5		1'50"		1'38"	1'20"		1'43"
TR 6				3'24"	2'12"	3'	3'
TR 7				3'47"	1'12"	2'25"	2'25"

kann man darüber hinaus die These wagen: Verglichen mit der Schlußphase der 1. Halbzeit enthält die der 2. Halbzeit mehr aktuelle Angaben.

3. Der Unterschied zwischen GR und TR ergibt sich primär durch die kürzeren, d.h. nicht die ganze 2. Halbzeit umfassenden Teilreportagen. Ihr Spielzeit-Wert (letzte Spalte) wird stärker durch den Wert der Schlußphase beeinflußt, als dies bei den langen Teilreportagen der Fall ist, was sich deutlich beim Vergleich von TR 1, 2, 3 und 5 mit TR 6 und 7 zeigt.

4. Zwischen ZIMMERMANNs Reportage von 1954 (GR 1) und den jüngeren Reportagen besteht kein Unterschied: die Distribution der aktuellen Angaben erfolgt nach dem gleichen Muster. Regelrecht verblüffend ist die zufällige Übereinstimmung mit GR 2, der WM-Endspiel-Reportage von 1974, in der Spielzeit-Spalte. In der Tat enthalten beide Reportagen die gleiche Anzahl aktueller Angaben und zwar jeweils 38.

5. Innerhalb des allgemeingültigen Distributions-Rahmens genießen die Reporter ein gewisses Maß an Entscheidungsfreiheit. Bei knappem Spielstand gegen Spielschluß liegt es dabei nahe, in relativ kurzen Abständen auf die Spielzeit hinzuweisen, so in GR 1, GR 2, GR 3, TR 3, TR 4 und TR 5. In GR 1, GR 3, TR 3, TR 4, TR 5 und TR 7 kommt hinzu, daß während der letzten elf Minuten jeweils ein Tor fällt. Umgekehrt kann ein klarer Vorsprung der insgesamt überlegenen Mannschaft zu einer gewissen Zurückhaltung des Reporters führen, so etwa bei BÖTTCHER in TR 6. EMMERICH dagegen, der in TR 7 bis zur 80. Minute etwas mit aktuellen Angaben gegeizt hat, läßt es sich trotz eines 3:0- bzw. 4:0-Vorsprungs der deutschen Mannschaft nicht nehmen, vergleichsweise oft auf die Spielzeit hinzuweisen. Bei ihm und bei SPRENTZEL in TR 4 besteht darüber hinaus die Neigung, hin und wieder die aktuelle Spielminute doppelt zu benennen, z.B.

(676) und nun / bricht hier auch bereits die letzte minute an / die letzten 60 sekunden laufen

(677) fünf nein sechs minuten vor schluß / in der 84sten minute

Im Schnitt spätestens alle vier Minuten die Spielzeit anzugeben, ist in einer kontinuierlich ablaufenden Reportage durchaus ein völlig ausreichender Orientierungs-Service für den Hörer. Die Einminuten-Abfolge in der Schlußphase ist demzufolge eine unnötige, "übertriebene" Orientierungshilfe. Wie wir bereits bei der Analyse der Spielzeit-Angaben in TR 1 feststellen konnten, ist also von zwei Funktionen der aktuellen Angaben auszugehen, einer rein informativen und einer spannungssteigernden Funktion. Bei den rein informativen Angaben lassen sich drei Funktionstypen unterscheiden:

1. Die Basis-Information über Beginn und Ende der Halbzeit bzw. über den Spielzeitpunkt des Reportagebeginns (siehe auch Beleg 123):

   (678) nun also gibt schiedsrichter Ulf Eriksson aus Schweden der bisher gut leitete / in diesem augenblick die zweite halbzeit frei / wenn sie mitstoppen wollen das spiel läuft seit fünf sekunden in der zweiten halbzeit

   (679) acht minuten ist die zweite halbzeit alt und die Lütticher haben die möglichkeit zum 2:1-führungstreffer

2. Die "statistische" Information über den Spielzeitpunkt eines gerade erzielten Tores:

   (680) chance (zuschauer schreien) und tooor // Andrey // Andrey war der torschütze // in der 80sten minute

3. Die Orientierungs-Information, die in Abständen während des Spiels erfolgt, damit die Hörer, die sich später eingeschaltet bzw. eingangs nicht "mitgestoppt" haben, eine Orientierungshilfe erhalten. Hierbei können besondere Vorkommnisse, wie z.B. Verletzung, Auswechselung, Verwarnung von Spielern, besondere Spielsituationen, wie Freistöße, Eckbälle, nicht genutzte Torchancen, oder auch - bei Ganzreportagen - der Sprecher-Wechsel zum Anlaß genommen werden. Zum Teil erfolgen diese Angaben aber auch unabhängig von aktuellen Anlässen. Drei Beispiele mögen stellvertretend für die Fülle der Möglichkeiten stehen:

   (681) die Deutschen haben die zweite ecke diesmal von rechts / beim stande von 1:0 für die Niederlande / in der achten spielminute

   (682) [Klose:] wir wechseln wieder die / reporterposition
   [Faßbender:] 13 minuten liegen jetzt hinter uns

   (683) die deutsche mannschaft spielt jetzt sehr breit / hat kaum raumgewinn / müßte vielleicht ein bißchen schneller spielen / aber sie spürt natürlich daß sie diesen gegner bereits im griff hat / wir haben jetzt erst die fünfte minute in der zweiten halbzeit

In den "letzten zehn minuten", wie die Reporter die Schlußphase ab der 80. Minute bezeichnen (vgl. Beleg 87), häufen sich die Zeitangaben aber in einer Weise, die mit dem eben besprochenen dritten Funktionstyp wenig gemein hat. Zwei Beispiele der letzten fünf Minuten, aus denen wir die aktuellen Zeitangaben herausgezogen haben, können das Gesagte am besten illustrieren (siehe auch Skizze 13):

(684) fünf minuten vor dem spielende
viereinhalb minuten
noch vier minuten
drei minuten im Wankdorf-Stadion oder zweieinhalb zu spielen
jetzt noch anderthalb oder zwei minuten
in der vorletzten spielminute
die 45ste minute ist vollendet / es kann nur noch ein nachspielen von einer minute sein
auus auus (schreiend) / aus // das spiel ist aus

(685) die schlußphase im Berliner Olympia-Stadion läuft / die letzten fünf minuten
zu spielen noch vier minuten
drei minuten 180 sekunden noch
noch zwei minuten
nur noch / 75 sekunden
er weiß / daß die schlußminute / im Berliner Olympia-Stadion angebrochen ist
15 / sekunden / regulärer spielzeit noch
auf die sekunde genau / pfeift der unparteiische [.....] ab

Natürlich ist nicht zu bestreiten, daß auch durch derartige Kurzabfolgen der Hörer über den jeweiligen Spielzeitpunkt informiert wird. Primär dürfte aber die narrative Funktion der Spannungssteigerung sein. Wie unsere beiden Beispiele zeigen, wird im Sinne einer Klimax nicht nur das Tempo, in dem die Angaben aufeinander folgen, in den letzten fünf Minuten gesteigert und zu halben Minuten und Sekunden-Angaben gegriffen, sondern es spielt offenbar keine Rolle, ob es sich um den Gewinn der Weltmeisterschaft (Beleg 684, GR 1) oder bloß um den Erfolg in einem "Freundschaftsspiel" (Beleg 685, TR 4) handelt.

Kann man den Frequenz-Unterschied zwischen GR und TR durch das größere "mathematische" Gewicht, das die spannungssteigernden Angaben zwangsläufig für die Teilreportagen haben, erklären, so kann dies nicht der Grund dafür sein, daß in den Konferenzreportagen aktuelle Spielzeit-Bestimmungen in noch kürzeren Abständen erfolgen. Denn bei einer ganzen Reihe von Spielen können die jeweiligen Schlußphasen der Halbzeiten aus pragmatischen Gründen überhaupt nicht übertragen werden, schon gar nicht - wie die Konferenzschaltung der WDR-Sendung zeigt - in voller, elfminütiger Länge. Bei einer durchschnittlichen Einblendungsdauer von 2'15" ist dies nur in Ausnahmefällen (z.B. KR II,3; siehe dazu S. 174) möglich. Ebenso kann der Grund nicht in der Verwendung des "statistischen" Funktionstyps gesucht werden. Denn bei einer durchschnittlichen Reportagenlänge von zehneinhalb Minuten ist die Chance, daß gerade während dieser Zeit ein Tor fällt, nicht gerade sehr hoch. Die auf den ersten Blick überraschende Tatsache, daß der DR-Typ mit dem geringsten Anteil aktuellen Spielgeschehens die meisten aktuellen Spielzeit-Angaben aufweist, findet ihre einfache Erklärung in der pragmatisch bedingten Struktur der Konferenzreportage, nämlich in ihrer Stückelung in einzelne, relativ kurze Einblendungen. Hier besteht die Pflicht des Reporters, den Hörer über den augenblicklichen Spielzeitpunkt zu informieren, und zwar in weit stärkerem Maße als bei den Ganz- und Teilreportagen, da ein "Mitstoppen" praktisch unmöglich ist: es sind ja bis zu elf Spiele; deren Beginn erfolgt nicht auf die Minute genau zur selben Zeit; die Halbzeitpausen sind unterschiedlich lang; einige Spiele beginnen wesentlich früher (z.B. KR I,1) oder später (z.B. KR I,11), Verlängerungen von Pokalspielen sind nicht auszuschließen (z.B. KR II,3). Für KR gilt also:

1. Jede Einblendung muß mindestens eine aktuelle Spielzeit-Angabe enthalten. Diese Regel ist obligatorisch.
2. Bei längeren Einblendungen hat möglichst am Anfang und am Ende eine aktuelle Spielzeit-Angabe zu erfolgen. Hierbei handelt es sich um eine Gebrauchsregel.

Die Gebrauchsregel wird bei der Mehrzahl der längeren Einblendungen realisiert: 34 Einblendungen werden mit einer Information über die genaue Spielminute ein- und ausgeleitet. Außerdem erfolgt in 15 anderen, z.T. kürzeren Einblendungen zu Beginn, in 16 am Ende diese Orientierung. Nimmt man diese drei Gruppen zusammen, läßt sich konstatieren, daß diese zusätzliche Gebrauchsregel in zwei Drittel aller Fälle angewendet wird. Sie ist übrigens auch für die Sonderstellung von TR 3 und 5 unter den Ganz- und Teilreportagen verantwortlich. Denn da beide Reportagen vor dem längeren Schlußteil Kurzeinblendungen enthalten, die jeweils mit einer Spielzeit-Angabe beginnen und enden, kommt es für die vor der Schlußphase übertragene Spielzeit automatisch zu relativ mehr Angaben und damit kürzeren Abständen als in den anderen Teilreportagen.

Die obligatorische Regel wird in vier von fünf Fällen befolgt: 78 der 98 Spielzeit-Einblendungen enthalten zumindest eine Information, die den Redemoment mit dem Spielzeitpunkt koordiniert. Daß eine der Hörer-Orientierung dienende Regel, deren Einhaltung nicht nur sinnvoll, sondern auch notwendig ist, in 20% der Fälle nicht befolgt wird, ja daß vier Konferenzreportagen überhaupt keine Spielzeit-Angaben enthalten, ist zweifellos ein erstaunliches Faktum. Die Schuld daran muß zum einen dem Moderator der Sendung bzw. der Studioregie, zum andern den Reportern angelastet werden. Bereits die Unterschiede zwischen den drei KR-Sendungen verweisen einmal mehr auf ihren unterschiedlichen "Ordnungsgrad": in KR I enthalten 75% aller Einblendungen mindestens eine aktuelle Angabe, in KR II 77%, in KR III dagegen 86%; der durchschnittliche Zeitabstand zwischen zwei Angaben beträgt in KR I 1'48", in KR II 1'29", in KR III 1'18". Wenn in der HR-Sendung KR I allein in 16 Fällen in eine laufende Reportage eingeblendet und in zehn Fällen aus ihr vorzeitig ausgeblendet wird (siehe S. 180), gehen dem Hörer die häufig am Anfang und Ende stehenden Spielzeit-Angaben verloren. Daß hierbei den Reporter keine Schuld trifft, läßt sich in einigen Fällen belegen. So beginnt z.B. die erste Einblendung von EMMERICHs KR II,3 inmitten der Zeitangabe

(686) <u>....sten minute der ersten halbzeit</u> beim fußballfest in Braunschweig und der stand 2:2 unentschieden

Hier ist einfach zu spät von der Musik zur Reportage umgeschaltet worden. Dieselbe nachweisliche Panne passiert bei der dritten Einblendung von BÖTTCHERs KR II,5:

(687) <u>.... ist die zweite halbzeit alt</u> im Frankfurter Wald-Stadion

Es versteht sich fast von selbst, daß folglich in der "geordneten" WDR-Sendung KR III 81% aller Einblendungen am Anfang und/oder Schluß aktuelle Zeitangaben enthalten, während es in KR I lediglich 61%, in KR II sogar nur 54% sind.

Auf der anderen Seite dürfen aber auch nicht die Reporter-Versäumnisse verschwiegen werden. KR III bietet sich hier zum Beweis an, da hier ja nur vollständige Einblendungen vorkommen. BREUCKMANN, HAGELEIT, HANSCH, SEIWERT und THOMA befolgen die Orientierungs-Regeln vollkommen: 18 ihrer 28 aktuellen Einblendungen enthalten Spielzeit-Bestimmungen am Anfang und am Ende, weitere neun, überwiegend Kurzeinblendungen der Konferenzschaltung am Schluß der aktuellen Berichterstattung, informieren über den Spielzeitpunkt entweder am Anfang oder am Ende. Dementsprechend erfolgen die Angaben in durchschnittlichen Abständen, die von 41" (KR III,6) bis 1'24" (KR III,7 und 8) reichen. Diesen

Reportern gegenüber steht JUNGMANN: nur in dreien seiner fünf aktuellen Einblendungen gibt er überhaupt eine Spielzeit-Information; nur zweimal steht diese am Einblendungs-Anfang; insgesamt kommen in seiner gut neun Minuten dauernden Reportage lediglich drei Angaben vor, d.h. im Schnitt erfolgt in Abständen von 3'05" eine derartige Orientierung. Noch krasser liegt der Fall bei RUBENBAUER. Obgleich KR III,2 eine Exklusivreportage für den WDR ist, also die gleichen günstigen Bedingungen und Voraussetzungen wie eine Originalreportage besitzt, vergißt RUBENBAUER es regelrecht, die WDR-Hörer über den jeweiligen Spielzeitpunkt seiner drei Einblendungen zu informieren. Ähnlich unterschiedliche Verhaltensweisen lassen sich auch in KR I und II nachweisen. Reporter wie z.B. REHAHN, HAGELEIT, HAUFFE, EMMERICH und BÖTTCHER informieren ihre Hörer über die Spielminute in Abständen von gut einer Minute, während Reporter wie KOCH, MALETZKO, BERWANGER, MÖNCH und KOTTKAMP sparsamer aktuelle Zeitangaben einstreuen, z.T. wie KOCH in KR I,1 regelrecht mit ihnen geizen (eine Angabe in elf Minuten). Diese Reporter können sich auch nicht mit dem Hinweis herausreden, der Moderator sorge für die Spielzeit-Orientierung. Denn im Regelfall tut er dies gerade nicht. So erwähnt z.B. MICHEL, der KR-II-Moderator, nur in vier von 26 Einleitungen die aktuelle Spielzeit. BÖTTCHER verzichtet bei den 25 von ihm moderierten Einblendungen völlig auf derartige Informationen. Und wenn der Moderator schon ausnahmsweise einmal in seiner Überleitung auf den Spielzeitpunkt verweist, nimmt der Reporter dies zum Anlaß, ihn mit einer noch genaueren Angabe zu übertrumpfen:

(688) [Schott:] etwa fünf minuten dürften auch noch im Gelsenkirchener Park-Stadion zu spielen sein in der begegnung Schalke 04 HSV sie haben das wort bis zur pause Oliver Thoma
[Thoma:] genau viereinhalb minuten sind es noch im Park-Stadion

Nicht-aktuelle Spielzeit-Angaben

Bilden die aktuellen Spielzeit-Angaben das zeitliche Gerüst des Redemoment-Geschehens, so ordnen die nicht-aktuellen Spielzeit-Angaben vergangenes und zukünftiges Spielgeschehen in die Gesamtspielzeit ein, dienen also der Spielzeit-Bestimmung von mittelbaren Rück- und Vorgriffen. Bei den aktuellen Angaben ist die Unterscheidung von Zeitabschnitten und -punkten eine Frage der sprachlichen Variation. Denn ob es heißt:

- "75 Minuten sind gespielt"
- "wir sind in der 75. Minute"
- "zu spielen noch 15 Minuten",

bleibt sich weitgehend gleich, da es in allen drei Fällen um die Koordination von Spielzeit und Redemoment geht, folglich ein Zeitpunkt bestimmt wird.

Anders verhält es sich bei den Spielzeit-Angaben, die keine Zuordnung von Spielzeit und Redemoment zulassen, die also vergangenes bzw. zukünftiges Geschehen in die Spielzeit einordnen. Hier kann und muß deutlich zwischen Zeitpunkten und Zeitabschnitten unterschieden werden:

(689) die erste große möglichkeit / hatte Schuster / in der siebten minute als er aus halblinker position / torentfernung etwa 20 meter / abzog

(690) und sie haben sich / insbesondere in der ersten halben stunde / einige chancen erspielen können

Von den 624 nicht-aktuellen Angaben des Direktreportage-Korpus bestimmen 298 Zeitpunkte (47,8%) und 326 Zeitabschnitte (52,2%). Auf die gesamte Reportagezeit bezogen, bedeutet dies, daß der Hörer durchschnittlich in Abständen von 1'19" eine nicht-aktuelle Spielzeit-Information erhält, dabei alle

2'45" eine Zeitpunkt- und alle 2'30" eine Zeitabschnitt-Information.
In den Nachberichten kommen 79 derartige Zeitbestimmungen vor. Auf Zeitpunkte referieren 36 (45,6%), auf Zeitabschnitte 43 (54,4%). Da die Nachberichte ja zu 66,5% aus der Schilderung eines vergangenen Spiels bestehen (vgl. Tabelle 36) und darüber hinaus die 90minütige Spielzeit stark raffen müssen, ist klar, daß hier Spielzeit-Bestimmungen in viel kürzeren Abständen erfolgen. Der Hörer erhält jede 20. Sekunde eine Spielzeit-Information, dabei jede 44. Sekunde eine Zeitpunkt-, jede 37. Sekunde eine Abschnitt-Bestimmung.

Die nicht-aktuellen Angaben verteilen sich nicht nur recht unterschiedlich auf die drei DR-Typen, wie Tabelle 92 gezeigt hat, sondern in jedem DR-Typ treffen wir auch auf ein anderes Verhältnis zwischen Zeitpunkt- und Zeitabschnitt-Angaben. Vergleichbares gilt auch für die beiden Nachbericht-Typen Nachkommentar (NK) und Kurzabruf (KA).

TABELLE 94: Distribution nicht-aktueller Spielzeit-Angaben innerhalb der Teilkorpora

	GR	TR	KR	DR	NK	KA	NB
Zeitpunkte	39,8	44,5	53,3	47,8	35	56,4	45,6
Zeitabschnitte	60,2	55,5	46,7	52,2	65	43,6	54,4

Alle Angaben in %.

Für die Typen beider Reportage-Gattungen gilt also: Bei kürzerer Reportage-Zeit gewinnen die nicht-aktuellen Zeitpunkt-Angaben an Gewicht, während die Abschnitt-Angaben an Gewicht verlieren. Mit anderen Worten: In GR und NK werden relativ häufiger Spielabschnitte nach dem Spielzeitsystem definiert als einzelne Zeitpunkte. In KR und KA ist es umgekehrt.

Bezieht man dagegen die absolute Anzahl der Angaben in den Typen-Vergleich mit ein, d.h. berechnet man die durchschnittlichen Abstände, in denen die beiden Angaben-Arten in den einzelnen Typen auftreten, ergibt sich folgendes Bild:

TABELLE 95: Durchschnittliche Zeitabstände nicht-aktueller Spielzeit-Angaben

	GR	TR	KR	DR	NK	KA	NB
Zeitpunkte	6'43"	2'44"	1'38"	2'45"	1'15"	25"	44"
Zeitabschnitte	4'27"	2'11"	1'52"	2'30"	40"	32"	37"

Sowohl bei den Zeitpunkten wie bei den Zeitabschnitten werden die Abstände, in denen derartige Angaben erfolgen, kürzer, wenn der Umfang der Reportage abnimmt. Bei den Direktreportagen besteht dabei ein unmittelbarer Zusammenhang mit dem Anteil, den nicht-aktuelles Spielgeschehen in den einzelnen DR-Typen aufweist. Bei den Nachberichten gilt dieser Zusammenhang nicht. Denn in den Nachkommentaren macht der Spiel-Anteil knapp 70%, in den Kurzabrufen dagegen nur 62% der Gesamtreportage aus (siehe Tabelle 62). Entscheidend ist hier, daß der KA-Reporter auf engerem Raum annähernd die gleiche Anzahl wichtiger Zeit-Informationen, sozusagen das statistische Gerüst der zeitlich eingeordneten Spiel-Höhepunkte und Spielphasen-Charakterisierungen, geben muß wie sein NK-Kollege.

S p i e l z e i t - A b s c h n i t t e werden vor allem herausgestellt, wenn in geraffter Form Teile des Spielverlaufs charakterisiert oder die wechselnden Leistungen einer Mannschaft bzw. eines Akteurs kritisch gewürdigt werden. In 48,8% (DR) bzw. 60,5% (NB) aller Fälle handelt es sich um den Abschnitt "Halbzeit", so z.B. in folgenden während der 2. Halbzeit bzw. der Halbzeitpause gesprochenen Resümees:

(691) wenige chancen der albanischen gastgeber in der ersten halbzeit

(692) und er ist der beste mann bisher in diesen ersten 45 minuten

Mit 40,8% (DR) bzw. 27,9% (NB) liegen Angaben über einzelne Halbzeit-Phasen an zweiter Stelle, z.B.

(693) die erste phase der zweiten halbzeit

(694) in der letzten viertelstunde der ersten hälfte

(695) von der 25sten bis 45sten minute

Die die Halbzeit-Trennung übergreifenden Angaben machen in DR 3,4%, in NB 9,3% aus, z.B.

(696) Humm / einer der überragenden spieler mindestens eine stunde lang

Die Pause zwischen den beiden Spielhälften wird in DR in 7%, in NB in 2,3% aller Fälle angesprochen:

(697) sie haben sich erst jetzt wieder / wahrscheinlich / in der halbzeitpause gefangen

"Halbzeitpause" kann auch zu "Pause" oder sogar "Halbzeit" verkürzt werden. Die fehlenden Ordinalzahlen "erste" bzw. "zweite", z.T. auch die Artikel-Omission sorgen neben dem Gesamtkotext dafür, daß es bei der Verkürzung "Halbzeit" zu keiner Verwechslung mit der Spielhälften-Einteilung kommt:

(698) vor beginn des spiels haben wir rund 30 40 pressekollegen gefragt / wer gewinnt / ein einziger hat von ihnen gesagt Deutschland / alle anderen Ungarn / jetzt in der halbzeit haben wir wieder gefragt

(171) bei halbzeit sah es so aus als solle / unschöne stimmung ins stadion kommen

Die unterschiedliche Distribution in DR und NB hängt wiederum mit der unterschiedlich langen Reportagezeit zusammen. Der NB-Reporter ist aus Zeitmangel gezwungen, häufiger als der DR-Reporter Spielgeschehen in grobem Überblick darzustellen. Daher weisen bei ihm die Halbzeit-Zusammenfassungen und die über die Halbzeitgrenze hinausgehenden Abschnitte höhere Anteilswerte auf als in DR. Für Halbzeit-Phasen oder gar die Halbzeitpause hat er nur in beschränktem Umfang Raum.

Wie bereits die Belege 691 bis 694 zeigen, gibt es eine Reihe von Ausdrucksvarianten für die offizielle und insgesamt dominierende Bezeichnung "Halbzeit". Im einzelnen ergibt sich folgende Häufigkeits-Verteilung bei den nicht-aktuellen Abschnitt-Angaben:

Halbzeit	62,5%	Durchgang	4 %
45 Minuten	15,9%	vor/nach der Pause	2,8%
(Spiel-)Hälfte	8,5%	Teil	1,7%
Abschnitt	4 %	Phase	0,6%

Die Reporter verhalten sich hierbei recht unterschiedlich. So verwendet z.B. ZIMMERMANN fast ausnahmslos die offizielle Bezeichnung. KOTTKAMP hat in KR II,4 eine ausgesprochene Vorliebe für die "45 Minuten"-Variante. SPRENTZEL wechselt in TR 4 beinahe regelhaft zwischen "Halbzeit" und "Abschnitt". FASSBENDER variiert sehr stark ("Halbzeit", "vor der Pause", "Durchgang", "45 Minuten", "Spielhälfte").

N i c h t - a k t u e l l e S p i e l z e i t p u n k t e werden gesetzt, um über Höhepunkte bzw. besondere Vorkommnisse der abgelaufenen Spielzeit zu informieren, so besonders in den Ausschnittreportagen und Nachberichten, bzw. an sie zu erinnern, so besonders in den Ganzreportagen. Teilt man die Sachverhalte in drei Gruppen: 1. Tore, 2. Torchancen (einschließlich annullierter Tore), 3. andere Ereignisse (Platzverweis, Verwarnung, Verletzung, Auswechselung), so ergibt sich folgende, für Fußballreportagen typische Distribution:

TABELLE 96: Distribution nicht-aktueller Spielzeitpunkt-Angaben nach Sachverhalten

	GR	TR	KR	DR	NK	KA	NB
Tore	88,1	75,5	72,7	75,8	71,4	81,8	77,8
Chancen	11,9	17,6	20,8	18,5	28,6	13,6	19,4
andere Ereignisse		6,9	6,5	5,7		4,6	2,8

Alle Angaben in %.

Für beide Reportage-Gattungen und alle Typen gilt:

1. Ereignisse, die nichts mit erzielten oder beinahe erzielten Toren, also mit dem realen oder einem möglichen (Zwischen-)Ergebnis, zu tun haben, werden nur in Ausnahmefällen einer genaueren nachträglichen Spielzeit-Bestimmung gewürdigt.
2. Jede fünfte Zeitpunkt-Angabe informiert über ein irregulär erzieltes Tor oder eine herausragende Torchance (Latten-, Pfostenschuß, vergebener Strafstoß, Glanzleistung des Torwarts).
3. Eindeutig dominiert aber mit einem 75%-Anteil die Spielminuten-Bestimmung erzielter Tore. In dieser Dominanz drückt sich die eindeutige Präferenz für das Resultat, das Zählbare, den eigentlichen Spielzweck aus.
4. Von GR über TR zu KR nimmt das Übergewicht der Tor-Bestimmungen etwas ab, während der Anteil anderer Spielhöhepunkte dementsprechend zunimmt. Mit anderen Worten: Je mehr Spielgeschehen außerhalb der Reportagezeit

liegt, desto häufiger informieren die Reporter über die Spielminute von Ereignissen, die nicht zu Toren führten bzw. nichts mit Toren zu tun hatten. In GR ist dies im Grunde auch gar nicht nötig, da ja der Hörer einer Ganzreportage alle diese Ereignisse live miterlebt hat.

5. Da NK-Reporter etwas mehr Zeit als KA-Reporter zur Verfügung haben, können sie es sich eher leisten, neben den Spielminuten der Tore auch die anderer Spielhöhepunkte zu nennen.

In allen Direktreportage-Typen finden sich mehr Rückgriffe auf Tore mit Spielminuten-Angabe, als überhaupt Tore erzielt wurden. Es wird also mehr als einmal über die Spielminute informiert bzw. an sie erinnert. Den 127 Toren der 35 DR-Spiele stehen 226 Erwähnungen gegenüber. Der Abstand wird noch größer, wenn man berücksichtigt, daß gar nicht auf alle erzielten Tore rückblickend eingegangen wird bzw. eingegangen werden kann. Besonders kraß ist dies in KR der Fall: von 92 geschossenen Toren werden nachträglich nur 51 spielzeitmäßig eingeordnet. Dieses Faktum erklärt sich einfach dadurch, daß über eine Reihe von Spielen nur mit einer oder wenigen Einblendungen berichtet wird, der Reporter folglich gar nicht über alle Tore informieren kann. In dem Spiel 1. FC Saarbrücken gegen Borussia Dortmund (KR I,11) z.B. fielen insgesamt vier Tore, doch keines während oder vor der Reportagezeit, die ja nur den Spielbeginn enthält. Daß KR mit 112 Spielminuten-Bestimmungen von bereits geschossenen Toren die meisten derartigen Angaben hat, gefolgt von TR mit 77 und GR mit 37, ist natürlich auf die Zahl der Tore, die erwähnt werden, zurückzuführen: 51 in KR, 20 in TR, 9 in GR. Auf der anderen Seite bedeutet dies aber, daß im Durchschnitt jedes erwähnte GR- und TR-Tor viermal unter Angabe der Spielminute angeführt wird, während dies in KR nur 2,2 mal geschieht.

Wie oft ein Reporter an die Spielminute eines Tores erinnert, ist ihm weitgehend freigestellt. In KR bildet FASSBENDER mit KR I,5 das Extrem dieses Teilkorpus. Auf den Zeitpunkt des Düsseldorfer Führungstreffers "nach 38 sekunden" verweist er sechsmal, auf den Frankfurter Ausgleich "in der 13ten minute" siebenmal. Ihm gegenüber stehen Reporter wie MALETZKO und POPPEN, die in KR I,6 bzw. 10 zwar Tore, die vor der jeweiligen Einblendung gefallen sind, schildern, aber auf die Spielminuten-Nennung verzichten bzw. diese für Ersterwähnungen obligatorische Information schlichtweg vergessen. In GR und TR steigt - wie wir gesehen haben - das Wiederholungsbedürfnis der Reporter merklich an. Daß die Zahl der Wiederholungen in GR nicht noch höher liegt, hat zwei Gründe. In GR 3 fällt das einzige Tor erst in der 117. Minute, also drei Minuten vor Spielschluß. BREUCKMANN bleibt folglich nur wenig Zeit; dennoch wiederholt er nach der aktuellen Information noch dreimal die Tor-Minute. Vor allem aber beeinflußt ZIMMERMANN den GR-Wert durch seine Zurückhaltung gegenüber der "statistischen Wiederholung". Außer den beiden Rückgriff-Erwähnungen, daß die Ungarn 2:0 "nach acht minuten" führten und "wenige minuten vor schluß" der deutsche Führungstreffer fiel, verbindet er lediglich nach Beendigung der 1. Halbzeit die Torfolge mit Minuten-Angaben, während er bei seinem Resümee zu Beginn der 2. Halbzeit nur die Torschützen, nicht aber die Spielminuten erwähnt. In seinem Schlußkommentar geht er überhaupt nicht auf die erzielten Tore ein. Ganz anders verhalten sich die heutigen Reporter. So gibt KLOSE in GR 2 nach Spielschluß noch einmal eine Kurzfassung des Spielverlaufs unter Angabe der Tor-Minuten (siehe Beleg 434). Wie die Analyse von TR 1 gezeigt hat, kann eine derartige Kurzfassung zur reinen "Statistik" gerinnen. Die in Beleg 210 wiedergegebene, gegen Ende der Spielzeit gesprochene Passage wird im Schlußresümee fast wörtlich wiederholt. Eine "Zwischenform" findet sich z.B. am Reportageschluß von FASSBENDERs TR 2:

(699) nachdem man hier zunächst durch **Büssers' kopfball** / mit 1:0 in führung

gegangen war / dann aber durch tore von Karalyos / und Pal in den letzten minuten / noch mit 1:2 verloren hat / Duisburg also / mit ein bißchen hängen und würgen schließlich / im halbfinale

Über derartige Zusammenfassungen hinaus erinnern die GR- und TR-Reporter auch während der Spielzeit immer wieder an die geschossenen Tore und verknüpfen dies häufig mit der Zeitpunkt-Angabe. So informiert EMMERICH in TR 7 viermal über den Zeitpunkt der drei vor seiner Reportagezeit gefallenen Tore; BÖTTCHER wiederholt die Spielminuten der beiden Treffer seines Spiels (TR 6) fünfmal; BREUCKMANN kommt in TR 3 gar siebenmal auf die Minute des Düsseldorfer Führungstores zu sprechen. Allein in der 1. Halbzeit erfährt der Hörer von GR 4 - obgleich er das 1:0 der deutschen Mannschaft live miterlebt hat - noch achtmal die Spielminute, wobei übrigens die aktuelle Zeitpunkt-Angabe ("in der elften minute") korrigiert wird ("in der zehnten minute"). Nicht ganz einig sind sich auch KLOSE und FASSBENDER in GR 2 über den genauen Zeitpunkt des früh gefallenen Tores der Niederländer. In KLOSEs aktueller Angabe heißt es: "in der zweiten spielminute", was FASSBENDER beibehält, da er zwischen dem Foul (1. Minute) und dem Strafstoß-Tor (2. Minute) unterscheidet. KLOSE spricht dagegen bei seinen Rückgriffen in beiden Fällen immer von der "ersten spielminute", der "anfangsminute". FASSBENDER scheint diese Diskrepanz aufgefallen zu sein, denn zumindest einmal heißt es bei ihm salomonisch:

(700) nach dem schock in der ersten beziehungsweise zweiten spielminute

Entscheidender als diese kleine Diskrepanz und der die ganze Reportage durchgehende faktische Fehler, Vogts statt Hoeneß zum Sündenbock des Fouls zu stempeln, ist in unserem Zusammenhang, daß diese für ein WM-Endspiel bisher einmalige Situation von beiden Reportern für so hervorhebenswert erachtet wird, daß KLOSE zehnmal und FASSBENDER sechsmal auf den Spielzeitpunkt zurückkommen. Dagegen erinnert jeder von ihnen nur ein- bzw. zweimal an die Spielminuten der beiden deutschen Tore. Den insgesamt 16 Wiederholungen der 1./2. Spielminute (0:1) stehen folglich nur je drei Erwähnungen der 25. (1:1) und der 43. Minute (2:1) gegenüber.

In den Nachberichten haben die Reporter meistens nur Gelegenheit zur einmaligen Erwähnung der Spielminute. Sie erfolgt im Regelfalle bei der Schilderung des Spielverlaufs (siehe Beleg 310, 332, 333, 337). Selten wird zum Schluß "statistisch" resümiert, wie es BREUCKMANN in NB 11 tut:

(701) torfolge noch einmal schnell 1:0 Schmitz in der 17ten minute der ausgleich in der 27sten Herbert Scheller / und in der 65sten minute / das entscheidende tor / durch Thomas Allofs 2:1

Bei neun von zehn Toren wird der Spielzeitpunkt nur einmal erwähnt, lediglich bei jedem zehnten zweimal. Die Anzahl der Zeitpunkt-Angaben ist folglich in den Nachberichten praktisch von der Tor-Zahl des betreffenden Spiels abhängig. Also: in NB 9 fünf Tore gleich fünf Angaben, in NB 5 kein Tor, dementsprechend keine Zeitpunkt-Angabe. In NB 4 behilft sich RUBENBAUER, indem er als "Ersatz" für ausgebliebene Tore drei Torchancen spielzeitmäßig einordnet.

Bezugspunkte der punktuellen Spielzeit-Angaben

Insgesamt enthält das DR-Korpus 684 Angaben, denen sich direkt oder indirekt eine punktuelle Zeitbestimmung nach dem Spielzeitsystem entnehmen läßt. Bei 386 von ihnen handelt es sich, wie bereits ausgeführt, um Spielzeit-Bestimmungen des aktuellen Geschehens im, kurz vor oder nach dem Redemoment (= 56,4%), bei 298 um weiter zurückliegende bzw. noch bevorstehende Spielzeitpunkte (= 43,6%). Auf S. 36ff. haben wir die prinzipiellen Möglichkeiten der Bezugspunktsetzung für Spielzeit-Angaben erläutert. Hierbei hat sich gezeigt, daß es neben dem Bezugspunkt "Spielanfang" noch drei weitere Möglichkeiten gibt: das Spielende, das Ende der 1. und den Anfang der 2. Halbzeit. Die Tabellen 97 und 98 schlüsseln die Zeitpunkt-Angaben nach ihren Bezugspunkt-Anteilen auf. Hierbei sind die Verlängerungen wie normale Halbzeiten behandelt worden. Wird von einer Zeitpunkt-Angabe aus auf einen weiteren Zeitpunkt deiktisch verwiesen, was relativ selten geschieht, haben wir diese zweite Zeitangabe dem Bezugspunkt der ersten zugeschlagen, z.B.

(702) in der siebten minute dann die erste ganz gefährliche aktion / als Wenzels kopfball / nur / an die latte ging und zwei minuten darauf noch ein sehenswerter kopfball / diesmal / durch / Kraus und Daniel wurde / zu einer herrlichen parade / gezwungen

Bezugspunkt "der siebten minute" ist der Spielanfang; von der "siebten minute" aus wird mit der Angabe "zwei minuten darauf" also auf die neunte Minute verwiesen. Die letzte Spalte der beiden Tabellen faßt die Anteile der drei "nichtoffiziellen" Zählweisen zusammen. Die Pfeile geben die jeweile Zählrichtung an.

TABELLE 97: Bezugspunkt-Anteile der aktuellen Spielzeitpunkt-Angaben

	"offiziell" Spielanfang →	"nicht-offiziell" Ende 1.HZ ←	Anfang 2.HZ →	Spielschluß ←	gesamt
GR	47,7	15,2	15,2	21,9	52,3
TR	28,2	3,2	17,8	50,8	71,8
KR	45,2	7,7	10,2	36,9	54,8
DR	40,4	8,3	14	37,3	59,6

Alle Angaben in %.

TABELLE 98: Bezugspunkt-Anteile der nicht-aktuellen Spielzeitpunkt-Angaben

GR	100				
TR	97		1	2	3
KR	93,5	4,5	2		6,5
DR	95,6	2,4	1,3	0,7	4,4
NB	91,7	5,5		2,8	8,3

Alle Angaben in %.

Der Unterschied bei der Bezugspunktsetzung ist eklatant: Während bei den aktuellen Angaben nur vier von zehn Zeitpunkt-Bestimmungen nach der "offiziellen" Zählung erfolgen, sind es bei den nicht-aktuellen Angaben neun (NB) bzw. neuneinhalb (DR). Die Reporter bevorzugen also bei der zeitlichen Einordnung bereits erzielter Tore und anderer Spielhöhepunkte in hohem Maße die Durchzählung von der 1. bis zur 90. Minute. Abweichungen von dieser Norm kommen bei herausragenden Ereignissen vor, die unmittelbar vor oder nach der Halbzeitpause oder kurz vor dem Spielschluß passierten:

(703) denn das 1:1 fiel doch der ausgleichstreffer für die Lauterer / zu einem / für die Gladbacher psychologisch so ungünstigen / und für die Lauterer so günstigen zeitpunkt / nämlich zwei minuten vor dem halbzeitpfiff des Karlsruher schiedsrichter Clajus

(704) kurz nach der halbzeit / (schiri-pfiff) eine freistoß-flanke von kapitän Breitner aus 40 meter halbrechter position / in den strafraum der Duisburger hinein / Karl-Heinz Rummenigge wunderbar angenommen / volley mit dem rechten fuß / fast im fallen / er fiel fast nach links weg / halbhoch ins linke eck zum 3:1 und eben / Rummenigge-show vierter teil

Demgegenüber verwenden die Reporter bei der Bestimmung aktueller Spielminuten häufiger die "nicht-offiziellen" Bezugspunkte, an ihrer Spitze die Spielschluß-Variante. Sie dominiert eindeutig mit zunehmender Frequenz ab der 70. Spielminute (siehe z.B. Beleg 213, 684, 685). Die offizielle Zählung dient während dieses Spielabschnitts als Ausdrucksvariante. Spannung steigernde Qualität gewinnt sie allerdings beim Erreichen und besonders beim Überschreiten der 90. Minute:

(705) wir sind bereits in der 91sten minute

(706) und jetzt sind wir langsam in der 94sten spielminute / jetzt geht es in die 94ste hinein / und warum läßt der schiedsrichter nur so lange spielen

Wie bei den nicht-aktuellen Angaben werden Tore, auch wenn sie während der letzten 20 Minuten oder in der Nachspielzeit fallen, fast ausschließlich vom Spielanfang her eingeordnet, also "offiziell" erfaßt:

(707) jetzt die möglichkeit / und das tooor // (jubel) Littbarski // (jubel) halbrechte position / volley genommen / und jetzt nehm ich alles wieder zurück was ich an schlechtem / über diesen jungen gesagt habe // denn / er macht in der 87sten minute das 3:2 / für den 1. FC Köln

(708) eckball kommt hereingezogen / (zuschauer lauter) Prezzey ins toor (zuschauer: tor!) / tor durch Pezzey / 2:1 in der 92sten spielminute

Vor allem bei doppelten Zeitpunkt-Bestimmungen wird deutlich, daß die Spielanfang-Zählung als offizielle, der Spiel-Statistik dienende "Notierung" gilt:

(709) dann Bonhof (zuschauerjubel) 4:0 (laut) / 4:0 / Franke verladen in die falsche ecke / Bonhof hat eingeschickt [....] gespielt sind jetzt (pfiffe) in der zweiten halbzeit rund 14 minuten / das heißt also / wir notieren die 59ste minute und 0:4

Während der Bezugspunkt "Spielanfang" bei Toren aus Gründen der Spiel-Statistik und der Bezugspunkt "Spielende" für die letzten 20 Minuten aus Spannungsgründen Gebrauchsnormen darstellen, die weitgehend von allen Reportern eingehalten werden, ist die Sonderzählung der 2. Halbzeit als fakultative Variante einzustufen. Sie wird z.B. von ZIMMERMANN (GR 1), BÖTTCHER (TR 6) und EMMERICH (TR 7) für den Zeitabschnitt "46. bis 70. Minute" bevorzugt, ebenso von HAGELEIT (KR I,4; III,6), HANSCH (KR III,3) und THOMA (KR III,1). Gar nicht verwenden sie z.B. FASSBENDER in GR 2 und KR I,5, BREUCKMANN in KR III,5 und SEIWERT in KR III,8. BÖTTCHER (KR II,5), BREUCKMANN (TR 5), KLOSE (GR 2) und REHAHN (KR I,2) wechseln zwischen der Spielanfang- und der Halbzeit-Zählung. Das Beispiel BREUCKMANN zeigt, daß sich auch der einzelne Reporter von der einen zur anderen Reportage unterschiedlich verhalten kann.

In Tabelle 97 hebt sich deutlich TR von den anderen beiden DR-Typen ab. Dies hängt natürlich damit zusammen, daß - von einer Ausnahme abgesehen - alle Teilreportagen aktuell nur über die 2. Halbzeit berichten. Es entfällt ja der Spielteil der ersten halben Stunde, in dem die offizielle Zählung praktisch die einzige Möglichkeit ist. Für die 2. Halbzeit sind die TR-Werte dagegen auch für GR und KR repräsentativ, wie Tabelle 99 zeigt:

TABELLE 99: Bezugspunkt-Anteile der aktuellen Spielzeit-Angaben der 2. Halbzeit

	"offiziell"	"nicht-offiziell"		
	Spielanfang	Anfang 2.HZ	Spielschluß	gesamt
GR	23,5	31,4	45,1	76,5
TR	28	18,6	53,4	72
KR	32,7	14,6	52,7	67,3
DR	29	19,4	51,6	71

Alle Angaben in %.

Der relativ hohe Anteil mit dem Bezugspunkt "Anfang 2. Halbzeit" in GR geht vor allem auf ZIMMERMANN zurück, der als einziger aller Reporter mit Spielschluß-Angaben erst in den letzten zehn Minuten beginnt (daher auch in GR der etwas niedrigere "Spielschluß"-Wert) und für den Zeitraum "46. bis 80. Minute" nur einmal die offizielle Zählung (siehe Beleg 747), in allen anderen Fällen die Halbzeit-Zählung benutzt. Daß in KR die offizielle Zählung einen Drittel-Anteil aufweist, erklärt sich primär durch die Spielzeit-Informationen am Anfang und Ende einer Einblendung. Bei diesen wichtigen Informationen bevorzugen die Reporter die offizielle Zählweise während der ersten halben Stunde der 2. Halbzeit.

Zeitmessung und Ausdrucksvarianten

Die Grundeinheit der Abschnitt-Einordnung ist - wie wir bereits gezeigt haben - die "Spielhälfte", die "Halbzeit". Die Grundeinheit der punktuellen Spielzeit ist die Minute. In vier von fünf Fällen benutzen die Reporter die Spielminute zur Einordnung eines Geschehens bzw. des Redemoments in die Gesamtspielzeit : 589 von 720 punktuellen Spielzeit-Angaben unseres Korpus, das sind 81,8%, messen den Zeitpunkt an der Minuten-Skala, d.h. an der Einteilung der Spielzeit in 90 einminütige Kurzabschnitte. Insofern ist es kein Zufall, daß "die 90 Minuten" ein Synonym für das einzelne Fußballspiel sind, z.B.

(710) in einem spiel / was allerdings wesentlich mehr / begeistern konnte / als heute / die 90 minuten / die wir gesehen haben

Neben den Minuten-Angaben beziehen sich 84 weitere Bestimmungen (= 11,7%) ebenfalls auf Einheiten dieser Zeitmessung. Sie sind teils sprachliche Varianten für Minuten, teils Unterteilungen der einminütigen Kurzabschnitte. In 14 Fällen (= 2%) wird die Zahl der Spielminuten zusammengefaßt zu der größeren Einheit "Stunde" bzw. zu deren Untergliederung in Hälften und Viertel (siehe auch Beleg 690):

(711) eine stunde gespielt im finale von München

(712) dann hätte hier durchaus das 2:0 fallen können / nach einer / halben stunde / spielzeit

(713) eine viertelstunde vor schluß / kann man diese prognose eh zwar noch nicht endgültig wagen

Es liegt auf der Hand, daß sich die Reporter für diese Variante nur entscheiden können, wenn sie gerade in der 15., 30., 60. oder 75. Minute eine Zeitangabe für sinnvoll halten.

Weit häufiger als zu der größeren Einheit "Stunde", nämlich gut dreimal so oft (= 6,5%), greifen die Reporter zu der kleineren Einheit "Sekunde". Knapp ein Drittel dieser Sekunden-Angaben sind Umrechnungen von Minuten in Sekunden-Äquivalente. Hierbei handelt es sich fast ausnahmslos um die drei Minuten nach bzw. vor einem der vier Bezugspunkte der Spielzeit (siehe auch Beleg 676):

(714) zurück also zum Spiel / wo jetzt die letzten 60 sekunden der ersten spielhälfte laufen

(715) noch immer führt die Fortuna mit 1:0 durch das schnelle tor von Rudi Bommer (zuschauer laut) nach 180 sekunden

Knapp 70% aller Sekunden-Angaben dienen dazu, exaktere Bestimmungen zu geben, als das mit der Minuten-Einteilung möglich ist. Im Regelfalle handelt es sich dabei um eine Differenzierung in Halb- und Viertelminuten, also um 15, 30, 45, 75, 90 und 150 Sekunden (siehe auch Beleg 685 und 744):

(716) der schiedsrichter hat ganze / 30 sekunden / nachspielen lassen

(171) nur noch / 75 sekunden / die Deutschen im ballbesitz / 2:1 führen sie

Daneben werden aber auch andere "runde" Sekunden-Zahlen verwendet, z.B. zehn, 20, 50, 80, 100 Sekunden (vgl. Beleg 215):

(718) 20 sekunden noch nach der regulären spielzeit

(719) es sind genau noch 80 sekunden zu spielen

In einigen wenigen Fällen machen die Reporter Angaben "auf die Sekunde genau", und dies nicht nur, wenn der Schiedsrichter exakt nach 45 Minuten eine Halbzeit beendet, z.B.

(720) und in diesem augenblick / auf die sekunde genau / pfeift der unparteiische aus Schweden / der gut geleitet hat / das fußball-freundschaftsspiel / zwischen Deutschland und Argentinien ab,

sondern auch in anderen Situationen. So betätigt sich EMMERICH in TR 7 gleich zweimal als Stoppuhr-Liebhaber, da er ohne besonderen Anlaß exakte Sekunden-Angaben macht:

(721) 34 35 sekunden gespielt

(722) gespielt sind jetzt elf minuten und 32 sekunden

Etwas anders sieht der Fall in Beleg 678 aus, wo die genaue Sekunden-Angabe "seit fünf sekunden" ein Sonderservice für die Hörer ist, die selber "mitstoppen" wollen. Eine andere Sachlage ist auch in KR I,5 gegeben. Hier war bereits in der ersten Minute ein Tor gefallen. Diese Besonderheit hebt FASSBENDER in seiner Reportage mehrfach dadurch hervor, daß er die genaue Sekunden-Zahl nennt, z.B.

(723) Zimmermann war es ja / der nach 38 sekunden bereits für die 1:0-führung / durch eben einen solchen gewaltschuß / aus 22 metern distanz gesorgt hat

Alles, was unter zehn Sekunden liegt, drücken die Reporter allgemein aus. Beleg 678 stellt hierbei die Ausnahme dar.

(724) die offizielle zeit / wird gleich abgelaufen sein nur noch wenige sekunden

(218) das 1:0 / in der 45sten (zuschauer lauter) minute / sekunden vor dem pausenpfiff

Während im Normalfall Sekunden-Angaben nur in unmittelbarer Nähe der Bezugspunkte vorkommen und dabei die Grenze von drei Minuten nie überschreiten, gilt dies nicht für die Minuten-Halbierung, die mit einem Anteil von 3,2% in unserem Korpus vertreten ist. Bisweilen kann sie zwar auch als Variante der 30, 90, 150 Sekunden gegen Spielende auftreten (siehe auch Beleg 684), z.B.

(725) zu spielen hier / ang ungefähr noch anderthalb minuten / dann is die partie zu ende

In der Mehrzahl werden aber die Minuten-Halbierungen für Zeitbestimmungen benutzt, die außerhalb der Drei-Minuten-Grenze liegen:

(726) zu spielen sind noch sechseinhalb minuten (pfiffe) vor 70.000 im Gelsenkirchener Park-Stadion

(727) 61 und eine halbe minute sind im Düsseldorfer Rhein-Stadion vorbei

Dienen die Minuten-Halbierungen gegen Spielende ebenso wie die Sekunden-Angaben primär der Spannungs-Steigerung, so ist die Aufgabe der zuletzt zitierten Angaben eher informativ. In KR beispielsweise treten sie fast ausschließlich am Anfang bzw. Ende einer Einblendung auf (siehe Beleg 688).

Neben der Zeitmessung nach den Uhr-Einheiten Stunde, Minute und Sekunde verwenden die Reporter in 6,5% aller Fälle Angaben, die teils Paraphrasen der exakten Minuten- und Sekunden-Angaben sind, teils die Bezugspunkte, also Spielbzw. Halbzeit-Anfang und -Schluß, benennen:

(728) das ist das 3:3 / unmittelbar vor dem halbzeitpfiff / und da ist er bereits / halbzeit-pfiff der verlängerung

(729) und direkt vor der pause wird dieses tor sicherlich der mannschaft des 1. FC Kaiserslautern mehr auftrieb geben

(730) und dann war es Briegel / der kurz vor dem pausentee / an den rechten pfosten klatschte

(731) die hälfte / des zweiten abschnitts ist abgelaufen

(732) und dann wird das spiel beginnen können // die frage also / wird nun beantwortet / wer wird fußballweltmeister 1954 (fehler!) / Holland / oder Deutschland // (pfiff)und da ist der pfiff

(733) unten schaut John Taylor auf die uhr (pfiff) / und gibt in diesem augenblick den ball / zur zweiten spielhälfte frei

(734) Müller (pfiff) kriegt ihn vom freistoß / fällt zu boden / und das spiel / ist aus (lärm, beifall) // das spiel ist aus / mit 2:1 / gewinnen die Deutschen gegen die Holländer

(735) jetzt spielt er ab / hat gut abgespielt / aber der abpfiff erlöst uns / aus einer bedrohlichen situation / (beifall) / die erste halbzeit / in / Bern ist beendet

Für den reportage-kompetenten Hörer stellen alle diese verschiedenen Ausdrucksvarianten kein Verständnisproblem dar. Da sie immer wieder verwendet werden, hat er keinerlei Schwierigkeiten, sie zu verstehen, und d.h. ja, sie auf die 90-Minuten-Skala des Spielzeitsystems zu beziehen. Selbst eine indirekte, fast verschlüsselte Angabe wie

(736) aber dieser eckball wird nicht mehr ausgeführt werden

interpretiert er problemlos als Beendigung der Halbzeit.

Aufschlußreich ist die Verteilung dieser fünf Möglichkeiten punktueller Spielzeit-Bestimmung, vor allem der Vergleich der Distribution bei den aktuellen Angaben mit der bei den nicht-aktuellen Angaben (siehe Tabelle 100 und 101).

TABELLE 100: Distribution der aktuellen Spielzeitpunkt-Angaben nach Messungseinheiten bzw. Ausdrucksvarianten

	Stunde	Minute	halbe Minute	Sekunde	Paraphrase
GR	6,7	66,7	9,5	6,7	10,4
TR	2,4	72,6	2,4	14,5	8,1
KR	1,3	73,2	6,4	8,9	10,2
DR	3,1	71,2	6	10,1	9,6

Alle Angaben in %.

TABELLE 101: Distribution der nicht-aktuellen Spielzeitpunkt-Angaben nach Messungseinheiten bzw. Ausdrucksvarianten

GR	2,4	95,2			2,4
TR	1	95,1		3,9	
KR		92,9		2,6	4,5
DR	0,7	93,9		2,7	2,7
NB		94,4			5,6
gesamt	0,6	94		2,4	3

Alle Angaben in %.

Einmal mehr bestätigt sich, daß die Minute nicht nur die Grundeinheit des Spielzeitsystems ist, sondern auch als "offizielle" Einheit gilt. Denn bei der "statistischen Notierung" der Spielhöhepunkte dominiert ihre Verwendung in Rückgriffen so stark, daß die anderen Ausdrucks-Möglichkeiten nur in Ausnahmefällen verwendet werden. Dagegen steigt bei den aktuellen Angaben deren Anteil immerhin auf fast 30%. Jede fünfte Angabe erfolgt entweder in Sekunden oder als Paraphrase.

Setzt man insbesondere die "nicht-aktuellen" Tabellen 96, 98 und 101 untereinander in Beziehung, so läßt sich die "offizielle Spielzeitpunkt-Bestimmung" folgendermaßen charakterisieren:

1. Die Zähleinheit ist die Minute; sie erweist sich zum einen als ausreichend kleine Einheit, um im Rahmen der Gesamtspielzeit zeitliche "Punkte" voneinander abzugrenzen; zum andern ist sie ausreichend groß, um eine übersichtliche Gliederung zu ermöglichen; drittens erweist sie sich auch für den Reporter als praktikabel.
2. Der Bezugspunkt ist der Spielanfang; es wird folglich von der ersten bis zur 90. bzw. 120. Minute durchgezählt.
3. Die Hauptfunktion besteht darin, die das Spielresultat betreffenden Ereignisse, vor allem also die erzielten Tore, zeitlich zu notieren.

4.3.2. Das Wettbewerbsystem

Ist es Aufgabe des Spielzeitsystems, das zeitliche Gerüst des einzelnen Fußballspiels zu stellen, so ist es Aufgabe des Wettbewerbsystems, das einzelne Fußballspiel in einen größeren Rahmen einzuordnen. In unserem Korpus handelt es sich bei diesem Rahmen um die in Tabelle 3 aufgeschlüsselten Wettbewerbe: Weltmeisterschaft, Europameisterschaft, Europapokal (der Landesmeister, der Pokalsieger, UEFA-Cup), DFB-Meisterschaft (Bundesliga, 2. Liga), DFB-Vereinspokal. Die Ausnahme macht TR 4: dieses Spiel findet außerhalb eines Wettbewerbs statt, ist ein "einfaches" Länderspiel, ein "Freundschaftsspiel". Als "Wettbewerb" haben wir in diesem Fall die Angaben gewertet, die dieses Spiel in die generelle Länderspiel-Bilanz der DFB-Auswahl bzw. in die spezielle Bilanz der Spiele gegen Argentinien einordnen. Bei allen anderen Reportagen haben wir die Angaben herangezogen, die sich auf den betreffenden Wettbewerb beziehen, in dessen Rahmen das Spiel stattfindet. Bezüge auf andere Wettbewerbe, die vereinzelt angesprochen werden, bleiben dagegen unberücksichtigt. Von der Angaben-Frequenz her fällt folglich TR 4 aus dem Normalrahmen, da diese knapp einstündige Reportage lediglich 13 "Länderspiel"-Verweise enthält. Im Gegensatz zu allen anderen Reportagen überwiegen hier die Bezüge auf andere Wettbewerbe. SPRENTZEL gleicht nämlich das "Manko", nur auf die Länderspiel-Bilanz eingehen zu können, dadurch aus, daß er neunmal auf die WM 1978, zweimal auf die WM 1982, viermal auf die EM 1980, einmal auf die Junioren-WM, sechsmal auf Spiele der laufenden nationalen Meisterschaften, einmal auf die Erfolgsbilanz des Bundestrainers zu sprechen kommt. Beträgt hier das Verhältnis der Spiel-Einordnungen zu anderen Wettbewerben 2:3, so lautet z.B. dieses Verhältnis in TR 1, einer UEFA-Cup-Reportage, 3:1 (siehe S. 59). In einer ganzen Reihe von Reportagen werden andere Wettbewerbe überhaupt nicht angesprochen.

Das DR-Korpus enthält 422, das NB-Korpus 33 Angaben, die sich auf den Wettbewerb-Rahmen des betreffenden Spiels beziehen. Im Durchschnitt geben die DR-Reporter derartige Informationen in Abständen von knapp zwei Minuten (1'56"), die NB-Reporter von 48 Sekunden. Dieser krasse Unterschied ist zweifellos gattungsbedingt. Wegen der Kürze der Nachberichte fallen die drei Angaben, die im Durchschnitt in jedem Nachbericht gemacht werden, stärker ins Gewicht als z.B. die 55 Angaben, die in der 100minütigen WM-Reportage von 1974 stehen. Innerhalb der beiden Reportage-Gattungen verteilen sich die Wettbewerb-Angaben auf die einzelnen Gattungs-Typen nicht gleichmäßig und erfolgen dementsprechend auch in unterschiedlichen Zeitabständen:

GR: 163	1'46"		NK: 19	55"
TR: 141	1'57"		KA: 14	39"
KR: 118	2'08"			

Die zeitliche Differenz bei den beiden NB-Typen erklärt sich wiederum durch die unterschiedliche Reportage-Länge. Die vier Angaben, die durchschnittlich in einem Nachkommentar vorkommen, werden innerhalb von dreieinhalb Minuten gegeben, die zwei Angaben in einem Kurzabruf dagegen innerhalb von 1'18".

Die drei GR-Typen weisen - rein äußerlich betrachtet - eine entgegengesetzte Tendenz auf: je länger die Reportagezeit, desto kürzer die Zeitabstände. Doch diese "statistische" Folgerung muß durch zwei Einzelbeobachtungen relativiert werden:

1. Der Unterschied zwischen GR und TR hebt sich auf, wenn man den Sonderfall TR 4 unberücksichtigt läßt. In diesem Falle folgen in TR die Wettbewerb-Angaben in 1'44" aufeinander, also praktisch im gleichen zeitlichen Abstand wie in GR.
2. Die Freiheit des einzelnen Reporters, wie häufig er den betreffenden Wettbewerb anspricht, ist relativ groß. So macht z.B. FASSBENDER während der 1. Halbzeit von GR 2 nur fünf Angaben, sein Koreporter KLOSE dagegen 15. In GR 4 (= 1. Halbzeit) sind es bei FASSBENDER 17, bei HAUFFE sogar 23 Angaben. Diesen insgesamt 40 Wettbewerb-Angaben innerhalb einer Halbzeit stehen in GR 1 und GR 2, zwei vollständigen Spielreportagen mit angeschlossenem Siegerehrungs-Teil, nur 52 bzw. 55 Angaben gegenüber. In BREUCKMANNs TR 3 erfolgt durchschnittlich jede Minute ein Hinweis auf den Wettbewerb, in BÖTTCHERs TR 6 lediglich alle zweidreiviertel Minuten. Ähnlich sehen die Verhältnisse bei den Konferenzreportagen aus: In ihren knapp 13minütigen Reportagen KR I,1 und 2 gehen KOCH viermal und REHAHN achtmal auf den Wettbewerb ein. HANSCH tut dies in der zehnminütigen KR III,3 elfmal, während THOMAs doppelt so lange KR III,1 nur zehn Angaben enthält.

Vier Reportagen in KR I und eine in KR III enthalten gar keine Hinweise auf den Wettbewerb "Bundesliga". Nicht zufällig handelt es sich hierbei - mit einer Ausnahme - um die kürzesten Reportagen der jeweiligen Sendung, in KR I also um die Reportagen 7, 8, 10 und 11, die jeweils nur aus einer einzigen Einblendung bestehen, wobei diese Einblendung obendrein noch ein Ausschnitt der Originaleinblendung ist. Die Gebrauchsregel: der Reporter muß mindestens einmal eine Information zur Wettbewerb-Einbindung seines Spiels geben, diese Gebrauchsregel wird folglich durch die Stückwerk-Reportagen in KR I nicht durchbrochen. Rechnet man diese Kurzreportagen nicht mit, ändert sich der Abstand-Wert der Konferenzreportagen nur unwesentlich auf 2'02". Es bleibt also eine viertelminütige Differenz gegenüber GR und TR. Diese Differenz erklärt sich wohl durch die geringere Zeit, die dem KR-Reporter für seine Reportage zur Verfügung steht. Denn im Gegensatz zu der Mehrzahl der Spielzeit-Angaben bieten die Wettbewerb-Angaben lediglich Zusatzinformationen. Hinzu kommt, daß viele Wettbewerb-Angaben redundant sind. Zum einen kennt sie der fußball-kompetente Hörer dank seines Vorwissens, zum andern klärt ja bereits der Moderator vor der Umschaltung zum Stadion-Reporter darüber auf, in welchem Wettbewerb-Rahmen das Spiel stattfindet. Wie wir aber auf S. 179 dargelegt haben, spielt der Moderator bei den Konferenzreportagen eine wesentlich bedeutendere Rolle, als dies bei den Ganz- und Teilreportagen der Fall ist. Wenn man also seine Wettbewerb-Hinweise einbeziehen würde (siehe z.B. Beleg 372, 373, 396), dürfte unstrittig sein, daß der Hörer einer Konferenzsendung mindestens so viele Wettbewerb-Informationen wie der GR- und TR-Hörer bekommt.

Der entscheidende Unterschied zwischen den drei DR-Typen liegt also nicht so sehr in der quantitativen Differenz; er liegt vielmehr in der Distribution der inhaltlichen Bezüge. Zum Beweis dieser These haben wir die Wettbewerb-Angaben in fünf inhaltliche Gruppen aufgeschlüsselt:

1. Die Kennzeichnung des Fußballspiels, über das berichtet wird, als Teil des Wettbewerbs, z.B.

   (737) noch drei minuten müssen die anhänger von Fortuna Düsseldorf zittern dann haben sie ein mäßiges (betont) bundesligaspiel gesehen das Düsseldorf / mit 2:1 (zuschauer laut) in führung sieht

2. Die Erwähnung vorausgegangener Spiele des laufenden Wettbewerbs, z.B.

   (738) Deutschland / in der aufstellung / die / Österreich mit 6:1 im vorschlußrundenspiel schlug

3. Die Erwähnung zukünftiger Spiele des laufenden Wettbewerbs, z.B.

   (739) kann ich ihnen noch sagen daß es ja bald weitergeht mit den qualifikationsspielen für die bundesdeutsche mannschaft / im April ende April in Hamburg ist dann Österreich zu gast

4. Allgemeine Hinweise auf den laufenden Wettbewerb, ohne daß auf ein einzelnes Spiel eingegangen wird, z.B. Überblicke, Zusammenfassungen, Tabellensituation:

   (740) Briegel / setzt sich ein / auch Briegel ja / eine entdeckung dieses turniers

   (741) die situation in äh der gruppe eins / ist ja folgende / daß Österreich zur zeit in führung liegt mit 6:0 punkten vor Bulgarien 4:2 / dann Deutschland mit 2:0 die Albaner 2:6 / und Finnland mit 0:6 punkten

5. Die Erwähnung von Ereignissen, die außerhalb des laufenden Wettbewerbs stattfanden bzw. stattfinden werden, und generelle Hinweise auf den Wettbewerb, also vor allem historische Reminiszenzen und Informationen über Wettbewerbregeln:

   (742) die deutsche fußball-nationalmannschaft hat ja noch nie ein qualifikationsspiel zur fußball-weltmeisterschaft verloren / aber es gab ja auch jahre das wissen sie / wo sie als veranstalter oder als titelverteidiger / nicht mit in die qualifikationsrunde / hinein mußte

   (743) Fortuna muß noch ein bißchen zittern / bis / das kunststück / was ja schon so häufig in der geschichte der Fortuna unmöglich erschien / dann doch wirklichkeit geworden ist / nämlich / der pokalgewinn / nachdem es im vergangenen Jahr / gegen den 1. FC Köln nicht klappte

   (744) besonders die Belgier / werden begierig darauf sein / die letzten 90 sekunden dieser partie noch einmal zum ausgleichstreffer zu nutzen / und dieser ausgleichstreffer / so ist nun einmal die regelung im UEFA-pokal / der würde sie / wiederum weiterbringen

Die Mehrzahl unserer Wettbewerb-Belege bestätigt unsere im zweiten Kapitel (S. 36) gemachte Behauptung, daß die Wettbewerb-Angaben mit dem zeitdeiktischen System eng verbunden sind. Man nehme z.B. Beleg 739: "im April ende April", 740: "dieses turnier", 743: "im vergangenen jahr". Diese Angaben auf der Zeitskala des Kalendersystems richtig einzuordnen, stellt den Rezipienten einer Textsorte, deren Hörmoment mit dem Redemoment identisch ist, natürlich vor keinerlei Probleme. Dagegen muß er bei einem Großteil der Angaben über ein gewisses Maß an Sachkompetenz, hier Fußball- und Wettbewerb-Wissen, verfügen, da nicht wenige Angaben den Sachverhalt verkürzt wiedergeben. So ist z.B. in Beleg 741 die "situation" trotz der exakten Tabellen-Wiedergabe nur richtig einzuschätzen, wenn man u.a. weiß, wie viele Mannschaften aus dieser "gruppe eins" sich für das Endturnier qualifizieren; oder: Beleg 744 wird erst verständlich, wenn man das Ergebnis des Hinspiels einbezieht und die Auswärtstor-Regelung dieses Wettbewerbs (siehe Anmerkung 87) kennt. Da BREUCKMANN in TR 5 an anderen Stellen auf das Hinspiel-Resultat verweist, stützen sich gleichsam inhaltlich unterschiedliche Wettbewerb-Angaben gegenseitig. Tabelle 102 gibt einen Überblick über die Anteile, die die unterschiedlichen Inhaltsgruppen in den einzelnen Reportage-Typen haben.

TABELLE 102: Distribution der Wettbewerbsystem-Angaben nach Sachverhalten

	Sachverhalte des laufenden Wettbewerbs				über den laufenden Wettbewerb hinausreichende Sachverhalte
	Spiel	vergangene Spiele	zukünftige Spiele	allgemein	
GR	27	22,1		30,7	20,2
TR	19,1	28,4	25,5	21,3	5,7
KR	5,1	12,7	14,4	57,6	10,2
DR	18,2	21,5	12,6	35,1	12,6
NK	21,1	21,1	26,2	21,1	10,5
KA	7,1	7,1	14,3	71,5	
NB	15,2	15,2	21,2	42,4	6

Die teilweise erheblichen Unterschiede zwischen den Typen lassen sich reportagepragmatisch erklären, und zwar von den Wettbewerben bzw. den Positionen der Spiele innerhalb eines Wettbewerbs her, die in dem jeweiligen Reportage-Typ vorherrschen. Die Kennzeichnung des Spiels als Wettbewerb-Spiel erfolgt in den Konferenzreportagen und Kurzabrufen nur gelegentlich. Nur in je zwei Reportagen der drei KR-Sendungen und in einem der sieben Kurzabrufe kommen derartige Benennungen vor (vgl. Beleg 737). Offenbar wird aus folgenden Gründen auf sie verzichtet:

1. Der Hörer benötigt dank seiner Fußball-Kompetenz derartige Informationen nicht, da es sich bei den Konferenzsendungen um die wöchentlich wiederkehrende Bundesliga-Berichterstattung handelt. Das Aufeinandertreffen von zwei erstklassigen Mannschaften und Rahmen der DFB-Meisterschaftsrunde, also der Bundesliga, ist der Normalfall der Fußball-Reportage.
2. Der Moderator der Sendung verweist in seiner Programm-Vorschau ausdrücklich auf den Wettbewerb (siehe Beleg 372 und 373). Wie er gehen auch die Reporter auf den Wettbewerb als solchen wiederholt ein (siehe die vierte

Spalte der Tabelle 102), so daß von hieraus kein Zweifel an der Art des Spiels aufkommen kann.

Es ist daher kein Zufall, daß eine der sechs Wettbewerb-Kennzeichnungen in KR II,2 vorkommt. Denn während die anderen vier Reportagen über DFB-Pokalspiele berichten, handelt es sich bei der Begegnung 1. FC Nürnberg gegen 1860 München um ein nachgeholtes Bundesligaspiel. Darauf weist der Moderator MICHEL nicht nur am Anfang der Sendung hin:

(745) aber trotzdem gibt es ein recht interessantes programm in dieser sendung / mit äh vier pokal-spielen / einem meisterschaftsspiel / einem nachholspiel / der bundesliga,

sondern auch der Reporter KOCH grenzt sein Spiel noch einmal ausdrücklich gegen die anderen Spiele ab:

(746) also / 1:1 37.000 zuschauer / bundesliga-nachholspiel kein pokalspiel / hier in Nürnberg

Im Gegensatz zu den KR-Spielen handelt es sich in GR, TR und NK primär um Spiele internationaler Wettbewerbe. Daß hierbei GR den höchsten Anteilswert aufweist, hängt mit dem Faktum "Finale" zusammen: alle vier Reportagen berichten über den Abschluß des betreffenden Wettbewerbs, über das Endspiel. Wegen der herausragenden Bedeutung dieser Spiele bedarf es eigentlich dieser Kennzeichnungen für den Hörer nicht, erst recht ist es überflüssig, dieses Faktum 14mal (GR 1), 16mal (GR 2) oder gar innerhalb einer Halbzeit zehnmal (GR 4) zu wiederholen. Die Funktion dieser Hinweise ist folglich nicht informativer, sondern rhetorischer Natur: die Besonderheit des Spiels soll herausgestrichen werden:

(747) genau gespielt 61 minuten im Wankdorf-Stadion in Bern / im endspiel der fußballweltmeisterschaft 1954

(748) das spiel bekommt farbe / dramatik hat es schon genug / zwei elfmeter in der ersten halben stunde und 1:1 im finale / der zehnten fußballweltmeisterschaft in München

(749) im endspiel der sechsten fußballeuropameisterschaft führt die deutsche mannschaft / durch Hrubeschs tor mit /1:0

Im Gegensatz zu den GR-Reportern verhalten sich die TR-Reporter recht unterschiedlich. Die einen steigern die Bedeutung ihres Spiels durch wiederholte direkte Wettbewerb-Zuordnung, so besonders SPRENTZEL in TR 4 und EMMERICH in TR 7, die anderen belassen es bei vereinzelten Benennungen, so z.B. HAUFFE in TR 1 (siehe Beleg 204), oder verzichten ganz darauf, so FASSBENDER und BREUCKMANN in TR 2 bzw. 3.

Aus dem Endspiel-Faktum der GR-Spiele ergibt sich zwangsläufig, daß es keine zukünftigen Spiele des laufenden Wettbewerbs gibt, zumal ja die Spekulationen um ein Wiederholungsspiel Verweise auf die Regeln des Wettbewerbs sind. Dafür gehört es offenbar zur GR-Norm, an vergangene Spiele des laufenden Wettbewerbs zu erinnern. ZIMMERMANN geht in GR 1 je siebenmal auf das Vorrundenspiel gegen Ungarn, das "debakel von Basel", und das "großartige" Halbfinalspiel gegen Österreich und zweimal auf das Spiel im Viertelfinale gegen Jugoslawien ein (siehe auch Beleg 738):

(750) übrigens der gleiche schiedsrichter der unser 3:8 gegen Ungarn in Basel pfiff

HAUFFE und FASSBENDER erwähnen in GR 4 zwischen ein- und viermal insgesamt fünf Spiele des EM-Turniers in Italien. Zurückhaltender ist FASSBENDER, aber auch sein Mitreporter KLOSE, in GR 2: Lediglich an drei Spiele wird während der gesamten Reportage erinnert: je einmal an die Begegnungen Bundesrepublik Deutschland gegen DDR und Polen gegen Brasilien, zweimal an die

(751) regenschlacht am mittwoch gegen Polen

Daß TR bei den Direktreportagen und NK bei den Nachberichten in beiden Rubriken die höchsten Anteilswerte aufweisen, hängt ebenfalls mit der Position der Spiele innerhalb des Wettbewerbs zusammen. Mit einer Ausnahme sind es Qualifikationsspiele bzw. Viertelfinalspiele. Das Vorher und Nachher spielt folglich eine gewichtige Rolle. Bei den Europa-Cup-Spielen handelt es sich in TR überwiegend um Verweise auf das Hinspiel. Hier ist also der hohe Anteil korpusbedingt, da TR 1, 2, 3 und 5 Rückspiele sind. Auf die Hinspiele gehen HAUFFE in TR 1 sechsmal (siehe Beleg 176 und 754), FASSBENDER und BREUCKMANN in TR 2 bzw. 5 viermal, BREUCKMANN in TR 3 sogar neunmal ein:

(752) und das ist sicherlich das mittel um heute / gegen diese spitzenmannschaft aus Belgien / zu bestehen / nachdem es ja im hinspiel / 0:0 / unentschieden geheißen hatte

(753) 13 minuten vor dem spielende führen die Duisburger gegen Honved Budapest mit 1:0 / nachdem sie bekanntlich bereits das hinspiel im Budapester Nep-Stadion mit 3:2 / für sich entschieden hatten

Wie sehr auch derartige Informationen häufig Zusatz- bzw. Erinnerungscharakter haben, geht nicht nur aus dem "bekanntlich" in Beleg 753 hervor, sondern vor allem auch aus Verkürzungen, wenn nur das Ergebnis, der Zeitabstand, der Spielort oder das Stadion des Hinspiels genannt werden, z.B.

(754) diesem spiel / fehlt die rasanz / fehlt das tempo / da war es doch an der Maine Road vor 14 tagen / aufregender

Wie wir bereits auf S. 146 hervorgehoben haben, sind künftige Spiele des laufenden Wettbewerbs in TR von besonderem Belang, da sie ja bei Qualifikationsspielen für das Erreichen der Endrunde wichtig sind (vgl. Beleg 739), bei Europa-Cup-Spielen, weil sie ja das unmittelbare Ziel, die "nächste runde", "das weiterkommen", wie es immer wieder heißt (siehe z.B. Beleg 197, 201, 202) bedeuten. In den vier Viertelfinalspielen des TR-Korpus ist dieses unmittelbare Ziel das Halbfinale, das wiederholt von den Reportern angesprochen wird, z.B.

(755) und zieht damit / ins halbfinale des Europa-pokals der pokalsieger ein

In KR wäre der Anteil zukünftiger Wettbewerb-Spiele noch wesentlich niedriger, wenn nicht KR II vier Reportagen über Viertelfinalspiele im DFB-Pokal enthielte. Denn auf diese vier Reportagen entfallen zwölf, auf die 20 Bundesliga- bzw. Zweitliga-Reportagen dagegen lediglich fünf Bezüge. Fast spiegelbildartig sehen die Verhältnisse bei den vergangenen Spielen aus: die relativ wenigen Erwähnungen kommen fast ausschließlich in Bundesliga-Reportagen vor (vgl. Beleg 446). Da die Nachkommentare über internationale Qualifikations- und Europapokal-Spiele, die Kurzabrufe dagegen über Bundesliga-Spiele berichten, erklären sich die erheblichen Differenzen zwischen beiden NB-Typen auf dieselbe Weise.

Die hohen Anteile in KR und KA bei den allgemeinen Bezügen auf den laufenden Wettbewerb (Spalte 4 in Tabelle 102), sind gleichsam die Kehrseite der relativ geringen Zahl von Wettbewerb-Hinweisen, die auf einzelne Spiele eingehen. Die Auswirkungen des Spiels auf die Tabelle, d.h. besonders die Meisterschafts- und Abstiegsfrage, sind hier vor allem relevante Aspekte. Insofern häufen sich derartige Informationen in den Reportagen der Spiele, an denen Meisterschaftsanwärter und/oder Abstiegskandidaten beteiligt sind. Hier zur Veranschaulichung je ein KR- und KA-Beispiel aus dem Spiel Schalke 04 gegen Hamburger SV der Bundesliga-Runde 1980/81:

(756) ein unentschieden wär sicherlich ein ergebnis mit dem beide mannschaften sehr zufrieden wärn / die Schalker auch im heimspiel gegen den tabellen-

führer obwohl natürlich zu hause im kampf gegen den amstieg (sprechfehler) / die punkte gewonnen werden müssen

(757) Schalke / ist auf dem besten wege in der bundesliga zu bleiben den 15ten tabellenplatz haben sie ja schon erreicht

Daß 50 derartigen Bezügen in GR nur 30 in TR gegenüberstehen, läßt sich wiederum mit dem Endspiel-Faktum der GR-Spiele erklären. Einerseits wird in GR das vorausgegangene Turnier, wie in Beleg 740, häufiger zusammengefaßt, zum anderen ist die Spielentscheidung zugleich der Endpunkt des laufenden Wettbewerbs, der erstrebte (vgl. Beleg 732) bzw. errungene Titel das Resultat des gesamten Turniers:

(758) am ende einer enttäuschenden europameisterschaft

(759) in einem strapaziösen turnier / das über so viele spiele geführt hat

(760) der fußballweltmeister / 1974 / heißt Deutschland

(761) Fortuna Düsseldorf / ist deutscher pokalsieger / 1979

Während die Belege 748 und 749 das Wettbewerbsystem verabsolutieren ("der zehnten fußballweltmeisterschaft", "der sechsten europameisterschaft"), werden in den Belegen 760 und 761 die Angaben nach dem Wettbewerbsystem ("fußballweltmeister", "deutscher pokalsieger") mit dem relativ selten gebrauchten Kalendersystem verbunden.

Sowohl in DR wie in NB werden Sachverhalte, die außerhalb des laufenden Wettbewerbs liegen bzw. die den Wettbewerb allgemein betreffen, relativ selten angesprochen. Wegen der Zeitknappheit fehlen derartige Angaben in den Kurzabrufen. Deutliche Abstufungen sind auch bei den DR-Typen festzustellen: In den Ganzreportagen finden sich mit 33 Angaben die mit Abstand meisten historischen und allgemeinen Hinweise. Im Grunde handelt es sich hierbei um Zusatzinformationen, die im Falle der Wettbewerb-Regeln besonders für Hörer, die sich nicht zu den Fußball-Experten zählen, durchaus informativ sind. Im Falle historischer Reminiszenzen bieten sie zwar auch häufig interessante Informationen, haben aber gleichwohl ein wenig Füllstoff-Charakter, besonders bei Spielpassagen, die an Ereignissen arm sind, bei Spielunterbrechungen und bei Siegerehrungen. Ihre Quantität und ihr Inhalt sind also letztlich davon abhängig, ob der Reporter genügend Zeit hat und sie für interessant und mitteilenswert erachtet. Dabei ist nicht auszuschließen, daß der eine oder andere Reporter auch mit seinem Archiv-Wissen glänzen will. Verglichen mit Reportagen aus anderen Sportarten, verhalten sich die Fußballreporter aber in diesem Punkt eher zurückhaltend. Die Mehrzahl ihrer historischen und allgemeinen Wettbewerb-Angaben sind gut integriert, relativ kurz, selten Selbstzweck.

Der Zeitfaktor spielt offenbar in KR eine entscheidende Rolle, denn lediglich sieben der 24 Konferenzreportagen enthalten überhaupt derartige Informationen. Zum einen wird dabei die Bilanz der Mannschaften in der Vergangenheit auf das gegenwärtige Spiel bezogen, z.B.

(762) das wäre / meine damen und herren / der erste sieg der Düsseldorfer Fortuna / über Eintracht Frankfurt / seit nunmehr / vier jahren

Zum andern sind es Apostrophen der einen Mannschaft, z.B. des Meisters oder Aufsteigers der vorausgegangenen Saison, die wenig Reportagezeit beanspruchen:

(763) bisher hat kein gast hier auch nur einen punkt mitnehmen können / mal sehen / ob das heute / der deutsche meister schafft

Die TR-Reporter sind verständlicherweise auf den laufenden Wettbewerb konzentriert, der ja genug Stoff für die historische Einbindung ihrer Spiele liefert. Da bei den Endspiel-Reportagen des GR-Korpus die für die TR-Reporter so wichtigen Hinweise auf künftige Spiele des laufenden Wettbewerbs entfallen und obendrein nicht nur die Zeit, sondern auch das Reporter-Interesse vorhanden ist, die Wiedergabe aktuellen Spielgeschehens und vor allem den Bericht über die Siegerehrung durch Zusatzinformationen aufzulockern, gehören derartige Wettbewerb-Angaben zur Gebrauchsnorm dieses DR-Typs. Abgesehen von ein paar allgemeinen Informationen etwa über den den Austragungs-Turnus, z.B.

(764) für vier jahre wandert dieser pokal nunmehr nach Deutschland / in vier jahren / werden wir ihn zu verteidigen haben / in Schweden

handelt es sich überwiegend um Informationen zur Fußball-Historie, z.B.

(765) er [Jules Rimet] / hat vor jahrzehnten / diese weltmeisterschaft ins leben gerufen

(766) sie wissen / verehrte zuhörerinnen und zuhörer der alte / world cup (lärmen, freude) cup Jules Rimet ge... wurde von Brasilien geholt / und den neuen hat nun / Franz Beckenbauer in händen

Besonders gern wird dabei an frühere Erfolge der eigenen Mannschaft erinnert, z.B.

(767) das ist die erste erfreuliche feststellung / aus / der / bundesdeutschen sicht / steht die nationalmannschaft unseres landes im endspiel / und will nun den titel / 1972 gegen die Sowjetunion in Brüssel errungen / 1976 gegen die Tschechoslovakei nach elfmeter-schießen / verloren / zurückerobern

Im GR 2 kommen die Reporter daher mehrmals auf den ersten deutschen WM-Titel zu sprechen, z.B.

(768) wird es 20 jahre nach dem überraschungserfolg von Bern / wieder / eine / deutsche fußballmeisterschaft

Daneben werden aber auch andere WM-Endspiele zum Vergleich herangezogen:

(769) aber das ist ein / wirklich dramatisches finale // nicht so hoch von der spielklasse wie ich andere in den letzten jahren gesehen habe nicht das von Mexiko und auch das nicht in England / aber ein spiel / das mit paukenschlägen begonnen hat

Ebenso erinnern die GR-3-Reporter nicht nur an das Endspiel des vergangenen Jahres (Beleg 743), sondern führen auch das Pokalfinale 1977 als Beispiel für eine den Wettbewerb-Regeln entsprechende Spiel-Wiederholung an:

(770) und so bleibt es also bei diesem 0:0 und wenn / wie gesagt / wenn / dann muß am montagabend die gleiche strecke / zumindest aber neunzig minuten von beiden mannschaften noch mal absolviert werden / und wir entsinnen uns daß das vor zwei jahren / für die Hertha / gegen den 1. FC Köln schon einmal der fall war

4.3.3. Zusammenfassung

Zum Schluß wollen wir die wichtigsten Beobachtungen und Ergebnisse, die die Korpus-Analyse für die beiden sportartspezifischen Zeitsysteme erbracht hat, kurz zusammenfassen:

1. Obgleich das zeitdeiktische System bei den kotextuellen Zeitangaben quantitativ an erster Stelle steht, spielen die beiden sportartspezifischen Systeme, vor allem das Spielzeitsystem, eine quantitativ und qualitativ bedeutende Rolle in den Fußballreportagen. Das Wettbewerbsystem, das häufig mit dem Zeitdeixis- und bisweilen mit dem Kalendersystem verquickt ist, leistet die Einbindung des Spiels in den Wettbewerb. Das Spielzeitsystem bildet das zeitliche Gerüst der Reportagen.

2. Spielzeitangaben ermöglichen die Koordination des Redemoments mit der Spielzeit und ordnen vergangene und - in geringem Umfang - zukünftige Einzelhandlungen und Handlungsfolgen in die Gesamtspielzeit ein.

3. Die Frequenz aktueller Spielzeitpunkt-Bestimmungen ist abhängig von den informativen und narrativen Bedürfnissen der einzelnen DR-Typen. Informativ: die Reporter geben außer der Basisinformation über Spiel/Halbzeit-Beginn und -Ende und der "statistischen" Information über den Spielzeitpunkt eines gerade gefallenen Tores in mehr oder minder regelmäßigen, etwa vierminütigen Abständen Informationen über die Spielminute im Redemoment. Bei Konferenzreportagen - und dies erklärt, warum der DR-Typ mit dem geringsten Anteil an aktuellem Spielgeschehen die meisten aktuellen Zeitpunkt-Angaben aufweist - ist dieser Orientierungs-Service eine absolute Notwendigkeit, um die einzelnen Einblendungen auf die Spielzeit zu beziehen. Narrativ: Zeitpunkt-Angaben erfolgen in der Schlußphase des Spiels bzw. der 1. Halbzeit in immer kürzer werdenden Abständen. Ihre Funktion ist es, die Spannung zu steigern.

4. Die Frequenz nicht-aktueller Spielzeit-Angaben ist abhängig von den informativen Bedürfnissen der einzelnen Reportage-Gattungen und -Typen. Je mehr Spielgeschehen nachgetragen werden muß, desto häufiger erfolgen Spielzeit-Bestimmungen zurückliegender Höhepunkte und Abschnitte. Spielzeitpunkte werden überwiegend bei Toren, z.T. auch bei Torchancen und nur in Ausnahmefällen für andere Vorkommnisse genannt. Spielabschnitte werden zeitlich fixiert primär bei Zusammenfassungen des Spielgeschehens und bei der kritischen Würdigung von Mannschaften, Spielern und Schiedsrichtern.

5. Die Grundeinheit der Abschnitts-Messung ist die Spielhälfte, die "Halbzeit". Knapp 90% aller Zeitabschnitt-Angaben fassen in DR das Geschehen in Halbzeiten und Phasen der beiden Halbzeiten zusammen. Die Grundeinheit der Zeitpunkt-Messung ist die Spielminute. Als "offizielle" Zählung gilt dabei die Durchzählung von der 1. bis zur 90. Minute. Sie wird fast ausschließlich benutzt, wenn es gilt, Tore "statistisch" zu notieren. Sie dominiert daher eindeutig bei der zeitlichen Einordnung nicht-aktuellen Geschehens. Der Bezugspunkt Spielschluß bzw. Ende der 1. Halbzeit, d.h. also die Rückwärtszählung, wird für das aktuelle Geschehen generell im letzten Halbzeitdrittel, vor allem ab der 35. bzw. 80. Spielminute bevorzugt. Hierbei benutzen die Reporter für die Schlußminuten nicht selten Sekunden-Angaben. Die Sonderzählung der 2. Halbzeit mit dem Bezugspunkt Halbzeitbeginn ist als fakultative Variante einzustufen.

6. Jede zweite Minute (DR) bzw. jede Dreiviertelminute (NB) erhält der Hörer einen Hinweis auf den Wettbewerb. Die DR-Typen unterscheiden sich dabei besonders durch den inhaltlichen Bezug dieser Angaben. In GR wird relativ häufig die Position des Spiels innerhalb des Wettbewerbs bezeichnet, in TR überwiegen Bezüge auf vergangene und zukünftige Spiele des laufenden Wettbewerbs, in KR interessieren vor allem die Auswirkungen des Spiels auf die Tabelle, die Meisterschaft und den Abstieg. Historische Reminiszenzen, die über die laufende Wettbewerbsrunde hinausreichen, spielen nur in GR eine bedeutende Rolle. Diese Unterschiede lassen sich folglich pragmatisch vom Wettbewerb und der Position der Spiele her erklären.

7. Die kotextuellen Zeitangaben, nicht zuletzt die des Spielzeit- und des Wettbewerbsystems, überziehen die Reportagen mit einem dichten Netz zeitlicher Informationen. Zusammen mit den temporalen Zeitbestimmungen strukturieren sie den zeitinhaltlichen Ablauf der Reportage und garantieren damit eine zweifelsfreie Orientierung des Hörers.

ANMERKUNGEN

1) H. REUTHER (1959), S. 96.

2) P. GÖDEKE (1976), S. 14.

3) P. GÖDEKE (1978), S. 22.

4) P. GÖDEKE (1976), S. 15; (1978), S. 22f.

5) H. REUTHER (1959), S. 97. - Während der Olympischen Spiele in Berlin 1936 sendete der deutsche Rundfunk "500 deutsche Berichte und 2.500 Reportagen in 28 verschiedenen Sprachen" (Internationales Handbuch für Rundfunk und Fernsehen 1971/72, 1972, S. A14).

6) Vgl. K. WEHMEIER (1978), S. 117f.; P. GÖDEKE (1976), S. 181ff.; B.-P. ARNOLD (1981), S. 68. - In gewisser Weise hat der Deutsche Fußballbund die Hörfunkreportage gerettet. 1959 schlossen nämlich die ARD und der DFB ein Abkommen, das die Fernsehübertragungen von Fußballspielen regelt. Dieses Abkommen wurde nach Einführung der Bundesliga 1963 ergänzt. Über Bundesligaspiele darf praktisch nur zeitversetzt im Fernsehen berichtet werden (siehe P. GÖDEKE, 1976, S. 222ff.). K. RIHA (1979), S. 189, ist dagegen der Meinung, daß die "Sprachreportage neben den Möglichkeiten der Bildsprachreportage nur noch ein Schattendasein" führe.

7) Vielleicht spielt dabei auch eine Rolle, daß der Fernsehkommentator bei Ganzreportagen noch nicht einmal halb so viel spricht wie der Hörfunkreporter, mancher Fernsehzuschauer aber neben der visuellen Information die ständige akustisch-sprachliche nicht missen will. - Siehe auch H. STURM (1968), S. 140.

8) Bereits 1935 gehörte der Sport nach "Wetter- und Tagesnachrichten" und "Reden und Vorträge, Inland" zu den beliebtesten Wortsendungen (siehe H. BESSLER, 1980, S. 31). - 1950 schalteten sich 58,3% der NWDR-Hörer regelmäßig in die Sportsendungen ein. 1964, also zwölf Jahre nach der offiziellen Einführung des Fernsehens, bekundeten immer noch 47% der WDR-Hörer ihr "sehr bis ziemlich starkes" Interesse an Übertragungen und Berichten von Fußballspielen. 1968 wurde die Sendung "Sport und Musik" regelmäßig von einer halben Million Hörer in Nordrhein-Westfalen eingeschaltet. Eine EMNID-Umfrage im Auftrag des NDR ergab 1970, daß 54% aller Befragten am Sport interessiert waren und 37% regelmäßig Sportsendungen im Hörfunk hörten (siehe GÖDEKE, 1976, S. 204, 209, 213, 215). Die Arbeitsgruppe "ARD-Hörerforschung" hat 1980 mit der "längerfristigen" Vorbereitung einer Untersuchung "Sport im Rundfunk" begonnen (ARD Jahrbuch 81, 1981, S. 112).

9) Siehe E. LÄMMERT (1975), S. 100ff.

10) D. ROSENBAUM (1969), S. 91; (1978), S. 146.

11) Soweit eine Reportage von allen bzw. fast allen Rundfunkanstalten übertragen wurde, erfolgt die allgemeine Senderangabe "ARD". In den anderen Fällen ist unbeschadet der Frage, ob die betreffende Reportage auch von einer anderen Rundfunkanstalt ausgestrahlt wurde, der Empfangssender beim Tonband-Mitschnitt angegeben worden.

12) Zwangsläufig von der Regel abgewichen wird, wenn mehrere Mannschaften aus dem Bereich des DFB im Viertel- oder Halbfinale europäischer Wettbewerbe stehen und die Spiele zur selben Zeit stattfinden.

13) Am 1.1.1981 waren im Sende- und Gebühreneinzugsgebiet des WDR 6.138.026 Empfangsgeräte angemeldet, das sind 26,32 % aller in der Bundesrepublik und Westberlin angemeldeten Geräte. Mit 18,84 % und 16,83 % folgen der NDR und BR mit deutlichem Abstand. Siehe ARD Jahrbuch 81 (1981), S. 258.

14) Nach einer 1981 erteilten Auskunft des WDR sind in der Hörfunk-Sportabteilung 13 Reporter tätig. - Vergleicht man die Statistik aller Hörfunkprogramme, lag allerdings 1980 der WDR mit einem Sportanteil von 1,3 % an seinem Gesamtprogramm (1979: 1,2%) nicht nur unter dem ARD-Durchschnitt von 1,7 % (1979: 1,5 %), sondern nach absoluter Sendezeit gerechnet mit 20.350 min (1979: 19.312 min) erst an sechster (1979: fünfter) Stelle der neun ARD-Rundfunkanstalten. Die Spitzenposition hielten 1980 der SWF mit 34.803 und der SFB mit 34.020 Sendeminuten, 1979 der SWF mit 31.382 und der SDR mit 28.816 Sendeminuten. Siehe ARD Jahrbuch 81 (1981), S. 298f. und ARD Jahrbuch 80 (1980), S. 286. - Diese Zahlen lassen allerdings unberücksichtigt, welche Bedeutung der WDR als "Zulieferer" für die Sportsendungen der anderen Rundfunkanstalten hat. Im 1. Fernsehen spielt der WDR bei den Zulieferungen für die Sendungen "Sportschau" und "ARD-Sport extra" die absolut dominierende Rolle: 1979 produzierte der WDR 44,2%, 1980 40,4% aller Beiträge. Mit 17% folgte 1979 der NDR, mit 12,2% 1980 der BR mit deutlichem Abstand an zweiter Stelle (errechnet nach ARD Jahrbuch 81, 1981, S. 312, und ARD Jahrbuch 80, 1980, S. 300). Aus den angegebenen Gründen dürfte der WDR auch im Hörfunk eine klare Spitzenstellung bei den Zulieferungen einnehmen.

15) Z.B. I. MÄRKEL (1977); H.-J. HERINGER (1978), S. 108ff.; B. SANDIG (1979); G. FRITZ/M. MUCKENHAUPT (1981), S. 136ff. (der Reportagetext ist mit MÄRKELs "Spielzug B" identisch).

16) Z.B. I. MÄRKEL (1977); R. RATH (1979), S. 157ff.

17) D. ROSENBAUM (1969), S. 5, 50, 93, 96, 167ff.

18) K.H. DEUTRICH/H.P. FUCHS (1973), S. 285f. - Eine knapp zehnminütige Reportage des Bundesligaspiels Werder Bremen gegen Borussia Dortmund vom 11.5.1968 ist abgedruckt in Texte gesprochener deutscher Standardsprache I (1971). - Die auffällige Diskrepanz, die sich beim Vergleich beider Korpora ergibt, wenn man die Sprechgeschwindigkeit (Wörter pro Minute) errechnet, kann nur konstatiert, nicht aber erklärt werden. Gemessen am Durchschnittswert meines Korpus (160 W/min) liegt es nahe, an einen Zähl- bzw. Meßfehler bei ROSENBAUM zu denken (129 W/min gegenüber 172 W/min des Freiburger Korpus).

19) P. SCHNEIDER (1974), S. 323, 401f.

20) Ganzreportagen: 33,84 %; Teilreportagen 33,06 %; Konferenzreportagen 33,10 %.

21) Zur Frage, Textausschnitte in ein Korpus aufzunehmen, siehe R. MÜLLER (1973), S. 51.

22) H. HOFF (1981), S. 16: "Und welchen anderen Sinn soll es haben, Fußball zu übertragen, wenn nicht den, damit zu unterhalten." Siehe auch K.-D. LUDWIG (1976), S. 194; (1977), S. 79; Radio-Journalismus (1980), S. 62; B.-P. ARNOLD (1981), S. 68. - Die Reporter sehen es offenbar ebenso. So wünschte z.B. JOACHIM BÖTTCHER zu Beginn der HR-Sendung 'Sport am Samstag' vom 10.4.1982 seinen Hörern "interessante Unterhaltung und möglichst spannende Reportagen". Vgl. auch B. MORAVETZ (1981), S. 98.

23) Soweit narrative Fragen aufgeworfen werden, beziehe ich mich primär auf Forschungsergebnisse von R. FREUDENBERG und der Marburger Arbeitsgruppe "Narrativik".

24) B.A. USPENSKIJ (1975), S. 17ff. Vgl. auch W.C. BOOTH (1974), S. 74ff.

25) Die dritte prinzipielle Möglichkeit, die des "nachzeitigen" Erzählens, kann hier unberücksichtigt bleiben. Vgl. M. MARKUS (1977), S. 30f.

26) Ebenso wie es im physikalischen Sinne eine "Gegenwart" nicht gibt - vgl. E. KOSCHMIEDER (1974), S. 3f. -, handelt es sich auch bei der Wiedergabe punktuellen Geschehens in einer Direktreportage um keine echte Synchronie. Doch die Zeitdifferenz zwischen der Beobachtung und der sprachlichen Wiedergabe eines Geschehens ist für unsere Fragestellung aus narrativer und linguistischer Sicht irrelevant.

27) Vgl. G. MÜLLERs Erörterungen über "Erzählzeit" und "erzählte Zeit" (1975), S. 247ff. und 269ff. Siehe auch E. LÄMMERT (1975), S. 82ff., K. KANZOG (1976), S. 47f.

28) Siehe W. BRANDT (1979), S. 169.

29) Man lasse sich nicht durch das Zeitadverb "jetzt" täuschen ("jetzt stärker geworden ist"). Die Schlußpassage ("auch wenn jetzt Fortuna Düsseldorf den ball / in den eigenen reihen hat zunächst mit libero Zewe") zeigt mit seinem punktuellen, auf die Handlung im Redemoment bezogenen "jetzt" in aller Deutlichkeit, daß das "jetzt" des ersten Objektsatzes einen Zeitabschnitt umfaßt, also 'in letzter Zeit', 'in den letzten fünf bis zehn Minuten' bedeutet.

30) Vgl. z.B. W. JUNG (1967), S. 224; W. ADMONI (1970), S. 183f.; O.I. MOSKALSKAJA (1975), S. 84f., 93f. - Die von mir aus pragmatischen Gründen vorgenommene Dreiteilung bezeichnet J. KÖBERL (1977), S. 165, als die "drei grundsätzlichen Verwendungsarten" des Präsens.

31) Was die Ausfüllung dieser Lücke im deutschen Tempussystem betrifft, siehe S. 120, 300, 305 und Anm. 88.

32) P. PETKOV (1969), S. 180: "Der Standpunkt des Sprechers kann mit dem Redemoment zusammenfallen oder aber in die Vergangenheit verlegt sein." Dementsprechend unterscheidet PETKOV im "indikativischen System" einen "präsentischen" von einem "präteritalen Zeitplan". J. ERBEN (1972), S. 96, spricht mit Berufung auf FOURQUET von einem "Bezugssystem der Gegenwart" und einem "Bezugssystem der Vergangenheit". J. FOURQUET (1970), S. 127f., setzt für das Deutsche noch ein "Bezugssystem der Zukunft" (Futur I und II) an. - Siehe auch O.I. MOSKALSKAJA (1975), S. 101; E. WERLICH (1975), S. 51f.; M. MARKUS (1977), S. 51 u. 136, Anm. 83; S. LATZEL (1977), S. 36f. - Auch D. WUNDERLICH (1970) sieht in den Tempora sprachliche Mittel, mit denen die zwischen "Aktzeit" und "Sprechzeit" bestehenden Zeitverhältnisse ausgedrückt werden (S. 124). Für den Bereich der "transformativen" Verben faßt er allerdings das vergangenheitsbezogene Perfekt als ambig auf, so daß "es eine Regel gibt, die beide Tempora Präteritum und Perfekt als Alternanten einführt, und eine zweite Regel, die nur Perf einführt" (S. 145). Siehe dazu R. HARWEG (1973) und P. PETKOV (1977). - H. WEINRICH (1971) kommt zwar zu einer vergleichbaren Einteilung der Tempora, nur ist seine Zuordnung von einer "besprechenden" und einer "erzählenden" Sprechhandlung her unserem narrativen Ansatz nicht adäquat. Denn es ist gerade bei einer Direktreportage nicht einsehbar, warum eine Wiedergabe

gleichzeitigen Geschehens oder ein im Perfekt erfolgender Geschehensrückgriff nicht "erzählt" sein soll. Derselbe Einwand muß gegen D. ROSENBAUM (1978), S. 146ff., erhoben werden, der bei der Direktreportage zwischen "Aktionstext" und "Erzähltext" (1969, S. 29ff., noch "Nachtragstext" genannt) unterscheidet.

33) K. BÜHLER (1965), S. 102ff.: "die Grundzeigewörter hier, jetzt, ich in ihrer sozusagen absoluten Funktion als sprachliche Ortsmarke, Zeitmarke, Individualmarke" (S. 107); die Origo als "Koordinationsausgangspunkt" (S. 126). Siehe zur "jetzt-hier-ich-Origo" C.J. FILLMORE (1972), S. 125ff.; J. ERBEN (1972), S. 85; S. LATZEL (1974), S. 281ff.; M. MARKUS (1977), S. 30; F.K. STANZEL (1965), S. 324ff. und (1979), S. 125f. Vgl. auch R. HARWEGs (1973), S. 271, "referematische" Kategorie "der personalen, lokalen oder zitationssubstrathaften Sachverhaltsindikatoren" und seine Unterscheidung von "Allo-Individuen der Gegenwart" und "der Vergangenheit" bzw. in (1975), S. 135, von "geschichtsexternem" und "geschichtsinternem Erzähler" ("Erzähler" hier als "Betrachter der die erzählte Geschichte bildenden Sachverhalte"). - W. KAYSER (1956, S. 234f.) hat bereits darauf verwiesen, daß der Erzähler "in zwei Zeitordnungen" lebe, "in der seiner Gestalten und der Gegenwart des Geschehens" und "in seiner unbestimmten Erzählgegenwart".

34) S. LENZ (1975), S. 19 u. 21 ('Das unterbrochene Schweigen').

35) F. KAFKA (1961), S. 39 u. 93 ('Die Verwandlung').

36) J. GORES (1969), S. 42f. ('Wenn ich dann noch lebe'). - Dieser Erzähltyp darf nicht verwechselt werden mit dem Erzählen im "historischen Präsens" oder - wie es D. SCHAFFER (1972), S. 185, treffend bezeichnet - im "epischen Präsens", z.B. F. KAFKA 'Vor dem Gesetz', wo durchgehend, und E. STRITTMATTER 'Ole Bienkopp', wo phasenweise im Präsens erzählt wird. Siehe auch die in der Duden Grammatik der deutschen Gegenwartssprache (1973), S. 79, Anm. 3, aufgeführten und die bei D. SCHAFFER (1972), S. 185-213, besprochenen Beispiele.

37) Auf "Ersatzformen", Gebrauchsvarianten und Ergänzungen beider temporalen Grundsysteme wird später eingegangen werden.

38) D. WUNDERLICH (1970), S. 84ff.; H. KROEGER (1977), S. 233ff.

39) D. WUNDERLICH (1970), S. 84ff.; H. KROEGER (1977), S. 228ff.

40) Die Verabsolutierung der Spieldauer wird noch deutlicher bei den Sportarten, bei denen die "reine" Spielzeit gemessen wird, d.h. bei denen die Uhr bei jeder Spielunterbrechung angehalten wird. Ein zwanzigminütiges Eishockey-Drittel kann z.B. eine Stunde dauern. - Das Spielzeitsystem ist eine Möglichkeit der sportspezifischen Zeitorientierung. Je nach den Regelvorgaben der einzelnen Sportarten bzw. ihrer Disziplinen kann es beispielsweise auch ein "Distanz"-, "Ergebnis" - oder "Versuchsanzahl"-System sein. Bei Mittel- und Langstreckenläufen der Leichtathletik, bei Pferde-, Auto- und Bahnradrennen wird z.B. der zeitliche Ablauf nach Runden bzw. deren Unterteilung ("eingangs der Zielgeraden") oder nach Kilometer- bzw. Meterangaben ("noch 1.000 m zu laufen") gerechnet, im Fechten, Tennis, Tischtennis, Badminton und Volleyball nach einem zu erreichenden Gewinnstand ("Treffer", "Punkte", "Sätze").

41) Siehe dazu die Ausführungen über "Verlängerungs-" und "Nachspielzeit" auf S. 39f.

42) Vgl. die Übersichten bei D. WUNDERLICH (1970), S. 114ff.; S. LATZEL (1977), S. 20; R.E. KELLER (1978), S. 587ff.

43) D. ROSENBAUM (1969), S. 94ff., macht es sich bei seinen Reportagetexten zu einfach, wenn er undifferenziert die Präsensformen mit der Gegenwart gleichsetzt.

44) O.I. MOSKALSKAJA (1975), S. 87. P. PETKOV (1969), S. 180, spricht von "Neutralisierung der Grundfunktion".

45) Duden Grammatik der deutschen Gegenwartssprache (1973), S. 80; O.I. MOSKALSKAJA (1975), S. 86; W. SCHMIDT (1977), S. 223.

46) Siehe die von J. GRIMM bis in die jüngste Zeit reichenden Sekundärliteratur-Nachweise bei H. KROEGER (1977), S. 192ff.

47) J. Freiherr von EICHENDORFF (1958), S. 849 ('Das Schloß Dürande').

48) E. MÖRIKE (1958), S. 1025f. ('Mozart auf der Reise nach Prag').

49) Die Frage, wo und wie oft der Reporter sprachlich dem Geschehen nachhinkt, aber dennoch durch Präsensgebrauch den Eindruck der Gleichzeitigkeit hervorruft, läßt sich von der Reportage her nicht beantworten. Ein Indiz sind lediglich akustische Zuschauerreaktionen bei relevanten Spielaktionen, wenn Pfiffe, Beifall usw. deutlich vor der Schilderung der betreffenden Aktion zu hören sind.

50) H. KROEGER (1977), S. 183. - R. HARWEG (1975), S. 131, weist darauf hin, daß bei der Wahl von Präteritum bzw. Perfekt die Performanz nicht selten von den der Kompetenz zugrunde liegenden Regeln abweicht.

51) Zum "Erleichterungspräteritum" siehe H. KROEGER (1977), S. 189, und die dort zitierte Literatur und das Kapitel "Ausdruckspräferenzen" bei S. LATZEL (1977), S. 82ff. Zur gesprochenen Sprache vgl. auch H.-G. HANG (1973), S. 97.

52) F. KAFKA (1961), S. 308 ('Gemeinschaft'). - Zur resultativen Funktion des Perfekts gegenüber der einzelne Handlungsschritte ausdrückenden Funktion des Präteritum siehe B. SOWINSKI (1973), S. 208f., und die dort zitierten literarischen Belege und R. HARWEG (1975), S. 144ff., der an Beispieltexten des gesprochenen, nichtliterarischen Erzählens den Perfektgebrauch bei resümierend dargestellten Sachverhalten aufzeigt.

53) Vgl. H. KROEGER (1977), S. 190, und die dort zitierte Literatur.

54) In dem von H. GELHAUS (1974) untersuchten Korpus schriftsprachlicher Texte wird "nachdem" in 68,7% aller Fälle mit dem Plusquamperfekt, in 14,4% mit dem Perfekt verbunden. - An anderer Stelle konstruiert der Reporter "nachdem" mit dem Präteritum. Nach GELHAUS (1974), S. 140, kommt diese Verwendung "gegen die Regel" in schriftlichen Texten zu 11,4% vor.

55) Vgl. W. ADMONI (1970), S. 187f.; U. HAUSER-SUIDA/G. HOPPE-BEUGEL (1972), S. 231.

56) Dieser, z.B. in den ersten beiden Auflagen der Duden-Grammatik gar nicht erfaßte Fall kommt nach U. HAUSER-SUIDA/G. HOPPE-BEUGEL (1972), S. 210ff., durchaus in schriftlichen Texten vor, allerdings verbunden mit kotextuellen Zeitangaben, die die Vorvergangenheit markieren.

57) D. ROSENBAUM (1969), S. 96.

58) Siehe zum Futur II S. 261ff., zum Imperativ S. 310ff.

59) Der Anteil der Konjunktive an den finiten Verbformen macht 6,18% aus. Dies entspricht annähernd den Anteilen, die S. JÄGER (1971), S. 29, für die geschriebene (7,6%, nach Abzug der mit dem Indikativ homographen Formen: 6,74%) und K.-H. BAUSCH (1979), S. 182, für die gesprochene Sprache (6,72%) in ihren umfangreichen Korpora festgestellt haben. Mit ihren 1,54% Konjunktiv-I- und 4,64% Konjunktiv-II-Formen steht die Direktreportage den Durchschnittswerten der gesprochenen Sprache (0,73% vs. 5,99%) wesentlich näher als denen der geschriebenen (2,79% vs. 3,95%).

60) Über das Verhältnis Konjunktiv und Tempus bzw. Zeitstufen vgl. S. JÄGER (1979), S. 297ff.

61) Siehe das Forschungsreferat bei K.-H. BAUSCH (1979), S. 80ff.: Obgleich die Meinungen und präskriptiven Anweisungen in den einzelnen Grammatiken recht unterschiedlich sind, ist der Konjunktiv I neben dem Konjunktiv II und dem Indikativ auch bei einem vorausgegangenen präteritalen Hauptsatz durchaus üblich. Nach H. BRINKMANN (1962), S. 358, überwiegt in diesen Fällen sogar der Konjunktiv-I-Gebrauch. Siehe auch S. WICHTER (1978), S. 157ff.

62) S. WICHTER (1978), S. 154ff.

63) In den von H.-G. HANG (1973) untersuchten gesprochenen Texten kommen ebenfalls "jetzt" und "dann" am häufigsten vor (S. 103).

64) Aus semantischen Gründen ist das Zeitadverb "heute" zur Gruppe der deiktischen Kalenderangaben gerechnet worden.

65) H. BAUSINGER (1972), S. 84.

66) Daß Sekunden-Angaben nur in unmittelbarer Nähe von zeitlichen Bezugspunkten vorkommen, liegt zweifellos an der "Umrechnungsgrenze". Kein Reporter kommt auf die Idee, statt "25 Minuten" "1500 Sekunden" zu sagen. Insofern liegen HAUFFEs "180 sekunden" bereits im Grenzbereich.

67) Um 25% liegt auch der Setzung-Anteil anderer Direktreportagen, z.B. WM-Endspiel 1954 ca. 27%, WM-Endspiel 1974 ca. 23%. - R. RATH (1979), S. 159, kommt bei seiner Auszählung einer kurzen Reportage (= 165 Sätze) auf "rund 20% Kurzsätze". Auf der Materialgrundlage von 1.990 Sätzen errechnet D. ROSENBAUM (1969), S. 58, einen Prozentanteil von 41%. Diese hohe Quantität erklärt sich vielleicht durch die Einbeziehung von 386 Sätzen aus Sportnachrichten, -berichten und -interviews. Für die 1.604 Sätze aus Direktreportagen läßt sich nach den Angaben auf S. 88 ein Anteil von 36,03% errechnen, für seine untersuchte "Langreportage" (= eine Halbzeit) gibt ROSENBAUM allerdings 44,6% Setzungen an. Die Differenz zwischen ROSENBAUMs und meinen Ergebnissen ergibt sich wohl dadurch, daß ROSENBAUM im Gegensatz zu mir alle in irgendeiner Art grammatisch unvollständigen Sätze (z.B. Artikel-Omission) den Setzungen zugeschlagen hat. Zu meinen Auszählungskriterien siehe W. BRANDT (1979), S. 165, Anm. 19.

68) Siehe auch B. SANDIG (1979), S. 114f.; R. RATH (1979), S. 157ff.

69) Diese Aussage bezieht sich auf die Möglichkeiten des Tempusgebrauchs, die in der vorliegenden Reportage genutzt sind. Selbstverständlich können sowohl in anderen Reportagen wie vor allem auch in belletristischen Erzähltexten weitere Tempusvarianten und Gebrauchsnormen vorkommen.

70) K. BAUMGÄRTNER/D. WUNDERLICH (1969), S. 34f.

71) Vgl. S. LATZEL (1977), S. 243.

72) Vgl. E. KOSCHMIEDER (1974), S. 3f.

73) Vgl. dazu auch K. BAUMGÄRTNER/D. WUNDERLICH (1969), S. 39; S. LATZEL (1977), S. 22f.

74) Duden Fremdwörterbuch (1974), S. 263.

75) Duden Fremdwörterbuch (1974), S. 470.

76) W. SCHMIDT (1977), S. 234f.

77) W. FLÄMIG (1971), S. 273.

78) Diesen Terminus benutzt J. DITTMANN (1979).

79) H. KROEGER (1977), S. 366.

80) S. LATZEL (1977), S. 58.

81) W.K. JUDE (1975), S. 215.

82) J. REHBEIN (1977), S. 294.

83) J. REHBEIN (1977), S. 294.

84) Wie häufig Direktreportagen - vergleichbar dem Fernsehen - zeitversetzt im Hörfunk gesendet werden, ohne den Hörer ausdrücklich davon in Kenntnis zu setzen, ist vom Standpunkt des Rezipienten her nicht festzustellen.

85) Nicht berücksichtigt wurden die Präsensformen in allgemeingültiger Funktion "wunder gibt es immer wieder" und "im sport / stirbt die hoffnung am letzten", da es sich in beiden Fällen um keine Bestandteile des Narrator-Textes, sondern um die Wiedergabe von Zitaten handelt. Zitate entsprechen aber nicht nur grammatisch, sondern auch narrativ direkten Reden, d.h. also Passagen eines Erzähltextes, bei denen der Erzähler das Wort an eine andere Person abtritt. Der Narrator verzichtet in diesen Fällen auf seine Funktion als Vermittler zwischen der Res und dem Rezipienten, d.h. hier konkret auf die Redewiedergabe mit seinen eigenen Worten (z.B. indirekte Rede, Redebericht) und betätigt sich lediglich als Protokollant. Seine narrative Funktion beschränkt sich also auf den erzählstrategischen Bereich der Auswahl und der Anordnung fremder Äußerungen.

86) U. HAUSER-SUIDA/G. HOPPE-BEUGEL (1972), S. 171 u. 176.

87) Der Sachverhalt: Das erste, in Berlin ausgetragene Spiel endete 1:1. Bei einem 2:2 im Rückspiel in Prag hätten beide Mannschaften mit 2:2 Punkten und 3:3 Toren dasselbe Punkte- und Torkonto. Nach der Wettbewerbsregel werden in diesem Fall die von jeder Mannschaft auswärts erzielten Tore gewertet. Hertha wäre folglich mit 2:1 Toren der Sieger aus beiden Spielen.

88) Da die deutsche Sprache, wie P. PETKOV (1969), S. 181, zu Recht feststellt, "über keine indikativische Form" verfügt, "die ein Vorausblicken von einem vergangenen Standpunkt aus ausdrückt", kann diese "'defekte' Stelle des Tempussystems" durch verschiedene Tempora und Konjunktive ausgefüllt werden, was PETKOV an zahlreichen Beispielen nachweist. Hierbei erscheint "besonders wichtig" die "Form 'würde' + Infinitiv I, die in dieser Funktion

ständig neuen Raum gewinnt" (S. 182). In (1977), S. 202f., füllt PETKOV dementsprechend die "Lücke" im System mit der "analytischen Konstruktion" "würde" + Infinitiv aus, die er historisch als eine "Ersatzform für die verlorengegangenen Bildungen 'wurde', 'ward' + Infinitiv" erklärt (1969, S. 183). Vgl. auch B. SOWINSKI (1973), S. 215: "Als Futurausdruck innerhalb des präteritalen Erzähltempus fungiert oft die Konjunktiv-II-Form von 'werden'". Der präteritale Konjunktiv des Modalverbs "können" in Beleg 314 ("könnte passieren") ist nicht nur hier, sondern generell die usuelle Form statt der ungebräuchlichen "würde"-Umschreibung ("passieren können würde"). Siehe dazu Duden Grammatik der deutschen Gegenwartssprache (1973), S. 116.

89) D. WUNDERLICH (1970), S. 150f.; O.I. MOSKALSKAJA (1975), S. 99; W. WOLF (1975), S. 72f.; J. DITTMANN (1976), S. 221f.

90) Man darf sich bei den Zeitangaben nicht sklavisch an die sprachliche Oberfläche halten. Angaben vom Typ "sind im halbfinale" antworten zwar auf die Frage "wo?", sind aber semantisch weit eher Zeit- als Ortsangaben. So ist z.B. das Lokaladverbial "in München" in dem Satz "Wolfgang Dremmler spielte wie schon in München verteidiger" eine Verkürzung für "im Hinspiel in München".

91) Daß "jetzt" ein Charakteristikum der Direktreportage ist und damit dem Hörer auch besonders ins Ohr fällt, hat offenbar F. KRIWET in seinem Hörspiel "Radioball" dazu gebracht, folgende Passage zusammenzusetzen (der Schrägstrich bezeichnet hier zugleich Sprecherwechsel): "[.....] jetzt wieder ein gefährlicher schuß aus dem hinterhalt / jetzt aber eine möglichkeit für den 1. FC Köln / jetzt der HSV / jetzt greift man an / jetzt greifen die Frankfurter an / jetzt Kaiserslautern im angriff / jetzt sind die Bayern da / jetzt aber die Essener / jetzt die Hamburger / jetzt die Frankfurter über die linke seite / jetzt Mönchengladbach / jetzt kommt St. Pauli / jetzt kommt der MSV / jetzt kommt Worm [.....]" Bedingt durch die Collage-Technik suggeriert diese Aneinanderreihung von Reportagen-Partikeln, die aus ihrem Kotext gelöst sind, daß es sich bei der "jetzt"-Verwendung um eine gedankenlos eingesetzte stereotype Wendung handelt. Die wichtige zeitorientierende Funktion dieses Adverbs wird dabei gänzlich ignoriert. - Den Hinweis auf KRIWETs Hörspiel und die Transkription verdanke ich R. HANNES.

92) Zweimal verwendet MÖNCH "nun" in nichttemporaler, konkludierender Funktion, was jeweils durch eine Pause nach "nun" phonetisch verdeutlicht wird. Siehe Beleg 303 und 336.

93) Siehe z.B. G. KELLER: 'Ursula', 'Romeo und Julia auf dem Dorfe'; A. STIFTER: 'Abdias', 'Brigitta'; F. GRILLPARZER: 'Der arme Spielmann'; G. HAUPTMANN: 'Der Ketzer von Soana'; B. BRECHT: 'Der Lebenslauf des Boxers Samson Körner', 'Der dicke Ham'; TH. MANN: 'Luischen', 'Das Eisenbahnunglück', 'Beim Propheten'; H. HESSE: 'Kinderseele'; St. ANDRES: 'Das Wirtshaus zur weiten Welt'; H. BÖLL: 'Der Bahnhof von Zimpren'; S. LENZ: 'Ein Bein für alle Tage', 'Die Bauerndichterin', 'Die älteste Einwohnerin im Orte'.

94) MÖNCH ist hierbei ein "Fehler" unterlaufen: Im Gegensatz zu den Toren zum 1:1 und 1:2 (siehe Beleg 307 und 310) hat er bei der detaillierten Schilderung des 1:0 die Angabe der Spielminute vergessen (siehe Beleg 311).

95) Den Beginn einer Reportage unter das Thema "Wunder" zu stellen, hat Tradition. H. ZIMMERMANN eröffnet mit diesem Thema seine berühmte WM-

Endspiel-Reportage 1954: "Deutschland / im endspiel der fußballweltmeisterschaft / das ist eine riesen-sensation / das ist ein echtes fußballwunder / ein wunder / das allerdings auf natürliche weise zustande kam". Mit demselben Zitat wie MÖNCH leitet F.J. GRIBS seinen sid-Bericht vom Endspiel der Junioren-Weltmeisterschaft 1981 "Die Weise-Elf ist Weltmeister" ein: "'Wunder gibt es immer wieder'. Getreu diesem Schlager von Katja Ebstein gewannen die Junioren des Deutschen Fußball-Bundes (DFB) gestern mit einem 4:0(2:0)-Endspielsieg über Katar die dritte Weltmeisterschaft in Australien."

96) Vgl. W. Brandt (1979), S. 169ff.

97) Es ist zu vermuten, daß Rückgriffe auf vergangene Spiele in Ganzreportagen, die über Spiele der ersten oder zweiten Hauptrunde eines Weltmeisterschaftsturniers berichten, häufiger erfolgen. Insofern ist der vergleichsweise niedrige GR-Wert korpusbedingt. Da es sich bei derartigen Ganzreportagen aber um Ausnahmen handelt, ist m.E. die Repräsentativität des GR-Korpus nur unwesentlich tangiert.

98) Hier muß ein Vorbehalt angemeldet werden: Ob die Reportage wirklich mit dem Satz "die / Niederländer / haben / mittelanstoß" begonnen hat, weiß ich nicht. Zumindest beginnt so die Tonbandkopie, die mir der NDR zur Verfügung gestellt hat.

99) Diese Sprech-Unterbrechung ist bei den Angaben über die Reportagelänge nicht berücksichtigt worden.

100) Die Rückgriffe können eine Referenz oder mehrere Referenzen enthalten. Gezählt wurden hier nur Rückgriffe, die finite Verbformen enthalten, also keine Rückgriffe, die z.B. in Form von Appositionen erfolgen. HAUFFEs 12 Rückgriffe enthalten 17, FASSBENDERs 18 Rückgriffe 28 finite Verbformen.

101) Nur mit Vorbehalt kann die Konferenzreportage zum Vergleich herangezogen werden. Denn die besonderen Rahmenbedingungen dieses Reportagetyps und die geringe Materialmenge der einzelnen Reportagen führen im konkreten Einzelfalle zu hohen Abweichungen von den Anteilswerten des Reportagetyps. Siehe hierzu S. 182ff.

102) Der Zusammenhang zwischen der Ausbreitung des Fernsehens und dem Fußballsport ist evident. L. MIKOS (1982), S. 18, spricht von den "Siamesischen Zwillingen Fußball und Fernsehen" und verweist mit Berufung auf ZIELINSKI besonders auf die WM 1954: "Das Fernsehen steckte noch in den Kinderschuhen, als die Fußballweltmeisterschaft 1954 dem Medium zu einem enormen Aufschwung verhalf. Im Juli 1954 stieg die Rate der Teilnehmerzahlen um 22,2 Prozent, die höchste Steigerungsrate überhaupt; die Zahl der Gerätebesitzer stieg um fast das Achtfache von 11.658 im Januar auf 84.278 im Dezember".

103) Es ist immer wieder zu Recht darauf hingewiesen worden - z.B. G. HORTLEDER (1974), S. 94; K. RIHA (1979), S. 187ff.; B. VANDENHEEDE (1982), S. 25ff. -, daß die Live-Übertragung im Fernsehen nicht identisch mit dem Original, dem Fußballspiel selbst, sein kann. Dennoch ist unbestritten, daß die Visualisierungs-Aufgabe, die im Hörfunk die Sprache übernehmen muß, im Fernsehen "vom Medium selbst übernommen" wird (L. MIKOS, 1982, S. 18), daß demzufolge der Fernsehreporter "Orientierungshilfe, Hintergrundwissen, Technik und Taktik, sowie auf dem Fernsehschirm nicht wahrnehmbare Eindrücke vermitteln und wo nötig bewerten" soll (J. HACKFORTH, 1978, S. 81). Siehe auch K. RIHA (1979), S. 189f.

104) Dies gilt allerdings nur für die Berichterstattung der Spiele-Kategorie, der sich das Fernsehen annimmt, nicht also für den Lokalsport. Vgl. W. BRANDT (1979), S. 160.

105) Siehe R. QUENTINs Reportage-Analyse S. 78ff., besonders S. 109.

106) Alle drei Reportagen sind ortsbedingt von HR-Kanälen mitgeschnitten worden.

107) Dieser Teil wird einmal kurz vom Reporter zugunsten des Verkehrsfunks unterbrochen, da er gehört habe, "daß irgendwo auf der autobahn ein geisterfahrer aufgetaucht is".

108) D. ROSENBAUM (1969), S. 91; (1978), S. 146.

109) Gegenüber den HR- und SWF-Sendungen gehört es zu den Eigenarten der WDR-Sendung "Sport und Musik", nach Beendigung aller Spiele die Reporter noch einmal mit kurzen Nachberichten zu Wort kommen zu lassen und damit den Hörern einen zusätzlichen Service zu bieten.

110) Vorgezogen war das West-Derby VfL Bochum gegen Borussia Dortmund, über das der WDR in seiner Freitag-Sendung "Tanzmusik und Sport" am 10.4.1981 bereits berichtet hatte.

111) Daß dieser Vorrang von der Sprechzeit her nur geringfügig ist, hängt offenbar mit dem überraschenden Spielverlauf in Hof zusammen: Bei Sendebeginn führen die Baunataler und gewinnen schließlich auch dieses Auswärtsspiel.

112) Die HR-Sportredaktion hatte bei der Planung falsch kalkuliert; denn in München gab es mit dem 2:0-Erfolg der Berliner eine faustdicke Überraschung.

113) Der zweifache Ansatz ist wohl Folge seiner inneren Erregung.

114) Verglichen mit dieser komplizierten Erzählstruktur der Konferenzsendung entspricht die Einbettung einer Ganz- oder Teilreportage in eine Sportsendung der Struktur einer "normalen" Rahmenerzählung.

115) Vgl. z.B. R. WOLF (1980), S. 107ff.: "Oh Ton Radio-Collagen eins bis fünf", besonders S. 107ff. "Schwierigkeiten beim Umschalten"; K. RIHA (1982), S. 237f.

116) Dies mag einer der Gründe sein, warum nicht wenige Hörer angrenzender Sendegebiete die WDR-Sportsendung der zur selben Zeit laufenden Sendung ihrer Rundfunkanstalt vorziehen. Der WDR hat nicht nur die besten Voraussetzungen für eine optimale Konferenz-Sendung, sondern er nutzt diese auch in hervorragender Weise.

117) Nach D. ROSENBAUM (1978), S. 153, ist der in Fußballreportagen im Hörfunk "am häufigsten vorkommende Satz" der "Sechs-Wort-Satz".

118) Im Sprachbereich dagegen sind mehrere Ausformungen möglich: 1. der Originalton des Stadionreporters, also wie im Bildbereich die verbale Direktreportage; 2. das Nachkommentieren der Bildausschnitte durch den Stadionreporter bzw. einen Studioreporter. Hierbei sind zwei generelle "Nachberichts"-Formen möglich, die in der Realität vermischt werden können: a) Der Reporter erzählt, was das Bild zeigt (Typ: "A gewinnt den Zweikampf gegen B, flankt in den Strafraum, doch C kommt nicht an den Ball"), b) Der Reporter gibt einen zusammenfassenden, den Spielverlauf charakterisierenden und das Endergebnis erklärenden Bericht; dabei dienen

die Bildszenen als Exempla (Typ: "A gewann fast alle Zweikämpfe gegen B" bzw. "A konnte sich nur einmal gegen B durchsetzen; C hatte einen rabenschwarzen Tag, mit den besten Flanken von A wußte er nichts anzufangen"). Bei a) dominiert völlig das Bild, die Sprachreportage imitiert die Direktreportage; bei b) bildet die Sprachreportage die eigentliche Grundlage, das Bild illustriert, wobei freilich die Gefahr besteht, daß beide inhaltlich auseinanderklaffen können (Typ: "Mannschaft A lag ständig im Angriff", das Bild zeigt einen Angriff der Mannschaft B). Diese Form der Sprachreportage steht dem Hörfunk-Nachbericht am nächsten.

119) Der in Form von Setzungen ausgedrückte Anteil macht bei den Kurzabrufen knapp 20% aller Referenzen aus. Klammert man allerdings den Extremwert von NB 6 in Höhe von 36% aus - auch hier bestätigt RUBENBAUER seine bei der Analyse von NB 2 festgestellte Vorliebe für die elliptische Ausdrucksweise in seinen Nachberichten -, beträgt der Setzungsanteil der Kurzabrufe 16%.

120) W.K. JUDE (1975), S. 73. Siehe auch W. SCHMIDT (1977), S. 227. Die Verhältnisse sind m.E. korrekter dargestellt in Deutsche Sprache. Handbuch für den Sprachgebrauch (1976), S. 48: "sowohl im Hauptsatz als auch im Nebensatz".

121) Die Konjunktiv-I-Aufschlüsselung in den Nachberichten muß wegen der minimalen Quantität - lediglich zwei Formen - unberücksichtigt bleiben.

122) Die "Reportagen"-Werte beziehen sich auf 7.021 finite Verben, also auf gut die Hälfte des Gesamtkorpus. Nicht als Passiv-Form wurde die Verbindung "Modalverb + Infinitiv Passiv" gewertet.

123) Die Perspektive, von welcher Mannschaft oder welchem Spieler aus das Geschehen gesehen wird, ist in den Reportagen insofern von besonderer Bedeutung, da die Raumorientierung sich im Regelfalle nicht nach dem Standort des Reporters richtet, sondern von dem jeweiligen Handlungs-Subjekt aus vorgenommen wird. So wechseln "vorne" und "hinten", "rechts" und "links" miteinander. Vom Reporter-Standort, etwa in Höhe der Mittellinie, wäre übrigens die Längsachse des Spielfeldes (von Tor zu Tor) ja "rechts" und "links", die Querachse dementsprechend "vorne" und "hinten", also die Achsen wären regelrecht vertauscht. Die Festlegung der Achsen unabhängig vom Standort des Reporters und ihre nähere Bestimmung von der Sichtweise einer Mannschaft her garantiert dagegen eine unmißverständliche, für jede Reportage gleiche Raumorientierung. Schildert der Reporter Aktionen von seiner lokalen Perspektive aus - was selten geschieht -, muß er dies ausdrücklich, wie in den Belegen 448 und 457, vermerken.

124) U.M. QUASTHOFF (1980), S. 225, 227.

125) U.M. QUASTHOFF (1980), S. 225.

126) R. WODAK-LEODOLTER (1980), S. 198.

127) Besonders interessant erscheint mir daher die Analyse der Zeitbehandlung in zeitversetzten Ausschnittreportagen im Fernsehen, die im Studio nachkommentiert werden. Nach meinen Beobachtungen schwanken die Reporter zwischen Tempora, die sich auf das vergangene Spielgeschehen beziehen, und dem Präsens, das sich auf das gegenwärtige Bildgeschehen bezieht.

128) A. MUSCHG (1971), S. 122.

129) Beide Belege in 'Bild am SONNTAG' vom 17.10.1982, S. 114f. Beleg 441 Ausschnitt aus: W.M. STRATEN '125 DM Prämie, mehr war Hertha auch nicht wert'; Beleg 442 Ausschnitt aus: J. MEYER und H.-H. SCHMIDT 'Abi: Erst verhaspelt, dann das Siegtor'. Von den 16 Spielberichten dieser Ausgabe (S. 109-117) verzichten nur drei auf die Verwendung des szenischen Präsens.

130) G. GRASS (1971), S. 165.

131) H. GELHAUS (1975), S. 173f.

132) R. BRONS-ALBERT (1982), S. 76. - In dem angeführten Sinne ist offenbar ihr Korrelations-Ergebnis zu interpretieren, nämlich daß im Gegensatz zum Futur I das "Präsens eine starke negative Korrelation zu 'markierte Modalität' zeigt".

133) H. GELHAUS (1975), S. 187f. Siehe auch J. DITTMANN (1976), S. 234f., der Gebrauchsrestriktionen für Präsens und Futur aufzeigt.

134) Der Hörer kann übrigens einen eventuellen Reporter-Fehler gar nicht feststellen. Denn wenn der Reporter das Präsens gegen diese Regel einsetzt, interpretiert der Hörer zwangsläufig "Gleichzeitigkeit".

135) H. GELHAUS (1975), S. 135ff. - Bei der Differenzierung nach Textsorten kommen "Erzählungen" auf einen Wert von ca. 84%, "Zeitungen/Zeitschriften" auf 98,6%.

136) R. BRONS-ALBERT (1982), S. 43 und 99f. - Die Angaben sind allerdings nicht direkt vergleichbar, da BRONS-ALBERT die Imperative als "nachzeitig" wertet und die "um zu"-Infinitive ebenfalls mitberücksichtigt. Zieht man diese Fälle ab, ergibt sich für die Telephongespräche ein Futur-Anteil von 5%, für die formalen Sprechsituationen von 12,9%. Der erhebliche Abstand zwischen Gesprächen und Reportagen bleibt folglich dennoch erhalten.

137) J. DITTMANN (1976), S. 235; R. BRONS-ALBERT (1982), S. 100. - Von dieser richtigen Erkenntnis her ist es geradezu irreführend, daß BRONS-ALBERT ihre beiden Textsorten im Titel mit "gesprochener Standardsprache" gleichsetzt.

138) H. VATER (1975), S. 94: "Die Konstruktion 'werden' + Infinitiv Präsens ist grundsätzlich in ihren Zeitbezügen undifferenziert: Sie läßt - ebenso wie das einfache Präsens - Bezug auf Gegenwärtiges und auf Zukünftiges zu, wobei Gegenwartsbezug immer dann auftritt, wenn auch das einfache Präsens Gegenwartsbezug hat und Zukunftsbezug dann, wenn auch das einfache Präsens Zukunftsbezug hat. 'Werden' verhält sich darin nicht anders als die Modalverben 'wollen', 'sollen', 'müssen', 'können', 'mögen', 'brauchen' und 'dürfen'. Daraus läßt sich schlußfolgern, daß 'werden' + Infinitiv Präsens ebensowenig ein besonderes Tempus bildet wie die Verbindung eines der genannten MV mit dem Infinitiv". S. 115: "Wie bereits in 1. erwähnt wurde, ist die modale Bedeutung von 'werden' mit dem Infinitiv des Präsens stets vorhanden, gleichgültig ob Gegenwarts- oder Zukunftsbezug ausgedrückt wird." Diese These ihres Doktorvaters VATER versucht R. BRONS-ALBERT (1982) an Hand eines Korpus von 2.000 zukunftsbezogenen Sätzen aus Telephongesprächen mit Hilfe von Datenverarbeitung und statistisch abgesicherten Korrelationen zu beweisen. Ihre "Zusammenfassung" verharrt allerdings beim statistischen Befund: "Im großen und ganzen verhält sich 'werden + Infinitiv' bei der Bezeichnung von Zukünftigem nicht anders als 'Modalverb + In-

finitiv', es zeigt ganz ähnliche Korrelationen zu den anderen untersuchten Variablen" (S. 102).

139) R. BRONS-ALBERT (1982), S. 59. - An den absoluten Zahlen gemessen, ist diese Aussage schwer nachzuvollziehen. Bezieht sich "vor allem" auf die Futur-Sätze, so stehen diesen Sätzen "in modalen Umgebungen" mehr als doppelt so viele Futur-Sätze ohne Modalitätsangaben gegenüber. Auf die Gesamtzahl aller Sätze mit derartigen Angaben bezogen, sind es aber von 149 Sätzen nur 28 Futur-Sätze (= 18,8%), so daß auch hierbei nicht von "vor allem" gesprochen werden kann.

140) R. BRONS-ALBERT (1982), S. 102. - Auch hier ist der Quantitätshinweis "besonders häufig" eher irreführend als erhellend. Denn dem Futur-Wert von 42,9% stehen ein Präsens-Wert von 42,4% und ein Gesamtwert von 39% gegenüber. Auf S. 50 hat sie korrekt konstatiert, "daß die Signifikanzberechnung keine positive Korrelation von 'werden + Infinitiv' zu 'Zeitadverbial im Satz' beweist."

141) R. BRONS-ALBERT (1982), S. 103.

142) Vgl. H. GELHAUS (1975), S. 204.

143) H. GELHAUS (1975), S. 131. - Die Unterschiede zwischen den einzelnen Textsorten sind relativ hoch: z.B. "Zeitung/Zeitschrift" 1,5%, "Erzählung" 15,2% aller Futurformen.

144) L. SALTVEIT (1960), S. 48.

145) H. GELHAUS (1975), S. 127.

146) Siehe zur Analyse der Gesamtpassage, in der die berühmt-berüchtigte "fußball-gott"-Apostrophe steht, W. BRANDT (1983), S. 110.

147) P. PETKOV (1969), S. 181.

148) H. GELHAUS (1975), S. 23f.

149) J. DITTMANN (1976), S. 220f.

150) R. BRONS-ALBERT (1982), S. 43.

151) H. GELHAUS (1975), S. 158; J. DITTMANN (1976), S. 221.

152) H. KROEGER (1977), S. 158.

153) J. DITTMANN (1976), S. 220f.

154) D. WUNDERLICH (1970), S. 150; J. DITTMANN (1976), S. 221.

155) Vgl. D. NEHLS (1978), S. 20.

156) O.I. MOSKALSKAJA (1975), S. 98.

157) J. FOURQUET (1970), S. 127f.

158) Die Ergebnisse der Staatsexamensarbeit von I. HOFFMANN referiert W. SCHMIDT (1968), S. 201ff. HOFFMANN hat sechs Stunden Text untersucht.

159) Vgl. die bei S. LATZEL (1977), S. 82ff. und S. 99ff., aufgeführten Werte beider Vergangenheitstempora in einer Reihe unterschiedlicher Textsorten und Untersuchungskorpora.

160) In KR II,3 stehen auch in der Zeitstufe 3 nur 20 Perfekta 17 Präterita gegenüber, während in der Zeitstufe 2 die 62 Präterita ein deutliches Übergewicht gegenüber den 24 Perfekta haben.

161) Auf die SIMMEL-Stelle hat mich KATHARINA SCHLICHT aufmerksam gemacht, die im Rahmen der Marburger Arbeitsgruppe 'Narrativik' über die Romane SIMMELs arbeitet und in ihrer Dissertation auch auf das Verhältnis "Zeit - Tempus" eingehen wird. - Sowohl bei LENZ wie bei SIMMEL stehen die beiden Perfekt-Kapitel, aus denen ich zitiert habe, an exponierten Stellen des jeweiligen Romans, nämlich am Anfang bzw. am Ende. In beiden Fällen sind sie durch die Romanstruktur voll legitimiert. Beide Autoren bemühen sich übrigens, das "Perfekt in Sequenz" nicht überzustrapazieren, indem sie u.a. vereinzelt Präterita verwenden.

162) Vgl.N. NAIL (1981), S. 91ff.

163) Vgl. W. BRANDT (1979), S. 171. Dort sind auch vergleichbare Belege aus Sportberichten der Presse zitiert.

164) S. LATZEL (1977), S. 101.

165) In GR 1 stellt 'sein' als Vollverb 26,5%, in TR 4 20,4%, in GR 2 18,3%, in TR 1 16,1%, in KR I 15,8% aller Präterita. Dagegen lauten die entsprechenden Perfekt-Werte: TR 4 -, GR 1 0,7%, KR I 1,4%, GR 2 1,7%. Lediglich TR 1 fällt aus diesem Rahmen: hier hält 'sein' unter den Perfekta einen Anteil von 10%.

166) Wie in GR 3 - siehe Tabelle 21 - steht auch in den hier untersuchten Reportagen 'können' von seiner Frequenz her eindeutig an der Spitze der Modalverben.

167) In TR 4 gehören 45,6%, in GR 1 40,2%, in KR I 32,5%, in TR 1 32,1%, in GR 2 28,7% aller Präterita der genannten Verbgruppen an. Bei den Perfekta schwanken die Anteile zwischen 0 und 6%. Ausnahme ist wiederum TR 1 mit 18%. - Siehe auch Anm. 53 und z.B. die Belege 129-131, 178-181, 269, 273, 276, 545, 547, 550, 552, 559, 561.

168) S. LATZEL (1977), S. 85. - Die von anderen Autoren und ihm selbst eruierten Daten sind bei LATZEL (1977), S. 83ff., abgedruckt.

169) Zur Illustration ein paar Einzelwerte: Der Perfekt-Anteil beträgt bei dieser Verbgruppe in Hauptsätzen in GR 2 82,6%, in TR 1 86,7%, in KR I 64%.

170) Nach W.K. JUDE (1975), S. 73, "wird das Prät. in Hauptsätzen oft durch das Perf. ersetzt, während es in Gliedsätzen beim Prät. bleibt".

171) Vgl. etwa die Prozentanteile, die K.B. LINDGREN (1957), S. 99ff., an fiktionalen Texten von Storm bis Thomas Mann festgestellt hat, und die Werte, die sich bei dem teils fiktionale, teils nicht-fiktionale Texte enthaltenden gegenwartssprachlichen Korpus von U. HAUSER-SUIDA/G. HOPPE-BEUGEL (1972), S. 31, ergeben haben.

172) Siehe dazu auch S. 118.

173) Duden Grammatik der deutschen Gegenwartssprache (1973), S. 85.

174) W.K. JUDE (1975), S. 73.

175) S. JÄGER (1971), S. 29; K.-H. BAUSCH (1979), S. 182.

176) Insgesamt gesehen ist der Anteil der Modalverben an allen finiten Verben mit ca. 12 % sogar unterdurchschnittlich. Denn K.-H. BAUSCH (1979), S. 199f., stellt bei seinem verkleinerten Korpus (15.573 finite Verben) 2.257 Modalverben fest (14,5 %), wobei die mit dem Hilfszeitwort "haben" gebildeten Formen der Modalverben nicht mitgezählt sind.

177) Siehe etwa W. SCHMIDT (1977), S. 229; W.K. JUDE (1980), S. 80.

178) K.-H. BAUSCH (1979), S. 199.

179) S. JÄGER (1971), S. 252.

180) K.-H. BAUSCH (1979), S. 148f. in Verbindung mit S. 199.

181) Wir haben gegen die Mehrzahl der Grammatiker diesen Konjunktiv-Gebrauch formal nicht zum "Imperativ" gerechnet. Siehe hierzu S. 310.

182) Siehe W.K. JUDE (1975), S. 79.

183) R. BRONS-ALBERT (1982), S. 43ff.

184) Duden Grammatik der deutschen Gegenwartssprache (1973), S. 99. - Nicht einbezogen haben wir Imperativ-Formen, die in Wortgruppen-Lexemen vorkommen, z.B. in dem einige Male in unseren Reportagen auftretenden Lexem "auf Teufel komm heraus".

185) So z.B. RUDI MICHEL in der Fernsehreportage des Spiels Argentinien gegen Bundesrepublik Deutschland am 24.3.1982: "'wir' sollen wir ja nicht mehr sagen". Vielleicht hatte MICHEL noch das Diktum von B. MORAVETZ (1981, S. 98) im Ohr: "Und dazu kommt dann auch die Identifikation mit der nationalen Vertretung. Es gibt furchtbare Formulierungen: 'Wir gewinnen, wir spielen gegen Frankreich!' Sie stören jeden sachlichen Betrachter." Die Identifikations-Askese in neuerer Zeit scheint ein Charakteristikum der bundesrepublikanischen Hörfunk- und Fernsehreporter zu sein. Man braucht dabei nicht südamerikanische Fußballreporter zum Vergleich heranzuziehen. Ein Blick über die Grenzen in die DDR und nach Österreich genügt. Es sei nur auf die berühmte EDI FINGER-Reportage des Spiels Österreich gegen Bundesrepublik Deutschland aus Cordoba 1978 erinnert oder auf die neusten Entwicklungen bei den lokalen Sportsendungen in Kärnten verwiesen (siehe W. HASLITZER 1982).

LITERATURVERZEICHNIS

PRIMÄRTEXTE

Außer Belegen, die den auf S. 10 bis 17 beschriebenen Korpus-Reportagen und -Sportsendungen entnommen sind, werden in dieser Arbeit Passagen aus folgenden Primärtexten zitiert:

Ausfälle nicht verkraftet. SC Gladenbach - SSV Dillenburg 1:3. 1982. In: Oberhessische Presse 18.10.1982, S. 19.

BÖTTCHER, Joachim 1982: Moderation der Sendung "Sport am Samstag". HR I 10.4.1982.

EICHENDORFF, Joseph Freiherr von 1958: Das Schloß Dürande. In: Neue Gesamtausgabe der Werke und Schriften in vier Bänden. Hrsg. von G. BAUMANN in Verbindung mit S. GROSSE. Zweiter Band. Romane, Novellen, Märchen, Erlebtes. Darmstadt. S. 809-849.

GORES, Joe 1969: Wenn ich dann noch lebe. In: A. HITCHCOCK (Hrsg.), Meine Lieblingsmorde. Bern-München. S. 28-43.

GRIBS, F.J. 1981: Die Weise-Elf ist Weltmeister. sid-Bericht in: Oberhessische Presse 19.10.1981, Sport S. 2.

H., R. 1920: Die Stadtmannschaft verliert knapp. In: Oberhessische Zeitung 30.8.1920. Rubrik Turnen, Spiel und Sport.

KAFKA, Franz 1961: Die Verwandlung. In: Die Erzählungen. Frankfurt. S. 39-93.

KAFKA, Franz 1961: Gemeinschaft. In: Die Erzählungen. Frankfurt. S. 308.

KANT, Hermann 1971: Die Aula. Frankfurt (Fischer Bücherei 931).

KRIWET, Ferdinand 1975: Hörtext XI: Radioball. Produktion des WDR.

LENZ, Siegfried 1968: Deutschstunde. Hamburg.

LENZ, Siegfried 1975: Das unterbrochene Schweigen. In: Der Geist der Mirabelle. Geschichten aus Bollerup. Hamburg. S. 19-25.

MEYER, Jürgen / SCHMIDT, Hans-Heinz 1982: Abi: Erst verhaspelt, dann das Siegtor. In: Bild am Sonntag 17.10.1982, S. 115.

MICHEL, Rudi 1982: Fernseh-Reportage des Fußballspiels Argentinien gegen Bundesrepublik Deutschland. ARD 24.3.1982.

MÖRIKE, Eduard 1958: Mozart auf der Reise nach Prag. In: Sämtliche Werke. Hrsg. von H.G. GÖPFERT. Nachwort von G. BRITTING. 2. Aufl. München. S. 1012-1070.

ORWELL, George 1976: 1984. Aus dem Englischen von K. WAGENSEIL. Frankfurt -Berlin-Wien (Ullstein Buch 3253).

SIMMEL, Johannes Mario 1977: Die Antwort kennt nur der Wind. Vollständige Taschenbuchausgabe. München-Zürich (Knaur Taschenbuch 481).

STRATEN, Walter M. 1982: 125 DM Prämie, mehr war Hertha auch nicht wert! In: Bild am Sonntag 17.10.1982. S. 114.

SEKUNDÄRLITERATUR

ADMONI, Wladimir 1970: Der deutsche Sprachbau. 3., durchgesehene und erweiterte Aufl. München.

ARD Jahrbuch 80. 1980. Hrsg. von der Arbeitsgemeinschaft der öffentlich-rechtlichen Rundfunkanstalten der Bundesrepublik Deutschland (ARD). Hamburg.

ARD Jahrbuch 81. 1981. Hrsg. von der Arbeitsgemeinschaft der öffentlich-rechtlichen Rundfunkanstalten der Bundesrepublik Deutschland (ARD). Hamburg.

ARNOLD, Bernd-Peter 1981: Hörfunk-Information. Hinter den Kulissen des schnellsten Nachrichtenmediums. Opladen.

BAUMGÄRTNER, Klaus / WUNDERLICH, Dieter 1969: Ansatz zu einer Semantik des deutschen Tempussystems. In: Der Begriff Tempus - eine Ansichtssache?Wirkendes Wort Beiheft 20. S. 23-49.

BAUSCH, Karl-Heinz 1979: Modalität und Konjunktivgebrauch in der gesprochenen deutschen Standardsprache. Sprachsystem, Sprachvariation und Sprachwandel im heutigen Deutsch. Teil I: Forschungslage, theoretische und empirische Grundlagen, morphologische Analyse. München (Heutiges Deutsch I/9,1).

BAUSINGER, Hermann 1972: Deutsch für Deutsche. Dialekte. Sprachbarrieren. Sondersprachen. Frankfurt (Fischer Taschenbuch 6145).

BESSLER, Hansjörg 1980: Hörer- und Zuschauerforschung. München (Rundfunk in Deutschland. Hrsg. von H. BAUSCH. Bd. 5).

BOOTH, Wayne C. 1974: Die Rhetorik der Erzähkunst 1. Übersetzt von A. POLZIN. Heidelberg (UTB 384).

BRANDT, Wolfgang 1979: Zur Sprache der Sportberichterstattung in den Massenmedien. In: Muttersprache 89, S. 160-178.

BRANDT, Wolfgang 1983: "Schwere Wörter" im Sprachbereich 'Sport'. In: Wortschatz und Verständigungsprobleme. Was sind "schwere Wörter" im Deutschen? Jahrbuch 1982 des Instituts für deutsche Sprache. Hrsg. von H. HENNE und W. MENTRUP. Düsseldorf (Sprache der Gegenwart 57). S. 92-118.

BRINKMANN, Hennig 1962: Die deutsche Sprache. Gestalt und Leistung. Düsseldorf (Sprache und Gemeinschaft 1).

BRONS-ALBERT, Ruth 1982: Die Bezeichnung von Zukünftigem in der gesprochenen deutschen Standardsprache. Tübingen (Studien zur deutschen Grammatik 17).

BÜHLER, Karl 1965: Sprachtheorie. Die Darstellungsfunktion der Sprache. 2. Aufl. Mit einem Geleitwort von F. KAINZ. Stuttgart.

Der Schriftsteller und sein Verhältnis zur Sprache dargestellt am Problem der Tempuswahl. Eine Dokumentation zur Sprache und Literatur der Gegenwart. 1971. Hrsg. von P.A. BLOCH. Bern-München.

DEUTRICH, Karl-Helge / FUCHS, Harald-Peter 1973: Dokumentationsübersicht. In: Gesprochene Sprache. Bericht der Forschungsstelle Freiburg. Mannheim (Institut für deutsche Sprache. Forschungsberichte 7). S. 247-299.

Deutsche Sprache. Handbuch für den Sprachgebrauch. 1976. Hrsg. von einem Autorenkollektiv unter Leitung von H. LIEBSCH und H. DÖRING. Leipzig.

DITTMANN, Jürgen (1976): Sprechhandlungstheorie und Tempusgrammatik. Futurformen und Zukunftsbezug in der gesprochenen deutschen Sprache. München (Heutiges Deutsch I/8).

Duden Fremdwörterbuch. 1974. 3., völlig neu bearbeitete und erweiterte Aufl. Bearbeitet von W. MÜLLER unter Mitwirkung folgender Mitarbeiter der Dudenredaktion: D. BERGER, M. DOSE, R. ELSÄSSER, C. KRATSCHMER, D. MANG und zahlreicher Fachgelehrter. Mannheim-Wien-Zürich (Der Große Duden. Bd. 5).

Duden Grammatik der deutschen Gegenwartssprache. 1973. 3., neu bearbeitete und erweiterte Aufl. Bearbeitet von P. GREBE unter Mitwirkung von H. GIPPER, M. MANGOLD, W. MENTRUP und Chr. WINKLER. Mannheim-Wien-Zürich (Der Große Duden. Bd. 4).

ERBEN, Johannes 1972: Deutsche Grammatik. Ein Abriß. 11., völlig neubearbeitete Aufl. von "Abriß der deutschen Grammatik". München.

FILLMORE, Charles J. 1972: Ansätze zu einer Theorie der Deixis. In: F. KIEFER (Hrsg.), Semantik und generative Grammatik. Frankfurt (Linguistische Forschungen 1/I). S. 147-174.

FLÄMIG, Walter 1971: Zur Funktion des Verbs: Tempus und Temporalität - Modus und Modalität - Aktionsart und Aktionalität. In: Probleme der Sprachwissenschaft. Beiträge zur Linguistik. The Hague-Paris. S. 253-289.

FOURQUET, Jean 1970: Prolegomena zu einer deutschen Grammatik. Düsseldorf (Sprache der Gegenwart 7).

FRITZ, Gerd/MUCKENHAUPT, Manfred 1981: Kommunikation und Grammatik. Texte - Aufgaben - Analysen. Tübingen (Tübinger Beiträge zur Linguistik 163).

GELHAUS, Hermann 1974: Tempuswahl in 'nachdem'-Sätzen. In: H. GELHAUS/S. LATZEL, Studien zum Tempusgebrauch im Deutschen. Tübingen (Institut für deutsche Sprache. Forschungsberichte 15). S. 128-166.

GELHAUS, Hermann 1975: Das Futur in ausgewählten Texten der geschriebenen deutschen Sprache der Gegenwart. Studien zum Tempussystem. München (Heutiges Deutsch I/5).

GÖDEKE, Peter 1976: Sport im Hörfunk. Münster (Arbeiten aus dem Institut für Publizistik der Universität Münster 16).

GÖDEKE, Peter 1978: Sport und Hörfunk. In: J. HACKFORTH/S. WEISCHENBERG (Hrsg.), Sport und Massenmedien. Bad Homburg. S. 20-28.

GRASS, Günter 1971: siehe Der Schriftsteller und sein Verhältnis zur Sprache.

HACKFORTH, Josef 1978: Fernsehen: Trittbrettfahrer und Schaltfehler. In: J. HACKFORTH/S. WEISCHENBERG (Hrsg.), Sport und Massenmedien. Bad Homburg. S. 73-86.

HANG, Heinz-Günter 1973: Der Tempusgebrauch in der gesprochenen Sprache. In: Aspekte der gesprochenen Sprache. Deskriptions- und Quantifizierungsprobleme. Hrsg. von B.S. WACKERNAGEL-JOLLES. Göppingen (Göppinger Arbeiten zur Germanistik 92). S. 81-121.

HARWEG, Roland 1973: Ist das vergangenheitsbezogene Perfekt im Neuhochdeutschen zweideutig? In: Zeitschrift für Dialektologie und Linguistik 40, S. 257-278.

HARWEG, Roland 1975: Perfekt und Präteritum im gesprochenen Neuhochdeutsch. Zugleich ein Beitrag zur Theorie des nichtliterarischen Erzählens. In: Orbis. Bulletin international de Documentation linguistique XXIV, S. 130-183.

HASLITZER, Willy 1982: Mein Gott, ich könnte weinen, bitte, bitte schießt ein Tor! Parteiische Reportagen, ein Radio-Hit in Kärnten. In: Medien 4, Heft 2, S. 48-52.

HAUSER-SUIDA, Ulrike / HOPPE-BEUGEL, Gabriele 1972: Die Vergangenheitstempora in der deutschen geschriebenen Sprache der Gegenwart. Untersuchungen an ausgewählten Texten. München-Düsseldorf (Heutiges Deutsch I/4).

HERINGER, Hans-Jürgen 1978: Wort für Wort. Interpretationen und Grammatik. Stuttgart.

HOFF, Hannes 1981: Inseln der Phantasie. Warum Unterhaltung im Fernsehen bei uns ein so schlechtes Image hat. In: Die Zeit 10.7.1981. Themen der Zeit, S. 16.

HORTLEDER, Gerd 1974: Die Faszination des Fußballspiels. Soziologische Anmerkungen zum Sport als Freizeit und Beruf. Frankfurt (suhrkamp taschenbuch 170).

Internationales Handbuch für Rundfunk und Fernsehen 1971/72. 1972. Hrsg. und verlegt vom Hans-Bredow-Institut für Rundfunk und Fernsehen an der Universität Hamburg. Hamburg.

Internationales Handbuch für Rundfunk und Fernsehen 1980/81. 1980. Hrsg. vom Hans-Bredow-Institut für Rundfunk und Fernsehen an der Universität Hamburg. Hamburg.

JÄGER, Siegfried 1971: Der Konjunktiv in der deutschen Sprache der Gegenwart. Untersuchungen an ausgewählten Texten. München-Düsseldorf (Heutiges Deutsch I/1).

JÄGER, Siegfried 1979: Gebrauch und Leistung des Konjunktivs in der deutschen geschriebenen Hochsprache der Gegenwart. In: P. BRAUN (Hrsg.), Deutsche Gegenwartssprache. Entwicklungen, Entwürfe, Diskussionen. München (Kritische Information 79). S. 296-320.

JUDE, Wilhelm K. 1975: Deutsche Grammatik. Neufassung Rainer F. SCHÖNHAAR. 17. Aufl. Braunschweig.

JUNG, Walter 1967: Grammatik der deutschen Sprache. Leipzig.

KANZOG, Klaus 1976: Erzählstrategie. Eine Einführung in die Normeinübung des Erzählens. Heidelberg (UTB 495).

KAYSER, Wolfgang 1956: Das Problem des Erzählers im Roman. In: The German Quarterly 29, S. 225-238.

KELLER, R/udolf/ E/rnst/ 1978: The German Language. London-Boston.

KÖBERL, Johann 1977: Das deutsche Tempussystem. Ein sprecherbezogenes Modell. In: Grazer Linguistische Studien 6, S. 160-176.

KOSCHMIEDER, Erwin 1974: Zeitbezug und Sprache. Ein Beitrag zur Aspekt- und Tempusfrage. Unveränderter reprogr. Nachdruck der Ausgabe Leipzig-Berlin 1929. Darmstadt (Libelli 329).

KROEGER, Hans 1977: Zeitbewußtsein und Tempusgebrauch im Deutschen. Frankfurt.

LÄMMERT, Eberhard 1975: Bauformen des Erzählens. 6., unveränderte Aufl. Stuttgart.

LATZEL, Sigbert 1974: Zur temporalen Bezugspunktsetzung. In: H. GELHAUS/ S. LATZEL, Studien zum Tempusgebrauch im Deutschen. Tübingen (Institut für deutsche Sprache. Forschungsberichte 15). S. 173-274.

LATZEL, Sigbert 1977: Die deutschen Tempora Perfekt und Präteritum. Eine Darstellung mit Bezug auf Erfordernisse des Faches "Deutsch als Fremdsprache". München (Heutiges Deutsch III/2).

LINDGREN, Kaj B. 1957: Über den oberdeutschen Präteritumschwund. Helsinki (Annales Academiae Scientiarum Fennicae. Ser. B 112,1).

LUDWIG, Klaus-Dieter 1976: Theoretische und praktische Fragen der Sprachkultur am Beispiel der Sportberichterstattung. In: Wissenschaftliche Zeitschrift der Ernst-Moritz-Arndt-Universität Greifswald, Jg. XXVI. Gesellschafts- und sprachwissenschaftliche Reihe Nr. 4, S. 191-196.

LUDWIG, Klaus-Dieter 1977: Sportsprache und Sprachkultur. Zum Gebrauch von Fremdwörtern und Sprachbildern in Sportberichten. In: Sprachkultur - warum, wozu? Aufgaben der Sprachkultur in der DDR. Hrsg. von E. ISING. Leipzig. S. 49-90.

MÄRKEL, Irene 1977: Unterschiede in Hörfunk und Fernsehen, dargestellt am Beispiel einer Fußballdirektreportage. Staatsexamensarbeit Tübingen.

MARKUS, Manfred 1977: Tempus und Aspekt. Zur Funktion von Präsens, Präteritum und Perfekt im Englischen und Deutschen. München (Kritische Information 61).

MIKOS, Lothar 1982: Kulturelle Aspekte von Fußball und Fernsehen. In: medium. Zeitschrift für Hörfunk, Fernsehen, Film, Presse 12, Nr. 6, S. 18-21.

MORAVETZ, Bruno 1981: Standpunkte. In: Fernseh-Kritik. Sprache im Fernsehen. Spontan? - Konkret? - Korrekt? Annäherung an das Thema. Hrsg. von I. HERMANN und A.-L. HEYGSTER. Mainz (Mainzer Tage der Fernsehkritik XIII). S. 97-99.

MOSKALSKAJA, O[lga] I[wanowna] 1975: Grammatik der deutschen Gegenwartssprache. Moskau.

MÜLLER, Günther 1974: Morphologische Poetik. Gesammelte Aufsätze. In Verbindung mit H. EGNER hrsg. von E. MÜLLER. 2., unveränderte Aufl. Darmstadt.

MÜLLER, Rolf 1973: Die Konzeption des Corpus gesprochener Texte des Deutschen in der Forschungsstelle Freiburg des Instituts für deutsche Sprache. In: Gesprochene Sprache. Bericht der Forschungsstelle Freiburg. Mannheim (Institut für deutsche Sprache. Forschungsberichte 7). S. 47-75.

MUSCHG, Adolf 1971: siehe Der Schriftsteller und sein Verhältnis zur Sprache.

NAIL, Norbert 1981: Nachrichten aus Köln, London, Moskau und Prag. Untersuchungen zum Sprachgebrauch deutschsprachiger Auslandssendungen. Marburg (Marburger Studien zur Germanistik 1).

NEHLS, Dietrich 1978: Semantik und Syntax des englischen Verbs. Teil I: Tempus und Aspekt. Heidelberg.

PETKOV, Pawel 1969: Futurische Verhältnisse im präteritalen Zeitplan. In: Deutsch als Fremdsprache 6, S. 180-184.

PETKOV, Pawel 1977: Zur inhaltlichen Identität der deutschen Tempora. In: Deutsch als Fremdsprache 14, S. 198-207.

QUASTHOFF, Uta M. 1980: Erzählen in Gesprächen. Linguistische Untersuchungen zu Strukturen und Funktionen am Beispiel einer Kommunikationsform des Alltags. Tübingen (Kommunikation und Institution 1).

Radio-Journalismus. Ein Handbuch für Ausbildung und Praxis im Hörfunk. 1980. Hrsg. von W. von LA ROCHE und A. BUCHHOLZ. München.

RATH, Rainer 1979: Kommunikationspraxis. Analysen zur Textbildung und Textgliederung im gesprochenen Deutsch. Göttingen.

REHBEIN, Jochen 1977: Komplexes Handeln. Elemente zu einer Handlungstheorie der Sprache. Stuttgart.

REUTHER, Horst 1959: Umfang und Wertung des Sports in der modernen Publizistik. In: Jahrbuch des Sports 1959-60, S. 92-100.

RIHA, Karl 1979: Männer, Kämpfe, Kameras. Zur Dramaturgie von 'Sportsendungen' im Fernsehen. In: Fernsehsendungen und ihre Formen. Typologie, Geschichte und Kritik des Programms in der Bundesrepublik Deutschland. Hrsg. von H. KREUZER und K. PRÜMM. Stuttgart. S. 183-193.

RIHA, Karl 1982: Nachwort. In: fußball literarisch oder Der Ball spielt mit dem Menschen. Erzählungen, Texte, Gedichte, Lieder, Bilder. Hrsg. von K. RIHA. Frankfurt (Fischer Taschenbuch 2125).

ROSENBAUM, Dieter 1969: Die Sprache der Fußballreportage im Hörfunk. Diss. masch. Saarbrücken.

ROSENBAUM, Dieter 1978: Gesprochen: "Einwort-Sätze" im Aktionstext. In: J. HACKFORTH/S. WEISCHENBERG, Sport und Massenmedien. Bad Homburg. S. 142-157.

SALTVEIT, Laurits 1960: Besitzt die deutsche Sprache ein Futur? In: Der Deutschunterricht 12, Heft 5, S. 46-65.

SANDIG, Barbara 1979: Sprache und Norm, Sprachnorm, Sprachhandlungsnorm am Beispiel der Tonbandumschrift einer Fußballreportage. In: P. BRAUN (Hrsg.), Deutsche Gegenwartssprache. Entwicklungen, Entwürfe, Diskussionen. München (Kritische Information 79). S. 110-121 (= Der Deutschunterricht 26, 1974, Heft 2, S. 42-52).

SCHAFFER, Detlef 1972: Untersuchungen zum Fiktions- und Tempusproblem der deutschen Gegenwartssprache. Wien (Dissertationen der Universität Wien 65).

SCHMIDT, Wilhelm 1968: Ist das deutsche Perfekt ein Vergangenheitstempus? In: Deutsch als Fremdsprache 5, S. 197-204.

SCHMIDT, Wilhelm 1977: Grundfragen der deutschen Grammatik. Eine Einführung in die funktionale Sprachlehre. 5. Aufl. Berlin.

SCHNEIDER, Peter 1974: Die Sprache des Sports. Terminologie und Präsentation in Massenmedien. Eine statistisch vergleichende Analyse. Düsseldorf.

SOWINSKI, Bernard 1973: Deutsche Stilistik. Beobachtungen zur Sprachverwendung und Sprachgestaltung im Deutschen. Frankfurt (Fischer Taschenbuch 6147).

STANZEL, Franz 1965: Episches Präteritum, erlebte Rede, historisches Präsens. In: Zur Poetik des Romans. Hrsg. von V. KLOTZ. Darmstadt. S. 319-338.

STANZEL, Franz K. 1979: Theorie des Erzählens. Göttingen (UTB 904).

STURM, Hertha 1968: Masse - Bildung - Kommunikation. Stuttgart.

Texte gesprochener deutscher Standardsprache I. 1971. Erarbeitet im Institut für deutsche Sprache Forschungsstelle Freiburg i.Br. München-Düsseldorf (Heutiges Deutsch II,1).

USPENSKIJ, Boris Andreevič 1975: Poetik der Komposition. Struktur des künstlerischen Textes und Typologie der Kompositionsform. Hrsg. und nach einer revidierten Fassung des Originals bearbeitet von K. EIMERMACHER. Aus dem Russischen übersetzt von G. MAYER. Frankfurt (edition suhrkamp 673).

VANDENHEEDE, Bernard 1982: Fußball als Fernseh-Show. In: medium. Zeitschrift für Hörfunk, Fernsehen, Film, Presse 12, Nr. 6, S. 25-27.

VATER, Heinz 1975: 'Werden' als Modalverb. In: J.P. CALBERT / H. VATER, Aspekte der Modalität. Tübingen (Studien zur deutschen Grammatik 1). S. 71-148.

WEHMEIER, Klaus 1978: Publikum: König Kunde fordert sein Recht. In: J. HACKFORTH / S. WEISCHENBERG (Hrsg.), Sport und Massenmedien. Bad Homburg. S. 115-131.

WEINRICH, Harald 1971: Tempus. Besprochene und erzählte Welt. 2., völlig neubearbeitete Aufl. Stuttgart-Berlin-Köln-Mainz (Sprache und Literatur 16).

WERLICH, Egon 1975: Typologie der Texte. Entwurf eines textlinguistischen Modells zur Grundlegung einer Textgrammatik. Heidelberg (UTB 450).

WICHTER, Sigurd 1978: Probleme des Modusbegriffs im Deutschen. Tübingen (Studien zur deutschen Grammatik 7).

WODAK-LEODOLTER, Ruth 1980: Problemdarstellungen in gruppentherapeutischen Situationen. In: Erzählen im Alltag. Hrsg. von K. EHLICH. Frankfurt (suhrkamp taschenbuch wissenschaft 323). S. 179-208.

WOLF, Ror 1980: Die heiße Luft der Spiele. Frankfurt (suhrkamp taschenbuch 606).

WOLF, Werner 1975: Zur Semantik und Pragmatik des Futurs im heutigen Deutsch. In: Deutsche Sprache 1975, S. 59-86.

WUNDERLICH, Dieter 1970: Tempus und Zeitreferenz im Deutschen. München (Linguistische Reihe 5).